Studien zum Privatrecht

Band 92

Rouven Eichten

Der oHG-Anteil im Spannungsfeld von Erb- und Gesellschaftsrecht

Zur erbrechtlichen Mit- und Fremdverwaltung eines von Todes wegen erworbenen oHG-Anteils

Mohr Siebeck

Rouven Eichten, geboren 1987; Studium der Rechtswissenschaften; Referendariat am OLG München; Wissenschaftlicher Mitarbeiter bei einer internationalen Rechtsanwaltskanzlei; Wissenschaftlicher Mitarbeiter am Lehrstuhl Zivilrecht V der Universität Bayreuth; seit 2019 Rechtsanwalt in München.

ISBN 978-3-16-159214-0 / eISBN 978-3-16-159215-7
DOI 10.1628/978-3-16-159215-7

ISSN 1867-4275 / eISSN 2568-728X (Studien zum Privatrecht)

Die Deutsche Nationalbibliothek verzeichnet diese Publikation in der Deutschen Nationalbibliographie; detaillierte bibliographische Daten sind über *http://dnb.dnb.de* abrufbar.

Das Buch wurde von Gulde Druck in Tübingen aus der Times gesetzt und auf alterungsbeständiges Werkdruckpapier gedruckt. Es wurde von der Buchbinderei Spinner in Ottersweier gebunden.

Printed in Germany.

Vorwort

Die vorliegende Arbeit wurde im Sommersemester 2019 von der Rechts- und Wirtschaftswissenschaftlichen Fakultät der Universität Bayreuth als Dissertation unter dem Titel „*Die erbrechtliche Mit- und Fremdverwaltung eines von Todes wegen erworbenen oHG-Anteils*" angenommen.

Die Abfassung dieser Arbeit war mir eine Herzensangelegenheit. Die Idee hierzu entstammt aus der Zeit, in der ich mich auf den Staatsteil der Ersten Juristischen Prüfung vorbereitet habe. Doch erst nach Ablegung der Zweiten Juristischen Prüfung fand ich die Zeit, mich mit diesem Thema genauer auseinanderzusetzen. Mein Doktorvater, Prof. Dr. Knut Werner Lange, ermunterte mich schließlich, meine Ideen in die Tat umzusetzen. Er stand mir stets mit Rat und Tat zur Seite und ergänzte so meine juristische Ausbildung um eine wissenschaftliche Komponente. Seine menschliche und zugleich rationale Art wird mir stets ein Vorbild in meiner eigenen beruflichen Laufbahn sein. Im Rahmen meiner Tätigkeit an seinem Lehrstuhl gewährte er mir darüber hinaus diejenigen Freiheiten, ohne die das vorliegende Werk nicht das hätte werden können, was es heute ist. Ihm sei für die wertvolle Unterstützung von ganzem Herzen gedankt.

Prof. Dr. Jessica Schmidt möchte ich für die äußerst zügige Erstellung des Zweitgutachtens danken.

Ferner sei meinen ehemaligen Arbeitskolleginnen, Dr. jur. Eva-Maria Ländner und Kim Hirschmüller, gedankt, mit denen ich eine wundervolle Zeit am Lehrstuhl verbracht habe und die den Lehrstuhlalltag stets zu etwas ganz Besonderem machten.

Ebenfalls möchte ich Samuel Wiegand und Valerie Gerken für ihr Engagement ganz herzlich danken.

Andreas Keßler, in Vertretung der Stiftung Vorsorge, sei für die Unterstützung bei den Druckkosten gedankt.

Herauszuheben sind meine Eltern, ohne deren bedingungslose Unterstützung ich nicht zu dem Menschen geworden wäre, der ich heute bin. Auch andere Personen meines Privatlebens sollen hier nicht unerwähnt bleiben. Alina Preiß möchte ich dafür danken, dass sie stets an mich und meine wissenschaftliche Arbeit geglaubt hat und mich immer wieder ermunterte, diese fertigzustellen.

Daniel Blagojevic, Dominik Klauck und Maximilian Schoone schließlich standen mir in vielen Gesprächen als Kollegen und Freunde zur Verfügung.

München, im Januar 2020 Rouven Eichten

Inhaltsverzeichnis

Abkürzungsverzeichnis

a.A.	andere Ansicht
a.a.O.	am angegebenen Ort (verstanden als fußnoteninterner Verweis)
Abs.	Absatz
AcP	Archiv für die civilistische Praxis
ADHGB	Allgemeines Deutsches Handelsgesetzbuch
a.E.	am Ende
AEUV	Vertrag über die Arbeitsweise der Europäischen Union
a.F.	alte Fassung
AG	Aktiengesellschaft/Die Aktiengesellschaft (Zeitschrift)
AktG	Aktiengesetz
AnfG	Anfechtungsgesetz
Anh.	Anhang
Anm.	Anmerkung
Art.	Artikel
AO	Abgabenordnung
Außen-GbR	Außengesellschaft bürgerlichen Rechts
A/S	Aktieselskab (deutsch: Aktiengesellschaft)
BAG	Bundesarbeitsgericht
BayObLG	Bayerisches Oberstes Landesgericht
BayOblGZ	Amtliche Entscheidungssammlung des BayOblG in Zivilsachen
BB	Betriebsberater
BeckRS	Elektronische Entscheidungsdatenbank in beck-online
BewG	Bewertungsgesetz
BFH	Bundesfinanzhof
BGB	Bürgerliches Gesetzbuch
BGBl.	Bundesgesetzblatt
BGH	Bundesgerichtshof
BGHSt	Amtliche Entscheidungssammlung des BGH in Strafsachen
BGHZ	Amtliche Entscheidungssammlung des BGH in Zivilsachen
BMF	Bundesministerium der Finanzen
BSG	Bundessozialgericht
bspw.	beispielsweise
BT-Drs.	Bundestagsdrucksache
B.V.	Besloten vennootschap met beperkte aansprakelijkheid (deutsch: geschlossene/private Gesellschaft mit beschränkter Haftung)
BVerfG	Bundesverfassungsgericht
BVerfGE	Amtliche Entscheidungssammlung des BVerfG
BVerwG	Bundesverwaltungsgericht

BVerwGE	Amtliche Entscheidungssammlung des BVerwG
bzgl.	bezüglich
bzw.	beziehungsweise
DB	Der Betrieb
dbzgl.	diesbezüglich
ders.	derselbe
d. h.	das heißt
dies.	dieselbe
DNotZ	Deutsche Notar-Zeitschrift
DStR	Deutsches Steuerrecht
DStRE	Deutsches Steuerrecht Entscheidungsdienst
DStZ	Deutsche Steuer-Zeitung
e c.	e contrario
etc.	et cetera
EG	Europäische Gemeinschaften
EGBGB	Einführungsgesetz zum Bürgerlichen Gesetzbuche
EGHGB	Einführungsgesetz zum Handelsgesetzbuch
EU	Europäische Union
EUErb-VO	Verordnung (EU) Nr. 650/2012
EUR	Euro
EUV	Vertrag über die Europäische Union
EWIV	Europäische wirtschaftliche Interessenvereinigung
EWIV-AG	Gesetz zur Ausführung der EWG-Verordnung über die Europäische wirtschaftliche Interessenvereinigung
EWR	Europäischer Wirtschaftsraum
EWRA	Abkommen über den Europäischen Wirtschaftsraum
EStG	Einkommensteuergesetz
EuGH	Europäischer Gerichtshof
f.	folgend
FamFG	Gesetz über das Verfahren in Familiensachen und in den Angelegenheiten der freiwilligen Gerichtsbarkeit
FamRZ	Zeitschrift für das gesamte Familienrecht
ff.	folgende
Fn.	Fußnote
Frankfurt a. M.	Frankfurt am Main
FS	Festschrift
GbR	Gesellschaft bürgerlichen Rechts
GenG	Gesetz betreffend die Erwerbs- und Wirtschaftsgenossenschaften
gem.	gemäß
GG	Grundgesetz für die Bundesrepublik Deutschland
ggf.	gegebenenfalls
GmbH	Gesellschaft mit beschränkter Haftung
GmbHG	Gesetz betreffend die Gesellschaften mit beschränkter Haftung
GVG	Gerichtsverfassungsgesetz
GWR	Gesellschafts- und Wirtschaftsrecht
HGB	Handelsgesetzbuch
HRV	Verordnung über die Einrichtung und Führung des Handelsregisters
h.M.	herrschende Meinung

HöfeO	Höfeordnung
Hs.	Halbsatz
i.d.R.	in der Regel
i.E.	im Ergebnis
i.e.S.	im engeren Sinn
i.G.	in Gründung
i.L.	in Liquidation
Innen-GbR	Innengesellschaft bürgerlichen Rechts
InsO	Insolvenzordnung
InsVV	Insolvenzrechtliche Vergütungsverordnung
i.R.	im Rahmen
i.R.d.	im Rahmen des/der
i. S.	im Sinne
i. S.d.	im Sinne des/der
i. S.v.	im Sinne von
i. V. m.	in Verbindung mit
i.w.S.	im weiteren Sinn
JFG	Jahrbuch für Entscheidungen in Angelegenheiten der freiwilligen Gerichtsbarkeit und des Grundbuchrechts
JR	Juristische Rundschau
JuS	Juristische Schulung
JW	Juristische Wochenschrift
JZ	Juristenzeitung
KG	Kommanditgesellschaft/Kammergericht Berlin
KGaA	Kommanditgesellschaft auf Aktien
KO	Konkursordnung
LG	Landgericht
lit.	litera
m.a.W.	mit anderen Worten
mbH	mit beschränkter Haftung
MDR	Monatszeitschrift für Deutsches Recht
MittBayNot	Mitteilungen des Bayerischen Notarvereins, der Notarkasse und der Landesnotarkammer Bayern
MittRhNotK	Mitteilungen der Rheinischen Notarkammer
m. w. N.	mit weiteren Nachweisen
NJOZ	Neue Juristische Online-Zeitschrift
NJW	Neue Juristische Wochenschrift
NJW-RR	Neue Juristische Wochenschrift Rechtsprechung-Report (Zivilrecht)
NJW-Spezial	Neue Juristische Wochenschrift Spezial. Die wichtigsten Informationen zu zentralen Rechtsgebieten
Nr.	Nummer
NZG	Neue Zeitschrift für Gesellschaftsrecht
NZI	Neue Zeitschrift für Insolvenz- und Sanierungsrecht
NZM	Neue Zeitschrift für Miet- und Wohnungsrecht
oHG	offene Handelsgesellschaft
OLG	Oberlandesgericht

OLGZE	Die Rechtsprechung der Oberlandesgerichte auf dem Gebiete des Zivilrechts
PartG	Partnerschaftsgesellschaft
PartGG	Partnerschaftsgesellschaftsgesetz
PreußALR	Allgemeines Landrecht für die Preußischen Staaten
PreußOtE	Entscheidungen des Königlichen Geheimen Ober-Tribunals
Publizitäts-RL	Richtlinie 2009/101/EG
Rdnr.	Randnummer
RG	Reichsgericht
RNotZ	Rheinische Notar-Zeitschrift
s.	siehe
S.	Satz/Seite
S. à r. l.	Société à responsabilité limitée (Gesellschaft mit beschränkter Haftung)
scil.	scilicet
SE	Societas Europaea
Seuffert's Archiv	Johann Adam Seuffert's Archiv für Entscheidungen der obersten Gerichte in den deutschen Staaten
SE-VO	Verordnung (EG) Nr. 2157/2001
sic!	sīc erat scriptum (angefügt nur für offensichtliche Orthographie- oder Grammatikfehler im wörtlich wiedergegebenen Zitat sowie dort zu findende, veraltete Schreibweisen nach Regeln vor der Zeit der II. Orthographischen Konferenz von 1901)
StVG	Straßenverkehrsgesetz
sog.	sogenannte(r)
u. a.	unter anderem
UG (haftungsbeschränkt)	Unternehmergesellschaft (haftungsbeschränkt)
USD	US Dollar
u.U.	unter Umständen
v.	von (Adelsprädikat)/vom (Datumsbezeichnung)
v. a.	vor allem
Var.	Variante
VBVG	Gesetz über die Vergütung von Vormündern und Betreuern
VermG	Vermögensgesetz
VersR	Versicherungsrecht – Juristische Rundschau für die Individualversicherung
vgl.	vergleiche
Vor.	Vorbemerkung
VVG	Versicherungsvertragsgesetz
WarnR	Warneyers Rechtsprechung des Reichsgerichts
WEG	Gesetz über das Wohnungseigentum und das Dauerwohnrecht
WM	Wertpapier-Mitteilungen (Zeitschrift für Wirtschafts- und Bankrecht)
z. B.	zum Beispiel
ZErb	Zeitschrift für die Steuer- und Erbrechtspraxis
ZEV	Zeitschrift für Erbrecht und Vermögensnachfolge
ZfPW	Zeitschrift für die gesamte Privatrechtswissenschaft
ZGR	Zeitschrift für Unternehmens- und Gesellschaftsrecht

ZHR	Zeitschrift für das gesamte Handelsrecht und Wirtschaftsrecht
ZIP	Zeitschrift für Wirtschaftsrecht (bis einschließlich 1982: Zeitschrift für Wirtschaftsrecht und Insolvenzpraxis)
ZMR	Zeitschrift für Miet- und Raumrecht
ZPO	Zivilprozessordnung

1. Kapitel

Einleitung und Darstellung der etablierten Ansicht

§ 1 Einleitung

Die körperschaftlich verfassten juristischen Personen, insbesondere die Kapitalgesellschaften, bilden eine der beiden großen Säulen, mit denen eine privatwirtschaftliche Unternehmung organisiert werden kann. Wenn in diesen Organisationsformen ein Mitglied stirbt, steht vom Ausgangspunkt her unweigerlich das bürgerliche Erbrecht auf dem Plan. Ein besonderes geschriebenes Unternehmererbrecht gibt es – bis auf einige wenige, punktuelle Normierungen[1] – nicht. Anteile an juristischen Personen, insbesondere die der GmbH[2], der AG[3], des Vereins[4] – egal ob eingetragen oder nicht eingetragen[5] – und selbst der Genossenschaft[6] werden grundsätzlich[7] und im Wesentlichen unter Ägide des unmodifizierten erbrechtlichen Regelungskorsetts vererbt und im Anschluss daran verwaltet und verteilt.

Ganz anders wird seit jeher bei der anderen großen Säule privatwirtschaftlicher Unternehmensorganisationen verfahren. Diese sind nicht in den Organisationsrahmen einer körperschaftlich verfassten juristischen Person gekleidet, ihnen kommt aber mit Rücksicht auf ihr Auftreten im Rechtsverkehr ein gewisses

---

[1] Vgl. etwa § 177 HGB, § 131 Abs. 3 S. 1 Nr. 1 HGB, § 139 HGB, § 146 Abs. 1 S. 2 HGB, § 69 AktG; § 18 GmbHG, § 77 GenG.

[2] Vgl. nur § 18 GmbHG. Spezifisch zur Testamentsvollstreckung, s. BayObLGZ 1991, 127, 134 f. und *Wachter*, ZNotP 1999, 226 ff.

[3] Vgl. nur § 69 AktG. Im Übrigen gelten dieselben Beschränkungen wie bei der GmbH, s. *Reimann*, in: Staudinger, § 2205 Rdnr. 210 m. w. N.

[4] Vgl. jedoch §§ 40 S. 1, 38 BGB; zur Universalsukzession, s. *Leuschner*, in: MüKo-BGB, § 38 Rdnr. 48: „*Das Hindernis für die Universalsukzession (...) ist im Vereinsrecht ohne Parallele*". Gleichwohl für eine Testamentsvollstreckung an der „*Außenseite*" der Mitgliedschaft *Damrau*, in: Soergel, § 2205 Rdnr. 48.

[5] Im Lichte des Vereinsgrundrechts gem. Art. 9 Abs. 1 GG sind auf den nicht eingetragenen Idealverein – entgegen § 54 S. 1 BGB – im Wesentlichen die §§ 21 ff. BGB analog anzuwenden, s. *Schöpflin*, in: BeckOK-BGB, § 54 Rdnr. 15.

[6] Vgl. § 77 Abs. 1, Abs. 2 GenG; zur Universalsukzession, s. *Leipold*, in: MüKo-BGB, § 1922 Rdnr. 84. Zur Testamentsvollstreckung, s. *Reimann*, in: Staudinger, § 2205 Rdnr. 211.

[7] Unter Berücksichtigung, dass bei einigen Gesellschaftsformen, etwa dem Verein, § 40 S. 1 BGB, und der Genossenschaft, § 77 Abs. 2 GenG, eine Fortsetzungsklausel erforderlich ist, um den Anteil (dauerhaft) vererblich zu stellen.

Maß an Eigenständigkeit zu.[8] Zu ihnen gehören etwa die Personengesellschaften, wie z. B. die oHG, die KG, die PartG, die Außen-GbR und der EWIV. Um die dogmatische Durchdringung des Erbrechts im Umfeld eben dieser Personengesellschaften sind, nicht zuletzt wegen der anspruchsvollen Dogmatik, bereits unzählige Juristen[9] bemüht gewesen; es dürfte sich um einen der am meisten diskutierten Bereiche in der Rechtswissenschaft handeln und auch die Rechtsprechung zu diesem Thema ist schier unüberschaubar.[10] Das besondere Wesen der bürgerlich-rechtlichen Erbenhaftung,[11] insbesondere die Art und Funktionsweise der im Erbrecht für Nachlassverbindlichkeiten vorgesehenen Institute, mit denen die Haftung des Erben entgegen des Grundsatzes in § 1967 Abs. 1 BGB auf den Nachlass beschränkt werden kann,[12] sowie die damit verbundenen Auswirkungen auf den Zustand von Schuld und Haftung,[13] treten in ein Spannungsfeld mit dem für Personengesellschaften so typischen akzessorischen Haftungsmodell.[14] Diese und weitere Faktoren veranlassen die etablierte Ansicht zu einer Modifikation des Erbrechtsgefüges, v. a. soweit es um die dort vorgesehenen Formen der Mit- und Fremdverwaltung des Nachlasses geht.[15]

I. Anlass und Ziel der nachfolgenden Untersuchung

Die wegweisenden Entscheidungen in der Rechtsprechung und die Literaturbeiträge zu diesem Thema sind jedoch in den 1980er und 1990er Jahren im Wesentlichen zu einem (vorläufigen) Abschluss gelangt.[16] Seitdem verharrt die Rechts-

---

[8] Die Innengesellschaften, wie die stille Gesellschaft und die Innen-GbR, sollen bei der nachfolgenden Betrachtung daher außer Acht bleiben.

[9] *Homann*, S. II spricht gar von „*Generationen von Juristen*".

[10] Bezeichnend ist der Aufsatz von *Ebel*, Jura 1980, 367, der im Titel von einem „*Jahrhundertproblem*" spricht.

[11] *Dobler*, in: Staudinger, § 1967 Rdnr. 3 ff.

[12] Zu nennen sind hier insbesondere das Aufgebotsverfahren i. S.d. §§ 1970 ff. BGB, die Nachlass(insolvenz)verwaltung i. S.d. §§ 1975 ff. BGB und den §§ 315 ff. InsO, die Dürftigkeits- und Überschwerungseinrede i. S.d. §§ 1990–1992 BGB sowie die Einrede der Miterben einer ungeteilten Erbengemeinschaft gem. § 2059 Abs. 1 S. 1, Abs. 2 BGB, wobei letztere zusätzlich einen Zugriff auf ihren Erbteil dulden müssen. S. weiterführend hierzu: *Rebmann*, S. 9 ff.; *Christ*, in: Ebeling/Geck-Erbengemeinschaft, Teil I Rdnr. 653 ff. und 706 ff.

[13] S. hierzu *Dauner-Lieb*, S. 30 ff.

[14] S. noch *§ 2 III. 3. a) aa)* und *§ 3 I. 1.*

[15] S. noch *§ 2.*

[16] Zu nennen sind hier aus der höchstrichterlichen Rechtsprechung insbesondere: BGHZ 22, 186; BGHZ 68, 225; BGHZ 98, 48 ff. und BGHZ 108, 187 ff. In der Literatur befassten sich in der ersten Hälfte der 1990er Jahre letztmalig vermehrt Veröffentlichungen in der Literatur mit diesem Problemkreis, v. a. mit dem Ziel, die Ergebnisse aus den letzten beiden genannten

entwicklung in der Praxis in diesem Bereich in einer Art „*Winterschlaf*", in dem kaum mehr Entwicklungen zu verzeichnen sind.[17] Diesen aus Sicht des Verfassers wenig befriedigenden Zustand möchte die vorliegende Schrift zum Anlass nehmen, um neue Anreize einzubringen, die zu einer Fortentwicklung des Status quo beitragen sollen. So sollen die Probleme, welchen man mit diesem modifizierten Erbrechtsgefüge begegnet, herausgearbeitet werden, um in dieser Hinsicht neue Diskussionsimpulse zu schaffen.[18] Daneben haben sich in der neueren Zeit Entwicklungen ergeben, an denen sich die Folgerichtigkeit des Begründungsmodells der etablierten Ansicht erneut messen lassen muss. Zu nennen ist hier insbesondere die Zulassung von Kapitalgesellschaften ohne nennenswerte Eigenkapitalanforderungen als Gesellschafterinnen von Personengesellschaften. Denn diese Rechtsentwicklung provoziert Literaturstimmen, die über das bisher unüberwindlich scheinende Spannungsfeld zwischen der bürgerlichrechtlichen Erbenhaftung und der Gesellschafterhaftung neu nachdenken wollen.[19] In der vorliegenden Ausarbeitung soll ein Beitrag in diese Richtung geleistet werden.[20] Schlussendlich möchte dieses Werk auch einen erneuten Anlauf wagen und Möglichkeiten für ein alternatives Begründungsmodell ausloten, das im Umfeld von Personengesellschaften ein bedeutend näher am Gesetz angelegtes Erbrechtsgefüge zulässt.[21] Dass diese Zielvorgabe dem juristischen Forschen Pate steht, versteht sich von selbst. Denn insofern ist mit *Haas* zu konstatieren: „*Die Autorität des Gesetzes gebietet, gerechte und den Ansprüchen des Lebens genügende Lösungen von Rechtsfragen, solange es irgend geht, im Wege der Auslegung der Gesetze zu gewinnen*"[22]. Um beurteilen zu können, ob ein am unmodifizierten Erbrechtsgefüge ausgerichtetes Begründungsmodell im Umfeld von Personengesellschaften eine „*genügende Lösung*" darstellen kann, muss tief in die Vorbehalte eingestiegen werden, die die etablierte Ansicht zu der Modifizierung des Erbrechtsgefüges zwingen. Die Rechtsprechung zur Modifizierung des Erbrechtsgefüges reicht weit in die Vergangenheit zurück und nötigt daher zunächst zu einer grundsätzlichen Skizzierung des Rechtszustands, in dem sich Deutschland vor 1900 befand, sowie zu einer Beleuchtung des gesetzgeberischen Willens, der im ausgehenden 19. Jahrhundert bei den zur

---

Entscheidungen des BGH zu systematisieren. Zu nennen sind hier v. a. die noch eingehend zu untersuchenden Veröffentlichungen von *Siegmann*, *Muscheler*, *Weidlich* und *Lorz*.

[17] Rühmliche Ausnahme ist die im Jahr 2012 festgestellte Eintragungsfähigkeit eines Testamentsvollstreckervermerks bei angeordneter Testamentsvollstreckung an einem Kommanditanteil, vgl. BGH, NJW-RR 2012, 730, 731 Rdnr. 15.

[18] S. noch *§ 2.*

[19] S. hierzu noch *§ 3 I. 2. a)* m. w. N.

[20] S. hierzu noch *§ 3 I. 3.* und *4.*

[21] S. hierzu noch *§ 3.-12.*

[22] *Haas*, S. 42.

Schaffung des BGB und HGB berufenen Kreisen vorherrschte.[23] Erst wenn man sich über diese Aspekte Klarheit verschafft, kann ergründet werden, auf welchen Ausgangsprämissen das modifizierte Erbrechtsgefüge der etablierten Ansicht wirklich aufbaut. Zur Frage, wie gut die darin zum Ausdruck kommenden Vorbehalte gegen ein unmodifiziertes Erbrechtsgefüge den Transfer in das Rechtsgefüge des BGB und HGB überstanden haben, sollen neue Denkanstöße geliefert werden. Diese Erkenntnisse wiederum schaffen die Voraussetzung für eine neu bewertete Schlussfolgerung, ob eine Abkehr vom modifizierten Erbrechtsgefüge nötig oder zumindest möglich ist und wenn ja, welche Instrumentarien bereits das geltende Gesetz liefert, um die Vorbehalte der etablierten Ansicht zu zerstreuen bzw. in welchen Bereichen eine Rechtsfortbildung erforderlich ist, damit diese Abkehr mit den praktischen Bedürfnissen des Rechtsverkehrs in Einklang gebracht werden kann. Ein entsprechender überblicksartiger Ausblick auf die zu erwartende Rechtsentwicklung in diesem Bereich bildet den Abschluss der Untersuchung.[24]

II. Untersuchungsgegenstand

Diese soeben beschriebenen Schritte erfordern umfangreiche Erläuterungen. Um die hiermit verfolgten Ziele nicht aus den Augen zu verlieren, muss der Untersuchungsgegenstand daher möglichst genau determiniert werden. Dieses Werk trägt den Untertitel: „*Zur erbrechtlichen Mit- und Fremdverwaltung eines von Todes wegen erworbenen oHG-Anteils*“. Sachlicher Untersuchungsgegenstand in dieser Arbeit ist damit alleine der oHG-Anteil. Primär ist damit auf die Rechtslage in der oHG abzustellen. Jedoch soll auch die zu anderen Personengesellschaftsanteilen ergangene Rechtsprechung und Literatur beleuchtet werden, soweit sie wegen der grundlegenden Funktionsähnlichkeit aller Personengesellschaften[25] Anlass bieten, um die von der etablierten Ansicht praktizierte Modifikation des Erbrechts im Umfeld von oHG-Anteilen in seiner Funktionsweise besser zu verstehen. Auch wenn man dies vermuten könnte, ist mit dem Begriff „*oHG-Anteil*“ nicht eine vermögensrechtliche Mitberechtigung des Gesellschafters am Gesellschaftsvermögen gemeint. Der Kapitalanteil ist zwar an verschiedenen Stellen im Gesetz erwähnt, §§ 120 Abs. 2, 121 Abs. 1 S. 1 und Abs. 2 S. 2, 122 Abs. 1, Abs. 2, 155 Abs. 1 HGB, und würde eigentlich auch über die Bezugnahme des § 105 Abs. 3 HGB auf § 719 Abs. 1 Hs. 1 Var. 1 BGB als

---

[23] S. noch *§ 2 I. 4.* und *§ 3 X. 4.*

[24] S. noch *§ 14.*

[25] Für die KG, s. § 161 Abs. 2 HGB; für die PartG, s. § 1 Abs. 4 PartGG bzw. § 9 Abs. 1 PartGG, § 1 EWIV-AG.

dingliches Recht Geltung beanspruchen.[26] Wenn man jedoch aus der Vorschrift des § 124 Abs. 1 HGB mit der ganz überwiegenden Auffassung die Erkenntnis zieht, dass der oHG Rechtsfähigkeit zukommt, kann der Anteil nicht als unmittelbare, dingliche Mitberechtigung der Gesellschafter am Gesellschaftsvermögen existieren. Denn dann ist nur die Gesellschaft selbst Trägerin des Gesellschaftsvermögens.[27] Wenn diese Arbeit daher den Begriff „*oHG-Anteil*" verwendet, tut sie dies weniger, um die etablierte Vorstellung von der Rechtsfähigkeit der oHG infrage zu stellen, als vielmehr, um die vom BGH[28] in den entscheidenden Urteilen geprägte und von der Literatur[29] vielfach aufgegriffene Terminologie fortzuführen. Mit dem Begriff „*oHG-Anteil*" im hier verstandenen Sinn ist daher die gesamte Mitgliedschaft gemeint, m.a.W. die Gesellschafterstellung als subjektives Recht.[30] Untersuchungsgegenstand ist dabei nachfolgend nur der von Todes wegen erworbene, d.h. der vererbte, oHG-Anteil. Ein im Wege der dinglichen Surrogationsvorschriften des Erbrechts (§§ 2019 Abs. 1, 2041 S. 1 [analog], 2111 Abs. 1 S. 1 BGB) erworbener oHG-Anteil ist nicht Gegenstand der Untersuchung.[31] Als lose Orientierungshilfe können jedoch insbesondere die in den *§§ 3–12* herausgearbeiteten Ergebnisse dieses Werks auch dort fruchtbar gemacht werden.[32]

---

[26] So die ältere Rechtsprechung, vgl. BGH, NJW 1990, 1181. S. auch die traditionelle Lehre: *Weber-Grellet*, AcP 182, 316, 328 f. (§ 124 Abs. 1 HGB als Rechts- und Prozessstandschaft); *Zöllner*, in: FS Gernhuber, S. 563 ff., insbesondere 569 ff.; relativierend zur GbR *ders.*, in: FS Kraft, S. 701 ff., insbesondere 718: „*(...) so wird man halt künftig von der rechtsfähigen BGB-Gesellschaft sprechen. Das Gemeinwohl wird dadurch nicht wesentlich leiden, aber auch nichts gewinnen*".

[27] So die heutige etablierte Ansicht zu § 124 Abs. 1 HGB: BGH, NJW 2008, 1737, 1738 Rdnr. 15; *Klimke*, in: BeckOK-HGB, § 124 Rdnr. 1; *Schäfer*, in: Staub-HGB, § 124 Rdnr. 3 f.; *Schmidt*, in: MüKo-HGB, § 124 Rdnr. 1 f.; s. auch zur Rechtsfähigkeit der Außen-GbR: BGHZ 146, 341.

[28] Vgl. etwa BGHZ 22, 186 ff. (Gesellschaftsanteil/Anteil); BGHZ 58, 316 ff. (Kommanditanteil/Anteil); BGHZ 68, 225 ff. (Gesellschaftsanteil/Anteil); BGH, NJW 1981, 749 f. (Gesellschaftsanteil/Anteil); BGH, NJW 1983, 2376 f. (Gesellschaftsanteil/Anteil), BGH, NJW 1985, 1953, 1954 (Gesellschaftsanteil/Anteil/Kommanditanteil); BGHZ 91, 132, 135 ff. (Gesellschaftsanteil/Anteil); BGHZ 98, 48 ff. (Gesellschaftsanteil/Anteil); BGH, ZEV 2012, 335, 337 (Kommanditanteil/KG-Anteil).

[29] Vgl. etwa: *Schäfer*, in: Staub-HGB, § 139 Rdnr. 45 (Gesellschaftsanteil); *Lorz*, in: E/B/J/S-HGB, § 139 Rdnr. 66 (Anteil/Personengesellschaftsanteil); *Kamanabrou*, in: Oetker-HGB, § 139 Rdnr. 6 (Anteil/Gesellschaftsanteil).

[30] Gesellschaftsanteil und Mitgliedschaft ebenfalls synonym benutzt *Saenger*, in: Schulze-BGB, § 719 Rdnr. 9.

[31] S. hierzu aus dem Blickwinkel der etablierten Ansicht *Siegmann*, S. 247 ff. sowie *Kilian*, S. 169 ff.

[32] Insofern stellt sich die Interessenlage nämlich ähnlich dar. Dies muss jedenfalls dann gelten, wenn man im Falle des nachlassbezogenen Erwerbs eines oHG-Anteils durch einen

Die im Titel dieser Arbeit beschriebene erbrechtliche Mit- und Fremdverwaltung stellt den situativen Untersuchungsgegenstand dar. Die im BGB vorgesehenen Formen erbrechtlicher Mit- und Fremdverwaltung bilden dabei das unmodifizierte Erbrechtsgefüge, deren Korrektur durch die etablierte Ansicht das in *§ 2* untersuchte modifizierte Erbrechtsgefüge. Unter erbrechtlicher Mitverwaltung ist dabei die Erbengemeinschaft gemeint, wie sie in den §§ 2032 ff. BGB geregelt ist. Das hier verfolgte alternative Begründungsmodell einer Mitverwaltung am oHG-Anteil in Form der Erbengemeinschaft wird im 2. Kapitel (*§§ 3–7*) dargelegt. Unter erbrechtlicher Fremdverwaltung sind Möglichkeiten zu verstehen, wie ein Nachlass mittels erbrechtlicher Institute von dritten Personen verwaltet werden kann. Solche erbrechtlichen Institute sind, neben der Testamentsvollstreckung, die Nachlasspflegschaft zum Zwecke der Befriedigung der Nachlassgläubiger (Nachlassverwaltung), die Nachlassinsolvenzverwaltung und die Nachlasspflegschaft i.S.d. §§ 1960 Abs. 2, 1961 BGB (Nachlasspflegschaft). Ob eine unmodifizierte erbrechtliche Fremdverwaltung eines oHG-Anteils möglich ist, den ein Alleinerbe (Gesellschafter-Erbe) von Todes wegen erworben hat, wird im 3. Kapitel (*§§ 8–10*) beleuchtet. In gewisser Weise könnte auch der Vorerbe als erbrechtlicher Fremdverwalter der dem Nacherben später anfallenden Erbschaft betrachtet werden. Doch soll auf die Probleme der Vor- und Nacherbschaft,[33] genauso wie auf das eng damit zusammenhängende Problem einer Zwangsverwaltung an dem zur Vorerbschaft gehörenden oHG-Anteil i.S.d. §§ 2128 Abs. 2, 1052 Abs. 1 S. 1 BGB,[34] nicht eingegangen werden. Im 4. Kapitel (*§§ 11* und *12*) sollen schließlich überblicksartig die Formen der Mit- und Fremdverwaltung übereinandergelegt werden, um Möglichkeiten auszuloten, wie mit Hilfe einer Fremdverwaltung eine Konzentration der erbrechtlichen Mitverwaltung erreicht werden kann. Hierbei soll exemplarisch auf das Rechtsinstitut der Testamentsvollstreckung sowie die Rechtsfigur der gemeinschaftlichen Vertretung eingegangen werden.

Fremdverwalter (s. hierzu *Grotheer*, in: BeckOGK-ZR, § 2205 Rdnr. 21 ff.) das in *§ 9 IV. 1.* sowie *§ 10 I. 3., II. 3.* und *III. 3.* herausgearbeitete Ergebnis einer teilweisen persönlichen Haftung der Erben durch eine analoge Anwendung des § 139 HGB abzumildern sucht.

[33] Der Vorerbe kann Gesellschafter eines vererbten oHG-Anteils sein, vgl. *Kamanabrou*, in: Oetker-HGB, § 139 Rdnr. 44. Mit Eintritt des Nacherbfalls entstehen in der Hand des Nacherben erneut die Rechte aus § 139 HGB, wenn der Vorerbe deren Ausübung ungenutzt verstreichen ließ, *Schäfer*, in: Staub-HGB, § 139 Rdnr. 86.

[34] Letztlich begegnet die etablierte Ansicht dem Rechtsinstitut der Zwangsverwaltung an der Nacherbschaft mit denselben Bedenken wie den anderen Formen erbrechtlicher Fremdverwaltung, vgl. *Deppenkemper*, in: BeckOGK-ZR, § 2128 Rdnr. 20.1; *Flume*, Allgemeiner Teil I-1, § 7 III 4, S. 101.

§ 2 OHG-Anteil im modifizierten Erbrechtsgefüge

Als Vorarbeit soll zunächst das modifizierte Erbrechtsgefüge beleuchtet werden, das die etablierte Ansicht bei der Vererbung eines oHG-Anteils anwendet. Dies soll nicht nur der Erkenntnis dienen, an welchen Stellen das Erbrechtsgefüge letztlich von der etablierten Ansicht modifiziert wurde. Es soll auch beleuchtet werden, zu welchen nachteilhaften Korrekturen und Folgekorrekturen dieses modifizierte Erbrechtsgefüge in seiner Konsequenz führt und wo letztlich eine Korrektur gar nicht möglich ist und ein offener Wertungswiderspruch durch die etablierte Ansicht hingenommen werden muss.

I. Ausgangspunkt: Modifikation der erbrechtlichen Universalsukzession

Wer sich dem modifizierten Erbrechtsgefüge nähern will, muss einen Ausgangspunkt für seine Betrachtung finden. Zweifelsohne wird der Ausgangspunkt des modifizierten Erbrechtsgefüges durch die Modifikation der erbrechtlichen Universalsukzession gebildet.

1. Singularsukzession als Veränderung der erbrechtlichen Universalsukzession

Nach der erbrechtlichen Universalsukzession gem. § 1922 Abs. 1 BGB geht mit dem Tode (Erbfall) einer Person (Erblasser) deren Vermögen (Erbschaft bzw. Nachlass[1]) als Ganzes auf eine Person (Alleinerbe) oder mehrere Personen über, wobei in letzterem Fall diese mehreren Personen gem. § 2032 Abs. 1 BGB zur gesamten Hand an allen Nachlassgegenständen beteiligt sind (Erben bzw. Miterben). Nach der erbrechtlichen Universalsukzession gehört also entweder dem Alleinerben oder allen Miterben zur gesamten Hand letztlich alles, was zur Erbschaft gehört. Dass einzelnen Miterben nach dem Willen des Erblassers bestimmte Gegenstände zufallen sollen, spielt für die erbrechtliche Universal-

[1] Zur Deckungsgleichheit von Erbschaft und Nachlass, s. noch *§ 2 II. 1. c)*.

sukzession damit keine Rolle.[2] Dieser Grundsatz der erbrechtlichen Universalsukzession wird nach der etablierten Ansicht insoweit modifiziert, als durch den Erbfall der Übergang einer Mitgliedschaft des Erblassers an einer werbend tätigen oHG[3] in Rede steht. Die Modifikation gestaltet sich dabei wie folgt: Sind vom Erblasser mehrere Erben eingesetzt, soll die zwischen ihnen gem. §§ 2032 ff. BGB bestehende Erbengemeinschaft nicht diesen oHG-Anteil, sondern nur die übrige Hinterlassenschaft des Erblassers umfassen können. Wenn daher die Vererbung eines oHG-Anteils in Rede steht, soll dieser mit dem Erbfall an dem in der Erbengemeinschaft gebundenen Sondervermögen vorbeigehen und direkt demjenigen oder denjenigen Erben unmittelbar anfallen, der oder die nach dem letzten Willen des Erblassers den Gesellschaftsanteil erben soll(en) (Sondererbe[n]). Folgt nur ein Sondererbe in den oHG-Anteil nach, ist dieser Alleininhaber des oHG-Anteils.[4] Rücken hingegen mehrere in den oHG-Anteil ein, bilden diese keine Sondergemeinschaft am real ungeteilten oHG-Anteil. Vielmehr wird der oHG-Anteil, kraft Gesetzes und realiter, in so viele Teilstücke aufgeteilt, wie es Sondererben gibt, wobei jedem der Sondererben grundsätzlich ein seiner Erbquote entsprechend großes Teilstück zukommt.[5] Die Teilstücke des so aufgeteilten oHG-Anteils sollen wiederum eigenständige oHG-Anteile bilden.[6] Jeder Sondererbe, dem nach dem Willen des Erblassers ein Teilstück zufällt, soll damit ein eigenständiger, im Innenverhältnis zu den anderen Erben insoweit ungebundener Gesellschafter (Sondererbengesellschafter) sein.[7] Dies zusammengenommen bildet die Modifikation der erbrechtlichen Universalsukzession, die heute nahezu einmütig in Rechtsprechung und Lehre vertreten wird (etablierte Ansicht[8]). Da der oHG-Anteil letztlich an der Erbengemeinschaft

---

[2] *Leipold*, in: MüKo-BGB, § 1922 Rdnr. 150. Dieser Umstand kann allenfalls eine schuldrechtliche Grundlage für ein Vorausvermächtnis gem. § 2150 BGB bzw. eine Teilungsanordnung gem. § 2048 BGB sein, sodass der einzelne Miterbe im Nachgang der erbrechtlichen Universalsukzession die Auskehr dieses Gegenstands beanspruchen kann.

[3] Nachfolgend oHG-Anteil genannt, wenn nicht explizit von werbendem oHG-Anteil gesprochen wird, um eine direkte Abgrenzung zum Liquidationsanteil aufzuzeigen.

[4] *Preuß*, in: BeckOGK-ZR, § 1922 Rdnr. 544.

[5] *Schäfer*, in: Staub-HGB, § 139 Rdnr. 46.

[6] Vgl. etwa BGHZ 22, 186, 193. S. auch BGHZ 68, 225, 237, der die Eigenständigkeit der mehreren Sondererben unterstreicht, da dort insoweit treffend von „*Einzelnachfolge*“ die Rede ist.

[7] Es gelten letztlich die Grundsätze zur Teilübertragung des oHG-Anteils, vgl. *Schäfer*, in: MüKo-BGB, § 727 Rdnr. 33.

[8] Rechtsprechung: S. etwa RGZ 16, 40, 57 ff.; RG, Holdheim 14, 233; RG, JW 1912, 475, 476; RG, Das Recht 1917, Nr. 457; RG, JR 1927 – Rechtsprechung, Nr. 373; RG, Seuffert's Archiv 92, Nr. 96; RGZ 171, 328, 330 f. (Kommanditanteil); RGZ 171, 345, 349 f.; BGHZ 22, 186, 191 ff.; BGH, NJW 1971, 1268; BGHZ 58, 316, 317 (Kommanditanteil); BGHZ 68, 225, 237; BGH, NJW 1981, 749, 750 (GbR-Anteil); BGH, NJW 1983, 2376, 2377; BGH, NJW

vorbeigeht, wird der Singularsukzession vielfach die Wirkung einer gesetzlich vollzogenen Teilungsanordnung[9] bzw. eines Vindikationslegats[10] nachgesagt. Wie noch zu zeigen sein wird, passen diese Begriffe jedoch nicht, um den Vorgang zu beschreiben.[11] Die gesamte Konstruktion soll hier zunächst als Singularsukzession[12] bezeichnet werden, da dieser Begriff treffend ausdrückt, dass jeder Sondererbe, neben seiner quotalen Berechtigung am Gesamtnachlass, den oHG-Anteil oder ein Teilstück hiervon erhält, der ihm als Person alleine zusteht. Dieses Konzept modifiziert den Grundsatz der Universalsukzession i.S.d. §§ 1922 Abs. 1, 2032 Abs. 1 BGB, wonach jeder Erbe zunächst einmal in Höhe seiner Erbquote in jeden Nachlassgegenstand einrückt.[13]

2. *Voraussetzungen für eine Singularsukzession*

Freilich kann es nur bei Zusammenkommen mehrerer Umstände zu einer solchen Singularsukzession kommen. Zunächst müssen mehrere Personen zu Erben berufen sein, da die Modifizierung der Universalsukzession, wie sie die etablierte Ansicht vornimmt, auf die Erbengemeinschaft bezogen ist und diese nur bei Vorhandensein mehrerer Erben entsteht (§ 2032 Abs. 1 BGB).[14] Eine Modifikation

---

1985, 1953, 1954 (Kommanditanteil); BGHZ 91, 132, 135 f.; BGHZ 98, 48; Literatur: S. etwa *Lange*, Erbrecht, § 102 Rdnr. 84; *Ulmer*, ZGR 1972, 195, 197 f.; *Schmidt*, Gesellschaftsrecht, § 45 V 4a, S. 1339 ff.; *Lohmann*, in: BeckOK-BGB, § 2032 Rdnr. 14; *Rißmann/Szalai*, in: BeckOGK-ZR, § 2032 Rdnr. 20; *Flechtner*, in: Burandt/Rojahn-ErbR, § 2032 Rdnr. 36; *Gergen*, in: MüKo-BGB, § 2032 Rdnr. 55.

[9] So bezeichnet es *Muscheler*, Universalsukzession, S. 61; ähnlich *Schmidt*, Gesellschaftsrecht, § 45 V 4a, S. 1340, der von „*kraft Gesetzes vollziehender Teilauseinandersetzung*" spricht.

[10] Ähnlich *Kunz*, in: Staudinger, § 1922 Rdnr. 198: „*die in ihrer Funktionsweise einem Vindikationslegat stark ähnelt*". Ablehnend *Lange/Kuchinke*, Erbrecht, § 5 VI 6c, S. 136.

[11] Dies insbesondere deshalb, weil die Singularsukzession keine Nachlassteilung i.S.d. §§ 2059 Abs. 1 S. 1, 2062 Hs. 2 BGB bewirkt, s. dazu *§ 2 II. 3. b)*.

[12] Diesen Begriff verwendet z.B. *Flume*, in: FS Schilling, S. 23, 54 und *Lorz*, in: E/B/J/S-HGB, § 139 Rdnr. 10; BGH, NJW 1983, 2376, 2377; nicht als Modifikation, sondern als Gegenstück zur Universalsukzession führt ihn auf: *Muscheler*, Universalsukzession, S. 17. Als Synonyme werden verwendet: BGHZ 68, 225, 237 „*Einzelrechtsnachfolge*"; *Schmidt*, in: MüKo-HGB, § 139 Rdnr. 13 „*Sonderzuordnung*". Beachte jedoch den nach hier vertretener Ansicht nicht nur terminologischen Unterschied zwischen Singularsukzession und Sondererbfolge, s. dazu *§ 2 I. 5.*

[13] Ein anderes Begriffsverständnis legt *Schmidt* an, der den hier dargestellten Anfall des Gesellschaftsanteils nicht als Gegensatz zur Universalsukzession begreift, s. *Schmidt*, in: MüKo-HGB, § 139 Rdnr. 13; nur die qualifizierte Nachfolgeklausel als Durchbrechung des Grundsatzes der Universalsukzession begreift *Muscheler*, Universalsukzession, S. 60 mit Verweis auf S. 50.

[14] *Löhnig*, in: Staudinger, Vor. § 2032 Rdnr. 27 f.

der Universalsukzession ist bei einem Alleinerben daher nicht erforderlich.[15] Des Weiteren muss durch eine Klausel im Gesellschaftsvertrag sichergestellt sein, dass der Gesellschaftsanteil als solcher durch die Erbfolge unverändert vererbt wird (sog. Vererblichstellung[16]). Denn anders als bei sonstigen Vermögensgegenständen ist der oHG-Anteil nach der gesetzlichen Grundkonzeption gem. § 131 Abs. 3 S. 1 Nr. 1 HGB eigentlich nicht vererblich (Erbsperre), sondern wächst mit dem Erbfall den verbleibenden Gesellschaftern an, § 105 Abs. 3 HGB, § 738 Abs. 1 S. 1 BGB. Auf die Erben geht dann als Substitut lediglich ein Abfindungsanspruch gem. § 105 Abs. 3 HGB, § 738 Abs. 1 S. 2 BGB über, sofern dieser nicht zulässigerweise abbedungen wurde.[17] Dies geschieht auch bei mehreren Erben im Wege der unmodifizierten Universalsukzession.[18] Wenn die oHG nach dem Gesellschaftsvertrag[19] mit dem Tod eines Gesellschafters sogar aufgelöst wird, wandelt sich der oHG-Anteil in einen Liquidationsanteil um, der als solcher stets in unmodifizierter Universalsukzession vererbt wird.[20] Lediglich wenn in Abweichung von der Erbsperre des § 131 Abs. 3 S. 1 Nr. 1 HGB der Übergang des Gesellschaftsanteils durch eine sog. erbrechtliche Nachfolgeklausel[21] im Gesellschaftsvertrag sichergestellt ist, kann es zur erbrechtlichen Nachfolge in den oHG-Anteil kommen. Die etablierte Ansicht erlaubt es den Gesellschaftern dabei, die Reichweite der Vererblichstellung selbst zu dosieren und damit zu bestimmen, inwieweit das Erbrecht in das Rechtsgefüge der oHG hineinragen soll. Denn die Erbsperre des § 131 Abs. 3 S. 1 Nr. 1 HGB soll in personeller Hinsicht soweit abbedungen werden können, wie es gewünscht ist. So kann der Kreis der Nachfolgeberechtigten durch eine einfache Nachfolgeklausel[22] zu Gunsten jedermann geöffnet werden. Dass der Erblasser auf die einfache Nachfolgeklausel hin auch die freie Wahl hat, ob er alle Miterben zu Sondererben des oHG-Anteils beruft (einfache Sondererbfolge) oder nur einen oder mehrere der

---

[15] *Schmidt*, in: MüKo-HGB, § 139 Rdnr. 14. Für eine Singularsukzession auch bei Alleinerben setzen sich vereinzelt Stimmen in älteren Publikationen ein; so etwa *Ulmer*, in: FS Schilling, S. 79, 91 im Bereich der Abspaltungsthese.

[16] Diesen Begriff verwendet in ähnlicher Weise *Muscheler*, Universalsukzession, S. 113, der in diesem Zusammenhang von „*vererblich zu stellen*" spricht. S. auch *Schäfer*, in: Staub-HGB, § 139 Rdnr. 9.

[17] Zur Abbedingung, vgl. BGHZ 22, 186, 194 ff.; BGH, DNotZ 1966, 620; *Lange*, Erbrecht, § 102 Rdnr. 46. Zum Sonderfall der Abbedingung des Abfindungsanspruchs bei Personengesellschaften mit ideeller Zwecksetzung, vgl. BGHZ 135, 387, 390 f. Kritisch zum vollständigen Ausschluss *Koch*, in: BeckOGK-ZR, § 738 Rdnr. 68.

[18] *Schmidt*, in: MüKo-HGB, § 139 Rdnr. 7, § 131 Rdnr. 66 und 127.

[19] Sog. Auflösungsklausel, s. *Schäfer*, in: Staub-HGB, § 139 Rdnr. 6.

[20] Ganz h.M., vgl. etwa *Schmidt*, in: MüKo-HGB, § 139 Rdnr. 9.

[21] Zum Begriff, s. *Lange*, Erbrecht, § 102 Rdnr. 82 (Schaubild 50).

[22] Zum Begriff, s. *Schäfer*, in: MüKo-BGB, § 727 Rdnr. 29.

Miterben als Sondererben des oHG-Anteils einsetzt (qualifizierte Sondererbfolge), wird nur vereinzelt vertreten.[23] Überwiegend wird konstatiert, dass die einfache Nachfolgeklausel stets auch eine einfache Sondererbfolge aller Miterben in den oHG-Anteil bewirken soll, sodass alle vom Erblasser eingesetzten Erben – entsprechend ihrer Erbquote – ein Teilstück des oHG-Anteils erhalten, ohne dass der Erblasser die Möglichkeit hat, nur einem oder einigen der Miterben den oHG-Anteil unter Ausschluss der anderen Miterben zuzuordnen.[24] Letzteres ist nur möglich, wenn die Erbsperre durch eine sog. qualifizierte Nachfolgeklausel[25] lediglich zu Gunsten einer einzelnen Person bzw. mehrerer einzelner Personen aufgehoben wird, da dann der Erblasser von vorneherein in der Erbeinsetzung hinsichtlich des oHG-Anteils beschränkt ist.[26] Er kann dann, neben dem oder den nachfolgeberechtigten, qualifizierten Sondererben, weitere Erben berufen, ohne dass letztere zugleich in den oHG-Anteil nachfolgen. Bei einer qualifizierten Nachfolgeklausel ist jedoch Vorsicht geboten. Nur soweit gerade die als Nachfolger im Gesellschaftsvertrag vorgesehene Person (nachfolgeberechtigte Person) vom Erblasser als Sondererbe eingesetzt wird, gelingt die Vererbung des oHG-Anteils.[27] Ein einzelner nachfolgeberechtigter Sondererbe erbt den oHG-Anteil allein, wohingegen mehrere nachfolgeberechtigte Sondererben den oHG-Anteil wiederum im Verhältnis ihrer Erbquoten zueinander erben.[28] Gegenüber nicht nachfolgeberechtigten, vom Erblasser gleichwohl zu Sondererben des oHG-Anteils auserkorenen Personen scheitert die Nachfolge, denn die Erbsperre des § 131 Abs. 3 S. 1 Nr. 1 HGB bleibt ihnen gegenüber bestehen. Der oHG-Anteil wächst dann insoweit den Mitgesellschaftern gem. § 105 Abs. 3 HGB, § 738 Abs. 1 S. 1 BGB an und wird grundsätzlich durch einen von allen Miterben in gesamthänderischer Verbundenheit gehaltenen Abfindungsanspruch substituiert,[29] soweit der oHG-Anteil nicht über eine ergänzende Auslegung einem anderen nachfolgeberechtigten Erben zuerkannt werden kann.[30]

---

[23] So wohl *Leipold*, in: MüKo-BGB, § 1922 Rdnr. 92. Zum Streitstand, s. *v. Hoyenberg*, RNotZ 2007, 377, 383.

[24] *Große-Boymann*, in: Burandt/Rojahn-ErbR, § 1922 Rdnr. 48; *Schäfer*, in: MüKo-BGB, § 727 Rdnr. 30; *ders.*, in: Staub-HGB, § 139 Rdnr. 46; *Lorz*, in: E/B/J/S-HGB, § 139 Rdnr. 17; *Lange*, Erbrecht, § 102 Rdnr. 84.

[25] *Kipp/Coing*, § 91 IV 8b, S. 507.

[26] *Lange*, Erbrecht, § 102 Rdnr. 84.

[27] BGHZ 22, 186, 193.

[28] *Schäfer*, in: Staub-HGB, § 139 Rdnr. 47.

[29] Insofern gilt nichts anderes als ohne Nachfolgeklausel, vgl. hierzu *Lorz*, in: E/B/J/S-HGB, § 131 Rdnr. 41.

[30] So befürwortet von BGHZ 68, 225, 236.

3. Gegenstand und Rechtsnatur der Singularsukzession

Freilich würde sich die Diskussion über den Widerspruch zur erbrechtlichen Universalsukzession erübrigen, wenn sich der soeben als Singularsukzession benannte Vorgang überhaupt nicht als erbrechtlicher Übergang darstellt, sondern vielmehr in Wahrheit auf einem anderen Geltungsgrund aufbaut. Mit diesem Ausweg wurde v. a. in älteren Publikationen versucht, das sich andernfalls stellende Problem einer das Grundprinzip der Universalsukzession gem. §§ 1922 Abs. 1, 2032 Abs. 1 BGB verändernden Singularsukzession zu umgehen. So versuchte man, den Übergang des oHG-Anteils zu Gunsten der Erben alleine aus der Vererblichstellung im Gesellschaftsvertrag herzuleiten.[31] Dies überzeugt jedoch nicht. Ohne eine Mitwirkung des Nachfolgers kann der Gesellschaftsvertrag nicht als Legitimationsgrundlage für den Anteilsübergang an den Nachfolger gesehen werden, da dies einem, dem Gesetz unbekannten, verfügenden Vertrag zu Lasten Dritter entspräche.[32] Dieser lässt sich insbesondere nicht aus der Existenz des § 139 HGB herleiten, da dieser Norm keinerlei Aussagen hinsichtlich der Existenz eines solchen Vertragstypus zu entnehmen sind. Auch die Urentscheidung RGZ 16, 40 optierte bereits gegen vertragliche Lösungsmodelle und konstatierte, dass die Erben „*von Gesetzes wegen Gesellschafter der offenen Gesellschaft werden*"[33]. Man blieb jedoch undeutlich, in welcher gesetzlichen Grundlage die Legitimation des Übergangs zu erblicken ist.[34] In der Folge kam

---

[31] RG, Holdheim 14, 233: „*Wo dies (scil.: die Vererblichstellung) der Fall ist, tritt jeder einzelne Erbe auf Grund des Vertrages in die Gesellschaft und in die Rechtsstellung des Erblassers und der Gesellschaft ein*". In diese Richtung gehen wohl auch die Leitsätze in RGZ 108, 388 („*kraft des Gesellschaftsvertrages an die Stelle des Verstorbenen getretenen Erben*") und RGZ 109, 80 („*[...] wenn diese auf Grund des Gesellschaftsvertrags als Erbin ihres Ehemannes Gesellschafterin geworden ist*"). Für eine ausschließlich rechtsgeschäftliche Lösung der Nachfolge des Erben tritt ein: *Flume*, Allgemeiner Teil I-1, § 18 II 1, S. 383 ff. Für eine rechtsgeschäftliche Lösung, die neben der erbrechtlichen Lösung steht: *Lange/Kuchinke*, Erbrecht, § 5 VI 3c, S. 130; *Säcker*, S. 43 ff., insbesondere 64; *Westermann*, JuS 1979, 761, 765 (die Unzulässigkeit einer rechtsgeschäftlichen Nachfolgeregelung ist nicht eindeutig erwiesen).

[32] *Schäfer*, in: Staub-HGB, § 139 Rdnr. 13; BGHZ 68, 225, 231 ff.

[33] RGZ 16, 40, 57.

[34] So spricht RGZ 16, 40, 58 f. davon, dass die Gesellschafterhaftung (verstanden als gesetzliche Konsequenz der Rechtsstellung als Gesellschafter) „*keineswegs eine durch erbrechtliche Nachfolge derivierte, sondern auf Grund im Gesetz bestimmter Thatsachen (sic!) (...) kraft Bestimmung des Handelsgesetzbuches (...) entstanden ist*" und dass „*wenn auch in den Fällen der Anwendung des Art. 123 Nr. 2 ADHGB die Beerbung des Erblassers des Eintretenden die Voraussetzung des Eintritts bilde, erbrechtliche Prinzipien keinen angemessenen Maßstab für das Maß der Verbindlichkeiten des Eingetretenen herstellten*". Hieraus lässt sich nur ableiten, dass die Gesellschafterhaftung des Erben nicht aus dem Erbrecht folgt, entgegen *Siegmann*, S. 43 jedoch nicht, dass die gesamte Gesellschafterstellung außerhalb des Erbrechts aufgrund einer Legalzession übergeht.

die Tendenz auf, die handelsrechtlichen Bestimmungen der §§ 131 Abs. 3 S. 1 Nr. 1, 139 HGB zu eigenständigen gesetzlichen Legitimationsgrundlagen für den Übergang des oHG-Anteils auf die Erben zu erklären.[35] Es kann heute freilich als gesicherte Erkenntnis der etablierten Ansicht gelten, dass sich diese Auffassung nicht durchgesetzt hat. §§ 131 Abs. 3 S. 1 Nr. 1, 139 HGB können nicht als gesetzliche Grundlage für eine vom Erbrecht abgekoppelte Sonderrechtsnachfolge angesehen werden. Zwar kennt das Gesetz in §§ 738 Abs. 1 S. 1, 563 Abs. 1, 1483 Abs. 1 BGB erbrechtsunabhängige Sonderrechtsnachfolgen, jedoch haben diese Vorschriften allesamt gemeinsam, dass die von diesen Normen begünstigten Personen (Gesellschafter, Ehegatte, Abkömmling) gesetzlich umschrieben sind, ohne dass der Übertragende hierauf durch einseitige Maßnahmen gestaltend Einfluss nehmen könnte. Mit Blick auf die Sondernachfolge in Personengesellschaftsanteile, bei der gerade die Erbeinsetzung des Nachfolgers durch den Erblasser das bestimmende Moment ist, ist dies allerdings anders. Würde man die Sondernachfolge in Personengesellschaftsanteile als von der erbrechtlichen Universalsukzession gänzlich abgekoppelte Sonderrechtsnachfolge betrachten, nähme diese eine nur schwer zu legitimierende Sonderstellung unter allen anderen Sonderrechtsnachfolgen ein. Daneben eignet sich § 139 HGB auch nicht als Legitimationsquelle der Sondernachfolge in Personengesellschaftsanteile. Denn aus ihr könnte nur eine Nachfolge in den oHG-Anteil mit allen Erben hergeleitet werden, da § 139 Abs. 1 HGB gerade voraussetzt, dass die oHG mit „*den Erben*“ fortgesetzt wird. Die von der etablierten Ansicht zugelassene Möglichkeit, im Wege einer qualifizierten Nachfolgeklausel den oHG-Anteil nur für bestimmte Personen vererblich zu stellen, sodass nur „*ein Teil der Erben*“ in den oHG-Anteil einrückt, kann aus dieser Vorschrift nicht herausdestilliert werden und zeigt, dass sich das heute erreichte Verständnis der Singularsukzession von § 139 HGB emanzipiert hat. Der Übergang des oHG-Anteils zu Gunsten des oder der Sondererben ist daher trotz aller Fremdartigkeit Ergebnis der erbrechtlichen Sukzessionsvorschrift des § 1922 Abs. 1 BGB.[36] D.h. freilich nicht, dass die Übertragung des oHG-Anteils nicht auch abseits einer solchen erbrechtlichen Nachfolge auf rechtsgeschäftlichem Weg vollzogen

---

[35] RG, JW 1912, 475, 476: „*(...) die Wirkung dieser Bestimmung ist (...), dass die Erben zunächst als Gesellschafter von Gesetzes wegen in die offene Handelsgesellschaft eingetreten sind*“; RG, Das Recht 1917, Nr. 457: „*Infolgedessen wurden (...) deren 11 Erben kraft Gesellschaftsrechts (§§ 131 Nr. 4, 139 HGB) persönlich haftende Gesellschafter*“. Für die einzelnen Verästelungen dieser Ansichten, s. weiterführend: *Siegmann*, S. 39 ff.; *Schultze*, S. 20 f.

[36] So auch: RGZ 170, 392, 394; RGZ 171, 328, 330 (Kommanditanteil); BGHZ 22, 186; BGHZ 68, 225, 229 f.; *Kunz*, in: Staudinger, § 1922 Rdnr. 198; *Leipold*, in: MüKo-BGB, § 1922 Rdnr. 91 f.; *Schäfer*, in: MüKo-BGB, § 727 Rdnr. 28 und 49.

werden könnte. Solche rechtsgeschäftliche Nachfolgeklauseln[37] müssen jedoch den Voraussetzungen genügen, die eine Anteilsübertragung unter Lebenden gem. §§ 398, 413 BGB mit sich bringt. Sie ist also insbesondere an die Mitwirkung des Nachfolgers geknüpft.[38] Will der Gesellschafter jedoch den oHG-Anteil ohne die Mitwirkung des designierten Nachfolgers auf diesen übertragen, bleibt ihm nur die Möglichkeit, sich über den Weg einer erbrechtlichen Nachfolgeklausel auf den erbrechtlichen Pfad zu begeben.

Musste man sich also der Erkenntnis beugen, dass die von den Erben angetretene Nachfolge in oHG-Anteile alleine Ergebnis der erbrechtlichen Universalsukzession sein kann, versuchten ältere Publikationen die Wirkung des erbrechtlichen Übergangs zu beschränken und den oHG-Anteil nur in seinen vermögensrechtlichen Aspekten einem erbrechtlichen Übergang zu unterwerfen. Die Nachfolge in andere Positionen des Anteils, insbesondere deren mitgliedschaftliche und verwaltungsspezifische Teile, sollte hingegen eine bloße Folge dieses erbrechtlichen Übergangs sein und sich außerhalb des Erbrechts vollziehen.[39] Richtigerweise hat der heutige Rechtsstand eine solche gespaltene Betrachtung der Gesellschafterposition überwunden: Der oHG-Anteil wird vom Erbrechtsgefüge als Ganzes, d. h. in seiner umfassenden Funktion als Gesellschafterposition mit allen Rechten und Pflichten, auf den Nachfolger kraft Erbrechts übergeleitet.[40] Auch diese Sichtweise ist letztlich stringent, wenn man sich vor Augen führt, dass der oHG-Anteil nahezu einmütig als gem. §§ 398, 413 BGB lebzeitig übertragbare Rechtsposition angesehen wird, sofern die Mitgesellschafter der Übertragung zustimmen und damit auf ihren aus § 105 Abs. 3 HGB, § 719 Abs. 1 Hs. 1 Var. 1 BGB hergeleiteten Schutz vor Einmischung gesellschaftsfremder Dritter verzichten.[41] Wenn jedoch die Mitgliedschaft als einheitliche Rechtsposition durch Rechtsgeschäft unter Lebenden übertragen

---

[37] S. zur Terminologie etwa *Klein/Lindemeier*, in: Münchener Handbuch des Gesellschaftsrechts I, § 79 Rdnr. 27.

[38] *Lange*, Erbrecht, § 102 Rdnr. 65 f.

[39] Vgl. *Schlicht*, NJW 1954, 984, 985; *Küster*, S. 57; *Ebert*, S. 101 f.; *Müller*, in: FS Wahl, S. 369, 372 ff.; enger etwa: *Wolf*, NJW 1954, 1549; *Donner*, DR 1943, 1205, 1208 (Kommanditanteil) und *ders.*, DNotZ 1944, 143, 150, die nur die höchstpersönlichen Aspekte der Mitgliedschaft aus dem Erbrecht ausnehmen wollen. Die Begründungsansätze, wie sich die Nachfolge in diese nichtvermögensrechtlichen Positionen vollziehen soll, sind letztlich verschiedenartig ausgestaltet, s. hierzu weiterführend: *Siegmann*, S. 83 ff.; *Schultze*, S. 25 f.

[40] S. bereits: *Weiler*, DNotZ 1952, 283, 287 f.; *Einmahl*, AcP 160, 29, 31, 33 ff. So die heute allgemeine Ansicht: BGHZ 68, 225, 229; *Schmidt*, in: MüKo-HGB, § 139 Rdnr. 12; *Lehmann-Richter*, in: BeckOK-HGB, § 139 Rdnr. 16.

[41] BGHZ 13, 179, 184; BGHZ 44, 229, 231; BGHZ 71, 296, 299; *Schäfer*, in: Staub-HGB, § 105 Rdnr. 291.

werden kann, muss letztlich das Gleiche gelten, wenn es um die Übertragung von Todes wegen geht.[42]

4. Singularsukzession aus Sicht der höchstrichterlichen Rechtsprechung

Erstmals hat sich das RG am 17.3.1886 in RGZ 16, 40 ff., und damit vor Inkrafttreten des BGB und des HGB,[43] gegen die Sukzession einer Erbenmehrheit in einen Gesellschaftsanteil und für eine Singularsukzession ausgesprochen. Es galten damit noch die landesrechtlichen bürgerlichen Gesetze, in dem zu entscheidenden Fall das *PreußALR*;[44] daneben galt das reichsrechtliche *ADHGB*.[45] Vor diesem Hintergrund muss man die Entscheidung des RG verstehen. Das RG erteilte dabei der Erbengemeinschaft am oHG-Anteil mit folgenden Worten eine Absage:

„*Die fernere Konstruktion (...), dass die Personen, welche den verstorbenen Gesellschafter beerbt hätten, (...) nicht je individuell Gesellschafter in der offenen Handelsgesellschaft würden, sondern nur in ihrer Gesamtheit den einen verstorbenen Gesellschafter vorstellten, besteht (...) auf der Anwendung erbrechtlicher Grundsätze auf einen Fall, für welche sie nicht gegeben sind*“.[46]

Zur Begründung führte das RG vornehmlich den Charakter der oHG als Haftungsgemeinschaft aus, der durch die Zulassung einer Erbengemeinschaft an dem oHG-Anteil infrage gestellt würde. Zur Verdeutlichung bildete es einen hypothetischen Fall, bei dem allmählich alle Gesellschafter einer oHG durch Erbengemeinschaften beerbt werden, die aus Benefizialerben[47] bestehen. In

---

[42] *Siegmann*, S. 90 f.

[43] Das BGB und das HGB traten erst am 1.1.1900 in Kraft, vgl. Art. 1 Abs. 1 EGBGB und Art. 1 Abs. 1 EGHGB.

[44] Auf dem Boden des Deutschen Reiches galten vor dem Inkrafttreten des BGB noch andere Partikularrechte des bürgerlichen Rechts. Für einen Überblick, s. *Honsell*, in: Staudinger, Einleitung zum BGB Rdnr. 59.

[45] Das *ADHGB* wurde bis 1861 auf der Nürnberger Konferenz ausgearbeitet und galt, nach entsprechender landesgesetzlicher Einführung, bereits in den einzelnen Staaten des Deutschen Bundes, wurde nach dem Zusammenbruch desselben im Sommer 1866 mit Wirkung zum 1.1.1870 Bundesgesetz des Norddeutschen Bundes (vgl. § 6 Gesetz, betreffend die Einführung der Allgemeinen Deutschen Wechsel-Ordnung, der Nürnberger Wechsel-Novellen und des Allgemeinen Deutschen Handelsgesetzbuches als Bundesgesetze) und wenig später durch § 2 des Gesetzes, betreffend die Verfassung des Deutschen Reichs vom 16.4.1871 bzw. § 2 des Gesetzes, betreffend die Einführung Norddeutscher Bundesgesetze in Bayern vom 22.4.1871, Gesetz des neu gegründeten Deutschen Reiches. Vgl. hierzu *Pöhlmann*, Das Aktienrecht des 19. Jahrhunderts, S. 42 f. m. w. N.

[46] RGZ 16, 40, 58.

[47] Benefizialerben sind Erben, die allesamt die Erbschaft mit dem Vorbehalt der Rechtswohltat des Inventars angenommen haben, sodass jeder Miterbe gem. *I 9 §§ 422, 452 PreußALR* i. V. m. *I 17 §§ 134 f. PreußALR* nur auf seinen Erbteil beschränkt haftet.

diesem Fall käme es nach Ansicht des RG, mit Blick auf die im *PreußALR* angelegte Haftungsbeschränkung auf den Nachlass gem. *I 17, §§ 134f.* und *I 9, §§ 422, 452 PreußALR*, *„zu der Rechtsbildung einer Gesellschaft, deren Inhaber sämtlich in beschränkter Weise mit Verlassenschaften haften, also schnurstracks zu dem Gegenteile einer offenen Handelsgesellschaft“*.[48] Warum das RG davon ausging, dass gerade das Einrücken einer Erbengemeinschaft aus Benefizialerben in den oHG-Anteil zu einer der oHG abträglichen Haftungsbeschränkung auf den Nachlass führen soll, obwohl es im selben Urteil betonte, dass die dem Alleinbenefizialerben zustehenden Möglichkeiten der Haftungsbeschränkung nicht die vom Erbrecht unabhängige persönliche Gesellschafterhaftung gem. *Art. 112 S. 1* und *Art. 113 Abs. 1 ADHGB*[49] erfasse, da dieser hieraus mit seinem ganzen Vermögen hafte,[50] wird nicht erörtert. Dies gilt wohl nicht zuletzt deshalb, weil das RG seinerzeit noch einen zweiten Vorbehalt gegen die Zulassung einer Erbengemeinschaft am oHG-Anteil hatte. Dieser bezog sich jedoch nicht auf die Ebene des haftungsrechtlichen Vermögenszugriffs, sondern war auf die Ausgestaltung der Einstandspflicht der Miterben gerichtet. Nach *I 17 §§ 127f. PreußALR* waren Miterben vor der Teilung nämlich stets – also egal, ob sie beschränkt als Benefizialerben oder unbeschränkt hafteten – nur gemeinschaftlich und untereinander im Verhältnis ihrer Erbteile einstandspflichtig.[51] Dies hatte zur Folge, dass jeder Miterbe den *„Erbschaftsgläubigern“*[52] gegenüber nur zusammen mit den anderen Miterben *„zu einer bezüglichen Rate“*[53] zur Befriedigung der Verbindlichkeit verpflichtet war. Aus Sicht des RG war dieser Umstand nicht vereinbar mit dem Wesen der Gesellschafterhaftung, die nach *Art. 112 S. 1 ADHGB* die gesamtschuldnerische Einstandspflicht eines jeden oHG-Gesellschafters fordert.[54] Gerade dieser Vorbehalt erledigte sich jedoch mit dem Erlass des BGB, da § 2058 BGB – in bewusster Abkehr vom *PreußALR*[55] – grundsätzlich eine gesamtschuldnerische Einstandspflicht der Miterben vorsieht. Dass gem. § 2059 Abs. 1 S. 1 BGB vor der Nachlassteilung i.d.R. nur ein Zugriff auf den Erbteil jedes Miterben besteht, berührt den gesamtschuldnerischen Charakter der Einstandspflicht nicht.[56] Daneben stellte der Erlass des

[48] RGZ 16, 40, 58.

[49] *Art. 112 S. 1* und *Art. 113 Abs. 1 ADHGB* entsprechen im Wesentlichen den heutigen §§ 128 S. 1, 130 Abs. 1 HGB.

[50] RGZ 16, 40, 43 f.

[51] Zum Inhalt dieser Haftung, s. auch *Köbler*, Erbrecht und Gesellschaft, S. 38.

[52] So in *I 17 § 127 PreußALR* als Terminus verwendet.

[53] So das RG in RGZ 16, 40, 58.

[54] RGZ 16, 40, 58.

[55] S. hierzu Mugdan V, S. 862 f.

[56] Nur § 2059 Abs. 1 S. 2 BGB sieht ausnahmsweise eine Teilschuld der unbeschränkt haftenden Erben vor.

BGB auch die Singularsukzession an sich unter erhöhten Begründungsdruck, weil sich das BGB bewusst gegen jedwede Form von erbrechtlicher Einzelrechtsnachfolge entschied.[57] Unter Geltung des *PreußALR* konnte eine richterrechtlich neugeschöpfte Singularsukzession hingegen viel leichter aus der Taufe gehoben werden, kannte doch das *PreußALR* selbst eine beachtliche Anzahl von Einzelrechtsnachfolgen für bestimmte, insbesondere personenbezogene Gegenstände.[58] Die für eine Analogie wesensnotwendige planwidrige Regelungslücke und teleologische Vergleichbarkeit zu den ebenfalls personenbezogenen oHG-Anteilen lag damit im *PreußALR* näher als unter Geltung des BGB, da letzteres zwar erbrechtsunabhängige Sonderrechtsfolgen[59], aber keine erbrechtliche Singularsukzession mehr kennt.[60] Mit Erlass des BGB hätte daher eigentlich erneut mit dem Blick für das veränderte Gesamtsystem über die Singularsukzession befunden werden müssen. Umso verwunderlicher ist jedoch, dass sich das RG in einer seiner ersten Entscheidungen, die sich nach dem Erlass des BGB mit der Frage der Sukzession in den Gesellschaftsanteil beschäftigte, nicht ausreichend mit einer Fortgeltung der Singularsukzession auseinandersetzte. So hat das RG in dieser Entscheidung vom 7.2.1912 schlicht konstatiert:

*Die Wirkung dieser Bestimmung (*scil.: *der einfachen Nachfolgeklausel) ist – vgl. RGZ 16, 40ff. (...) – dass die Erben zunächst als Gesellschafter von Gesetzes wegen in die Gesellschaft eingetreten sind, und zwar nicht die Erben in ihrer Gesamtheit als ein Gesellschafter, sondern jeder Miterbe als selbstständiger Gesellschafter.*[61]

Eine weitere Begründung dieser These erfolgte nicht. Das RG hielt offenbar eine aktualisierte Prüfung des Befundes – trotz des zwischenzeitlichen Erlasses des BGB – nicht für erforderlich und blieb dieser Linie auch später treu.[62] Auch der II. Senat des BGH stellte in BGHZ 22, 186ff. bereits früh fest, dass er an der Singularsukzession in Gesellschaftsanteile festhalten wolle. Denn ohne diese Modifikation könnten „*mehrere Erben, trotz der vom Gesellschaftsvertrag vor-*

---

57 Von gezielter Abschaffung mit Blick auf das zuvor geltende gemeine Recht spricht auch *Lange*, Erbrecht, § 8 Rdnr. 21.

58 So waren im *PreußALR* Sondererbfolgen für Lehne, Fideikommisse sowie Heergerät (die einer Person männlichen Geschlechts zugeordneten Gegenstände), für Niftel und Gerade (die einer Frauensperson zugeordneten Gegenstände), s. *II 1 §§ 501ff. PreußALR*, und für den Erbschatz i.S.d. *II 1 §§ 276ff. PreußALR* ausdrücklich vorgesehen. S. hierzu *Muscheler*, Universalsukzession, S. 16f.

59 Z.B. §§ 563–563b BGB; § 738 Abs. 1 S. 1 BGB bei Versterben eines Gesellschafters ohne Nachfolgeklausel; § 1483 Abs. 1 S. 2 BGB.

60 Zur Unterscheidung zwischen erbrechtsunabhängigen und erbrechtlichen Sondernachfolgen, vgl. *Kunz*, in: Staudinger, § 1922 Rdnr. 28f.

61 RG, JW 1912 S. 475, 476.

62 Vgl. etwa einige der letzten Entscheidungen des RG: RGZ 170, 392, 394; RGZ 171, 328, 330f. (Kommanditanteil); RGZ 171, 345, 349f.

gesehenen und zugelassenen Vererblichkeit des Gesellschaftsanteils, diesen im Wege der Erbfolge nicht erwerben"[63]. Bei der oHG könne nämlich „*mit Rücksicht darauf, daß sie in der Regel eine persönlichkeitsbezogene Arbeitsgemeinschaft und stets eine persönlichkeitsbezogene Haftungsgemeinschaft ist, eine Erbengemeinschaft nicht Mitglied sein*"[64].

Warum dies so sein soll, kann man diesem Urteil nicht näher entlocken. In BGHZ 68, 225 ff. blieb man dieser Rechtsprechung treu, sicherte sich jedoch zusätzlich ab, indem man konstatierte, dass diese Ansicht „*mangels zwingender gegenteiliger Argumente schon im Hinblick auf die notwendige Kontinuität einer revisionsrichterlichen Rechtsprechung nicht mehr in Frage gestellt werden (kann)*"[65].

Daneben legte der II. Senat mit den Worten nach, dass „*die Einzelrechtsnachfolge dem Senat im Übrigen nach wie vor als die sachgerechte Lösung (erscheint), weil sich die Erbengemeinschaft weder für eine Betätigung als Gesellschafter noch für die Gesellschafterhaftung eignet; sie hat auch die Vorschrift des § 139 HGB für sich, die sie zwar nicht ausdrücklich vorschreibt, bei unbefangener Betrachtung aber offenbar voraussetzt*"[66].

Der II. Senat formulierte damit drei Kernvorbehalte, die der Erbengemeinschaft an einem oHG-Anteil angeblich entgegenstehen sollen: Die Ungeeignetheit für die Betätigung als Gesellschafter, die Ungeeignetheit für die Gesellschafterhaftung sowie der Wortlaut des § 139 HGB. Trotz dieser Kernvorbehalte bleibt folgende von der Rechtsprechung[67] oftmals formulierte und von der Literatur[68] vielfach rezipierte floskelhafte Begründung beherrschender Faktor in den Veröffentlichungen: Die offenen Handelsgesellschaften sind „*persönlichkeitsbezogene Arbeits- und Haftungsgemeinschaften (...), in denen die Rechte und Pflichten in der Regel sachgerecht nur von voll verantwortlichen und selbst handlungsfähigen Personen wahrgenommen werden können*"[69]. Eine Voraussetzung, der die Erbengemeinschaft nicht genügen könne, da „*sie nicht hinreichend verselbständigt ist, um im Rechtsverkehr als handlungs- und haftungsfähige Einheit aufzutreten*"[70].

---

[63] BGHZ 22, 186, 192.

[64] BGHZ 22, 186, 192.

[65] BGHZ 68, 225, 237.

[66] BGHZ 68, 225, 237.

[67] BGHZ 22, 186, 192; BGH, NJW 1983, 2376, 2377.

[68] Aus dem Schrifttum, vgl. etwa: *Kämper*, RNotZ 2016, 625, 628; *Reimann*, ZEV 2002, 487, 488; *Gergen*, in: MüKo-BGB, § 2032 Rdnr. 14 f.

[69] BGH, NJW 1983, 2376, 2377.

[70] *Löhnig*, in: Staudinger, Vor. § 2032 Rdnr. 28.

Dieser Grundvorbehalt bleibt, auch wenn er mit den vom II. Senat kommunizierten Kernvorbehalten betrachtet wird, mehr als nebulös, da er es vermeidet, konkrete, rechtliche Anknüpfungspunkte einer für die Singularsukzession sprechenden Argumentationskette offen darzulegen. Was etwa eine Person zu einer „*voll verantwortlichen und handlungsfähigen Person*" macht, ist nicht selbsterklärend. Nur eines ist gewiss: Die Erben in der Organisationsform der Erbengemeinschaft sollen diese Anforderungen nicht erfüllen. Auch welche Umstände es sind, die die oHG zu einer „*persönlichkeitsbezogenen Arbeits- und Haftungsgemeinschaft*" machen, kann allenfalls erahnt werden. Schließlich vermeidet auch der Vorbehalt, wonach „*§ 139 HGB bei unbefangener Betrachtung eine Sondererbfolge voraussetze*", einen dogmatisch nachvollziehbaren Begründungsansatz. Trotz dieser lückenhaften Argumentationskette der höchstrichterlichen Rechtsprechung ist der IV. Senat[71] dem II. Senat in BGH, NJW 1983, 2376 mit den Worten beigesprungen, dass es sich bei der Singularsukzession damit um eine „*gesellschaftsrechtlich zwingende Begrenzung der Gestaltungsmöglichkeiten*"[72] handele. Jedoch resümierte er vorsichtiger: „*Wenn die Rechtsprechung dabei nicht ohne die Annahme einer Sondererbfolge in die Gesellschaftsanteile auskommt, obwohl die Sondererbfolge im deutschen Recht sonst nur ausnahmsweise vorkommt, dann kann und muß das hingenommen werden*".[73] Gerade am Wort „*hinnehmen*" zeigt sich jedoch, dass jedenfalls der IV. Senat des BGH um die dogmatisch zweifelhafte Grundlage der Singularsukzession im Bilde war und diese nur mangels besserer Alternativen zu akzeptieren gewillt war.

Wie die dargelegte Auswahl der Rechtsprechung zeigt, bleibt die Begründung der Singularsukzession in der Rechtsprechung stiefmütterlich, da die zum *PreußALR* erstmals befürwortete und dort eingehend begründete Singularsukzession ohne eine vertiefte Prüfung in das BGB eingeschleppt wurde. Die Rechtsprechung begründet die Singularsukzession bereits seit geraumer Zeit gar nicht mehr[74] oder begnügt sich mit der eben genannten Floskel.[75] Auch in der heutigen Kommentarliteratur kann diese Floskel – zumindest als unterstützendes Argument – teilweise angetroffen werden, während sich teilweise aber auch gar keine Begründung der Singularsukzession mehr findet.[76] Was mit der floskel-

[71] Fungierte von 1980 bis 1989 als IVa. Zivilsenat. Um Verwirrung zu vermeiden, soll jedoch einheitlich die heute geltende Senatsbezeichnung als Grundlage für den Text dienen.

[72] BGH, NJW 1983, 2376, 2377.

[73] BGH, NJW 1983, 2376, 2377.

[74] S. etwa BGH, NJW 1999, 571, 572 (GbR-Anteil); BGH, NJW 1996, 1284, 1285 (GbR-Anteil); BGH, NJW 1985, 1953, 1954 (Kommanditanteil).

[75] S. etwa BGH, NJW 1981, 749, 750 (GbR-Anteil).

[76] *Kunz*, in: Staudinger, § 1922 Rdnr. 198, die jedoch auch auf die Haftungsdisparität hinweist (s. hierzu *§ 3 I. 1.*); *Gergen*, in: MüKo-BGB, § 2032 Rdnr. 55, der daneben u. a. auf die mangelnde rechtliche Verselbstständigung und die Haftungsdisparität hinweist (s. hierzu *§ 3 I.*

haften Formulierung der Rechtsprechung konkret gemeint ist, erschließt sich nicht ohne Weiteres. Es ist eine bemerkenswerte Tatsache, dass der BGH in den oben genannten Entscheidungen den dogmatisch wichtigen Streit um die Notwendigkeit der Singularsukzession im Wesentlichen der Literatur[77] überlassen hat und sich damit begnügte, in Klammerzusätzen auf die dort zu findenden Fundstellen Bezug zu nehmen.[78] Primär wird daher in *§ 3* mit den dort zu findenden Argumenten der Literatur zu arbeiten sein, um den Streit hinsichtlich der Notwendigkeit der Singularsukzession angemessen beleuchten zu können.

5. *Von der quotenorientierten Singularsukzession zur gegenstandsorientierten Sondererbfolge*

Trotz der dünnen Argumentationsgrundlage, die die höchstrichterliche Rechtsprechung zur Notwendigkeit der Singularsukzession geliefert hat, war sie doch bemüht, das von ihr kreierte Produkt fortzuentwickeln. Im Gefolge der Singularsukzession stellte sich, insbesondere im Umfeld von qualifizierten Nachfolgeklauseln, die Frage, in welchem Verhältnis ein qualifizierter Sondererbe gegenüber den sonstigen Miterben den Gesellschaftsanteil erbt.

a) Wandel der höchstrichterlichen Rechtsprechung

Hierzu vollzog die Rechtsprechung in ihrer skizzierten Geschichte zur Singularsukzession eine radikale Kehrtwende. So wurde in BGHZ 22, 186 ff. noch angenommen, dass „*die Miterben diesen Gesellschaftsanteil entsprechend ihrer Beteiligung am Nachlass unmittelbar geteilt erwerben*“[79]. Der Umfang und der Gegenstand der Singularsukzession jedes zur Nachfolge berufenen Sondererben stand damit noch unter erbrechtlichen Vorzeichen, da im Erbrecht den Erben grundsätzlich ein ideeller Anteil am Gesamtnachlass (§§ 2032 Abs. 1, 2033 Abs. 1 BGB – sog. Erbteil[80]) und nicht einzelne Gegenstände des Nachlasses an-

---

I. und *VIII.*). Gar keine eigene Begründung mehr führen an: *Kamanabrou*, in: Oetker-HGB, § 139 Rdnr. 7; *Roth*, in: Baumbach/Hopt-HGB, § 139 Rdnr. 14; *Klimke*, in: BeckOK-HGB, § 105 Rdnr. 80.

[77] An dogmatisch nachvollziehbareren Begründungsmodellen versucht sich das Schrifttum etwa bei *Schäfer*, in: MüKo-BGB, § 705 Rdnr. 81; *Schöne*, in: BeckOK-BGB, § 727 Rdnr. 16; *v. Proff*, in: BeckOGK-ZR, § 727 Rdnr. 44 (jeweils für die Außen-GbR).

[78] Dies wird besonders deutlich in den beiden wichtigen Entscheidungen BGHZ 22, 186, 191 ff. und BGHZ 68, 225, 237.

[79] BGHZ 22, 186, 193.

[80] Diesen Begriff verwendet z. B. *Gergen*, in: MüKo-BGB, § 2033 Rdnr. 4. Gebräuchlich sind auch andere Bezeichnungen: Anteil am Nachlass (*Löhnig*, in: Staudinger, § 2033 Rdnr. 1); Nachlassanteil (*Bayer*, in: Erman-BGB, § 2033 Rdnr. 1) oder Miterbteil (*Rißmann/Szalai*, in: BeckOGK-ZR, § 2033 Rdnr. 9).

fallen, mögen sich die Erben später auch über die einzelnen Gegenstände des Nachlasses gem. §§ 2042 ff. BGB auseinandersetzen. Dennoch überzeugte dieser Spagat von Anfang an nicht, da mit einer durch die individuelle Erbquote begrenzten Singularsukzession zwei Prinzipien miteinander kombiniert wurden, die nicht zusammenpassten. So konnte ein Gesellschaftsanteil einem qualifizierten Sondererben nicht vollumfänglich anfallen, wenn dieser Gesellschaftsanteil wertmäßig seine ihm zugedachte Erbquote überschritt. Vielmehr konnte der Gesellschaftsanteil nur in der Höhe auf den Nachfolger übergehen, die wertmäßig seiner Erbquote entsprach.[81] Der überschießende Rest des Gesellschaftsanteils konnte nach diesem Verständnis erbrechtlich nicht übergehen und wuchs daher den verbleibenden Mitgesellschaftern gem. § 105 Abs. 3 HGB, § 738 Abs. 1 S. 1 BGB an. Anstelle des überschießenden Rests fiel den Miterben zur gesamten Hand ein wertmäßig diesem entsprechender Abfindungsanspruch i. S.d. § 105 Abs. 3 HGB, § 738 Abs. 1 S. 2 BGB an. War der Abfindungsanspruch hingegen abbedungen, hätte die Begrenzung der Sondererbfolge auf die Erbquote freilich zu einer ungerechtfertigten Besserstellung der Mitgesellschafter geführt: Diesen wäre mit dem Erbfall der über die Erbquote hinausschießende Teil des oHG-Anteils angewachsen, ohne dass sie diesen in Form eines Abfindungsanspruchs hätten vergüten müssen. Um dies zu verhindern, sollte dem Gesellschaftsvertrag zu entnehmen sein, dass die Mitgesellschafter den angewachsenen Restgesellschaftsanteil lediglich vorübergehend und zu treuen Händen erhalten sollten, da der Sondererbe jederzeit die rechtsgeschäftliche Übertragung des angewachsenen Restgesellschaftsanteils verlangen konnte.[82] Dieses komplizierte Ergebnis wurde kritisiert.[83] Daher gab der BGH in BGHZ 68, 225 ff. diese Sichtweise zu Gunsten einer streng gegenstandsbezogenen Singularsukzession auf und vollzog damit die eingangs erwähnte Kehrtwende. Wohlgemerkt ist dies dieselbe Entscheidung, in welcher der BGH den Fortbestand der Singularsukzession an sich mit Blick „*auf die notwendige Kontinuität einer revisionsrichterlichen Rechtsprechung*“[84] zu rechtfertigen suchte. Der Gesellschaftsanteil sollte dem qualifizierten Sondererben nun somit auch dann vollumfänglich anfallen können, wenn die ihm zugedachte Erbquote wertmäßig hinter dem Anteil zurückblieb.[85] Hiermit trennte der BGH die Singularsukzession noch weiter aus dem erbrechtlichen Wertungsgefüge heraus, nach welchem eigentlich die Erbquote Gegenstand des Erbanfalls ist und die Zuordnung einzel-

---

[81] Hierzu kritisch *Siebert*, BB 1957, 18, 19 f.

[82] *Stötter*, DB 1979, 525, 527; BGHZ 22, 186, 195 f.

[83] Insbesondere: *Hueck*, JZ 1957, 220, 223; *Siebert*, BB 1957, 18, 19 f.

[84] BGHZ 68, 225, 237.

[85] BGHZ 68, 225, 237 f.

ner Gegenstände des Nachlasses erst bei der anschließenden Erbauseinandersetzung in den Vordergrund rückt.

b) Rechtsfolgen dieses Wandels

Der BGH baute damit die Singularsukzession zur Sondererbfolge[86] aus. Hierdurch verlieren jedoch die erbrechtlichen Auseinandersetzungsvorschriften der §§ 2042 ff. BGB in Teilen ihre Funktion. Am Auffälligsten zeigt sich dieses Defizit bei der nun möglichen Konstellation einer überquotalen Sondererbfolge. Können die Miterben die Erbauseinandersetzung in der unmodifizierten Universalsukzession davon abhängig machen, dass der bedachte Erbe einen Ausgleich in die Nachlassmasse zahlt, wenn dieser Nachlassgegenstände begehrt, die seine Erbquote übersteigen, ist dieser Schutzmechanismus bei der qualifizierten Sondererbfolge zu Lasten der gesellschaftsfernen Miterben außer Kraft gesetzt. Diese gehen durch die Sondererbfolge gezwungenermaßen in Vorleistung und müssen den überquotalen Erbanfall, der an der Erbengemeinschaft vorbei geht, zunächst hinnehmen. Erst im Anschluss ist ihnen ein Ausgleich für die überquotale Bedenkung zu gewähren. Die gesellschaftsfernen Erben werden damit von der passiven Rolle, die Auseinandersetzung von der Zahlung eines Ausgleichanspruchs abhängig zu machen, in eine aktive Rolle gezwungen, nämlich diesen Ausgleich einzufordern, ohne ein eigenes Druckmittel in der Hand zu haben. Erschwerend kommt hinzu, dass völlig unklar ist, aus welcher Anspruchsgrundlage dieser Ausgleich hergeleitet werden soll, da ein solcher Anspruch in dem von der Gesamtrechtsnachfolge geprägten BGB nicht vorgesehen ist und von der Rechtsprechung aus § 242 BGB,[87] von der Literatur teilweise aus § 1417 Abs. 3 S. 2 BGB analog,[88] § 12 Abs. 1 HöfeO analog[89], § 1978 Abs. 1 BGB analog[90], § 812 Abs. 1 S. 1 Var. 2 BGB[91], § 430 BGB analog[92], § 2134 S. 1 BGB analog[93] oder aus §§ 2050, 2055

---

[86] Nicht zu verwechseln mit dem Begriff „*Sonderrechtsnachfolge*". Zum Unterschied zwischen Sonderrechtsnachfolge und Sondererbfolge, s. *Kunz*, in: Staudinger, § 1922 Rdnr. 28 f. Kritisch zum verwendeten Begriff der Sondererbfolge, s. *Muscheler*, Universalsukzession, S. 17, 60 f. Singularsukzession und Sondererbfolge wohl synonym verwendet BGH, NJW 1983, 2367, 2377.

[87] BGHZ 22, 186, 197.

[88] In diese Richtung *Wiedemann*, Übertragung, S. 209 ff., insbesondere S. 211, wo die Ausgleichspflicht aus der Notwendigkeit der Wertgemeinschaft hergeleitet wird, um „*den Zwiespalt zwischen dem Wert der Erbquote und der Zuordnung zu beseitigen*".

[89] *Parr*, S. 102.

[90] *Westermann*, in: Erman-BGB, § 727 Rdnr. 12.

[91] *Brügmann*, S. 362 ff.

[92] *Kuttler*, S. 87 f.

[93] *Homann*, S. 84.

BGB analog[94] hergeleitet wird.[95] Wohl am ehesten an das dogmatische Gesamtgefüge des BGB angelehnt erscheint hierbei der Weg über die Vorschrift des § 812 Abs. 1 S. 1 Var. 2 BGB, da dieser eine Analogie zu Vorschriften vermeidet, deren Vergleichbarkeit zur Sondererbfolge kaum erkennbar ist und zugleich verhindert, den Ausgleichsanspruch gänzlich zum Produkt der Billigkeit zu erklären. Allerdings ist auch dieser Weg nicht frei von Kritik. Die Literaten, die den Weg des § 812 Abs. 1 S. 1 Var. 2 BGB über deren Funktion als Eingriffskondiktion beschreiten, müssen letztlich begründen, warum die Sondererbfolge zu einem Eingriff auf Kosten der Miterben führt. Hierfür müsste sich jedoch die Sondererbfolge als einseitiger Zugriff auf eine rechtlich anerkannte Rechtsposition darstellen, die im wirtschaftlichen Zuweisungsgehalt dieser Miterben, also in deren Vermögenssphäre steht.[96] *Brügmann* geht davon aus, dass durch die Sondererbfolge in den „*Anspruch auf erbquotengerechte Teilhabe am verbliebenen Aktivnachlass gem. § 2047 Abs. 1 BGB*“[97] eingegriffen werde. Dies überzeugt jedoch nicht. Zwar kommt Forderungen ein Zuweisungsgehalt zu,[98] allerdings entsteht der Anspruch auf erbquotenorientierte Nachlassteilhabe erst mit dem Erbfall, sodass die zeitgleich eintretende Sondererbfolge in diesen gar nicht eingreifen kann. Denn bis zum Erbfall handelt es sich bei der in Aussicht gestellten Nachlassteilhabe, nicht zuletzt wegen der grundsätzlich dem Erblasser jederzeit offenstehenden Möglichkeit das Testament zu ändern oder zu widerrufen, in aller Regel lediglich um eine Zugriffschance bzw. Erwerbsaussicht, die richtigerweise keine Rechtsposition ist, die bereits einen ausreichend manifestierten Zuweisungsgehalt besitzt.[99] Wenn *Brügmann* meint, aus dem Merkmal „*auf dessen Kosten*“ schließen zu können, dass es hierauf nicht ankäme, so überzeugt dies nicht.[100] Denn hierdurch würde das Merkmal „*auf dessen Kosten*“ in sein Gegenteil verkehrt. Es dient nämlich nicht dazu, den Anwendungsbereich der Eingriffskondiktion unter Erweiterung der Eingriffsvoraussetzungen auf jedwede ungerechtfertigte Vermögensverschiebung auszudehnen, die aus einem einheitlichen Vorgang resultiert. Vielmehr soll das Merkmal gerade umgekehrt neben das Eingriffserfordernis treten und für eine Ein-

---

[94] *Flume*, in: FS Schilling, S. 23, 42 f.; *Wolf*, in: Soergel, § 2032 Rdnr. 25.

[95] Zu den einzelnen Begründungsmodellen des Ausgleichsanspruchs, s. eingehend *Brügmann*, S. 310 ff.

[96] *Wendehorst*, in: BeckOK-BGB, § 812 Rdnr. 123, 134.

[97] *Brügmann*, S. 371.

[98] *Schwab*, NJW 2013, 1135, 1136 f.

[99] Ähnlich für künftige Erwerbs- und Gewinnchancen, *Wendehorst*, in: BeckOK-BGB, § 812 Rdnr. 130; *Schwab*, in: MüKo-BGB, § 812 Rdnr. 306.

[100] S. *Brügmann*, S. 371 f., der hierfür insbesondere die in BGH, NJW 1987, 1631, 1632 vom BGH vorgebrachte und noch weiter unten erläuterte Äußerung bemüht, dass sich „*die unmittelbare Vermögensverschiebung im Rechtssinn (...) nicht notwendigerweise unter denselben Personen (vollzieht), zwischen denen sich der tatsächliche Übergang des Vermögens abspielt*“.

schränkung und Konturierung des Bereicherungsausgleichs sorgen, indem Bereicherungsobjekt und Bereicherungsgläubiger spezifiziert werden.[101] Wenn zur Bestimmung von Letzterem vom BGH großzügigerweise von den Parteien, unter denen sich die Vermögensverschiebung rechtlich vollzieht, zu Gunsten einer wirtschaftlichen Betrachtungsweise abstrahiert wird, weil sich „*die unmittelbare Vermögensverschiebung im Rechtssinn (...) nicht notwendigerweise unter denselben Personen (vollziehen muss), zwischen denen sich der tatsächliche Übergang des Vermögens abspielt*“[102], befreit dies natürlich nicht von der Voraussetzung, dass der zumindest wirtschaftlich durch die Vermögensverschiebung belastete Bereicherungsgläubiger dennoch Inhaber einer aktuellen Rechtsposition sein muss, die von eben jener Vermögensverschiebung betroffen ist, da andernfalls begrifflich nicht von einem Eingriff gesprochen werden kann.[103] Da eine solche Rechtsposition bei den gesellschaftsfernen Miterben im Zeitpunkt des Erbfalls aber nicht besteht, muss es daher dabei bleiben, dass aus der Eingriffskondiktion ein Ausgleichsanspruch der gesellschaftsfernen Miterben nicht überzeugend hergeleitet werden kann. § 812 Abs. 1 S. 1 Var. 2 BGB könnte daher allenfalls noch jenseits seiner Funktion als Eingriffskondiktion tauglicher Anknüpfungspunkt für eine Ausgleichspflicht zu Gunsten der gesellschaftsfernen Miterben sein. Diese auch als Auslagenkondiktion[104] bezeichnete Form der Nichtleistungskondiktion erlaubt es, ungerechtfertigte Bereicherungen auszugleichen, die auf freiwilligen Vermögensaufopferungen seitens des Bereicherungsgläubigers beruhen.[105] Da sich jedoch die überquotale Sondererbfolge in den oHG-Anteil weder als freiwillig erbrachter Vermögensaufwand der gesellschaftsfernen Miterben noch als ein solcher des Erblassers begreifen lässt (erstere hatten durch die Erbfolge keinen Vermögensaufwand, sondern gerade umgekehrt Vermögen erworben und letzterer hat den oHG-Anteil durch die Erbfolge nur an den nachfolgeberechtigten Sondererben weitergegeben), kann aus der Norm des § 812 Abs. 1 S. 1 Var. 2 BGB auch in dieser Funktion kein Ausgleichsanspruch hergeleitet werden. Selbst wenn man über die damit offenkundige Tatsache hinweggeht, dass im geltenden Recht kein

---

[101] *Wendehorst*, in: BeckOK-BGB, § 812 Rdnr. 135.

[102] BGH, NJW 1987, 1631, 1632.

[103] So war in BGH, NJW 1987, 1631, 1632 der Bereicherungsgläubiger Vormerkungsinhaber und damit im Zeitpunkt der Vermögensverschiebung durch die rechtliche Vorschrift des § 883 Abs. 2 BGB geschützt. Genau in diese Rechtsposition wurde dann nach Ansicht des BGH eingegriffen, wenn er a. a. O. formuliert, dass „*die Einziehungsberechtigung der Bekl. im Verhältnis zur Kl. mit rückwirkender Kraft (§ 883 Abs. 2 BGB) (entfiel)*“.

[104] Die Terminologie wird oft nicht einheitlich verwendet. Zum hiesigen Verständnis, s. *Flessner*, S. 154.

[105] In der Literatur oft auch getrennt als Aufwendungs- und Rückgriffskondiktion bezeichnet. S. hierzu und zu dem Verständnis eines einheitlichen Kondiktionstatbestands *Schwab*, in: MüKo-BGB, § 812 Rdnr. 341 und 372 f.

Ausgleichsanspruch vorgesehen ist, der die Ausgleichspflicht des qualifizierten Sondererben dogmatisch überzeugend begründen kann, und gleichwohl einen solchen Anspruch anerkennt, bleibt der Konstruktionsfehler, der mit der Aufstufung der Singularsukzession zur Sondererbfolge einhergeht, bestehen: Die gesellschaftsfernen Erben werden bei einer qualifizierten Sondererbfolge von der passiven Rolle, die Auseinandersetzung von der Zahlung eines Ausgleichanspruchs abhängig zu machen, in eine aktive Rolle gezwungen.

c) Erbquote als relative Erwerbsschranke

Trotz der Tatsache, dass die Erbquote keine absolute Schranke für den Erwerb des oHG-Anteils von Todes wegen mehr ist, bleibt sie dennoch als relative, im Verhältnis zu den anderen Sondererben wirkende Aufteilungsquote des oHG-Anteils zu beachten, wenn bei einer qualifizierten Nachfolgeklausel mehr als ein qualifizierter Sondererbe berufen ist oder wenn kraft einfacher Nachfolgeklausel alle Erben die Nachfolge in den oHG-Anteil antreten. Mehrere Sondererben können nämlich den oHG-Anteil grundsätzlich nur im Verhältnis ihrer Erbquote zueinander erben.[106] Allerdings kann auch diese Grenze außer Kraft gesetzt werden, wenn im Gesellschaftsvertrag ausdrücklich vorgesehen ist, dass der Erblasser die Aufteilung des oHG-Anteils frei vornehmen kann.[107] In diesem Fall ist der Erblasser gänzlich von den Vorgaben der Erbquoten befreit und kann den oHG-Anteil nicht nur ungeachtet der Erbquote unmittelbar dem oder den nachfolgeberechtigten Erben zuweisen, sondern – wie dies sonst im Erbrecht bei keinem anderen Gegenstand möglich ist[108] – auch nach seinem Belieben die zuzuweisenden Teilstücke portionieren.

II. Ergebnis der Sondererbfolge: Drei Vermögenssphären eines Sondererben

Es bleiben nun die Folgen der Sondererbfolge zu klären. V.a. die nachfolgend zu beleuchtenden vier Problemkreise sollen symptomatisch aufzeigen, mit welcher Unsicherheit die etablierte Ansicht die Sondererbfolge in das geltende Erbrechtssystem eingefügt hat. Die Tatsache, dass sich diese Problemkreise nicht nur wechselseitig beeinflussen, sondern auch Spannungen zum gesetzlichen Erbrechts-

---

[106] *Schäfer*, in: Staub-HGB, § 139 Rdnr. 46 f.

[107] *Schäfer*, in: Staub-HGB, § 139 Rdnr. 47.

[108] So weit geht nicht einmal die Sondererbfolge, die – nach landesrechtlichen Vorschriften des Anerbenrechts oder partiellem Bundesrecht – in landwirtschaftliche Höfe möglich ist (s. § 4 S. 1 HöfeO). S. hierzu noch *§ 3 XI. 2.*

gefüge hervorrufen, führt nicht zuletzt zu Missverständnissen, Unklarheiten und Wertungswidersprüchen, die die Rechtsfigur der Sondererbfolge problematisch erscheinen lassen und im Detail zu schwer nachvollziehbaren Ergebnissen führen.

1. Nachlasszugehörigkeit des Gesellschaftsanteils

Eigentlich sollte man meinen, dass an der Nachlasseigenschaft des oHG-Anteils kein Zweifel bestehen kann, seit sich die Erkenntnis durchgesetzt hat, dass sich die Nachfolge in den oHG-Anteil von Todes wegen – jedenfalls ohne die Mitwirkung des Nachfolgers – nur auf erbrechtlichem Wege vollziehen kann.[109] Doch bot die Tatsache, dass die erbrechtliche Universalsukzession nach der etablierten Ansicht nur modifiziert zur Anwendung kommt, noch genug Diskussionsspielraum, um die Nachlasszugehörigkeit singularsukzedierter oHG-Anteile in Zweifel zu ziehen.

a) Idee der Abspaltungslösung

Eine Ansicht, die später als sog. Abspaltungslösung[110] bezeichnet werden sollte, negiert, trotz Anerkennung des erbrechtlichen Übergangs vererbter oHG-Anteile, deren Nachlasszugehörigkeit. Sie tritt in Ansehung des oHG-Anteils für eine erbrechtliche Sukzession in das Privatvermögen des Nachfolgers ein, was jedoch an der Eigenschaft des oHG-Anteils als „*Erbschaftsgegenstand*“ i. S.d. § 1922 Abs. 1 BGB nichts ändere. Ergebnis dieser Meinung ist, dass der von Todes wegen übergegangene oHG-Anteil Bestandteil der Erbschaft ist: Die erbrechtlichen Vorschriften, die sich auf „*die Erbschaft*“ beziehen, bleiben damit anwendbar. So kann der singularsukzedierte oHG-Anteil trotz seiner fehlenden Nachlasseigenschaft weiter als gewöhnlicher Vermächtnisgegenstand fungieren, ohne dass es sich um ein Verschaffungsvermächtnis i. S.d. §§ 2169 f. BGB handelt. Auch der Erbschaftskauf müsste den oHG-Anteil erfassen, §§ 2371, 2374 BGB. Letztlich wäre der oHG-Anteil auch einer Vor- und Nacherbschaft zugänglich, § 2139 BGB.[111] Lediglich die Nachlasseigenschaft wird dem singularsukzedierten oHG-Anteil aberkannt.[112] Da die Nachlasszugehörigkeit eine Erbenmehrheit und einen Alleinerben gleichermaßen betrifft, geht die Abspaltungslösung damit sogar über den Anwendungsbereich der Sondererbfolge hinaus und hat auch Auswirkungen bei

[109] S. hierzu *§ 2 I. 3.*

[110] Seine erstmalige Konturierung erfuhr diese Lehre durch *Flechtheim*, in: Düringer/Hachenburg-HGB, § 139 Anm. 12, 15; seine prägende Gestalt fand sie durch *Ulmer*, in: FS Schilling, S. 79 ff.

[111] *Ulmer*, in: FS Schilling, S. 79, 100.

[112] In diese Richtung auch *Ulmer*, in: FS Schilling, S. 79, 95 f.

einer Alleinerbschaft.[113] Die Verneinung der Nachlasszugehörigkeit hat weitläufige Konsequenzen: So können sich die erbrechtlichen Institute, die eine Fremd- oder Mitverwaltung über den Nachlass erlauben, also die Nachlasspflegschaft, die Nachlassverwaltung, die Nachlassinsolvenzverwaltung, die Testamentsvollstreckung und die Erbengemeinschaft, nur auf Nachlassbestandteile beziehen, s. §§ 1984 Abs. 1 S. 1, 1985 Abs. 1, 2205 S. 1, 2032 Abs. 1, 2038 Abs. 1 BGB. Soweit also der Nachlass von Gesetzes wegen als Verwaltungsmasse angesprochen wird, liefert die Abspaltungslösung eine erstaunlich einfache Begründung für die von der etablierten Ansicht offenkundige Abneigung gegen die im Erbrecht eigentlich vorgesehenen Möglichkeiten der Fremd- und Mitverwaltung von oHG-Anteilen.[114] Von diesem charmanten Ergebnis berauscht, darf jedoch nicht verkannt werden, dass der Nachlass von Gesetzes wegen auch zur Ordnung des Haftungszugriffs herangezogen wird.[115] Die Abspaltungslösung hat damit weitreichende Auswirkungen auf die verschiedenen Möglichkeiten der Nachlassabsonderung. So würde etwa die einseitig zu Lasten der Eigengläubiger eintretende Nachlassabsonderung bei angeordneter Testamentsvollstreckung gem. § 2214 BGB singularsukzedierte oHG-Anteile nicht mehr erfassen. Eigengläubiger könnten trotz Testamentsvollstreckung auf den oHG-Anteil zugreifen.[116] Umgekehrt könnten die Miterben einer ungeteilten Erbengemeinschaft die Nachlassgläubiger gem. § 2059 Abs. 1 S. 1 BGB von einem im Privatvermögen befindlichen oHG-Anteil fernhalten. Selbiges träte bei einer amtlichen Nachlassabsonderung durch Eröffnung des Nachlassinsolvenzverfahrens oder durch Anordnung der Nachlassverwaltung gem. §§ 1975, 1984 Abs. 2 BGB ein. Zusammengenommen würden damit all diese Nachlassabsonderungsinstrumente unter Ägide eines nachlassfremden oHG-Anteils Gefahr laufen, die Haftungsordnung unbillig zu Lasten der Nachlassgläubiger zu verschieben. Freilich wurden diese Gefahren gesehen. Um den oHG-Anteil zwar von der im Erbrecht vorgesehenen Fremd- und Mitverwaltung fernzuhalten, ihn aber andererseits – jedenfalls dem Werte nach – dem Nachlass als Haftungsmasse zuzuordnen, postulierte man, dass nur der singularsukzedierte oHG-Anteil selbst aus dem Nachlass ausgesondert sei, wohingegen die aus ihm fließenden Aktiva, wie der Abfindungsanspruch und die Gewinnansprüche, dem Nachlass – und zwar bei mehreren Erben dem gesamthänderisch gebundenen Nachlass – zugeordnet blieben.[117] Die Vor-

[113] *Ulmer*, NJW 1984, 1496, 1499.

[114] S. hierzu noch *§ 2 III. 3.*

[115] Von „*Ordnung des Haftungszugriffs*" spricht auch BGHZ 98, 48, 55.

[116] Um dies zu verhindern, ist heute letztlich eine auf die „*Außenseite*" beschränkte Testamentsvollstreckung am oHG-Anteil anerkannt, s. BGHZ 98, 48, 57 sowie *§ 2 III. 3. a) dd)* und *ee)*.

[117] Wobei dies nach *Ulmer* nicht für die ebenfalls aus dem oHG-Anteil fließenden Gewinnansprüche gilt, sofern diese nach dem Erbfall entstehen, s. *Ulmer*, in: FS Schilling, S. 79, 89 f., 101.

stellung, dass die Aktiva in haftungsrechtlicher Sicht andere Wege als das Stammrecht gehen,[118] ist damit für die Vertreter der Abspaltungslösung ein wesensnotwendiges Korrektiv, um zu verhindern, dass durch die Sondererbfolge unbilligerweise zu Lasten der Nachlassgläubiger in die Haftungsordnung des Erbrechts eingegriffen wird.[119] Unrichtig wäre es jedoch umgekehrt zu postulieren, dass nur unter Ägide der Abspaltungsthese ein Bedürfnis dafür besteht, die Aktiva dem gesamthänderisch gebundenen Nachlassvermögen zuzuweisen.[120] Das abspaltende Moment, welches der Abspaltungsthese seinen Namen gibt, ist die Tatsache, dass der oHG-Anteil nach diesem Modell aus der Nachlassmasse herausgelöst ist, nicht jedoch das hieraus erst erwachsende Bedürfnis, die aus dem oHG-Anteil fließenden Aktiva zu Gunsten des gesamthänderisch gebundenen Nachlasses aus dem oHG-Anteil auszulagern. Wie noch zu zeigen sein wird, kommt man auch unter Ägide eines nachlasszugehörigen oHG-Anteils nicht ohne die Vorstellung aus, dass die hieraus erwachsenden Aktiva der gesamthänderisch gebundenen Nachlassmasse zugewiesen sind, sodass die Funktion und die Wirkungsweise, die diese Ausgangslage mit sich bringt, erst in diesem Zusammenhang näher beleuchtet werden soll.[121]

b) Rezeption der Abspaltungslösung in der höchstrichterlichen Rechtsprechung

Zur Stärkung der Abspaltungslösung führte man an, dass die damalige Rechtsprechung des II. Senats des BGH[122], und vor ihm diejenige des RG[123], dieser Lösung zu folgen schien, wenn diese zu begründen versuchte, dass sich die nachlassbezogene Verwaltungsbefugnis von Nachlass(insolvenz)verwalter und Testa-

---

[118] Anders ist dies bei der Sondergutstheorie *Liebischs*, der wegen ihrer Widersprüchlichkeit keine vertiefte Erörterung gewidmet wurde. Denn über die Abspaltungsthese hinaus sondert diese gleich alle Aspekte des oHG-Anteils aus dem Nachlass aus, fingiert den oHG-Anteil – insoweit i.E. deckungsgleich zur Abspaltungsthese – aber mit der vermögensrechtlichen Seite dem Nachlass hinzu, soweit er als Vollstreckungs- und Verwaltungsobjekt im Dienste der Nachlassgläubiger herhalten soll, vgl. *Liebisch*, ZHR 116, 128, 137 ff. Eingehend zur Widersprüchlichkeit der Ansicht *Liebischs*, s. *Siegmann*, S. 132 f.

[119] Als „*Flucht nach vorn*" bezeichnet es *Flume*, NJW 1988, 161.

[120] S. bspw. *Lorz*, in: E/B/J/S-HGB, § 139 Rdnr. 12, der durch die Überwindung der Abspaltungsthese die Möglichkeit eines Aktivvermögens sieht, welches wie das Stammrecht in den Sondernachlass fällt.

[121] S. *§ 2 II. 2. a)*.

[122] Zum Ausschluss der Verwaltungskompetenz erbrechtlicher Fremdverwalter vom oHG-Anteil als solchem, vgl. BGHZ 47, 293, 295 f. (Nachlassverwalter); BGHZ 91, 132 (Nachlassinsolvenzverwalter); BGHZ 24, 106, 112 f., BGHZ 68, 225, 239 und BGH, NJW 1981, 749, 750 (jeweils Testamentsvollstrecker).

[123] RGZ 170, 392, 394 f. sowie RGZ 172, 199, 202 f. (Kommanditanteil).

mentsvollstrecker kategorisch nicht auf singularsukzedierte oHG-Anteile als solche erstreckte.[124] Der IV. Senat des BGH hat mittlerweile unter ausdrücklicher „*Billigung*“[125] des II. Senats des BGH klargestellt, dass der von letzterem und vom RG praktizierte Ausschluss des oHG-Anteils von jedweder Verwaltungsbefugnis erbrechtlicher Fremdverwalter weniger aus einer verengten Definition von Nachlass, als vielmehr aus einer teleologischen Reduktion der Verwaltungsbefugnis dieser Fremdverwalter zu begreifen ist.[126] Ob der II. Senat mit dieser „*Billigung*“ seine tatsächliche Neigung zur Abspaltungslösung aufgab und damit die Hürde einer Divergenzvorlage gem. § 132 Abs. 2 GVG aus dem Weg räumte[127] oder nur informatorisch seine Zustimmung zur explizit gegen die Abspaltungsthese gerichteten Rechtsauffassung des IV. Senats kundtat, ist, jedenfalls von außen betrachtet, nicht klar. Gleichwohl sprechen die besseren Gründe für letztere Deutung. Denn gänzlich eindeutig hat der II. Senat die Abspaltungslehre – entgegen anderslautender Auffassungen in der Literatur[128] – so nicht vertreten. In weniger beachteten Entscheidungen hat er zum Teil explizit die Nachlasszugehörigkeit von singularsukzedierten Personengesellschaftsanteilen anerkannt. So konstatierte der II. Senat in BGHZ 24, 106 ff. – und damit weit vor der erstmaligen Anerkennung der Nachlasszugehörigkeit singularsukzedierter Personengesellschaftsanteile durch den IV. Senat[129] – beiläufig, dass „*zum Nachlass des Erblassers (...) ein vererblicher Gesellschaftsanteil an einer Personenhandelsgesellschaft gehört*“[130]. Hierfür spricht auch eine Aussage des II. Senats in *BGH*, NJW 1981, 749 f. Demnach ergibt sich

„*die Begrenzung der Verwaltungsbefugnisse eines Testamentsvollstreckers bei den Personengesellschaften daraus, dass ihm kraft Gesetzes nur die Verwaltung des Nachlasses (§ 2205 BGB), nicht aber solcher Nachlaßgegenstände obliegt, die* (scil.: *wie der oHG-Anteil*) *aus der Nachlaßmasse ausgegliedert worden sind und dem einzelnen Erben zustehen*“[131].

Hier zeigt der II. Senat deutlich, dass er – trotz der mit der Singularsukzession verbundenen Ausgliederung aus der gesamthänderisch gebundenen Nachlass-

[124] S. etwa *Ulmer*, in: FS Schilling, S. 79, 82, der die jüngeren Entscheidungen des RG explizit als i. S.d. Abspaltungsthese ergangen ansieht. S. auch *Flume*, NJW 1988, 161, 162, der als Gegner der Abspaltungsthese dennoch den II. Senat des BGH als Unterstützer der Abspaltungsthese aufführte.

[125] Mündliche Erklärung des damaligen vorsitzenden Richters des II. Zivilsenats auf einer Tagung der Fachanwälte für Steuerrecht, schriftlich wiedergegeben von *Flume*, NJW 1988, 161, 163.

[126] S. für den historischen Abriss, BGHZ 98, 48, 51 f.

[127] So *Flume*, NJW 1988, 161, 163.

[128] *Flume*, NJW 1988, 161, 162.

[129] S. hierzu noch einmal BGH, NJW 1983, 2376.

[130] BGHZ 24, 106, 112.

[131] BGH, NJW 1981, 749, 750 (GbR-Anteil).

masse – die Personengesellschaftsanteile als Teil eines i.w.S. verstandenen Nachlasses ansieht. Denn ansonsten hätte er diese nicht mit dem Begriff *„Nachlassgegenstände"* bedacht. Zumindest mehrdeutig ist die Aussage in BGHZ 91, 132 ff., wo der singularsukzedierte Gesellschaftsanteil als *„getrennt vom übrigen Nachlassvermögen"*[132] beschrieben wird und damit wohl Nachlassgegenstand sein soll, auf der anderen Seite aber *„unmittelbar und endgültig in das Privatvermögen des Gesellschafter-Erben"*[133] fallen soll. Wenn der II. Senat mit dieser mehrdeutigen Aussage jedoch wirklich auf die Abspaltungslösung hinauswollte, verwundert es doch, warum sich dieser nicht mit der nur kurz zuvor ergangenen Rechtsauffassung des IV. Senats zur Nachlasszugehörigkeit singularsukzedierter Personengesellschaftsanteile befasst hat.[134] Diese Rechtsauffassung wurde vom IV. Senat in BGHZ 98, 48 ff. nicht nur bekräftigt, sondern es wurde von ihm auch festgestellt, dass aus seiner Sicht die allgemeine Nachlasszugehörigkeit weder durch den II. Senat des BGH noch durch vorangegangene RG Entscheidungen angezweifelt worden waren.[135] Der IV. Senat sah sich daher lediglich dazu veranlasst, die von *Ulmer* für die Abspaltungslösung[136] vorgebrachten Argumente zu erörtern. Spätestens mit der Anerkennung einer unbeschränkten Testamentsvollstreckung am singularsukzedierten Kommanditanteil in BGHZ 108, 187 ff. hat sich der II. Senat auch ausdrücklich als Gegner der Abspaltungsthese zu erkennen gegeben.[137] Die Nachlasszugehörigkeit wird seitdem als selbstverständlich vorausgesetzt.[138] Damit ist die Diskussion um die höchstrichterliche Tendenz zur Abspaltungslösung an den meisten Fronten der etablierten Ansicht zu einem Endpunkt gekommen. Die Vertreter der sog. Abspaltungslösung konnten sich aber richtigerweise nie auf ein eindeutiges Bekenntnis der Rechtsprechung zur Abspaltungsthese berufen.

c) Kritik an der Abspaltungslösung

Genoss und genießt die Abspaltungslösung in der höchstrichterlichen Rechtsprechung damit keine Anerkennung, ist dies auch zu Recht der Fall. Die Vorstellung von einer erbrechtlichen Sondererbfolge zu Gunsten des Privatver-

[132] BGHZ 91, 132, 135.

[133] BGHZ 91, 132, 136.

[134] BGH, NJW 1983, 2376.

[135] BGHZ 98, 48, 51 f. Bei denjenigen Literaten, die dem II. Zivilsenat die Abspaltungslösung nachsagten, führte dieser Vorgang aber natürlich zur Verwunderung, s. insbesondere *Ulmer*, NJW 1984, 1496, 1497; *Muscheler*, Haftungsordnung, S. 470.

[136] *Ulmer* hielt dabei selbst nach dem Erlass dieses Urteils an der Abspaltungslösung fest, s. JuS 1986, 856, 859 ff.

[137] BGHZ 108, 187, 192.

[138] BGH, NJW 1996, 1284, 1285 (GbR-Anteil).

mögens der Nachfolgeberechtigten führt zu noch schwereren Zerwürfnissen, als sie ohnehin schon mit der Sondererbfolge einhergehen. So überzeugt schon die terminologische Differenzierung zwischen Erbschaft und Nachlass nicht.[139] Dies zeigt sich eindrucksvoll an der Vorschrift des § 2144 Abs. 1 Hs. 2 BGB. Nach dieser Vorschrift tritt mit dem Nacherbfall an die Stelle des Nachlasses dasjenige, was der Nacherbe aus der Erbschaft erlangt. Wer nun die Vertreter der Abspaltungslösung beim Wort nähme, müsste konstatieren, dass der oHG-Anteil während der Inhaberschaft des Vorerben nicht zur vorrangig den Nachlassverbindlichkeiten reservierten Haftungsmasse „*Nachlass*" gehört, ab dem Nacherbfall jedoch schon. Denn dann träte „*das aus der Erbschaft Erlangte*", also auch der oHG-Anteil, gem. § 2144 Abs. 1 Hs. 2 BGB an die Stelle des Nachlasses. Dies vermag nicht zu überzeugen. Ein ebenso widersprüchliches Ergebnis würde bei einem Erbschaftserwerb erzielt, wenn mehrere Erben vorhanden sind. Während auf schuldrechtlicher Ebene i.R.d. Erbschaftskaufvertrages ein Teil der „*Erbschaft*" verkauft wird, s. §§ 1922 Abs. 2, 2371 BGB, wird auf dinglicher Ebene ein Anteil am Nachlass gem. § 2033 Abs. 1 BGB (Erbteil) übertragen. Nähme man die Vorbehalte der Abspaltungslösung ernst, würde der schuldrechtlichen Causa letztlich ein inkongruentes Erfüllungsgeschäft gegenüberstehen. Daneben überzeugt die Abspaltungslösung auch vom Ergebnis her nicht: Eine völlige Abspaltung des oHG-Anteils vom Nachlass ist keine zwingende Folge der Sondererbfolge.[140] Denn nur, weil diese dazu führt, dass dem Sondererben der oHG-Anteil alleine zugeordnet ist und der oHG-Anteil über §§ 128 S. 1, 130 Abs. 1 HGB auch Auswirkungen auf das Privatvermögen des Sondererben hat,[141] zwingt dies noch nicht dazu, den oHG-Anteil dem Privatvermögen des Sondererben zuzuordnen. Ein alleine dem Sondererben zukommender Sondernachlass ist keinesfalls eine undenkbare Konstruktion. Ein solcher entsteht etwa auch bei einer Teilauseinandersetzung über den Nachlass. Selbst wenn ein Nachlass vollständig aufgeteilt wird, behält die verteilte Verlassenschaft seine Nachlasseigenschaft. Ansonsten wäre ein gem. § 1975 BGB den Nachlass vom Privatvermögen absonderndes Nachlassinsolvenzverfahren, das auch nach der Teilung möglich bleibt, § 316 Abs. 2 InsO, kaum durchführbar.[142] Die Abspaltungslösung würde die Wirkungen der ohnehin schon fremdartigen Sondererbfolge über eine ding-

---

[139] Von einer Deckungsgleichheit von Nachlass und Erbschaft gehen auch aus: *Kunz*, in: Staudinger, § 1922 Rdnr. 93; *Esch*, NJW 1984, 339, 340.

[140] So aber wohl *Ulmer*, NJW 1984, 1496, 1498.

[141] S. *Ulmer*, in: FS Schilling, S. 79, 91, der u.a. mit diesem Argument die Abspaltungslösung sogar bei einer Nachfolge durch einen Alleinerben legitimieren will.

[142] So resümiert es auch BGHZ 98, 48, 53 f. zu *§ 216 Abs. 2 KO a. F.* S. auch *Muscheler*, Erbrecht II, Rdnr. 3881, der betont, dass der Nachlassinsolvenzverwalter in diesem Fall alle bereits verteilten Nachlassgegenstände zurückfordern muss.

lich wirkende Teilungsanordnung hinausgehen lassen und sie so noch weiter aus dem erbrechtlichen Wertungsgefüge herausreißen. Selbst wenn man den aus dem oHG-Anteil fließenden Aktivwert dem gesamthänderisch gebundenen Nachlass zuordnet, würde das erbrechtliche Gefüge zu Lasten der Nachlassgläubiger gestört bleiben. Nicht nur die Pflichtteilsberechtigten würden benachteiligt werden, berechnet sich ihr Pflichtteilsanspruch gem. § 2311 Abs. 1 S. 1 BGB doch gerade nach dem Wert des Nachlasses im Zeitpunkt des Erbfalls, sodass sie nach der Abspaltungslösung weder am oHG-Anteil noch an einem erst nach dem Erbfall mit Kündigung der singularsukzedierten oHG-Mitgliedschaft entstehenden Abfindungsanspruch[143] partizipieren würden. Auch andere Nachlassgläubiger würden jedenfalls bei Absonderung des Nachlasses[144] gem. § 1975 BGB benachteiligt werden, stünde ihnen dann doch nur mehr der Nachlass als exklusive Haftungsmasse zur Verfügung. Nähme der Personengesellschaftsanteil wegen der Sondererbfolge hieran jedoch nicht Teil, würde sich die von der Rechtsprechung kreierte Sondererbfolge i.E. solange als Rechtsinstitut zu ihren Lasten auswirken, wie der Aktivwert in Form des Abfindungsanspruchs nicht durch Kündigung oder sonstige Beendigung der oHG-Mitgliedschaft des Sondererben in den Nachlass flösse.

Letzterer Punkt wird von den Vertretern der Abspaltungslösung gesehen. Sie wollen daher den Nachlassgläubigern – über den Nachlass(insolvenz)verwalter – ein Kündigungsrecht gem. § 135 HGB analog gewähren, das – anders als bei der direkten Anwendung zu Gunsten der Privatgläubiger des Sondererben – nicht an die dort genannten Voraussetzungen geknüpft ist und daher als privilegiertes Kündigungsrecht bezeichnet werden kann, um so zumindest zeitnah den Abfindungsanspruch im gesamthänderischen Nachlass zur Entstehung zu bringen.[145] Ungeachtet der noch zu beleuchtenden Schwierigkeit, wie diese Zuordnung zum Nachlass zu bewerkstelligen ist, krankt diese Konstruktion im Denkmuster der Abspaltungsthese bereits an einem logischen Mangel. Denn wenn der oHG-Anteil in konsequenter Anwendung der Abspaltungsthese nicht zum Nachlass gehört, dürften dem Nachlass(insolvenz)verwalter keine Einwirkungsbefugnisse auf den oHG-Anteil zugesprochen werden, da sich dieser andernfalls außerhalb

[143] Freilich fingiert die Abspaltungsthese, wie generell die überwiegende Meinung, den Abfindungsanspruch bereits mit dem Erbfall als dem gesamthänderisch gebundenen Nachlass zugeordneten Anspruch, s. etwa BGH, NJW-RR 1987, 989; *ders.*, NJW 1985, 1953, 1954 (Kommanditanteil). Dies überzeugt dogmatisch allerdings nicht, s. *§ 2 II. 2. a) bb) (1)*.

[144] Zum Begriff der Absonderung, vgl. *Muscheler*, Erbrecht II, Rdnr. 3518.

[145] *Ulmer*, in: FS Schilling, S. 79, 98 f. Ob daneben auch die laufend aus dem oHG-Anspruch entstehenden Gewinnansprüche dem gesamthänderisch gebundenen Nachlass zufallen sollen, wird im Lager der Abspaltungsthese dagegen uneinheitlich beantwortet; dafür: *Flechtheim*, in: Düringer/Hachenburg-HGB, § 139 Anm. 15; dagegen: *Ulmer*, in: FS Schilling, S. 79, 101.

seiner durch §§ 1984 Abs. 1 S. 1, 1985 Abs. 1 BGB, § 80 Abs. 1 InsO gezogenen Verwaltungsbefugnisse befände. Die Einwirkung auf den oHG-Anteil durch eine Ausübung des Kündigungsrechts obläge vielmehr alleine dem über sein Privatvermögen alleine befindenden Sondererben.[146] Wer die Abspaltungslösung nicht aufgeben will und trotzdem den Nachlassgläubigern über die erbrechtlichen Fremdverwalter ein privilegiertes Kündigungsrecht gem. § 135 HGB analog zugestehen will,[147] müsste die damit verbundene Fernwirkung auf den in der persönlichen Vermögenssphäre des Sondererben befindlichen oHG-Anteil erklären. Allein die Tatsache, dass der Abfindungsanspruch künftig einmal in den gesamthänderisch gebundenen Nachlass fällt, kann kein gegenwärtiges privilegiertes Kündigungsrecht der Nachlassgläubiger bzw. erbrechtlichen Fremdverwalter gem. § 135 HGB analog legitimieren.[148] Doch nicht nur in zeitlicher Hinsicht ergeben sich Ungereimtheiten. Für das Kündigungsrecht des § 135 HGB kommt es trotz des missverständlichen Wortlauts gerade nicht auf den Zugriff bzgl. des Abfindungsanspruchs, sondern auf den Zugriff bzgl. des oHG-Anteils an.[149] Auch für das privilegierte Kündigungsrecht gem. § 135 HGB analog muss diese Wertung beachtet werden, wenn man nicht die für die Analogie notwendige vergleichbare Interessenlage aus den Augen verlieren will. Daher kann sich auch dieses Kündigungsrecht nur aus einem Zugriff auf den oHG-Anteil rechtfertigen. Genau dieser Zugriff auf den oHG-Anteil wird den Nachlassgläubigern und Fremdverwaltern jedoch durch die Abspaltungslösung verwehrt. Das privilegierte Kündigungsrecht gem. § 135 HGB analog ist daher letztlich im Denkmodell der Abspaltungslösung nicht überzeugend begründbar.

Aus all diesen Gründen ist daher eine Ausklammerung singularsukzedierter oHG-Anteile aus dem Nachlass kein dogmatisch befriedigender Weg. Die etablierte Ansicht braucht dieses Ergebnis letztlich auch nicht, um erbrechtliche Fremdverwalter von der vollumfänglichen Verwaltung des oHG-Anteils auszu-

---

[146] So auch *Flume*, NJW 1988, 161 f. Zur privilegierten Kündigungsmöglichkeit der Nachlass(insolvenz)verwalter im Denkmuster eines nachlasszugehörigen oHG-Anteils gem. § 135 HGB analog, s. *§ 2 III. 2.*

[147] So auch die Vertreter der Abspaltungslösung, s. etwa *Ulmer*, in: FS Schilling, S. 79, 96 ff.

[148] Kritisch hinsichtlich der Vereinbarkeit von Kündigungsrecht und Abspaltungslösung auch *Siegmann*, S. 221 und *Flume*, in: FS Müller-Freienfels, S. 113, 122. *Ulmer*, in: FS Schilling, S. 79, 94 f. setzt sich freilich genau für ein solches den Abfindungsanspruch verwirklichendes Kündigungsrecht ein.

[149] Dass § 135 HGB entgegen des missverständlichen Wortlauts auf den Zugriff des oHG-Anteils abstellt, entspricht der wohl überwiegenden Ansicht, vgl. etwa *Klöhn*, in: Henssler/Strohn-GesR, § 135 HGB Rdnr. 12 f.; *Lorz*, in: E/B/J/S-HGB, § 135 Rdnr. 12 f.; *Stodolkowitz*, in: FS Kellermann, S. 439, 445 f. A.A. *Schmidt*, in: MüKo-HGB, § 135 Rdnr. 17, der die Pfändung des Auseinandersetzungsanspruchs für ausreichend hält.

schließen.[150] Wie noch zu zeigen ist, erreicht die etablierte Ansicht dies heute über den Weg einer teleologischen Reduktion der in §§ 1984 Abs. 1 S. 1, 1985 Abs. 1, 2205 BGB verwendeten Verwaltungsbefugnisse, ohne jedoch die Haftungsmasse „*Nachlass*“ selbst modifizieren zu müssen.[151] Auch die mittlerweile gefestigte Ansicht, wonach die Eröffnung eines Nachlassinsolvenzverfahrens den oHG-Anteil unberührt lässt, also nicht zu einem Ausschluss aus der Gesellschaft gem. § 131 Abs. 3 S. 1 Nr. 2 HGB führt, verlangt nicht zwingend ein Bekenntnis zur Abspaltungslösung.[152] Sie erklärt sich aus der unterschiedlichen Reichweite von Nachlass- und Eigeninsolvenzverfahren.[153]

2. Reichweite der Sondererbfolge

Von der Bejahung der Frage nach der Nachlasszugehörigkeit des oHG-Anteils ist die Frage zu trennen, ob auch alle mit dem oHG-Anteil verbundenen Rechtspositionen einheitlich vererbt werden. Denn man hat mit ersterer Feststellung zwar die oHG-Anteile selbst insofern zu Nachlassgegenständen aufgewertet, als sie wegen der Sondererbfolge in die alleinige Vermögenssphäre des oder der Sondererben fallen. Eine ganz andere Frage ist jedoch, ob sämtliche Aspekte der oHG-Gesellschafterposition von der Sondererbfolge umfasst sein sollen oder ob einige Teile hiervon letztlich unter Anwendung der unmodifizierten Universalsukzession mit dem Erbfall in das gem. § 2040 Abs. 1 BGB, § 747 ZPO besonders geschützte, allen Miterben zugeordnete gesamthänderisch gebundene Nachlassvermögen fallen. In letzterem Fall wäre die zentrale Frage, wo mit Blick auf den oHG-Anteil die Trennlinie zwischen Sondererb- und übriger Erbfolge verläuft.

a) Aus dem oHG-Anteil erwachsende Aktiva

Betrachtet man dabei zunächst den oHG-Anteil und die aus ihm entspringenden Rechte und Forderungen, also die Aktiva, wurde vom II. Senat mit Blick auf die

---

[150] *Ulmer*, in: FS Schilling S. 79, 96 konnte noch vorbringen, dass alleine die Abspaltungsthese den Ausschluss des Testamentsvollstreckers am werbenden oHG-Anteil stützte, da seinerzeit die Testamentsvollstreckung am oHG-Anteil gänzlich nicht zugelassen wurde, was alleine mit teleologischen Erwägungen nicht begründbar war.

[151] S. hierzu *§ 2 III. 3. a)*. Mit Blick auf die sich schon damals abzeichnende partielle Zulassung der Testamentsvollstreckung an Personengesellschaftsanteilen erkannte dies bereits *Flume*, in: FS Müller-Freienfels, S. 113, 120 f.

[152] In diese Richtung aber *Ulmer*, in: FS Schilling, S. 79, 99, wenngleich dieser unterstützend ebenfalls die unterschiedliche Reichweite von Nachlass- und Eigeninsolvenzverfahren berücksichtigt.

[153] S. BGHZ 91, 132, 138 und *§ 2 III. 1.*

aus dem oHG-Anteil fließenden Gewinnansprüche gem. §§ 120 f. HGB konstatiert, dass diese Positionen zum Schutz der Haftungsmasse „*Nachlass*" grundsätzlich nicht an der Singularsukzession teilnehmen und daher zum gesamthänderisch gebundenen Nachlass gehören, da es „*keinen Grund (gibt) (...), dass die Sondervererbung des Gesellschaftsanteils auch aus ihm abzuleitende übertragbare Vermögensrechte umfassen muss*".[154] In einem anderen Urteil des gleichnamigen Senats wurde zudem festgestellt, dass auch der Anspruch auf das künftige Abfindungs- bzw. Auseinandersetzungsguthaben dem gebundenen Nachlass zugeordnet ist.[155] Damit sind auch die aus dem oHG-Anteil fließenden Aktiva nach dem II. Senat von der Singularsukzession ausgenommen und stehen allen Miterben zur gesamten Hand zu.

aa) Bedürfnis nach einem gesamthänderisch gebundenen Aktivwert

Dass der II. Senat diese Aktiva dem gesamthänderisch gebundenen Nachlassvermögen zuwies, beruhte v. a. darauf, dass nach damaligem Verständnis nur die Bestandteile des gesamthänderisch gebundenen Nachlasses der Nachlass(insolvenz)verwaltung unterfallen konnten. Gerade die Verwaltung der aus dem oHG-Anteil fließenden Aktiva wollte man nämlich getreu der vermögensverwaltenden Aufgabe dieser Verwalter deren Verwaltungsbefugnis unterstellen.[156] Freilich ist dieser Gedankengang überholt. In konsequenter Fortentwicklung der Prämisse, dass es sich bei einem singularsukzedierten oHG-Anteil um einen Nachlassgegenstand handelt, hat sich mittlerweile die Erkenntnis herausgebildet, dass der oHG-Anteil seiner Substanz nach sowie die in ihm verkörperten Vermögensrechte (die „*Außenseite*") in die Verwaltungsbefugnis erbrechtlicher Fremdverwalter fallen können.[157] Jedoch muss man aus Sicht der etablierten Ansicht hieraus nicht schließen, dass damit auch gleichzeitig der Gedanke überholt ist, dass die Aktiva dem gesamthänderisch gebundenen Nachlassvermögen zugewiesen werden.[158] Denn die Zuweisung der aus dem oHG-Anteil erwachsenden Aktiva zum Sondernachlass des Sondererben hätte zwar den Charme,

---

[154] BGHZ 91, 132, 136.

[155] BGH, NJW 1981, 749, 750 (GbR-Anteil); *ders.*, NJW 1985, 1953, 1954 (Kommanditanteil). Vgl. auch BGH, NJW-RR 1987, 989 f.: Dort wurde die gesamthänderische Bindung des Abfindungsanspruchs selbst dort angenommen, wo der Personengesellschaftsanteil in der Hand der Nachfolger durch Eintrittsklausel neu begründet wurde. Kritisch daher zu Recht *Flume*, NJW 1988, 161, 163 f.

[156] Insofern richtig resümiert *Marotzke*, AcP 187, 223, 232 f.; s. auch BGHZ 91, 132, 136 f.

[157] S. hierzu *§ 2 III. 3. a) dd)* und *ee)*.

[158] So aber wohl *Lorz*, S. 133; *ders.*, in: E/B/J/S-HGB, § 139 Rdnr. 12; *Marotzke*, AcP 187, 223, 233.

dass die Sondererbfolge in oHG-Anteile vereinheitlicht wäre,[159] ohne dass damit die aktiven Vermögenswerte der Verwaltungsbefugnis der Nachlass(insolvenz) verwalter entzogen werden müssten. Jedoch zwingt das Interesse der Miterben und der Nachlassgläubiger an einer, mit den Aktiva aus dem Gesellschaftsanteil aufgeladenen, gesamthänderisch gebundenen Nachlassmasse auch weiterhin dazu, dass die aus dem singularsukzedierten oHG-Anteil erwachsenden Aktiva in das gesamthänderisch gebundene Nachlassvermögen fallen.[160] Jenseits der Eröffnung der Nachlassinsolvenz bzw. Anordnung der Nachlassverwaltung[161] sowie einer Testamentsvollstreckung mit beaufsichtigender Funktion[162] ist der „*Vorrang der Nachlassgläubiger vor den Privatgläubigern der Gesellschafter-Erben*"[163] nämlich nur dann auch hinreichend gesichert. Gerade wenn der Erblasser keine Testamentsvollstreckung mit beaufsichtigender Funktion über den oHG-Anteil angeordnet hat und eine Nachlassverwaltung wegen der damit verbundenen Fremdeinmischung vorerst nicht gewollt ist oder auch überhaupt nicht beantragt werden kann,[164] wird ein solcher Schutz insbesondere dort besonders relevant, wo ein qualifizierter Sondererbe zum Sondererbengesellschafter berufen wurde.

(1) Zuordnung zum Sondernachlass des Sondererben?

Wenn man in einer solchen Situation die aus dem oHG-Anteil fließenden Aktiva dem Sondernachlass zuordnen würde, unterläge der Sondererbe insofern nicht den Verfügungsbeschränkungen aus § 2040 Abs. 1 BGB. M.a.W. wären die Aktiva nicht im Interesse der Nachlassgläubiger und Miterben dinglich vinkuliert. Der Sondererbe hätte die Macht, eigenmächtig und ohne vorherige Zustimmung der übrigen Miterben über den (künftigen) Abfindungsanspruch durch Ver-

---

159 Von „*glattem Schnitt*" spricht *Marotzke*, AcP 187, 223, 233.

160 Von einem gesamthänderisch gebundenen Nachlassaktivvermögen gehen daher aus: *Siegmann*, S. 192–205; *Schäfer*, in: Staub-HGB, § 139 Rdnr. 114, mit Verweis auf Rdnr. 3; II. Senat des BGH in BGHZ 108, 187, 192; wohl auch der IV. Senat des BGH in BGHZ 98, 48, 56, da er die Rechtsprechung des II. Senats insofern ausdrücklich billigt. Die Rechtsprechung legen anders aus: *Marotzke*, AcP 187, 223, 232f.; *Lorz*, in: E/B/J/S-HGB, § 139 Rdnr. 12 (Fn. 33).

161 Dass auch die Nachlass(insolvenz)verwaltung zu einer Absonderung des oHG-Anteils führt, vgl. §§ 1975, 1984 Abs. 2 BGB.

162 Zum Begriff, s. noch *§ 2 III. 3. a) dd)*.

163 Das kommunizierte Ziel, s. BGHZ 91, 132, 137.

164 Man denke nur an den Fall, dass der Sondererbe sich eines gemeinsamen Antragsrechts der Miterben (§ 2062 Hs. 1 BGB) verweigert. Die Sondererbfolge vermag nämlich richtigerweise am gemeinschaftlichen Antragsrecht der Miterben gem. § 2062 Hs. 1 BGB nichts zu ändern, s. *§ 2 II. 3. b)*. Daneben kann auch die zweijährige Antragsfrist des § 1981 Abs. 2 S. 2 BGB für die Nachlassgläubiger bereits verstrichen sein.

pfändung oder teilweisen Verzicht (z. B. durch nachträgliche Vereinbarung einer Buchwertklausel[165]) zu verfügen und damit die Nachlassmasse bereits antizipiert[166] zu verkleinern. Gleiches gilt für die aus dem oHG-Anteil fließenden Gewinnansprüche. Auch wenn er den oHG-Anteil selbst überträgt, würde mittelbar der Zugriff auf den später entstehenden Abfindungsanspruch und die Gewinnansprüche konterkariert werden. Denn diese entstehen immer in der Hand, in der sich das Stammrecht befindet (erste Aussage der Fortwirkung der Stammrechtsverfügung).[167] Sind die Aktiva dem Sondernachlass zugeordnet, sind diese gerade nicht derart im Interesse der Miterben und Nachlassgläubiger dinglich vinkuliert, dass von dieser Fortwirkung der Stammrechtsverfügung im Interesse der Nachlassgläubiger und Miterben abgewichen werden könnte. Daneben ist zu bedenken, dass eine Sonderzuordnung der Aktiva von den Beschränkungen des § 747 ZPO befreit. Eigengläubiger des Sondererben könnten daher die im Sondernachlass entstandenen Abfindungs- und Gewinnansprüche gem. §§ 829 Abs. 1, 835 Abs. 1 Var. 1 ZPO pfänden und sich zur Einziehung überweisen lassen. Sind diese Ansprüche noch nicht entstanden, könnten sie den singularsukzedierten oHG-Anteil, ohne die Beschränkung des § 747 ZPO, gem. §§ 859 Abs. 1, 857, 829 Abs. 1 ZPO pfänden und den Abfindungsanspruch im Sondernachlass durch Kündigung gem. § 135 HGB zum Entstehen bringen. Bei einer Sonderzuordnung der Aktiva würde sich das an dem Stammrecht (oHG-Anteil) zu ihren Gunsten erwirkte Pfändungspfandrecht auch ungehindert am Abfindungsanspruch und an etwaigen Gewinnansprüchen fortsetzen können, da die aus dem oHG-Anteil fließenden Aktiva immer nur in dem Zustand entstehen können, in welchem sich das Stammrecht befindet (zweite Aussage der Fortwirkung der Stammrechtspfändung).[168] Damit wäre es sodann den Eigengläubigern möglich, sich aus diesen (ebenfalls gepfändeten) Ansprüchen, zum Nachteil der Nachlassgläubiger, zu befriedigen, indem sie sich diese etwa zur Einziehung überweisen lassen, § 835 Abs. 1 Var. 1 ZPO. Kurzum: Das wegen der Sondererbfolge abgesenkte Schutzniveau des oHG-Anteils – § 2040 Abs. 1 BGB und § 747 ZPO sind gerade nicht anwendbar – würde ungehindert auf die hieraus entstehenden Aktiva durchschlagen, wenn man diese ebenfalls dem Sondernach-

[165] Zur Zulässigkeit der Buchwertklausel, s. *Schmidt*, in: MüKo-HGB, § 131 Rdnr. 167.

[166] Zum durchaus lesenswerten Streit über die richtige Wortschreibweise (antezipiert vs. antizipiert), vgl. *Saum*, MDR 1984, 372 f.

[167] BGHZ 88, 205, 207 (GmbH-Anteil); BGH, NJW 1997, 3370, 3371 (stille Gesellschaft).

[168] Für die Fortsetzung des Pfändungspfandrechts am Abfindungsanspruch ist BGHZ 104, 351, 354 (GmbH). Für die Fortsetzung des Pfändungspfandrechts an einem Auseinandersetzungsanspruch: BGHZ 116, 222, 229 (GbR); *Schäfer*, in: Staub-HGB, § 135 Rdnr. 25. Für die Fortsetzung des Pfändungspfandrechts am Gewinnanspruch, vgl. etwa *Habermeier*, in: Staudinger, § 717 Rdnr. 14.

lass zuordnen würde. Denn dann wären diese Ansprüche nicht im Interesse der Miterben und Nachlassgläubiger dinglich vinkuliert und es bliebe bei der allgemeinen Regel, dass die aus dem oHG-Anteil fließenden Aktiva in der Hand und in dem Zustand entstehen, in der und dem sich das Stammrecht (oHG-Anteil) in diesem Zeitpunkt befindet (Fortwirkungsgedanke).[169] Damit würden Sondererbfolge und Fortwirkungsgedanke zusammengenommen bewirken, dass der Sondererbe und seine Privatgläubiger außerhalb einer Nachlassabsonderung auf die Aktiva zugreifen könnten.[170] Dies würde nicht nur die Nachlassgläubiger benachteiligen, sondern zugleich die Miterben, da eine so verkleinerte Nachlassmasse auch bedeutet, dass nach Befriedigung der Nachlassverbindlichkeiten weniger für diese aus dem Nachlass übrig bleibt. Freilich besteht für die Nachlassgläubiger die Möglichkeit, den Eigengläubigern zuvorzukommen und den oHG-Anteil vor diesen zu pfänden. Damit würden sie sich – entsprechend des oben genannten Fortwirkungsgedankens – zwar eine vorrangige Stellung in Ansehung der aus dem oHG-Anteil fließenden Aktiva sichern.[171] Doch hätten die Nachlassgläubiger das Nachsehen, wenn sie nicht schnell genug reagieren und den Wettlauf mit den Eigengläubigern verlieren. Denn eine spätere Nachlassabsonderung könnte nur in den Grenzen des § 321 InsO (für die Nachlassinsolvenzverwaltung) bzw. § 1984 Abs. 2 BGB, §§ 784 Abs. 2, 785 ZPO (für die Nachlassverwaltung) eine seitens der Eigengläubiger bereits vollzogene Pfändung des oHG-Anteils bzw. der aus ihm fließenden Aktiva rückgängig machen, aber keinesfalls einen endgültig eingetretenen Vermögensabfluss, etwa durch Abschluss der Zwangsvollstreckung mittels Befriedigung aus den zur Überweisung eingezogenen Aktiva gem. §§ 859 Abs. 1, 857, 835 Abs. 1 ZPO, rückabwickeln.[172] Vermögensabflüsse, die auf einer Verfügung des Sondererben über die aus dem oHG-Anteil fließenden Aktiva zurückzuführen sind, blieben ohnehin durch die Nachlassabsonderung unberührt, wenn sie davor endgültig eingetreten sind, da die Verfügungsbefugnis erst mit der Nachlassabsonderung auf den Nachlass(insolvenz)verwalter übergeht, §§ 1984 f. BGB, §§ 80 f. InsO. Die Möglichkeit, den vor der Nachlassabsonderung erwirkten Vermögensabfluss im Nachlass über die Anfechtungstatbestände nach dem AnfG bzw. den §§ 129 ff.

[169] Zur Fortwirkung von Pfändungspfandrechten am Abfindungsanspruch: *Schmidt*, in: MüKo-HGB, § 135 Rdnr. 29; *Lorz*, in: E/B/J/S-HGB, § 135 Rdnr. 22; BGHZ 104, 351, 354 (GmbH); BGHZ 116, 222, 229 (GbR). Zur Fortwirkung einer Anteilsübertragung auf den Abfindungsanspruch: BGHZ 88, 205, 207 (GmbH); BGH, NJW 1997, 3370, 3371 (stille Gesellschaft).

[170] So resümiert es auch *Siegmann*, S. 221.

[171] Kritisch zum Fortwirkungsgedanken in diesem Fall, *Siegmann*, S. 196.

[172] Für die Nachlassverwaltung: *Herzog*, in: BeckOGK-ZR, § 1984 Rdnr. 47; *Dobler*, in: Staudinger, § 1984 Rdnr. 26. Für die Nachlassinsolvenzverwaltung: *Schmidt*, in: Schmidt-InsO, § 321 Rdnr. 9.

InsO rückgängig zu machen, besteht nur in eng umgrenzten Konstellationen. Nachlassgläubiger und Miterben wären daher in diesen Fällen auf Ausgleichsansprüche gegen den Sondererben nach Maßgabe der § 1978 Abs. 1 BGB bzw. § 812 Abs. 1 S. 1 Var. 2 BGB verwiesen.[173] Diese Ansprüche stellen jedoch keinen vollständigen Ausgleich für den hinzunehmenden Vermögensabfluss dar, da die Nachlassgläubiger und Miterben hierdurch mit dem Eigeninsolvenzrisiko des Sondererben belastet würden. Ist der Nachlass nicht überschuldet oder zahlungsunfähig und verlangen nur die Erben den Ausgleich, kann der Sondererbe jedenfalls den Anspruch nach Maßgabe des § 1978 Abs. 1 BGB gegen sich vermeiden, indem er gegen die von den Miterben angestrengte Nachlassverwaltung votiert und damit die erforderliche gemeinsame Antragstellung sämtlicher Erben gem. § 2062 Hs. 1 BGB unmöglich macht.[174] Sicherlich würde diese durch die Sondererbfolge hervorgerufene Unbilligkeit vermieden, wenn der Erblasser so weitsichtig ist und eine „*Testamentsvollstreckung mit beaufsichtigender Funktion*“[175] über den oHG-Anteil anordnet.[176] Denn hierdurch wird dem Sondererben gem. § 2211 BGB und den Privatgläubigern des Sondererben gem. § 2214 BGB die Befugnis genommen, auf den oHG-Anteil einzuwirken. Doch sollen die Miterben und Nachlassgläubiger wirklich die Nachteile tragen, wenn der Erblasser dies unterlässt?

(2) Zuordnung zum gesamthänderisch gebundenen Nachlass

Um vollumfänglich zu verhindern, dass die Sondererbfolge letztlich als mittelbaren Rechtsreflex vor der Nachlassabsonderung Vermögensabflüsse aus dem Nachlass zulässt, die für die Nachlassgläubiger und Miterben nur um den Preis der Übernahme eines in seiner Entstehung unsicheren und mit dem Eigeninsolvenzrisiko des Sondererben behafteten Ausgleichsanspruchs kompensiert werden, müssten daher die aus dem oHG-Anteil erwachsenden Aktiva, auch bei Anerkennung der Nachlasszugehörigkeit singularsukzedierter oHG-Anteile, dem gesamthänderisch gebundenen Nachlass zugeordnet werden. Denn dann stünden die Aktiva unter der gemeinschaftlichen Verfügungsbefugnis aller Miterben gem. § 2040 Abs. 1 BGB. Ein Ereignis, das nur in der Person des Sondererben am singularsukzedierten oHG-Anteil eingetreten ist, könnte sich nach dem Fortwirkungsgedanken sodann nur schwerlich an den hieraus fließenden Aktiva

[173] Für die Nachlassverwaltung: *Herzog*, in: BeckOGK-ZR, § 1984 Rdnr. 48. Für die Nachlassinsolvenzverwaltung: *Siegmann*, in: MüKo-InsO, § 321 Rdnr. 5.

[174] Zur Ablehnung einer Modifikation der Vorschriften über die Nachlassteilung (§§ 2059 Abs. 1 S. 1, 2062 Hs. 2 BGB), s. *§ 2 II. 3. b)*.

[175] Zum Begriff und Inhalt, s. noch *§ 2 III. 3. a) dd)* und *ee)*.

[176] So *Lorz*, S. 133 f.

fortzusetzen. Dann stünden die aus dem oHG-Anteil fließenden Vermögenswerte auch außerhalb einer Nachlassabsonderung unter dem Schutz der § 747 ZPO und könnten von Eigengläubigern des Sondererben nicht gepfändet werden. Nur dann wiederum wäre sichergestellt, dass sich die Sondererbfolge insofern – zumindest vermögensmäßig – nicht zum Nachteil der Miterben und Nachlassgläubiger auswirkt.

bb) Vereinbarkeit von singularsukzediertem oHG-Anteil und gesamthänderisch gebundenem Aktivwert

Eine andere Frage ist jedoch, ob dieses vom Interesse der Miterben und Nachlassgläubiger gebotene Ergebnis überhaupt im Denkmuster der Sondererbfolge erreicht werden kann.[177] Denn letztlich ist dies nur der Fall, wenn dem Sondererben von Todes wegen lediglich ein bloßer oHG-Anteilstorso zufällt, der sowohl von seinen bei Erbfall bereits entstandenen als auch von den nach dem Erbfall noch entstehenden aktiven Vermögenswerten entkleidet ist.[178] Für die bis zum Erbfall entstehenden Aktiva (Altaktiva) ist eine Absonderung von dem oHG-Anteil zu Gunsten des gesamthänderisch gebundenen Nachlasses ohne Weiteres denkbar. Als solche werden diese Aktiva einfach von der Sondererbfolge ausgeklammert, sodass diese im Wege der unmodifizierten Universalsukzession den Weg in den gesamthänderisch gebundenen Nachlass finden, und so im Interesse von Miterben und Nachlassgläubigern gesichert sind.[179] Für die besonders wichtige Kategorie der nach dem Erbfall entstehenden Aktiva (Neuaktiva) – wie dem Abfindungsanspruch und den nach dem Erbfall entstehenden Gewinnansprüchen – dürfte zur bestmöglichen Verwirklichung des eben geschilderten Interesses eigentlich nichts anderes gelten. Sie mit ihrer postmortalen Entstehung ebenfalls ungeschmälert dem gesamthänderisch gebundenen Vermögen zuzuordnen, selbst wenn der alleinverwaltungsbefugte Sondererbe oder seine Eigengläubiger versuchen, auf diese künftigen Vermögenswerte Einfluss zu nehmen, muss allerdings der im Denkmodell der Sondererbfolge verhafteten etablierten Ansicht zwangsläufig Schwierigkeiten bereiten. Denn wie begründet man, dass die aus dem bereits singularsukzedierten oHG-Anteil fließenden Aktiva, insofern abweichend vom Stammrecht, in das gesamthänderisch gebundene Nachlassvermögen fließen?

---

[177] Richtig daher im Ausgangspunkt, *Siegmann*, S. 195.

[178] *Flume* spricht von „*Peter Schlemihl ohne Schatten*", vgl. DB 1983, 2271, 2272.

[179] So auch *Marotzke*, AcP 187, 223, 233 (Fn. 44).

(1) Mit Erbfall dem Gesamthandsvermögen zugeordnete Neuaktiva?

Die Rechtsprechung des II. Zivilsenats versucht dieses der Sondererbfolge anhaftende Problem über einen Kunstgriff zu vermeiden und ordnet dem gesamthänderisch gebundenen Nachlass die nach dem Erbfall entstehenden Aktiva bereits mit dem Erbfall unentziehbar zu, sodass der Sondererbe einen Gesellschaftsanteil erlangt, „*dem diese in den (*scil.: *gesamthänderisch gebundenen) Nachlaß gefallenen und dort bis zu dessen Auseinandersetzung verbleibenden Ansprüche von vornherein fehlen*“[180]. Gewiss, damit wird erreicht, dass der Sondererbe von Anfang an den oHG-Anteil nur als vermögensentkerntes Mitgliedschaftsrecht erwirbt, ohne dass für ihn oder seine Eigengläubiger die Möglichkeit bestünde, den in ihm schlummernden Vermögenswert für nachlassfremde Zwecke dienstbar zu machen.[181] Dass dieser Kunstgriff aber nicht überzeugt, versteht sich von selbst: Gewinnansprüche entstehen erst mit dem Beschluss der Gesellschafter zur Bilanzfeststellung.[182] Der Abfindungsanspruch entsteht schließlich erst mit dem Ausscheiden des Sondererben aus der Gesellschaft.[183] Da mit der erbrechtlichen Nachfolgeklausel die Mitgliedschaft mit dem Erbfall nicht endet, sondern auf den Sondererben übergeht, wird der Abfindungsanspruch bei Eintritt des Erbfalls nicht ausgelöst und kann daher mangels Existenz auch nicht getrennt von dem singularsukzedierten oHG-Anteil, kraft unmodifizierter Universalsukzession, in das gesamthänderisch gebundene Nachlassvermögen übergehen. Selbiges gilt für die nach dem Erbfall festgestellten Gewinnansprüche. Die Neuaktiva existieren auch nicht als im Zeitpunkt des Erbfalls bereits bestehende Anwartschaft des Erblassers, die im Wege der unmodifizierten Universalsukzession auf die Erben übergehen könnte.[184] Denn während seiner Zeit als Gesellschafter hat der Erblasser – wie jeder andere Gesellschafter – keine, insbesondere vom Willen Dritter unabhängige Rechtsposition in Bezug

---

[180] BGH, NJW-RR 1987, 989. I.E. ebenso BGH, NJW 1985, 1953, 1954 (Kommanditanteil).

[181] So für den einer Verfügung über den Gesellschaftsanteil vergleichbaren Fall einer Pfändung in denselben durch den Eigengläubiger, s. BGH, NJW-RR 1987, 989; i.E. ähnlich BGH, NJW 1985, 1953, 1954 (Kommanditanteil).

[182] BGHZ 80, 357, 358 (GbR); *Habermeier*, in: Staudinger, § 721 Rdnr. 9; s. auch *Schäfer*, in: MüKo-BGB, § 717 Rdnr. 31.

[183] BGHZ 88, 205, 207 (GmbH-Anteil); BGH, NJW 1989, 453 (Kommanditanteil); *ders.*, NJW 1997, 3370 (stille Gesellschaft). S. auch: *Schäfer*, in: MüKo-BGB, § 717 Rdnr. 32; *Habermeier*, in: Staudinger, § 717 Rdnr. 14; *ders.*, in: Staudinger, § 738 Rdnr. 9. Anders noch BGHZ 58, 327, 330 zur Rechtslage in einer Genossenschaft, wo noch von einem aufschiebend bedingten Anspruch ausgegangen wurde.

[184] Ähnlich *Flume*, NJW 1988, 161, 162, der konstatiert: „*Die künftigen Ansprüche auf das Auseinandersetzungs- oder Abfindungsguthaben (...) gibt (...) (es) bis zur Auflösung oder Kündigung überhaupt nicht*“.

auf den Abfindungsanspruch und künftige Gewinne. Denn die schlichte Tatsache, dass die künftigen Gewinn- und Abfindungsansprüche auf einer sicheren Rechtsgrundlage – dem Gesellschaftsvertrag – beruhen, kann in dieser besonderen Konstellation nicht ausreichen.[185] Die Frage, ob und ggf. wie hoch diese Ansprüche ausfallen, hängt nämlich u. a. von unbeherrschbaren Faktoren ab. Insbesondere bei einem fortwährend schlechten Unternehmensergebnis kann es sein, dass das Gesellschaftsvermögen nahezu aufgebraucht wird, und ein Gesellschafter daher im Austrittszeitpunkt letztlich keinen oder nur einen geringen Abfindungs- und Gewinnanspruch hat. Von einer hinreichend sicheren Erwerbsaussicht des Erblassers zu seinen Lebzeiten, die alleine Grundlage eines vererbbaren Anwartschaftsrechts an den künftig entstehenden Neuaktiva wäre, kann daher keine Rede sein.[186] Auch die Norm des § 105 Abs. 3 HGB, § 717 S. 2 BGB zwingt nicht zu einem anderen Ergebnis. Diese Norm lässt zwar die Abtretung eines Anspruchs auf das Auseinandersetzungsguthaben zu und gilt nach ganz überwiegender Ansicht auch für den Abfindungsanspruch,[187] jedoch wird hiermit nur in Durchbrechung des Abspaltungsverbots i. S.d. § 105 Abs. 3 HGB, § 717 S. 1 BGB auf die Möglichkeit hingewiesen, dass vermögensrechtliche Ansprüche der Mitgliedschaft überhaupt durch Abtretung von der Mitgliedschaft abgespalten werden können.[188] Keinesfalls legitimiert § 105 Abs. 3 HGB, § 717 S. 2 BGB aber die Ansicht, dass während der Gesellschafterstellung bereits sämtliche Vermögenspositionen aus dem oHG-Anteil als gegenwärtige (und damit gesondert vererbbare) Vermögensobjekte vorhanden sein müssten.[189] Vielmehr besagt § 105 Abs. 3 HGB, § 717 S. 2 BGB nur, dass der Abfindungsanspruch und der Anspruch auf spätere Gewinne als künftige Ansprüche antizipiert abgetreten werden können.

Da dem Erblasser also zu seinen Lebzeiten als Gesellschafter kein Anwartschaftsrecht oder sonstige gesicherte Rechtsposition am Abfindungsanspruch oder an künftigen Gewinnansprüchen zusteht, kann eine solche Rechtsposition auch nicht im Wege der unmodifizierten Universalsukzession in das gesamthänderisch gebundene Nachlassvermögen fallen.[190] Mit dem Erbfall entsteht auch kein solches Anwartschaftsrecht originär im gesamthänderischen Vermögen

---

[185] Anders würde es wohl *Serick* sehen, der in einem ähnlich gelagerten Fall – nämlich der Abtretung künftiger Forderungen, die auf einem sicheren Rechtsgrund beruhen – die Entstehung eines Anwartschaftsrechts in der Hand des Zessionars regelmäßig bejaht, s. *Serick*, Eigentumsvorbehalt IV, S. 265 und 330 f.

[186] So auch *Müller*, ZIP 1994, 342, 353 f. und 356.

[187] *Kilian*, in: Henssler/Strohn-GesR, § 717 BGB Rdnr. 20; *Müller*, ZIP 1994, 342, 353.

[188] *Schöne*, in: BeckOK-BGB, § 717 Rdnr. 19.

[189] So aber offenbar *Ulmer*, NJW 1984, 1496, 1500, obwohl dieser ebenfalls insoweit von einem „*künftigen Anspruch*" spricht.

[190] A.A. BGH, NJW-RR 1987, 989; *Ulmer*, NJW 1984, 1496, 1500.

der Miterben. Denn die Miterben, die wegen der Sondererbfolge sogar aus der Verwaltung des oHG-Anteils ausgeschlossen sind, können nicht mehr Rechte haben, als seinerzeit der Erblasser als Gesellschafter hatte. Zusammengefasst ist es daher ausgeschlossen, dass die abspaltbaren, erst zukünftig entstehenden Neuaktiva bereits im Zeitpunkt des Erbfalls dem gesamthänderisch gebundenen Nachlass „*irgendwie*" zugeordnet sind.[191] Der Kunstgriff der Rechtsprechung, die dies gleichwohl postuliert, überzeugt nicht.[192]

(2) Nachträgliche Zuordnung der Neuaktiva zum Gesamthandsvermögen?

Eine andere Frage ist demgegenüber, ob die Sondererbfolge es ausschließt, dass die aus dem singularsukzedierten oHG-Anteil erwachsenden Neuaktiva mit deren Entstehen nach dem Erbfall – unabhängig von sämtlichen Ereignissen, die dem oHG-Anteil im Sondernachlass des Nachfolgers widerfahren – dem gesamthänderisch gebundenen Nachlass zugeordnet werden. Sicherlich wäre es vorstellbar, dass sich der Sondererbe dazu bereit erklärt, die aus dem oHG-Anteil fließenden Neuaktiva als abspaltbare Vermögensrechte gem. § 105 Abs. 3 HGB, § 717 S. 2 BGB antizipiert und zu Gunsten aller Miterben in gesamthänderischer Verbundenheit abzutreten. Jedoch müsste sich der Sondererbe hierzu ausdrücklich einlassen. Abgesehen davon würde eine solche Konstruktion jedoch auch keine rechtssichere Erwerbsposition zu Gunsten des gesamthänderisch gebundenen Nachlasses eröffnen. Wie bereits gesehen, ist der oHG-Anteil, gerade wegen der Sondererbfolge, nicht durch die § 747 ZPO, § 2040 Abs. 1 BGB geschützt, sodass der Erblasser über den oHG-Anteil verfügen kann und Eigengläubiger diesen pfänden können. Diese Einwirkungen auf das Stammrecht (oHG-Anteil) schlagen nach dem oben skizzierten Fortwirkungsgedanken auf die aus ihm entstehenden Aktiva, wie etwa dem Abfindungsanspruch und den Gewinnansprüchen, durch, da diese immer in der Hand und in dem Zustand entstehen, in der und dem sich das Stammrecht, also der oHG-Anteil, zur Zeit der Anspruchsentstehung befindet.[193] An dieser Betrachtung kann eine zuvor zu Gunsten des gesamthänderisch gebundenen Nachlasses bewirkte antizipierte Abtretung dieser Ansprüche nichts ändern. Denn der Stammrechtsverfügung gebührt im Verhältnis zu dieser immer der Vorrang[194] (sog. Prinzip vom Vorrang

---

[191] Dies scheint *Siegmann*, S. 191 anders zu sehen, wenn er betont, dass die „*kategoriale Einordnung*" als aufschiebend bedingter oder künftiger Anspruch „*nicht überbetont*" werden sollte. So wie hier jedoch *Flume*, NJW 1988, 161, 162.

[192] Den Zug der Rechtsprechung „*nicht leicht einsehen*" will auch *Müller*, ZIP 1994, 342, 344. Ähnlich *Stodolkowitz*, in: FS Kellermann, S. 439, 445.

[193] S. hierzu noch einmal *§ 2 II. 2. a) aa) (1)*.

[194] *Habermeier*, in: Staudinger, § 717 Rdnr. 14; *Lieder*, in: BeckOGK-ZR, § 398 Rdnr. 154; BGHZ 88, 205, 207 (Vorrang der Abtretung eines GmbH-Anteils); BGHZ 104, 351, 354 (Vor-

der Stammrechtsverfügung[195]). Anders gewendet: Der Abfindungsanspruch kann nur dann im Wege einer antizipierten Abtretung unbelastet auf den Zessionar übertragen werden, wenn der Zedent im Zeitpunkt der Entstehung des Anspruchs noch Inhaber eines unbelasteten oHG-Anteils ist. Diese Rechtsfolge ist letztlich die Konsequenz aus der oben gewonnenen Erkenntnis, wonach dem Gesellschafter kein vorweg an einen Dritten übertragbares Anwartschaftsrecht am Abfindungsanspruch und den Gewinnansprüchen zusteht.[196] Die Abfindungs- und Gewinnansprüche können im Wege der Abtretung nur so auf den Zessionar übergehen, wie sie vom Zedenten im Zeitpunkt der Anspruchsentstehung im Wege eines Durchgangserwerbs zwischenerworben werden.[197] Die Abhängigkeit vom Durchgangserwerb des Zedenten ist es, die dem Zessionar daher vor dem Eintritt der Rechtswirkung der Abtretung nur eine eingeschränkt rechtssichere Erwerbsposition vermittelt. Sie geht ins Leere, wenn der singularsukzedierte oHG-Anteil zwischenzeitlich vom Sondererben übertragen wurde, da dann auch der Abfindungsanspruch nicht mehr in seiner Hand entsteht.[198] Wenn der oHG-Anteil zwischenzeitlich von den Eigengläubigern des Sondererben gepfändet wurde, kann der Abfindungs- oder Gewinnanspruch nach dem oben erläuterten Fortwirkungsgedanken nur mit diesem Pfändungspfandrecht belastet in der Hand des Zedenten (Sondererben) entstehen und damit nur in diesem Zustand im Wege der Abtretung weiterübertragen werden.[199] Kurzum: Der Fortwirkungsgedanke, wonach der Zustand, in dem sich das Stammrecht (oHG-Anteil) bei Entstehen der Neuaktiva befindet, auf die Neuaktiva fortwirkt, gilt uneingeschränkt auch dann, wenn die Ansprüche vorher antizipiert abgetreten wurden. Die nachträgliche Zuordnung der Neuaktiva zum gesamthänderisch gebundenen Nachlass kraft einer antizipierten Abtretung der Neuaktiva ist damit erheblichen Schutzlücken ausgesetzt.

Etwas anderes könnte sich nur dann ergeben, wenn die aus den oHG-Anteil fließenden Neuaktiva bereits kraft Gesetzes gem. § 2041 S. 1 BGB dem gesamthänderisch gebundenen Nachlass zugeordnet sind. Nach § 2041 S. 1 BGB gehört alles zum Nachlass, was aufgrund eines zum Nachlass gehörenden Rechts oder als Ersatz für die Zerstörung, Beschädigung oder Entziehung eines Nachlass-

---

rang der Pfändung eines GmbH-Anteils); BGH, NJW 1997, 3370, 3371 (Vorrang der Abtretung eines Anteils an einer stillen Gesellschaft).

[195] Als solches bezeichnet es auch *Lorz*, in: E/B/J/S-HGB, § 131 Rdnr. 66.

[196] S. hierzu noch einmal *§ 2 II. 2. a) bb) (1)*.

[197] Explizit von einem Durchgangserwerb für gesellschaftsrechtliche Vermögensansprüche geht auch *Lieder*, in: BeckOGK-ZR § 398 Rdnr. 168 aus.

[198] BGH, NJW 1997, 3370, 3371 (stille Gesellschaft); *Lieder*, in: BeckOGK-ZR, § 398 Rdnr. 154.

[199] *Habermeier*, in: Staudinger, § 717 Rdnr. 14; *Flume*, NJW 1988, 161, 162 (zum Abfindungsanspruch und Anspruch auf das Auseinandersetzungsguthaben).

gegenstands oder durch ein Rechtsgeschäft erworben wird, das sich auf den Nachlass bezieht. Der aus dem oHG-Anteil erwachsende Abfindungsanspruch kann dabei als an die Stelle des singularsukzedierten oHG-Anteils tretender Ersatz i.S.d. § 2041 S. 1 Var. 2 BGB angesehen werden; die nach dem Erbfall erworbenen Gewinnansprüche könnten als unmittelbare Rechtsfrüchte des oHG-Anteils i.S.d. § 99 Abs. 2 BGB i.V.m. § 2041 S. 1 Var. 1 BGB verstanden werden. Doch würden sich diese Posten unter Anwendung des § 2041 S. 1 BGB auch unmittelbar im Wege eines Direkterwerbs und damit unter Überwindung des Fortwirkungsgedankens im gesamthänderisch gebundenen Nachlass materialisieren?[200] Diesem Ergebnis stehen wegen der Sondererbfolge bisher kaum ausgeleuchtete Hürden entgegen: Zunächst ist es schon fraglich, ob § 2041 S. 1 BGB auf den singularsukzedierten oHG-Anteil überhaupt Anwendung findet, gehört dieser doch eben gerade nicht zum gesamthänderisch gebundenen Nachlassvermögen. Sieht man § 2041 S. 1 BGB jedoch nicht ohnehin schon als verallgemeinerungsfähigen Rechtsgedanken an, der auf alle Formen des Nachlasses passt,[201] spricht für die Einbeziehung der aus der Sondererbfolge hervorgegangenen Sondernachlassmasse in den Anwendungsbereich des § 2041 S. 1 BGB jedenfalls dessen Normzweck, der den Nachlasswert für Miterben und Nachlassgläubiger erhalten will.[202] Ein genuin aus der gesamthänderischen Bindung hergeleitetes Bedürfnis scheint dem § 2041 S. 1 BGB daher jedenfalls nicht zu Grunde zu liegen. Vielmehr greift der Grundsatz der dinglichen Surrogation immer dort ein, wo das Schicksal des Nachlassvermögens durch die Interessen von Miterben oder Nachlassgläubigern entscheidend mitgeprägt wird; also auch im Sondernachlass. Wenn man also die Anwendung des § 2041 S. 1 BGB auf den Sondernachlass bejaht, muss beleuchtet werden, ob § 2041 S. 1 BGB in seiner Rechtsfolge die aus dem oHG-Anteil fließenden Aktiva i.S.d. § 2041 S. 1 Var. 1, Var. 2 BGB überhaupt dem gesamthänderisch gebundenen Nachlass zuordnet, also eine transitorische Wirkung hat, oder ob diese Norm lediglich eine Zuordnung zum Sondernachlass ermöglicht. Bleibt man im Denkmodell der etablierten Ansicht, spricht für eine transitorische Wirkung jedenfalls der Lagevergleich zur gesetzlichen Ausgangssituation, die bei Tod eines oHG-Gesellschafters vorherrscht. Wenn nämlich dort die etablierte Ansicht be-

---

[200] Bejahend: *Siegmann*, S. 201, der sogar einer teleologischen Reduktion des § 2041 S. 1 BGB zur Erreichung der von der Rechtsprechung favorisierten angemessenen Rückzuordnung der Aktiva zum privaten Vermögen des Sondererben (s. noch *§ 2 II. 2. c)*) ablehnend gegenübersteht. Ebenfalls für eine Anwendung von § 2041 S. 1 BGB spricht sich *Dörrie*, ZEV 1996, 370, 375 für den unter Testamentsvollstreckung stehenden Nachlass aus.

[201] So *Dobler*, in: Staudinger, § 1978 Rdnr. 17 für die Fälle der rückwirkenden Nachlassabsonderung gem. §§ 1975 f. BGB.

[202] *Rißmann/Szalai*, in: BeckOGK-ZR, § 2041 Rdnr. 2.

fürwortet, dass der mit dem Erbfall gem. § 131 Abs. 3 S. 1 Nr. 3 HGB ausgelöste Abfindungsanspruch und die bis dato entstandenen Gewinnansprüche in das gesamthänderisch gebundene Nachlassvermögen fallen,[203] ist es naheliegend, dass selbiges auch für die erst nach dem Erbfall entstehenden Aktiva gelten muss. Denn Aufgabe des § 2041 S. 1 BGB kann es nicht sein, die ohnehin fremdartige Sondererbfolge dort weiter zu perpetuieren, wo sie nicht notwendig ist. Erkennt man also an, dass § 2041 S. 1 BGB den Abfindungsanspruch sowie die nachträglichen Gewinnansprüche dem gesamthänderisch gebundenen Nachlass zuordnet, geschieht dies richtigerweise ohne Durchgangserwerb des Sondererben. Die aus dem oHG-Anteil fließenden Aktiva entstehen kraft Gesetzes direkt im gesamthänderischen Nachlass.[204] Damit ist jedoch noch nichts darüber gesagt, ob der durch § 2041 S. 1 BGB angeordneten dinglichen Zuordnung zum Nachlass auch die Wirkung zukommt, den oben skizzierten Fortwirkungsgedanken zu unterbrechen, sodass Einwirkungen auf den oHG-Anteil, z. B. eine Verfügung seitens des Sondererben oder eine Pfändung seitens der Eigengläubiger des Sondererben, nicht auf die aus dem oHG-Anteil fließenden Aktiva durchgreifen können. Letztlich kommt es hier zu einer nahezu unauflösbaren Kollision von dinglich wirkenden Prinzipien. In der Folge kommt es darauf an, welcher Wirkung man den Vorzug geben möchte. Hinsichtlich eines seitens der Eigengläubiger des Sondererben erwirkten Pfändungspfandrechts etwa führt ein Vorrang des Fortwirkungsgedankens dazu, dass die aus dem oHG-Anteil fließenden Neuaktiva gem. § 2041 S. 1 BGB nur unter der fortwirkenden Belastung eines zu Gunsten des Privatgläubigers des Sondererben erwirkten Pfändungspfandrechts in dem gesamthänderisch gebundenen Nachlass entstehen. Eine Übertragung des oHG-Anteils würde bei einem unterstellten Vorrang des Fortwirkungsgedankens sogar dazu führen, dass die Neuaktiva in der Hand des oHG-Anteilserwerbers entstünden, ohne dass § 2041 S. 1 BGB diese Aktiva noch dem gesamthänderisch gebundenen Nachlass zuordnen könnte. Nur wenn man die Wirkung des § 2041 S. 1 BGB bevorzugen wollte, würden die Neuaktiva, ungeachtet einer zwischenzeitlichen Übertragung oder Pfändung des oHG-Anteils, durch § 2041 S. 1 BGB unbelastet dem gesamthänderisch gebundenen Nachlassvermögen zugeordnet werden. Nur dann wäre der Vorrang der Nachlassgläubiger auch vor einer Nachlassabsonderung effektiv gewahrt.[205]

---

[203] S. hierzu noch einmal: *Schäfer*, in: Staub-HGB, § 139 Rdnr. 3; BGHZ 22, 186, 194.

[204] Zum Charakter des § 2041 S. 1 BGB als dingliche Surrogationsvorschrift, vgl. *Flechtner*, in: Burandt/Rojahn-ErbR, § 2041 Rdnr. 2.

[205] Den Privatgläubigern bleibt dann nur die Pfändung des Miterbenanteils gem. § 2033 Abs. 1 BGB i. V. m. § 859 Abs. 2 Var. 1, Abs. 1 S. 1 ZPO, s. *Ulmer*, NJW 1984, 1496, 1501.

Freilich würde dadurch der singularsukzedierte oHG-Anteil – jedenfalls bis zur Auseinandersetzung über die dem gesamthänderisch gebundenen Nachlass zugeordneten Aktiva[206] – zur vermögensentkernten Nurmitgliedschaft des Sondererben degradiert werden.[207] Selbst wenn man trotz aller Unwägbarkeiten § 2041 S. 1 BGB einen Vorrang vor dem Fortwirkungsgedanken einräumt, ist völlig unklar, ob diese Wirkung auch jegliche Weiterveräußerung überdauern kann. Denn insbesondere dort, wo der singularsukzedierte oHG-Anteil vom Sondererben an einen Mitgesellschafter veräußert wird, ist die Anwendung des § 2041 S. 1 BGB problematisch. Wegen des Grundsatzes der Einheitlichkeit der Mitgliedschaft würde nämlich der singularsukzedierte oHG-Anteil mit der vorhandenen Gesellschafterposition des Mitgesellschafters verschmelzen.[208] Vom Schutzaspekt der Nachlassgläubiger und Miterben her gesehen, darf der singularsukzedierte oHG-Anteil durch eine Übertragung seine Eigenschaft als Nachlassgegenstand aber gerade nicht verlieren. Es muss auch nach einem Übertragungsvorgang sichergestellt bleiben, dass über § 2041 S. 1 BGB die Zuordnung der Neuaktiva zum gesamthänderisch gebundenen Nachlass jedenfalls insoweit aufrechterhalten bleibt, wie der für den oHG-Anteil gezahlte Kaufpreis, der als Erwerb mit Nachlassmitteln i. S.d. § 2041 S. 1 Var. 3 BGB gilt und dem gesamthänderisch gebundenen Nachlass zugeordnet wird,[209] hinter dem Wert des oHG-Anteils zurückbleibt.[210] Wie dies jedoch erreicht werden soll, wenn sich der singularsukzedierte oHG-Anteil untrennbar mit der im Privatvermögen befindlichen Mitgliedschaft des Mitgesellschafters verbunden hat – eine eigenständige Aufrechterhaltung des singularsukzedierten oHG-Anteils kommt gerade nicht in Betracht, weil dieser kein abgegrenztes Sondervermögen bildet[211] – bleibt unklar.

---

[206] Ab diesem Zeitpunkt sind die Aktiva mit dem oHG-Anteil wieder vereint, vgl.: *Ulmer*, NJW 1984, 1496, 1501 (unter Ägide der Abspaltungsthese); *Siegmann*, S. 196 ff. (für die hier vorgestellte Lösung der etablierten Ansicht unter Beleuchtung der Umstände, die einer solchen Wiedervereinigung entgegenstehen können).

[207] Dies gilt freilich vorbehaltlich der noch zu beleuchtenden, teilweisen Rückzuordnung eines angemessenen Anteils der Aktiva, s. *§ 2 II. 2. c)*.

[208] Zum Grundsatz der Einheitlichkeit der Mitgliedschaft, s. *Schmidt*, in: MüKo-HGB, § 105 Rdnr. 77.

[209] S. hierzu *Dörrie*, ZEV 1996, 470, 475.

[210] Dies dürfte letztlich der tiefere Sinn der zum Kommanditanteil ergangenen Rechtsprechung sein, wenn diese in BGH, NJW 1985, 1953, 1954 den künftigen Abfindungsanspruch selbst dann nicht aus der Verwaltungsmasse eines Testamentsvollstreckers (und damit aus der gesamthänderisch gebundenen Nachlassmasse) ausnimmt, wenn der Personengesellschaftsanteil zwischenzeitlich auf einen Mitgesellschafter übertragen wurde.

[211] So ist dies nur bei einem unter beaufsichtigender Testamentsvollstreckung stehenden oHG-Anteil, s. BGHZ 98, 48, 57 f.

(3) Zwischenergebnis

Der singularsukzedierte oHG-Anteil liegt jenseits einer Nachlassabsonderung in der Hand des Sondererben und ist daher – mangels Anwendbarkeit des § 747 ZPO – kumulativ dem Zugriff der Nachlassgläubiger und der Eigengläubiger ausgeliefert. Da der oHG-Anteil wegen der Sondererbfolge auch nicht der gemeinschaftlichen Verfügungsbefugnis aller Miterben gem. § 2040 Abs. 1 BGB unterliegt, kann der Sondererbe selbst über den oHG-Anteil verfügen. Dass sich daraus resultierende Einwirkungen auf den oHG-Anteil nicht auch auf die aus diesem fließenden Neuaktiva fortwirken dürfen, ist eine haftungsrechtliche Notwendigkeit, will man nicht den Gedanken eines den Nachlassgläubigern vorrangig reservierten Nachlasses aufgeben. Letztlich lässt sich dies aber unter Ägide der Sondererbfolge nicht rechtssicher bewerkstelligen. Die von der Rechtsprechung bemühte Hilfserwägung eines bereits mit dem Erbfall von dem oHG-Anteil abgespaltenen und dem gesamthänderisch gebundenen Nachlass zugeordneten Aktivwerts überzeugt nicht, soweit es um die erst nach dem Erbfall entstehenden Neuaktiva geht. Diese können allenfalls mit ihrem Entstehen gem. § 2041 S. 1 BGB ungeschmälert dem gesamthänderisch gebundenen Nachlass zugeordnet werden. Ob § 2041 S. 1 BGB aber mit Blick auf den singularsukzedierten oHG-Anteil dieses gewünschte Ergebnis leisten kann, erscheint aus mehreren Gründen fraglich. Neben der Tatsache, dass § 2041 S. 1 BGB im unmittelbaren systematischen Zusammenhang zum gesamthänderisch gebundenen Nachlass steht, ist fraglich, ob § 2041 S. 1 BGB die Neuaktiva dem gesamthänderisch gebundenen Nachlass zuordnet. Auch das Verhältnis zum Fortwirkungsgedanken ist völlig unklar. Selbst wenn man all diese Unklarheiten für überwindbar hält und die aus dem oHG-Anteil fließenden Neuaktiva über § 2041 S. 1 BGB dem gesamthänderisch gebundenen Nachlassvermögen zuordnet, bleibt die kaum mehr mit logisch-dogmatischem Verständnis lösbare Problematik, wie eine spätere Anteilsveräußerung – insbesondere an Mitgesellschafter – ohne Einfluss auf die Anwendbarkeit der Vorschrift des § 2041 S. 1 BGB bleiben soll.

b) Aus dem oHG-Anteil erwachsende Passiva

Für die aus dem oHG-Anteil fließenden Verbindlichkeiten, die sog. Passiva, ergibt sich nach der etablierten Ansicht folgendes Bild: Grundsätzlich gilt bei der Universalsukzession durch eine Erbenmehrheit gem. §§ 1922 Abs. 1, 2032 Abs. 1 BGB, dass diese das Vermögen des Erblassers nicht nur mit seiner positiven Seite mit all ihren Rechten, sondern spiegelbildlich auch mit seiner negativen Seite, also allen darauf ruhenden Verbindlichkeiten, erwirbt.[212] Für die aus dem singularsukzedierten oHG-Anteil erwachsenden Passiva muss zwischen den aus dem Gesellschaftsverhältnis bereits bei Erbfall vorhandenen Verbindlichkeiten, insbesondere der Gesellschafterhaftung für die bereits bei Erbfall vorhandenen Gesellschaftsverbindlichkeiten (Gesellschaftsaltverbindlichkeiten), und den nach dem Erbfall entstehenden Verbindlichkeiten aus dem Gesellschaftsverhältnis, insbesondere der Gesellschafterhaftung für die nach Erbfall erst entstehenden Gesellschaftsverbindlichkeiten (Gesellschaftsneuverbindlichkeit en), unterschieden werden.

aa) Haftung für Gesellschaftsaltverbindlichkeiten

Hinsichtlich der bis zum Erbfall entstandenen Verbindlichkeiten aus der Gesellschafterposition handelt es sich um Nachlassverbindlichkeiten i. S.d. § 1967 Abs. 2 Var. 1 BGB, da sie vom Erblasser selbst herrühren. Anders als der oHG-Anteil selbst nehmen sie letztlich aus Sicht der etablierten Ansicht nicht an der Sondererbfolge teil, sondern fallen im Wege der unmodifizierten Universalsukzession gem. §§ 1922 Abs. 1, 1967 Abs. 1, Abs. 2 Var. 1 BGB allen Miterben als Nachlassverbindlichkeiten an. Dies hat der II. Senat bereits in BGHZ 68, 225 ff. für die Erblasserschuld auf Rückzahlung von Entnahmen an die Gesellschaft angenommen. Alles andere solle

„ohne von Besonderheiten des Gesellschaftsrechts geboten zu sein, den allgemeinen erbrechtlichen Grundsatz durchbrechen (...), wonach zur Befriedigung eines Gläubigers des Erblassers zumindest das von diesem stammende Vermögen zur Verfügung zu stehen hat“[213].

Auch die Gesellschafterhaftung, der sich der Erblasser für die bis zu seinem Tod begründeten Gesellschaftsverbindlichkeiten ausgesetzt sah und die als Nachlassverbindlichkeit i. S.d. § 1967 Abs. 2 Var. 1 BGB auf die Miterben übergeht, trifft – anders als ihr aus §§ 128 S. 1, 130 Abs. 1 HGB folgendes und nach Ablauf der Karenzfrist des § 139 Abs. 3 HGB aktiviertes[214] gesellschaftsrechtliches Gegenstück, das eine reine persönliche Verbindlichkeit[215] darstellt – den gesamt-

---

212 S. zu diesem Komplementärverhältnis etwa *Grüner*, in: BeckOGK-ZR, § 1967 Rdnr. 2; *Preuß*, in: BeckOGK-ZR, § 1922 Rdnr. 1. Zur Einheitlichkeit des Anfalls von Vermögen und Verbindlichkeiten, s. auch *Leipold*, in: MüKo-BGB, § 1922 Rdnr. 16 f.

213 BGHZ 68, 225, 239 f.

214 Überwiegende Ansicht: *Schäfer*, in: Staub-HGB, § 139 Rdnr. 121, 123; *Lorz*, in: E/B/J/S-HGB, § 139 Rdnr. 118. Für eine Aktivierung mit dem Erbfall jedoch *Siegmann*, S. 211. Zum Streitstand, s. auch *Emmerich*, ZHR 150, 193, 196 f.

215 Es besteht daher ein dualistisches Haftungsmodell aus einer Eigen- und einer Nachlassverbindlichkeit: *Kick*, S. 77 f.; *Schmidt*, in: MüKo-HGB, § 139 Rdnr. 100 und 107 f. S. auch *§ 3 I. 1.* für die hieraus zu ziehenden Konsequenzen unter Ägide der unmodifizierten Universal-

händerisch gebundenen Nachlass und damit alle Erben.[216] Die Gesellschaftsaltgläubiger können damit, in ihrer Funktion als Nachlassgläubiger, in den gesamthänderisch gebundenen Nachlass vollstrecken. I.R. einer qualifizierten Sondererbfolge kann dies zur unbilligen Benachteiligung der gesellschaftsfernen Miterben führen. Wenn die Gesellschaftsaltgläubiger, gestützt auf die Nachlassverbindlichkeit, Befriedigung aus dem gesamthänderisch gebundenen Nachlass suchen, müssen diese Miterben letztlich eine Schmälerung des Nachlassteils hinnehmen, der ihnen zugewiesen ist. Dies wäre hinnehmbar, wenn den Miterben eine Möglichkeit verbliebe, auf den im oHG-Anteil schlummernden Aktivwert in Form des Abfindungsanspruchs zuzugreifen, um damit die Gesellschaftsaltgläubiger hieraus zu befriedigen oder zumindest den im gesamthänderisch gebundenen Nachlass eingetretenen Wertverlust auszugleichen. Würde der oHG-Anteil zum gesamthänderisch gebundenen Vermögen gehören, wäre dies regelmäßig der Fall; die Miterbenmehrheit könnte in Ausübung ihrer ordnungsmäßigen Verwaltungskompetenz gem. §§ 2038 Abs. 1 S. 2 Hs. 1, Abs. 2 S. 1, 745 Abs. 1 BGB die ordentliche Kündigung gem. § 132 HGB erklären und aus dem durch Ausscheiden ausgelösten Abfindungsanspruch die betreffenden Nachlassverbindlichkeiten befriedigen. Unter Ägide der Sondererbfolge – insbesondere bei Vorliegen einer qualifizierten Nachfolgeklausel – ist ihnen dieser Schritt jedoch mangels einer eigenen Verwaltungskompetenz über den oHG-Anteil verwehrt. Eine Kündigungsmöglichkeit stünde den Miterben nur dann zu, wenn man sie den erbrechtlichen Fremdverwaltern gleichstellen würde und ihnen ein privilegiertes Kündigungsrecht gem. § 135 HGB analog, d.h. ohne Einhaltung der dort bezeichneten Voraussetzungen,[217] gewähren würde. Die Existenz dieses privilegierten Kündigungsrechts folgt jedoch aus einer amtsbezogenen Aufgabe zur Nachlassverwertung.[218] Eine solche Aufgabe steht den Miterben in Bezug auf den aus der Erbengemeinschaft ausgelagerten oHG-Anteil jedoch gerade nicht zu, sodass diesen auch kein privilegiertes Kündigungsrecht über § 135 HGB analog zukommen kann. Dies wäre auch nicht interessengerecht, da der Sondererbe andernfalls von der Gunst der Miterben abhinge. Damit stünde der gesamte Sinn und Zweck der Sondererbfolge – nämlich die Miterben aus der

---

sukzession in den oHG-Anteil. Anders sahen dies noch: *J. v. Gierke*, in: FS Wieland, S. 94, 112 f.; *Liebisch*, ZHR 116, 128, 153 ff.

[216] *Siegmann*, S. 210 f.; *Muscheler*, Erbrecht II, Rdnr. 3423.

[217] Zu den abweichenden Voraussetzungen des in analoger Anwendung des § 135 HGB gewährten privilegierten Kündigungsrechts, *Stodolkowitz*, in: FS Kellermann, S. 439, 455; *Ulmer/Schäfer*, ZHR 160, 413, 437 f.; *Lorz*, in: E/B/J/S-HGB, § 135 Rdnr. 7 und § 139 Rdnr. 90.

[218] Zum privilegierten Kündigungsrecht erbrechtlicher Fremdverwalter, s. noch: *§ 2 III. 2.* sowie *Schmidt*, in: MüKo-HGB, § 139 Rdnr. 55; *Schäfer*, in: Staub-HGB, § 135 Rdnr. 6; *Lorz*, in: E/B/J/S-HGB, § 135 Rdnr. 7; *Kamanabrou*, in: Oetker-HGB, § 135 Rdnr. 4.

Verwaltung des oHG-Anteils herauszuhalten – zur Disposition. Denn über die Drohkulisse der Ausübung des Kündigungsrechts könnten die Miterben jederzeit gegenüber dem Sondererben, der Angst um den Fortbestand seiner ererbten oHG-Beteiligung hat, Druck ausüben, dass die Verwaltung des oHG-Anteils in ihrem Sinne erfolgt. Die Miterben würde daneben in die Lage versetzt werden, jederzeit die Nachfolgeplanung gegen den Willen von Erblasser und Sondererben zu vereiteln. Ist daher nicht zufällig auch eine Testamentsvollstreckung angeordnet oder der Nachlass überschuldet bzw. zahlungsunfähig, kann das privilegierte Kündigungsrecht gem. § 135 HGB analog grundsätzlich nur über den Nachlassverwalter geltend gemacht werden. Da die Nachlassverwaltung gem. § 2062 Hs. 1 BGB jedoch stets nur von allen Erben gemeinschaftlich beantragt werden kann,[219] ist es dem Sondererben möglich, durch sein Veto eine Einmischung durch einen Nachlassverwalter zu verhindern. So gesehen müssen es die Miterben hinnehmen, wenn sich die Gesellschaftsaltgläubiger in ihrer Funktion als Nachlassgläubiger entschließen, in den gebundenen Nachlass zu vollstrecken. Damit besteht also durch die Sondererbfolge die Gefahr, dass letztlich für die auf den oHG-Anteil entfallenden Nachlassverbindlichkeiten das den gesellschaftsfernen Miterben zugeordnete gesamthänderisch gebundene Nachlassvermögen haftet, ohne dass diese Miterben die Möglichkeit haben, den hierdurch bewirkten Vermögensabfluss aus dem gesamthänderisch gebundenen Nachlassvermögen durch eine zeitnahe Zuführung des im oHG-Anteil schlummernden Abfindungsanspruches ausgleichen zu können. Dem nachfolgeberechtigten Sondererben, der neben dem oHG-Anteil ohnehin nichts aus dem Nachlass zu beanspruchen hat, wird dies freilich nicht stören. Denn sind die Gesellschaftsaltgläubiger dank des gesamthänderisch gebundenen Nachlasses befriedigt, erlischt insoweit auch seine persönliche Gesellschafterhaftung. Dieses unbillige Ergebnis kann allenfalls dadurch abgemildert werden, dass den gesellschaftsfernen Miterben in diesen Fällen ein Ausgleichsanspruch gegen den Sondererben gewährt wird. Ein solcher Ausgleichsanspruch ist jedoch gesetzlich nicht vorgesehen. Insbesondere können die gesellschaftsfernen Miterben gegen den Sondererben nicht gem. § 2058 BGB i. V. m. § 426 Abs. 1 BGB mit der Maßgabe vorgehen, dass der Sondererbe einen seiner Lastentragungspflicht gem. §§ 2038 Abs. 2 S. 1, 748 BGB entsprechenden Teil des Vermögensabflusses, den die Nachlassmasse erlitten hat, auszugleichen hat. Denn die Erben unterliegen zwar bereits vor der Nachlassteilung der gesamtschuldnerischen Haftung gem. § 2058 BGB hinsichtlich aller Nachlassverbindlichkeiten.[220] Jedoch greift der

[219] Zur Ablehnung einer Modifikation der Vorschriften über die Nachlassteilung (§§ 2059 Abs. 1 S. 1, 2062 Hs. 2 BGB), s. *§ 2 II. 3. b)*.

[220] *Marotzke*, in: Staudinger, § 2058 Rdnr. 3 f.

quotale Gesamtschuldnerausgleich gem. §§ 2058, 426 Abs. 1, 2038 Abs. 2 S. 1, 748 BGB nur dort, wo die Erben die Nachlassgläubiger aus ihrem Eigenvermögen befriedigen,[221] nicht jedoch, wenn die Nachlassgläubiger aus dem noch ungeteilten Nachlass i. S.d. § 2059 Abs. 2 BGB Befriedigung suchen. Dort bedarf es eigentlich keines Gesamtschuldausgleichs, da die quotale Verteilung der Lasten ein natürliches Ergebnis des gemeinschaftsinternen Ausgleichs der §§ 2046 f. BGB ist. Denn wenn die Nachlassverbindlichkeiten aus dem Nachlass beglichen werden und der verbleibende Überschuss nach dem Verhältnis der Erbquoten unter den einzelnen Miterben verteilt wird (§ 2047 Abs. 1 BGB), werden die auf dem Nachlass ruhenden Lasten automatisch quotal auf die Miterben verteilt.[222] Die durch die Sondererbfolge bedingte Auslagerung des oHG-Anteils vereitelt jedoch diesen gesetzgeberischen Gedanken, wird durch sie doch dem Sondererben der oHG-Anteil ausgeantwortet, ohne dass die Tilgung der mit ihm in Verbindung stehenden Nachlassverbindlichkeiten sichergestellt ist. Man müsste daher, mit Blick auf dieses genetische Defizit der Sondererbfolge, einen Regressanspruch der Miterben gegen das Privatvermögen des Sondererben de lege ferenda schaffen. Jedoch könnte selbst dies die strukturelle Schwäche, die die Sondererbfolge im Vergleich zur unmodifizierten Universalsukzession in diesem Punkt aufweist, nicht gänzlich überwinden. Denn durch einen solchen Ausgleichsanspruch würde den Miterben das Eigeninsolvenzrisiko des Sondererbengesellschafters aufgebürdet werden. Verfügt der Sondererbengesellschafter nämlich nicht über ein ausreichend bemessenes Eigenvermögen, um einen seiner Erbquote entsprechenden Teil des Vermögensabflusses zu kompensieren, der zur Befriedigung der Gesellschaftsaltgläubiger aus der gesamthänderisch gebundenen Nachlassmasse entnommen wurde, läuft der Ausgleichsanspruch insofern leer. Zwar hätten die Miterben durch die Anerkennung eines Ausgleichsanspruchs gegen den Sondererben die Möglichkeit, durch Pfändung des singularsukzedierten oHG-Anteils[223] in direkter Anwendung des § 135 HGB ein nicht privilegiertes Kündigungsrecht zu erlangen. Die Miterben würden somit in die Lage versetzt, den im oHG-Anteil schlummernden Abfindungsanspruch zu Gunsten des gesamthänderisch gebundenen Nachlasses zu aktivieren. Anders als das privilegierte Kündigungsrecht gem. § 135 HGB analog, ist dieses Kündigungsrecht jedoch an Voraussetzungen geknüpft, deren Er-

---

[221] LG Bonn, NJW-Spezial 2014, 7.

[222] Auch *Otto*, in: BeckOGK-ZR, § 2058 Rdnr. 19 verweist darauf, dass ein Ausgleich nicht erforderlich ist, wenn der Gläubiger mit Mitteln des noch ungeteilten Nachlasses befriedigt werden konnte.

[223] Entgegen der insoweit missverständlichen Formulierung in § 135 HGB, die von einer Pfändung des Anspruchs auf das Auseinandersetzungsguthaben spricht; s. hierzu *Lorz*, in: E/B/J/S-HGB, § 135 Rdnr. 12.

füllung ein langwieriges Verfahren mit sich bringen kann. Nicht nur muss ein Titel gegen den Sondererbengesellschafter erwirkt werden. Auch dann besteht das Kündigungsrecht nur, wenn dieser Titel mit ordentlichen Rechtsmitteln nicht mehr angreifbar ist und binnen eines Zeitraumes von sechs Monaten erfolglos die Zwangsvollstreckung in das übrige bewegliche Vermögen des Gesellschafters versucht worden ist.[224] Erst dann kann die Kündigung – nach Pfändung des oHG-Anteils – mit einer Kündigungsfrist von sechs Monaten vor dem Ende des Geschäftsjahres erfolgen. Die Miterben, die sich auf diesen Weg einlassen, laufen Gefahr, eine mehrjährige Odyssee durchlaufen zu müssen, um am Ende einen Abfindungsanspruch zu Gunsten des gesamthänderisch gebundenen Gesellschaftsvermögens zu aktivieren, dessen Werthaltigkeit sich ex ante nicht sicher abschätzen lässt. Denn da es eine lange Zeitspanne in Anspruch nehmen kann, bis die Voraussetzungen des § 135 HGB erfüllt sind, der Sondererbe die mit den oHG-Anteil verbundenen Geschäftsführungs- und Vertretungsrechte in der Zwischenzeit jedoch weiterhin alleine und ohne Einwirkungsrechte seitens der gesellschaftsfernen Miterben ausübt, kann es sein, dass der durch Ausübung des Kündigungsrechts gem. § 135 HGB letztendlich ausgelöste Abfindungsanspruch zwischenzeitlich im Wert aufgezehrt oder zumindest erheblich gemindert wurde, weil das Unternehmen u. a. durch Entscheidungen des Sondererben heruntergewirtschaftet wurde. Letztendlich zeigt die Sondererbfolge damit aufgrund dieser problematischen Ausgangslage erneut auf eindrückliche Weise, zu welchen Spannungen sie im Interessengefüge der Nachlassbeteiligten führt.

bb) Haftung für Zwischenneuschulden

Ähnliche Vorbehalte, wie für die aus dem Gesellschaftsverhältnis resultierenden Verbindlichkeiten, die bereits bei Erbfall vorhanden waren, gelten für die Haftung des Gesellschafters für sog. Zwischenneuschulden. Das sind diejenigen Gesellschaftsverbindlichkeiten, die innerhalb der Karenzfrist des § 139 Abs. 3 HGB entstanden sind.[225] In § 139 Abs. 4 HGB ist vorgesehen, dass die Haftung hierfür durch fristgerechte Geltendmachung der Rechte aus § 139 Abs. 1, Abs. 2 HGB auf den Nachlass beschränkt werden kann. Hieraus wird erstens geschlossen, dass der Nachlass durch solche Zwischenneuschulden stets mit einer Nachlassverbindlichkeit unentziehbar belastet ist, egal ob die Rechte aus § 139 HGB fristgerecht ausgeübt werden oder nicht.[226] Nur die daneben tretende persönliche Gesellschafterhaftung gem. § 128 S. 1 HGB[227] für Zwischenneuschulden entfällt,

---

[224] Zu den Voraussetzungen im Einzelnen, s. *Kamanabrou*, in: Oetker-HGB, § 135 Rdnr. 5 ff.

[225] Zu den Zwischenneuschulden, s. auch *Schmidt*, in: MüKo-HGB, § 139 Rdnr. 100 und 104.

[226] *Schmidt*, in: MüKo-HGB, § 139 Rdnr. 107.

[227] Überwiegend wird angenommen, dass diese persönliche Gesellschafterhaftung während

wenn der Erbe die Rechte aus § 139 Abs. 1, Abs. 2 HGB rechtzeitig geltend macht.[228] Zweitens wird aus § 139 Abs. 4 HGB geschlossen, dass die Eigenschaft als Nachlassverbindlichkeit für diese Zwischenneuschulden nicht von den Restriktionen abhängt, die nach herrschender Ansicht sonst mit Hilfe der Rechtsfigur der Nachlasserbenschuld aufgestellt werden.[229] Im Denkmuster der Sondererbfolge ist diese Wertentscheidung, insbesondere mit Blick auf qualifizierte Sondererbfolgen, problematisch: Die gesellschaftsfernen Erben sind in Bezug auf eine Belastung des Nachlasses, die mit dem singularsukzedierten oHG-Anteil in Verbindung steht, besonders schutzwürdig. Denn auf die Verwaltung des oHG-Anteils haben sie gerade wegen der qualifizierten Sondererbfolge – und damit anders als bei allen anderen Nachlassgegenständen – keinen steuernden Einfluss. Die Belastung des gesamthänderisch gebundenen Nachlasses – und damit aller Erben – mit allen während der Karenzfrist des § 139 Abs. 3 HGB entstehenden Gesellschaftsverbindlichkeiten wirkt, insbesondere im Lichte einer qualifizierten Sondererbfolge, kaum interessengerecht. Schlimmer noch, § 139 Abs. 4 HGB erlaubt es dem qualifizierten Sondererben, der mangels Bedenkung mit dem übrigen Nachlassvermögen kein Interesse an diesem hat, seine persönliche Haftung für Zwischenneuschulden abzustreifen, sodass den Zwischenneugläubigern im Verhältnis zum Sondererbengesellschafter letztlich nur die Nachlassforderung übrig bleibt. Hierzu wandelt er in Absprache mit den Mitgesellschaftern seine oHG-Beteiligung gem. § 139 Abs. 1 HGB rechtzeitig in eine Kommanditbeteiligung um. Dem qualifizierten Sondererben, der einen grundsätzlich lastenfreien Kommanditanteil erwirbt,[230] stehen die gesellschaftsfernen Miterben gegenüber, die zusehen müssen, wie der ihnen zugedachte Nachlass als Haftungsmasse für Zwischenneuschulden in den Vordergrund gerückt wird. Denn die Zwischenneugläubiger, denen gegenüber dem Sondererbengesellschafter einzig die Rolle der Nachlassgläubiger gebliebenen ist, können im Lichte des § 2059 Abs. 1 S. 1 BGB nur auf den gesamthänderisch

---

der Karenzfrist des § 139 Abs. 3 HGB blockiert ist, s. *Schäfer*, in: Staub-HGB, § 139 Rdnr. 121, 123; *Lorz*, in: E/B/J/S-HGB, § 139 Rdnr. 118. A.A. mit beachtlichen Argumenten *Siegmann*, S. 211. Zum Streitstand *Emmerich*, ZHR 150, 193, 196 f.

[228] *Kick*, S. 68 und 75; *Schäfer*, in: Staub-HGB, § 139 Rdnr. 125 f.

[229] Dies wird zwar explizit nicht so ausgesprochen, muss jedoch angenommen werden, wenn man darauf verweist, dass der Nachlass für Zwischenneuschulden unentziehbar verhaftet wird, s. *Kamanabrou*, in: Oetker-HGB, § 139 Rdnr. 85 f.; *Lorz*, in: E/B/J/S-HGB, § 139 Rdnr. 120; *Graf*, ZEV 2000, 125, 131.

[230] Die den Sondererben von nun an treffende persönliche Kommanditistenhaftung mit beschränkter Einstandspflicht gem. §§ 171 Abs. 1 Hs. 1, 172 Abs. 1 HGB, die auch die vor dem Eintritt begründeten Verbindlichkeiten umfasst, s. § 173 Abs. 1 HGB, dürfte grundsätzlich gem. § 171 Abs. 1 Hs. 2 HGB ausgeschlossen sein. S. hierzu auch *Schäfer*, in: Staub-HGB, § 139 Rdnr. 125 und 102.

gebundenen Nachlass sowie auf die Erbteile zugreifen,[231] wenn sie mit ihren Forderungen an den Sondererbengesellschafter herantreten. Befriedigen sich die Zwischenneugläubiger aus dem gesamthänderisch gebundenen Nachlass, haben die Miterben – wie bereits gesehen – selbst keine Möglichkeit, über das privilegierte Kündigungsrecht gem. § 135 HGB analog, den im Kommanditanteil schlummernden Abfindungsanspruch zu aktivieren, um diesen Vermögensabfluss schnellstmöglich auszugleichen. Die Einsetzung eines Nachlassverwalters, dem nach etablierter Ansicht dieses Recht zustünde, kann der Sondererbe durch sein Veto verhindern, vgl. § 2062 Hs. 1 BGB. Die Miterben müssen in diesen Fällen über einen (im Gesetz eigentlich nicht vorgesehenen) Ausgleichsanspruch aus dem Privatvermögen des Sondererben Kompensation für den Vermögensabfluss suchen oder den oHG-Anteil des qualifizierten Sondererben pfänden, um kraft des hierdurch erlangten Kündigungsrechts gem. § 135 HGB den Abfindungsanspruch im gesamthänderisch gebundenen Nachlass zum Entstehen zu bringen. Beide Wege sind – wie bereits gesehen – kein vollwertiger Ersatz: Ersterer Weg ist mit dem Eigeninsolvenzrisiko des Sondererben behaftet und letzterer Weg ein u.U. zeitraubender Prozesses, bei dem das Risiko eines zwischenzeitlichen Wertverlustes des Abfindungsanspruchs besteht.[232] Dass die gesellschaftsfernen Miterben letztlich durch eine qualifizierte Sondererbfolge keine rechtssichere Aussicht auf eine gerechte Lastenverteilung haben, ist mit Blick auf die Zwischenneuschulden besonders wertungswidrig, weil auf deren Entstehen nur der Sondererbe Einfluss nehmen kann. Dieses Ergebnis zeigt, wie wenig die Vorschrift des § 139 Abs. 4 HGB, insbesondere mit einer qualifizierten Sondererbfolge harmoniert. Nur wenn der Sondererbe über § 139 Abs. 2 HGB aus der Gesellschaft ausscheidet, ist die Rechtsfolgenanordnung des § 139 Abs. 4 HGB für die gesellschaftsfernen Miterben akzeptabel, weil dann der gesamthänderisch gebundene Nachlass über einen Abfindungsanspruch entsprechend aufgewertet wird.[233]

---

[231] Dies gilt unabhängig davon, ob der oHG-Anteil den wesentlichen Teil des Nachlasses ausmacht oder nicht, wenn man die Vorschriften zur Nachlassteilung gem. §§ 2059 Abs. 1 S. 1, 2062 Hs. 2 BGB auf Sondererbfolgen generell nicht anwendet, s. noch *§ 2 II. 3. b)*.

[232] S. bereits *§ 2 II. 2. b) aa)*.

[233] Dies steht freilich unter dem Vorbehalt, dass der Abfindungsanspruch nicht zulässigerweise ausgeschlossen wurde. Zum Ausschluss des Abfindungsanspruchs zu Lasten der Erben eines Personengesellschaftsanteils, vgl. BGHZ 22, 186, 194 ff.; BGH, DNotZ 1966, 620; *Lange*, Erbrecht, § 102 Rdnr. 46. Zum Sonderfall der Abbedingung des Abfindungsanspruchs bei Personengesellschaften mit ideeller Zwecksetzung, vgl. BGHZ 135, 387, 390 f. Kritisch zum vollständigen Ausschluss, s. *Koch*, in: BeckOGK-ZR, § 738 Rdnr. 68.

cc) Ausschließliche persönliche Haftung für Gesellschaftsneuschulden außerhalb der Karenzfrist

Erst bei der Gesellschafterhaftung für die außerhalb der Karenzfrist entstandenen Gesellschaftsneuverbindlichkeiten vermeidet die etablierte Ansicht grundsätzlich die Begründung von Nachlassverbindlichkeiten, die den gesamthänderisch gebundenen Nachlass – und damit alle Erben – belasten.[234] Für diese Verbindlichkeiten sollen nur der oder die Sondererben mit ihrem persönlichen Vermögen gem. § 128 S. 1 HGB haften, die von ihrem Recht aus § 139 HGB nicht rechtzeitig Gebrauch machen.[235]

(1) Sicht der etablierten Ansicht

Jedoch scheint fraglich, ob dieses Ergebnis auch dogmatisch zu überzeugen vermag, wo doch sonst mit der Rechtsfigur der Nachlasserbenschuld anerkannt ist, dass die vom Erben begründeten Verbindlichkeiten in Verwaltung des Nachlasses sowohl die Eigen- als auch die Nachlassvermögenssphäre unentziehbar verhaften können.[236] Warum also soll die Rechtsfigur der Nachlasserbenschuld nicht dazu führen, dass allen Gesellschaftsneugläubigern der unentziehbare Zugriff auf den Nachlass ermöglicht wird? Ohne bereits hier in die vertiefte Betrachtung einzusteigen, ist zu konstatieren, dass die etablierte Ansicht durch zwei Argumente versucht, solchen Gesellschaftsneuverbindlichkeiten, die jenseits der Karenzfrist des § 139 Abs. 3 HGB entstanden sind, die Qualität einer Nachlasserbenschuld abzusprechen. Einerseits soll bereits objektiv der Nachlassbezug fehlen. Der Sondererbe verwalte durch die Fortsetzung der Gesellschaft nicht den nachlasszugehörigen oHG-Anteil, sondern die Gesellschaft selbst.[237] Andererseits solle es am Nachlassbezug auch in subjektiver Hinsicht fehlen, da der Sondererbe die Gesellschafterstellung zu eigenen Zwecken fortführe.[238] Hierbei wird auf die Rechtslage bei sonstigen Dauerschuldverhält-

---

[234] Ausnahmsweise kann jedoch der gesamthänderisch gebundene Nachlass kraft Rechtsscheins gem. §§ 128 S. 1, 15 Abs. 1 HGB unentziehbar weiterhaften, wenn nämlich die Eintragung des Erblassers im Handelsregister nach dem Erbfall fortbesteht, s. *Muscheler*, Erbrecht II, Rdnr. 3423; *Schäfer*, in: Staub-HGB, § 139 Rdnr. 130.

[235] *Lange*, Erbrecht, § 102 Rdnr. 116; *Küpper*, in: MüKo-BGB, § 1967 Rdnr. 45; *Dutta*, in: Staudinger, § 1967 Rdnr. 65; *Lorz*, in: E/B/J/S-HGB, § 139 Rdnr. 119; *Muscheler*, Haftungsordnung, S. 485, 536; *ders.*, Erbrecht II, Rdnr. 3416 f., 3429; s. auch *Ulmer*, NJW 1984, 1496, 1499, der den Charakter als Nachlassverbindlichkeit unter Ägide der Abspaltungslösung ablehnt.

[236] Zur Nachlasserbenschuld, vgl. *Boehmer*, S. 116 f. und *Dutta*, in: Staudinger, § 1967 Rdnr. 39.

[237] *Küpper*, in: MüKo-BGB, § 1967 Rdnr. 45.

[238] *Siegmann*, S. 212; *Ernst*, S. 131 ff.

nissen, wie dem Mietverhältnis, verwiesen, wo ebenfalls angenommen wird, dass die Verbindlichkeiten reine Eigenverbindlichkeiten sind, sobald das Dauerschuldverhältnis zu eigenen Zwecken fortgesetzt wird.[239]

Diese Argumentationsstränge schlagen letztlich aber beide nicht durch. Zum objektiven Argument ist zu sagen, dass dieses unter Anerkennung der Nachlasszugehörigkeit des oHG-Anteils nicht haltbar ist. Wenn es nämlich stimmen würde, dass sich die Wahrnehmung der Gesellschafterbefugnisse gar nicht als Teil der Nachlassverwaltung erweist, müsste die etablierte Ansicht i.R.d. Testamentsvollstreckung ihre Konsequenzen ziehen und den von ihr postulierten Haftungskonflikt zwischen der persönlichen Gesellschafterhaftung und der auf den Nachlass beschränkten Verpflichtungsbefugnis des § 2206 Abs. 1 BGB verneinen.[240] Denn die Ausübung der Gesellschafterbefugnisse seitens des Testamentsvollstreckers, die zu einer Gesellschafterhaftung führt, würde dann die Vorschrift des § 2206 Abs. 1 S. 1 BGB gar nicht aktivieren, spricht diese Norm doch von Verbindlichkeiten, die seitens des Testamentsvollstreckers „*für den Nachlasses*", d.h. in Verwaltung desselben, eingegangen werden. Dieser von *Marotzke* vertretenen Ansicht wird jedoch zu Recht entgegengetreten.[241] Der Sondererbe nimmt die Gesellschafterbefugnisse über den nachlasszugehörigen oHG-Anteil wahr und handelt damit in Verwaltung des Nachlasses. Denn dieser ist die Quelle der Gesellschafterstellung.[242] Das subjektive Argument kann ebenfalls kaum überzeugen, wenn es die Frage der Verhaftung des Nachlasses von der subjektiven Willensrichtung des Sondererben abhängig macht. Wie soll dieser rechtssicher festgestellt werden? Teilweise wird versucht, den Willen zu objektivieren. So soll in der Nichtausübung der Rechte aus § 139 HGB der nach außen dokumentierte Eigenfortführungswille zu erkennen sein, weil hiermit die persönliche Haftung übernommen wird.[243] Dies kann jedoch kaum überzeugen, ist doch die persönliche Haftung des Erben für nach dem Erbfall entstehende Verbindlichkeiten kein besonderes Opfer, sondern selbst bei den vom Erben vorgenommenen Rechtsgeschäften mit Nachlassbezug die Regel, welche nur durch entsprechende Haftungsbeschränkungsabreden vermieden werden kann.[244] Die Fragwürdigkeit einer bloßen Eigenhaftung der Sondererben für Gesellschaftsneuverbindlichkeiten wird sogar noch verstärkt, wenn man einen Lagevergleich zum Handelsgeschäft anstellt, bei dem anerkannt ist, dass auch die nach der

---

239 *Siegmann*, S. 210.

240 S. zum Haftungskonflikt noch *§ 2 III. 3. a) aa).*

241 *Marotzke*, JZ 1986, 457, 461. Zur Kritik an *Marotzke*, vgl. etwa *Muscheler*, Haftungsordnung, S. 544 ff.

242 S. hierzu noch *§ 8 I. 1.*

243 So *Ernst*, S. 132 f.

244 *Lange*, Erbrecht, § 70 Rdnr. 32.

Karenzfrist des § 27 Abs. 2 HGB begründeten Neuverbindlichkeiten, über die Rechtsfigur der Nachlasserbenschuld, den gesamthänderisch gebundenen Nachlass unentziehbar verhaften.[245] So gesehen ist die etablierte Ansicht gerade umgekehrt in der Bringschuld, einen vernünftigen Grund vorzubringen, warum sie den Neugläubiger einer oHG schlechter stellt als den Neugläubiger eines Handelsgeschäfts.

(2) Ausschließliche persönliche Haftung als Schutzinstrument für die gesellschaftsfernen Erben

Die bloße Eigenhaftung der Sondererben kann letztlich nur aus der besonderen Interessenlage hergeleitet werden, zu der die Sondererbfolge zwingt. Ein wesentlicher Unterschied zwischen dem Handelsgeschäft und einem oHG-Anteil ist nämlich, dass ersteres nicht im Wege der Sondererbfolge, sondern mittels unmodifizierter Universalsukzession vererbt wird.[246] Die zusätzliche unentziehbare Verhaftung des gesamthänderisch gebundenen Nachlasses für Geschäftsneuverbindlichkeiten ist dann jedoch bei einem Handelsgeschäft erträglich, da hier stets alle Erben in die Verwaltung des Handelsgeschäfts nach Maßgabe der §§ 2038 ff. BGB eingebunden sind und daher auf die Geschäftsgeschicke Einfluss nehmen können. Anders ist dies jedoch unter Ägide der Sondererbfolge in oHG-Anteile, wenn – wie meistens – nur ein oder einzelne Miterbe(n) als qualifizierte Sondererben des oHG-Anteils auf die Geschicke in der Gesellschaft Einfluss nehmen können. Hier darf der gesamthänderisch gebundene Nachlass nicht unentziehbar durch Gesellschaftsneuverbindlichkeiten verhaftet werden, wenn man keine schwerwiegenden Wertungswidersprüche riskieren will. Denn der gesamthänderisch gebundene Nachlass wird zumeist für die gesellschaftsfernen Miterben bestimmt sein. Würde unter den Augen des Sondererben eine Gesellschaftsneuverbindlichkeit begründet, die als Nachlassverbindlichkeit den Nachlass unentziehbar verhaften würde, wäre dies für die gesellschaftsfernen Miterben, die wegen der Sondererbfolge kein Mitspracherecht bei der Begründung der Gesellschaftsneuverbindlichkeit haben, kaum zumutbar. Nur durch die alleinige Verhaftung des Privatvermögens der Sondererben berücksichtigt man ausreichend, dass die gesellschaftsfernen Erben, mangels Einflusses auf den singularsukzedierten oHG-Anteil, insoweit durch die Sondererbfolge in eine unvorteilhafte Lage gebracht werden, in welcher sie geschützt werden müssen. Die Verhaftung des Nachlasses für Gesellschaftsneuverbindlichkeiten mag in dem

---

[245] *Muscheler*, Erbrecht II, Rdnr. 3407; *Dutta*, in: Staudinger, § 1967 Rdnr. 60; *Joachim*, in: Burandt/Rojahn-ErbR, § 1967 Rdnr. 38; *Burgard*, in: Staub-HGB, § 27 Rdnr. 46; *Lange*, Erbrecht, § 101 Rdnr. 17.

[246] BGHZ 30, 391, 394; *Wolf*, AcP 181, 480, 481; *Lange*, Erbrecht, § 101 Rdnr. 6.

seltenen Fall einer einfachen Sondererbfolge oder Alleinerbschaft erträglich sein, da dort ohnehin alle Erben als Sondererben bzw. der Alleinerbe als alleiniger Nachlassinhaber an der oHG beteiligt sind. Jedoch entspricht es wohl dem Bestreben, der Rechtszersplitterung in der ohnehin schon schwer durchdringbaren Sondererbfolge nicht noch weiter Vorschub zu leisten, wenn die etablierte Ansicht von einer Differenzierung zwischen einfacher Sondererbfolge und Alleinerbschaft auf der einen Seite und qualifizierter Sondererbfolge auf der anderen Seite absieht. So gesehen ist die alleinige Verhaftung der Eigenvermögenssphäre der Sondererben für jenseits der Karenzfrist begründete Gesellschaftsneuverbindlichkeiten also weniger dogmatisch begründbar, als vielmehr Ausfluss einer Billigkeitskorrektur, zu der jedenfalls die qualifizierte Sondererbfolge zwingt, um zu verhindern, dass die Sondererbfolge zu unzumutbaren Ergebnissen für gesellschaftsferne Miterben führt.

(3) Interessenwiderstreit zwischen Gesellschaftsneugläubigern und gesellschaftsfernen Miterben

Freilich geht diese Korrektur gerade zu Lasten der Gesellschaftsneugläubiger, die nach der Karenzfrist des § 139 Abs. 3 HGB dazustoßen. Diese werden nicht nur schlechter gestellt, als die Gesellschaftsaltgläubiger und Zwischenneugläubiger der Gesellschaft, sondern stehen auch schlechter als Neugläubiger eines vererbten Handelsgeschäfts. All diesen Personengruppen bleibt der Nachlass nämlich als Haftungsmasse erhalten.[247] Letztlich kann die Sondererbfolge damit zu keinem gerechten Ergebnis für die Nachlassbeteiligten führen. Denn entweder schafft man auf Kosten der Gesellschaftsneugläubiger eine zumutbare Ausgangslage für die gesellschaftsfernen Miterben und nimmt den gesamthänderisch gebundenen Nachlass von der Haftungsmasse aus, die den Gesellschaftsneugläubigern unentziehbar zur Verfügung steht. Oder man gewährt den Gesellschaftsneugläubigern zu Lasten der gesellschaftsfernen Miterben denselben Haftungszugriff wie den Gesellschaftsalt- und Zwischenneugläubigern der Gesellschaft und erlaubt auch diesen – ähnlich wie dies auch bei einem Handelsgeschäft der Fall ist – den unentziehbaren Zugriff auf den gesamthänderisch gebundenen Nachlass über die Rechtsfigur der Nachlasserbenschuld. Beide Lösungen führen zu Unbilligkeiten und beweisen, dass die qualifizierte Sondererbfolge schlicht kein für alle Nachlassbeteiligten gerechtes Ergebnis zulässt. Dies wäre nur der Fall, wenn unter Anwendung der unmodifizierten Universalsukzession stets (zunächst) alle Miterben in ungeteilter Erbengemeinschaft an

[247] Für Altgläubiger der Gesellschaft, vgl. *Lange*, Erbrecht, § 102 Rdnr. 116; für Zwischenneugläubiger der Gesellschaft, vgl. *Schäfer*, in: Staub-HGB, § 139 Rdnr. 124; für Alt- und Neugläubiger eines Handelsgeschäfts, vgl. *Thiessen*, in: MüKo-HGB, § 27 Rdnr. 31 ff.

der Verwaltung des oHG-Anteils – und damit auch an der Ausübung der Gesellschaftsbefugnisse – beteiligt werden. Denn nur dort wäre es zumutbar, den gesamthänderisch gebundenen Nachlass, über die Rechtsfigur der Nachlasserbenschuld, für die Gesellschaftsneugläubiger als Haftungsmasse zu öffnen und diese damit nicht nur den Gesellschaftsalt- und Zwischenneugläubigern gleichzustellen, sondern auch für ein kohärentes Haftungssystem im Vergleich zum Handelsgeschäft zu sorgen.

dd) Zwischenergebnis

Insbesondere die qualifizierte Sondererbfolge ist hinsichtlich der mit dem singularsukzedierten oHG-Anteil verbundenen Verbindlichkeiten in Bezug auf zwei Aspekten problematisch. Durch diese werden die gesellschaftsfernen Erben in eine Position gezwungen, die sie im Vergleich zur unmodifizierten Universalsukzession strukturell benachteiligt.

Erstens wird dem qualifizierten Sondererben der oHG-Anteil ungeachtet der Tatsache ausgeantwortet, dass die mit ihm verbundenen Nachlassverbindlichkeiten noch nicht beglichen sind. Die gesellschaftsfernen Miterben gehen so gezwungenermaßen in Vorleistung. Das Gesetz geht in §§ 2046 Abs. 1, 2047 Abs. 1 BGB aber davon aus, dass die auf einem Nachlassgegenstand ruhenden Nachlassverbindlichkeiten vor einer Auseinandersetzung beglichen werden. Gesellschaftsferne Miterben werden strukturell benachteiligt, wenn sich die Gesellschaftsalt- und Zwischenneugläubiger entschließen, Befriedigung aus dem vornehmlich für die gesellschaftsfernen Miterben bestimmten, gesamthänderisch gebunden Nachlass zu suchen. Einen Ausgleichsanspruch der gesellschaftsfernen Miterben gegen den Sondererben für den hinzunehmenden Vermögensabfluss sieht das Gesetz nicht vor. Selbst wenn man einen solchen Anspruch de lege ferenda schafft, ist dieser für die Miterben keine vollständige Kompensation: Denn bei dessen Durchsetzung tragen sie das Eigeninsolvenzrisiko des Sondererben. Zwar können die Miterben dieses Risiko umgehen, wenn sie in ihrer Funktion als Eigengläubiger den oHG-Anteil pfänden und mit dem so erlangten Kündigungsrecht gem. § 135 HGB den Abfindungsanspruch im gesamthänderisch gebundenen Nachlass zum Entstehen bringen; dieser Vorgang ist allerdings ein u.U. zeitraubender Prozess. Außerdem ist nicht gewährleistet, dass der Abfindungsanspruch nach dieser Zeitspanne noch werthaltig ist.

Zweitens führt die qualifizierte Sondererbfolge dazu, dass der oHG-Anteil aus dem Verwaltungsgefüge der Erbengemeinschaft ausgelagert ist. Anders als bei allen anderen Nachlassgegenständen haben die gesellschaftsfernen Miterben kein Mitspracherecht bei der Verwaltung des oHG-Anteils. Trotzdem verhaftet § 139 Abs. 4 HGB den gesamthänderisch gebundenen Nachlass unentziehbar auch in Ansehung der Zwischenneuschulden. Auch für die Gesellschaftsverbindlichkeiten, die jenseits der Karenzfrist des § 139 Abs. 3 HGB entstehen, müsste der Nachlass eigentlich über die Rechtsfigur der Nachlasserbenschuld unentziehbar mit Nachlassverbindlichkeiten belastet werden. Dies ist etwa auch der Fall, wenn ein Handelsgeschäft durch eine Erbenmehrheit über die Karenzfrist des § 27 Abs. 2 HGB hinaus verwaltet wird. Wenn die etablierte Ansicht dieses Ergebnis i.R.d. oHG vermeidet und eine bloße Eigenhaftung der Sondererben postuliert und die Gesellschaftsneugläubiger insoweit schlechter als die Gesellschaftsalt- und Zwischenneugläubiger stellt, ist dies dogmatisch kaum erklärbar.[248] Allenfalls aus der schutzwürdigen Interessenlage, in der sich die gesellschaftsfernen Miterben wegen der qualifizierten Sondererbfolge befinden, mag dies zu verstehen sein.

c) Angemessene Rückzuordnung der Aktiva zum Eigenvermögen des Sondererben

Letztlich zeigen die bisherigen Ausführungen zum Schicksal der aus dem oHG-Anteil entspringenden Aktiva und Passiva, zu welch inkonsistenten Ergebnissen die Sondererbfolge zwingt, wenn man versucht, sie für alle Nachlassbeteiligten „*erträglich*" zu gestalten. Schon die bisherige Sachlage hätte Anlass sein müssen, die Rechtsfigur der Sondererbfolge zu hinterfragen. Doch das Gegenteil ist passiert: Der IV. Senat hat in BGHZ 98, 48 ff. eine weitere Verkomplizierung der Rechtslage in Ansehung der aus dem oHG-Anteil fließenden Aktiva ausjudiziert. Dort konstatierte er, dass „*laufende Gewinne und, jedenfalls nach längerer Zeit erfolgreichen Einsatzes für das Unternehmen, auch der Wert nicht völlig dem Nachlaß, sondern zu einem angemessenen Anteil ausschließlich dem Gesellschafter-Erben zuzuordnen*"[249] sei.

Letztlich geht dieses Judiz auf ein Urteil des RG zurück, das bereits 1943 mit Blick auf die Gewinne feststellte, dass „*der Anspruch auf Gewinnauszahlung ihr* (scil.: *der Sondererbin) als Gesellschafterin, nicht als Miterbin (...) zu(steht)*"[250]. Dieser Schritt verwundert zunächst. Geht man den oben skizzierten Weg[251], müssten über § 2041 S. 1 BGB eigentlich die aus dem oHG-Anteil fließenden Aktiva in voller Höhe dem gesamthänderisch gebundenen Nachlass zugewiesen werden. Woher rechtfertigt sich daher für die etablierte Ansicht das Bedürfnis, einen angemessenen Anteil der laufenden Gewinne und des Anteilswerts dem Eigenvermögen des Sondererben zuzuordnen?

---

248 Anders sehen dies freilich *Siegmann*, S. 212 und *Ernst*, S. 131 ff.

249 BGHZ 98, 48, 57.

250 RGZ 171, 345, 351.

251 S. noch einmal *§ 2 II. 2. a) bb) (2)*.

aa) Ausfluss der persönlichen Mitarbeit in der oHG?

Der IV. Senat betont, dass der Charakter der oHG als lebendiges, von der Mitwirkung der Gesellschafter abhängiges Unternehmen dazu zwinge, einen Teil der aus dem oHG-Anteil fließenden Aktiva als Äquivalent zur persönlichen Mitarbeit dem persönlichen Vermögen des oder der Sondererben zuzuordnen.[252] Diese Behauptung mutet jedoch viel zu pauschal an, müssen doch weder die laufenden Gewinne noch der postmortal ansteigende Anteilswert auf der Mitarbeit des Sondererben beruhen. Solche Geschehnisse können auch alleine auf das Geschick der Mitgesellschafter zurückzuführen sein. Dies wird i.d.R. dort anzunehmen sein, wo der oHG-Anteil um Geschäftsführungs- und Vertretungsrechte entkernt ist.[253] Die laufenden Gewinne und der ansteigende Abfindungsanspruch werden dem Sondererben dann in erster Linie mit Rücksicht auf den vom Erblasser seinerzeit eingebrachten Kapitalanteil gezahlt. In diesen Fällen kann also der Gedanke einer persönlichen Mitarbeit des Sondererben keine persönliche Zuweisung eines Teils des Aktivwerts rechtfertigen.[254] Doch selbst wenn nach der konkreten Ausgestaltung des Organisationsgefüges in der oHG der persönliche Einsatz des Sondererben maßgeblich für die aus dem oHG-Anteil erzielten Neuaktiva ist, scheint es fragwürdig, eine Mitarbeit des Gesellschafters mit der Zuweisung eines Teils der Aktiva belohnen zu müssen. Denn insoweit könnten bereits die vom Gesetzgeber geschaffenen Vorschriften der §§ 2038 Abs. 2 S. 1, 748 BGB einen Ausgleichsanspruch für die vom Sondererben in Verwaltung des oHG-Anteils getätigten Aufwendungen gewähren. Jedenfalls im unmodifizierten Erbrechtsgefüge sorgen diese Vorschriften dafür, dass der Erbe, der eine Verwaltungsmaßnahme mit Blick auf einen Nachlassgegenstand vornimmt, auch hinsichtlich des Verwaltungsaufwands bei seinen Miterben verhältnismäßig zu seiner Erbquote Regress nehmen kann.[255] Dies macht es erträglich, dass das mit Nachlassmitteln Hinzuerworbene gem. § 2041 S. 1 BGB zunächst einmal gänzlich dem Nachlass zugeschlagen wird und die Miterben – jedenfalls in Ansehung der Früchte – anteilsmäßig beteiligt werden, §§ 2038 Abs. 2 S. 1, 743 Abs. 1 BGB. Dieser Beteiligung steht – bildlich gesprochen – eine anteilsmäßige Lasten- und Kostentragung gem. §§ 2038 Abs. 2 S. 1, 748 BGB gegenüber. Ein darüber hinausgehendes Tätigkeitsentgelt für die Verwaltung der Nachlassgegenstände soll den Miterben aber gerade nicht ge-

[252] So BGHZ 98, 48, 57.

[253] Zum Ausschluss von Geschäftsführungs- und Vertretungsbefugnissen, vgl. *Lieder*, in: Oetker-HGB, § 114 Rdnr. 64 und *Hillmann*, in: E/B/J/S-HGB, § 125 Rdnr. 43 f.

[254] In diese Richtung auch *Siegmann*, S. 202.

[255] Zu diesem Anspruch, vgl. *Flechtner*, in: Burandt/Rojahn-ErbR, § 2038 Rdnr. 53 ff.

währt werden.[256] Doch kann dieser Gedanke auf den singularsukzedierten oHG-Anteil übertragen werden? Einige Literaten bejahen dies. Der Sondererbe, der alleine den nachlasszugehörigen oHG-Anteil oder ein Teilstück hiervon verwaltet, sei insoweit einem notverwaltenden Miterben gleichzustellen, der gem. § 2038 Abs. 1 S. 2 Hs. 2 BGB alleine die erforderlichen Verwaltungsmaßnahmen vornehme. Wenn jedoch für einen notverwaltenden Miterben anerkannt ist, dass dieser für seine getätigten Aufwendungen Ersatz gem. §§ 2038 Abs. 2 S. 1, 748 BGB verlangen kann,[257] müsse – mit Blick auf den übernommenen Arbeits- und Haftungseinsatz – selbiges auch für den Sondererben gelten. So betrachtet trage der Sondererbe nur einen seiner Erbquote entsprechenden Teil der Kosten und Lasten, die mit der Ausübung der Mitgliedschaftsrechte verbunden sind. Hinsichtlich des überschießenden Teils der Kosten und Lasten könne er dagegen gem. §§ 2038 Abs. 2 S. 1, 748 BGB Regress nehmen. Ginge man so vor, bestünde in der Tat kein Bedürfnis mehr, wie der IV. Senat vorzugehen und einen Teil der aus dem oHG-Anteil fließenden Aktiva dem Sondererben als Äquivalent für seine Mitarbeit in der Gesellschaft zuzuweisen.[258]

bb) Notwendige Konsequenz des Strukturdefizits der Sondererbfolge

An diesem Gedankengang ist sicher richtig, dass aus §§ 2038 Abs. 2 S. 1, 748 BGB entnommen werden kann, dass die Miterben einer Erbengemeinschaft für die Verwaltung der gesamthänderisch gebundenen Nachlassgegenstände lediglich eine Aufwandsentschädigung für die in diesem Rahmen angefallenen Kosten und Lasten verlangen können sollen und keine besondere Tätigkeitsvergütung. Auch einem Sondererben ist daher allenfalls eine Aufwandsentschädigung, nicht jedoch eine Tätigkeitsvergütung zu gewähren. Sofern jedoch konstatiert wird, dass dem Sondererben die Aufwandsentschädigung für den von ihm übernommenen Arbeits- und Haftungseinsatz in der Gesellschaft über §§ 2038 Abs. 2 S. 1, 748 BGB zustehe und daher kein Raum sei, ihm einen Teil der aus dem oHG-Anteil fließenden Aktiva zuzuordnen, überzeugt dies nicht. Ein über §§ 2038 Abs. 2 S. 1, 748 BGB ausgleichsfähiger Arbeitseinsatz des Sondererben kann nicht gewährt werden, weil die Sondererbfolge den oHG-Anteil aus dem Verwaltungsgefüge der Erbengemeinschaft herausreißt. Der singularsukzedierte oHG-Anteil wird außerhalb dieses Verwaltungsgefüges von dem Sondererben –

---

[256] KG, BeckRS 2004, 30451888; *Rißmann*, in: Rißmann-Erbengemeinschaft, § 4 Rdnr. 146.

[257] Zur Möglichkeit eines Ausgleichsanspruchs zu Gunsten des ohne Mehrheitsbeschluss handelenden Miterbens, s. auch *Löhnig*, in: Staudinger, § 2038 Rdnr. 38a.

[258] So insbesondere *Siegmann*, S. 202 f. *Marotzke*, AcP 187, 223, 234 f. erwägt eine Lösung über §§ 1978 Abs. 3, 670 BGB, was jedoch mit Blick auf die hierfür erforderliche Nachlassseparation problematisch scheint.

ohne Mitspracherecht der übrigen Erben – verwaltet. Darin liegt gerade der entscheidende Unterschied zur Notgeschäftsführung gem. § 2038 Abs. 1 S. 2 Hs. 2 BGB, bei der alle Miterben in Bezug auf den Gesamtnachlass verwaltungsbefugt bleiben und nur einem Miterben erlaubt wird, alleine tätig zu werden. Nur dort, wo ein Nachlassgegenstand innerhalb des Verwaltungsgefüges der Erbengemeinschaft steht, ist die quotale Lastentragung aller Miterben gem. §§ 2038 Abs. 2 S. 1, 748 BGB gerechtfertigt. Denn diese stellt sich nicht nur als Spiegelbild der Tatsache dar, dass die Miterben über §§ 2041 S. 1, 2038 Abs. 2 S. 1, 743 Abs. 1 BGB quotal an allen Früchten aus dem Nachlass beteiligt werden. Sie rechtfertigt sich daneben nur dort, wo alle Miterben über das Verwaltungsgefüge der Erbengemeinschaft gem. § 2038 BGB in die Verwaltung des betreffenden Nachlassgegenstands involviert sind. Dies zeigt schon die systematische Stellung der Norm des § 2038 Abs. 2 S. 1 BGB, mit der auf die Vorschrift des § 748 BGB verwiesen wird. Da jedoch singularsukzedierte oHG-Anteile, ebenso wie andere Nachlassgegenstände, über die sich die Erben bereits auseinandergesetzt haben, nicht am Verwaltungsgefüge der Erbengemeinschaft teilnehmen, kann der auf sie entfallende Verwaltungsaufwand nicht gem. §§ 2038 Abs. 2 S. 1, 748 BGB quotal auf alle Erben verteilt werden.[259]

Über §§ 2038 Abs. 2 S. 1, 748 BGB darf der vom Sondererben übernommene Haftungseinsatz jedenfalls dann nicht ausgeglichen werden, wenn es sich um eine qualifizierte Sondererbfolge handelt und es die außerhalb der Karenzfrist des § 139 Abs. 3 HGB entstehenden Gesellschaftsneuverbindlichkeiten betrifft. Denn hier überzeugt der Lagevergleich zur Notverwaltung gem. § 2038 Abs. 1 S. 2 Hs. 2 BGB noch aus einem anderen Grund nicht. Verwaltungsmaßnahmen, die von einem Miterben i.R. einer Notverwaltung vorgenommen werden, führen (neben einer persönlichen Verpflichtung des die Verwaltungsmaßnahme im eigenen Namen vornehmenden Miterben bzw. ergänzend zur persönlichen Verhaftung aller übrigen Miterben, wenn auch in deren Namen gehandelt wird[260]) über die Rechtsfigur der Nachlasserbenschuld i.d.R. zu einer alle Miterben

[259] Dass sich die §§ 2038 Abs. 2 S. 1, 748 BGB nur auf die gesamthänderisch gebundenen Nachlassgegenstände beziehen, wird selten eindeutig ausgesprochen. Jedenfalls andeutungsweise *Rißmann/Szalai*, in: BeckOGK-ZR, § 2038 Rdnr. 100 f., wenn dort die Abhängigkeit des Aufwendungsersatzanspruchs von der Erbengemeinschaft dadurch betont wird, dass der Ausgleichsanspruch in zeitlicher Hinsicht an den Erwerb des Gegenstands durch die Erbengemeinschaft geknüpft ist und in sachlicher Hinsicht konstatiert wird, dass alle Lasten des gesamthänderisch gebundenen Vermögens und einzelner Nachlassgegenstände erfasst seien. S. auch a. a. O., Rdnr. 98, wenn dort festgestellt wird, dass für den bezeichneten Ausgleichsanspruch alleine maßgeblich ist, „*ob die Erbengemeinschaft durch das Handeln einzelner oder aller Miterben verpflichtet worden ist*".

[260] *Löhnig*, in: Staudinger, § 2038 Rdnr. 25.

gesamtschuldnerisch treffenden Nachlassverbindlichkeit.[261] Da hierbei letztlich alle Miterben zumindest mit den Kräften einer Nachlassverbindlichkeit haften, überzeugt es, dem in Notverwaltung handelnden Miterben, der aus seinem Privatvermögen ein Opfer erbringt, einen quotalen Regressanspruch gem. §§ 2058, 426 Abs. 1, 2038 Abs. 2 S. 1, 748 BGB zu gewähren. Bei einer qualifizierten Sondererbfolge jedoch kommt es jedenfalls dann nicht mehr zu einer Verhaftung aller Miterben, wenn die Karenzfrist des § 139 Abs. 3 HGB überschritten ist. Für die ab diesem Zeitpunkt entstehenden Gesellschaftsneuverbindlichkeiten haften ausschließlich die qualifizierten Sondererben persönlich.[262] Anders als bei Gesellschaftsaltverbindlichkeiten[263] kann daher ein quotaler Regressanspruch des Sondererben gegen die gesellschaftsfernen Miterben aus §§ 2058, 426 Abs. 1, 2038 Abs. 2 S. 1, 748 BGB schon offensichtlich nicht greifen, wenn der Sondererbe persönlich in Anspruch genommen wird. Da im Außenverhältnis nicht alle Miterben verpflichtet werden, kommt zudem auch kein von der regressrechtlichen Gesamtschuldstellung losgelöster Lastenausgleich alleine aus der Lastentragungsnorm der §§ 2038 Abs. 2 S. 1, 748 BGB in Betracht.[264] Ließe man in einem solchen Fall dennoch einen quotalen Lastenausgleich des Sondererben gegen die gesellschaftsfernen Miterben gem. §§ 2038 Abs. 2 S. 1, 748 BGB zu, würde man letztlich über das Innenverhältnis die gesellschaftsfernen Miterben für die außerhalb der Karenzfrist des § 139 Abs. 3 HGB entstehenden Gesellschaftsneuverbindlichkeiten mithaften lassen. Selbst wenn man diesen Ausgleichsanspruch auf ordnungsmäßige Verwaltungsmaßnahmen beschränken würde,[265] bliebe doch selbst dann noch zumindest der Teil der Gesellschafterhaftung quotal auf den Nachlass umlegbar, der auf einer ordnungsmäßigen Verwaltungsmaßnahme beruht. Diese mittelbare Gesellschafterhaftung ist den gesellschaftsfernen Miterben jedoch genauso wenig zumutbar wie eine unmittelbare Verhaftung des Nachlasses. Denn dem Lastenausgleich nach §§ 2038 Abs. 2 S. 1, 748 BGB kann

---

261 *Marotzke*, in: Staudinger, § 2058 Rdnr. 42; *Dutta*, in: Staudinger, § 1967 Rdnr. 49.

262 S. hierzu noch einmal *§ 2 II. 2. b) cc)*.

263 Zur gesamtschuldnerischen Haftung der Miterben und den Voraussetzungen für einen Regress gem. §§ 2058, 426 Abs. 1 BGB, vgl. noch einmal *§ 2 II. 2. b) aa)*.

264 In diese Richtung würde wohl auch *Löhnig*, in: Staudinger, § 2038 Rdnr. 38 entscheiden, wenn er mit Blick auf den Ausgleichsanspruch gem. §§ 2038 Abs. 2 S. 1, 748 BGB betont, dass „*die Erbengemeinschaft als Ganze durch das kostenverursachende Verhalten durch einen nur für einen Miterben Handelnden verpflichtet worden*" sein muss. Ähnlich *Rißmann/Szalai*, in: BeckOGK-ZR, § 2038 Rdnr. 98; BGH, FamRZ 2003, 1654, 1655; OLG Düsseldorf, FamRZ 2015, 285. Diese Formulierung ist zwar missverständlich, weil die Erbengemeinschaft mangels Rechtsfähigkeit nicht verpflichtet werden kann (s. hierzu noch: *§ 3 II. 3.*), meint der Sache nach aber das Richtige: Es kommt auf eine gesamtverantwortliche Lastentragung aller Miterben an, woran es bei der den Sondererben persönlich adressierenden Gesellschafterhaftung fehlt.

265 So jedenfalls für die Kosten, *Flechtner*, in: Burandt/Rojahn-ErbR, § 2038 Rdnr. 54.

der Verteidigungseinwand nach § 2059 Abs. 1 S. 1 BGB nicht entgegengehalten werden, weil es sich um eine Nachlasserbenschuld handelt,[266] sodass die Miterben letztlich quotal mit ihren Eigenvermögen für Gesellschaftsverbindlichkeiten einstehen müssten, auf deren Entstehung sie wegen der Sondererbfolge keinen Einfluss nehmen konnten. Ein quotaler Lastenausgleich der Sondererben gegen die Miterben gem. §§ 2038 Abs. 2 S. 1, 748 BGB kann somit auch aus diesem Grund jenseits der Karenzfrist des § 139 Abs. 3 HGB nicht zugelassen werden.

Kann also aus diesen beiden Gründen zwischen Sondererben und Miterben keine Verteilung der Kosten- und Lasten gem. §§ 2038 Abs. 2 S. 1, 748 BGB erreicht werden, bleibt schließlich nur die Möglichkeit, i. S.d. IV. Senats des BGH, laufende Gewinne und einen Teil des Anteilswerts dem Sondererben persönlich zuzuweisen. Letztlich geht es bei dieser Erwägung dann aber nicht darum, den Sondererben eine Vergütung für die persönliche Mitarbeit in der oHG zu gewähren, sondern erneut darum, die Folgen des Konstruktionsdefizits der Sondererbfolge selbst zu beheben. Es ist ein Ausgleich für die Sondererben, denen für die Verwaltung des außerhalb des Verwaltungsgefüges der Erbengemeinschaft stehenden oHG-Anteils kein aus dem Verwaltungsgefüge der Erbengemeinschaft resultierender quotaler Regressanspruch gegenüber den Miterben gewährt werden kann. Freilich lässt sich diese aus der Sondererbfolge resultierende, neuerliche Korrektur des Erbrechtsgefüges nur um den Preis einer weiteren Verkomplizierung der gesamten Konstruktion erreichen. Denn die Rechtsprechung hat es bisher vermieden, konkrete Ausführungen zum Aufteilungsmaßstab der aus dem oHG-Anteil fließenden Aktiva zu machen. Zum Leidwesen der Praxis bleibt damit unklar, zu welchem Teil die aus dem oHG-Anteil fließenden Aktiva dem Privatvermögen des Sondererben zugeordnet werden müssen. Letztlich lässt sich dies wohl auch kaum jemals präzisieren. Wer wollte auch bestimmen, welcher Anteil des Gewinns und des Auseinandersetzungsanspruchs tatsächlich Folge des vom Erblasser überlassenen Gesellschaftsanteils ist und welcher Anteil wiederum der Aufwandsentschädigung für den übernommenen Arbeits- und Haftungseinsatz des Sondererben dient? Das RG behauptete seinerzeit bereits mit Blick auf die Gewinnansprüche: „*Eine Trennung dahin, daß der Gesellschaftsgewinn nur der einen oder der anderen Grundlage zuzuschreiben sei, ist unmöglich*“[267]. So bleibt für die Praxis ein kaum befriedigender Zustand zurück, der letztlich aber wiederum – und das kann nicht oft genug unterstrichen werden

[266] *Grüner*, in: BeckOGK-ZR, § 1967 Rdnr. 207; *Flechtner*, in: Burandt/Rojahn-ErbR, § 2038 Rdnr. 53. Ähnlich *Löhnig*, in: Staudinger, § 2038 Rdnr. 38, der davon ausgeht, dass es sich gar nicht um eine Nachlassverbindlichkeit handelt. A.A. *Wernecke*, AcP 193, 240, 251 ff.

[267] RGZ 171, 345, 351; wenngleich das RG daraufhin die Gewinne dem Sondererben einfach gleich ganz zuschrieb.

– Folge der fremdartigen Sondererbfolge ist, an der die etablierte Ansicht so eisern festhält.

d) Gleichzeitigkeit von Sondererben- und Miterbenstellung

Zusammengefasst stellt sich die etablierte Ansicht zur Modifikation der Universalsukzession als schwer zu durchdringende Mischsukzession dar. Die mit dem oHG-Anteil verbundenen Rechtspositionen werden mit dem Erbfall auf einen gesamthänderisch gebundenen Nachlass und einen Sondernachlass aufgeteilt. Der Sondererbe muss stets auch Miterbe der Erbengemeinschaft sein, da beide Stellungen untrennbare Bestandteile der Erbenstellung sind.[268] Denn nur dann wird sichergestellt, dass er an der Verwaltung derjenigen Aspekte der Gesellschafterposition beteiligt wird, die in das gesamthänderisch gebundene Nachlassvermögen fallen oder fallen werden.[269] Nur durch die gleichzeitige Stellung als Miterbe kann auch begründet werden, warum der Sondererbe nach § 2058 BGB im Wege der Gesamtschuld für alle Nachlassverbindlichkeiten gesamtschuldnerisch haftet, ganz gleich ob diese vor oder nach dem Erbfall begründet werden.[270] Dies ist gerade der entscheidende Unterschied zur Sondererbfolge in landwirtschaftliche Höfe, bei welcher der Hoferbe nicht zwingend Teil der eigentlichen Erbengemeinschaft sein muss.[271] Denn dort garantiert § 15 Abs. 1 HöfeO, dass der Hoferbe unabhängig seines Status als echter Miterbe zur gesamtschuldnerischen Haftung für alle Nachlassverbindlichkeiten verpflichtet ist. Bei der Sondererbfolge in Personengesellschaftsanteile fehlt dagegen eine solche Vorschrift. Da der Sondererbe daher stets auch Miterbe der Erbengemeinschaft sein muss, kann die Sondererbfolge in Ansehung des oHG-Anteils allenfalls mit einer gegenständlichen Teilauseinandersetzung[272] verglichen werden. Eine persönliche Teilauseinandersetzung in Form der Abschichtung,[273] bei der nicht nur Nachlassgegenstände aus der gesamthänderischen Bindung entlassen werden, sondern die gesamte Stellung als Miterbe aufgegeben wird, kann der

---

[268] So auch *Muscheler* Erbrecht I, Rdnr. 873.

[269] Z.B. der durch Kündigung der Mitgliedschaft ausgelöste Abfindungsanspruch oder die Gewinnansprüche. S. hierzu noch einmal *§ 2 II. 2. a) bb)*.

[270] So auch *Kunz*, in: Staudinger, § 1922 Rdnr. 204; *v. Lübtow*, Erbrecht II, S. 865. Bei einer Abschichtung etwa, bei der der Erbe seinen Erbteil aufgibt, ist dies anders, da dort der Erbe für sämtliche Nachlasserbenschulden, die nach der Abschichtung begründet werden, nicht mehr haftet, s. *Bredemeyer/Tews*, ZEV 2012, 352, 355.

[271] Das von der HöfeO geregelte Verhältnis zwischen dem Hoferben und den übrigen Erben wird oft auch als Erbengemeinschaft mit atypischem Charakter bezeichnet, vgl. *Lange*, Erbrecht, § 97 Rdnr. 22. In diese Richtung auch *Muscheler*, Erbrecht I, Rdnr. 859.

[272] Zu diesem Begriff *Rißmann/Szalai*, in: BeckOGK-ZR, § 2042 Rdnr. 11.

[273] Zu diesem Begriff *Lange*, Erbrecht, § 60 Rdnr. 126 und 129.

Sondererbfolge demgegenüber selbst dann nicht beigemessen werden, wenn der Sondererbe neben seiner Nachfolge in den oHG-Anteil keine weiteren Nachlassgegenstände beanspruchen kann. Vergleicht man die Sondererbfolge daher mit einer gegenständlich beschränkten Teilauseinandersetzung, ist auch klar, wie die dem Sondererben zwingend zukommende Miterbenstellung ausgestaltet ist, insbesondere mit welchem Anteil er am gesamthänderisch gebundenen Nachlass beteiligt ist, § 2033 Abs. 1 BGB. Wie bei einer Teilauseinandersetzung oder einem ausgleichspflichtigen Vorausempfang hat die Tatsache, dass dem Sondererben der oHG-Anteil bereits vorweggenommen ausgeantwortet wurde, keinen Einfluss auf seinen Anteil am gesamthänderisch gebundenen Nachlass, sondern verschiebt nur die rein rechnerische Ausgleichs- bzw. Teilungsquote i. S.d. § 2047 Abs. 1 BGB.[274] Der Anteil, der dem Sondererben in seiner Funktion als Miterbe am gesamthänderisch gebundenen Nachlass zukommt, muss sich daher wie üblich nach der Erbquote berechnen, die dem Nachfolger nach dem Willen des Erblassers an seiner gesamten Hinterlassenschaft (d. h. dem gesamthänderisch gebundenen Nachlass und Sondernachlass) zukommen soll.[275] I.d.R. wird hierbei der Wert des oHG-Anteils in das Verhältnis zum übrigen Nachlass zu setzen sein. Da ein oHG-Anteil regelmäßig einen erheblichen Teil des Wertes des Gesamtnachlasses ausmacht, wird der Sondererbe daher auch zu einem erheblichen Teil am gesamthänderisch gebundenen Nachlass beteiligt sein. Jedenfalls bei einer qualifizierten Sondererbfolge, bei der der Sondererbe neben dem oHG-Anteil nichts aus dem Nachlass zu beanspruchen hat, werden die gesellschaftsfernen Miterben damit in einem weiteren Aspekt durch die Sondererbfolge belastet. Diese müssten es sich nicht nur gefallen lassen, dass sie auf die Verwaltung des singularsukzedierten oHG-Anteils keinen Einfluss haben, sondern auch, dass der Sondererbe an dem Verwaltungsgefüge der Erbengemeinschaft gem. §§ 2038 Abs. 2 S. 1, 745 Abs. 1 S. 2 BGB mit einem seiner (i.d.R. erheblichen) Erbquote entsprechenden Stimmgewicht[276] beteiligt bleibt, obwohl dies sein um den oHG-Anteil bereinigtes Restinteresse an dem gesamthänderisch gebundenen Nachlass übersteigt. Insbesondere wenn der Sondererbe neben dem oHG-Anteil nichts aus dem gesamthänderisch gebundenen Nachlass erhalten soll, wird die Fremdartigkeit dieses Ergebnisses deutlich. Der Sondererbe hat in diesen Fällen überhaupt kein über die bloße Aussicht einer anteiligen Ertragserzielung und Lastentragung gem. §§ 2038 Abs. 2 S. 1, 743 bzw. 748 BGB hinausgehendes Interesse an der

---

[274] Zu der Verschiedenartigkeit von der rein rechnerischen Ausgleichs- bzw. Teilungsquote und der Erbquote, vgl. auch BGH, DNotZ 1993, 169, 170 und *ders.*, DNotZ 1986, 539, 540.

[275] Zur Maßgeblichkeit der Erbquote für den Anteil am Nachlass, s. *Rißmann/Szalai*, in: BeckOGK-ZR, § 2033 Rdnr. 7.

[276] Zur Abhängigkeit des Stimmgewichts von der Erbteilsgröße, insbesondere zur Unmaßgeblichkeit von Vorausempfängen, s. *Gergen*, in: MüKo-BGB, § 2038 Rdnr. 35.

Verwaltung des gesamthänderisch gebundenen Nachlasses, muss aber trotzdem von den übrigen Miterben gem. §§ 2038 Abs. 2 S. 1, 745 Abs. 1 S. 2 BGB an der Verwaltung des gesamthänderisch gebundenen Nachlasses entsprechend seiner Erbquote beteiligt werden. Gem. § 2040 Abs. 1 BGB ist er darüber hinaus grundsätzlich auch bei einer Verfügung über einen gemeinschaftlich gehaltenen Nachlassgegenstand zu beteiligen. Dies zeigt somit ein weiteres Mal, dass die von der etablierten Ansicht kreierte Figur der Sondererbfolge letztlich gerade in Form der qualifizierten Sondererbfolge zu kaum wertungsgerechten Ergebnissen führt, weil sie mit einem Bein im unmodifizierten Erbrechtsgefüge bleiben muss, um noch schwerere Verwerfungen mit dem Erbrechtssystem zu verhindern.

3. Sondererbfolge als Nachlassteilung?

Wie bereits beleuchtet, führt die Sondererbfolge dazu, dass sich die Nachfolge in den oHG-Anteil außerhalb einer Erbengemeinschaft vollzieht. Insoweit ist es sicher richtig, wenn man konstatiert, dass die etablierte Ansicht mit der Sondererbfolge de facto eine dem Erbrecht fremde, dinglich wirkende Teilungsanordnung geschaffen hat, die sich automatisch mit dem Erbfall vollzieht.[277] Auf so ein Konstrukt ist das BGB jedoch ersichtlich nicht zugeschnitten.[278] Durch §§ 2059 Abs. 1 S. 1, 2062 Hs. 2 BGB geht nämlich mit der Nachlassteilung ein erheblicher Rechtsverlust für die Erben einher, der nur im Lichte des gesetzlichen Primats der Nachlassteilung, der vom Einverständnis aller Miterben getragenen Erbauseinandersetzung, gerechtfertigt scheint. So verlieren die Erben nicht nur den Schutz vor der Inanspruchnahme ihres persönlichen Vermögens (§ 2059 Abs. 1 S. 1 BGB), sondern auch das Recht, die Nachlassverwaltung gemeinschaftlich zu beantragen (§ 2062 Hs. 2 BGB). Letztgenannter Rechtsverlust trifft nach etablierter Ansicht dabei auch die Nachlassgläubiger.[279] Wie mit diesen Normen bei einer Sondererbfolge umzugehen ist, wird nicht einheitlich beantwortet. Einige Literaten sind bereit, diese gesetzliche Folge hinzunehmen und der Sondererbfolge die Wirkung einer Nachlassteilung gem. §§ 2059 Abs. 1 S. 1, 2062 Hs. 2 BGB beizumessen.[280] Die wohl überwiegenden Stimmen in der

[277] Ähnlich *Muscheler*, Universalsukzession, S. 60 f. und *Schmidt*, Gesellschaftsrecht, § 45 V 4a, S. 1340, der von „*kraft Gesetzes vollziehender Teilauseinandersetzung*" spricht.

[278] Von der systemwidrigen Annahme einer Singularsukzession spricht auch *Marotzke*, in: Staudinger, § 2059 Rdnr. 70.

[279] *Ann*, in: MüKo-BGB, § 2062 Rdnr. 8; *Wolf*, in: Soergel, § 2062 Rdnr. 3; a.A. *Otto*, in: BeckOGK-ZR, § 2062 Rdnr. 6.

[280] Für Nachlassteilung als generelle Folge der Sondervererbung sind: *Wiedemann*, in: FS Großfeld, S. 1309, 1316; *Windel*, S. 283 f. (wobei sich dieser auf S. 287 f. für eine von jedem Miterben beantragbare, gegenständlich beschränkte Nachlassverwaltung stark macht); *Michalski*, S. 153 f. (wobei dieser die mit der Nachlassteilung verbundene unbeschränkte

Literatur wollen hingegen bei einer durch Sondererbfolge eingetretenen, automatischen Nachlassteilung die Anwendbarkeit dieser Normen zumindest erheblich zurückdrängen.

a) Nachlassteilung bei wesentlichem Vermögensteil?

Einige Literaten konstatieren, dass eine Nachlassteilung i.S.d. §§ 2059 Abs. 1 S. 1, 2062 Hs. 2 BGB begrifflich nur anzunehmen sei, wenn zumindest ein wesentlicher Teil des Nachlasses aufgeteilt wurde, sodass für die Sondererbfolge i.E. nichts anderes gelten könne.[281] Von einer Aufteilung eines wesentlichen Teils des Nachlasses kann dabei nur gesprochen werden, sobald bereits so viele Nachlassgegenstände verteilt wurden, dass kein signifikanter gesamthänderisch gebundener Nachlassrest übrig bleibt.[282] Somit könne es zu einer Nachlassteilung durch Sondererbfolge nur kommen, wenn der oHG-Anteil den wesentlichen Teil des Nachlasses ausmacht und nur ein unbedeutender Nachlassrest übrig bleibt. Dann sollen die Erben über § 2059 Abs. 1 S. 1 BGB ihr übriges Privatvermögen nicht mehr verteidigen können, da eine Verweisung auf den Erbteil und den unbedeutenden Rest des gesamthänderisch gebundenen Nachlasses den Nachlassgläubigern nicht mehr zumutbar sei.[283] Durch die Sondererbfolge könne hingegen kein Verlust des Rechts zur Beantragung einer Nachlassverwaltung gem. § 2062 Hs. 2 BGB ausgelöst werden. Diese Norm knüpfe zwar formal ebenfalls an eine Nachlassteilung an, jedoch könne dort nur eine von allen Erben willentlich herbeigeführte Nachlassteilung und keine automatisch eintretende Nachlassteilung kraft Sondererbfolge gemeint sein. Zur Begründung wird aufgeführt, dass § 2062 Hs. 2 BGB Sanktionscharakter habe, da er die Miterben dazu anhält, sich vor der Auseinandersetzung der Erbengemeinschaft um die Begleichung der Nachlassverbindlichkeiten zu kümmern, § 2046 Abs. 1 BGB. Genau dieser Sanktionsgedanke passe jedoch auf die von den Miterben nicht beeinflussbare Sondererbfolge nicht.[284] Um die Erben für den Verlust des Verteidigungseinwands gem. § 2059 Abs. 1 S. 1 BGB zu entschädigen, sei die Norm des § 2062 Hs. 2 BGB nicht nur unangewendet zu lassen, sondern zugleich auch die Norm des § 2062 Hs. 1 BGB dahingehend zu modifizieren, dass bei einer durch Sondererbfolge eintretenden Nachlassteilung das Antragsrecht zur Nachlassverwaltung

---

Haftung auf die Verbindlichkeiten beschränkt, die im Zusammenhang mit dem Gesellschaftsverhältnis entstanden sind).

[281] *Ann*, in: MüKo-BGB, § 2059 Rdnr. 8; *Kieserling*, S. 61; *Westermann*, AcP 173, 24, 37.

[282] *Otto*, in: BeckOGK-ZR, § 2059 Rdnr. 6.

[283] *Ann*, in: MüKo-BGB, § 2059 Rdnr. 8.

[284] Von Haftungssanktion spricht *Westermann*, AcP 173, 24, 37.

jedem Erben unabhängig von den anderen Erben zustehe.[285] Letztlich würde damit bei einer durch Sondererbfolge eintretenden Nachlassteilung der jedem Erben zukommende Verteidigungseinwand gem. § 2059 Abs. 1 S. 1 BGB durch ein eigenes Antragsrecht zur Nachlassverwaltung substituiert werden. Wirklich überzeugen kann diese Lösung allerdings nicht, da sie praktische Schwierigkeiten hervorruft. Denn wo die Schwelle zwischen einem unbedeutenden und einem bedeutenden Nachlassrest liegen soll, ist weitestgehend unklar. Da von dieser Schwelle aber ein Eingriff in den erbrechtlichen Haftungszugriff ausginge, würde diese Lösung dazu führen, dass Erben durch die Sondererbfolge allzu oft in eine kaum zumutbare, unsichere Rechtslage gezwungen würden. Die Erben wüssten oft nicht rechtssicher, ob eine Nachlassteilung bereits stattgefunden hat und sie sich gegen ein Überwirken der Nachlassverbindlichkeiten auf ihre persönliche Sphäre nur mittels eines selbstständigen Antrags zur Nachlassverwaltung schützen können oder ob eine Nachlassteilung noch nicht stattgefunden hat und die schlichte Erhebung des Verteidigungseinwands gem. § 2059 Abs. 1 S. 1 BGB ausreicht. Daneben überzeugt es nicht, wenn man den Erben bei einer Nachlassteilung ein eigenes Recht zur Beantragung der Nachlassverwaltung gewährt. Hiermit würde man dem Willen des Gesetzgebers Gewalt antun, hat dieser bei einer Erbengemeinschaft doch aus gutem Grund nur allen Erben gemeinschaftlich das Recht auf Beantragung einer Nachlassverwaltung eingeräumt. Denn wenn jeder Erbe die Nachlassverwaltung selbstständig beantragen könnte, würde der Wille der anderen Erben umgangen werden, die dies nicht wollen.[286] So könnten etwa insbesondere die nicht nachfolgeberechtigten Erben ein Interesse daran haben, den wertmäßig vernachlässigbaren, aber dennoch vorhandenen gesamthänderisch gebundenen Nachlass selbstständig und ohne Einmischung Dritter zu verwalten. Dieses Interesse könnte der nachfolgeberechtigte Erbe, unter Umgehung der übrigen Erben, untergraben, wenn man ihm ein eigenes Recht zur Beantragung der Nachlassverwaltung zubilligen würde. Umgekehrt kann auch der nachfolgeberechtigte Sondererbe ein Interesse daran haben, dass die übrigen Miterben nicht in der Lage sind, eigenständig und ohne sein Einverständnis die Nachlassverwaltung zu beantragen, da er sonst eine (beschränkte) Nachlassverwaltung über seinen oHG-Anteil zu dulden hätte,[287] die es dem Nachlassverwalter insbesondere möglich machen würde, die Beteiligung eigenmächtig, ohne dass vorher ein Vollstreckungstitel oder ein Pfändungs- und Überweisungsbeschluss gem. §§ 859 Abs. 1, 857 Abs. 1, 829 Abs. 1, 835 Abs. 1 ZPO erwirkt werden müsste, gem.

---

[285] *Westermann*, AcP 173, 24, 37; vgl. auch die Darstellung bei *Marotzke*, in: Staudinger, § 2059 Rdnr. 60. S. auch *Ann*, in: MüKo-BGB, § 2062 Rdnr. 10.

[286] So schon die II. Kommission, vgl. Protokolle VI, S. 343.

[287] *Stodolkowitz*, in: FS Kellermann, S. 439, 453.

§ 135 HGB analog privilegiert zu kündigen.[288] Überzeugt es also nicht, jedem Erben in normativer Korrektur ein eigenes Antragsrecht zuzubilligen, läge es dann nicht nahe, dem Erbenkollektiv unter alleiniger Aufrechterhaltung des § 2062 Hs. 2 BGB ein gemeinschaftliches Antragsrecht zuzubilligen? Letztlich würde aber auch dies nicht überzeugen. Denn ein gemeinsames Antragsrecht der Miterben i. S.d. § 2062 Hs. 2 BGB ist nur dort zumutbar, wo den Miterben unabhängig hiervon die Möglichkeit verbleibt, ihr Privatvermögen über § 2059 Abs. 1 S. 1 BGB zu schützen.[289] Ist das Abwehrrecht der Miterben aus § 2059 Abs. 1 S. 1 BGB jedoch erloschen, weil nur ein unwesentliches, gesamthänderisch gebundenes Nachlassvermögen zurückbleibt, müssten alle Miterben eine persönliche Verhaftung ihres Vermögens dulden, wenn auch nur einer von ihnen sich gegen eine Nachlassverwaltung ausspricht. Dies ist den Miterben wegen der automatisch eintretenden Sondererbfolge kaum zumutbar.

b) Keine Nachlassteilung bei Sondererbfolge

Aus dieser Erkenntnis heraus vermag am ehesten noch die Möglichkeit zu überzeugen, der Sondererbfolge kategorisch die Wirkung einer Nachlassteilung i. S.d. §§ 2059 Abs. 1 S. 1, 2062 Hs. 2 BGB zu verweigern, selbst wenn der oHG-Anteil im Wesentlichen das ganze Nachlassvermögen ausmacht.[290] Der Vorteil: Der Verteidigungseinwand des § 2059 Abs. 1 S. 1 BGB steht trotz Sondererbfolge jedem Erben weiterhin zu, sodass es für die Erben zumutbar bleibt, die Nachlassverwaltung gem. § 2062 Hs. 1 BGB nur gemeinsam beantragen zu können. Abseits dessen bleiben jedoch dogmatische Bedenken, die daraus resultieren, dass nicht nachvollziehbar erklärt werden kann, warum die Sondererbfolge keine Nachlassteilung i. S.d. §§ 2059 Abs. 1 S. 1, 2062 Hs. 2 BGB darstellt. Teilweise wird etwa konstatiert, dass die Nachlassteilung i. S.d. §§ 2059 Abs. 1 S. 1, 2062 Hs. 2 BGB nur rechtsgeschäftliche Nachlassteilungen erfasse,[291] was zur widersinnigen Folge hätte, dass ein Nachlass, der nur aus einem oHG-Anteil besteht, i.E. nie geteilt werden würde.[292] Andere weisen zur Unterstützung der These, dass es sich bei der Sondererbfolge in den oHG-Anteil nicht um eine Nachlassteilung handeln könne, auf den bereits beleuchteten Umstand hin, dass von einer echten Ausgliederung des oHG-Anteils aus dem gebundenen Nachlass nicht die Rede sein könne, wenn jedenfalls ein Gutteil der aus dem Gesellschaftsanteil

[288] Zu diesem Kündigungsrecht, s. noch *§ 2 III. 2.*

[289] Insoweit richtig *Westermann*, AcP 173, 24, 37 f.

[290] *Stodolkowitz*, in: FS Kellermann, S. 439, 453; *Marotzke*, in: Staudinger, § 2059 Rdnr. 58 und § 2062 Rdnr. 25; *Wiedemann*, in: FS Großfeld, S. 1309, 1324 f. Für die von ihm begründete Sondergutstheorie, s. auch noch *§ 3 XI. 1.*

[291] In diese Richtung auch *Ulmer*, ZGR 1972, 195, 203 (Fn. 44).

[292] S. bereits *Westermann*, AcP 173, 24, 29.

ableitbaren Vermögensrechte in den gebundenen Nachlass fällt.[293] Dies vermag jedoch nur schwerlich zu überzeugen. Denn dass die künftigen Abfindungs- und Gewinnansprüche mit deren Entstehung in den gesamthänderisch gebundenen Nachlass fallen,[294] hat nichts mit dem Fakt zu tun, dass jedenfalls der gegenwärtige oHG-Anteil im Denkmuster der etablierten Ansicht vom übrigen, gesamthänderisch gebundenen Nachlass getrennt ist. Gerade um diese gegenwärtige Rechtslage geht es doch vorliegend. Bisweilen wird auch etwas vorsichtiger konstatiert, dass die Sondererbfolge jedenfalls keine solche Nachlassteilung sei, die nach der Ratio des § 2059 Abs. 1 S. 1 BGB zum Verlust des Haftungsbeschränkungsrechts führt. Hierbei wird darauf hingewiesen, dass § 2059 Abs. 1 S. 1 BGB den einzelnen Erben erst dann mit der persönlichen Inanspruchnahme belasten will, wenn der Nachlass geteilt ist. Das müsse jedoch bedeuten, dass der oHG-Anteil im Wesentlichen aus jeglicher gesamthänderischen Bindung entlassen sein muss, da es erst ab diesem Zeitpunkt den einzelnen Erben möglich ist, die ihnen zugewiesenen Nachlassgegenstände zur Schuldtilgung zu verwerten.[295] Alleine durch die Sondererbfolge in den oHG-Anteil könne ein solcher Zustand jedoch nicht erreicht werden, da die Vermögensbindung auch hier fortwirke; zwar nicht aus der Erbengemeinschaft, wohl aber mit Blick auf die Vermögensbindung, die gem. § 105 Abs. 3 HGB, § 719 Abs. 1 Hs. 1 Var. 1 BGB in der Gesellschaft herrscht.[296] Dieser Gedanke ist jedoch bei Lichte betrachtet Zweifeln ausgesetzt. Denn die in § 719 Abs. 1 Hs. 1 Var. 1 BGB angeordnete Vinkulierung kann im Gesellschaftsvertrag abbedungen sein, sodass der oHG-Anteil in diesem Fall dem Sondererben zur freien Verfügbarkeit zusteht. In diesen Fällen kann die durch die Sondererbfolge bewirkte Teilung nicht mit einer fortwirkenden gesamthänderischen Bindung wegdiskutiert werden. Bei genauerem Hinsehen ist der Gedanke einer fortwirkenden Vermögensbindung jedoch generell inkompatibel mit den Schutzzweckerwägungen des § 2059 Abs. 1 S. 1 BGB. Denn § 2059 Abs. 1 S. 1 BGB will den einzelnen Miterben nur vor den Gefahren für sein persönliches Vermögen schützen, die andernfalls aus der unterbliebenen Mitwirkung bei der Nachlassverwertung gerade durch die Miterben resultieren.[297] Bei § 719 Abs. 1 Hs. 1 Var. 1 BGB ist der Sondererbe

---

[293] So argumentiert *Spiritus*, S. 211 f. mit Verweis auf die bereits dargelegte Rechtsprechung des BGH nach BGHZ 91, 132, 136.

[294] Die künftigen Abfindungs- und Gewinnansprüche sind gerade nicht bereits mit dem Erbfall dem gesamthänderisch gebundenen Nachlass zugeordnet, s. dazu *§ 2 II. 2. a) bb)*.

[295] Protokolle V, S. 871; *Lange/Kuchinke*, Erbrecht, § 50 IV 1, S. 1284. S. auch *Otto*, in: BeckOGK-ZR, § 2059 Rdnr. 3 hinsichtlich des hiermit verbundenen Strafcharakters der Vorschrift.

[296] S. zum Ganzen *Marotzke*, in: Staudinger, § 2059 Rdnr. 57.

[297] *Otto*, in: BeckOGK-ZR, § 2059 Rdnr. 3.

jedoch nicht auf die Mitwirkung der übrigen Erben, sondern auf die Zustimmung der Gesellschafter angewiesen, wenn er den oHG-Anteil durch Veräußerung zu Geld machen will.[298] Den Schutzzweck des § 2059 Abs. 1 S. 1 BGB jedoch derart zu erweitern, dass den Miterben die haftungsbeschränkende Verteidigung auch dann erhalten bleiben muss, wenn man zur Verwertung eines Nachlassgegenstands auf die Mitwirkung von außenstehenden Dritten angewiesen ist, würde zu einer vom Normzweck nicht mehr gedeckten, uferlosen Ausdehnung dieser Vorschrift führen. Insbesondere, wenn sich im Nachlass vinkulierte Forderungen oder vinkulierte GmbH-Anteile von nicht unbeträchtlichem Wert befinden, würde so der Verteidigungseinwand des § 2059 Abs. 1 S. 1 BGB selbst nach vollständiger Auseinandersetzung auf ungewisse Dauer aufrechterhalten bleiben. Dies ist den Nachlassgläubigern kaum zuzumuten und würde die Vorschrift des § 2059 Abs. 1 S. 1 BGB überspannen. Richtigerweise kann daher die Teilung des Nachlasses i.S.d. § 2059 Abs. 1 S. 1 BGB nie durch eine fortwirkende Bindung des § 719 Abs. 1 Hs. 1 Var. 1 BGB gehemmt sein. Da somit alle dogmatischen Erklärungsmodelle nicht überzeugen, kann der Sondererbfolge letztlich allenfalls vor dem Hintergrund die Wirkung einer Nachlassteilung i.S.d. §§ 2059 Abs. 1 S. 1, 2062 Hs. 2 BGB versagt werden, weil sie eine reine Zweckkonstruktion ist, um die Erbengemeinschaft aus der oHG herauszuhalten. Jenseits hiervon ist die Sondererbfolge jedoch so nahe wie möglich an den gesetzlichen Ausgangspunkt der unmodifizierten Universalsukzession anzulehnen, da nur diese einen gerechten Ausgleich garantiert.

4. Sondererbfolge und Verteidigungseinwand gem. § 2059 Abs. 1 S. 1 und Abs. 2 BGB

Nach den vorgenannten Erwägungen ist es zwar vorzugswürdig, die Vorschriften über die Nachlassteilung i.S.d. §§ 2059 Abs. 1 S. 1, 2062 Hs. 2 BGB bei der Sondererbfolge gänzlich auszublenden, jedoch erweist sich die fremdartige Sondererbfolge selbst dann noch als Störfaktor. Denn die weiterhin anwendbare Vorschrift des § 2059 Abs. 1 S. 1, Abs. 2 BGB harmoniert nicht mit der Sondererbfolge. Der Verteidigungseinwand des § 2059 Abs. 1 S. 1 BGB ermöglicht es den Erben, die Nachlassgläubiger auf den Erbteil zu verweisen. Gem. § 2059 Abs. 2 BGB bleibt den Nachlassgläubigern daneben nur der Zugriff auf den „*ungeteilten Nachlass*", m.a.W. auf das gesamthänderisch gebundene Nachlassvermögen. Diese Vorschrift, die ersichtlich nicht vorsieht, dass bereits einzelne Nachlassstücke (sondererbfolgebedingt) aus der gesamthänderisch gebundenen

[298] Zum Einverständniserfordernis bei einer Anteilsübertragung, vgl. allgemein *Schäfer*, in: Staub-HGB, § 105 Rdnr. 294.

Nachlassmasse ausgesondert wurden,[299] würde bei unbesehener Anwendung auf die Sondererbfolge das eigenartige Ergebnis hervorrufen, dass der Sondererbe den Nachlassgläubigern den Zugriff auf den singularsukzedierten oHG-Anteil verwehren könnte. Denn dieser ist gerade wegen der Sondererbfolge kein Teil der gebundenen Nachlassmasse i.S.d. § 2059 Abs. 2 BGB. Damit wäre den Nachlassgläubigern letztlich der singularsukzedierte oHG-Anteil von Anfang an als Haftungsmasse entzogen, obwohl dieser Teil des Nachlasses ist und häufig einen erheblichen Wert ausmacht. Die Nachlassgläubiger könnten diese Blockade zwar durch den Antrag auf Anordnung der Nachlassverwaltung gem. § 1981 Abs. 2 S. 1 BGB durchbrechen und sich über das privilegierte Kündigungsrecht des Nachlassverwalters gem. § 135 HGB analog Zugang zu dem Abfindungsanspruch verschaffen, der im gesamthänderisch gebundenen Nachlass entsteht.[300] Um dieses unnötig komplizierte Vorgehen jedoch zu vermeiden, wird überwiegend erwogen, den Verteidigungseinwand gem. § 2059 Abs. 1 S. 1 BGB bei einer Sondererbfolge dahingehend einzuschränken, dass die Erben die Nachlassgläubiger nur hinsichtlich ihres unabhängig vom Erbfall bestehenden Privatvermögens abwehren können.[301] Letztlich wird der oHG-Anteil dadurch mit Blick auf § 2059 Abs. 2 BGB zur gesamthänderisch gebundenen Nachlassmasse fingiert, alleine mit dem Ziel den Verteidigungseinwand des § 2059 Abs. 1 S. 1 BGB zu reduzieren und den Nachlassgläubigern einen garantierten Zugriff auf den oHG-Anteil zu ermöglichen.[302] Auch diese Erwägung ist wiederum eine reine Zweckkonstruktion. Der oHG-Anteil wird nicht wirklich Bestandteil des gesamthänderisch gebundenen Vermögens. Insbesondere die Schutzvorschriften der § 2040 Abs. 1 BGB und § 747 ZPO können – wie bereits gesehen – nicht auf den singularsukzedierten oHG-Anteil angewendet werden. Die rein ergebnisorientierte Modifikation des § 2059 BGB ist ein erneuter Beleg dafür, dass die Sondererbfolge schon vom Ansatz her nicht mit dem gesetzlichen Erbrechtsgefüge harmoniert. Die Sondererbfolge muss – wie der vorliegende Ausgangspunkt zu § 2059 BGB wieder eindrucksvoll zeigt – in ihren Folgeauswirkungen

---

[299] Der Gesetzgeber hat die Rechtsfolgen, die bei einer Teilauseinandersetzung eintreten, gesehen, jedoch nicht vollumfänglich regeln wollen, vgl. Protokolle V, S. 871.

[300] Bisweilen findet sich in Anlehnung an RGZ 89, 403, 408 auch die Lösung über einen Anspruch gem. § 1978 Abs. 1, Abs. 2 BGB, der den Sondererben zur Rückgewähr des ausgeantworteten oHG-Anteils zum gesamthänderischen Nachlass zwingt, s. *Kipp/Coing*, § 121 III 2a, S. 661 (Fn. 19); *Westermann*, AcP 173, 24, 30. Diese Lösung braucht es jedoch in Ansehung des singularsukzedierten oHG-Anteils nicht, wenn man die aus dem oHG-Anteil fließenden Aktiva dem gesamthänderischen Nachlass zuschlägt, wie in *§ 2 II. 2. a) bb) (2)* dargelegt.

[301] So *Stodolkowitz*, in: FS Kellermann, S. 439, 451 f.; *Parr*, S. 93 f. Allgemein bei Teilauseinandersetzung, vgl. *Marotzke*, in: Staudinger, § 2059 Rdnr. 35.

[302] *Schäfer*, in: Staub-HGB, § 139 Rdnr. 50.

stets so weit wie möglich ignoriert werden. Damit ist jedoch die Existenz der Sondererbfolge ganz generell infrage zu stellen. Denn es zeugt von einer inkonsistenten Beliebigkeit, wenn man einerseits zwar an der Sondererbfolge festhalten will, sie andererseits aber bei wesentlichen Folgeauswirkungen letztlich wieder als ungeschehen fingiert, wenn die von der Sondererbfolge produzierten Konflikte mit dem Erbrechtsgefüge untragbar erscheinen. Dies ist jedoch ein Alarmsignal, dass die Rechtsfigur der Sondererbfolge bereits in ihrem Fundament der falsche Ansatz ist.

III. Die beschränkte Verwaltungsbefugnis erbrechtlicher Fremdverwalter

Erbrechtliche Fremdverwalter sieht das Erbrecht insbesondere mit den Rechtsinstituten der Nachlasspflegschaft (§§ 1960 Abs. 2 Var. 4, Abs. 3, 1961 BGB), der Nachlassverwaltung (§§ 1975 Var. 1, 1976 ff., 1981 ff. BGB), der Nachlassinsolvenzverwaltung (§§ 1975 Var. 2, 1976 ff., 1980, 1989 BGB, §§ 315 ff. InsO) sowie der Testamentsvollstreckung (§§ 2197 ff. BGB) vor. Diesen erbrechtlichen Fremdverwaltern ist dabei gemeinsam, dass mit ihnen eine dritte Person Verwaltungsbefugnisse über den Nachlass erhält. In den Fällen der Nachlass(insolvenz)verwaltung und der Testamentsvollstreckung ergibt sich diese aus der damit verbundenen Amtsbefugnis, vgl. § 1985 Abs. 1 BGB, § 80 Abs. 1 InsO, § 2205 BGB; im Falle der Nachlasspflegschaft aus der Stellung als gesetzlicher Vertreter, §§ 1915 Abs. 1 S. 1, 1793 Abs. 1 S. 1 BGB.[303] Gewissermaßen parallel zur Modifizierung der Universalsukzession schlug die etablierte Ansicht, mit der Äußerung von Vorbehalten gegen die vollumfängliche Erstreckung eben dieser Verwaltungsbefugnisse, ein zweites Kapital in dem von ihr kreierten modifizierten Erbrechtsgefüge an oHG-Anteilen auf.[304]

303 BGH, NJW 1985, 2596, 2597.

304 Rechtsprechung zur Testamentsvollstreckung: RGZ 170, 392, 394 f.; RGZ 172, 199, 202 f. (Kommanditanteil); BGHZ 24, 106, 112 f.; BGHZ 68, 225, 239; BGH, NJW 1981, 749, 750 (GbR-Anteil); BGHZ 98, 48, 57; BGH, NJW 1996, 1284, 1285 (GbR-Anteil). Rechtsprechung zur Nachlassverwaltung: BGHZ 47, 293, 295 f. Rechtsprechung zur Nachlassinsolvenz(konkurs)verwaltung: BGHZ 91, 132, 135 ff. Literatur (Auswahl): *Flume*, in: FS Müller-Freienfels, S. 113, 123; *Siegmann*, S. 224 ff.; *Ulmer*, in: FS Schilling, S. 79, 96 ff.; *Wiedemann*, Übertragung, S. 315 ff.

1. Erbrechtliche Fremdverwaltung – an-sich-Eignung des oHG-Anteils?

Eine Diskussion über diese Vorbehalte hätte sich schon dann erübrigt, wenn der oHG-Anteil bereits kraft Gesetzes aus der Fremdverwaltung ausscheiden würde. Das hätte dann angenommen werden müssen, wenn die Fremdverwaltung ein Ausscheiden des betreffenden Gesellschafters gem. § 131 Abs. 3 S. 1 Nr. 2 HGB auslösen würde.[305] Hiernach scheidet ein Gesellschafter aus der Gesellschaft aus, wenn über sein Vermögen das Insolvenzverfahren eröffnet wird. In seinem unmittelbaren Anwendungsbereich lässt es § 131 Abs. 3 S. 1 Nr. 2 HGB daher nicht zu, dass ein oHG-Anteil im Eigeninsolvenzverfahren von einem Insolvenzverwalter (Eigeninsolvenzverwalter) verwaltet wird.[306] Aufgrund dessen stellt sich die Frage, ob dieser Norm ein Rechtsgedanke für die erbrechtlichen Fremdverwalter zu entnehmen ist.[307] Dies ist für die Testamentsvollstreckung, die Nachlasspflegschaft und die Nachlassverwaltung schon mangels teleologischer Vergleichbarkeit abzulehnen.[308] Denn der Normzweck des § 131 Abs. 3 S. 1 Nr. 2 HGB liegt v. a. im Gläubigerschutz, da der durch das Ausscheiden aus der Gesellschaft bzw. die Auflösung der Gesellschaft entstehende Abfindungsanspruch zu Gunsten der Gläubiger die Masse aufwertet.[309] Eines solchen Gläubigerschutzes bedarf es jedoch nur bei einer überschuldeten Masse, nicht jedoch in anderen Fällen, wo überhaupt nicht absehbar ist, ob und wie viel von der Nachlassmasse zur Gläubigerbefriedigung benötigt wird.[310] Lediglich für die Nachlassinsolvenz wurde daher die analoge Anwendung des § 131 Abs. 3 S. 1 Nr. 2 HGB überhaupt erwogen, letztlich jedoch von der Rechtsprechung – entgegen des (damals) herrschenden Schrifttums[311] – mangels teleologischer Vergleichbarkeit zwischen Nachlassinsolvenz und Eigeninsolvenz zutreffend verneint. Der II. Senat führte aus: „*Während aber im Privatkonkurs eines Gesellschafters (...) für ihn keine Möglichkeit besteht, sich den Gesellschaftsanteil zu erhalten, kann das in den*

---

305 Vor der Handelsrechtsreform vom 1.7.1998 entsprach der Ausscheidensgrund des § 131 Abs. 3 S. 1 Nr. 2 HGB dem Auflösungsgrund i. S.d. *§ 131 Nr. 5 HGB a. F.* I.E. hat sich für die heutige Diskussion jedoch nichts geändert, sodass die vor der Handelsrechtsreform ergangene Rechtsprechung im Wesentlichen aus dem Blickwinkel des heutigen § 131 Abs. 3 S. 1 Nr. 2 HGB dargestellt wird.

306 S. weiterführend *Schmidt*, in: MüKo-HGB, § 131 Rdnr. 69 und 72.

307 So mit Blick auf die Testamentsvollstreckung *Wiedemann*, Übertragung, S. 339 f., der die erbrechtliche Fremdverwaltung über oHG-Anteile ganz generell ablehnt.

308 So für die Nachlassverwaltung auch *Dobler*, in: Staudinger, § 1985 Rdnr. 20.

309 *Schäfer*, in: Staub-HGB, § 131 Rdnr. 89.

310 *Marotzke*, AcP 187, 223, 235 f.

311 Ein berühmter Vertreter des damaligen herrschenden Schrifttums, der diese Meinung bis heute noch vertritt, ist *Karsten Schmidt*, vgl. etwa *ders.*, in: MüKo-HGB, § 131 Rdnr. 73 m. w. N.

Fällen des Nachlasskonkurses durchaus anders sein".[312] Denn dort steht letztlich nur die gegenständlich beschränkte Verwertung des Nachlasses im Raum. Der Sondererbengesellschafter habe somit dort die Möglichkeit, „*durch Zahlung aus seinem Privatvermögen, den Auseinandersetzungsanspruch aus der Nachlasskonkursmasse auszulösen*"[313]. Der II. Senat sah damit nur bei einem Eigeninsolvenzverfahren die Notwendigkeit zu einem gesetzlich angeordneten Ausschluss aus der Gesellschaft gem. § 131 Abs. 3 S. 1 Nr. 2 HGB. Diesem Ergebnis hat sich mittlerweile ein Teil der Literatur angeschlossen.[314] Gleichwohl finden sich in der Literatur[315] immer noch Stimmen, die (gerade aus der Tatsache der mittlerweile anerkannten Nachlasszugehörigkeit des Gesellschaftsanteils) besagte BGH-Entscheidung für überholt ansehen und eine Lösung über eine analoge Anwendung des § 131 Abs. 3 S. 1 Nr. 2 HGB favorisieren. Hierbei wird mit dem bereits als fragwürdig entlarvten Argument gearbeitet, dass der II. Senat die Abspaltungsthese bei der seinerzeit verneinten Anwendung des § 131 Abs. 3 S. 1 Nr. 2 HGB auf Nachlassinsolvenzverwalter zu Grunde gelegt habe.[316] Wenn nun jedoch die Nachlasszugehörigkeit des oHG-Anteils zwischenzeitlich anerkannt sei, so argumentiert man weiter, müsse die Nachlassinsolvenz nun auch auf den ebenfalls im Nachlass befindlichen singularsukzedierten oHG-Anteil durchgreifen und zum Ausscheiden des Nachfolgers gem. § 131 Abs. 3 S. 1 Nr. 2 HGB führen.[317] Letztlich übersieht diese Ansicht, dass der II. Senat § 131 Abs. 3 S. 1 Nr. 2 HGB seinerzeit gerade nicht wegen einer fehlenden Nachlasszugehörigkeit des oHG-Anteils unangewendet ließ. Vielmehr konstatierte er, dass die Nachlassinsolvenzverwaltung den oHG-Anteil aus funktionsorientierten Gründen nicht gänzlich erfassen könne.[318] Wie noch zu zeigen sein wird, hat sich hieran letztlich aus Sicht der etablierten Ansicht nur unmaßgeblich etwas geändert.[319] Daneben hat der II. Senat mit dem nur begrenzten Umfang des Nachlasskonkurses im Vergleich zum Eigenkonkurs argumentiert, bei dem der oHG-Anteil zum Schutze der Nachlassgläubiger nicht zwangsläufig „*zu Geld gemacht*" werden muss, sondern durch ein finanzielles Opfer aus der Eigenvermögenssphäre aus der Nachlassmasse

---

312 BGHZ 91, 132, 138.

313 BGHZ 91, 132, 138.

314 *Flume*, NJW 1988, 161, 162; *Lorz*, in: E/B/J/S-HGB, § 135 Rdnr. 7; *Schäfer*, in: Staub-HGB, § 135 Rdnr. 6.

315 *Holzer*, in: K/P/B-InsO, § 315 Rdnr. 19; *Riering*, in: Nerlich/Römermann-InsO, § 315 Rdnr. 43; *Schmidt*, in: MüKo-HGB, § 131 Rdnr. 73.

316 S. hierzu noch einmal *§ 2 II. 1. b)*.

317 *Schmidt*, in: MüKo-HGB, § 131 Rdnr. 73.

318 BGHZ 91, 132, 136 f. spricht von „*zwingenden gesellschaftsrechtlichen Gründen*".

319 Zum höchstrichterlichen Verständnis von einer funktionsorientierten Beschränkung der Verwaltungsbefugnis von Nachlass(insolvenz)verwaltern, s. noch *§ 2 III. 3. b) bb)*.

„herausgekauft“ werden kann.[320] An dieser Betrachtung hat sich seither nichts geändert. Diese Möglichkeit steht auch unter Geltung der InsO außer Frage, wenn sich Nachlassinsolvenzverwalter und Sondererbe dbzgl. ins Benehmen setzen, und ist darüber hinaus auch sinnvoll; so kann dem nachlassverpflichteten Nachlassinsolvenzverwalter die Bürde genommen werden, durch die Einforderung des Abfindungsguthabens gegenüber einer womöglich finanziell schlecht ausgestatteten oHG deren finanziellen Exitus heraufzubeschwören, obwohl der Sondererbe willens und in der Lage ist, den Nachlass aus seinem Eigenvermögen für den Verzicht auf die im oHG-Anteil verkörperten Aktiva zu entschädigen.[321] Es bleibt damit letztlich nur das Zufallsargument von *Raddatz*; die Nachlassinsolvenz sei i.d.R. nur das verspätete Eigeninsolvenzverfahren über das Vermögen des Erblassers. Da dieses – wäre es noch vor dem Erbfall eingeleitet worden – zum Ausscheiden aus der Gesellschafterposition gem. § 131 Abs. 3 S. 1 Nr. 2 HGB geführt hätte, könne der schlichte Zufall, dass es erst nach dem Erbfall zur Einleitung des Insolvenzverfahrens über die Verlassenschaft des Erblassers im Wege eines Nachlassinsolvenzverfahrens komme, nach Ansicht von *Raddatz* kein anderes Ergebnis rechtfertigen.[322] Dieser Rückschluss ist aber in der Gesamtschau nicht eingängig. Der Erbfall führt zu einer völlig neuen Ausgangslage. Er bewirkt den Übergang der Vermögenssphäre des Erblassers auf den Erben, sodass sich die Insolvenz über das Erblasservermögen eben nicht mehr als eine Abwicklung der gesamten Vermögenssphäre eines Rechtsträgers, sondern eines begrenzten Sondervermögens darstellt, bei der hinreichende Aussicht besteht, dass einzelne Vermögensbestandteile hieraus unter Ausnutzung der insolvenzfreien Vermögensmasse hinausgekauft werden. Bleibt man daher bei der Rechtsprechung und verneint die Anwendung von § 131 Abs. 3 S. 1 Nr. 2 HGB im Umfeld der Nachlassinsolvenz, entrinnt der Gesellschaftsanteil bei keiner Form erbrechtlicher Fremdverwaltung schon kraft Gesetzes seiner Eigenschaft als verwaltungsfähiges Objekt.

2. Nachträgliches Ausscheiden des oHG-Anteils aus erbrechtlicher Fremdverwaltung?

Selbst wenn der oHG-Anteil damit an sich geeignet ist, durch erbrechtliche Fremdverwalter verwaltet zu werden, kommt es zu einer solchen Verwaltung trotzdem nicht, soweit der oHG-Anteil aufgrund einer Entscheidung dieser Fremdverwalter als verwaltetes Objekt ausscheidet. Die Rechtsprechung gibt

---

320 BGHZ 91, 132, 138.

321 Zu pauschal daher *Raddatz*, S. 146, der konstatiert, dass ein Hinauskaufen des oHG-Anteils *„eher die Ausnahme als die Regel“* bilde.

322 *Raddatz*, S. 147.

dem Nachlassinsolvenzverwalter das Recht, „*durch Kündigung entsprechend § 135 HGB*“[323] den oHG-Anteil zu Gunsten eines ggf. bestehenden Abfindungsanspruchs gem. § 105 Abs. 3 HGB, § 738 Abs. 1 S. 2 BGB zu substituieren. Das Kündigungsrecht – wenngleich aus einer analogen Anwendung des § 135 HGB hergeleitet – hat mit dieser Norm eigentlich nur den Gedanken einer Kommerzialisierung des oHG-Anteils im Gläubigerinteresse gemeinsam. Ansonsten lebt es von eigenen Wertungen; es ist insbesondere insofern privilegiert, als die Voraussetzungen des § 135 HGB nicht eingehalten werden müssen, weil der Nachlassinsolvenzverwalter aus seiner amtsbezogenen Verwertungsbefugnis bereits sofort befugt ist, durch Kündigung den oHG-Anteil zu Geld zu machen.[324] Aus diesem Verständnis heraus sollte auch der bisweilen zu beobachtenden pauschalen Übertragung auf Nachlassverwalter[325] und Testamentsvollstrecker[326] mit Vorsicht begegnet werden. Denn ersteres ist im Interesse der Mitgesellschafter an der Vermeidung eines am Gesellschaftsvermögen zehrenden Abfindungsanspruchs wohl nur dann nötig, wenn der im oHG-Anteil verkörperte Wert zur Befriedigung der Nachlassverbindlichkeiten benötigt wird,[327] und letzteres grundsätzlich überhaupt fragwürdig, wenn man bedenkt, dass dem Testamentsvollstrecker eigentlich nicht die primäre Funktion zukommt, die Nachlassgegenstände im Interesse der Nachlassgläubiger zu verwerten, sondern vielmehr diese im Interesse des Erblassers zu verteilen bzw. an Erbes statt zu verwalten.[328] Wenn den Testamentsvollstrecker hierbei über § 2204 Abs. 1 BGB die Pflicht trifft, die Nachlassverbindlichkeiten gem. § 2046 Abs. 1 BGB vor einer Teilung zu tilgen,[329] ist dies eine bloße Nebenaufgabe, die einem Erben in gleicher Weise obliegt. Ein Ausdruck einer darüber hinausgehenden, besonderen amtlichen Befugnis zur Sicherstellung einer Tilgung der Nachlassverbindlichkeiten kann dem nicht beigemessen werden. Eine solche Befugnis könnte jedoch alleine ein privilegiertes Kündigungsrecht gem. § 135 HGB analog rechtfertigen. Wenn aus

---

323 BGHZ 91, 132, 137; *Schäfer*, in: Staub-HGB, § 131 Rdnr. 91.

324 Zu den abweichenden Voraussetzungen des in analoger Anwendung des § 135 HGB gewährten Kündigungsrechts: *Stodolkowitz*, in: FS Kellermann, S. 439, 455; *Ulmer/Schäfer*, ZHR 160, 413, 437 f.; *Lorz*, in: E/B/J/S-HGB, § 135 Rdnr. 7 und § 139 Rdnr. 90.

325 BayObLG, NJW-RR 1991, 361, 362.

326 *Schäfer*, in: Staub-HGB, § 135 Rdnr. 6; *Lorz*, in: E/B/J/S-HGB, § 135 Rdnr. 7.

327 *Ulmer/Schäfer*, ZHR 160, 413, 437; *Stodolkowitz*, in: FS Kellermann, S. 439, 455; *Siegmann*, S. 232.

328 Dass die Befriedigung der Nachlassverbindlichkeiten nicht Ziel der Testamentsvollstreckung ist, sondern diese Aufgabe allenfalls zusätzlich mitumfasst sei, betont auch *Kregel*, in: RGRK-BGB, § 2205 Rdnr. 4.

329 Dass auch bei der Verwaltungstestamentsvollstreckung dem Testamentsvollstrecker obliegen kann, die Nachlassverbindlichkeiten zu tilgen, s. *Zimmermann*, in: MüKo-BGB, § 2205 Rdnr. 11.

Sicht des Testamentsvollstreckers der Nachlass derart verschuldet ist, dass auch der oHG-Anteil verwertet werden muss, sollte erwogen werden, dem Testamentsvollstrecker das ordentliche Kündigungsrecht gem. § 132 HGB und das Recht zur Erhebung der Auflösungsklage gem. § 133 HGB zuzubilligen.[330] Ist ersteres zulässigerweise (zeitweilig[331]) ausgeschlossen oder erschwert worden, kann der Testamentsvollstrecker jederzeit einen Antrag auf Nachlass(insolvenz) verwaltung stellen bzw. müssen die Erbe bei Überschuldung oder Zahlungsunfähigkeit sogar einen Antrag auf Eröffnung des Nachlassinsolvenzverfahrens stellen (§ 1980 Abs. 1 S. 1 BGB, § 317 Abs. 1 S. 1 InsO), sodass der in diesem Verfahren berufene Fremdverwalter über das privilegierte Kündigungsrecht gem. § 135 HGB analog sofortig zur Verwertung des oHG-Anteils schreiten kann.[332] Das Bedürfnis für ein privilegiertes Kündigungsrecht des Testamentsvollstreckers gem. § 135 HGB analog besteht damit nicht. Es würde auch zu dem seltsamen Ergebnis führen, dass der Testamentsvollstrecker eine größere Machtvollkommenheit als der Erblasser und die Erben hätte. Für Nachlasspfleger sollte – auch unter Berücksichtigung der dort noch einmal eingeschränkteren Sicherungsaufgabe (§ 1960 Abs. 1 S. 1 BGB)[333] – im Wesentlichen das zur Testamentsvollstreckung Gesagte übertragen werden. Egal welche Form von erbrechtlicher Fremdverwaltung jedoch in Rede steht, eines bleibt diesen gemeinsam: Wird von den Fremdverwaltern das Kündigungsrecht ausgeübt, entrinnt der oHG-Anteil zu Gunsten eines unbestrittenermaßen verwaltbaren Abfindungsanspruchs[334] der Verwaltungsmasse und eine Diskussion über die Verwaltungsbefugnisse von erbrechtlichen Fremdverwaltern hieran kann unterbleiben. Wenn diese den oHG-Anteil jedoch nicht kündigen, bleibt der oHG-Anteil dem Nachlass erhalten und die Frage nach einer sich auf diesen erstreckenden Verwaltungsbefugnis des Fremdverwalters wird entscheidungserheblich.

---

330 So auch *Reimann*, in: Staudinger, § 2205 Rdnr. 172.

331 Zu der Frage, wie lange das ordentliche Kündigungsrecht ausgeschlossen werden kann, vgl. noch *§ 9 VI. 2. b)*.

332 Zum Antragsrecht des Testamentsvollstreckers, s. *Herzog*, in: BeckOGK-ZR, § 1981 Rdnr. 17. Zur fortbestehenden Antragspflicht des unter Testamentsvollstreckung stehenden Erben bei Zahlungsunfähigkeit oder Überschuldung, s. *Küpper*, in: MüKo-BGB, § 1981 Rdnr. 12.

333 Zum Aufgabenkreis der Nachlasspfleger, s. *Heinemann*, in: BeckOGK-ZR, § 1960 Rdnr. 82.

334 BGH, NJW 1985, 1953, 1954 (Kommanditanteil); *Lange*, in: BeckOK-BGB, § 2205 Rdnr. 41.

3. Verwaltung des oHG-Anteils durch erbrechtliche Fremdverwalter

Befürworter der Abspaltungsthese haben es am einfachsten, den oHG-Anteil gleichwohl nicht unter die Verwaltungsbefugnis dieser Fremdverwalter fallen zu lassen. Diese können einfach darauf verweisen, dass die Verwaltungsvorschriften (z. B. §§ 1985 Abs. 1, 2205 BGB) schon vom Wortlaut her den nach ihrer Ansicht nachlassfremden Personengesellschaftsanteil nicht erfassen.[335] Auch die Rechtsprechung und der überwiegende Teil der Literatur, die der Abspaltungslösung nicht folgen, stehen der Einbeziehung des Gesellschaftsanteils an einer werbenden Personengesellschaft in die Verwaltungsmasse eines erbrechtlichen Fremdverwalters kritisch gegenüber.[336] Anders als die Literaten der Abspaltungslösung können diese jedoch nicht begriffsjuristisch arbeiten, sondern müssen den Vorbehalt gegen eine erbrechtliche Fremdverwaltung des oHG-Anteil in eine teleologische Reduktion der Verwaltungsbefugnis dieser Fremdverwalter kleiden.

a) Teleologische Vorbehalte gegen die Testamentsvollstreckung

Im Fokus der etablierten Ansicht liegt dabei seit jeher die Testamentsvollstreckung am oHG-Anteil. Hierbei hat sich die Linie der etablierten Ansicht in ihrer Grundtendenz nicht verändert, ist jedoch in ihren rechtlichen Folgen einigen Wandlungen unterworfen worden, die im Folgenden beleuchtet werden sollen.

aa) Haftungsinkompatibilität

Der Hauptvorbehalt der etablierten Ansicht gegen die Testamentsvollstreckung an oHG-Anteilen ist die angeblich drohende Haftungsinkompatibilität zwischen dem Erb- und dem Gesellschaftsrecht, die sich bis heute in Rechtsprechung und Literatur gehalten hat.[337] Hiernach erweist sich auf gesellschaftsrechtlicher Seite die persönliche Haftung des Gesellschafters als konfliktträchtig; genauer gesagt,

[335] So *Ulmer*, in: FS Schilling, S. 79, 96 stellvertretend für die Testamentsvollstreckung.

[336] S. die sogleich dargestellte Rechtsprechungsentwicklung in den Entscheidungen RGZ 170, 392 ff.; RGZ 172, 199 ff. (Kommanditanteil); BGHZ 24, 106 ff.; BGHZ 47, 293 ff.; BGHZ 68, 225 ff.; BGH, NJW 1981, 749 f. (GbR-Anteil); BGHZ 91, 132 ff.; BGHZ 98, 48 ff.; BGHZ 108, 187 ff. (Kommanditanteil).

[337] Erstmals für den oHG-Anteil RGZ 170, 392, 394 f., wenngleich die dort erwogenen Vorbehalte schon in ähnlicher Weise für das Handelsgeschäft in RGZ 132, 138, 144 f. vorgebracht wurden. Auf die Haftungsinkompatibilität wird seitdem immer wieder zurückgegriffen. Rechtsprechung: RGZ 172, 199, 202 f. (Kommanditanteil); BGHZ 24, 106, 112 f.; BGHZ 68, 225, 239; BGH, NJW 1981, 749, 750 (GbR-Anteil); BGHZ 98, 48, 57; BGH, NJW 1996, 1284, 1285 (GbR-Anteil). Literatur: *Schäfer*, in: MüKo-BGB, § 705 Rdnr. 113; *ders.*, in: Staub-HGB, § 139 Rdnr. 59. Zweifelnd hingegen *Zimmermann*, in: MüKo-BGB, § 2205 Rdnr. 36.

die Gesellschafterhaftung für nach dem Erbfall entstandene Gesellschaftsneuverbindlichkeiten gem. § 128 S. 1 HGB, die der Testamentsvollstrecker in Ausübung seiner Verwaltungsbefugnisse im Namen der oHG begründen könnte und für die der Erbe persönlich haften müsste. Dieser Tatsache steht nämlich die bloß eingeschränkte Verpflichtungsbefugnis des Testamentsvollstreckers gem. § 2206 Abs. 1 S. 1 BGB gegenüber. Denn dieser kann zum Schutz der Erben, die der umfassenden Rechtsmacht des Testamentsvollstreckers zunächst einmal ausgesetzt sind, nur „*für den Nachlass*" handeln, d.h. reine Nachlassverbindlichkeiten eingehen.[338] Das RG konstatierte seinerzeit aus dieser – hier fortan als Haftungsinkompatibilität[339] bezeichneten – Gemengelage zwischen Erbrecht und Gesellschaftsrecht: „*Der Erbe haftet als Gesellschafter (...) persönlich und unbeschränkt*". Hingegen kann

„*der Testamentsvollstrecker (...) Verbindlichkeiten immer nur mit Wirkung für den Nachlass eingehen. Aus dieser Eigenart der Stellung des Gesellschafter-Erben folgt (...), daß auch alle übrigen mitgliedschaftsrechtlichen Rechte und Pflichten (...) dem Machtbereich des Testamentsvollstreckers grundsätzlich nicht unterfallen*"[340].

bb) Heute im Wesentlichen nicht mehr vertretene Vorbehalte

Andere teleologische Erwägungen, die gegen die Zulassung der Testamentsvollstreckung an sich sprechen, waren v.a. in der älteren Literatur überaus zahlreich, werden jedoch von dem überwiegenden Teil der heutigen, etablierten Ansicht nicht mehr aufrechterhalten. So wurde – jedenfalls gegen eine Verwaltungstestamentsvollstreckung an einem Anteil einer werbend tätigen oHG[341] – die personalistische Prägung der oHG als Hemmschuh für die Testamentsvollstreckung am oHG-Anteil vorgebracht.[342] Der personalistischen Prägung kann jedoch dadurch Rechnung getragen werden, dass die vollumfängliche Testamentsvollstreckung unter dem Vorbehalt der Zustimmung durch alle Gesellschafter steht. Das hat die Rechtsprechung zwar bisher nur für die Testamentsvollstreckung an Kommanditanteilen entschieden,[343] allerdings stellt sich das

[338] Motive V, S. 234; s. auch *Lorz*, S. 143. Selbiges kann aus einem Rückschluss aus § 2206 Abs. 2 BGB gewonnen werden.

[339] Nicht zu verwechseln mit dem Grundsatz der Haftungsdisparität; s. hierzu *§ 3 I. 1.*

[340] RGZ 170, 392, 394 f.

[341] Hinsichtlich einer reinen Abwicklungstestamentsvollstreckung (§ 2204 BGB) sowie einer Testamentsvollstreckung an einem Liquidationsanteil steht der Vorbehalt der personalistischen Prägung schon von vorneherein nicht entgegen, s. *Zimmermann*, in: MüKo-BGB, § 2205 Rdnr. 31 und *Schäfer*, in: MüKo-BGB, § 705 Rdnr. 110.

[342] So berichten es mit Nachweisen: *Schäfer*, in: MüKo-BGB, § 705 Rdnr. 110 (Fn. 316); *Westermann*, S. 362 (Fn. 151).

[343] BGHZ 108, 187, 191 f. Dass die personalistische Prägung mit Blick auf die Testaments-

Prinzip der personalistischen Prägung bei oHG-Anteilen nicht anders dar, sodass die Wertung letztlich übertragen werden kann.[344] Die Zustimmung der Mitgesellschafter kann dabei – ähnlich wie die Vererblichstellung – antizipiert im Gesellschaftsvertrag[345] erfolgen oder auch nach Eintritt des Erbfalls ad hoc erklärt werden.[346] Gegen die Testamentsvollstreckung in Personengesellschaftsanteile wurde daneben das Abspaltungsverbot in § 105 Abs. 3 HGB, § 717 S. 1 BGB in Stellung gebracht. Da hiernach insbesondere nichtvermögensrechtliche Ansprüche aus dem Gesellschaftsverhältnis grundsätzlich unübertragbar sind, solle auch eine Fremdverwaltung durch einen Testamentsvollstrecker ausscheiden.[347] Richtigerweise käme es durch die Zulassung einer vollumfänglichen Testamentsvollstreckung jedoch nicht zu einer unzulässigen Abspaltung von nichtvermögensrechtlichen Gesellschafterpositionen, sondern nur zu einer Trennung von Rechtsinhaberschaft und Rechtsausübung.[348] Denn alle Gesellschafterrechte lägen trotz der Testamentsvollstreckung zusammen mit dem oHG-Anteil immer noch in der Hand des Sondererbengesellschafters. Sie würden lediglich an seiner statt vom Testamentsvollstrecker wahrgenommen.[349] Auch dies wurde vom II. Zivilsenat des BGH in Ansehung der Zulassung einer vollumfänglichen Dauertestamentsvollstreckung am Kommanditanteil bestätigt[350] und dürfte auf einen oHG-Anteil zu übertragen sein.[351] Auch der im Personengesellschaftsrecht vorherrschende Grundsatz der Selbstorganschaft wurde als Hemmschuh gegen die Zulassung einer verwaltenden Testamentsvollstreckung am oHG-Anteil diskutiert.[352] Hiernach sind die Gesellschafter Quelle aller Geschäftsführungs- und Vertretungsbefugnisse, sodass gesellschaftsfremden Dritten allenfalls ein abgeleitetes Recht zur Wahrnehmung von Geschäftsführungs- und Vertretungsaufgaben zukommen kann, wohingegen zumindest ein Gesellschafter aus eigener Machtvollkommenheit stets unabhängig davon befugt bleiben muss, Geschäftsführungs- und Vertretungsbefugnisse wahrzunehmen

---

vollstreckung ein ausräumbarer Vorbehalt ist, deutete sich jedoch bereits in BGHZ 68, 225, 241 und BGH, NJW 1985, 1953, 1954 (Kommanditanteil) an.

344 So auch *Schmidt*, in: MüKo-HGB, § 139 Rdnr. 48 und *Muscheler*, Haftungsordnung, S. 462.

345 Wobei im Einzelnen umstritten ist, ob die einfache Nachfolgeklausel bereits eine Gestattung der Testamentsvollstreckung enthält. Dafür: *Schäfer*, in: MüKo-BGB, § 705 Rdnr. 115. Dagegen: *Wiedemann*, Übertragung, S. 336.

346 *Lorz*, S. 135.

347 So berichtet es *Muscheler*, Haftungsordnung, S. 462.

348 *Emmerich*, ZHR 132, 297, 302.

349 *Zimmermann*, in: MüKo-BGB, § 2205 Rdnr. 37.

350 BGHZ 108, 187, 199.

351 So auch *Lorz*, S. 139 f.

352 *Stimpel*, in: FS Brandner, S. 779, 783; *Schilling*, in: FS Schmidt, S. 208, 214 f.

bzw. diese wieder an sich zu ziehen.[353] In der gesetzlichen Ausgangslage kann der Grundsatz der Selbstorganschaft daher schon gar nicht durch die Zulassung der Testamentsvollstreckung am oHG-Anteil tangiert sein, da hierdurch zwar der Gesellschafter-Erbe von den Verwaltungsbefugnissen ausgeschlossen bleibt, die übrigen Gesellschafter gem. §§ 114 ff., 125 f. HGB jedoch weiterhin die Geschäftsführungs- und Vertretungsbefugnisse wahrnehmen können; das reicht, damit der Grundsatz der Selbstorganschaft gewahrt ist.[354] Doch selbst wenn abweichend vom gesetzlichen Grundsatz eine Gesamtgeschäftsführungs- und Vertretungsbefugnis vereinbart ist oder dem Erblasser diese Befugnisse alleine zustanden, die Mitgesellschafter also auch im Tagesgeschäft auf die Mitwirkung des an Erbes statt befugten Testamentsvollstreckers angewiesen wären, würde nichts anderes gelten. Denn da der verwaltende Testamentsvollstrecker bei Zulassung der Testamentsvollstreckung in der oHG gerade keine abgeleiteten rechtsgeschäftlichen Geschäftsführungs- und Vertretungsbefugnisse in Verwaltung des oHG-Anteils wahrnähme, sondern vielmehr die aus der Gesellschafterstellung selbst entspringenden organschaftlichen Befugnisse an Erbes statt ausüben würde, bliebe richtigerweise der Grundsatz der Selbstorganschaft – vergleichbar einer gesetzlichen Vertretung – unangetastet.[355]

cc) Haftungskompatible Formen der Testamentsvollstreckung

Letztlich ist es nur mehr die Haftungsinkompatibilität, die die etablierte Ansicht mit Vorbehalten gegen die vollumfängliche Zulassung der Testamentsvollstreckung an oHG-Anteilen zurücklässt. Deshalb sind auch solche Formen der Testamentsvollstreckung an oHG-Anteilen ohne Einschränkung zulässig, die keine persönliche Gesellschafterhaftung gem. § 128 S. 1 HGB auslösen können. Hierzu gehört die Abwicklungstestamentsvollstreckung (§ 2204 Abs. 1 BGB) über die dem gesamthänderisch gebundenen Nachlass zugeordneten Positionen des oHG-Anteils, da hierbei dem Testamentsvollstrecker keine haftungsträchtigen Verwaltungsbefugnisse über den oHG-Anteil selbst vermittelt werden.[356] Auch eine über die Abwicklung hinausgehende, verwaltende Testamentsvollstreckung ist unbedenklich, sofern die Gesellschafterhaftung, die den Erben aufgrund des unter Testamentsvollstreckung stehenden oHG-Anteils trifft, wegen § 139 Abs. 4 HGB nur die Kraft einer Nachlassverbindlichkeit entfaltet. Wird

---

[353] So auch: BGH, NJW 1982, 877, 878; *ders.*, NJW 1982, 2495; *ders.*, NJW-RR 1994, 98 (jeweils hinsichtlich eines gemeinschaftlichen Vertreters in einer GbR). S. auch *Schäfer*, in: MüKo-BGB, § 709 Rdnr. 5.

[354] So auch *Weidlich*, S. 80.

[355] *Zimmermann*, in: MüKo-BGB, § 2205 Rdnr. 37; *Stimpel*, in: FS Brandner, S. 779, 783.

[356] *Flume*, NJW 1988, 161, 163. Zur Notwendigkeit der Abwicklungstestamentsvollstreckung trotz Sondererbfolge, vgl. *Siegmann*, S. 235.

also innerhalb der Karenzfrist des § 139 Abs. 3 HGB der oHG-Anteil gem. § 139 Abs. 1 HGB in einen Kommanditanteil umgewandelt, so begegnet die zwischen dem Erbfall und der Umwandlung des oHG-Anteils ausgeübte vollumfängliche Testamentsvollstreckung regelmäßig keinen Bedenken, weil der Sondererbe für die vom Testamentsvollstrecker begründeten Zwischenneuschulden grundsätzlich[357] nur mit der Kraft einer Nachlassverbindlichkeit haftet.[358] Entsprechendes gilt, wenn der Sondererbe gem. § 139 Abs. 2 HGB sein Ausscheiden aus der Gesellschaft erklärt oder die oHG innerhalb der Karenzfrist in das Liquidationsstadium überführt.[359] In letzterem Fall kommt jedoch – insoweit über den Wortlaut des § 139 Abs. 4 HGB hinaus – auch derjenigen Gesellschafterhaftung nur der Charakter einer Nachlassverbindlichkeit zu, die den Erben mit Blick auf die während der Liquidationsphase begründeten Verbindlichkeiten trifft.[360] Damit ist auch nicht nur die vorangegangene Tätigkeit des Testamentsvollstreckers in der werbenden oHG unbedenklich, sondern auch diejenige, die der Testamentsvollstrecker in der Liquidationsgesellschaft einnimmt. Dem gleichgestellt wird letztlich der Fall, in dem die oHG mit dem Erbfall aufgelöst wird bzw. bereits vor dem Erbfall aufgelöst war.[361] Auch hier ist es also haftungsrechtlich unbedenklich, den Testamentsvollstrecker vollumfänglich den Gesellschaftsanteil verwalten zu lassen.[362]

dd) Haftungsinkompatible verwaltende Testamentsvollstreckung

Nur außerhalb dieser Szenarien, also bei einer verwaltenden Testamentsvollstreckung (§ 2209 S. 1 BGB)[363] an einem oHG-Anteil, der dem Sondererben eine

[357] Anders muss dies freilich in der seltenen Konstellation sein, wo dem Sondererben durch den Eintritt als Kommanditist eine auf die Haftsumme beschränkte, aber gleichwohl persönliche Haftung gem. §§ 173, 171 Abs. 1 Hs. 1, 172 Abs. 1 HGB für die vor seiner Kommanditistenstellung vom Testamentsvollstrecker begründeten Gesellschaftsverbindlichkeiten droht. Zu der Frage, wann es zu einer solchen persönlichen Kommanditistenhaftung kommen kann, s. *Lorz*, in: E/B/J/S-HGB, § 139 Rdnr. 123.

[358] Zur beschränkten Haftung für Alt- und Zwischenneuschulden vor rechtzeitiger Umwandlung in einen Kommanditanteil, vgl. noch einmal *Kamanabrou*, in: Oetker-HGB, § 139 Rdnr. 87. Das gilt umso mehr, als die persönliche Gesellschafterhaftung während der Karenzzeit des § 139 Abs. 3 HGB über den Wortlaut des § 139 Abs. 4 HGB suspendiert ist, s. hierzu *§ 2 II. 2. b) aa)* und *bb)*.

[359] *Lorz*, in: E/B/J/S-HGB, § 139 Rdnr. 128, 130.

[360] BGH, NJW 1982, 45, 46; *Schäfer*, in: Staub-HGB, § 139 Rdnr. 127.

[361] S. etwa *Lorz*, in: E/B/J/S-HGB, § 139 Rdnr. 131, der diesen Umstand auf eine erweiterte Auslegung des § 139 Abs. 4 HGB zurückführt. Ähnlich auch RGZ 72, 119, 121 f. I.E. ebenso BGH, NJW 1982, 45, 46; *ders.*, DNotZ 1996, 809, 810 (Kommanditanteil).

[362] S. etwa *Lorz*, in: E/B/J/S-HGB, § 139 Rdnr. 62, für die Testamentsvollstreckung am oHG-Anteil, wenn die oHG mit dem Erbfall aufgelöst wird.

[363] Im Folgenden – soweit nicht ausdrücklich als Abwicklungstestamentsvollstreckung be-

endgültige persönliche Gesellschafterhaftung aufbürdet, können sich daher für die etablierte Ansicht überhaupt Vorbehalte gegen eine Testamentsvollstreckung ergeben. Und selbst in diesen Konstellationen wurden die daraus zu ziehenden Rechtsfolgen letztlich abgemildert. War man ursprünglich noch der Ansicht, dass die Haftungsinkompatibilität zu einem völligen Ausschluss der Testamentsvollstreckung im Bereich der Personengesellschaftsanteile führen müsse,[364] zeigte sich der II. Senat bereits in BGHZ 68, 225 ff. offen für eine Lockerung. Parallel zu der Feststellung, dass gesellschaftsrechtliche Ansprüche mit Vermögensbezug, die der Gesellschaft oder den Mitgesellschaftern gegen den Gesellschafter-Erblasser zustehen, allen Erben kraft der Universalsukzession anfallen und damit dem gesamthänderisch gebundenen Nachlassvermögen zugeordnet sind,[365] ließ er es nämlich auch zu, dass diese aus dem Personengesellschaftsanteil resultierenden Ansprüche bei angeordneter Testamentsvollstreckung gegen den Testamentsvollstrecker gem. § 2213 Abs. 1 S. 1 Var. 2 BGB geltend gemacht werden können.[366] Wenngleich auf diesen passivlegitimierenden Aspekt der Testamentsvollstreckung beschränkt, ließ der II. Senat damit erkennen, dass dem Verständnis von einer auf die vermögensrechtliche Seite des oHG-Anteils bezogenen, unmodifizierten Universalsukzession,[367] eine ebensolche gegenständliche Ausdehnung der Testamentsvollstreckungsbefugnisse nachfolge. Dieser Eindruck sollte sich in BGH, NJW 1981, 749 f. erhärten, da der II. Senat hier ausdrücklich konstatierte,

„*dass ihm (*scil.: *dem Testamentsvollstrecker) kraft Gesetzes nur die Verwaltung des Nachlasses (§ 2205 BGB), nicht aber solcher Nachlassgegenstände obliegt, die aus der Nachlassmasse ausgegliedert worden sind und dem einzelnen Erben zustehen*“[368].

Insbesondere die aus dem oHG-Anteil fließenden Aktiva, wie die Abfindungs- und Gewinnansprüche, konnten somit bereits nach damaligem Verständnis der Testamentsvollstreckung unterliegen.[369] Eine weitere Öffnung der Verwaltungsbefugnisse des Testamentsvollstreckers war letztlich der Verdienst einer im Anschluss an diese Entscheidung offen demonstrierten Abkehr von der Abspaltungsthese: Denn wenn der oHG-Anteil Nachlassbestandteil ist, kann er selbst aus

---

zeichnet – ist mit Testamentsvollstreckung die verwaltende Testamentsvollstreckung, also die Verwaltungs- bzw. Dauertestamentsvollstreckung i. S.d. § 2209 BGB gemeint.

364 RGZ 170, 392, 394 f.; RGZ 172, 199, 202 f. (Kommanditanteil); BGHZ 24, 106, 112 f.

365 S. noch einmal für die Gesellschaftsaltverbindlichkeiten *§ 2 II. 2. b) aa)*.

366 BGHZ 68, 225, 239.

367 S. hierzu noch einmal *§ 2 II. 2. a)* und *b)*.

368 BGH, NJW 1981, 749, 750 (GbR-Anteil), bestätigt durch *ders.*, NJW 1985, 1953, 1954 (Kommanditanteil).

369 Zur Zuordnung des Abfindungs- und Gewinnanspruchs zum gesamthänderisch gebundenen Nachlass, vgl. noch einmal *§ 2 II. 2. a) bb)*.

Sicht der etablierten Ansicht insoweit der Testamentsvollstreckung unterliegen, wie es der Vorwurf der Haftungsinkompatibilität zulässt.[370] Diesen Schritt ging die Rechtsprechung in BGHZ 98, 48 ff. Dort war es entscheidend, ob sich auch der oHG-Anteil selbst der Testamentsvollstreckung zugänglich zeigt, weil der oHG-Anteil an den einzig verbliebenen Gesellschafter vererbt wurde, sodass wegen der damit verbundenen Vereinigung aller Gesellschaftsanteile in einer Person eine Sofortbeendigung der Gesellschaft im Raum stand.[371] Da der IV. Senat jedoch in dieser Entscheidung die Testamentsvollstreckung am oHG-Anteil selbst zuließ, blieb die Gesellschaft auch nach dem Erbfall bestehen. Denn die Vereinigung beider Anteile in der Hand des Nachfolgers war mit Blick auf den durch die §§ 2211, 2214 BGB zum Ausdruck kommenden Sondergutscharakter, den Nachlassgegenstände unter Testamentsvollstreckung einnehmen, ausgeschlossen.[372] Dass der singularsukzedierte oHG-Anteil selbst unter Testamentsvollstreckung stehen kann, und damit auch den Wirkungen der §§ 2211, 2214 BGB unterfällt, versuchte man dadurch zu rechtfertigen, dass die gezeigten Konflikte nur eine Erstreckung der Befugnisse des Testamentsvollstreckers auf die Mitgliedschaftsrechte verbiete.[373] Diesen Gedanken fasste der IV. Senat etwas ungeschickt mit den Worten zusammen, dass „*der Gesellschaftsanteil als Ganzes, gewissermaßen mit seiner Außenseite, nach wie vor der Verwaltung des Testamentsvollstreckers*“ unterliege, sodass der Testamentsvollstrecker zwar nicht in die „*inneren Angelegenheiten der Gesellschaft eingreifen dürfe*“, wohl aber die Testamentsvollstreckung zweckentsprechend verhindern könne, „*dass der Gesellschafter-Erbe (...) über den Gesellschaftsanteil verfügen kann (*scil.: *§ 2211 Abs. 1 BGB) und dass seine Eigengläubiger in den Anteil und die daraus erwachsenden Vermögensrechte vollstrecken können (§ 2214 BGB)*”[374].

Da der BGH in besagter Entscheidung auch ausjudiziert hat, dass „*schützenswerte Interessen des Gesellschafter-Erben, seiner Mitgesellschafter oder der Gesellschaft, die auch einen derartigen ‚Minimalschutz‘ der dem Testamentsvollstrecker anvertrauten Interessen der übrigen Nachlaßbeteiligten verböten, (...) nicht ersichtlich (seien)*“, konstatierte man, dass diese Form der Testamentsvollstreckung keine Auswirkungen auf die persönlichen Rechtsbeziehungen der Innensphäre des oHG-Anteils habe und daher der Erblasser keine Zustimmung

---

[370] In diese Richtung bereits *Flume*, in: FS Müller-Freienfels, S. 113, 123 f.

[371] Zur Sofortbeendigung der Gesellschaft bei Vereinigung aller Personengesellschaftsanteile in der Hand eines Gesellschafters, s. *Wertenbruch*, in: E/B/J/S-HGB, § 105 Rdnr. 46.

[372] BGHZ 98, 48, 57.

[373] Ähnlich resümiert es auch *Weidlich*, in: Mayer/Bonefeld, Testamentsvollstreckung, § 19 Rdnr. 36.

[374] Hierzu und zu den beiden vorangegangenen Zitaten, vgl. auch BGHZ 98, 48, 57.

der übrigen Gesellschafter einholen müsse, wenn er diese Form von Testamentsvollstreckung anordnen wolle.[375]

Diese beschränkte Form der Testamentsvollstreckung erhielt den behelfsmäßigen Begriff „*Testamentsvollstreckung mit beaufsichtigender Funktion*“[376]. Letztlich steht damit der oHG-Anteil als Hülle – zusammen mit dem vermögensrechtlichen Inhalt – über die isolierte Anwendung der den Erben in seiner Rechtsmacht beschränkenden Normen der §§ 2211, 2214 BGB unter Testamentsvollstreckung, wohingegen der gesamte mitgliedschaftsrechtliche Inhalt dem Sondererben verbleibt.

ee) Vorbehalte gegen die Testamentsvollstreckung mit beaufsichtigender Funktion

Gegen die Konstruktion einer auf die „*Außenseite*“ beschränkten Testamentsvollstreckung ist, im Lichte des § 2208 Abs. 1 BGB, der eine inhaltliche Beschränkung der Testamentsvollstreckerbefugnisse ausdrücklich zulässt,[377] vom Ergebnis her nichts einzuwenden. Jedoch bleibt die Rechtsprechung bis heute eine Konkretisierung dahingehend schuldig, welche Befugnisse aus dem oHG-Anteil zur „*Außenseite*“ gehören.[378] So ist etwa nicht geklärt, ob die Kündigung der oHG-Beteiligung (§ 132 HGB) bzw. die Erhebung der Auflösungsklage (§ 133 HGB) eine Befugnis ist, die lediglich zur „*Innenseite*“ oder zumindest auch zur „*Außenseite*“ der Beteiligung gehört.[379] Da der Testaments-

---

[375] *Lorz*, S. 155; *Muscheler*, Haftungsordnung, S. 481.

[376] In Anlehnung an die „*beaufsichtigende Funktion*“, die der BGH in BGHZ 98, 48, 58 dieser beschränkten Testamentsvollstreckung zuspricht. Vgl. auch *Kämper*, RNotZ 2016, 625, 631.

[377] Auf § 2208 Abs. 1 BGB als dogmatischen Aufhänger der Testamentsvollstreckung mit beaufsichtigender Funktion bezieht sich wohl auch *Marotzke*, AcP 187, 223, 237 f. Zur inhaltlichen Beschränkung der Testamentsvollstreckung, s. weiterführend *Lange*, in: BeckOK-BGB, § 2208 Rdnr. 5 ff.

[378] Nachfolgenden Entscheidungen war kaum Konkretes zu entnehmen, s. etwa BGH, NJW 1996, 1284, 1286 (GbR-Anteil).

[379] Für die Auflösungsklage wird wohl überwiegend eine Doppelzuständigkeit von Gesellschafter-Erbe und Testamentsvollstrecker vertreten, vgl. *Schäfer*, in: Staub-HGB, § 139 Rdnr. 62 und 64; *Weidlich*, S. 56. Für das ordentliche Kündigungsrecht ist eine einheitliche Linie nicht auszumachen. Für ein konkurrierendes privilegiertes Kündigungsrecht des Testamentsvollstreckers aus § 135 HGB analog ist *Lorz*, in: E/B/J/S-HGB, § 139 Rdnr. 73; *Dörrie*, ZEV 1996, 370, 375; *Pauli*, in: Bengel/Reimann-Testamentsvollstreckung, § 5 Rdnr. 165 und 186. Für ein alleiniges ordentliches Kündigungsrecht des Testamentsvollstreckers aus § 132 HGB ist *Weidlich*, S. 54 f. Für ein alleiniges privilegiertes Kündigungsrecht des Testamentsvollstreckers aus § 135 HGB analog ist *Schäfer*, in: Staub-HGB, § 139 Rdnr. 62. Verwirrend *Reimann*, in: Staudinger, § 2205 Rdnr. 172, der dem Testamentsvollstrecker wohl exklusiv die Lossagungsrechte aus §§ 132 f. HGB zu gewähren scheint, jedoch in Rdnr. 169 davon spricht,

vollstrecker die Verwaltungsbefugnis über die aus dem oHG-Anteil fließenden Aktiva, wie dem Abfindungsanspruch und den Gewinnansprüchen hat, bedarf der Erbe für gesellschaftsinterne Maßnahmen, die diese (künftigen) Positionen tangieren, darüber hinaus der Zustimmung des Testamentsvollstreckers.[380] Abgesichert wird dies durch entsprechende Kontroll- und Auskunftsrechte des Testamentsvollstreckers.[381] Neben Gesellschafterbeschlüssen hinsichtlich der Höhe, Fälligkeit und Zahlungsweise des Abfindungsanspruchs[382] sowie Ergebnisverwendungsbeschlüssen,[383] die unzweifelhaft solche Maßnahmen darstellen, ist völlig unklar, wie weit der Kreis der vermögenstangierenden Gesellschafterbefugnisse zu ziehen ist. Überspitzt dargestellt: Letztlich wirkt sich nahezu jede Entscheidung, die in der Gesellschaft getroffen wird, irgendwie auf die Vermögens- und Ertragslage aus. Um zu verhindern, dass sich die vom Testamentsvollstrecker verwaltete Seite letztlich mittelbar auf die „*Innenseite*" der Beteiligung auswirkt, müsste eine schärfere Abgrenzung dieser beiden Sphären erfolgen.[384] Ein durch Erben und den Mitgesellschaftern im Gesellschaftsvertrag einvernehmlich vorgesehene Erweiterung der Testamentsvollstreckung auf die „*Innenseite*" der Beteiligung wird überwiegend nicht zugelassen.[385] Wegen den Unsicherheiten bleibt daher die Lösung hinter dem Bedürfnis der Praxis nach einer rechtssicheren, vollumfänglichen Testamentsvollstreckung zurück. Die Praxis muss sich weiterhin mit den sog. „*Ersatzlösungen*"[386] behelfen, um zu einer rechtssicheren Vollverwaltung des oHG-Anteils durch den Testamentsvollstrecker zu gelangen. Mit ihnen wird versucht, den Haftungskonflikt einzuebnen. Einige Ersatzlösungen versuchen dabei über rechtsgeschäftliche Zusatzkonstruktionen eine persönliche Haftung für die Gesellschaftsverbindlichkeiten zu erzeugen, die neben die nachlassbezogene Haftung aus § 2206 Abs. 1 S. 1 BGB tritt, um so den „*Innenbereich*" für eine Fremdverwaltung freizulegen. Mit dieser persönlichen Haftung wird dann entweder der Testamentsvollstrecker[387]

---

dass dem Gesellschafter-Erben ein Kündigungsrecht zuzugestehen sei, welches von der Zustimmung des Testamentsvollstreckers unabhängig sei.

[380] *Reimann*, in: Staudinger, § 2205 Rdnr. 169.

[381] *Lange*, in: BeckOK-BGB, § 2205 Rdnr. 51.

[382] *Pauli*, in: Bengel/Reimann-Testamentsvollstreckung, § 5 Rdnr. 163.

[383] *Lange*, in: BeckOK-BGB, § 2205 Rdnr. 51.

[384] Von „*unübersichtlicher Situation*" spricht zutreffend auch *Lange*, in: BeckOK-BGB, § 2205 Rdnr. 51.

[385] *Reimann*, in: Staudinger, § 2205 Rdnr. 170.

[386] Zum Begriff, s. *Lange*, in: BeckOK-BGB, § 2205 Rdnr. 43.

[387] Zu den sog. Treuhandlösungen bei Handelsgeschäften, insbesondere deren Untervarianten Ermächtigungstreuhand und Vollrechtstreuhand, s. *Zimmermann*, in: MüKo-BGB, § 2205 Rdnr. 27 f.

oder der Sondererbe[388] belastet. Ein anderer Weg versucht erst gar nicht, den (haftungsträchtigen) Innenbereich für den Testamentsvollstrecker freizulegen, sondern belässt diesen beim Erben. Allerdings erlaubt dieser Weg dem Testamentsvollstrecker über § 2208 Abs. 2 BGB, dem Sondererben Weisungen zur Verwaltung des Innenbereichs aufzuerlegen.[389] Letztlich leiden alle Ersatzlösungen an demselben Grundproblem und brauchen daher für diese Darstellung nicht näher erläutert werden; sie sind bloße Hilfskonstrukte, um wiederum das modifizierte Erbrechtsgefüge für die Praxis erträglich zu gestalten.[390] Bereits die schlichte Existenz dieser Ersatzlösungen bringt zum Ausdruck, dass eine vollumfängliche Testamentsvollstreckung im unmittelbaren Interesse der Praxis liegt. Dies wiederum ist ein weiterer Beweis, dass das modifizierte Erbrechtsgefüge aus sich heraus zu keiner befriedigenden Lösung führt.

ff) Fortentwicklungen der Testamentsvollstreckung mit beaufsichtigender Funktion

Um die mit der Rechtsfigur der beaufsichtigenden Testamentsvollstreckung verbundenen Unsicherheiten zu vermeiden, sind in der Literatur Überlegungen angestellt worden, wie die verwaltende Testamentsvollstreckung am oHG-Anteil ermöglicht werden kann, ohne mit dem Vorbehalt der Haftungsinkompatibilität der etablierten Ansicht zu brechen.

(1) Innenbereichsentkernter oHG-Anteil als unbeschränktes Verwaltungsobjekt

Erste Ansätze sind von *Bommert* vorgebracht worden, der postulierte, dass oHG-Anteile kraft des Gesellschaftsvertrages so ausgestaltet sein können, dass ein Konflikt mit § 2206 Abs. 1 S. 1 BGB vermieden wird. Kernerkenntnis ist, dass § 2206 Abs. 1 S. 1 BGB nur solche Forderungen in die Rolle einer Nachlassverbindlichkeit zwingt, die „*vom Testamentsvollstrecker eingegangen*“ wurden. *Bommert* konstatiert hieraus, dass nur die den Gesellschafter-Erben treffende Gesellschafterhaftung für eine auf den Testamentsvollstrecker zurückzuführende Gesellschaftsverbindlichkeit Grundlage der Haftungsinkompatibilität sein kann. Begründet die Gesellschaft gänzlich ohne Mitwirkung des Testamentsvollstreckers eine Gesellschaftsverbindlichkeit, etwa durch die Mitgesellschafter, greift § 2206 Abs. 1 S. 1 BGB schon gar nicht ein. Damit kann sich, trotz angeordneter Testamentsvollstreckung, eine persönliche Gesellschafterhaftung des Gesellschafter-Erben ergeben. Daher könne es schon gar nicht zum Vorbehalt der

[388] Sog. Vollmachtslösung, s. *Reimann*, in: Staudinger, § 2205 Rdnr. 153 und 175.

[389] *Lange*, in: BeckOK-BGB, § 2205 Rdnr. 43 und 35.

[390] Zu einer ausführlichen Kritik an den Ersatzlösungen, vgl. auch *Muscheler*, Haftungsordnung, S. 295 ff. (Handelsgeschäft).

Haftungsinkompatibilität kommen, wenn der oHG-Anteil so ausgestaltet ist, dass der Testamentsvollstrecker keine Gelegenheit hat, eine die persönliche Gesellschafterhaftung auslösende Gesellschaftsverbindlichkeit zu begründen. Eine solche haftungsfreundliche Ausgestaltung des oHG-Anteils vorausgesetzt, könne sich daher die Testamentsvollstreckung in diesen Fällen ohne Weiteres auf den gesamten oHG-Anteil beziehen.[391] Die Ansicht *Bommerts* – deren Aussagegehalt noch zu untersuchen ist[392] – hat dabei mit *Hüfner*[393], *Weidlich*[394] und *Lorz*[395] weitere Fürsprecher bekommen.

Eine haftungsfreundliche Ausgestaltung des oHG-Anteils setzt nach diesen Literaten dabei voraus, dass der oHG-Anteil von der organschaftlichen Vertretungsmacht[396] und auch von der Geschäftsführungsbefugnis[397] entkernt ist.[398] Letzteres sei vor dem Hintergrund erforderlich, weil ansonsten eine persönliche Verhaftung des Gesellschafter-Erben für das deliktische Verhalten des Testamentsvollstreckers drohe.[399] Hintergrund ist die von der Rechtsprechung favorisierte weite Auslegung des in § 31 BGB verwendeten Begriffs „*verfassungsmäßig berufener Vertreter*", der sogar Personen unterhalb der Organebene und unabhängig von einer Vertretungsbefugnis erfasst, solange diese nur bedeutsame und wesensmäßige Funktionen zur selbstständigen und eigenverantwortlichen Erfüllung übernehmen.[400] Rückschließend wird daraus konstatiert, dass i.R.d. analogen Anwendung des § 31 BGB generell alle geschäftsführungsbefugten Gesellschafter erfasst seien, mögen sie auch nicht vertretungsbefugt sein.[401] Um eine Zurechnung deliktischen Testamentsvollstreckerverhaltens zu Lasten der

---

[391] *Bommert*, BB 1984, 178, 182.

[392] Darauf, ob der unter Testamentsvollstreckung stehende Gesellschafter-Erbe für die allein von den Mitgesellschaftern begründeten Gesellschaftsverbindlichkeiten persönlich verhaftet werden kann, wird noch bei Herausarbeitung der hier vertretenen Ansicht zurückzukommen sein, vgl. *§ 9 IV.*

[393] *Hüfner*, S. 131 ff.

[394] *Weidlich*, S. 63 ff.

[395] *Lorz*, S. 150.

[396] Zur Zulässigkeit des Ausschlusses einzelner Gesellschafter von der Vertretungsmacht, vgl. etwa *Schmidt*, in: MüKo-HGB, § 125 Rdnr. 15; *Hillmann*, in: E/B/J/S-HGB, § 125 Rdnr. 43 f.

[397] Zur Zulässigkeit des Ausschlusses einzelner Gesellschafter von der Geschäftsführungsbefugnis, vgl. § 114 Abs. 2 HGB und *Lieder*, in: Oetker-HGB, § 114 Rdnr. 13.

[398] So jedenfalls *Weidlich*, ZEV 1994, 205, 207 und *Lorz*, S. 150 f.; vgl. auch *Hüfner*, S. 131, der bereits davon ausgeht, dass dem Testamentsvollstrecker die Geschäftsführung und Vertretung nicht zur Ausübung überlassen werden kann.

[399] *Weidlich*, S. 64 f.

[400] BGHZ 49, 19, 21 hinsichtlich der Anwendung des § 31 BGB auf Filialleiter; BGH, NJW 1972, 334 hinsichtlich Anwendung des § 31 BGB auf Chefärzte.

[401] *Weidlich*, S. 64 f.; *Lorz*, S. 150 f.

Gesellschaft zu vermeiden, müsse daher auch die Geschäftsführungsbefugnis ausgeschlossen sein.[402] Dabei wird letztlich nur der Ausschluss der Geschäftsführungsbefugnis im Kreis des gewöhnlichen Geschäftsbetriebs i. S.d. § 116 Abs. 1 HGB verlangt.[403] Wohl mit Verweis auf die mittlerweile vom II. Senat anerkannte Zulässigkeit der vollumfänglichen Testamentsvollstreckung an Kommanditanteilen[404] sollen, mit Blick auf § 164 S. 1 Hs. 2 HGB, Geschäftsführungsbefugnisse i.R.d. außergewöhnlichen Geschäftsbetriebs hingegen nicht ausgeschlossen werden müssen. Denn insofern sei der Testamentsvollstrecker ähnlich eines Kommanditisten nur ein „*Überwachungsorgan*“[405]. § 31 BGB soll somit wohl nach der Ansicht dieser Literaten auf solche Gebilde keine Anwendung finden. Daneben wird nach Auffassung dieser Literaten im Bereich des außergewöhnlichen Geschäftskreises i. S.d. § 116 Abs. 2 HGB wohl auch kein derart hinreichender Bezug zwischen dem Tätigwerden des Testamentsvollstreckers und der begründeten Gesellschaftsverbindlichkeit gesehen, der es rechtfertigen würde, von einer Begründung einer Verbindlichkeit durch den Testamentsvollstrecker i. S.d. § 2206 Abs. 1 S. 1 BGB zu sprechen.[406] Die Folge ist, dass der Gesellschafter-Erbe nach diesen Literaten im Bereich des außergewöhnlichen Geschäftsbetriebs gem. § 128 S. 1 HGB persönlich haftbar gemacht werden kann, selbst wenn der Testamentsvollstrecker am internen Willensentschluss beteiligt ist.

Diese Sichtweise ist jedoch keinesfalls gesichert, hat doch mittlerweile eine Entscheidung des OLG Düsseldorf explizit betont, dass die Ausübung des Stimmrechts eines Komplementärs durch einen Testamentsvollstrecker aus haftungsrechtlichen Gründen zu versagen sei, da „*nicht nur Geschäftsführungshandlungen, sondern gerade auch Gesellschafterentscheidungen wirtschaftliche Auswirkungen haben, die in eine persönliche Haftung des Komplementärs münden (können)*“[407]. Der Vorschlag der eingangs genannten Literaten kann daher kaum als Praxisempfehlung dienen. Eine Differenzierung zwischen gewöhnlichen und außergewöhnlichen Geschäften mutet daneben künstlich an, immerhin sind beide Formen Ausprägungen der Geschäftsführung, die zueinander je nach Größe der Gesellschaft ein unterschiedliches Gewicht einnehmen.[408]

---

[402] *Weidlich*, ZEV 1994, 205, 207.

[403] So auch *Weidlich*, S. 65; *Lorz*, S. 150 f.; unklar *Bommert*, BB 1984, 178, 182, der nur von Geschäftsführung spricht.

[404] BGHZ 108, 187.

[405] *Weidlich*, ZEV 1994, 205, 207.

[406] *Lorz*, S. 151.

[407] OLG Düsseldorf, FamRZ 2008, 1295, 1296.

[408] *Jickeli*, in: MüKo-HGB, § 116 Rdnr. 6; *Lieder*, in: Oetker-HGB, § 116 Rdnr. 3. Zur Abgrenzung von gewöhnlichen und außergewöhnlichen Geschäften, vgl. *Schäfer*, in: Staub-HGB, § 116 Rdnr. 5.

Es scheint deshalb fraglich, warum der auf den außergewöhnlichen Geschäftskreis des § 116 Abs. 2 HGB beschränkten Gesellschafterposition eine reine Überwachungsfunktion zukommen soll. Vielmehr ist doch naheliegender, dass auch solche Gesellschafter im Einzelfall als verfassungsmäßig berufene Vertreter i. S.d. § 31 BGB angesehen werden können.[409] Dies gilt umso mehr, wenn man die o.g. Rechtsprechung zur erweiterten Anwendung des § 31 BGB ernst nimmt. Denn wenn hiernach sogar sichergestellt sein muss, dass der Testamentsvollstrecker keine leitenden oder sonst wesentlichen Aufgaben unterhalb der Organbefugnisse wahrnimmt, ist doch fraglich, ob dann der Aufgabenbereich des § 116 Abs. 2 HGB verbleiben kann, ohne dass § 31 BGB aktiviert wird.

Daneben ist diese Ansicht nicht zu Ende gedacht. Denn selbst einfache Hilfstätigkeiten des Testamentsvollstreckers bleiben im Denkmodell dieser Literaten problematisch, wenn er hierdurch als Erfüllungsgehilfe der Gesellschaft gem. § 278 S. 1 Var. 2 BGB anzusehen ist. Pflichtverletzungen des Testamentsvollstreckers sind dann nämlich der oHG zurechenbar; über § 128 S. 1 HGB würde hierfür wiederum der Gesellschafter-Erbe haften. Steht dies im Denkmodell der eingangs genannten Literaten nicht ebenfalls im Widerspruch zu § 2206 Abs. 1 S. 1 BGB, sodass auch dies verhindert werden muss? In Anbetracht dieser Sachlage müsste der oHG-Anteil darüber hinaus nicht nur von der Geschäftsführung im außergewöhnlichen Geschäftsbetrieb gem. § 116 Abs. 2 HGB befreit sein,[410] sondern der Testamentsvollstrecker müsste gänzlich in eine unternehmerisch passive Rolle gezwungen werden, in der er nicht nur keinerlei Vertretungs- und Geschäftsführungsbefugnisse inne hat, sondern auch in keiner sonstigen Weise leitende, wesentliche oder auch nicht wesentliche Aufgaben mit Erfüllungsgehilfencharakter wahrnimmt. Man befindet sich damit jedoch letztlich nur in unwesentlicher Entfernung zu der von der Rechtsprechung favorisierten Testamentsvollstreckung mit beaufsichtigender Funktion, ist doch die unternehmerische Betätigung gerade das wesentliche Innenrecht eines oHG-Gesellschafters. Der Mehrwert der Testamentsvollstreckung über einen innenbereichsentkernten oHG-Anteil erschöpft sich damit im Wesentlichen in der dem Testamentsvollstrecker überantworteten Beschlusskompetenz im Grundlagenbereich.

---

[409] A.A. *Weidlich*, S. 65 f., der hier stets ein Verantwortungsübergewicht bei den voll geschäftsführungsbefugten Gesellschaftern erblickt.

[410] Durch eine einfache Entziehung der Geschäftsführung im Gesellschaftsvertrag ist dies i.d.R. nicht gegeben, vgl. *Schäfer*, in: Staub-HGB, § 114 Rdnr. 73. Vielmehr müssen die Befugnisse des Gesellschafters aus § 116 Abs. 2, Abs. 3 HGB ausdrücklich im Gesellschaftsvertrag entzogen werden. Vgl. zur Dispositivität auch des § 116 Abs. 2 HGB, *Drescher*, in: E/B/J/S-HGB, § 116 Rdnr. 9 und 28.

(2) Umfassend zur Eingehung von Gesellschaftsverbindlichkeiten befugter Testamentsvollstrecker

In Fortentwicklung der Rechtsprechung sollen auch solche Personen zu vollumfänglichen Testamentsvollstreckern berufen werden können, die jenseits dieser Stellung umfassend zur Begründung von Gesellschaftsverbindlichkeiten befugt sind. So wird vorgeschlagen, dass ein geschäftsführungs- und vertretungsbefugter Mitgesellschafter zum vollumfänglichen Testamentsvollstrecker eingesetzt werden kann. Der Vorwurf der Haftungsinkompatibilität könne hier nicht erhoben werden, weil der Testamentsvollstrecker – unabhängig von diesem Amt – kraft seiner eigenen Organbefugnisse als Gesellschafter handelt, sodass der Gesellschafter-Erbe für die so begründeten Gesellschaftsverbindlichkeiten, wie für jeden Mitgesellschafter, persönlich verhaftet wird.[411] Damit läuft der Schutzzweck des § 2206 Abs. 1 S. 1 BGB leer und der Vorwurf der Haftungsinkompatibilität solle sich hier nicht stellen.[412] In Verallgemeinerung dieses Gedankens will *Weidlich* auch solchen gesellschaftsfremden Personen die vollumfängliche Testamentsvollstreckung über den oHG-Anteil zubilligen, denen die Befugnis zukommt, die Gesellschaft kraft einer Generalvollmacht vollumfänglich zu vertreten.[413] Dieser Rückschluss ist aufgrund seiner Pauschalität nicht anzuerkennen.[414] Anders als ein Gesellschafter hat ein Generalbevollmächtigter nicht zwangsläufig eine, von seiner Stellung als Testamentsvollstrecker unabhängige, umfassende haftungsrechtliche Repräsentantenstellung. Zwar steht es ihm zu, die Gesellschaft rechtsgeschäftlich zu vertreten, jedoch muss er nicht *„verfassungsmäßig berufener Vertreter"* i.S.d. § 31 BGB sein, sodass er nicht unbedingte Zurechnungsquelle deliktischen Fehlverhaltens ist.[415] Die Stellung als Generalbevollmächtigter könnte daher allenfalls dann als eine dem Gesellschafter vergleichbare Stellung angesehen werden, wenn mit dieser Stellung bedeutsame, wesensmäßige Funktionen in der Gesellschaft erfüllt werden, die zur selbstständigen und eigenverantwortlichen Erfüllung zugewiesen sind, sodass eine analoge Anwendung des § 31 BGB in Betracht kommt.[416]

---

[411] *Hüfner*, S. 131 f.

[412] *Weidlich*, S. 70 f.

[413] S. *Weidlich*, ZEV 1994, 205, 211, wobei er insoweit zutreffend darauf hinweist, dass zur Vermeidung eines Konflikts mit dem Grundsatz der Selbstorganschaft zumindest ein weiterer Gesellschafter geschäftsführungs- und vertretungsbefugt sein muss.

[414] Gegen die Anerkennung der vollumfänglichen Testamentsvollstreckung durch Generalbevollmächtigte ist auch *Lorz*, S. 152.

[415] So auch mit Blick auf den vergleichbaren Fall einer Prokura, *Offenloch*, in: BeckOGK-ZR, § 31 Rdnr. 86.

[416] S. zu den Voraussetzungen der Stellung eines *„verfassungsmäßig berufenen Vertreters"* i.S.d. § 31 BGB unterhalb der Organebene, *Offenloch*, in: BeckOGK-ZR, § 31 Rdnr. 43.

Doch selbst dann gilt: Egal, ob Gesellschafterstellung oder qualifizierte Generalbevollmächtigung, beiden Maßnahmen wohnt letztlich eine fragwürdige Funktion inne. Dies gilt jedenfalls dann, wenn der Testamentsvollstrecker diese Stellung letztlich nur zu dem Zweck verliehen bekommt, um die ungewollte Hürde der Haftungsinkompatibilität zu nehmen. Anders als die zur Einebnung des Haftungskonflikts vertretenen Ersatzlösungen[417] zeichnen sich diese begleitenden Maßnahmen nämlich dadurch aus, dass der Erbe hieran nicht mitwirken muss.[418] Wenn man daher eine unbeschränkte Testamentsvollstreckung von Personen zulässt, die nach dem Erbfall ad hoc zu Mitgesellschaftern bzw. qualifizierten Generalbevollmächtigten bestellt wurden, riskiert man, dass der Vorbehalt der Haftungsinkompatibilität allzu leicht auszuhebeln ist. Mit diesen Erwägungen wird der Vorbehalt der Haftungsinkompatibilität nicht eingeebnet, sondern nur bewiesen, wie zerbrechlich er ist, da er durch nicht angreifbare Zusatzkonstrukte umgangen werden kann.

(3) Zwischenergebnis

Die Literaten, die versuchen, die Testamentsvollstreckung in oHG-Anteile unter Anerkennung des etablierten Verständnisses vom Vorbehalt der Haftungsinkompatibilität zu erweitern, haben bisher keine überzeugende Linie gefunden. Die Testamentsvollstreckung an einem innenbereichsentkernten oHG-Anteil vermag kaum einen Mehrwert im Vergleich zum derzeit etablierten Stand in Rechtsprechung und Literatur zu liefern. Wer versucht, dem Vorwurf der Haftungsinkompatibilität dadurch zu entkommen, dass er die Einsetzung eines vollumfänglich befugten Testamentsvollstreckers unter dem Vorbehalt zulässt, dass diesem im Zusammenhang mit diesem Amt eine begleitende Rechtstellung eingeräumt wird, kraft der er unabhängig hiervon die Möglichkeit hat, die Gesellschaft (und damit über § 128 S. 1 HGB auch den Gesellschafter-Erben) zu verhaften, riskiert letztlich die Entwertung des Vorbehalts der Haftungsinkompatibilität.

b) Teleologische Vorbehalte gegen die Nachlass(insolvenz)verwaltung

Auch die Verwaltungsbefugnis der Nachlass(insolvenz)verwalter wird letztlich aus Sicht der etablierten Ansicht teleologisch reduziert. Nach der Rechtsprechung scheint hierbei – anders als bei der Testamentsvollstreckung – ein Haftungs-

---

[417] S. hierzu noch einmal *§ 2 III. 3. a) ee)*. Zum Begriff, s. auch *Lange*, in: BeckOK-BGB, § 2205 Rdnr. 43.

[418] Dies gilt umso mehr, wenn man mit *Weidlich*, S. 76 den Gesellschafter-Erben nicht an der Erteilung der Generalvollmacht beteiligen will, selbst wenn diese als außergewöhnliches Geschäft begriffen wird.

widerspruch zwischen dem Erb- und Gesellschaftsrecht nicht der entscheidende Grund zu sein.

aa) Personalistische Prägung als Hemmschuh

Der Nachlass(insolvenz)verwalter bei einer oHG wird in aller Regel schon aus einem einfachen Grund von einer unbeschränkten Verwaltung des oHG-Anteils ausgeschlossen sein; dieser liegt in der personalistischen Prägung der oHG. Denn überträgt man die zur Testamentsvollstreckung aufgestellten Prämissen, verhindert die personalistische Prägung, dass die mitgliedschaftlichen Gesellschafterbefugnisse aus dem oHG-Anteil (also die „*Innenseite*" der Beteiligung), ohne Zustimmung der Mitgesellschafter durch einen gesellschaftsfremden Nachlass(insolvenz)verwalter wahrgenommen werden können.[419] Genau an einer solchen Zustimmung der Mitgesellschafter wird es jedoch i.d.R. in den Konstellationen der Nachlass(insolvenz)verwaltung fehlen. Anders als bei der Testamentsvollstreckung, die vom Erblasser angeordnet wird und bei der dieser auch dafür Sorge tragen wird, dass sie im Gesellschaftsvertrag abgesichert ist, kommt es zur Nachlass(insolvenz)verwaltung in aller Regel durch einen Antrag der Erben oder Nachlassgläubiger. Daher wird im Gesellschaftsvertrag zumeist keine Regelung ausbedungen sein, die dem Nachlass(insolvenz)verwalter als gesellschaftsfremden Dritten die Ausübung der Mitgliedschaftsrechte gestattet.[420]

bb) Funktionsorientierter Vorbehalt der Rechtsprechung

Daneben wird der Haftungswiderspruch zwischen Erb- und Gesellschaftsrecht im Umfeld der Nachlass(insolvenz)verwaltung von der etablierten Ansicht auch durch einen funktionsorientierten Vorbehalt überschattet. Nimmt man die insoweit maßgebliche Rechtsprechung in BGHZ 47, 293 ff. und BGHZ 91, 132 ff. zusammen, wird hier die teleologische Reduktion der Verwaltungsbefugnis der Nachlass(insolvenz)verwalter i. S.d. §§ 1985 Abs. 1 BGB bzw. § 80 Abs. 1 InsO folgendermaßen begründet: Es soll mit den „*Aufgaben der Nachlassverwaltung (zusammenhängen), dass sich die Befugnisse des Nachlassverwalters nur auf das Nachlassvermögen erstrecken und nicht auch die persönlichen Rechtsbeziehungen des Erblassers erfassen*"[421], wobei dies, gemünzt auf die Ge-

---

[419] Für eine Gleichbehandlung aller Formen erbrechtlicher Fremdverwaltung ist auch *Siegmann*, S. 226 f.

[420] Zur Frage, ob die Gesellschafter nachträglich auf ihren gesetzlichen Schutz verzichten und der Ausübung der Gesellschafterbefugnisse durch den gesellschaftsfremden Nachlass(insolvenz)verwalter ad hoc zustimmen können, s. noch *§ 10 I. 1.* und *III. 3.*

[421] BGHZ 47, 293, 295 f.

sellschafterrechte, bedeuten solle, dass *„nur die rein vermögensrechtlichen Ansprüche (...) nicht aber etwa solche Befugnisse, die die Rechtsstellung des Erben in seiner Eigenschaft als Gesellschafter unmittelbar berühren“*[422] der Nachlassverwaltung unterliegen.

Für die Nachlassinsolvenzverwaltung verwies der II. Senat in weiten Teilen auf diese Entscheidung.[423] Dem Nachlass(insolvenz)verwalter kommt nur die vermögensorientierte Aufgabe zu, das Nachlassvermögen zur Befriedigung der Nachlassgläubiger zu verwalten, sodass sich seine Befugnisse im Umfeld des oHG-Anteils i.E. auf die Geltendmachung der aus dem oHG-Anteil fließenden Gewinnansprüche bzw. – nach Kündigung gem. § 135 HGB analog – auf die Einziehung des Abfindungsanspruchs beziehen. Auch in der Literatur wird mit einer ähnlichen Herangehensweise versucht, die Diskussion um die Haftungsinkompatibilität auf Ebene der Nachlass(insolvenz)verwaltung am oHG-Anteil zu umgehen.[424] Denn wenn der Nachlass(insolvenz)verwalter kraft einer seiner Funktion nach entsprechend eingeschränkten Verwaltungsbefugnis gem. § 1985 Abs. 1 BGB, § 80 Abs. 1 InsO überhaupt nicht befugt sein kann, die aus dem oHG-Anteil fließenden haftungsträchtigen Geschäftsführungs- und Vertretungsbefugnisse wahrzunehmen, stellt sich der Vorwurf der Haftungsinkompatibilität auch nicht.

cc) Haftungsorientierter Vorbehalt

Es fragt sich dennoch, ob der Vorbehalt der Haftungsinkompatibilität im Umfeld der Nachlass(insolvenz)verwaltung nur vom funktionsorientierten Vorbehalt überstrahlt oder gänzlich ersetzt wird. Im Denkmodell der etablierten Ansicht kann nur Ersteres konstatiert werden. Denn obwohl im Recht der Nachlass(insolvenz)verwaltung eine dem § 2206 Abs. 1 S. 1 BGB entsprechende Vorschrift fehlt, postuliert die etablierte Auffassung, dass der Nachlass(insolvenz)verwalter, wie ein Testamentsvollstrecker, darauf beschränkt sei, in Verwaltung des Nachlasses Nachlassverbindlichkeiten zu erzeugen.[425] Damit muss für die etablierte Ansicht ein ebenso großes Konfliktpotential zur persönlichen Gesellschafterhaftung i.S.d. § 128 S. 1 HGB bestehen wie bei der Testamentsvollstreckung. Etwas anders lässt sich auch nicht durch den Umstand legitimieren, dass der Nachlass(insolvenz)verwalter – anders als der Testamentsvollstrecker (s. § 2219

---

[422] BGHZ 47, 293, 296.

[423] BGHZ 91, 132, 136f. (damals noch Nachlasskonkursverwalter).

[424] *Küpper*, in: MüKo-BGB, § 1985 Rdnr. 6; *Siegmann*, S. 235.

[425] OLG Colmar, OLGZE 12, 361, 362 (Nachlassverwaltung am Handelsgeschäft); *Pütter*, S. 80f. S. auch *Hillebrand*, S. 80f., der Möglichkeiten aufzeigt, mit denen eine persönliche Haftung des Nachlassverwalters einhergeht, insbesondere wenn der Nachlassverwalter nicht erkennbar als solcher agiert.

Abs. 1 BGB) – darüber hinaus auch den Nachlassgläubigern gem. § 1985 Abs. 2 S. 1 BGB bzw. §§ 60f. InsO persönlich für eine unzureichende Nachlassverwaltung verantwortlich ist. Denn diese persönliche Haftung setzt ein pflichtwidriges und schuldhaftes Verhalten des Nachlass(insolvenz)verwalters voraus und ist damit keine unbedingte, persönliche Einstandspflicht, wie sie § 128 S. 1 HGB fordert.[426] Kurzum: Den Vorwurf der Haftungsinkompatibilität müsste die etablierte Ansicht konsequenterweise zumindest unterstützend auf die Nachlass(insolvenz)verwaltung übertragen.

dd) Außenseite des oHG-Anteils als Gegenstand der Nachlass(insolvenz) verwaltung

Ob die etablierte Ansicht die zur Testamentsvollstreckung angestoßene Erweiterung der Verwaltungsbefugnis auf die „*Außenseite*" des oHG-Anteils auf die Nachlass(insolvenz)verwaltung übertragen wird, ist bisher höchstrichterlich nicht entschieden. In einer Konstellation, in der – ähnlich wie in der zur Testamentsvollstreckung ergangenen Entscheidung BGHZ 98, 48 – der einzig verbliebene Gesellschafter durch den Tod des vorletzten Gesellschafters im Wege des Erbgangs alle Gesellschaftsanteile auf sich vereinigt hätte, konnte der BGH offenlassen, ob eine zwischenzeitlich angeordnete Nachlassverwaltung den vererbten Gesellschaftsanteil erfasst und so eine Vereinigung mit den anderen Gesellschaftsanteilen verhindert bzw. gem. § 1976 BGB rückgängig gemacht hätte.[427] Einige Stimmen in der Literatur bejahen die Übertragung der zur Testamentsvollstreckung angestellten Erwägungen,[428] andere verneinen dies und unterstreichen auch weiterhin die rein vermögensorientierte Aufgabe der Nachlass(insolvenz)verwaltung.[429] Für die Praxis bleibt daher auch in diesem Punkt ein großes Fragezeichen. Nota bene ist jedoch anzumerken, dass Ersteres aus dem Blickwinkel der etablierten Ansicht konsistenter scheint. Die Gründe, die die etablierte Ansicht in BGHZ 98, 48ff. zu einer Ausdehnung der Verwaltungs-

---

[426] In diese Richtung bereits *Muscheler*, Haftungsordnung, S. 399f., der insbesondere mit der zu *§ 82 KO a. F.* ergangenen Rechtsprechung argumentiert, die zu einer restriktiven Handhabung der Vermögenshaftung des Konkursverwalters zwang (vgl. etwa BGHZ 100, 346, 350f.). Diese restriktive Rechtsprechung ist zwar mittlerweile durch Schaffung des § 61 InsO teilweise überholt, vgl. *Schoppmeyer*, in: MüKo-InsO, § 60 Rdnr. 3 und § 61 Rdnr. 6; am Grundgedanken des Vorbehalts ändert das freilich nichts, da auch diese Haftung gem. § 61 S. 2 InsO unter dem Vorbehalt eines Verschuldens steht.

[427] BGHZ 113, 132, 137.

[428] *Hillebrand*, S. 118ff.; *Siegmann*, S. 230 (teilweise anders jedoch a. a. O. S. 221). In diese Richtung auch *Marotzke*, ZHR 156, 17, 33 (Fn. 67) und 35 (Fn. 74); *Schäfer*, in: MüKo-BGB, § 705 Rdnr. 126.

[429] In diese Richtung: *Küpper*, in: MüKo-BGB, § 1985 Rdnr. 6; *Joachim*, in: Burandt/Rojahn-ErbR, § 1985 Rdnr. 13.

rechte des Testamentsvollstreckers bewogen haben, beruhen – wie bereits gesehen – auf der Erkenntnis, dass alleine die „*Innenseite*“ des oHG-Anteils die haftungsträchtigen Befugnisse vermittelt, sodass es auch nur sie ist, die aus Gründen der Haftungsinkompatibilität aus der Verwaltungsbefugnis ausgenommen werden muss. Dass dieser haftungsorientierte Vorbehalt i.R.d. Nachlass(insolvenz)verwaltung regelmäßig noch durch den funktionsorientierten Vorbehalt überlagert sein wird, ist insofern ohne Relevanz. Denn die rein vermögensorientierte Aufgabe des Nachlass(insolvenz)verwalters spricht nicht dagegen, dass ihm auch die Verwaltung über die „*Außenseite*“ der Beteiligung zugesprochen wird. Denn auch der oHG-Anteil hat mit seiner „*Außenseite*“ Vermögenswert. Mit der Einbeziehung der „*Außenseite*“ des oHG-Anteils in die Verwaltungsbefugnis der Nachlass(insolvenz)verwalter würde die etablierte Ansicht zudem die konsequenten Rückschlüsse aus der Überwindung der Abspaltungslösung ziehen. Letztlich wird das bereits erörterte privilegierte Kündigungsrecht des Nachlass(insolvenz)verwalters gem. § 135 HGB analog nur verständlich, wenn die Nachlass(insolvenz)verwaltung auch zumindest die „*Außenseite*“ des oHG-Anteils erfasst. Denn nur, wenn der oHG-Anteil zur Verwaltungsmasse des Nachlass(insolvenz)verwalters gehört, kann diesem die Macht gegeben sein, die Gesellschafterposition zu kündigen.[430] Daneben kann die nachlassabsondernde Wirkung i.S.d. §§ 1975, 1984 Abs. 2 BGB nur dann den oHG-Anteil erfassen und damit, wie bei der Testamentsvollstreckung (dort § 2214 BGB), zu einer weiteren Schutzschicht beitragen, die den vorrangigen Haftungszugriff der Nachlassgläubiger festigt, der durch die Sondererbfolge so sehr infrage gestellt ist.[431] Wie bei der auf die „*Außenseite*“ beschränkten Testamentsvollstreckung (§ 2211 Abs. 1 BGB), würde eine so verstandene Nachlass(insolvenz)verwaltung auch die Macht haben, dem Sondererben gem. § 1984 Abs. 1 S. 1 BGB bzw. § 80 Abs. 1 InsO die Verfügungsbefugnis über den oHG-Anteil zu nehmen und sie dem Nachlass(insolvenz)verwalter zuweisen.[432] Auch dies käme den Nachlassgläubigern zugute.

c) Teleologische Vorbehalte gegen die Nachlasspflegschaft

Bisher kaum im Fokus steht die Frage, ob sich die Nachlasspflegschaft i.S.d. §§ 1960 ff. BGB auf die Verwaltung eines oHG-Anteils beziehen kann. Ein

---

430 Ähnlich *Hillebrand*, S. 119 f., der jedoch dem Nachlassverwalter die Lossagungsrechte aus §§ 132 f. HGB zuweist.

431 *Siegmann*, S. 230 (Fn. 39).

432 Diese Funktion der Nachlass(insolvenz)verwaltung betont: *Flume*, NJW 1988, 161, 162 f.; *ders.*, FS Müller-Freienfels, S. 113, 123; *Marotzke*, ZHR 156, 17, 33; *Hillebrand*, S. 119. A.A. jedoch wohl *Küpper*, in: MüKo-BGB, § 1985 Rdnr. 6, der die Verfügungsbefugnis über den Gesellschaftsanteil nicht dem Nachlassverwalter zuweist.

Grund hierfür dürfte sicher sein, dass sich die Nachlasspflegschaft von anderen Formen erbrechtlicher Fremdverwaltung abhebt, da sie lediglich eine gesetzliche Vertretungsbefugnis beinhaltet, die den wahren Erben in seiner Verwaltungsbefugnis nicht verdrängt.[433] Diese Besonderheit führt letztlich dazu, dass der Nachlasspflegschaft – anders als der Testamentsvollstreckung oder der Nachlass(insolvenz)verwaltung – die personalistische Prägung der oHG nicht entgegenstehen kann. Denn auch ein beschränkt geschäftsfähiger, geschäftsunfähiger oder unter Einwilligungsvorbehalt gem. § 1903 Abs. 1 S. 1 BGB stehender Gesellschafter bedarf keiner gesonderten Gestattung seitens der Mitgesellschafter, wenn es für ihn notwendig ist, dass seine Gesellschafterrechte einstweilen durch einen gesetzlichen Vertreter wahrgenommen werden.[434] Die Nachlasspflegschaft muss somit nicht erst durch eine gesonderte Bewilligung seitens der Mitgesellschafter legitimiert werden, selbst wenn man es dem Nachlasspfleger erlauben würde, zur Sicherung des Nachlasses (§ 1960 Abs. 2 Var. 4, Abs. 1 S. 1 BGB) einstweilen sämtliche Mitgliedschaftsrechte in Vertretung des unbekannten Erben wahrzunehmen.[435] Einige Literaten bejahen gerade mit der besonderen Stellung des Nachlasspflegers als gesetzlichen Vertreter des unbekannten Erben die Möglichkeit einer vollumfänglichen Verwaltung des oHG-Anteils durch Nachlasspfleger.[436] Dass dies jedoch wiederum im Denkmodell der etablierten Ansicht nicht zugelassen werden kann, hat – wie bei der Testamentsvollstreckung – mit einem andernfalls drohenden Haftungskonflikt zu tun. Denn die von einem Nachlasspfleger in Verwaltung des Nachlasses begründeten Verbindlichkeiten sind reine Nachlassverbindlichkeiten.[437] Dass der Nachlasspfleger nicht die Macht hat, den Erben in seiner persönlichen Nachlasssphäre zu verhaften, zeigt auch § 2012 Abs. 1 S. 3 BGB. Die beschränkte Haftung für die von einem Nachlasspfleger eingegangenen Verbindlichkeiten müsste daher für die etablierte Ansicht ähnliches Konfliktpotenzial in Bezug auf die persönliche Gesellschafterhaftung wie § 2206 Abs. 1 S. 1 BGB bei der Testamentsvollstreckung bieten.[438] Dies gilt umso mehr, weil sich der Nachlasspfleger – anders als der Nachlassverwalter gem. § 1985 Abs. 2 S. 1 BGB und ähnlich wie

---

433 *Leipold*, in: MüKo-BGB, § 1960 Rdnr. 37.

434 Der BGH hat eine gesellschaftsvertragliche Bestimmung sogar als nichtig angesehen, in dem ein gesetzlicher Vertreter (in dem entschiedenen Fall: Gebrechlichkeitspflegschaft gem. *§ 1910 BGB a.F.*) explizit von der Ausübung der gesellschafterlichen Befugnisse ausgeschlossen werden sollte, s. BGHZ 44, 98.

435 So auch *Siegmann*, S. 233.

436 *Siegmann*, S. 233 f.; *Jochum/Pohl*, Nachlasspflegschaft, Rdnr. 367.

437 *Schulz*, in: Schulz-Nachlasspflegschaft, § 2 Rdnr. 119; *Zimmermann*, Die Nachlasspflegschaft, Rdnr. 320; *Leipold*, in: MüKo-BGB, § 1960 Rdnr. 65. S. auch *Heinemann*, in: BeckOGK-ZR, § 1960 Rdnr. 112; *Mešina*, in: Staudinger, § 1960 Rdnr. 41.

438 *Siegmann*, S. 233 f. versucht dem Vorbehalt der Haftungsinkompatibilität durch Über-

der Testamentsvollstrecker gem. § 2219 Abs. 1 BGB – keiner persönlichen Haftung gegenüber den Nachlassgläubigern ausgesetzt sieht.[439] Dies muss daher für die etablierte Ansicht nur folgerichtig dazu führen, dass sie die zur Testamentsvollstreckung angestellten Gedankengänge zur Haftungsinkompatibilität auf die Nachlasspflegschaft überträgt. Auch die Verwaltungsbefugnis des Nachlasspflegers muss daher im Denkmodell der etablierten Ansicht, analog zu der bei der Testamentsvollstreckung in BGHZ 98, 48 ff. angestoßenen Entwicklung, auf die „*Außenseite*" des oHG-Anteils beschränkt werden, um zu verhindern, dass der Nachlasspfleger i.R. seiner Sicherungsaufgabe unerlässliche Geschäftsführungs- und Vertretungsbefugnisse in der Gesellschaft wahrnehmen kann, die zu einem von der etablierten Ansicht vielbeschworenen Haftungskonflikt führen.

IV. Zusammenfassung

Zusammengefasst kann konstatiert werden, dass das modifizierte Erbrechtsgefüge letztlich extrem nachteilbehaftet ist, da es (1) in weiten Teilen in einem für die Praxis kaum hinnehmbaren Zustand unausgeleuchtete Punkte aufweist, die die Rechtssicherheit infrage stellen, (2) in der Rückbetrachtung der jüngeren Vergangenheit im Rückzug begriffen ist, (3) einen schwer zu durchschauenden Zustand hinterlässt und (4) letztlich selbst im besten Sinne seiner Auslegung zu kaum auflösbaren Konstruktionsdefiziten und Wertungswidersprüchen führt.

1. Modifiziertes Erbrechtsgefüge als unausgeleuchtetes Experimentierlabor

Letztlich stellt sich das modifizierte Erbrecht in der Praxis nicht als derart ausgeleuchtetes Feld dar, wie es hier beschrieben wurde. Die hier mit Blick auf eine möglichst widerspruchsfreie Auslegung der etablierten Ansicht ausgearbeiteten Details können der rechtsprechungsorientierten Praxis keinesfalls als Handlungsempfehlung dienen. Das von der höchstrichterlichen Rechtsprechung angewendete modifizierte Erbrechtsgefüge ist in wesentlichen Details unausgeleuchtet. Zwar ist die Frage nach der Nachlasszugehörigkeit des singularsukzedierten oHG-Anteils mittlerweile geklärt. Jedoch ist nicht klar, ob die aus

---

tragung der Gedanken zu entgehen, die zu einer Testamentsvollstreckung zu Lasten des Gesellschafter-Erben angestellt werden, s. dazu *§ 8 I.*

439 Es besteht gem. §§ 1915 Abs. 1 S. 1, 1833 Abs. 1 S. 1 BGB nur eine Haftung gegenüber den Erben. Gegenüber den Nachlassgläubigern besteht nur die Pflicht zur Auskunft über den Bestand des Nachlasses gem. § 2012 Abs. 1 S. 2 BGB, s. *Heinemann*, in: BeckOGK-ZR, § 1960 Rdnr. 137 f.

dem oHG-Anteil fließenden Neuaktiva von der Rechtsprechung dem gesamthänderisch gebundenen oder dem Sondernachlass zugeordnet werden. Der IV. Zivilsenat vermied es, in BGHZ 98, 48 zu dieser Frage explizit Stellung zu nehmen, als er sich (nochmals) klar zur Nachlasszugehörigkeit des oHG-Anteils positionierte. In der Literatur scheint sogar ein Übergewicht der Autoren zu der aus den bereits erörterten Gründen[440] völlig unannehmbaren Ansicht zu tendieren, dass sich mit der Abkehr von der Abspaltungsthese auch der Grundsatz eines dem gesamthänderischen Nachlass zugeordneten Aktivvermögens erledigt hat und die aus dem oHG-Anteil fließenden Neuaktiva dem Stammrecht in den Sondernachlass folgen.[441] *Lorz*[442] und *Siegmann*[443] wollen dies sogar implizit aus BGHZ 98, 48 ff. herauslesen,[444] obwohl dort dem Sondererben nur ein angemessener Anteil der Neuaktiva als Eigenvermögen zugesprochen wurde, um den vom Sondererben übernommenen Arbeits- und Haftungseinsatz abzufinden. Der II. Zivilsenat scheint auch nach der expliziten Anerkennung der Nachlasszugehörigkeit weiter davon auszugehen, dass grundsätzlich alle Aktiva dem Grunde nach dem gesamthänderisch gebundenen Nachlass zugeordnet sind.[445] Solange sich dbzgl. aber nicht explizit geäußert wird, besteht in diesem Feld eine für die Praxis kaum hinnehmbare Unsicherheit, insbesondere hinsichtlich der Anwendung der § 747 ZPO, § 2040 Abs. 1 BGB auf die aus dem oHG-Anteil fließenden Neuaktiva.[446] Diese Unsicherheit wird letztlich noch verstärkt, weil die Sondererbfolge dazu zwingt, dass den Sondererben ein angemessener Teil der laufenden Gewinne und des Anteilswerts als Ausgleich für den von diesen übernommenen Arbeits- und Haftungseinsatz zugeordnet werden muss. Wie hoch dieser den Sondererben persönlich zustehende Teil der aus dem oHG-Anteil fließenden Aktiva allerdings im Einzelfall ausfallen muss, ist nicht geklärt. Ähnlich unklar ist die Lage hinsichtlich der Reichweite der Testamentsvollstreckung am werbenden oHG-Anteil. Während man mit den Begriffspaaren „*Außen- und Innenseite*" in BGHZ 98, 48, 57 um Konkretisierung nur mäßig bemüht war, ist auch seither wenig Entwicklung zu verzeichnen. Klar ist: Die auf die „*Außenseite*" des oHG-Anteils beschränkte Testamentsvollstreckung löst

---

440 S. hierzu noch einmal *§ 2 II. 2. a) aa) (1)*.

441 *Marotzke*, AcP 187, 223, 233; *Stodolkowitz*, in: FS Kellermann, S. 439, 458 f.; *Lorz*, in: E/B/J/S-HGB, § 139 Rdnr. 12.

442 *Lorz*, in: E/B/J/S-HGB, § 139 Rdnr. 12 (Fn. 33).

443 *Siegmann*, S. 186 (Fn. 3).

444 BGHZ 98, 48, 56 f. rezipiert die vom II. Senat geäußerte Ansicht sogar, wonach der Abfindungsanspruch bei mehreren Erben in den gesamthänderisch gebundenen Nachlass fällt und behält sich nur vor, die Aktiva nicht völlig dem Nachlass zuzuweisen.

445 BGHZ 108, 187, 192.

446 So richtig, *Siegmann*, S. 186 f., der die gesamte Lage als „*chaotischen Diskussionsstand*" bezeichnet.

einerseits die Wirkungen der §§ 2211 Abs. 1, 2214 BGB aus, vermittelt aber andererseits wegen der Haftungsinkompatibilität keine haftungsträchtigen Gesellschafterbefugnisse. Wo die Grenze der beaufsichtigenden Testamentsvollstreckung zwischen diesen Polen liegt, bleibt im Detail unausgeleuchtet.[447] Auch ob die Ausdehnung der Verwaltungsbefugnisse auf die „*Außenseite*" des oHG-Anteils auf Nachlass(insolvenz)verwalter und Nachlasspfleger entsprechend anwendbar ist oder diese auch weiterhin auf die Verwaltung der aus dem oHG-Anteil fließenden Vermögenswerte beschränkt bleiben,[448] ist unklar. Die Rechtsprechung hatte seit der zur Testamentsvollstreckung ergangenen Rechtsprechung in BGHZ 98, 48 ff. keine Gelegenheit mehr, sich dazu zu äußern.

2. Allmähliche Flucht zurück in das unmodifizierte Erbrecht

Nimmt man das hier skizzierte modifizierte Erbrechtsgefüge als vorläufigen gegenwärtigen Stand der etablierten Ansicht, kann der geschichtliche Gang des modifizierten Erbrechtsgefüges als Lehrstück angesehen werden, wie ein einmal begangener Ausbruch aus dem gesetzlichen System sukzessive zum großen Teil wieder relativiert wurde. Die Anerkennung einer dem Erbrecht grundsätzlich fremden Singularsukzession ist dabei der ausbrechende Ausgangspunkt. Jedoch hat man deren Wirkung – nach einer zwischenzeitlichen Aufstufung zur Sondererbfolge – letztlich wieder weitestgehend versucht, an die unmodifizierte Universalsukzession anzugleichen. So geht der oHG-Anteil zwar getrennt vom übrigen Nachlass auf den Sondererben über, jedoch bleibt er Nachlassbestandteil, da man erkannt hat, dass die Sondererbfolge ansonsten „*in die diffizile (...) Ordnung des Haftungszugriffs*"[449] eingreifen würde. Auch bei den aus dem oHG-Anteil fließenden Aktiva hat sich zumindest bei einigen Stimmen letztlich die Erkenntnis durchgesetzt, dass diese dem gesamthänderisch gebundenen Nachlass zugeordnet bleiben müssen, wenn man die Funktion des Nachlasses als den Nachlassgläubigern vorrangig zugewiesenes Vermögen nicht gefährden will.[450] Selbst die im Zeitpunkt des Erbfalls auf dem oHG-Anteil ruhenden Passiva sind, wie bei jedem anderen Erbschaftsgegenstand auch, Nachlassverbindlichkeiten, die sich

---

447 So auch *Lorz*, in: E/B/J/S-HGB, § 139 Rdnr. 73.

448 Letzteres ist der Stand der Rechtsprechung des II. Zivilsenats, vgl. BGHZ 47, 293, 295 f. und BGHZ 91, 132, 136 f.

449 BGHZ 98, 48, 55.

450 Vgl. BGHZ 91, 132, 136: „*Es gibt keinen Grund anzunehmen, daß die Sondervererbung des Gesellschaftsanteils auch aus ihm abzuleitende übertragbare Vermögensrechte umfassen müßte*". S. auch BGHZ 108, 187, 192. Aus der Literatur, vgl. etwa *Siegmann*, S. 192 ff.

gegen alle Erben richten.[451] Auch mit Blick auf die Vorschriften über die Nachlassteilung gem. §§ 2059 Abs. 1 S. 1, 2062 Hs. 2 BGB muss die Sondererbfolge nach richtiger Ansicht letztlich wegfingiert werden, um ein völlig interessenwidriges Auslösen dieser Normen zu vermeiden. War man anfangs noch der Ansicht, dass erbrechtliche Fremdverwalter vollständig aus der Verwaltung eines oHG-Anteils herauszuhalten seien, ist man dazu übergegangen, diese wieder teilweise in die Verwaltungszuständigkeit zu integrieren,[452] um den Nachlassbeteiligten die einmaligen Vorzüge dieser Institute zu erhalten. Nimmt man diese Erkenntnisse zusammen, bleibt von der Sondererbfolge eigentlich kaum mehr viel übrig, als ein aus dem Verwaltungsgefüge von Erbengemeinschaft und erbrechtlichen Fremdverwaltern (teilweise) ausgegliederter oHG-Anteil!

3. (Vorläufiger) Endzustand des modifizierten Erbrechtsgefüges

Dieser nicht vollständig abgeschlossene, allmähliche Rückzug aus dem modifizierten Erbrechtsgefüge hinterlässt als vorläufigen Zwischenstand, selbst im hier vorgenommenen wohlwollendsten Sinne der Auslegung, eine schwer zu durchschauende Struktur. Es existieren letztlich drei Vermögenssphären: Erstens die Eigenvermögenssphäre jedes Erben. Zweitens das in der Erbengemeinschaft gebundene Nachlassvermögen. Drittens der dem Erben persönlich im Wege der Singularsukzession zufallende Sondernachlass. Die Vermögensrechte des Gesellschaftsanteils, wie die gegenwärtigen und künftigen Gewinnansprüche und der künftige Anspruch auf Abfindung, fallen grundsätzlich in die zweite Vermögenssphäre, werden jedoch – als Aufwandsentschädigung für den vom Sondererben übernommenen Arbeits- und Haftungseinsatz in der oHG – auch zu einem nicht näher bestimmten Anteil der ersten Vermögenssphäre zugeordnet.[453] Die vor dem Erbfall begründeten Verbindlichkeiten aus dem oHG-Anteil sowie die Gesellschafterhaftung für die Zwischenneuschulden belasten mit ihrer erbrechtlichen Seite als Nachlassverbindlichkeiten unentziehbar den gesamthänderisch gebundenen Nachlass und damit alle Erben in der zweiten Vermögenssphäre.[454] Mit ihrer gesellschaftsrechtlichen Seite gem. §§ 128 S. 1, 130 Abs. 1 HGB belasten sie – zusammen mit der Gesellschafterhaftung für die außerhalb der Karenzfrist des § 139 Abs. 3 HGB entstehenden Gesellschaftsneuverbindlich-

---

451 Eindrücklich BGHZ 68, 225, 239: Alles andere würde, „*ohne von Besonderheiten des Gesellschaftsrechts geboten zu sein, den allgemeinen erbrechtlichen Grundsatz durchbrechen*".

452 Für oHG-Anteile zumindest mit der „*Außenseite*", s. BGHZ 98, 48, 57.

453 S. hierzu noch einmal BGHZ 98, 48, 57 und *§ 2 II. 2. c)*.

454 Die persönliche Vermögenssphäre der Erben wird kraft dieser Nachlassverbindlichkeiten nur vorbehaltlich der erbrechtlichen Haftungsbeschränkungsinstrumente, also gerade nicht unentziehbar belastet.

keiten – hingegen unentziehbar die erste Vermögenssphäre des Sondererben. Nur der oHG-Anteil selbst fällt demnach in die durch die Sondererbfolge neugeschaffene dritte Vermögenssphäre. Der von Gesetzes wegen verwendeten Terminologie ist im modifizierten Erbrechtsgefüge nicht mehr zu trauen. Soweit eine Vorschrift von „*Erbschaft*" spricht oder den Nachlass als Haftungsmasse erwähnt, etwa in §§ 1975, 1984 Abs. 2,[455] 2214, 2059 Abs. 1 S. 1, Abs. 2 BGB,[456] sind damit grundsätzlich die zweite und dritte Vermögenssphäre zusammengenommen gemeint. Sofern der Nachlass als Verwaltungsmasse angesprochen ist, etwa in §§ 2032 Abs. 1, 2038 Abs. 1, 2205 S. 1, 2211 Abs. 1, 1985 Abs. 1 BGB, ist grundsätzlich nur die zweite Vermögenssphäre gemeint. Jedoch wird sie bei der erbrechtlichen Fremdverwaltung wohl durch die dritte Sphäre ergänzt, soweit es um die „*Außenseite*" des oHG-Anteils geht. Demgegenüber bleibt die „*Innenseite*" des oHG-Anteils – aufgrund von Erwägungen, die für jedes erbrechtliche Institut letztlich verschiedenartig ausfallen – grundsätzlich von der verwaltenden Einwirkung von Nachlass(insolvenz)verwaltern, Testamentsvollstreckern und Nachlasspflegern verschont.

4. Verbleibende Wertungswidersprüche des modifizierten Erbrechtsgefüges

Neben der ohnehin schwer nachvollziehbaren Ausgangslage, die dieser teilweise Rückzug aus dem modifizierten Erbrechtsgefüge hervorgerufen hat, bleiben immer noch Konstruktionsdefizite und Wertungswidersprüche zurück. So ist bisher unklar, wie die aus dem oHG-Anteil fließenden Neuaktiva ungeschmälert dem gesamthänderisch gebundenen Nachlass zugeführt werden können, wo sie doch aus dem singularsukzedierten oHG-Anteil resultieren, der – vor der Absonderung des Nachlasses gem. § 1975 BGB – grundsätzlich schutzlos dem Zugriff der Eigengläubiger und der Willkür des Sondererben ausgeliefert ist. Die bisherige Haltung der Rechtsprechung,[457] wonach die Neuaktiva bereits mit dem Erbfall dem gesamthänderisch gebundenen Nachlass zugeordnet werden, überzeugt nicht. Ob sich mit § 2041 S. 1 BGB die Neuaktiva ab dem Zeitpunkt ihres Entstehens dem gesamthänderisch gebundenen Nachlass zuweisen lassen, ist

---

[455] Hinsichtlich §§ 1975, 1984 Abs. 2 BGB gilt dies freilich nur, wenn man die Ausdehnung der Verwaltungsbefugnisse auf die „*Außenseite*" des oHG-Anteils, wie es der BGH in BGHZ 98, 48, 57 für die Testamentsvollstreckung ausjudiziert hat, auf die Nachlass(insolvenz)verwaltung überträgt. S. hierzu noch einmal *§ 2 III. 3. b) dd)*.

[456] Hinsichtlich § 2059 Abs. 1 S. 1, Abs. 2 BGB gilt dies freilich nur, wenn man dem hier skizzierten Weg folgt; s. noch einmal *§ 2 II. 3. b)* und *4*.

[457] So insbesondere der II. Senat, vgl. BGH, NJW 1985, 1953, 1954 (Kommanditanteil); BGH, NJW-RR 1987, 989.

bisher nicht hinreichend ausgeleuchtet. Auch ob, und wenn ja, wie Einwirkungen auf den oHG-Anteil über den Fortwirkungsgedanken noch auf die aus ihm fließenden Aktiva durchschlagen können, bevor sie von § 2041 S. 1 BGB dem gesamthänderisch gebundenen Nachlass zugeordnet werden, bleibt eine bisher völlig unbewältigte Aufgabe.[458] Jedenfalls bei einer qualifizierten Sondererbfolge kommt es daneben noch zu einer weiteren Benachteiligung gesellschaftsferner Miterben. Entgegen der Intention des Gesetzgebers wird der oHG-Anteil nämlich durch die Sondererbfolge an den Sondererben ausgeantwortet, ohne dass eine gerechte Verteilung der hiermit verbundenen Lasten sichergestellt ist. Bei der unmodifizierten Universalsukzession ist dies anders, da dort den einzelnen Erben i.d.R. erst dann die ihnen zugedachten Erbschaftsgegenstände ausgeantwortet werden, wenn die mit ihm zusammenhängenden Nachlassverbindlichkeiten getilgt sind (s. auch § 2046 Abs. 1 BGB). Dieses Interesse wird durch die Sondererbfolge in den oHG-Anteil, insbesondere bei qualifizierten Sondererbfolgen, völlig missachtet. Wenn sich die Gesellschaftsalt- und Zwischenneugläubiger entschließen, in das gesamthänderisch gebundene Nachlassvermögen zu vollstrecken, das vornehmlich den gesellschaftsfernen Miterben zugedacht ist, wird die unvorteilhafte Position, in welche die gesellschaftsfernen Erben durch die Sondererbfolge gebracht werden, deutlich. Den gesellschaftsfernen Miterben fehlt, wegen der Sondererbfolge, die Möglichkeit, den im oHG-Anteil schlummernden Abfindungsanspruch durch ordentliche Kündigung gem. § 132 HGB zu kommerzialisieren. Ein Recht zur außerordentlichen, privilegierten Kündigung gem. § 135 HGB analog kommt den Miterben nicht zu. Die Einsetzung eines hierzu befugten Nachlassverwalters kann der Sondererbe durch sein Veto verhindern (§ 2062 Hs. 1 BGB). Das Recht der gesellschaftsfernen Miterben unter den Voraussetzungen des § 135 HGB zu einem nicht privilegierten Kündigungsrecht zu gelangen, ist zwar anzuerkennen, jedoch muss es u.U. in mühevoller und zeitintensiver Arbeit erstritten werden. Es setzt daneben voraus, dass in richterlicher Rechtsfortbildung ein entsprechender Regressanspruch geschaffen wird, der die Miterben zu Privatgläubiger des Sondererben macht. Der Sondererbe bleibt bis zum Kündigungszeitpunkt, ohne eine Kontrollmöglichkeit seitens der Miterben, befugt, die Rechte aus der singularsukzedierten oHG-Beteiligung wahrzunehmen. Ob der Abfindungsanspruch bis zur Erfüllung aller Voraussetzungen des § 135 HGB noch als werthaltiger Anspruch im gesamthänderisch gebundenen Nachlass entsteht, kann jenseits des problematischen Konflikts mit dem Fortwirkungsgedanken oft nicht rechtssicher abgeschätzt werden.[459] Zu guter Letzt verhindert das bei quali-

[458] S. *§ 2 II. 2. a) bb) (2)*.

[459] S. *§ 2 II. 2. b) aa)* und *bb)*.

fizierter Sondererbfolge besondere Schutzbedürfnis der gesellschaftsfernen Miterben auch, dass jenseits der Karenzfrist des § 139 Abs. 4 HGB entstehende Gesellschaftsneuverbindlichkeiten zu einer unentziehbaren Verhaftung des Nachlasses führen können, obwohl mit der Rechtsfigur der Nachlasserbenschuld eigentlich eine postmortale Verhaftung des Nachlasses, etwa bei einem vererbten Handelsgeschäft, anerkannt ist. Damit werden Gesellschaftsneugläubiger einer oHG, wegen der Sondererbfolge, gegenüber Neugläubigern eines von allen Miterben in Form der Erbengemeinschaft weiterbetriebenen Handelsgeschäfts schlechter gestellt.[460]

[460] S. *§ 2 II. 2. b) cc).*

2. Kapitel

Erbrechtliche Mitverwaltung eines vererbten oHG-Anteils

§ 3 Unmodifizierte Universalsukzession in den oHG-Anteil

Die Möglichkeit einer erbrechtlichen Mitverwaltung des oHG-Anteils steht und fällt mit der Möglichkeit einer unmodifizierten Universalsukzession in den oHG-Anteil. Dies hängt wiederum von der Richtigkeit der bereits erwähnten, v.a. von der Rechtsprechung aufgestellten (floskelhaften), hier zusammengenommenen These ab:

„*Die oHG ist stets eine persönlichkeitsbezogene Haftungsgemeinschaft und in der Regel eine persönlichkeitsbezogene Arbeitsgemeinschaft,*[1] *in der Rechte und Pflichten eines Gesellschafters in der Regel sachgerecht nur von voll verantwortlichen und selbst handlungsfähigen Personen wahrgenommen werden können*“[2].

Damit eigne sich

„*die Erbengemeinschaft weder für eine Betätigung als Gesellschafter noch für die Gesellschafterhaftung (...); sie hat auch die Vorschrift des § 139 HGB für sich, die sie zwar nicht ausdrücklich vorschreibt, bei unbefangener Betrachtung aber offenbar voraussetzt*“[3].

Die konkreten Argumentationsstränge, die hieraus abgeleitet werden, sowie die sie stützenden Erwägungen werden im Folgenden beleuchtet und einer kritischen Analyse unterzogen.

I. Handelsrechtlicher Grundsatz unbeschränkter Haftung und Vorbehalt der Haftungsdisparität

Als wohl wichtigster Argumentationsstrang gegen die Zulassung eines unmodifizierten Erbrechtsgefüges ist die Haftungsdisparität[4] zu nennen, die – wie ge-

---

[1] BGHZ 22, 186, 192. Ähnlich BGH, NJW 1983, 2376, 2377.

[2] BGH, NJW 1983, 2376, 2377.

[3] BGHZ 68, 225, 237.

[4] Dieser Begriff ist aus *Bonefeld*, in: Damrau/Tanck, Praxiskommentar Erbrecht, § 2205 Rdnr. 49 entlehnt. Dort wird er aber für den ähnlich gelagerten und in *§ 2 III. 3. a) aa)* erörterten Haftungswiderspruch zwischen § 2206 Abs. 1 S. 1 BGB und § 128 S. 1 HGB im Testaments-

sehen – bereits das RG[5] und ihm nachfolgend die etablierte Ansicht zwischen der beschränkbaren erbrechtlichen Haftung der zu einer Erbengemeinschaft verbundenen Erbenmehrheit und der persönlichen Gesellschafterhaftung gem. § 128 S. 1 HGB zu finden glaubt.[6] Auch in der eingangs erwähnten Floskel, in der von der oHG als „*Haftungsgemeinschaft*" gesprochen wird, in der Gesellschafterrechte nur von „*voll verantwortlichen Personen*" wahrgenommen werden können, klingt der Vorbehalt der Haftungsdisparität an.

1. Haftungsdisparität – Phänomen in der Erbengemeinschaft

Die etablierte Ansicht stört sich jedoch nicht schlechthin an den Instituten zur Beschränkung der Haftung auf den Nachlass. Denn diese Möglichkeit hat auch der Alleinerbe, der jedoch durch die von der etablierten Meinung vertretenen Modifizierung der Universalsukzession nicht betroffen ist.[7] Dass diese Haftungsbegrenzungsmöglichkeiten für die etablierte Auffassung dort unproblematisch sind, erklärt sich daraus, dass der Alleinerbe (ähnlich wie bereits für den Sondererben beleuchtet[8]) in Ansehung der Gesellschaftsaltverbindlichkeiten einer dualistischen Haftung unterliegt: Einerseits einer erbrechtlich beschränkbaren Nachlassverbindlichkeit i. S.d. § 1967 Abs. 2 Var. 1 BGB (Erblasserschuld[9]), weil die Gesellschafterhaftung gem. § 128 S. 1 HGB, der seinerzeit der Erblasser unterlag, kraft der Universalsukzession i. S.d. § 1922 Abs. 1 BGB auf ihn übergegangen ist; andererseits (jedenfalls nach Ablauf der Karenzfrist des § 139 Abs. 3 HGB) gem. §§ 128 S. 1, 130 Abs. 1 HGB[10] auch einer handelsrechtlichen

---

vollstreckungsrecht verwendet, der in der vorliegenden Arbeit wiederum als Haftungsinkompatibilität verstanden wird.

[5] S. hierzu noch einmal RGZ 16, 40, 57 f.

[6] *Ruhwinkel*, Die Erbengemeinschaft, Rdnr. 133; *Leipold*, in: MüKo-BGB, § 1922 Rdnr. 96; *Schäfer*, in: Staub-HGB, § 105 Rdnr. 100; *Schäfer*, in: MüKo-BGB, § 705 Rdnr. 81; *Schöne*, in: BeckOK-BGB, § 727 Rdnr. 16 (für die Außen-GbR). Unklar BGHZ 22, 186, 192, wo nur der Charakter der oHG als „*Haftungsgemeinschaft*" betont wird.

[7] Insofern missverständlich, weil u. a. auch auf die dem Alleinerben zustehende Nachlassseparation gem. § 1975 BGB als konfliktträchtig abstellend *Leipold*, in: MüKo-BGB, § 1922 Rdnr. 96. S. auch *Heydn*, S. 80.

[8] S. noch einmal *§ 2 II. 2. b) aa)*.

[9] Zu dem Begriff, s. *Muscheler*, Erbrecht II, Rdnr. 3393.

[10] BGH, NJW 1982, 45, 46; *ders.*, NZG 2014, 696, Rdnr. 6 ff. (für eine Außen-GbR); *Habersack*, in: Staub-HGB, § 130 Rdnr. 10; *Schmidt*, in: MüKo-HGB, § 139 Rdnr. 100 und 108. Andere leiten die Haftung aus § 139 Abs. 4 HGB e c. her: *Muscheler*, Haftungsordnung, S. 535; *Marotzke*, JZ 1986, 457, 462 (Fn. 67). Wieder andere versuchen sich an einer Analogie zu § 130 Abs. 1 HGB, s. *Börner*, AcP 166, 426, 434, oder an einer Analogie zu § 27 Abs. 1 HGB, s. *Bletz*, S. 43 ff. Es macht keinen signifikanten Unterschied, welchen Weg man wählt, wenn man der hier vertretenden Ansicht folgt und konstatiert, dass auch einer persönlichen

Eigenverbindlichkeit, für welche die erbrechtlichen Haftungsbeschränkungsmöglichkeiten nicht gelten.[11] I.E. helfen dem Alleinerben die erbrechtlichen Haftungsbeschränkungsmöglichkeiten daher nicht, da dieser zumindest aus der zweiten Haftungsspur mit seinem Eigenvermögen haften muss. Ein Unterlaufen des Grundsatzes unbeschränkter Haftung droht beim Alleinerben somit nicht und eine Modifikation des Erbanfalls ist in diesem Fall nicht angezeigt. Problematisch soll die Haftungssituation jedoch i.R. einer Erbengemeinschaft werden. Zum einen sollen die spezifischen Haftungsprivilegierungen in der Erbengemeinschaft Irritationen auslösen. Anders als der (über beide Haftungsspuren) grundsätzlich unbeschränkt haftende Alleinerbe sei der Miterbe einer Erbengemeinschaft in zweierlei Hinsicht haftungsrechtlich privilegiert. Jedenfalls bis zur Nachlassteilung könne er gem. § 2059 Abs. 1 S. 1, Abs. 2 BGB zunächst einmal seine Haftung auf den gesamthänderisch gebundenen Nachlass und seinen Erbteil beschränken.[12] Selbst wenn dem Miterben das Privileg der Haftungsbeschränkung nicht mehr zusteht, sollen noch unauflösbare Haftungswidersprüche bestehen, da er selbst dann bis zur Nachlassteilung nur einer pro-ratarischen Haftung gem. § 2059 Abs. 1 S. 2 BGB unterliegt, die immer noch eine deutliche Besserstellung gegenüber anderen gesamtschuldnerisch haftenden Gesellschaftern sei.[13] Dabei geht die etablierte Ansicht wohl davon aus, dass sich bei Zulassung der Erbengemeinschaft am oHG-Anteil die erbrechtlichen Haftungsprivilegierungen, insbesondere die des § 2059 Abs. 1 S. 1, Abs. 2 BGB, schlechthin durchsetzen und nicht – wie bei einem Alleinerben – durch eine handelsrechtliche Gesellschafterhaftung faktisch leerlaufen.[14] Damit ergibt sich für die etablierte Ansicht das Schreckensszenario einer nur nach erbrechtlichen Grundsätzen haftenden Erbenmehrheit, was der persönlichen und solidarischen

---

Haftung aus § 27 Abs. 1 HGB analog nicht mit dem Enthaftungstatbestand des § 25 Abs. 2 HGB beizukommen ist, vgl. *§ 3 I. 2. c) cc)*.

[11] S. zum dualistischen Haftungsmodell: *Kick*, S. 77 f.; *Schmidt*, in: Müko-HGB, § 139 Rdnr. 100 und 107 f. Anders sahen dies noch: *J.* v. *Gierke*, in: FS Wieland, S. 94, 112 f.; *Liebisch*, ZHR 116, 128, 153 ff.

[12] So *Schäfer*, in: Staub-HGB, § 139 Rdnr. 45; *Löhnig*, in: Staudinger, Vor. § 2032 Rdnr. 28.

[13] Zur gesamtschuldnerischen Haftung, s. *Habersack*, in: Staub-HGB, § 128 Rdnr. 24 f.; so auch bereits das RG zum *PreußALR*, s. RGZ 16, 40, 58, wo die unbeschränkbare Haftung, der die Erben nach *I 9 § 418 PreußALR* unterlagen, wenn sie das Erbe ohne die Rechtswohltat des Inventars antraten, ebenfalls als unverträglich mit der persönlichen Haftung im Personengesellschaftsrecht (*Art. 112 S. 1 ADHGB*) angesehen wurde, da die Miterben einer Erbengemeinschaft dann zwar persönlich, aber gem. *I 17 §§ 127 f. PreußALR* nur gemeinschaftlich „*zu einer bezüglichen Rate*“, d. h. für einen ihrer Erbquote entsprechenden Teil der Forderung, einzustehen hatten. S. auch *Börner*, AcP 166, 426, 435 f. und auch *§ 2 I. 4.*

[14] S. etwa *Kick*, S. 102: „*Wenn Mitglied der Gesellschaft die Erbengemeinschaft ist, ist den Gesellschaftsgläubigern der Zugriff auf die jeweiligen Privatvermögen der Miterben verschlossen*“.

Haftung, wie sie das Haftungsregime der oHG gem. §§ 105 Abs. 1 i.V.m. 128 S. 1, 130 Abs. 1 HGB vorsehe, diametral entgegenstehe.[15] Da § 2042 Abs. 1 BGB nur den Miterben ein Recht gibt, die Auseinandersetzung zu verlangen, können Erben durch Außenstehende (wie etwa die Mitgesellschafter oder die Gesellschaftsgläubiger) auf den ersten Blick auch nicht ohne Weiteres gezwungen werden, sich auseinanderzusetzen, um diese Blockade zu beenden. Die Modifikation der Universalsukzession dient der etablierten Ansicht also dazu, es gar nicht erst so weit kommen zu lassen, und den oHG-Anteil „*an der Miterbengemeinschaft vorbei*"[16] zu vererben, da so aus Sicht der etablierten Ansicht die vorgenannten Beschränkungen entfallen.[17]

2. Beschränkt haftende oHG-Gesellschafter und Haftungsdisparität

Unabhängig der Richtigkeit der dem Vorbehalt der Haftungsdisparität zugrundeliegenden These, wonach die Erbenmehrheit nur mit den Kräften einer Nachlassverbindlichkeit hafte, sieht sich dieser Vorbehalt zusehends aus einer ganz anderen Richtung Zweifeln ausgesetzt. So wird bisweilen infrage gestellt, dass eine Haftungsbeschränkung auf den Nachlass überhaupt gesellschaftsrechtsunverträglich sein soll. Zwar beschränkt sich diese Diskussion in der Literatur nahezu ausschließlich auf die Anzweifelung des Vorbehalts der Haftungsinkompatibilität i.R.d. Testamentsvollstreckung, jedoch besteht kein einleuchtender Grund, den Stand der Diskussion nicht auch auf das hier in Rede stehende Dogma der Haftungsdisparität zu übertragen. Denn Haftungsdisparität und Haftungsinkompatibilität beruhen auf demselben, in einem größeren Ganzen verwurzelten Phänomen, nämlich dem Auftreten solcher Rechtsfiguren als Gesellschafter einer oHG, die nur beschränkt auf die Kräfte einer Nachlassverbindlichkeit haften.

a) Kapitalgesellschaften als oHG-Gesellschafterinnen

Zweifel an der Haftungsunverträglichkeit von Rechtssubjekten, die nur mit den Kräften einer Nachlassverbindlichkeit haften, säht in der Literatur ein Lagevergleich zu den Kapitalgesellschaften. Denn es sei kaum nachvollziehbar, dass bereits die Beschränkung der Haftung auf den Nachlass bei nur einer Gesellschafterposition einer oHG unverträglich sein soll, es aber einhellig anerkannt

---

[15] So bereits zum *PreußALR* und *ADHGB*: RGZ 16, 40, 57 f. S. im Übrigen: *Löhnig*, in: Staudinger, Vor. § 2032 Rdnr. 28; *Leipold*, in: MüKo-BGB, § 1922 Rdnr. 96; *Wiedemann*, Übertragung, S. 199 f.; *Lange*, ZErb 2014, 97, 98.

[16] *Marotzke*, in: Staudinger, § 2059 Rdnr. 52.

[17] *Heydn*, S. 81.

ist, dass institutionell haftungsbeschränkte[18] juristische Personen (z. B. die GmbH oder die AG) Gesellschafterinnen einer Personen(handels)gesellschaft sein können.[19] Selbst der für diese Ungleichbehandlung zwischen juristischer Person und Sondervermögensmasse Nachlass lange Zeit ins Feld geführte Hinweis darauf, dass jedenfalls die Kapitalgesellschaft als bedeutendste Vertreterin der juristischen Personen, anders als der Nachlass, ein garantiertes Mindeststammkapital aufweisen muss,[20] ist durch zwei bedeutende Entwicklungen weitestgehend überholt. So wurde erstens durch das MoMiG[21] auf nationaler Ebene die Möglichkeit eröffnet, Kapitalgesellschaften zu gründen, die weniger als 25.000 EUR Stammkapital aufweisen (§ 5a Abs. 1 GmbHG), im Gegenzug aber strenge Ansparpflichten besitzen (§ 5a Abs. 3 GmbHG), sog. UG (haftungsbeschränkt). Wer sogar diese Ansparpflichten umgehen will, hat zweitens die Möglichkeit, aus einer der 31 Rechtsordnungen des EWR[22] eine für sich passende Gesellschaft als Mitglied einer oHG zu platzieren.[23] Denn in ständiger Rechtsprechung des EuGH muss jeder Mitgliedsstaat der EU, aber auch des EWR,[24] Gesellschaftsformen mit Satzungssitz im EWR-Ausland anerkennen, die den Verwaltungssitz in ihr Hoheitsgebiet verlegen, solange und soweit der Wegzugsstaat keine Beschränkungen hierzu vorsieht.[25] Zu denken ist hierbei z. B. an eine

---

[18] S. zu diesem Begriff *Fischinger*, Haftungsbeschränkung im Bürgerlichen Recht, S. 243.

[19] Dies geben u. a. zu bedenken: *Baur*, in: FS Dölle I, S. 249, 262 (Fn. 44); *Stötter*, DB 1979, 525, 528 f.; *Kämper*, RNotZ 2016, 625, 633 f.; *Weidlich*, NJW 2011, 641, 644 f.

[20] *Lorz*, S. 34 f.

[21] Gesetz zur Modernisierung des GmbH-Rechts und zur Bekämpfung von Missbräuchen (MoMiG) v. 23.10.2008, BGBl. 2008 I, S. 2026.

[22] Mit dem Austritt des Vereinigten Königreichs von Großbritannien und Nordirland aus der EU nach Ablauf der verlängerten Zwei-Jahres-Frist i. S. d. Art. 50 Abs. 3 Var. 2 EUV zum 31.1.2020 und der sich hieran anschließenden Übergangsperiode bis zum 31.12.2020, ist juristisch umstritten, wie sich dies auf die Mitgliedschaft im EWR auswirkt. Vgl. hierzu *Schroeter/Nemeczek*, JZ 2017, 713, 715 ff., der von einem Verbleib des Vereinigten Königreichs von Großbritannien und Nordirland im EWR ausgeht. Dies entspricht jedoch nicht der Auffassung der EWR Vertragsstaaten, die mit Blick auf Art. 126 Abs. 1 EWRA, der den Geltungsbereich des EWR auf die Gebiete der EU, Islands, Liechtensteins und Norwegens beschränkt, davon ausgehen, dass das Vereinigte Königreich von Großbritannien und Nordirland, nach dem Austritt aus der EU, nicht mehr dem räumlichen Geltungsbereich des EWR angehört. S. weiterführend Internetquelle 3 des Literaturverzeichnisses.

[23] Bekannte Beispiele sind die Maersk Deutschland A/S & Co. KG oder die H&M Hennes & Mauritz B.V. & Co. KG. Zur Zulässigkeit dieser Gesellschaftsformen, s. *Wicke*, DNotZ 2017, 261, 275.

[24] Zur Anwendung dieser Grundsätze nicht nur auf das EU-, sondern auch auf das EWR-Ausland, vgl. *Leible*, in: Michalski-GmbHG, Systematische Darstellung 2 Rdnr. 47.

[25] Zur Entwicklung dieser Zuzugsfreiheit, vgl. weiterführend: EuGH, ECLI:EU:C:1999:126 – Centros; *ders.*, ECLI:EU:C:2002:632 – Überseering; *ders.*, ECLI:EU:C:2003:512 – Inspire Art. Zur mittlerweile einschränkenden Anwendung der Zuzugsfreiheit bei reinen Briefkasten-

niederländische B.V. oder eine französische S. à r. l., die de facto überhaupt keine nennenswerten Anforderungen[26] an das Stammkapital stellen. Ist eine beschränkt haftende juristische Person als Gesellschafterin einer oHG platziert, sind dem Grunde nach nicht einmal firmenrechtliche Konsequenzen zu ziehen. Erst wenn hinter der oHG ausschließlich beschränkt haftende juristische Personen stehen, sieht man dahingehend Handlungsbedarf. Jedoch geht man dabei immer noch nicht so weit und untersagt derartige Konstruktionen. Es muss vielmehr nur, neben einigen spezifischen Schutzvorschriften,[27] gem. § 19 Abs. 2 HGB ein firmenrechtlicher Zusatz angebracht werden, der damit die im handelsrechtlichen Sinne beschränkte Haftung auch der Personengesellschaft für jedermann verständlich deutlich macht. Das prominenteste Beispiel ist sicher die GmbH & Co. KG.[28] Jedoch ist bspw. auch eine als UG (haftungsbeschränkt) & Co. oHG firmierende oHG denkbar, die damit de facto keine statutarische Haftungsgrundlage haben muss.[29]

Das Stammkapital als quantitative Größe kann daher tatsächlich nicht mehr maßgebliches Entscheidungskriterium für die Zulassung juristischer Personen als Gesellschafterinnen einer oHG sein.

b) *Zulassung von gegenständlichen Haftungsbeschränkungsinstrumenten*

Auch natürliche Personen können ggf. nur mit einem beschränkten Teil ihres Gesamtvermögens einer Haftung unterliegen (gegenständliche Haftungsbeschränkung). Dies hindert sie aber oft nicht daran, eine Gesellschafterposition in einer oHG einzunehmen. So ist es etwa bei § 1629a Abs. 1 S. 1 BGB, der die Haftung einer volljährig gewordenen Person auf dasjenige Vermögen beschränkt,

---

gesellschaften (Voraussetzung für die Inanspruchnahme der Zuzugsfreiheit ist eine feste Einrichtung im Aufnahmemitgliedsstaat auf unbestimmte Zeit), vgl. EuGH, ECLI:EU:C:2006:544, Rdnr. 54 – Cadbury Schweppes und *ders.*, ECLI:EU:C:2012:440, Rdnr. 34 – VALE. Weitere Einschränkungen der Zuzugsfreiheit durch die Möglichkeit der Anwendung nationaler Tätigkeitsausübungsregeln (im Urteil Haftung gem. *§ 64 Abs. 2 S. 1 GmbHG a. F.* [jetzt § 64 S. 1 GmbHG]), vgl. EuGH, ECLI:EU:C:2015:806, Rdnr. 22 ff. – Kornhaas. S. auch *Kindler*, in: MüKo-BGB, Internationales Wirtschaftsrecht, Teil 10 Rdnr. 117 ff.

[26] Die französische S. à r. l. hat gem. Art. L 223–2 Code de Commerce keine gesetzlichen Anforderungen an die Höhe des Stammkapitals mehr; s. auch *Basuyaux/Delpech/de Labrouhe*, in: W/S/B-GesR des Auslands, Frankreich Rdnr. 83. Selbiges gilt für die niederländische B.V., s. Art. 178 Burgerlijk Wetboek Boek 2 und *Van Helden/Willeumier*, in: W/S/B-GesR des Auslands, Niederlande Rdnr. 18.

[27] §§ 125a Abs. 1 S. 2, 130a, 177a HGB; zur analogen Anwendung der §§ 30, 31 GmbHG, vgl. *Strohn*, in: E/B/J/S-HGB, § 172 Rdnr. 64 ff.; s. auch BGHZ 60, 324, 328 ff.

[28] Zur Beifügung eines Rechtsformzusatzes in der Firma, vgl. § 19 Abs. 2 HGB. Zur höchstrichterlichen Anerkennung der GmbH & Co. KG, vgl. RGZ 105, 101 ff.; BGH, WM 1956, 61.

[29] S. zur Firmierung UG (haftungsbeschränkt) & Co oHG: KG, NJW-Spezial 2009, 673.

das diese im Zeitpunkt des Eintritts der Volljährigkeit ihr Eigen nennen kann. Auch ohne besondere Kenntlichmachung für den Rechtsverkehr entfaltet diese Haftungsbeschränkung insbesondere dann ihre Wirkung, wenn Minderjährige Inhaber eines Handelsgeschäfts oder Gesellschafter einer oHG sind, obwohl gerade in letzterem Fall (wegen der kraft Gesetzes gem. § 128 S. 1 HGB eintretenden Haftung) der Wortlaut des § 1629a BGB nur unzureichend passt.[30] Jede andere Ansicht würde aber mit dem Normzweck des § 1629a BGB konfligieren, der gerade zum Schutz der minderjährigen Erben vor den unübersehbaren Haftungsfolgen im Handelsverkehr geschaffen wurde.[31] Auch ein nicht oder nur gemeinschaftlich verwaltungsbefugter Ehegatte einer Gütergemeinschaft[32] kann ein Handelsgeschäft betreiben bzw. Inhaber einer oHG-Gesellschafterposition werden, obwohl die gegen ihn gerichteten Geschäfts- bzw. Gesellschaftsverbindlichkeiten gem. §§ 1438 Abs. 1, 1431, 1440 S. 2 bzw. 1460 Abs. 1, 1456, 1462 S. 2 BGB bei einem in das Güterrechtsregister eingetragenen Einspruch gegen die Fortführung des Geschäftsbetriebs seitens des anderen Ehegatten nur den Zugriff auf das Sonder- und Vorbehaltsgut i. S.d. §§ 1417 f. BGB, nicht jedoch den Zugriff auf das Gesamtgut i. S.d. § 1416 BGB erhalten.[33] Ähnliches liegt dann vor, wenn ein Gesellschafter erbt, kann er doch über eine Nachlass(insolvenz)-verwaltung die Gesellschaftsgläubiger vom Zugriff auf seine Nachlassvermögenssphäre fernhalten, wenn nicht ohnehin eine Testamentsvollstreckung über den Nachlass angeordnet ist, sodass sich bereits über § 2214 BGB eine Abschirmung des Nachlasses ergibt.[34] In diesem Bewusstsein mutet es auf den ersten Blick in der Tat befremdlich an, dass Rechtssubjekte, wie Minderjährige, juristische Personen, nicht oder nur gemeinschaftlich verwaltungsbefugte Ehegatten einer Gütergemeinschaft und Gesellschafter, die im Wege des Erbgangs einen Nachlass hinzuerwerben, als mit der Haftungsordnung der oHG kompatible

---

30 S. zu dem Problem eingehend: *Amend-Traut*, in: BeckOGK-ZR, § 1629a Rdnr. 18 ff.; *Schmidt*, in: MüKo-HGB, § 128 Rdnr. 65; *Grunewald*, ZIP 1999, 597 f.

31 *Bettin*, in: BeckOK-BGB, § 1822 Rdnr. 13; die unübersehbaren Haftungsfolgen aus der geschäftlichen Betätigung sah das BVerfG in BVerfGE 72, 155 als unvereinbar mit dem allgemeinen Persönlichkeitsrecht Minderjähriger an und hat a. a. O., S. 173 den Gesetzgeber aufgerufen, „*in Wahrnehmung seines Wächteramts (Art. 6 Abs. 2 S. 2 GG) Regelungen zu treffen, die verhindern, daß der volljährig Gewordene nicht mehr als nur eine scheinbare Freiheit erreicht*".

32 Dagegen können die Ehegatten in gesamthänderischer Verbundenheit einer Gütergemeinschaft nicht Gesellschafter einer oHG sein, vgl.: *Schmidt*, in: MüKo-HGB, § 105 Rdnr. 105; *Thiele*, in: Staudinger, § 1416 Rdnr. 14; BayObLG, RNotZ 2003, 197, 198 (Kommanditanteil).

33 Auch eine Vollstreckung in den Anteil an der Gütergemeinschaft ist wegen § 860 Abs. 1 S. 1 ZPO nicht möglich; s. zum Ganzen *Muscheler*, Haftungsordnung, S. 551 f.

34 So richtig *Muscheler*, Haftungsordnung, S. 553 und *Pütter*, S. 88 f.

Rechtssubjekte angesehen werden, während hingegen Rechtssubjekte, die ihre Haftung auf den Nachlass beschränken können, nicht zu tolerieren sein sollen.[35]

c) Rechtfertigung der Ungleichbehandlung

Nun beweisen die vorgenannten Lagevergleichsargumente freilich nur, dass das Recht der Personenhandelsgesellschaften und Handelsgeschäfte (allgemeines Handelsrecht) keinen strengen Grundsatz unbeschränkter Haftung kennen, obwohl dieser bisweilen suggeriert wird.[36] Vielmehr ist es ein allgemeiner Grundsatz des gesamten (bürgerlichen) Rechtssystems, dass der Schuldner – vorbehaltlich besonderer Pfändungsschutztatbestände[37] – für Verbindlichkeiten grundsätzlich mit seinem gesamten Vermögen haftet (allgemeines bürgerliches Prinzip unbeschränkter Vermögenshaftung).[38]

aa) Aversion des allgemeinen Handelsrechts vor beschränkt auf die Kräfte einer Nachlassverbindlichkeit haftende Rechtssubjekte

Doch bedeutet dies nicht, dass dem allgemeinen Handelsrecht nun gar keine Verschärfung des allgemeinen bürgerlichen Prinzips unbeschränkter Vermögenshaftung zu entnehmen wäre. Als punktuelle Schutzvorrichtung gerade gegen Haftungsbeschränkungen auf den Nachlass zeigt es eindeutig den Willen zu einer Haftungsverschärfung, wie die haftungsverstärkenden Normen der § 27 HGB bzw. §§ 130 Abs. 1, 139 Abs. 4 HGB e c. belegen.[39] Denn diese belasten den Erben, der hinsichtlich der Erblasserschulden gem. §§ 1922 Abs. 1, 1967 Abs. 1 BGB eigentlich nur auf die Kräfte einer Nachlassverbindlichkeit haftet, bzgl. der vom Erblasser herrührenden Geschäftsschulden noch zusätzlich mit einer flankierenden persönlichen Haftung. Das einzige Ziel, was damit sinnvollerweise verfolgt sein kann, ist die Ausschaltung der Haftungsdefizite, die mit Nachlassverbindlichkeiten einhergehen, also eine mögliche Haftungsbe-

---

35 Ähnlich *Pütter*, S. 90.

36 Die unbeschränkte Haftung im Handelsrecht betonen etwa: *Ruhwinkel*, Die Erbengemeinschaft, Rdnr. 133; *Emmerich*, ZHR 132, 297, 305; *Lorz*, S. 34; RGZ 132, 138, 144; BGHZ 12, 100, 102 (Handelsgeschäft).

37 Vgl. etwa §§ 811 ff., 850 ff. ZPO.

38 So argumentieren u. a.: *Muscheler*, Haftungsordnung, S. 397; *Baur*, in: FS Dölle I, S. 249, 263; *Pütter*, S. 38 f.; *Bartsch*, S. 65.

39 So bereits zur Vorschrift des § 27 HGB bei einem Handelsgeschäft unter Testamentsvollstreckung RGZ 132, 138, 144. In eine ähnliche Richtung auch bereits RGZ 16, 40, 58, wo ebenfalls eine mit den Kräften des Nachlasses haftende Gruppe von Inhabern einer oHG als das Gegenteil dessen angesehen wurde, was die oHG ausmacht.

schränkung auf den Nachlass.[40] Andernfalls wären diese Vorschriften schlichtweg überflüssig. Macht man sich dies klar, muss den Normen der § 27 HGB bzw. §§ 130 Abs. 1, 139 Abs. 4 HGB e c. der allgemeine Rechtsgedanke entnommen werden, dass das allgemeine Handelsrecht eine Haftungsbeschränkung auf den Nachlass unter allen Umständen verhindern will, ja einer solchen Beschränkung sogar feindlich gegenübersteht (Aversion des allgemeinen Handelsrechts vor Rechtssubjekten, die beschränkt auf die Kräfte einer Nachlassverbindlichkeit haften).

bb) Fehlende Aussagekraft des Handelsrechts bei Unternehmensneuschulden?

Einige Stimmen verneinen gleichwohl einen solchen Rückschluss. Erstens wird vorgebracht, dass die Vorschriften der § 27 HGB bzw. §§ 130 Abs. 1, 139 Abs. 4 HGB e c. nur für die aus der Geschäftstätigkeit vor dem Erbfall resultierenden Unternehmensaltschulden eine haftungsverstärkende persönliche Haftung anordnen. Weil also die den Erben treffenden Unternehmensneuschulden nicht explizit durch eine gesonderte, auf den Erben zielende, haftungsverstärkende Norm berücksichtigt sind, seien die erbrechtlichen Haftungsbeschränkungen insoweit durch „*das HGB nicht widerrufen*“[41]. Der mit diesem Vorbringen verfolgte Angriffspunkt ist schnell ausgemacht: Da eine das allgemeine Handelsrecht durchziehende Aversion vor Rechtssubjekten, die beschränkt auf die Kräfte einer Nachlassverbindlichkeit haften, nicht postuliert werden könne, meint man offensichtlich ganz generell, größeren Spielraum bei der Zulassung von Haftungsbeschränkungen auf den Nachlass einfordern zu können.[42] Dieses Argument fußt jedoch bereits auf einer kaum überzeugenden Annahme. Denn nur weil keine explizite, den Erben adressierende persönliche Haftungsvorschrift für Unternehmensneuschulden mit dem Ziel existiert, erbrechtliche Haftungsbeschränkungen leerlaufen zu lassen, kann nicht gefolgert werden, dass der Gesetzgeber dieses Ergebnis bei Unternehmensneuschulden nicht wollte. Dies würde nicht zuletzt eine nur schwer zu rechtfertigende Ungleichbehandlung zwischen Alt- und Neugläubigern hervorrufen. Naheliegender ist die These, dass eine ge-

---

[40] Vgl. zu § 27 HGB etwa *Schmidt*, Handelsrecht, § 8 Rdnr. 129; *Thiessen*, in: MüKo-HGB, § 27 Rdnr. 4; *Reuschle*, in: E/B/J/S-HGB, § 27 Rdnr. 6. Vgl. zu 130 HGB *Weidlich*, S. 32 f.

[41] So wohl für das Problem der Haftungsinkompatibilität im Bereich der Testamentsvollstreckung am Handelsgeschäft *Muscheler*, Haftungsordnung, S. 397 f., der aber das handelsrechtliche Bedürfnis nach Eliminierung erbrechtlicher Haftungsbeschränkungen auch bei oHG-Anteilen ablehnt, vgl. a. a. O., S. 549 ff. Ähnlich für das Handelsgeschäft *Bartsch*, S. 70.

[42] Aufbauend auf der Negierung einer Aversion des allgemeinen Handelsrechts vor Rechtssubjekten, die beschränkt auf die Kräfte einer Nachlassverbindlichkeit haften, postuliert *Muscheler*, Haftungsordnung, S. 550 etwa, dass das oHG-Recht nur gewillkürten, nicht jedoch gesetzlichen Haftungsbeschränkungen kritisch gegenüberstehe.

sonderte Normierung einer solchen persönlichen Haftung des Erben für Unternehmensneuverbindlichkeiten nur deshalb unterlassen wurde, weil dort eine explizite Ausschaltung der erbrechtlichen Haftungsbeschränkungen für gewöhnlich nicht notwendig ist. Denn diese ergibt sich grundsätzlich bereits aus der allgemeinen Haftungsstruktur. So haftet der Gesellschafter-Erbe (jedenfalls außerhalb der Karenzfrist des § 139 Abs. 3 HGB) gem. § 128 S. 1 HGB wie jeder andere Gesellschafter persönlich für die während seiner Gesellschafterstellung begründeten Gesellschaftsneuverbindlichkeiten und damit unabhängig von den Schwächen einer rein erbrechtlichen Haftung.[43] Für den Inhaber eines Handelsgeschäfts ist eine vergleichbare Vorschrift zwar nicht normiert, jedoch muss es dem historischen Gesetzgeber als selbstverständlich erschienen sein, dass dieser ebenfalls persönlich für die Geschäftsschulden einzustehen hat.[44] Nach heutiger etablierter Ansicht garantieren die Geschäftsneuverbindlichkeiten, die ein Erbe eines Handelsgeschäfts eingeht, wegen ihres Charakters als Nachlasserbenschulden sowohl den Zugriff auf die persönliche als auch auf die nachlassbezogene Vermögenssphäre.[45] In diesem Bewusstsein ist die für Unternehmensaltverbindlichkeiten in § 27 HGB bzw. §§ 130 Abs. 1, 139 Abs. 4 HGB e c. explizit zum Ausdruck kommende Funktion der persönlichen Haftung des Erben für Unternehmensaltverbindlichkeiten etwas, das auch in die persönliche Haftung für Unternehmensneuverbindlichkeiten hineinzulesen ist. Diese dient auch dort der Ausschaltung der erbrechtlichen Haftungsbeschränkungen und muss daher besonders abgesichert sein.

So verstanden existiert also eine generelle Aversion des allgemeinen Handelsrechts vor Rechtssubjekten, die beschränkt auf die Kräfte einer Nachlassverbindlichkeit haften. Ein Erbe kann also nur dann Handelsgeschäftsinhaber oder oHG-Gesellschafter werden, wenn er nicht nur für die Unternehmensaltverbindlichkeiten über die Kräfte einer Nachlassverbindlichkeit hinaus persönlich haftet, sondern wenn selbiges auch mit Blick auf die Unternehmensneuverbindlichkeiten gilt. Mit der gesetzlich angeordneten und unbeschränkbaren persönlichen Haftung gem. § 128 S. 1 und S. 2 HGB ergibt sich dies bei der oHG zwanglos.[46] Zur Vermeidung von Wertungswidersprüchen ist dieser Gedanke aber auch auf

---

[43] So auch *Muscheler*, Haftungsordnung, S. 536.

[44] Dies vermutet auch *Dauner-Lieb*, S. 299 f. m. w. N., wenngleich sie betont, dass eine den rechtshistorischen Anforderungen genügende Beweisführung kaum zu leisten ist.

[45] *Ernst*, S. 51 und 66. Vgl. auch *Canaris*, Handelsrecht, § 9 Rdnr. 16, der dies für den am Geschäftsabschluss Beteiligten sowie die wirksam vertretenen Erben als „*nirgendwo geschriebene, aber selbstverständliche Regel*" ansieht.

[46] Eine Haftungsgleichstellung zwischen Alt- und Neuverbindlichkeiten bei der oHG befürwortet *Weidlich*, NJW 2011, 641, 644.

den Bereich des Handelsgeschäfts entsprechend zu übertragen.[47] So gelangt man schlussendlich zu einem einheitlichen Haftungskonzept des allgemeinen Handelsrechts in erbrechtlichen Konstellationen.[48] Wer dagegen den für die Unternehmensaltverbindlichkeiten in §§ 27, 130 Abs. 1, 139 Abs. 4 HGB e c. normierten Rechtsgedanken einer garantierten persönlichen Haftung des oder der Erben zur Ausschaltung erbrechtlicher Haftungsbeschränkungen nicht auf die persönliche Haftung für Unternehmensneuverbindlichkeiten überträgt,[49] nimmt eine durch nichts zu rechtfertigende Besserstellung der Unternehmensaltgläubiger gegenüber den Unternehmensneugläubigern in Kauf.

Da sich daher das allgemeine Handelsrecht richtigerweise auch im Bereich der Neuverbindlichkeiten gegen Haftungsbeschränkungen auf den Nachlass wehren muss, ohne dass es auf eine entsprechend für die Nachfolge von Todes wegen explizit durch das Gesetz angeordnete persönliche Haftung ankommt, kann der handelsrechtliche Grundsatz der Aversion vor Rechtssubjekten, die beschränkt auf die Kräfte einer Nachlassverbindlichkeit haften, nicht durch eine Absenz entsprechender Vorschriften bei Neuverbindlichkeiten widerlegt werden. Die Aversion des allgemeinen Handelsrechts vor Rechtssubjekten, die beschränkt auf die Kräfte einer Nachlassverbindlichkeit haften, stellt sich somit als geschlossener Grundsatz dar und ist daher als generelle Aversion zu verstehen.

---

47 So wird man letztlich auch Gestaltungen Herr, mit denen eine nach allgemeinen Grundsätzen eigentlich gesicherte persönliche Haftung bei Erbengemeinschaften durch gewisse Gestaltungen umgangen wird, etwa wenn Miterben in Erbengemeinschaft ein Handelsgeschäft betreiben und sie einander keine Vertretungsmacht zum Abschluss von Rechtsgeschäften gewähren, die auch die private Vermögensmasse der Miterben unentziehbar bindet, vgl. etwa *Canaris*, Handelsrecht, § 9 Rdnr. 18. Die Zulassung solcher Vorgehensweisen ist wertungswidersprüchlich und zeigt, dass die neueren Entwicklungen in der höchstrichterlichen Rechtsprechung zum Haftungsmodell der Außen-GbR noch nicht konsequent zu Ende gedacht und auf die vergleichbare Lage einer unternehmenstragenden Erbengemeinschaft übertragen wurden. Denn die unerbittliche Härte, mit der man eine nicht im handelsrechtlichen Bereich tätige „*GbR mbH*" bedenkt (man unterwirft sie einer unbeschränkten persönlichen Haftung, s. insoweit die Rechtsprechungsentwicklung in BGHZ 142, 315, 318 ff. und BGHZ 146, 341, 358 f.), muss erst recht auf die im handelsrechtlichen Verkehr tätige Erbengemeinschaft übertragen werden, indem man auch dort entweder das akzessorische Haftungsmodell der §§ 128 ff. HGB analog anwendet (so etwa *Thiessen*, in: MüKo-HGB, § 27 Rdnr. 76; *Schmidt*, NJW 1985, 2785, 2790 f.) oder zumindest Einschränkungen der Vertretungsmacht im beschriebenen Sinne schlicht die Wirkung versagt (vgl. etwa *Dauner-Lieb*, S. 486 f.).

48 In diese Richtung auch *Schmidt*, Handelsrecht, § 8 Rdnr. 130.

49 So wohl *Windel*, S. 90 f., der bei einem Handelsgeschäft die garantierte persönliche Haftung eines – nämlich des handelnden – Miterben für ausreichend hält.

cc) Leicht zu umgehender Schutzmechanismus?

Wenn man den § 27 HGB bzw. §§ 130 Abs. 1, 139 Abs. 4 HGB e c. also eine generelle Aversion des allgemeinen Handelsrechts vor Rechtssubjekten entnimmt, die beschränkt auf die Kräfte einer Nachlassverbindlichkeit haften, fragt es sich freilich, wie dies mit der Tatsache zusammenpasst, dass diese Prämisse bisweilen als leicht zu überwindender und damit wenig beachtlicher Grundsatz gehandhabt wird. Denn das wohl noch herrschende Verständnis misst, jedenfalls im Umfeld von Handelsgeschäften, der persönlichen Haftung des Erben keinen besonders strengen Geltungsgrund bei. Hintergrund ist das etablierte Verständnis, wonach die den Erben direkt adressierende persönliche Haftung des § 27 HGB rechtsdogmatisch nur in Anlehnung an die Haftung bei Firmenfortführung nach einem Erwerb unter Lebenden gem. §§ 25 f. HGB ausgestaltet ist. Hierfür streitet jedenfalls der Wille des historischen Gesetzgebers.[50] Ferner deutet darauf der Wortlaut des § 27 Abs. 1 HGB hin, der – anders als der Wortlaut in § 27 Abs. 2 S. 1 HGB – nicht spezifisch die Norm des § 25 Abs. 1 HGB für entsprechend anwendbar erklärt.[51] Verstanden als Verweisung auf alle Absätze des § 25 HGB sei es dem Erben eines Handelsgeschäfts damit eröffnet, in entsprechender Anwendung des § 25 Abs. 2 HGB, die ihn treffende persönliche Haftung durch einfache Erklärung oder gem. § 25 Abs. 3 HGB e c. durch eine Firmenänderung abzustreifen.[52] Die Erkenntnis, dass es dem Erben eines Handelsgeschäfts möglich ist, die persönliche Haftung „*mit einem Federstreich*" zu beseitigen, nimmt *Muscheler* dabei zum Anlass, um die herausgearbeitete generelle Aversion des allgemeinen Handelsrechts vor Rechtssubjekten, die beschränkt auf die Kräfte einer Nachlassverbindlichkeit haften, für den Bereich des Handelsgeschäfts zu einem „*Dogma*"[53] zu verklären. Doch kann diese These *Muschelers* schon gar nicht auf den hier alleine interessierenden Regelungsrahmen der oHG übertragen werden. Denn in den zu § 27 HGB vergleichbaren Vorschriften der §§ 130 Abs. 2, 139 Abs. 4 HGB ist keine dem § 25 Abs. 2, Abs. 3

---

[50] Dies zeigt sich daran, dass die Vorläufer von §§ 25 und 27 Abs. 1 HGB – ähnlich wie im Gesellschaftsrecht in § 130 HGB – unterschiedslos in der Vorschrift *§ 23 HGB – Kommissionsentwurf* enthalten waren, vgl. HGB-Denkschrift 1896, S. 8 f. Erst in der Reichstagsvorlage von 1897 wurden die Haftungslagen bei einem lebzeitigen Übergang und bei einem Übergang von Todes wegen aus rein redaktionellen Erwägungen auf zwei Vorschriften aufgeteilt, vgl. *Thiessen*, in: MüKo-HGB, § 27 Rdnr. 2.

[51] *Vossler*, in: Oetker-HGB, § 27 Rdnr. 25.

[52] Zu diesem Verständnis neigt wohl die überwiegende Auffassung, s. etwa *Canaris*, Handelsrecht, § 7 Rdnr. 111; *Burgard*, in: Staub-HGB, § 27 Rdnr. 19; *Thiessen*, in: MüKo-HGB, § 27 Rdnr. 45 ff.; *Vossler*, in: Oetker-HGB, § 27 Rdnr. 25; RGZ 56, 196, 198.

[53] So zum Handelsgeschäft *Muscheler*, Haftungsordnung, S. 395; ähnlich *Bartsch*, S. 70 f.

HGB entsprechende Möglichkeit vorgesehen, die persönliche Gesellschafterhaftung ohne Weiteres abzustreifen.

Richtigerweise ist jedoch die Haltung *Muschelers* auch für den handelsgeschäftlichen Bereich zu hinterfragen. Denn die oben referierte Auffassung, wonach die persönliche Haftung des Erben eines Handelsgeschäfts gem. § 27 Abs. 1 HGB entsprechend § 25 Abs. 2 HGB ausgeschlossen werden kann, ist mit einer starken Literaturauffassung aus zwingenden teleologischen Gründen abzulehnen.[54] Es sind gerade die auf einen Erwerb unter Lebenden zugeschnittenen Anreize, die eine Entscheidung des fortführungswilligen Erwerbers für oder gegen eine persönliche Haftung für die Geschäftsaltverbindlichkeiten so naheliegend erscheinen lassen, dass § 25 Abs. 2 HGB nur dort sinnvoll erscheint: Der Erwerber eines Handelsgeschäfts kann mit der Übernahme der persönlichen Haftung u.U. einen Rabatt auf den Kaufpreis für das Handelsgeschäft aushandeln, der umso größer ausfällt, je mehr dem Veräußerer die Vorstellung wert ist, nur neben dem Erwerber und überdies ausschließlich i.S.d. § 26 HGB, d.h. nachhaftungsbeschränkt, einstehen zu müssen. Diese Interessenlage kommt bei einem Erwerb von Todes wegen naturgemäß nicht in Betracht. Wenn dem entgegnet wird, dass insbesondere der Sinn des § 25 Abs. 2 HGB bei einem Erwerb von Todes wegen in veränderter Gestalt fortbestehe, nämlich in dem Anreiz des fortführungswilligen Erben, dem Handelsverkehr durch die Nichtausübung der Erklärung nach § 25 Abs. 2 HGB bzw. Umfirmierung, und der damit verbundenen Übernahme der persönlichen Haftung, seine Bonität unter Beweis zu stellen,[55] so ist dem nicht zu folgen. So ist oftmals schon fraglich, warum der Erbe das Bedürfnis verspüren sollte, gegenüber den allein von § 27 Abs. 1 HGB betroffenen Altgläubigern seine Bonität unter Beweis zu stellen. Deren Umwerbung macht überhaupt nur dann Sinn, wenn sie für Anschlussvereinbarungen gewonnen werden sollen.[56] Doch für solche Anschlussvereinbarungen haftet der Erbe des Handelsgeschäfts ohnehin unbeschränkt; schließlich handelt es sich hierbei um Neuverbindlichkeiten, die der Aufwertung des § 27 Abs. 1 HGB nicht bedürfen, um als persönliche Verbindlichkeit zu gelten, weil sie es wegen des Charakters als Nachlasserbenschuld i.d.R. ohnehin sind.[57]

Auch ein Ausschluss der persönlichen Haftung durch Verwendung einer neuen Firma entsprechend § 25 Abs. 1, Abs. 3 HGB kann letztlich im Umfeld der

---

[54] *Schmidt*, Handelsrecht, § 8 Rdnr. 146 f.; *Reuter*, ZHR 135, 511, 526; *Reuschle*, in: E/B/J/S-HGB, § 27 Rdnr. 35.

[55] So *Altmeppen*, in: FS Hopt I, S. 305, 318; *Bredemeyer*, ZErb 2013, 294, 297; *Thiessen*, in: MüKo-HGB, § 27 Rdnr. 47.

[56] Insoweit richtig *Thiessen*, in: MüKo-HGB, § 27 Rdnr. 47.

[57] *Grüner*, in: BeckOGK-ZR, § 1967 Rdnr. 212; *Lohmann*, in: BeckOK-BGB, § 1967 Rdnr. 22; *Reuschle*, in: E/B/J/S-HGB, § 27 Rdnr. 21.

persönlichen Haftung gem. § 27 Abs. 1 HGB nicht anerkannt werden.[58] Wer konstatiert, dass die entsprechende Anwendung des § 25 Abs. 2 und Abs. 3 HGB gerade deshalb geboten sei, weil sie den Erben davor bewahre, das Unternehmen einzustellen,[59] nimmt billigend in Kauf, dass die Enthaftung des § 27 Abs. 2 HGB im Wesentlichen zu funktionslosem Recht entwertet würde. Denn der Erbe eines Handelsgeschäfts wird den oft irreparablen und aufwendigen Schritt der Geschäftsaufgabe scheuen, wenn ihm mit der Enthaftungserklärung oder Firmenänderung entsprechend § 25 Abs. 2, Abs. 3 HGB ein viel einfacherer und schnellerer Weg zur Verfügung steht, um seine persönlichen Haftung abzustreifen.[60] Nach alledem kann daher nur die Rechtsfolge des § 25 Abs. 1 HGB auf § 27 Abs. 1 HGB entsprechend Anwendung finden. Eine Enthaftung ist alleine über § 27 Abs. 2 HGB durch Unternehmenseinstellung innerhalb der Karenzfrist möglich.[61]

Damit ist jedoch der These der Boden entzogen, wonach der handelsrechtlichen Vorschrift des § 27 HGB kein allgemein handelsrechtliches Bedürfnis nach Eliminierung der erbrechtlichen Haftungsbeschränkungen entnommen werden kann. Geht man diesen Rückschluss mit, stellt sich die aus § 27 HGB bzw. §§ 130 Abs. 1, 139 Abs. 4 HGB e c. herzuleitende generelle Aversion vor Rechtssubjekten, die beschränkt auf die Kräfte einer Nachlassverbindlichkeit haften, als starker Grundsatz des gesamten allgemeinen Handelsrechts dar, der nur in den Grenzen der §§ 27 Abs. 2, 139 HGB, d. h. durch eine fristgemäße Beendigung (§ 27 Abs. 2 und § 139 Abs. 2 HGB) bzw. Verminderung der unternehmerischen Betätigung des Erben (§ 139 Abs. 1 HGB) weichen muss.

dd) Zwischenergebnis

Zusammengefasst ist daher aus den handelsrechtlichen Vorschriften der § 27 Abs. 1 HGB bzw. §§ 130 Abs. 1, 139 Abs. 4 HGB e c. ein generelles Bedürfnis nach Eliminierung der erbrechtlichen Haftungsbeschränkungen bei der Unternehmenshaftung des allgemeinen Handelsrechts abzuleiten, welches nur in den Grenzen der §§ 27 Abs. 2, 139 Abs. 1, Abs. 2 HGB abgestreift werden kann.[62] Es beschreibt den erforderlichen, aber zugleich ausreichenden haftungsrechtlichen Sonderaspekt, in welchem das allgemeine Handelsrecht über das allgemeine bürgerliche Prinzip der unbeschränkten Vermögenshaftung hinausgeht. Damit ist

---

[58] So auch *Lieb*, in: FS Börner, S. 747, 760 f.; *Schmidt*, Handelsrecht, § 8 Rdnr. 135 ff.

[59] *Vossler*, in: Oetker-HGB, § 27 Rdnr. 25.

[60] Dass eine entsprechende Anwendung des § 25 Abs. 2 HGB dasjenige ermöglicht, was § 27 Abs. 2 HGB verhindern will, sieht auch *Thiessen*, in: MüKo-HGB, § 27 Rdnr. 47.

[61] So auch *Schmidt*, Handelsrecht, § 8 Rdnr. 131.

[62] Ähnlich *Schmidt*, Handelsrecht, § 8 Rdnr. 129, der ihn „*unternehmensrechtlicher Grundsatz der unbeschränkten Haftung*" nennt.

nun aber belegt, dass es gerade erbrechtliche Haftungsbeschränkungen sind, denen das allgemeine Handelsrecht, aufgrund des ausdrücklich kommunizierten gesetzgeberischen Willens in § 27 HGB bzw. §§ 130 Abs. 1, 139 Abs. 4 HGB e c., feindlich gegenübersteht. Ausgehend von diesem Befund ist klar, dass die Literaten des oben genannten Lagevergleichsarguments offensichtlich ihre Ausgangsthese ändern müssen. Denn es darf nicht von der Zulassung von quantitativ beschränkt oder de facto gar nicht haftenden Kapitalgesellschaften als oHG-Gesellschafterinnen darauf geschlossen werden, dass der Nachlass als beschränkte Haftungsmasse ebenfalls ausreichende Haftungsgrundlage für eine oHG-Gesellschafterposition ist.[63] Hiergegen spricht eben die vom Handelsgesetzgeber vorgenommene Wertungsentscheidung in den § 27 HGB bzw. §§ 130 Abs. 1, 139 Abs. 4 HGB e c., die nach den vorgenannten Erwägungen in einen Grundsatz des allgemeinen Handelsrechts zu erheben ist.[64] Das Lagevergleichsargument müsste vielmehr umgekehrt danach fragen, ob die mittlerweile in §§ 19 Abs. 2, 125a Abs. 1 S. 2, 130a, 131 Abs. 2 HGB gesetzlich bestätigte Zulassung beschränkt haftender juristischer Personen bzw. die allgemeine Unbedenklichkeit anderer gegenständlicher Haftungsbeschränkungen bei Gesellschaftern einer oHG, mit Blick auf die in § 27 HGB bzw. §§ 130 Abs. 1, 139 Abs. 4 HGB e c. zum Ausdruck kommende Aversion des allgemeinen Handelsrechts vor Rechtssubjekten, die beschränkt auf die Kräfte einer Nachlassverbindlichkeit haften, überhaupt kohärent ist. Dies ist nur der Fall, wenn juristische Personen und gegenständlich beschränkt haftende Personen, wie z. B. volljährig gewordene Gesellschafter und nicht oder nicht alleine verwaltungsbefugte Ehegatten einer Gütergemeinschaft, eine nicht so einschneidende Form der Haftungsbeschränkung darstellen, wie Rechtsinstitute, die eine Beschränkung der Haftung auf den Nachlass ermöglichen.

3. Vergleich von gegenständlicher Haftungsbeschränkung auf den Nachlass und institutionellen Haftungsbeschränkungen

Zunächst soll dargelegt werden, warum ein Gesellschafter, dem die Haftungsbeschränkung auf den Nachlass offensteht, für das allgemeine Handelsrecht eine größere Verwerfung bedeutet, als institutionell haftungsbeschränkte oHG-Gesellschafter, wie etwa die Kapitalgesellschaften, sodass letztere grundsätzlich als oHG-Gesellschafterinnen zugelassen werden können und dabei allenfalls die in den §§ 19 Abs. 2, 125a Abs. 1 S. 2, 130a, 131 Abs. 2 HGB normierten Sonder-

---

63 In diese Richtung aber *Muscheler*, Haftungsordnung, S. 549 ff.

64 Zur Aversion des allgemeinen Handelsrechts vor Rechtssubjekten, die beschränkt auf die Kräfte einer Nachlassverbindlichkeit haften, vgl. noch einmal *§ 3 I. 2. c)*.

regeln beachtet werden müssen. Um dies zu beurteilen, muss sich über das Wesen des Rechtsinstituts der Haftungsbeschränkung Klarheit verschafft werden.

a) Qualitatives Verständnis von Haftungsbeschränkung am Beispiel der GmbH

Hierzu soll im nachfolgenden Abschnitt die GmbH stellvertretend für alle institutionellen Haftungsbeschränkungen beleuchtet werden, um das hieraus gewonnene Verständnis sodann mit den erbrechtlich vorgesehenen Haftungsbeschränkungen auf den Nachlass zu vergleichen. Man muss sich der Erkenntnis hingeben, dass die institutionelle Haftungsbeschränkung bei einer GmbH keinesfalls quantitativ dahingehend verstanden werden kann, dass ein Rechtsträger nicht mit all seinem Vermögen haftet. Denn dann würde die GmbH – entgegen ihrer firmenrechtlichen Bezeichnung – gar nicht beschränkt haften, muss diese doch mit dem gesamten ihr gem. § 13 Abs. 1 GmbHG zugewiesenen Gesellschaftsvermögen für Gesellschaftsverbindlichkeiten einstehen. Entscheidend für die institutionelle Haftungsbeschränkung der GmbH ist, dass die hinter der GmbH stehenden Gesellschafter grundsätzlich nicht haften (§ 13 Abs. 2 GmbHG). Diese Haftungsbarriere ist es, die der GmbH – im Gegensatz zur oHG – stets den Stempel der beschränkt haftenden Einheit aufdrückt und ihr den Zusatz „*mbH*" verleiht.[65] Denn hierdurch wird das Vermögen der Gesellschaft von der Privatvermögenssphäre des Gesellschafters abgegrenzt, sodass letzterem nur ein beschränktes Risiko, nämlich der Verlust der in das Gesellschaftsvermögen eingebrachten Einlage, droht.[66] Der Terminus „*beschränktes Risiko*" kann freilich zu Missverständnissen führen. Denn es kommt gerade nicht auf einen quantitativen Wertvergleich zwischen der von einem Gesellschafter gebildeten Einlage und dem verbleibenden Privatvermögen an, wenn man die durch § 13 Abs. 2 GmbHG hervorgerufene Haftungsbeschränkung betrachtet. So kann es gerade bei „*Start-ups*" vorkommen, dass eine natürliche Person als Gesellschafterin im Wesentlichen ihr gesamtes Vermögen in die Gesellschaft einlegt, ohne dass in ihrer Eigenvermögenssphäre wesentliche Vermögenswerte zurückbleiben; trotzdem ist die Kapitalgesellschaft mit dem Verdikt der beschränkten Haftung belegt und die dahinter stehende natürliche Person, egal wie sehr sie durch die Einlageleistung an die GmbH finanziell ausgeblutet ist, bleibt für ihre Belange unbeschränkt haftendes Rechtssubjekt. Das aus den Einlagen der einzelnen Gesellschafter zusammengesetzte Stammkapital einer GmbH,

---

[65] *Wilhelmi*, in: BeckOK-GmbHG, § 13 Rdnr. 49.

[66] *Wilhelm*, Kapitalgesellschaftsrecht, Rdnr. 10 (6): „*Die Kapitalgesellschaft haftet als juristische Person (...) grundsätzlich alleine mit ihrem Vermögen, das Risiko der Gesellschafter ist also grundsätzlich auf das Risiko des Verlustes dieses Vermögens beschränkt, das nennt man beschränkte Haftung (...)*".

welches zumindest im Zeitpunkt der Handelsregistereintragung vollständig aufgebracht und den Schwellwert des § 5 Abs. 1 GmbHG von 25.000 EUR erreichen muss, wird sogar oftmals über das hinausgehen, was ein Bürger in der Bundesrepublik Deutschland gewöhnlich sein Eigen nennen kann.[67] Oftmals haben Kapitalgesellschaften sogar ein weitaus größeres Eigenkapital vorzuweisen. Wenn aber die GmbH – egal wie groß ihr Gesellschaftsvermögen ist – stets ein handelsrechtlich beschränkt haftendes Rechtssubjekt ist, weil die Haftungsbarriere des § 13 Abs. 2 GmbHG einen Zugriff auf das Privatvermögen der dahinter stehenden natürlichen Personen verhindert (mag dieses auch noch so klein sein), zeigt dies, dass eine quantitative Bestimmung des Wesens der Haftungsbeschränkung nicht zielführend ist. Vielmehr ist zu versuchen, den Unterschied zwischen der Beschränktheit der Haftung der Kapitalgesellschaft und der Unbeschränktheit der Haftung der dahinterstehenden natürlichen Personen qualitativ zu bestimmen.

b) Folgen der Haftungsbeschränkung bei institutionellen Haftungsbeschränkungen

Dieser qualitative Unterschied liegt dabei richtigerweise in den (verglichen mit einer unmittelbaren Eigenhaftung) strukturell bedingt abgeschwächten Rechtsfolgen, denen die Gesellschafter einer GmbH ausgesetzt sind, wenn nicht sie selbst, sondern nur die juristische Person nicht mehr imstande ist, ihre Schulden zu bedienen. In der Kapitalgesellschaft operieren die Gesellschafter alleine mit dem Haftungsfond, den sie der Gesellschaft freiwillig zur Verfügung gestellt haben, wohingegen ihr Privatvermögen haftungsfrei bleibt. Das finanzielle Scheitern einer GmbH, die nur mit freiwillig zur Disposition gestellten Vermögenswerten ausgestattetet ist, dürfte daher für die hinter der Gesellschaft stehenden natürlichen Personen ein berechenbareres (wenngleich nach den o.g. Erwägungen ggf. auch schwerwiegenderes) Opfer darstellen, als wenn diese aufgrund einer persönlichen Verhaftung zusehen müssten, wie Gegenstände der nicht zur Disposition gestellten Eigensphäre bis zur Grenze der Unpfändbarkeit zur Gläubigerbefriedigung herangezogen würden. Kommt es sogar zur Insolvenz, haben die mit ihrer Privatvermögenssphäre verhafteten natürlichen

[67] So verfügten im Jahre 2010 die Hälfte aller Bürger in der Bundesrepublik Deutschland nach Abzug der Schulden über 25.200 EUR oder weniger Vermögen und damit über nur geringfügig mehr an Finanzausstattung, als es die Mindestkapitalausstattung in der GmbH gem. § 5 Abs. 1 GmbHG erfordert, abzurufen unter Internetquelle 1 des Literaturverzeichnisses. Zu ähnlichen Ergebnissen kommt eine Studie der Credit Suisse aus dem Jahre 2018. Nach dieser Studie verfügen über 40% der Bundesbürger über weniger als 10.000 USD an Vermögen, s. Global Wealth Report 2018, S. 44, abzurufen unter Internetquelle 2 des Literaturverzeichnisses.

Personen ein nervenaufreibendes Insolvenzverfahren über ihr eigenes Vermögen zu erdulden.[68] An dessen Ende steht nicht einmal eine automatische Restschuldbefreiung. Vielmehr haften natürliche Personen grundsätzlich nach Beendigung des Insolvenzverfahrens wieder nach allgemeinen Vorschriften weiter, s. § 201 Abs. 1 InsO.[69] Etwas anderes gilt nur nach dem mit Einführung der InsO[70] neu eingeführten Restschuldbefreiungsverfahren gem. §§ 286 ff. InsO. Doch wird in diesem Verfahren die Restschuldbefreiung nicht ohne Weiteres nach Abschluss des Insolvenzverfahrens gewährt. Vielmehr müssen natürliche Personen redlich sein (§ 290 Abs. 1 InsO), die Pfändung des künftig hinzukommenden Einkommens für eine Wohlverhaltensfrist von sechs Jahren[71] dulden (§ 287 Abs. 2 InsO) und für diese Zeit die in § 295 InsO niedergelegten Obliegenheiten einhalten. Abweichend davon gilt für juristische Personen das Restschuldbefreiungsverfahren nicht.[72] Diese werden vielmehr gem. § 262 Abs. 1 Nr. 3, Nr. 4 AktG, § 101 GenG, § 60 Abs. 1 Nr. 4, Nr. 5 GmbHG mit der Eröffnung des Insolvenzverfahrens bzw. Ablehnung des Insolvenzverfahrens wegen Masselosigkeit aufgelöst. Nach dem regelmäßigen Abschluss des Insolvenzverfahrens durch Aufhebungsbeschluss nach Schlussverteilung gem. § 200 Abs. 1 InsO kommt es bei der Vermögenslosigkeit der juristischen Person zu deren Löschung (§ 394 Abs. 1 S. 2 FamFG), womit die Forderung, mangels Fortexistenz der Schuldnerin, automatisch untergeht.[73] Damit bleibt es der juristischen Person (und damit mittelbar den dahinter stehenden Gesellschaftern) erspart, durch das Restschuldbefreiungsverfahren zu schreiten. Die Gesellschaftsgläubiger auf der anderen Seite werden um die Möglichkeit gebracht, innerhalb einer sich anschließenden Wohlverhaltensphase aus weiteren Erträgen Befriedigung zu suchen. Diese unterschiedlichen Rechtsfolgen sind es letztlich, die es alleine rechtfertigen können, warum eine Kapitalgesellschaft, ungeachtet der quantitativen Vermögensausstattung, stets als beschränkt haftendes Subjekt angesehen werden muss. Die Haftungsbeschränkung ist damit eine solche aus qualitativen Gesichtspunkten, die von quantitativen Gesichtspunkten weitestgehend entrückt ist.

---

[68] *Fischinger*, Die Beschränkung der Erbenhaftung in der Insolvenz, S. 44 nennt es „*strapaziös*" und die „*wirtschaftliche Bewegungsfreiheit massiv einschränkend*".

[69] *Jungmann*, in: Schmidt-InsO, § 201 Rdnr. 2.

[70] Vgl. BGBl. 1994 I, S. 2866, 2902. Dort noch mit einer ursprünglichen Wohlverhaltensperiode von sieben Jahren.

[71] Sog. Abtretungsfrist; diese kann gem. § 300 Abs. 1 S. 2 Nr. 2 InsO auf drei Jahre verkürzt werden.

[72] *Stephan*, in: MüKo-InsO, § 286-alt Rdnr. 12.

[73] *Koch*, in: MüKo-AktG, § 264 Rdnr. 85; *Berner*, in: MüKo-GmbHG, § 60 Rdnr. 113.

c) Nachlass als haftungsbeschränktes Gebilde

Sind nun juristische Personen nach dem aufgezeigten qualitativen Maßstab gegenüber natürlichen Personen als qualitativ beschränkt haftende Einheiten enttarnt, gilt selbiges auch für den durch Nachlassverbindlichkeiten belasteten Erben, bei dem durch erbrechtliche Rechtsinstitute eine gegenständliche Haftungsbeschränkung auf den Nachlass erreicht werden kann. Denn der Nachlass ist – ähnlich wie das aus Einlagen zusammengesetzte Gesellschaftsvermögen einer Kapitalgesellschaft – eine vom Privatvermögen abgegrenzte Vermögensmasse (freilich ohne eigene Rechtspersönlichkeit), dem das nicht durch eine bewusste Entscheidung zur Disposition gestellte Privatvermögen grundsätzlich nicht zwingend als Haftungsmasse beispringen muss. Ähnlich wie bei institutionellen Haftungsbeschränkungen schließt sich nach Durchführung einer Nachlassverwaltung oder eines Nachlassinsolvenzverfahrens auch kein strapaziöses mehrjähriges Restschuldbefreiungsverfahren an.[74] Der Erbe kann nämlich in diesen Fällen über die Erschöpfungseinrede gem. §§ 1989, 1973 BGB die Befriedigung aller noch ausstehenden Nachlassverbindlichkeiten verweigern, wenn das Nachlassinsolvenzverfahren durch Insolvenzplan oder Gesamtverteilung der Masse beendet ist.[75] Wird das Nachlassinsolvenzverfahren mangels Masse abgelehnt oder eine Nachlassverwaltung durchgeführt, gilt Ähnliches über die Dürftigkeitseinrede gem. § 1990 Abs. 1 S. 1 BGB (analog).[76] Damit ist auch der durch Nachlassverbindlichkeiten belastete Nachlass letztlich in qualitativer Hinsicht eine beschränkt haftende Vermögensmasse. Institutionelle Haftungsbeschränkungen, wie sie etwa bei Kapitalgesellschaften zu finden sind, und gegenständliche Haftungsbeschränkungen auf den Nachlass führen aus der allein maßgeblichen qualitativen Sicht gleichermaßen zu einer beschränkten Haftung. Wenn damit vom Standpunkt des allgemeinen Handelsrechts eine Haftungsbeschränkung auf den Nachlass bei einem oHG-Gesellschafter nicht geduldet werden kann, während institutionell haftungsbeschränkte oHG-Gesellschafter, wie etwa die Kapitalgesellschaften, grundsätzlich zugelassen werden, muss dies letztlich ebenfalls aus qualitativen Gesichtspunkten, nämlich durch einen Vergleich der Schutz- und Ausgleichsysteme, erklärt werden. Hierzu sollen im nachfolgenden Abschnitt die Schutz- und Ausgleichssysteme der Sondervermögens-

---

[74] *Fischinger*, Die Beschränkung der Erbenhaftung in der Insolvenz, S. 44; *Herzog*, in: BeckOGK-ZR, § 1989 Rdnr. 21.

[75] *Küpper*, in: MüKo-BGB, § 1989 Rdnr. 5.

[76] Zur Haftung bei Ablehnung des Nachlassinsolvenzverfahrens gem. § 207 Abs. 1 S. 1 InsO wegen Dürftigkeit des Nachlasses, vgl. *Siegmann*, in: MüKo-InsO, Vor. § 315 Rdnr. 13. Zur analogen Anwendung des § 1990 Abs. 1 S. 1 BGB nach Abschluss der Nachlassverwaltung, vgl. *Lohmann*, in: BeckOK-BGB, § 1975 Rdnr. 5.

masse Nachlass und der nationalen[77] Kapitalgesellschaftsformen gegenübergestellt werden, um so zu zeigen, dass der Nachlass eine weniger ausgeprägte Haftungsgüte aufweist als die institutionellen Haftungsbeschränkungen der Kapitalgesellschaften.

d) Kompensation von schädigenden Ereignissen

So werden über § 43 Abs. 2 GmbHG bzw. § 93 Abs. 2 S. 1 AktG Schäden in der Vermögensmasse wirkungsvoller ausgeglichen als dies die §§ 1978 Abs. 1, 280 ff. BGB bei der Sondervermögensmasse Nachlass gewährleisten. Dem Nachlass schuldet der Erbe nur unter den Voraussetzungen eines allgemeinen Schadensersatzanspruchs i. S.d. §§ 1978 Abs. 1, 280 ff. BGB Ersatz, also wenn die Nachlassschmälerung auf einer positiv festzustellenden pflichtwidrigen und damit nicht ordnungsmäßigen Verwaltung beruht; gem. § 280 Abs. 1 S. 2 BGB wird lediglich das Vertretenmüssen vermutet.[78] *Reuter*[79] und im Anschluss daran *Lieb*[80] haben für ein nachlasszugehöriges Handelsgeschäft dargelegt, dass der Nachweis einer nicht ordnungsmäßigen Verwaltung i. S.d. § 1978 Abs. 1 BGB im unternehmerischen Bereich im Regelfall scheitern wird, sodass dort geschäftlich begründete Nachlassschmälerungen im Wesentlichen kompensationslos hinzunehmen sind. So zwingt nämlich in diesem Bereich die Einräumung unternehmerischer Ermessensspielräume i.d.R. zu einer Verneinung ordnungswidrigen Verhaltens, sodass eine unternehmensbezogene Nachlassschmälerung nach Maßgabe des § 1978 Abs. 1 BGB i.d.R. nicht auszugleichen ist.[81] Nach der im Zuge der ARAG/Garmenbeck-Entscheidung des BGH[82] aus dem US-amerikanischen Recht in das deutsche Recht übertragenen sog. business judgement rule, die mittlerweile in § 93 Abs. 1 S. 2 AktG und § 34 Abs. 1 S. 2 GenG normiert ist, muss die Anerkennung eines unternehmerischen Ermessensspielraums auch als vom deutschen Gesetzgeber bestätigte Rechtsfigur gelten, deren Grundsätze sich zunehmend in andere unternehmerische Bereiche ausgedehnt haben.[83] Mit

[77] Die Kapitalgesellschaften des EWR haben zu vielgestaltige Erscheinungsformen und zu besondere Eigenheiten, sodass diese hier nicht weiter berücksichtigt werden können.

[78] Zu den Voraussetzungen der Schadensersatzhaftung, vgl. *Herzog*, in: BeckOGK-ZR, § 1978 Rdnr. 33, 45 ff.

[79] *Reuter*, ZHR 135, 511, 521 f.

[80] *Lieb*, in: FS Börner, S. 747, 760. S. auch: *Thiessen*, in: MüKo-HGB, § 27 Rdnr. 6; *Reuschle*, in: E/B/J/S-HGB, § 27 Rdnr. 6.

[81] *Reuschle*, in: E/B/J/S-HGB, § 27 Rdnr. 6.

[82] S. BGHZ 135, 244.

[83] Denn das im Aktienrecht kodifizierte Prinzip der business judgement rule findet mehr und mehr auch außerhalb dieser Grenzen als Ausdruck eines allgemeinen Rechtsgedankens des Unternehmensrechts Anwendung, vgl.: *Ziemons*, in: Michalski-GmbHG, § 43 Rdnr. 134 (GmbH-Recht); *Wicke*, ZGR 2015, 161, 174 (Testamentsvollstrecker im unternehmerischen

diesem Entwicklungsverlauf im Hinterkopf kann sich die Ausgleichsordnung des § 1978 Abs. 1 BGB weniger denn je vor diesen Grundsätzen verschließen, wenn es sich um einen unternehmensgeprägten Nachlass handelt. Ohne die persönliche Haftung des Erben eines Handelsgeschäfts wäre die so in das Schutz- und Ausgleichssystem des § 1978 Abs. 1 BGB gerissene Lücke kaum erträglich.[84] Diese Ausgangsprämisse muss auf einen nachlasszugehörigen oHG-Anteil übertragen werden, da das unternehmerische Ermessen bei der Fortführung eines Handelsgeschäfts von den Erben genauso beachtet werden will wie bei der Ausübung der aus einem vererbten oHG-Anteil fließenden Gesellschafterbefugnisse. Damit muss auch die persönliche Haftung, welcher der Erbe eines oHG-Anteils nach Ablauf der Karenzfrist des § 139 Abs. 3 HGB unterliegt, als notwendige Korrektur angesehen werden, um zumindest die Missstände des in § 1978 Abs. 1 BGB zu findenden Schutz- und Ausgleichssystems gegenüber den Gesellschaftsgläubigern erträglich zu gestalten.

Im Kapitalgesellschaftsrecht bedarf es hingegen (trotz der freilich auch dort geltenden Grundsätze der business judgement rule) keiner solchen, unterstützenden persönlichen Haftung gegenüber den Gesellschaftsgläubigern, ist doch der Ausgleich von Schäden im Gesellschaftsvermögen durch § 43 Abs. 2 GmbHG bzw. § 93 Abs. 2 S. 1 AktG ausreichend an die gesellschaftsrechtlichen Ausgangsbedingungen angepasst. Denn anders als bei §§ 1978 Abs. 1, 280 ff. BGB, wo ausweislich der allgemeinen Beweislastverteilung[85] in § 280 Abs. 1 BGB grundsätzlich vom Erben die pflichtwidrige bzw. ordnungswidrige Nachlassverwaltung nachgewiesen werden muss, hat die Gesellschaft nur einen auf eine Pflichtverletzung hindeutenden Sachverhalt darzulegen, wohingegen der Vorstand einer AG und der Geschäftsführer einer GmbH (Geschäftsleiter) die sekundäre Beweislast dafür trifft, dass dieser vorgetragene Sachverhalt tatsächlich keine Pflichtverletzung beinhaltet bzw. dass zu deren Gunsten die Grundsätze der business judgement rule gem. § 93 Abs. 1 S. 2 AktG (analog) gelten.[86] Gem. § 93 Abs. 2 S. 2 AktG (analog)[87] trifft die Geschäftsleiter daneben die Beweislast, wenn streitig ist, ob sie die Sorgfalt eines ordentlichen und gewissenhaften Geschäftsleiters angewandt haben. Selbst wenn man diese Beweislastverteilung mit Rücksicht auf die von der Rechtsprechung entwickelten Grundsätze

Bereich); *Schäfer*, in: Staub-HGB, § 114 Rdnr. 40 und *Drescher*, in: E/B/J/S-HGB, § 114 Rdnr. 32 (oHG-Recht).

[84] So für ein Handelsgeschäft *Reuter*, ZHR 135, 511, 523.

[85] *Ernst*, in: MüKo-BGB, § 280 Rdnr. 151.

[86] Zur sekundären Beweislast bei der Geschäftsleiterhaftung im Kapitalgesellschaftsrecht, vgl. *Ziemons/Pöschke*, in: BeckOK-GmbHG, § 43 Rdnr. 318.1 f.; BGH, NZG 2006, 429 Rdnr. 11; BGH, NJW 2008, 3361, 3362 Rdnr. 4.

[87] Zur analogen Anwendung im GmbH-Recht, vgl. BGHZ 152, 280, 283.

zu den spezifisch vom Schuldner herrührenden Gefahrenbereichen[88] auf den Anspruch aus §§ 1978 Abs. 1, 280 ff. BGB mehr oder weniger entsprechend anwenden würde und so eine vergleichbare Beweislastverteilung erzielte, bleibt der Nachweis der Pflichtwidrigkeit im Kapitalgesellschaftsrecht dennoch strukturell einfacher möglich. Denn es ist zu berücksichtigen, dass der Geschäftsleiter im Kapitalgesellschaftsgefüge in stärkerem Maße als der Erbe im Nachlassgefüge Treue- und v. a. Legalitätspflichten unterworfen ist, bei deren Verletzung dem Geschäftsleiter nicht einmal die Möglichkeit eröffnet ist, sich auf die entlastenden Grundsätze der business judgement rule zu berufen.[89] Hingegen sind insbesondere die Legalitätspflichten i.R. einer Nachlassverwaltung – selbst mit Blick auf die besonderen Ausgangsbedingungen bei einem unternehmenstragenden Nachlass – bedeutend geringer ausgestaltet. Daneben sind in § 93 Abs. 3 AktG bzw. § 43 Abs. 3 S. 1 GmbHG gesetzlich vertypte Sorgfaltspflichtverletzungen vorgesehen, welche die Darlegung einer sorgfaltswidrigen Vermögensschmälerung weiter vereinfachen. Auch die Verjährungsfrist ist im Kapitalgesellschaftsrecht gem. § 43 Abs. 4 GmbHG bzw. § 93 Abs. 6 AktG mit fünf bzw. zehn Jahren großzügiger bemessen als bei einem Schadensersatzanspruch gem. §§ 1978 Abs. 1, 280 ff. BGB, der gem. § 195 BGB in der regelmäßigen Verjährungsfrist von drei Jahren verjährt.[90] Der Unterschied zwischen der gem. § 200 S. 1 BGB[91] nach objektiven Kriterien beginnenden Verjährungsfrist bei § 43 Abs. 2 GmbHG bzw. § 93 Abs. 2 S. 1 AktG und der gem. § 199 Abs. 1, Abs. 4 BGB nach subjektiven Kriterien beginnenden Verjährungsfrist i.R.d. §§ 1978 Abs. 1, 280 ff. BGB vermag keine generell andere Bewertung rechtfertigen. Die auf einem Missmanagement beruhenden Vermögensschäden werden durch das Ausgleichssystem des abgesonderten Nachlasses daher nicht so wirkungsvoll ausgeglichen, wie dies die Organhaftung im Kapitalgesellschaftsrecht gewährleistet.

e) Kapitalerhaltungsschutz

Daneben existieren bei Kapitalgesellschaften für gewöhnlich strengere Kapitalschutzvorschriften, die ein gläubigerschädigendes, ungezügeltes Aufzehren des Stamm- und Grundkapitals verhindern.

aa) Kapitalerhaltungsgrundsatz im Kapitalgesellschaftsrecht

So unterliegt die Kapitalgesellschaft zwar keinem allgemeinen Kapitalverbrauchsverbot, wohl aber einem konkreten Kapitalrückerstattungsverbot; d. h.,

---

[88] *Schwarze*, in: Staudinger, § 280 Rdnr. F 39; BGH, NJW 1993, 1704, 1706.

[89] S. etwa *Ziemons*, in: Michalski-GmbHG, § 43 Rdnr. 157.

[90] *Herzog*, in: BeckOGK-ZR, § 1978 Rdnr. 91.

[91] BGH, NJW 2009, 68, 70 Rdnr. 16.

dem Grunde nach darf das Stammkapital bei der GmbH nicht an den Gesellschafter zurückgezahlt werden, § 30 Abs. 1 S. 1 GmbHG. Das Rückzahlungsverbot im Aktienrecht ist in seiner sachlichen Reichweite sogar noch strenger: An Aktionäre dürfen außerhalb der ordnungsmäßigen Ausschüttung des Bilanzgewinns gem. § 57 Abs. 3 AktG grundsätzlich überhaupt keine Zahlungen aus dem Gesellschaftsvermögen geleistet werden.[92] Ein Verstoß gegen diese Pflicht hat nach Auffassung der Rechtsprechung zwar nicht mehr die Nichtigkeit der Verträge zur Folge, die der Rückerstattung zugrunde liegen;[93] vielmehr bleiben diese wirksam.[94] Jedoch müssen die verbotenen Leistungen an die Gesellschafter/Aktionäre gem. § 31 Abs. 1 GmbHG bzw. § 62 Abs. 1 S. 1 AktG gegenständlich zurückerstattet werden.[95] Ist die Rückerstattung des konkret entnommenen Gegenstands unmöglich oder hat der zurückzuführende Gegenstand an Wert verloren, wird zwar in Teilen der Kommentarliteratur des AktG der Eindruck erweckt, ein Ersatz bestehe bei gegenständlichen Vorteilen nur nach Maßgabe eines verschuldensabhängigen Schadensersatzanspruchs gem. §§ 280 ff. BGB und bei ungegenständlichen Vorteilen entsprechend des Rechtsgedankens in § 346 Abs. 2 S. 1 Nr. 1 BGB unabhängig eines Verschuldens.[96] Dies ist jedoch nicht stringent. Denn wenn man sich auf das Rücktrittsfolgenrecht beruft, müsste auch für gegenständliche Vorteile eine grundsätzlich verschuldensunabhängige Wertersatzpflicht gem. dem Rechtsgedanken in § 346 Abs. 2 S. 1 Nr. 3 Hs. 1 BGB eingreifen. Daneben steht diese Auffassung in einem seltsamen Spannungsverhältnis zu der Rechtsansicht in der Kommentarliteratur des GmbH-Rechts[97] und der hierzu ergangenen höchstrichterlichen Rechtsprechung[98], die den Wertersatz gerade unabhängig vom Leistungsstörungsrecht und verschuldensunabhängig gewähren will. Die im Vordringen befindliche Literatur scheint sich

---

92 BGH, NZG 2008, 106, 107.

93 So zum Aktienrecht noch: OLG Koblenz, AG 1977, 231; OLG Düsseldorf, AG 1980, 273, 274; OLG München, AG 1980, 272, 273.

94 BGH, NJW 2013, 1742.

95 Zur Rückerstattungspflicht in Natur, vgl. BGH, NJW 2008, 2118 Rdnr. 9.

96 Zu diesem Verständnis, vgl. *Bayer*, in: MüKo-AktG, § 62 Rdnr. 47 f. m. w. N.

97 *Ekkenga*, in: MüKo-GmbHG, § 31 Rdnr. 11; *Heidinger*, in: Michalski-GmbHG, § 31 Rdnr. 35. Auf § 9 GmbHG analog stützt dies *Ulmer*, in: FS 100 Jahre GmbHG, S. 363, 381.

98 BGH, NJW 1993, 1922, 1923: „*Es würde die streng zu handhabenden Kapitalerhaltungsgrundsätze in unzulässiger Weise aufweichen, wenn etwa die Gesellschaft nachweisen müsste, dass den Gesellschafter an dem Wertverlust ein Verschulden trifft, oder auch nur, dass die Weggabe der Sache ursächlich dafür war, dass der im Zeitpunkt des Verstoßes gegen § 30 GmbHG vorhandene Wert nicht erhalten geblieben ist*“; *ders.*, NJW 2008, 2118, 2119 Rdnr. 10: „*Die Gesellschaft hat dabei lediglich darzulegen und ggf. zu beweisen, dass und in welcher Höhe nach der Weggabe ein Wertverlust eingetreten ist, der durch die Rückgabe nicht oder nicht vollständig ausgeglichen wird*“.

ohnehin sowohl bei § 31 Abs. 1 GmbHG[99] als auch bei § 62 Abs. 1 S. 1 AktG[100] für einen primären (und damit zwangsläufig von einem Vertretenmüssen emanzipierten) Wertersatzanspruch auszusprechen. In jedem Fall muss für den Wertersatzanspruch richtigerweise gelten, dass er nicht nur unabhängig eines Vertretenmüssens, sondern auch unabhängig einer fortbestehenden Bereicherung bei betreffendem Gesellschafter/Aktionär besteht.[101]

Die UG (haftungsbeschränkt) kann zwar mit einem Stammkapital von einem Euro gegründet werden, vgl. §§ 5a Abs. 1, 5 Abs. 2 S. 1 GmbHG, sodass hier letztlich kein echter Kapitalerhaltungsgrundsatz gegeben ist, jedoch besitzt sie im Gegenzug rigide Ansparpflichten, s. § 5a Abs. 3 GmbHG, die dieses Defizit kompensieren.

bb) Rückzahlungspflicht des Erben

Diesen hochwertigen Schutzmechanismus kann der Nachlass nicht in diesem Ausmaß für sich verbuchen. Rigide Ansparpflichten kennt der Nachlass nicht. Dem Erben ist die Verwendung von Nachlassvermögen für eigene Zwecke vielmehr grundsätzlich zunächst einmal erlaubt. Erst nach Eröffnung des Nachlassinsolvenzverfahrens bzw. der Anordnung der Nachlassverwaltung hat die Verwendung von Nachlassmitteln zur Folge, dass der Erbe, ohne Rücksicht auf ein Verschulden, zur Wiederauffüllung der Nachlassmasse durch Herausgabe oder Ersatz der entnommenen Nachlassgegenstände verpflichtet ist, s. §§ 1978 Abs. 1 S. 1, 667 BGB.[102] Dieser Schutz ist jedoch lückenhaft.

cc) Faktische Lückenhaftigkeit der Rückzahlungspflicht

Bereits faktisch werden Schwierigkeiten bestehen, wie eine Entnahme aus der – anders als die Kapitalgesellschaft[103] – als solchen nicht buchführungspflichtigen Nachlassmasse zu beweisen ist. Lediglich wenn die Nachlassgläubiger von ihrer Möglichkeit zur Beantragung der Erstellung eines Nachlassverzeichnisses gem. § 1994 Abs. 1 S. 1 BGB Gebrauch gemacht haben, vermag dieser Einwand zu einem Teil zerstreut werden. Jedoch bleibt das statisch auf den Erbfall (Aktiva)

---

[99] Vgl. etwa *Heidinger*, in: Michalski-GmbHG, § 31 Rdnr. 32 m.w.N.

[100] *Bayer*, in: MüKo-AktG, § 62 Rdnr. 53; *Grigoleit/Rachlitz*, in: Grigoleit-AktG, § 57 Rdnr. 23 und § 62 Rdnr. 3.

[101] *Fleischer*, in: Henssler/Strohn-GesR, § 31 GmbHG Rdnr. 15; *Ekkenga*, in: MüKo-GmbHG, § 31 Rdnr. 11; *Heidinger*, in: Michalski-GmbHG, § 31 Rdnr. 35. Auf § 9 GmbHG analog stützt dies *Ulmer*, in: FS 100 Jahre GmbHG, S. 363, 381. Für das Aktienrecht, vgl. *Bayer*, in: MüKo-AktG, § 62 Rdnr. 8 und 57.

[102] BGH, ZEV 2008, 237 Rdnr. 3.

[103] Die Kapitalgesellschaft unterliegt als Formkauffrau i.S.d. § 13 Abs. 3 GmbHG, § 3 Abs. 1 AktG stets der Bilanzierungspflicht, §§ 238 Abs. 1 S. 1, 264 ff. HGB.

bzw. auf die Inventarerrichtung (Passiva) ausgerichtete Nachlassinventarverzeichnis gerade in den typischerweise dynamischen unternehmenstragenden Nachlässen oft nur eine unzureichende Dokumentationshilfe.[104] Eine zumindest dem Aussagegehalt von Handelsbüchern (§§ 238 f. HGB) bzw. dem Jahresabschluss (§§ 242 ff. HGB) ähnliche Auskunft über die Entwicklungen des Nachlasses kann nur über die allgemeine Rechenschaftspflicht gem. §§ 1978 Abs. 1 S. 1, 666 Var. 3, 259 Abs. 1 BGB erlangt werden.[105] Die Regelungen über die Aufstellung des Nachlassinventars i. S.d. §§ 1994 ff. BGB bzw. die Rechenschaftspflicht gem. §§ 1978 Abs. 1 S. 1, 666 Var. 3 BGB vermögen jedoch die minutiöse Regelungsdichte über die Aufstellung und den Inhalt der Handelsbücher und des Jahresabschlusses in den §§ 238 ff. HGB nicht im Ansatz erreichen. Auch mit dem beeindruckenden Straf- und Bußgeldkatalog der §§ 331 ff. HGB, welcher sich an die Nichtbeachtung der Bilanzierungsvorschriften anschließt, können das Nachlassinventar bzw. die Rechenschaftspflicht nicht aufwarten; bei der Errichtung des Nachlassinventars ist nur die unbeschränkte Haftung als Rechtsfolge für schwerwiegende Verstöße bei Inventarerrichtung vorgesehen (§§ 1994 Abs. 1 S. 2, 2005 Abs. 1, 2006 Abs. 3 BGB). Die Rechenschaftspflicht und die Inventarerrichtung sehen daneben nur in Kombination mit der Abgabe einer eidesstattlichen Versicherung (§ 259 Abs. 2 BGB bzw. § 2006 Abs. 1 BGB) eine Sanktionsfolge vor. Dies alles zeigt, dass die Güte der Dokumentation über den Vermögensbestand und die Entwicklung des Nachlasses nicht auf derselben Ebene steht, wie sie das Gesellschaftsvermögen einer Kapitalgesellschaft über die Bilanzierungsvorschriften des HGB erfährt. Zusammengefasst bietet das Regelungskorsett des Nachlasses nicht in demselben Maße eine Dokumentationshilfe zur Ermittlung von zu kompensierenden Auszahlungen, wie dies Buchführung und Jahresabschluss in der Kapitalgesellschaft vermögen.

dd) Beschränkte Rechtsfolge der Rückzahlungspflicht

Daneben bleibt der Rückerstattungsanspruch auch in seiner rechtlichen Ausgestaltung hinter seinem kapitalgesellschaftsrechtlichen Pendant zurück. Denn der Erbe schuldet gem. §§ 1978 Abs. 1 S. 1, 667 Var. 1 BGB nur die Herausgabe aller der Nachlassmasse entnommenen Nachlassgegenstände bzw. ist gem. §§ 1978 Abs. 1 S. 1, 667 Var. 2 BGB zur Auskehr desjenigen verpflichtet, was durch die Nachlassverwaltung erlangt wurde. Richtigerweise bedeutet dies jedoch grundsätzlich, dass ein verschuldensunabhängiger Rückgewähranspruch nach diesen Vorschriften nur dann in Betracht kommt, wenn die Nachlassgegen-

[104] Zu den relevanten Zeitpunkten, vgl. auch *Dobler*, in: Staudinger, § 2001 Rdnr. 2 f.
[105] *Herzog*, in: BeckOGK-ZR, § 1978 Rdnr. 26.

stände oder das aus der Verwaltung Erlangte noch wertmäßig im Privatvermögen des Erben vorhanden sind. Ist der Erbe nicht mehr bereichert, ist – vorbehaltlich eines Schadensersatzanspruchs wegen zu vertretender Pflichtverletzung i. S.d. §§ 280 ff. BGB[106] – grundsätzlich kein unbedingter Ersatz des Kapitalabflusses gewährleistet.[107] Der Anspruch aus §§ 1978 Abs. 1 S. 1, 667 (Var. 1) BGB ist damit ähnlichen Schwächen ausgesetzt wie ein bereicherungsrechtlicher Anspruch. Vor dem Hintergrund der Pönalisierung von Treubrüchen in treuhänderischen Beziehungen zwischen Auftraggeber und Beauftragtem und unter Verweis auf den Rechtsgedanken der §§ 818 Abs. 4, 819 BGB wird die Beschränkung der Herausgabepflicht auf das Erlangte im Bereich der unmittelbaren Anwendung des § 667 BGB (also im Auftragsrecht) zwar teilweise unter die Bedingung gestellt, dass der Beauftragte die ihm überlassenen oder durch die Beauftragung erlangten Mittel bestimmungsgemäß verwendet.[108] Jedoch kann dieser Gedanke (wenn man ihn nicht ohnehin gänzlich verwirft[109]) auf die über § 1978 Abs. 1 BGB nur entsprechend anwendbaren Auftragsgrundsätze kaum sinnvoll übertragen werden. Denn eine bestimmungswidrige, treubruchsähnliche Mittelverwendung kann es im Umfeld der über § 1978 Abs. 1 BGB nur entsprechend anwendbaren Auftragsgrundsätze des § 667 BGB kaum geben. Die Verwendung bzw. Entnahme der Nachlassgegenstände zu eigenen Zwecken war dem Erben vor der Nachlassseparation nämlich regelmäßig gestattet und daher gerade nicht zweckwidrig und schon gar kein Treubruch, sodass – vorbehaltlich eines Falles von evidentem Missbrauch – das Erbenverhalten mit der Nachlassseparation wohl kaum rückwirkend zu einem derart treuwidrigen Verhalten umqualifiziert werden kann, dass der Rechtsgedanke der §§ 818 Abs. 4, 819 BGB auf den Plan gerufen werden würde. Alles in allem ist damit die Rückerstattung

---

106 Zu den Voraussetzungen des Schadensersatzanspruchs, vgl. *Herzog*, in: BeckOGK-ZR, § 1978 Rdnr. 33, 45 ff.

107 So jedenfalls bei unmittelbarer Anwendung des § 667 (Var. 2) BGB, vgl.: *Riesenhuber*, in: BeckOGK-ZR, § 667 Rdnr. 17 ff. (insbesondere 20) und 34 f.; *Hönn*, in: jurisPK-BGB, § 667 Rdnr. 4 und 12 f.; *Schäfer*, in: MüKo-BGB, § 667 Rdnr. 31 f. Ähnlich BGH, NJW 2001, 2476, 2477, der davon spricht, dass „*§ 667 BGB nur der Abschöpfung des vorhandenen Vorteils dient, nicht aber einen eigenen Vermögensausfall des Geschäftsherrn schadensersatzrechtlich sanktioniert*". Gleichwohl bleibt diese Entscheidung unspezifisch, da sie explizit nur dort sicher Anwendung finden soll, wo ein Vorteil gem. § 667 Var. 2 BGB an den Geber zurückgewährt wird. Es spricht jedoch nichts dagegen, sie auf andere Fälle auszudehnen, etwa dort, wo das Erlangte gem. § 667 Var. 1 BGB weggefallen ist, da dem Wortlaut des § 667 BGB insoweit keine unterschiedliche Behandlung zu entnehmen ist.

108 S. auch *Martinek/Omlor*, in: Staudinger, § 667 Rdnr. 17a und *Schäfer*, in: MüKo-BGB, § 667 Rdnr. 31 und 33 m. w. N.

109 So insbesondere *Riesenhuber*, in: BeckOGK-ZR, § 667 Rdnr. 20, der andernfalls eine Vermischung mit Sanktionserwägungen befürchtet und darauf verweist, dass auftragswidrige Mittelverwendungen systematisch im Leistungsstörungsrecht zu verorten sind.

von Entnahmen aus dem Nachlass nur möglich, wenn diese (zumindest wertmäßig) noch im Vermögen des oder der Erben vorhanden sind. Damit ist jedoch der Kapitalschutz nicht so wirkungsvoll gewährleistet, wie im Kapitalgesellschaftsrecht.

ee) Schutzniveau in verjährungsrechtlicher Hinsicht

Auch aus verjährungsrechtlicher Sicht ist der kapitalgesellschaftsrechtliche Schutz stärker ausgeprägt, als der Schutz, den das Erbrecht in Nachlassangelegenheiten zuteilwerden lässt. Während der Anspruch aus §§ 30, 31 Abs. 1 GmbHG gem. § 31 Abs. 5 S. 1 GmbHG bzw. § 62 Abs. 3 S. 1 AktG in zehn Jahren verjährt, unterliegt der Rückerstattungsanspruch aus §§ 1978 Abs. 1, 667 BGB der allgemeinen Verjährungsfrist von drei Jahren, § 195 BGB.[110] Zwar kann der allein für letztere Frist geltende subjektive Verjährungsbeginn des § 199 Abs. 1, Abs. 4 BGB[111] im Einzelfall eine Angleichung an die gem. § 31 Abs. 5 S. 2 GmbHG bzw. § 62 Abs. 3 S. 1 AktG nach objektiven Kriterien beginnende Verjährungsfrist der Ansprüche aus § 31 Abs. 1 GmbHG bzw. § 62 Abs. 1 S. 1 AktG bewirken, jedoch vermag dieser Einzelaspekt die zwangsläufig zu generalisierende Feststellung im vorgenannten Sinn nicht zu erschüttern.

f) Schutz- und Ausgleichssystem im Insolvenzfall

Daneben zeigen sich noch strukturelle Schutzunterschiede zwischen Kapitalgesellschaft und Nachlass im Insolvenzfall. So ist im Kapitalgesellschaftsrecht ein entgegen der Insolvenzantragspflicht in § 15a Abs. 1, Abs. 3 InsO nicht rechtzeitig gestellter Insolvenzantrag strafrechtlich sanktioniert (§ 15a Abs. 4 InsO). Dies führt daneben über § 823 Abs. 2 BGB zur Ersatzfähigkeit des Quotenverschlechterungsschadens der Gesellschaftsaltgläubiger bzw. des Insolvenzverschleppungsschadens der Gesellschaftsneugläubiger.[112] Unabhängig eines solchen Schadens und mit dem Ziel, Gläubiger von Kapitalgesellschaften besser vor Masseverkürzungen im Vorfeld eines Insolvenzverfahrens zu schützen,[113] sehen die § 64 S. 1 GmbHG bzw. §§ 93 Abs. 3 Nr. 6, 92 Abs. 2 S. 1 AktG ein strenges

110 *Herzog*, in: BeckOGK-ZR, § 1978 Rdnr. 91.

111 Ob ein Anspruch, der sich gegen den Erben kraft des Verhältnisses aus § 1978 Abs. 1 BGB richtet, ein Anspruch ist, der i. S.d. § 199 Abs. 3a Var. 2 BGB die Kenntnis einer Verfügung von Todes wegen voraussetzt und daher abweichend von § 199 Abs. 4 BGB einer Verjährungsobergrenze von 30 Jahren unterliegt, scheint allenfalls in Ausnahmefällen denkbar, vgl. auch *Küpper*, in: MüKo-BGB, § 1978 Rdnr. 12.

112 *Klöhn*, in: MüKo-InsO, § 15a Rdnr. 181 ff. und 187 ff.; BGH, NJW 1994, 2220, 2224.

113 Zum Schutzzweck, vgl. *Mätzig*, in: BeckOK-GmbHG, § 64 Rdnr. 4; *Fleischer*, in: Spindler/Stilz-AktG, § 92 Rdnr. 18.

Zahlungsverbot nach dem Eintritt der Insolvenzreife und eine Erstattungspflicht für Zahlungen vor, die ein Geschäftsleiter einer Kapitalgesellschaft nach Eintritt der Zahlungsunfähigkeit oder nach Feststellung der Überschuldung leistet. Da sämtliche verbotenen Zahlungen letztlich aufaddiert werden, können so exorbitante Anspruchshöhen erreicht werden, die den Insolvenzverschleppungsschaden um ein vielfaches übersteigen können.[114] Dieses zusätzliche Schutzkonzept erfährt sogar noch dadurch eine Verstärkung, dass § 64 S. 3 GmbHG bzw. §§ 93 Abs. 3 Nr. 6, 92 Abs. 2 S. 3 AktG die Erstattungspflicht für Zahlungen an die Gesellschafter auf den Zeitpunkt vorverlagern, zu dem sich eine Zahlungsunfähigkeit abzeichnet.[115] Demgegenüber ist ein solch spezielles Schutz- und Ausgleichssystem für die Vermögensmasse Nachlass nicht vorgesehen.

Die Nachlassinsolvenzantragspflicht, der die Erben in § 1980 Abs. 1 S. 1 BGB unterliegen, ist nicht strafrechtlich sanktioniert. Zwar sind die Erben bei verspäteter Insolvenzantragsstellung auch den Nachlassgläubigern gegenüber für den Insolvenzverschleppungsschaden verantwortlich, § 1980 Abs. 1 S. 2 BGB,[116] jedoch fehlen ergänzende Schutzmechanismen bzw. müssen diese als unzureichend gebrandmarkt werden. Sowohl ein Zahlungsverbot im Fall der Insolvenzreife als auch die unbedingte Ersatzfähigkeit von Zahlungen nach Eintritt der Zahlungsunfähigkeit bzw. Überschuldung oder gar im Vorfeld der Nachlassinsolvenz nach dem Vorbild der § 64 GmbHG bzw. §§ 93 Abs. 3 Nr. 6, 92 Abs. 2 AktG kennt das Nachlassrecht nicht. Die allgemeine Ersatzpflicht nach Maßgabe des § 1978 Abs. 1 BGB ist den bereits beleuchteten Schwächen ausgesetzt.

g) Anforderung an die Bildung des Sondervermögens

Nur die Gründung einer Kapitalgesellschaft folgt der Einhaltung eines Kanons von Normativbedingungen, während das Sondervermögen Nachlass ohne jede Kontrolle durch den Erbfall entsteht und auch die Haftungsbeschränkung auf den Nachlass mittels einer Nachlass(insolvenz)verwaltung an keine zusätzlichen Voraussetzungen geknüpft ist.[117] Dieser Unterschied bleibt signifikant, selbst wenn man bedenkt, dass in der jüngeren Rechtsentwicklung die Gründungsvoraussetzungen einer Kapitalgesellschaft sukzessive entschärft wurden.[118]

---

[114] *Schmidt/Herchen*, in: Schmidt-InsO, § 15a Rdnr. 50.

[115] Zur sog. Insolvenzverursachungshaftung, vgl. *Mätzig*, in: BeckOK-GmbHG, § 64 Rdnr. 72 f.

[116] S. hierzu mit weiterführenden Hinweisen *Küpper*, in: MüKo-BGB, § 1980 Rdnr. 10 und *Dobler*, in: Staudinger, § 1980 Rdnr. 16.

[117] In diese Richtung auch *Dauner-Lieb*, S. 324. Freilich kann es zur Nachlassinsolvenzverwaltung nur bei Vorliegen eines Eröffnungsgrunds i. S.d. § 320 InsO kommen.

[118] *Weidlich*, NJW 2011, 641, 645 sieht dies jedoch als Argument, um diesem formalistischen Einwand geringe Durchschlagskraft zu bescheinigen.

Denn es bleibt dennoch dabei, dass zur Gründung einer Kapitalgesellschaft gewisse Mindestvoraussetzungen einzuhalten sind; angefangen bei dem Erfordernis eines notariell zu beurkundenden Gesellschaftsvertrages, § 2 Abs. 1 S. 1 GmbHG bzw. § 23 Abs. 1 S. 1 AktG, über die strafbewehrte Erklärung hinsichtlich der Einlageleistung, §§ 8 Abs. 2 S. 1, 82 Abs. 1 Nr. 1 GmbHG bzw. §§ 37 Abs. 1 S. 1, 399 Abs. 1 Nr. 1 AktG, und die persönliche Haftung für falsche Angaben und Schädigungen durch Einlagen, § 9a GmbHG bzw. § 46 AktG, bis hin zu einer Prüfung der Gründungsvoraussetzungen durch das Registergericht, § 9c GmbHG bzw. § 38 AktG. Der Nachlass als Sondervermögensmasse entsteht hingegen kraft Gesetzes mit dem Erbfall und zeitigt mit Blick auf die Nachlassverbindlichkeiten in dem Zeitpunkt seine haftungsbeschränkende Wirkung, in welchem das jeweilige Rechtsinstitut zur Beschränkung der Haftung geltend gemacht wird. Die Bildung der Sondervermögensmasse Nachlass unterliegt dabei keiner vermögensmäßigen Kontrolle von staatlicher Seite. Selbst von Anfang an insolvente Nachlassmassen bilden ein (latentes) Sondervermögen; dies ist etwas, das im Kapitalgesellschaftsrecht, selbst nach der faktischen Aufgabe des Mindeststammkapitalerfordernisses durch die Einführung der UG (haftungsbeschränkt), von der gesetzlichen Ausgangslage undenkbar ist, da zumindest im Zeitpunkt der Gründung der Kapitalgesellschaft (also der Bildung des Sondervermögens) der berühmte eine Euro als Stammkapital vorhanden sein muss, §§ 5a Abs. 1, 5 Abs. 2 S. 1 GmbHG.

All diese Unterschiede zeigen in der Gesamtschau, dass in der beschränkt haftenden Kapitalgesellschaft ein strengeres Normenkorsett als in der Sondervermögensmasse Nachlass herrscht. Dieses strengere Normenkorsett sorgt letztlich für eine – im Vergleich zur Sondervermögensmasse Nachlass – stärkere Haftungsgüte bei Kapitalgesellschaften. Dies ist die Rechtfertigung, warum eine Haftungsbeschränkung auf den Nachlass aus Sicht des Handelsrechts mit einer oHG-Gesellschafterposition des betroffenen Rechtsträgers selbst dann nicht vereinbar ist, wenn der Nachlass über ein üppiges Vermögen verfügt, das quantitativ weit über die Stamm- bzw. Grundkapitalanforderungen von GmbH und AG hinausgeht. Denn auf quantitative Gesichtspunkte kommt es eben nicht an.

h) Beziehung zum geopferten Vermögen

Letztlich dürfen auch psychologische Aspekte bei einem Vergleich nicht außer Acht bleiben. Dabei kann ein darauf abzielender Lagevergleich zwischen einer Kapitalgesellschaft und einem Nachlass freilich nur aus abstrakt-genereller Sicht, d. h. unter Ausblendung derjenigen besonderen Konstellationen erfolgen, in denen etwa Erben mit Blick auf einzelne Vermögensgegenstände ein besonderes Affektionsinteresse haben. Macht man sich von diesen Faktoren frei, ist das bei einer Kapitalgesellschaft drohende Opfer der Gesellschafter abstrakt-generell höher zu bewerten als das Opfer der Erben bei der Sondervermögensmasse Nachlass. Hierbei geht es wiederum nicht um die quantitative Masse des risikobehafteten Vermögens, sondern um den inneren Bezug, den eine Person zu der jeweiligen Sondervermögensmasse hat. So droht den Gesellschaftern einer Kapitalgesellschaft bei einem Scheitern der Unternehmung ein auf das Gesellschaftsvermögen beschränktes Risiko, nämlich ein Verlust der aus freien Stücken aus dem Privatvermögen erbrachten Einlage. Schon diese kalkulierbare Haftung kann die Gesellschafter dazu verleiten, die Risiken unternehmerischen Handelns großzügiger auszunutzen, als wenn über eine akzessorische Haftung auch das gerade nicht zur Disposition gestellte Privatvermögen gefährdet wäre.[119] Dabei ist jedoch folgendes zu bedenken: Der Verlust der Einlage bleibt ein zwar berechenbares, aber in gewissem Maße doch schmerzliches Übel für die Gesellschafter, ist diese doch zumeist aus dem Privatvermögen erbracht. Sie kann nach den o.g. Erwägungen sogar einen Großteil desselben ausmachen.[120] Dies gilt nicht zuletzt dann, wenn der Gesellschafter den Großteil seines erarbeiteten Privatvermögens in die Kapitalausstattung der Gesellschaft investiert hat. Bei einer Haftungsbeschränkung auf den Nachlass ist dies anders: Hier können die Erben hinsichtlich ihres eigenen Vermögens beruhigt sein. Der Verlust des Nachlasses stellt kein echtes persönliches Opfer dar. Hierdurch kann nur das verlorengehen, was durch den Erbfall aus einer anderen Vermögenssphäre (der des Erblassers) zugefallen ist. Das persönliche Vermögen oder – wie bei einer juristischen Person – zumindest ein ausgesonderter Teil hiervon ist bei einer Beschränkbarkeit der Haftung auf den Nachlass nicht in Gefahr.[121] Entsprechend steigt hier abstrakt-generell betrachtet die Risikobereitschaft, was gerade im unternehmerischen Verkehr zu einem gewissen Unbehagen führt. Dieser Umstand erklärt zusätzlich, warum es nicht inkohärent ist, Haftungsbeschränkungen auf den Nachlass bei oHG-Gesellschaftern weniger zu tolerieren als institutionelle Haftungsbeschränkungen in Form der Kapitalgesellschaften.

4. Vergleich der gegenständlichen Haftungsbeschränkungen

Ist nun geklärt, dass eine Haftungsbeschränkung auf den Nachlass mit größeren Spannungen für das allgemeine Handelsrecht verbunden ist als eine institutionelle

---

[119] Auf den Konnex zwischen beschränktem Verlust und beschränkter risikohemmender Wirkung weist auch *Bartsch*, S. 125 hin.

[120] Vgl. *§ 3 I. 3. a)*.

[121] Dies gilt freilich vorbehaltlich der Ausgleichspflicht gem. § 1978 Abs. 1 BGB. Ähnlich *Reuter*, ZHR 135, 511, 515: „*(...) falls der Erbe den Nachlasswert unter den Betrag der Nachlassschulden herabdrückt, schädigt er nicht mehr sich, sondern allein die Nachlassgläubiger*“.

Haftungsbeschränkung in Form der Kapitalgesellschaft, bleibt zu klären, ob ein ähnliches Ergebnis auch in Bezug auf die im allgemeinen Handelsrecht zugelassenen gegenständlichen Haftungsbeschränkungen gewonnen werden kann, die eine Haftungsbeschränkung auf einen Teil des Eigenvermögens ermöglichen. Nach dem bereits herausgearbeiteten Befund ist dies v. a. bei Minderjährigen, nicht oder nur gemeinschaftlich verwaltungsbefugten Ehegatten einer Gütergemeinschaft sowie Gesellschaftern der Fall, die einen unter Testamentsvollstreckung stehenden Nachlass erben bzw. diesen mit den Mitteln der Nachlass(insolvenz)verwaltung jederzeit vor dem Zugriff der Gesellschaftsgläubiger abschirmen können.[122]

a) Ehegatte einer Gütergemeinschaft als Gesellschafter

Dass jedenfalls die durch eine Gütergemeinschaft hervorgerufene Beschränkung des Zugriffs auf das Sonder- und Vorbehaltsguts i. S.d. §§ 1417 f. BGB einer Gesellschafterstellung in einer oHG nicht entgegenstehen kann, erklärt sich daraus, dass es dort nicht zu einer eigentlichen Absonderung der Eigenvermögenssphäre kommt. Denn aus der maßgeblichen qualitativen Sicht liegt bei nicht oder nicht alleine verwaltungsbefugten Ehegatten gar keine Haftungsbeschränkung im hier herausgearbeiteten qualitativen Sinne vor. Die Tatsache, dass das Gesamtgut der Ehegatten nach Maßgabe des § 740 ZPO in quantitativer Hinsicht aus demjenigen Haftungsfond ausgenommen ist, der den Gesellschaftsgläubigern gegenüber dem nicht oder nicht alleine verwaltungsbefugten Ehegatten zusteht, erklärt sich rein faktisch aus der nach dieser Vorschrift für die Zwangsvollstreckung in das Gesamtgut grundsätzlich vorausgesetzten Erlangung eines Titels gegenüber beiden Ehegatten (Gesamtverwaltung) bzw. gegenüber dem allein verwaltungsbefugten Ehegatten (Einzelverwaltung). Dies setzt damit grundsätzlich einen materiell-rechtlichen Anspruch gegen beide Ehegatten (Gesamtverwaltung) bzw. den verwaltungsbefugten Ehegatten (Einzelverwaltung) voraus. Gläubiger des nicht oder nicht alleine verwaltungsbefugten Ehegatten sind darüber hinaus nach Maßgabe der §§ 1459 Abs. 1, 1460 ff. BGB bzw. §§ 1437 Abs. 1 Var. 2, 1438 ff. BGB zum Zugriff auf das Gesamtgut berechtigt. Ist der nicht oder nicht alleine verwaltungsbefugte Ehegatte Gesellschafter einer oHG, erweitern die §§ 1456, 1462 S. 2, 1431, 1440 S. 2 BGB i. V. m. § 741 ZPO den Zugriff auf das Gesamtgut zu Gunsten von Gesellschaftsgläubigern sogar noch einmal beträchtlich. Denn hat der mit- bzw. alleinverwaltungsbefugte Ehegatte in die erwerbswirtschaftliche Betätigung eingewilligt bzw. dagegen keinen Einspruch eingelegt, erfordert der Zugriff auf das Gesamtgut lediglich eine Forderung – und

[122] Zur Zulässigkeit gegenständlicher Haftungsbeschränkungen, die ohne eine vollständige Blockierung der Eigenvermögenssphäre einhergehen, s. noch einmal *§ 3 I. 2. b)*.

darauf aufbauend die Erlangung eines Titels – gegenüber dem nicht bzw. nicht alleine verwaltungsbefugten Ehegatten.[123] Wenn jenseits dieser Haftungserweiterungen ein Zugriff auf das Gesamtguts scheitert, beruht dies alleine auf den in § 740 ZPO niedergelegten zivilprozessualen Ausgangsbedingungen. Die Gesellschafterhaftung, welcher der nicht oder nicht alleine verwaltungsbefugte Ehegatten unterliegt, umfasst jedoch im Übrigen unverändert dessen individuell zugeordnete Eigenvermögenssphäre, bestehend aus Sonder- und Vorbehaltsgut; wegen § 860 Abs. 1 ZPO freilich exklusive des Anteils am Gesamtgut. Mit Blick auf diese Vermögenssphären werden die Folgen bei einer unterbleibenden Bedienung der Verbindlichkeiten – nicht zuletzt in Anbetracht der unverändert harten Folgen im Insolvenzfall – aus qualitativer Sicht gar nicht abgemildert. Sieht man von § 860 ZPO ab, steht der Gläubiger eines nicht oder nicht alleine verwaltungsbefugten Ehegatten nicht wesentlich schlechter als ein Gläubiger, dessen Schuldner sein Vermögen in eine GbR einbringt. Die Gläubiger können auf dieses Vermögen (vorbehaltlich besonderer Anfechtungstatbestände nach dem AnfG bzw. den §§ 129 ff. InsO) nicht mehr unmittelbar zugreifen, weil sie wegen § 736 ZPO zumindest einen gegen alle Gesellschafter der GbR gerichteten Titel benötigen; es bleibt nur eine Anteilspfändung, vgl. § 859 Abs. 1 S. 1 ZPO, die bei einer Beschränkung des Abfindungsanspruchs aber keine volle Kompensation gewährt. Mit einer Haftungsbeschränkung im hier dargelegten qualitativen Sinn haben diese zivilprozessualen Gegebenheiten aber nichts zu tun.

b) Erbe als oHG-Gesellschafter

Noch klarer fällt das Urteil für die Konstellation aus, bei der ein Gesellschafter im Erbgang eine Nachlassmasse hinzuerworben hat, die wegen angeordneter Testamentsvollstreckung gem. § 2214 BGB vor dem Zugriff der privaten Gesellschaftsgläubiger abgeschirmt ist oder mit den Mitteln der Nachlass(insolvenz)-verwaltung vor dem Zugriff abgesondert werden kann.[124] Hierdurch wird die Privatvermögenssphäre des Gesellschafters schon gar nicht beschränkt, sodass es sich auch bei diesem Phänomen um keine Haftungsbeschränkung im hier dargelegten qualitativen Sinn handelt.

---

[123] Zur Anwendung des § 741 ZPO und der §§ 1431, 1456 BGB auf Gesellschaftsgläubiger einer oHG, vgl. *Lackmann*, in: Musielak-ZPO, § 741 Rdnr. 3 sowie *Siede*, in: BeckOK-BGB, § 1431 Rdnr. 2 und § 1456 Rdnr. 1.

[124] S. noch einmal *§ 3 I. 2. b).*

c) Volljährig gewordener oHG-Gesellschafter

Auf den ersten Blick anders scheint hingegen bei der gegenständlichen Haftungsbeschränkung des § 1629a BGB zu entscheiden sein, die volljährig gewordene Gesellschafter genießen. Hier verweist das Gesetz in § 1629a Abs. 1 S. 2 BGB sogar explizit auf die für die Sondervermögensmasse Nachlass geltenden Vorschriften der §§ 1990 f. BGB. Das bedeutet, dass dem volljährig gewordenen Gesellschafter – ähnlich wie dem Erben eines dürftigen oder überschwerten Nachlasses – die Einrede i. S.d. § 1990 Abs. 1 S. 1 BGB zukommt. Mit dieser kann er die Gesellschaftsgläubiger, die ihre Verbindlichkeiten während seiner Minderjährigkeit erworben haben, auf sein bei Eintritt der Volljährigkeit vorhandenes Vermögen verweisen und so das übrige Vermögen abschirmen, ohne dass er hierzu den beschwerlichen Weg eines Insolvenzverfahrens und eines anschließenden Restschuldbefreiungsverfahrens beschreiten muss.[125] Über § 1991 Abs. 1 BGB findet auch die Vorschrift des § 1978 BGB entsprechende Anwendung. Es wurde bereits nachgewiesen, dass diese Vorschrift im Vergleich zum Kapitalgesellschaftsrecht ein geringwertigeres Schutz- und Ausgleichssystem bietet.[126] Das über die Vorschrift des § 1629a Abs. 1 S. 2 BGB entsprechend anwendbare System der Erbenhaftung ist sogar gläubigerunfreundlicher ausgestaltet als das unmittelbar anwendbare System der Erbenhaftung, weil der volljährig Gewordene keiner Inventarerrichtungspflicht unterliegt, die Gläubiger vielmehr auf die über §§ 1991 Abs. 1, 1978 Abs. 1 BGB anwendbare Auskunfts- und Rechenschaftspflicht des § 666 BGB beschränkt sind.[127] Dennoch ist zu konstatieren, dass die gegenständliche Haftungsbeschränkung des § 1629a Abs. 1 S. 1 BGB nicht so schwer wiegt, wie die Möglichkeit des Erben seine Haftung auf den Nachlass zu beschränken. Zum einen ist zu berücksichtigen, dass die §§ 1629a Abs. 1 S. 1, S. 2, 1990 Abs. 1 S. 1 BGB keine gegenwärtige Haftungsbeschränkung des minderjährigen Gesellschafters bewirken. Während der Minderjährigkeit bleibt es dabei, dass die Person mit dem gesamten gegenwärtigen Vermögen haftet. Es wird nur die Haftung für die Zukunft mit Blick auf den volljährig gewordenen Gesellschafter beschränkt. Und selbst dann ist zu beachten, dass die Haftungsbeschränkung vor dem Hintergrund des § 1629a Abs. 4 S. 1 Hs. 1, S. 2 BGB bedeutenden Einschränkungen unterworfen ist, wenn der volljährig gewordene Gesellschafter die Beteiligung über die der Norm des § 139

[125] S. weiterführend *Bittner*, FamRZ 2000, 325, 329. Auch *Sternal*, in: Uhlenbruck-InsO, § 286 Rdnr. 6 verweist darauf, dass „*aufgrund der Haftungsbeschränkung Minderjähriger (§ 1629a BGB) (…) für diese das Restschuldbefreiungsverfahren von geringerer Bedeutung (ist)*“.

[126] S. weiterführend für dieses entsprechend anwendbare Schutz- und Ausgleichssystem *Amend-Traut*, in: BeckOGK-ZR, § 1629a Rdnr. 96.

[127] *Huber*, in: MüKo-BGB, § 1629a Rdnr. 36.

Abs. 3 HGB nicht unähnlichen Karenzfrist von drei Monaten fortführt und nicht gem. § 105 Abs. 3 HGB, § 723 Abs. 1 S. 3 Nr. 2 BGB kündigt.[128] Insoweit liegt die Beweislast in zweifacher Hinsicht bei dem Minderjährigen,[129] sodass es i.E. zu einer zweifachen Vermutung einer unbeschränkten Haftung[130] des volljährig gewordenen Gesellschafters kommt: Erstens wird vermutet, dass die Gesellschaftsverbindlichkeit nach dem Eintritt der Volljährigkeit begründet ist (§ 1629a Abs. 4 S. 1 Hs. 1 BGB); zweitens wird vermutet, dass das gesamte gegenwärtige Vermögen des volljährig Gewordenen bereits bei Eintritt der Volljährigkeit vorhanden war (§ 1629a Abs. 4 S. 2 BGB). Macht man sich dies klar, rückt die Haftung des volljährig gewordenen Gesellschafters bedeutend nahe an die handelsrechtsfreundliche Gesellschafterhaftung des Gesellschafter-Erben. In beiden Fällen gewährt der Gesetzgeber die Beschränkung der Haftung nur im Rahmen der Überlegungsfrist. Nach deren Ablauf wird in beiden Fällen regelmäßig unbeschränkt gehaftet. Dass § 1629a Abs. 4 S. 1 Hs. 1, S. 2 BGB dem volljährig gewordenen Gesellschafter (insoweit in Abweichung von §§ 27, 139 Abs. 4 HGB) die Möglichkeit gibt, durch Widerlegung der doppelten Vermutung seine Haftungsbeschränkung auch jenseits der Karenzfrist herbeizuführen, ist als bewusst vom Gesetzgeber in Kauf genommene Inkohärenz hinzunehmen.[131] Jedenfalls reicht die Tatsache, dass die Beschränkung der Haftung jenseits der Drei-Monats-Frist nur vorbehaltlich eines positiven Nachweises durch den volljährig gewordenen Gesellschafter gelingt, aus, damit dessen beschränkte Haftung gem. § 1629a BGB eher handelsrechtlich tolerierbar erscheint als eine gegenständlich beschränkte Haftung auf den Nachlass ohne gesicherte Aussicht auf einen Zugriff auf die persönliche Vermögenssphäre.

---

[128] Zur entsprechenden Anwendung des Kündigungsgrunds i.S.d. § 723 Abs. 1 S. 3 Nr. 2 BGB im oHG-Recht, vgl. *Huber*, in: MüKo-BGB, § 1629a Rdnr. 70 und *Coester*, in: Staudinger, § 1629a Rdnr. 85.

[129] Zu der Tatsache, dass § 1629 Abs. 4 S. 1 Hs. 1, S. 2 BGB insoweit nur deklaratorisch auf die ohnehin bei dem volljährig gewordenen Gesellschafter liegende Beweislast für Einreden hinweist, s. *Müller-Feldhammer*, FamRZ 2002, 13, 16.

[130] *Christ*, in: Ebeling/Geck-Erbengemeinschaft, Teil I Rdnr. 686 spricht gar von „*Verlust der Haftungsbeschränkungsmöglichkeit*".

[131] So war nach ursprünglichen Vorarbeiten zu § 1629a BGB, dem sog. *Hamburger Entwurf*, ursprünglich vorgesehen, die Haftung des volljährig gewordenen Gesellschafters an die Vorschrift des § 139 HGB anzulehnen, vgl. *Peschel-Gutzeit*, FamRZ 1993, 1009, 1012. Man entschied sich jedoch im Laufe des Gesetzgebungsprozesses bewusst für die heute in § 1629a Abs. 4 BGB zu findende doppelte Beweislastumkehr, vgl. *Coester*, in: Staudinger, § 1629a Rdnr. 74.

5. Zwischenergebnis

Zusammengefasst ist es daher nicht wertungswidersprüchlich, wenn der Gesetzgeber des allgemeinen Handelsrechts in § 27 HGB bzw. §§ 130 Abs. 1, 139 Abs. 4 HGB e c. seine Aversion vor Rechtssubjekten, die beschränkt auf die Kräfte einer Nachlassverbindlichkeit haften, zum Ausdruck bringt, wohingegen er beschränkt haftende Kapitalgesellschaften, nach Maßgabe des § 1629a BGB beschränkt haftende Minderjährige und nur mit ihrem Vorbehalts- und Sondergut haftende Ehegatten einer Gütergemeinschaft als oHG-Gesellschafter zulässt. Die der Sondervermögensmasse Nachlass innewohnende Haftungsgüte ist – abstrakt-generell betrachtet – aufgrund des weniger stark ausgeprägten Schutz- und Ausgleichssystems der Sondervermögensmasse Nachlass geringer ausgeprägt als bei einer werbend tätigen Kapitalgesellschaft bzw. den natürlichen Personen im vorbezeichneten Sinn, bei welchen der Zugriff auf einen bestimmten Teil des Eigenvermögens beschränkt ist. Daher ist die in § 27 HGB und §§ 130 Abs. 1, 139 Abs. 4 HGB e c. zum Ausdruck kommende Aversion des allgemeinen Handelsrechts vor Rechtssubjekten, die beschränkt auf die Kräfte einer Nachlassverbindlichkeit haften, dennoch als kohärentes Gebilde anzuerkennen.

II. Persönliche Haftung der Miterben für Gesellschaftsaltverbindlichkeiten

Wenn also der Nachlass nicht als ausreichende Haftungsgrundlage für Gesellschaftsgläubiger einer oHG angesehen werden kann, hat dann die etablierte Ansicht nicht Recht, wenn sie den Miterben in gesamthänderischer Verbundenheit die Fähigkeit zur Bildung einer Gesellschafterstellung in der oHG versagt? Dies wäre nur dann der Fall, wenn § 2059 Abs. 1 S. 1 BGB tatsächlich bewirken würde, dass die Miterben hinsichtlich der Gesellschaftsverbindlichkeiten vor der Teilung des Nachlasses ihre Privatvermögenssphäre weitestgehend abschirmen können und beschränkt auf das Nachlassvermögen sowie den Erbteil haften.[132]

---

[132] So konstatiert es die etablierte Ansicht, vgl. etwa *Schäfer*, in: MüKo-BGB, § 705 Rdnr. 81.

1. Persönliche Haftung kraft Unanwendbarkeit erbrechtlicher Haftungsbeschränkungen

Die diese These anzweifelnden Stimmen bleiben selten.[133] Gänzlich negieren wollen es etwa *Börner*, *Köbler*, *Kruse*, *Bletz* und *Eiselt*.[134] Die drei Erstgenannten meinen – unter Verweis auf Art. 2 Abs. 1 EGHGB – mit Blick auf die vom Erblasser herrührende Haftung für Gesellschaftsaltverbindlichkeiten i. S.d. § 1967 Abs. 2 Var. 1 BGB alle erbrechtlichen Haftungsbeschränkungsinstrumente – und damit auch § 2059 Abs. 1 S. 1, S. 2 BGB – schlicht für unanwendbar erklären zu können.[135] Hierdurch wird die vom Erblasser ererbte Haftung für Gesellschaftsaltverbindlichkeiten von einer Nachlassverbindlichkeit i. S.d. § 1967 Abs. 2 Var. 1 BGB in eine Verbindlichkeit mit unbeschränkter Haftung umgewandelt, bei der sowohl der Nachlass als auch das Eigenvermögen unentziehbar als Haftungsgrundlage zur Verfügung stehen. Wenn man sich jedoch für einen solch radikalen Einschnitt in das Erbrecht entscheidet, tut man gut daran, zuvor zu überprüfen, ob ein solches Vorgehen wirklich erforderlich ist. Denn nach den bereits gewonnenen Erkenntnissen zur Haftung des Alleinerben eines oHG-Anteils sind es gar nicht die allgemeinen erbrechtlichen Haftungsbeschränkungen, die zum Vorbehalt der Haftungsdisparität führen, denn diese werden bei einem Alleinerben gerade durch die danebentretende persönliche Gesellschafterhaftung gem. §§ 128 S. 1, 130 Abs. 1 HGB umgangen.[136] Vielmehr ist es die These, dass in der Erbengemeinschaft die Haftungsbeschränkung des § 2059 Abs. 1 S. 1, Abs. 2 BGB mit der akzessorischen Gesellschafterhaftung aus §§ 128 S. 1, 130 Abs. 1 HGB konfligieren soll. Doch wäre dies nur dann richtig, wenn entweder § 2059 Abs. 1 S. 1, Abs. 2 BGB im Personengesellschaftsrecht – anders als die allgemeinen auch dem Alleinerben zustehenden Haftungsbeschränkungsinstitute – nicht durch eine persönliche Gesellschafterhaftung umgangen werden kann oder die persönliche Gesellschafterhaftung gem. §§ 128 S. 1, 130 Abs. 1 HGB in Erbengemeinschaftskonstellationen schlicht nicht greift. Ersteres ist jedoch schon offensichtlich verfehlt: Da § 2059 Abs. 1 S. 1 BGB nur für Nachlassverbindlichkeiten gilt,[137] kann diese Norm – wie alle anderen erbrechtlichen Haftungsbeschränkungen – die persönliche Einstandspflicht des in die Gesellschaft

---

133 S. etwa *Rißmann/Szalai*, in: BeckOGK-ZR, § 2032 Rdnr. 21.1; *Habermeier*, in: Staudinger, § 705 Rdnr. 31.

134 Vgl. noch Fn. 135 und 141.

135 *Börner*, AcP 166, 426, 436; *Köbler*, Erbrecht und Gesellschaft, S. 107; *Kruse*, in: FS Laufke, S. 179, 183.

136 Zum dualistischen Haftungskonzept, s. noch einmal *§ 3 I. 1.*

137 Dies ergibt sich schon aus dem Wortlaut, wird jedoch auch in der Kommentarliteratur betont; vgl. etwa: *Ann*, in: MüKo-BGB, § 2059 Rdnr. 13; *Otto*, in: BeckOGK-ZR, § 2059 Rdnr. 5.

Eintretenden aus §§ 128 S. 1, 130 Abs. 1 HGB jedenfalls nicht betreffen.[138] Damit kann jedoch der Grund für die Haftungsdisparität allenfalls in der Tatsache liegen, dass die etablierte Ansicht offenbar davon ausgeht, dass eine sämtliche erbrechtliche Haftungsbeschränkungen umgehende, persönliche Einstandspflicht gem. §§ 128 S. 1, 130 Abs. 1 HGB bei einer in den oHG-Anteil einrückenden Erbenmehrheit in gesamthänderischer Bindung nicht anzuerkennen ist.[139] Nur in diesem Fall wären die einen oHG-Anteil haltenden Miterben einer Erbengemeinschaft hinsichtlich der Gesellschaftsschulden tatsächlich ausschließlich mit einem Bein verhaftet, nämlich mit der auf die Miterben in gesamthänderischer Verbundenheit übergehenden (§§ 1922 Abs. 1, 2032 Abs. 1 BGB) vom Erblasser als vormaligem Gesellschafter i. S.d. § 1967 Abs. 2 Var. 1 BGB herrührenden Einstandspflicht, für welche die Miterben einer Erbengemeinschaft zwar gem. § 2058 BGB als Gesamtschuldner voll einzustehen hätten, die jedoch als Nachlassverbindlichkeit (über den Einwand aus § 2059 Abs. 1 S. 1 BGB) bis zur Teilung keinen garantierten Zugriff auf das außerhalb der Erbteile bestehende Privatvermögen als Haftungsgrundlage vermitteln würde. Dies nehmen wohl auch *Börner*, *Köbler* und *Kruse* an, da nur so verständlich wird, warum sie einen so radikalen Ausweg aus der Haftungsdisparität suchen und unter Hinweis auf Art. 2 Abs. 1 EGHGB alle haftungsbeschränkenden Vorschriften des Erbrechts außer Kraft setzen, um so der vom Erblasser herrührenden Gesellschafterhaftung einen unbeschränkten Haftungszugriff beizumessen.[140]

2. Miterbe als Gesellschafter gem. §§ 130 Abs. 1, 128 S. 1 HGB

Eiselt, *Bletz* und *Köbler* postulieren entsprechend der Ausgangslage bei der Alleinerbschaft, dass jeden Miterben einer Erbengemeinschaft zugleich die persönliche Gesellschafterhaftung treffe, wenn Bestandteil des Nachlasses ein vererblich gestellter oHG-Anteil ist.[141] Damit ist eine Diskussion über die Nichtanwendung oder teleologische Reduktion der erbrechtlichen Haftungsbeschränkungsinstrumente natürlich überflüssig. Aus dem Charakter des §§ 128 S. 1, 130 Abs. 1 HGB als persönlicher Verbindlichkeit werden die Haftungs-

[138] Zum Charakter der §§ 128 S. 1, 130 Abs. 1 HGB als Eigenverbindlichkeit, s. noch einmal *Schmidt*, in: MüKo-HGB, § 139 Rdnr. 100 und 108 sowie *§ 3 I. 1.*

[139] In diese Richtung *Pütter*, S. 75: „*Würde der Gesellschaftsanteil nicht im Wege der Sonderrechtsnachfolge (sic!) vererbt, sondern in den Nachlass als Sondervermögen fallen, würde sich die Frage einer vom Erbrecht unabhängigen, gesellschaftsrechtlichen Haftung nicht stellen*".

[140] *Börner*, AcP 166, 426, 436 f.

[141] S. *Köbler*, Erbrecht und Gesellschaft, S. 107 insofern als zweite Verteidigungslinie; *Eiselt*, AcP 158, 319, 323 f.; *Bletz*, S. 50, der jedoch die Gesellschafterhaftung für Altverbindlichkeiten aus einer analogen Anwendung des § 27 Abs. 1 HGB begründet.

beschränkungen – allen voran § 2059 Abs. 1 S. 1 BGB – einfach umgangen. Eine Haftungsdisparität besteht damit aus ihrer Sicht schlichtweg nicht. Dieser vom Ergebnis her sehr charmante Ausweg aus der Haftungsdisparität bleibt jedoch von der etablierten Ansicht bisher ungehört, was wohl v. a. damit zusammenhängt, dass eine ungeprüfte Übertragung der Gesellschafterhaftung gem. §§ 128 S. 1, 130 Abs. 1 HGB auf Erbengemeinschaftskonstellationen die in der Struktur der Erbengemeinschaft wurzelnden Besonderheiten zu wenig berücksichtigt. Diese könnten in Ansehung der persönlichen Haftung i. S.d. §§ 128 S. 1, 130 Abs. 1 HGB eine andere Behandlung als bei Allein- und Sondererben rechtfertigen. Der Schlüssel zur Beantwortung dieser Frage liegt dabei in der Untersuchung von Gesamthandsgemeinschaften, als welche die Erbengemeinschaft gem. § 2032 Abs. 1 BGB anzusehen ist,[142] sowie der Verknüpfung dieser Untersuchung mit dem Tatbestandsmerkmal *„in die Gesellschaft Eintretender“*, wie es in §§ 128 S. 1, 130 Abs. 1 HGB zu finden ist.

3. Eintritt der Erbengemeinschaft oder Eintritt der Erben?

Dabei ist zunächst zu überlegen, ob nicht bei Vorhandensein mehrerer Erben die Erbengemeinschaft selbst i. S.d. § 130 Abs. 1 HGB als Gesellschafterin eintritt, da sie es ist, der die Nachlassgegenstände zugeordnet sind. Wäre dies der Fall, könnten die Miterben nicht als in die Gesellschaft Eintretende und damit als Anspruchsschuldner i. S.d. §§ 128 S. 1, 130 Abs. 1 HGB angesehen werden. Es fehlt jedoch hierzu an einer dem § 124 Abs. 1 HGB vergleichbaren Vorschrift, die der Erbengemeinschaft Rechtsfähigkeit verleiht. Zwar hat der BGH in richterlicher Rechtsfortbildung mittlerweile auch die Teilrechtsfähigkeit der Außen-GbR anerkannt, der eine solche Vorschrift ebenfalls abgeht.[143] Die etablierte Ansicht lehnt die Rechtsfähigkeit der Erbengemeinschaft jedoch weiterhin überzeugend ab.[144] Die mit Blick auf die Anerkennung der Rechtsfähigkeit heute praktizierte

---

[142] Zur Gesamthandsstruktur der Erbengemeinschaft: *Rißmann/Szalai*, in: BeckOGK-ZR, § 2032 Rdnr. 3; *Lohmann*, in: BeckOK-BGB, § 2032 Rdnr. 2; *Gergen*, in: MüKo-BGB, § 2032 Rdnr. 7.

[143] BGHZ 146, 341.

[144] So BGH, NJW 2002, 3389, 3390; *ders.*, NJW 2006, 3715 f. Rdnr. 7. So auch die überwiegende Literatur: *Löhnig*, in: Staudinger, § 2032 Rdnr. 4; *Lohmann*, in: BeckOK-BGB, § 2032 Rdnr. 5; *Bayer*, in: Erman-BGB, § 2032 Rdnr. 1; *Gergen*, in: MüKo-BGB, § 2032 Rdnr. 12; *Heil*, ZEV 2002, 296 ff., insbesondere 298 f.; *Ivo*, ZEV 2004, 499. Für die Rechtsfähigkeit der Erbengemeinschaft hingegen: *Grunewald*, AcP 197, 305, 315; *Weipert*, ZEV 2002, 300, 301. *Eberl-Borges*, ZEV 2002, 125, 129. Auch *Haas*, S. 16 ff. will der Erbengemeinschaft ein gewisses Maß an Rechtssubjektivität beimessen und spricht von einer *„Verbindungsperson“*, bei der – logisch kaum mehr fassbar – sowohl die Gesamthand als auch die Gesamthänder Rechtsträger sein sollen.

Ungleichbehandlung zwischen Außen-GbR und Erbengemeinschaft ist schon deshalb zu akzeptieren, weil sie vom Gesetz in den Vorschriften der § 11 Abs. 2 Nr. 1 InsO, § 191 Abs. 2 UmwG, § 47 Abs. 2 S. 1 GBO[145] vorausgesetzt wird. Das Bedürfnis, den eindeutig gegen eine Rechtsfähigkeit sprechenden Wortlaut des Gesetzes,[146] über den ihm historisch zugedachten Funktionsrahmen hinaus,[147] zu überwinden, ist bei der Erbengemeinschaft daneben bedeutend schwächer ausgeprägt, als bei der Außen-GbR. So ist die Anerkennung der Teilrechtsfähigkeit der Außen-GbR aus Gründen erfolgt, die u. a. aus dem Strukturdefizit der §§ 705 ff. BGB und der zumeist starken Wesensverwandtschaft zur gem. § 124 Abs. 1 HGB rechtsfähigen oHG heraus zu begreifen sind. Es soll so etwa eine Rechtsträgerkontinuität bei einem gesetzlichen Formwechsel in eine oHG erreicht werden, der immer dann eintritt, wenn der von der Außen-GbR betriebene Gewerbebetrieb die Schwelle zum Handelsgewerbe überschreitet.[148] Bei einer Erbengemeinschaft stellt sich dieses Bedürfnis jedoch nicht, wird diese doch nicht einfach kraft Gesetzes in eine oHG umgewandelt.[149] Letztlich ist es jedenfalls nicht willkürlich, der Erbengemeinschaft dasjenige zu versagen, was man der Außen-GbR in einer langwierigen Rechtsentwicklung zugesprochen hat; die nicht rechtsfähige Gesamthand hat daher neben der rechtsfähigen Gesamthand Bestand und die Erbengemeinschaft gehört zur ersten Kategorie.[150] Strukturelle Defizite der Erbengemeinschaft sind solche, die unauflöslich mit der Rechtsfigur der nichtrechtsfähigen Gesamthand verbunden sind. Sie zu kritisieren bedeutet, das Prinzip der nichtrechtsfähigen Gesamthand an sich zu hinterfragen, was mit Blick auf die eindeutige gesetzgeberische Entscheidung für die Anerkennung einer solchen Rechtsfigur (s. §§ 2032 Abs. 1, 1416 Abs. 1 S. 1 BGB) alleine dem Gesetzgeber zusteht.

---

[145] Ähnlich *Heil*, ZEV 2002, 296, 297, der hinsichtlich *§ 47 GBO a. F.* (heute § 47 Abs. 1 GBO) darauf verweist, dass dieser unter Zugrundelegung einer rechtsfähigen Erbengemeinschaft nicht mehr einschlägig wäre.

[146] Vgl. bei der GbR die §§ 706 Abs. 2, 714, 718 Abs. 1 BGB und § 736 ZPO. Vgl. bei der Erbengemeinschaft § 2032 Abs. 1 BGB und § 747 ZPO.

[147] Denn insbesondere die GbR war bewusst als nichtrechtsfähiger Personenverband geschaffen worden, s. zu dieser traditionellen Auffassung *Schäfer*, in: MüKo-BGB, Vor. § 705 Rdnr. 9 und § 705 Rdnr. 296 ff. Kritisch hierzu schon seinerzeit *v. Gierke*, Deutsches Privatrecht I, S. 676 ff.

[148] *Schäfer*, in: MüKo-BGB, § 705 Rdnr. 297.

[149] Dies gilt insbesondere, wenn mehrere Miterben in ungeteilter Erbengemeinschaft ein Handelsgeschäft weiterbetreiben, vgl. BGHZ 92, 259, 263 f.

[150] S. i.E. auch: *Rißmann/Szalai*, in: BeckOGK-ZR, § 2032 Rdnr. 12.2; *Flume*, Allgemeiner Teil I-1, § 7 II, S. 91, der als Vorreiter der Gruppenlehre sogar im Teilbereich der Gesamthandsgesellschaften hinsichtlich der Teilrechtsfähigkeit von einer „*Abbreviatur mit je nach der Rechtsfigur der Gesamthand wechselndem Inhalt*“ spricht.

4. Gesamthänderisch gebundene Gesellschafterposition – Plädoyer für die Anerkennung des Miterbengesellschafters

Bei Zulassung einer unmodifizierten Universalsukzession wären es daher die Miterben, die in gesamthänderischer Verbundenheit in die Gesellschafterposition einrücken. Damit ist jedoch noch nicht entschieden, ob auch jeder Miterbe als Anspruchsschuldner i. S.d. §§ 130 Abs. 1, 128 S. 1 HGB in Betracht kommt.[151] Für die parallele Situation bei der Vererbung eines Handelsgeschäfts wird dies bejaht. Dort ist nicht nur der Alleinerbe, sondern auch jeder Miterbe einer Erbengemeinschaft Adressat der persönlichen Haftung für die Geschäftsaltverbindlichkeiten gem. § 27 Abs. 1 HGB.[152] Anders als in § 27 Abs. 1 HGB haftet jedoch in § 130 Abs. 1 HGB nicht der Erbe, sondern der in die Gesellschaft Eintretende nach Maßgabe des § 128 S. 1 HGB.[153] Doch wen meint das Gesetz in § 130 Abs. 1 HGB mit „*Eintretenden*", wenn man es zuließe, dass eine Erbenmehrheit in gesamthänderischer Verbundenheit in die Gesellschafterposition einrückt? Tritt jeder Miterbe selbst in die Gesellschaft i. S.d. § 130 Abs. 1 HGB ein und haftet damit als Gesellschafter oder kann dieser Schluss nicht gezogen werden? Um diese Frage beantworten zu können, muss die Bedeutung des § 2032 Abs. 1 BGB entschlüsselt werden, der statuiert, dass der Nachlass (und damit auch der vererbte oHG-Anteil) „*gemeinschaftliches Vermögen der Miterben*" wird. Wenn nämlich hieraus abzuleiten ist, dass jedem Miterben ein individuelles Teilrecht an jedem Nachlassgegenstand (und damit auch am vererbten oHG-Anteil) zusteht, welches es rechtfertigt, ihn selbst als Gesellschafter anzusehen, muss er zugleich als Anspruchsschuldner i. S.d. §§ 128 S. 1, 130 Abs. 1 HGB betrachtet werden und der Vorwurf der Haftungsdisparität wäre überwunden.

a) Anteil i. S.d. § 747 S. 1 BGB als dingliches Teilrecht

Individuelle Teilrechte entstehen v. a., wenn ein Gegenstand von mehreren Teilhabern in Form einer Bruchteilsgemeinschaft i. S.d. §§ 741 ff. BGB gehalten

---

[151] *Bletz*, S. 50 muss dies naturgemäß anders sehen, da er die Haftung für Gesellschaftsaltverbindlichkeiten auf eine analoge Anwendung des § 27 Abs. 1 HGB stützt.

[152] In der Konsequenz wird daher eine gemeinschaftliche Fortführungsentscheidung gefordert, vgl. *Vossler*, in: Oetker-HGB, § 27 Rdnr. 33; *Reuschle*, in: E/B/J/S-HGB, § 27 Rdnr. 8 und 41; *Burgard*, in: Staub-HGB, § 27 Rdnr. 93. Zu den Problemen, die bisweilen bei einer unternehmenstragenden Erbengemeinschaft gesehen werden, vgl. *Thiessen*, in: MüKo-HGB, § 27 Rdnr. 67 f. S. auch BGH, NJW 1985, 136, 137 f. mit Blick auf die damit zusammenhängenden, vor dem Inkrafttreten des § 1629a BGB problematischen Erwägungen zum angemessenen Schutz minderjähriger Erben.

[153] *Köbler*, Erbrecht und Gesellschaft, S. 107 hingegen konstatiert, dass § 27 Abs. 1 HGB und §§ 128 S. 1, 130 Abs. 1 HGB im Grundsatz „*völlig übereinstimmen*".

wird (sog. Freihand[154]). Dort ist zwar umstritten, wie das individuelle Teilrecht, gem. § 747 S. 1 BGB „*Anteil*" genannt, zu begreifen ist.[155] Doch egal welcher Theorie man auch folgen mag, ist doch i.E. ganz überwiegend anerkannt, dass dem einzelnen Bruchteilsberechtigten kraft dieses Anteils eine eigene dingliche Rechtsposition am Gegenstand gewährt wird, die sogar wie das Vollrecht am Gesamtgegenstand selbst übertragen wird[156] und lediglich in den Rechten der anderen Teilhaber an dem Gegenstand ihre Begrenzung findet.[157] Der Anteil i. S.d. § 747 S. 1 BGB bildet in der Gesamtschau damit letztlich einen Teil des Gesamtgegenstands und des in ihm verkörperten Wertes ab, da nur alle Anteile in der Summe dem unbeschränkten Vollrecht eines Alleininhabers entsprechen. Aus dieser Erkenntnis heraus soll daher im Folgenden zur Beschreibung des Zustands, der einer Bruchteilsgemeinschaft zugrunde liegt, von einer Idealteilung die Rede sein und der Anteil i. S.d. § 747 S. 1 BGB als ideeller Anteil oder Teilrecht bezeichnet werden,[158] ohne jedoch dabei zum rechtlichen Verständnis des hierzu führenden Zustands Stellung beziehen zu wollen.[159] Mit dem Begriff soll lediglich zur Realteilung abgegrenzt werden. Beispiele hierfür sind etwa die Teilabtretung oder die von der etablierten Ansicht favorisierte Sondererbfolge. Ihr wohnt eine an der Struktur des Gegenstands ausgerichtete tatsächliche und nicht nur gedachte Teilung inne; diese Aufteilung führt nicht zu der Entstehung

---

[154] Zu dem Begriff, vgl. auch *Flume*, Allgemeiner Teil I-1, § 8, S. 112 (Fn. 8).

[155] Die etablierte Ansicht sieht die Anteile i. S.d. § 747 S. 1 BGB als Produkt einer geteilten Rechtszuständigkeit, vgl.: *Fehrenbacher*, in: BeckOGK-ZR, § 741 Rdnr. 10; *Schmidt*, in: MüKo-BGB, § 741 Rdnr. 2; *v. Proff*, in: Staudinger, Vor. § 741 Rdnr. 12; *Engländer*, Rechtsgemeinschaft I, S. 104 spricht von Anteilszuständigkeit. S. auch *v. Gierke*, Deutsches Privatrecht III, S. 1027 (Fn. 11), wenn er davon spricht, dass das „*gemeinschaftliche Recht hinsichtlich der Zuständigkeit in gesonderte Teilrechte zerlegt ist*". Dagegen mit beachtlichen Argumenten *Madaus*, AcP 212, 251, 262 ff., der sich gegen das Verständnis einer Aufteilung ausspricht und die Anteile i. S.d. § 747 S. 1 BGB als einander kollidierend gegenüberstehende, vervielfältigte Vollrechte am Gegenstand begreift.

[156] S. etwa *Madaus*, AcP 212, 251, 275, der den Anteil sogar mit dem Vollrecht gleichsetzt, sich damit aber wohl in Konflikt mit dem Wortsinn „*Anteil*" in § 747 S. 1 BGB befindet und daher davon spricht: „*der Gesetzeswortlaut suggeriert hier ein unzutreffendes Bild*". *Schulze-Osterloh*, S. 83 qualifiziert den Anteil als subjektives Recht jedes Teilhabers. Zur Bejahung der dinglichen Berechtigung jedes Teilhabers, s. auch: *Schmidt*, in: MüKo-BGB, § 741 Rdnr. 2; *Fehrenbacher*, in: BeckOGK-ZR, § 741 Rdnr. 10, 54; *v. Proff*, in: Staudinger, Vor. § 741 Rdnr. 12.

[157] Von Teilrecht spricht *Flume*, Allgemeiner Teil I-1, § 8, S. 113. Wenn *Madaus*, AcP 212, 251, 268 ff. den Anteil als Vollrecht selbst begreift, welches in der Kollision zu den Vollrechten der anderen Gemeinschafter seine Begrenzung findet, mag dies ein abweichendes Zustandsverständnis von der Freihand sein, i.E. ergibt sich jedoch nichts anderes.

[158] Von ideellen Anteilen sprechen auch: *Flume*, Allgemeiner Teil I-1, § 8, S. 113; *Endemann*, BGB I, § 182, S. 825.

[159] Hierzu sei auf *Madaus*, AcP 212, 251, 252 ff. und *Schulze-Osterloh*, S. 72 ff. verwiesen.

von Anteilen, die in Rechtsbeziehung zueinanderstehen, sondern zu einer Vielheit von Vollrechten, die als Miniaturausgaben dem vormaligen Ganzen entsprechen.[160]

b) Anteil i.S.d. § 2033 Abs. 2 BGB als dingliches Teilrecht

Bei der Gesamthandsgemeinschaft könnte es sich um eine der Freihand wesensverwandte Form der Idealteilung handeln. Verfehlt wäre es, bei dieser Gelegenheit zu versuchen, das historisch aufgeladene, in seiner Komplexität nur schwer fassbare Verständnis von Gesamthand in all seinen Facetten nachzuskizzieren.[161] Vielmehr soll versucht werden, anhand der Rezeption der Gesamthand im BGB, deren Wesen insoweit zu ergründen, als es für die Beurteilung der haftungsrechtlichen Problematik erforderlich ist. Hierfür muss beleuchtet werden, ob die Vorschriften der Bruchteilsgemeinschaft, bei der mehreren Teilhabern ein Recht gemeinschaftlich zusteht (§ 741 BGB), und die Vorschriften der Erbengemeinschaft, bei denen der Nachlass gemeinschaftliches Vermögen der Erben wird (§ 2032 Abs. 1 BGB), so viele Gemeinsamkeiten aufweisen, dass beide Gemeinschaften lediglich als Unterausprägungen der Idealteilung anzusehen sind. Denn nur dann wäre der einzelne Miterbe kraft seiner dinglichen Berechtigung am oHG-Anteil als eintretender Gesellschafter i.S.d. §§ 128 S. 1, 130 Abs. 1 HGB aufzufassen.

aa) Gesamthänderische Bindung als kollektivierendes Moment

Wer die Regelungen der Bruchteilsgemeinschaft i.S.d. §§ 741 ff. BGB mit den Regelungen der Erbengemeinschaft vergleicht, wird bemerkenswerte Gemeinsamkeiten auf den Gebieten der Verwaltungsorganisation, der Gewinn- und Lastenverteilung und der Auseinandersetzung feststellen.[162] Letztlich verweist das Recht der Erbengemeinschaft sogar in großen Teilen auf das Recht der Bruchteilsgemeinschaft, § 2038 Abs. 2 S. 1 BGB. Beide Gemeinschaften lassen eine Verfügung über den gesamten Gegenstand nur unter Mitwirkung aller Gemeinschafter zu, §§ 2040 Abs. 1, 747 S. 2 BGB. Sowohl das Recht der Freihand als auch das Recht der Erbengemeinschaft sprechen übereinstimmend von Anteilen an den einzelnen in der Gemeinschaft gehaltenen Gegenständen, §§ 2033 Abs. 2, 747 S. 1 BGB. Während sprachlich daher vieles darauf hindeutet, dass in beiden Regelungsbereichen mit dem Anteil dasselbe, also ein echtes Teilrecht, gemeint ist, kann der große Unterschied zwischen beiden Gemeinschaftsformen

---

[160] Für die Teilabtretung, vgl. *Roth/Kieninger*, in: MüKo-BGB, § 398 Rdnr. 63. Für die Sondererbfolge, vgl. die Ausführungen in *§ 2 I. 1.*

[161] Hierzu wird auf die Darstellung bei *Buchda*, S. 18 ff. verwiesen.

[162] S. im Detail *Schulze-Osterloh*, S. 30 ff.

freilich nicht verleugnet werden. Es ist die in der Erbengemeinschaft durch § 2033 Abs. 2 BGB entscheidend geprägte gesamthänderische Bindung, die im Recht der Bruchteilsgemeinschaft ohne Beispiel ist.[163] Denn ähnlich wie § 747 S. 1 BGB erkennt § 2033 Abs. 2 BGB Anteile an den einzelnen Nachlassgegenständen sprachlich zwar an. Anders als in § 747 S. 1 BGB werden diese jedoch in § 2033 Abs. 2 BGB grundsätzlich der Verfügung entzogen. Die entscheidende Frage ist, wie die beiden Aussagen des § 2033 Abs. 2 BGB zusammenspielen: Verhindert das in § 2033 Abs. 2 BGB statuierte Verfügungsverbot, dass sich die dort als bestehend vorausgesetzten Anteile an den einzelnen Gesamthandsgegenständen dergestalt ausprägen können, dass unter den Miterben ein Nachlass bestehend aus einer Summe von ideell aufgeteilten Nachlassgegenständen vorliegt, an denen jedem Miterben ein echter Anteil zukommt, der wie bei der Freihand Ausdruck einer individuellen, dinglichen Teilberechtigung hieran ist?[164]

(1) Objektive Kollektivierung der Gesamthand

Diese Frage war bereits bei der Schaffung des § 2033 BGB von der II. Kommission lebhaft diskutiert worden. In dieser wurden die Anteile an den einzelnen Nachlassgegenständen zwar einerseits für unübertragbar erklärt (Abs. 2), andererseits aber der Anteil am Nachlass explizit anerkannt und sogar zugelassen, dass über diesen verfügt wird (Abs. 1). Hiermit wich man einerseits bewusst zu Gunsten des Gesamthandsprinzips vom *I. Entwurf des BGB* ab, der in *§ 2151 BGB – I. Entwurf* noch die Anwendung der Vorschriften der Gemeinschaft vorsah und damit entsprechend *§ 763 S. 1 BGB – I. Entwurf* jedem Miterben an jedem Nachlassgegenstand einen frei übertragbaren Anteil gewährte. Andererseits wurde in der Erbengemeinschaft die Übertragung der Gesamthandsposition als Ganzes zugelassen und damit – anders als bei anderen Gesamthandsstrukturen (vgl. etwa § 719 Abs. 1 Hs. 1 Var. 1 BGB) – keine personalistische Bindung aufgenommen. Entscheidend sind nun die hieraus zu ziehenden Rechtsfolgen: Nach der Rechtsauffassung der II. Kommission soll so zum Ausdruck kommen, dass es sich bei dem Nachlass stets um ein zusammengefasstes Vermögen handele, in dem die einzelnen Gegenstände aufgehen. Folglich habe der einzelne Gesamthänder keine Vielheit von unmittelbaren dinglichen Berechtigungen an den einzelnen Gesamthandsgegenständen, sondern

---

[163] Dass es gerade § 2033 Abs. 2 BGB ist, der als Zentralausprägung der gesamthänderischen Bindung in der Erbengemeinschaft fungiert, vgl. bereits *v. Gamm*, RGRK-BGB, § 719 Rdnr. 1 und 6; *Schulze-Osterloh*, S. 84 und 131 f.; § 2033 Abs. 2 BGB als Rückschluss auf die gesamthänderische Bindung begreift auch *Lange*, GmbHR 2013, 113.

[164] Die Verzahnung zwischen Verfügungsverbot und Anteil erkennt ebenfalls *Schulze-Osterloh*, S. 13 f. als eines der Zentralprobleme des Gesamthandsverständnisses an.

ausschließlich eine einheitliche, unmittelbare Berechtigung am Gesamthandsvermögen, verstanden als Inbegriff von Gegenständen, die er übertragen könne.[165] Die überwiegenden Stimmen in der heutigen Rechtswissenschaft und auch ein Teil der höchst- und obergerichtlichen Rechtsprechung folgen der Rechtsauffassung der II. Kommission und entnehmen dem Gesetzeswortlaut des § 2033 BGB ebenfalls diese Aussage.[166]

(2) Subjektive Kollektivierung der Gesamthand

Besonders undurchdringlich wird der soeben referierte Kollektivierungsgedanke dadurch, dass er nach heutiger Sichtweise zumeist auch noch auf einer weiteren Ebene stattfindet, ohne dass dies mit der gebotenen Deutlichkeit unterschieden wird.[167] Denn aufbauend auf den Feststellungen, dass den Miterben nur ein Anteil am einheitlichen Gesamtnachlass zukommt, wird der gesamthänderischen Bindung von den überwiegenden Stimmen in Rechtsprechung und Literatur unter dem Schlagwort „*Theorie der ungeteilten Gesamtberechtigung*"[168] auch in subjektiver Hinsicht eine kollektivierende Wirkung entnommen. Denn letztlich soll in der Erbengemeinschaft keine individuelle Rechtsträgerschaft jedes einzelnen Miterben zu einem entsprechenden Anteil bestehen, sondern vielmehr wird konstatiert, dass

„*Inhaber sämtlicher Nachlassforderungen und -rechte (...) die Erben als Gemeinschaft (sind)*"[169] bzw. „*dass die Nachlassgegenstände ohne nähere Quotelung allen Teilhabern in ihrer gesamthänderischen Verbundenheit insgesamt gehören*"[170].

Diese auf ein überindividuelles Kollektiv zentrierte Sichtweise zeigt bemerkenswerte Parallelen zu der von *Flume* vornehmlich zur Personengesellschaft ent-

---

165 Protokolle V, S. 838. Offener noch die II. Kommission im Recht der GbR, s. Protokolle II, S. 429 f.

166 BGH, VIZ 2001, 160, 161; *ders.*, DNotZ 2001, 637, 638; *Gergen*, in: MüKo-BGB, § 2032 Rdnr. 10 und § 2033 Rdnr. 38; *Rißmann/Szalai*, in: BeckOGK-ZR, § 2033 Rdnr. 28.1. S. auch *§ 3 II. 4. b) bb) (4)*.

167 Zu dieser Trennung zwischen subjektiver und objektiver Kollektivierung, s. auch *Schulze-Osterloh*, S. 7 und 14.

168 *Gergen*, in: MüKo-BGB, § 2032 Rdnr. 10 m.w.N. Isoliert (also ohne den Gedanken einer objektiven Kollektivierung) findet sie sich auch als Theorie der ungeteilten Mitberechtigung (zu dem Begriff, vgl. *Schulze-Osterloh*, S. 80) wieder, s. etwa *Löhnig*, in: Staudinger, § 2032 Rdnr. 9 f. und § 2033 Rdnr. 39. Wohl auch *Gursky*, in: Staudinger, § 1008 Rdnr. 2 und *Bayer*, in: Erman-BGB, § 2033 Rdnr. 9 („*latent vorhandene dingliche Berechtigung*").

169 *Rißmann/Szalai*, in: BeckOGK-ZR, § 2032 Rdnr. 12.

170 *Gergen*, in: MüKo-BGB, § 2032 Rdnr. 10.

wickelten „*Gruppenlehre*“[171] und der von *v. Gierke*[172] vertretenen Theorie einer kollektivistisch gesamtrechtsfähigen Gesamthand. Denn diese Sichtweise kollektiviert die Erbenmehrheit in subjektiver Hinsicht, indem sie unter Auflösung der Konturen des Individuums[173] den Gedanken der in Verbundenheit ausgeübten „*Gesamtberechtigung*“[174] propagiert. Dies geht so weit, dass das gesamthänderisch gebundene Sondervermögen und das Eigenvermögen der einzelnen Miterben fast wie zwei verschiedene Rechtsträger behandelt werden.[175] Die Betonung muss hier aber auf „*fast*“ liegen, denn die Theorie der ungeteilten Gesamtberechtigung geht in ihren Wirkungen nicht so weit, wie die von *Flume* und *v. Gierke* vertretene Ansicht, da der gesamtberechtigten Erbengemeinschaft gerade keine Teilrechtsfähigkeit zugebilligt wird.[176] Doch reicht die Vorstellung von einer Gesamthand als ungeteilter Gesamtberechtigung aus, den dogmatischen Unterbau einer auf der Idealteilung beruhenden Berechtigungspluralität zu verlassen.[177] Zusammengefasst negiert die Theorie der ungeteilten Gesamtberechtigung damit nicht nur ein Teilrecht des einzelnen Miterben an den Nachlassgegenständen (und damit auch an einem oHG-Anteil), sondern zugleich eine individuelle Berechtigung des Miterben am Nachlass überhaupt. Sie reichert damit den bei Schaffung des BGB schon vorherrschenden objektiven Kollektivierungsgedanken mit subjektiven Kollektivierungserwägungen an.

(3) Auswirkung der Kollektivierung auf die gesellschaftsrechtliche Haftungsspur

Die etablierte Ansicht, die die Gesamthand objektiv und/oder subjektiv kollektiviert, ist Förderer der von ihr selbst diagnostizierten Haftungsdisparität. Eine kollektivierte Gesamthand führt dazu, dass der gemeinschaftlich gehaltene oHG-Anteil als unselbstständiger Teil des Gesamtnachlasses in ungeteilter Form einer Art „*Kollektivgesellschafter*“ unterläge.[178] Diese Ansicht hätte zwangsläufig

---

[171] Zur Gruppenlehre, s. *Flume*, ZHR 136, 177, 187 ff. und *ders.*, Allgemeiner Teil I-1, § 4 II, S. 54 ff.

[172] *V. Gierke*, Deutsches Privatrecht I, S. 676 ff.

[173] Ähnlich *Ascheuer*, S. 242.

[174] *Flechtner*, in: Burandt/Rojahn-ErbR, § 2032 Rdnr. 3.

[175] *Gergen*, in: MüKo-BGB, § 2032 Rdnr. 23.

[176] Zur fehlenden Rechtsfähigkeit der Erbengemeinschaft, vgl. noch einmal *§ 3 II. 3.* Dagegen betont *Flume*, Allgemeiner Teil I-1, § 4 II, S. 56: „*Die Gruppe ist als solche Rechtssubjekt*“.

[177] Plakativ für dieses Verständnis *Lohmann*, in: BeckOK-BGB, § 2032 Rdnr. 2: „*Die Miterben bilden eine Gesamthandsgemeinschaft (Erbengemeinschaft), keine Bruchteilsgemeinschaft*“.

[178] Dass die etablierte Ansicht unter Abstrahierung vom Individuum lediglich das Erbenkollektiv als Subjekt für eine Gesellschafterstellung ansieht, wird selten in dieser Klarheit kommuniziert, lässt sich aber an vielen Stellen herauslesen. So beschrieb schon das RG unter

zur Folge, dass es nicht der einzelne Miterbe wäre, der als Gesellschafter i. S.d. § 130 Abs. 1 HGB eintritt, denn dieser hätte ja kein individuelles Teilrecht (Anteil) an den einzelnen Nachlassgegenständen. Vielmehr wären es die Miterben als Kollektiv, die nach der Theorie der ungeteilten Gesamtberechtigung von der persönlichen Haftung der §§ 128 S. 1, 130 Abs. 1 HGB angesprochen werden würden. Durch Zugrundelegung einer solchen Sichtweise muss jedoch die in §§ 128 S. 1, 130 Abs. 1 HGB angeordnete persönliche Haftung, die bei einem Alleinerben den Vorbehalt der Haftungsdisparität verhindert, zu einer Nachlasshaftung denaturieren. Immerhin ist den Miterben, in ihrer Funktion als Kollektiv, nur der Nachlass als Vermögensmasse zugeordnet. Mit der von der etablierten Ansicht für die Untermauerung der Haftungsdisparität ins Feld geführten Norm des § 2059 Abs. 1 S. 1 BGB, die nur für die erbrechtliche Haftungsschiene der Nachlassverbindlichkeiten gilt, hat dies jedoch nichts zu tun.[179]

bb) Argumente gegen eine Kollektivierung

Wer den Vorbehalt der Haftungsdisparität entkräften will, muss daher versuchen, das von der etablierten Ansicht vertretene und von Kollektivierung geprägte Gesamthandsverständnis zu hinterfragen, um so der persönlichen Gesellschafterhaftung jedes Miterben gem. §§ 128 S. 1, 130 Abs. 1 HGB aus ihrer auf die Kräfte einer Nachlassverbindlichkeit beschränkten, denaturierten Form herauszuhelfen. Hierfür sprechen letztlich mehrere Argumente.

(1) Gemeinschaft der Gesamthänder als systemfremder Quasirechtsträger

Bereits der Gedanke einer subjektiven Kollektivierung ist Bedenken ausgesetzt. Die Theorie der ungeteilten Gesamtberechtigung postuliert eine von den Individualberechtigungen der einzelnen Erben emanzipierte Gemeinschaftsberechtigung des Erbenkollektivs, ohne diesem Verbund Teilrechtsfähigkeit zuzusprechen. Dieser Antagonismus wäre nur dann auflösbar, wenn es möglich ist, unter Abstrahierung von den einzelnen Gesamthändern, die Gemeinschaft der Gesamthänder als vielheitliches Zuordnungssubjekt anzusehen, ohne sie jedoch

---

Ägide des *PreußALR* in RGZ 16, 40, 58 diesen Zustand dahingehend, dass Miterben „*in ihrer Gesamtheit den einen verstorbenen Gesellschafter vorstellen (repräsentieren)*". Ähnlich in RGZ 72, 119, 121, wo der Zustand dahingehend beschrieben wird, dass die Nachfolger „*in ihrer Gesamtheit als Erben Teilhaber geworden (seien)*".

[179] I.E. (wenngleich für Gesellschaftsneuverbindlichkeiten und dogmatisch im Dunkeln bleibend) versteht es so jedoch wohl *Menold*, S. 79: „*Gesellschafter wären aber anders als bei einer Sonderrechtsnachfolge nur die Erben als Erbengemeinschaft. Dementsprechend bestünde für die so begründeten Verbindlichkeiten die Möglichkeit der Haftungsbeschränkung nach § 2059 Abs. 1 BGB*".

als rechtsfähige Einheit anzuerkennen. Dieser Spagat muss jedoch als ungelöst betrachtet werden: Man bedient sich lediglich eines terminologischen Kunstgriffs, indem zwischen der rechtsfähigen Einheit und dem Kollektiv der Gesamthänder als von jedem Einzelnen abstrahierte Vielheit unterschieden wird, obwohl hierin vernünftigerweise kein Unterschied gesehen werden kann. Man bleibt damit im juristischen Nirgendwo unterhalb der Schaffung eines neuen Rechtsträgers verhaftet, indem man es dem einzelnen Gesamthänder erlaubt, partiell in der Verbindung mit den übrigen Gesamthändern aufzugehen.[180] Wie dies rechtlich zu fassen ist, bleibt unklar. Sich hinter dem Begriff einer Mitgliedergesamtheit zu verschanzen, um damit eine Abstrahierung von den einzelnen Gesamthändern zu erzeugen, vermag nur dort zu überzeugen, wo die Gesamthand, wie im Fall der GbR, ihrem ursprünglichen Wesen durch die neuere Rechtsentwicklung entstiegen ist und selbst (Teil-)Rechtsfähigkeit erlangt hat.[181] Andernfalls bleibt nur die Möglichkeit, auf die einzelnen dahinterstehenden Erben als Rechtsträger abzustellen. Als Individuen, die die Erben kraft Natur der Sache nun einmal sind, ist diesen dann aber auch eine individuelle, dingliche Mitberechtigung am Nachlassvermögen zuzusprechen.

(2) Anteil am Nachlass als Bezugspunkt für eine objektive Kollektivierung?

Doch auch die objektive Kollektivierung begegnet Bedenken. Denn den Nachlass im Verhältnis zu den Miterben derart zu kollektivieren, dass diesen nur ein Anteil am Gesamtnachlass bleibt, überzeugt kaum. Freilich kann sich eine solche Kollektivierung vordergründig auf den Wortlaut der § 2033 Abs. 1 BGB, § 859 Abs. 2 Var. 1, Abs. 1 S. 1 ZPO stützen, wird dort doch explizit vom „*Anteil am Nachlass*" gesprochen. Daraus jedoch den Rückschluss zu ziehen, dass die Rechtsobjektsqualität der einzelnen Anteile an den Nachlassgegenständen dahinter verblassen müsse, überzeugt nicht. Denn immerhin sieht der Wortlaut des § 2033 Abs. 2 BGB die Anteile an den einzelnen Nachlassgegenständen tatsächlich vor. Es wirkt daneben kaum vorstellbar, wie der Miterbe am gesamten Nachlass beteiligt sein soll, wenn er nicht zugleich an den einzelnen Nachlassgegenständen beteiligt ist.[182] Dies könnte nur angenommen werden, wenn es sich bei dem Nachlass um eine Gegenstandsgesamtheit handelt. Solche Gegenstandsgesamtheiten sind dem geltenden BGB jedoch fremd, was die II. Kommission bei ihrem

---

[180] In diese Richtung zur ähnlichen Theorie der ungeteilten Mitberechtigung, s. auch *Schulze-Osterloh*, S. 81.

[181] D.h. im Falle der Außen-GbR, vgl. BGHZ 146, 341. Auch *Flume* hat mit der von ihm entwickelten Gruppentheorie die GbR als „*Gruppe*" bezeichnet und ihr Rechtssubjektivität beigemessen, s. *Flume*, ZHR 136, 188 f. Eine Übertragung auf die Erbengemeinschaft war von ihm jedoch nicht explizit ausgesprochen worden.

[182] *Löhnig*, in: Staudinger, § 2032 Rdnr. 9.

Verständnis vom Anteil am Nachlass nicht ausreichend berücksichtigte, als sie in deutlicher Anlehnung an die Erbengemeinschaft preußischer Prägung versuchte, dem Nachlass als solchem im Verhältnis zu den Miterben eine die Einzelobjekte verdrängende Rechtsobjektivität beizumessen.[183] Das *PreußALR*, erkannte in *I 2 §§ 32ff. PreußALR* einen Inbegriff von Sachen (sog. universitas facti[184]) und Rechten (sog. universitas iuris[185]) ausdrücklich als Rechtsobjekt an.[186] Der Nachlass war sogar explizit in *I 2 §§ 34f. PreußALR* als ein solcher Inbegriff vorgesehen. Dies war letztlich einer der entscheidenden Gründe, weshalb das königlich preußische Obertribunal in dem Plenarbeschluss vom 17.12.1841 ausjudizieren konnte, dass den Erben nur eine ungeteilte Gesamtberechtigung an der Erbschaft zusteht.[187] Das Rechtsinstitut des Sach- oder Rechtsinbegriffs fehlt jedoch in der Rechtsobjektslehre des BGB, wie die §§ 90 ff. BGB zeigen.[188] Die Zusammenfassung von mehreren Einzelobjekten zu einem einheitlichen Rechtsobjekt kennt das BGB nur bei Sachen und auch dort nur dann, wenn der Zusammenhang zwischen den einzelnen Einzelobjekten derart groß ist, dass deren Trennung ein Kunstprodukt lebensfremden juristischen Denkens wäre.[189] Ähnliches kann bei einem aus mehreren klar voneinander abgrenzbaren Nachlassgegenständen bestehenden Nachlass, nicht zuletzt wegen des den Verfügungstatbeständen zugrundeliegenden Spezialitätsprinzips[190], nicht ersichtlich erwogen werden.[191] Im Übrigen ist die Zusammenfassung mehrerer Gegenstände zu einem einheitlichen Rechtsobjekt unter Aufgabe der Rechtsobjektsqualität der Einzelgegenstände im BGB grundsätzlich ausgeschlossen. Zwar sieht etwa das Gesetz in §§ 92 Abs. 2, 97 f. BGB vor, dass eine gewisse Vielzahl von Sachen und Rechten zu einer wirtschaftlichen Einheit, sog. Sach- oder Rechtsgesamt-

---

[183] So lehnte die II. Kommission ihre Rechtsauffassung offensichtlich an die Erbengemeinschaft preußischer Prägung an, s. Protokolle V, S. 838.

[184] Zum Begriff, s. *Mackeldey*, Lehrbuch I, § 150, S. 224.

[185] Zum Begriff, s. *v. Rönne*, PreußALR I, S. 94; *Mackeldey*, Lehrbuch I, § 150, S. 224.

[186] Dem Nachlass als solchem konnte daher nach damaligem Rechtsverständnis eine Rechtsobjektivität in Form der universitas iuris beigemessen werden, vgl. *v. Rönne*, PreußALR II, S. 339.

[187] PreußOtE 7, 270, 278 f.

[188] *Schulze-Osterloh*, S. 14 f.; *Binder*, Rechtsstellung III, S. 14 f. und 19.

[189] Paradebeispiel hierfür ist der Haufen Sand oder Zucker, bei dem natürlich den einzelnen Körnern keine eigenständige Sachqualität zukommen kann; auch der Bienenschwarm i. S.d. §§ 961 ff. BGB gehört hierzu; s. *Stresemann*, in: MüKo-BGB, § 90 Rdnr. 15.

[190] Zum sachenrechtlichen Spezialitätsprinzip: *Oechsler*, in: MüKo-BGB, § 929 Rdnr. 7 und *Klinck*, in: BeckOGK-ZR, § 929 Rdnr. 9 (Mobilien); *Lieder*, in: BeckOGK-ZR, § 398 Rdnr. 112 (Forderungen).

[191] So spricht denn auch *Ascheuer*, S. 237 davon, dass dieser Anteil nicht als „*sachenrechtlich*" qualifiziert werden kann.

heit,[192] verflochten sein kann. Solche Zusammenschlüsse werden dann vom Gesetz als Sachinbegriff, Inventar, Zubehör oder schlicht als Vermögen bezeichnet und können im Einzelfall auch rechtlich relevante Folgen haben (vgl. nur §§ 260 Abs. 1, 311b Abs. 3, 582, 926, 1035, 1048 BGB), jedoch bleiben die einzelnen Gegenstände nach dem BGB stets rechtlich getrennte Rechtsobjekte, die individuell dinglich zugeordnet sind.[193] Selbiges muss daher auch für die gesamthänderisch gebundenen Nachlassgegenstände gelten, die nur mit Blick auf einzelne Rechtswirkungen, wie etwa der Verwaltung und Verfügung im Gefüge der Erbengemeinschaft, §§ 2038, 2040 BGB, nicht aber der Rechtsobjektivität nach zusammengefasst sind.[194] Hierfür spricht nicht zuletzt, dass die einzelnen Nachlassgegenstände als Rechtsobjekte im Verhältnis zu Dritten erhalten bleiben, wie es § 2040 Abs. 1 BGB zeigt, da hiernach über die einzelnen Nachlassgegenstände verfügt werden kann. Im Verhältnis zu den Miterben kann nichts anderes gelten, wenn man nicht das widersprüchliche Ergebnis riskieren will, dass der Nachlass relativ zu den Miterben als kollektivierter Gegenstandsinbegriff, relativ zu außenstehenden Dritten dagegen als Zusammenfassung selbstständiger Einzelobjekte erscheint. Dies würde das völlig paradoxe Ergebnis provozieren, dass einzelne Nachlassgegenstände zwar aus dem Gesamtnachlass herausstechen würden, wenn hierüber durch die Miterben an Dritte gemeinschaftlich verfügt wird, sie im Übrigen aber im Verhältnis zu den Miterben und den Erbschaftserwerbern letztlich im einheitlichen Rechtsobjekt Nachlass aufgingen.[195]

Selbst wenn man daher dem Anteil am Nachlass i.S.d. § 2033 Abs. 1 BGB aus rein rechtspraktischen Gründen einen über den wirtschaftlichen Zusammenschluss hinausgehenden Charakter beimisst und ihn als ein einheitliches Rechtsobjekt anerkennt,[196] kann dies die Anteile der Miterben an den einzelnen Nachlassgegenständen i.S.d. § 2033 Abs. 2 BGB kaum infrage stellen.

(3) Unveräußerlichkeit und Unpfändbarkeit des Anteils am Nachlassgegenstand als Bezugspunkt für eine objektive Kollektivierung?

Etwas anderes ergibt sich auch nicht aus der in § 2033 Abs. 2 BGB untersagten Verfügung über Anteile an den einzelnen Nachlassgegenständen.[197] Dieser Um-

---

[192] *Mössner*, in: BeckOGK-ZR, § 90 Rdnr. 125, 131.

[193] *Fritzsche*, in: BeckOK-BGB, § 90 Rdnr. 16; *Stresemann*, in: MüKo-BGB, § 90 Rdnr. 39 f., 42.

[194] In diese Richtung: *Binder*, Rechtsstellung III, S. 21, 25 f.; *Haas*, S. 20.

[195] In diese Richtung, s. auch *Schulze-Osterloh*, S. 15.

[196] S. hierzu *§ 3 II. 4. b) cc) (1)* und *IX. 3.*

[197] Zu der Negierung des Anteils an den einzelnen Nachlassgegenständen, vgl. *Gergen*, in: MüKo-BGB, § 2032 Rdnr. 10; *Rißmann/Szalai*, in: BeckOGK-ZR, § 2033 Rdnr. 28.1 („*Der*

stand vermag nicht für eine ungeteilte Gesamtberechtigung sprechen. Zum einen ist mit *Schulze-Osterloh* bereits zu bezweifeln, ob das in § 2033 Abs. 2 BGB statuierte Verfügungsverbot umfassend wirkt. Es scheint naheliegender, dieses nur insofern anzuwenden, als eine Zersplitterung der Erbengemeinschaft droht. Damit ist die Möglichkeit eröffnet, alle Anteile an einem Nachlassgegenstand auf einen Dritten zu übertragen, weil es hierdurch nicht zur Zersplitterung der Gesamthand, sondern nur dazu kommt, dass ein Nachlassgegenstand aus dem gesamthänderisch gebundenen Vermögen ausscheidet.[198] Zum anderen ist es kaum nachvollziehbar, warum ein auf einem Gegenstand lastendes Verfügungsverbot Auswirkungen auf die Inhaberschaft selbst haben sollte. Dies zeigt etwa das Beispiel einer i. S.d. § 399 Var. 2 BGB vinkulierten Forderung: Der Gläubiger bleibt dort der Forderungsinhaber. Auch die Existenz der Vorschrift des § 859 Abs. 2 Var. 2, Abs. 1 S. 2 ZPO, wonach der einem Miterben an dem Nachlass zukommende Anteil an den einzelnen Nachlassgegenständen nicht der Pfändung unterworfen ist, spricht nicht dafür, die Anteile an den einzelnen Nachlassgegenständen zu negieren.[199] Dass die einzelnen Anteile an den Nachlassgegenständen nicht gepfändet werden können, ist letztlich mit Blick auf § 2033 Abs. 2 BGB nur die Bestätigung des in § 857 Abs. 3 ZPO aufgestellten Grundsatzes, wonach ein unveräußerliches Recht, dessen Ausübung keinem anderen überlassen werden kann, nicht der Pfändung unterworfen ist. Nach dieser Vorschrift ist etwa auch das gem. § 1092 Abs. 1 BGB nicht verkehrsfähige und auch in seiner Ausübung grundsätzlich nicht übertragbare Wohnrecht i. S.d. § 1093 BGB unpfändbar.[200] Trotzdem käme wohl niemand auf die Idee, das Wohnrecht in seiner rechtlichen Existenz zu leugnen oder es aus der Vermögenssphäre der jeweiligen Person derart auszulagern, dass diese nicht mehr als Inhaberin des Rechts anzusehen wäre. § 2033 Abs. 2 BGB, § 859 Abs. 2, Abs. 1 S. 2 ZPO sind gerade umgekehrt ein Beleg für die Anerkennung des Anteils an den einzelnen Nachlassgegenständen. Denn wenn es einen solchen Anteil nicht geben würde, hätte es keiner solchen Vorschrift bedurft. Schließlich ergibt sich die Unpfändbarkeit und Unveräußerlichkeit von etwas nicht Existentem schon aus der Natur der Sache.

Wortlaut des § 2033 Abs. 2 BGB ist insoweit missverständlich“); *Flechtner*, in: Burandt/Rojahn-ErbR, § 2033 Rdnr. 43.

[198] *Schulze-Osterloh*, S. 17 ff. und 89. Diese Erkenntnis wird noch für das Verständnis des Zusammenspiels zwischen § 139 HGB und § 2033 Abs. 2 BGB relevant, s. *§ 4 II. 2. a) cc)* und *b) cc)*.

[199] In diese Richtung aber wohl *Gergen*, in: MüKo-BGB, § 2033 Rdnr. 38.

[200] Die Pfändbarkeit des Wohnrechts ist nur dann möglich, wenn die Überlassung der Ausübung i. S.d. § 1092 Abs. 1 S. 2 BGB gestattet ist, vgl. *Smid*, in: MüKo-ZPO, § 857 Rdnr. 17.

(4) Rechtsprechung des BGH und BayOblG zur objektiven Kollektivierung

Zeigt sich also, dass die Negierung der Anteile an den einzelnen Nachlassgegenständen dogmatisch wenig überzeugt, ist umso unverständlicher, warum der V. Zivilsenat des BGH diesem Dogma gleichwohl zu folgen scheint. Er konstatiert: „*die ungeteilte Gesamtberechtigung am Nachlass vermittelt ihm (*scil.: *dem Erben) keine unmittelbare dingliche Berechtigung am einzelnen Gegenstand*"[201]. Warum dies so sein soll, kann diesem Ausspruch leider nicht entnommen werden. Gleichwohl hat sich der IV. Zivilsenat des BGH dieser Auffassung mit einer ähnlich lautenden Begründung wohl angeschlossen.[202] Der III. Zivilsenat des BGH formuliert es hingegen wenige Jahre später vorsichtiger und spricht von der „*fehlenden Verkehrsfähigkeit des Erbanteils an einem einzelnen Nachlassgegenstand*"[203], ohne solche Anteile an sich offen zu negieren. Dies hätte der III. Zivilsenat des BGH in der betreffenden Entscheidung auch kaum konstatieren können, da eine völlige Leugnung der rechtlichen Existenz eines solchen Anteils mit dem dort gefundenen rechtlichen Ergebnis kaum in Einklang zu bringen gewesen wäre. Denn in Durchbrechung des § 2033 Abs. 2 BGB hat der III. Zivilsenat des BGH die Rückübertragung von Anteilen an einem Gegenstand des gesamthänderisch gebundenen Nachlasses gem. §§ 16 Abs. 1, 34 Abs. 1 Nr. 1 VermG zugelassen, weil

> „*im Hinblick auf die besonderen Regelungszwecke und -inhalte des VermG (...) anerkannt (ist), dass die fehlende Verkehrsfähigkeit des Erbanteils an einem einzelnen Nachlassgegenstand gem. § 2033 Abs. 2 BGB und § 400 Abs. 1 S. 1 ZGB-DDR der (isolierten) Rückübertragung eines solchen Anteils nach dem Vermögensgesetz nicht entgegensteht*"[204].

Würden solche Anteile aber gar nicht existieren, wie die Theorie von der ungeteilten Mitberechtigung konstatiert, würde eine rechtliche Ausnahme zur Verkehrsunfähigkeit i. S.d. § 2033 Abs. 2 BGB als Begründung nicht ausreichen, da dann das VermG solche Anteile erst begründen müsste. Auch der I. Zivilsenat des BayObLG hat in einer Entscheidung aus dem Jahr 1982 durchblicken lassen, dass der Anteil an einem Nachlassgegenstand als echtes subjektives Recht existieren muss. So hat er es zugelassen, dass der Wirkungskreis eines Testamentsvollstreckers gegenständlich auf einen Anteil an einem zum Gesamthandsvermögen gehörenden einzelnen Gegenstand beschränkt werden kann, indem er konstatierte:

---

[201] BGH, VIZ 2001, 160, 161.

[202] BGH, DNotZ 2001, 637, 638.

[203] BGH, ZEV 2006, 27, 28.

[204] BGH, ZEV 2006, 27, 28. Zu der vom Gesetzgeber bewusst in Kauf genommenen nachlasszersplitternden Wirkung des VermG, vgl. auch schon BVerwGE 105, 172, 177 f.

„*Der Erblasserin stand nicht nur ein Anteil an* (sic!) *Gesamthandsvermögen der Erbengemeinschaft zu, sondern sie hatte auch einen Anteil an den einzelnen zu diesem Vermögen gehörenden Gegenständen und damit an dem Anwesen (...).Es handelt sich hierbei zwar um keinen Bruchteil, aber um einen wirklichen, wenn auch bis zur Auseinandersetzung gesamthänderisch gebundenen Anteil*“.[205]

Diese Entscheidungen erwecken damit zumindest den Eindruck, dass sowohl der III. Zivilsenat des BGH als auch seinerzeit der I. Zivilsenat des BayOblG stillschweigend die rechtliche Existenz von Anteilen an den einzelnen Gegenständen des Gesamthandsvermögens anerkannt haben. Die Frage nach der dinglichen Mitberechtigung an den einzelnen Gesamthandsgegenständen muss daher in der obergerichtlichen und höchstrichterlichen Rechtsprechung zumindest als noch nicht abschließend geklärt betrachtet werden.

(5) Zwischenergebnis

Letztlich überzeugt es weder, die Gesamthand subjektiv zu einem Quasirechtsträger zu kollektivieren, noch zu postulieren, dass den Gesamthändern ausschließlich ein Anteil an dem Gegenstandsinbegriff „*Nachlass*“ zusteht. Denn aus der gesamthänderischen Bindung kann dies schlicht nicht hergeleitet werden. Diese wird alleine durch das nichtdispositive[206], weil für eine Gesamthand wesensbildende Merkmal der fehlenden Verfügungsbefugnis über die Anteile an den einzelnen Gesamthandsgegenständen geprägt, wie es in den §§ 719 Abs. 1 Hs. 1 Var. 2, 2033 Abs. 2, 1419 Abs. 1 Hs. 1 Var. 2 BGB anklingt. Diese Vorschriften erklären sich aber im Wesentlichen daraus, dass Gesamthandsgemeinschaften – anders als Bruchteilsgemeinschaften – i.d.R. auf die Verwaltung einer Gesamtheit von Gegenständen ausgelegt sind, wodurch ein Bedürfnis besteht, dass der Teilhaberbestand an den einzelnen, zum Gesamthandsvermögen gehörenden Gegenständen stets identisch ist. Denn ansonsten entstünden Berechtigungspluralitäten, die relativ, also im Verhältnis zu jedem Gegenstand, andere Anteilsinhaber aufweisen würden. Dies müsste zwangsläufig zu einer Zersplitterung der Gemeinschaft führen.[207] Wer die gesamthänderische Bindung – über diesen Zweck hinaus – dennoch zu einer der Freihand diametral entgegenstehenden kollektivierenden Strukturvorschrift erklärt und hieraus sogar Rechtsfolgen für die Rechtsinhaberschaft der einzelnen Gesamthänder und die Rechtsobjektsqualität des gesamthänderischen Vermögens ableitet, überspannt die Wirkung der gesamthänderischen Bindung.

---

[205] BayObLGZ 1982, 59, 67 f.

[206] *Löhnig*, in: Staudinger, § 2033 Rdnr. 3.

[207] S. *Schulze-Osterloh*, S. 18, 84 und 131 f.; dagegen freilich die heute etablierte Ansicht, die Freihand und Gesamthand als gegensätzliches Paar begreift; vgl. etwa *Fehrenbacher*, in: BeckOGK-ZR, § 741 Rdnr. 17.

cc) Theorie der geteilten Mitberechtigung

Dies muss zwingend zu folgenden zwei Erkenntnissen führen: Erstens ist eine Negierung der dinglichen Berechtigung jedes einzelnen Erben an den einzelnen Nachlassgegenständen nicht möglich. Zweitens muss sich diese dingliche Berechtigung als individuell jedem Miterben zugeordnete anteilsmäßige Berechtigung, also als dingliches Teilrecht, niederschlagen. Zusammengenommen stellt dies die Theorie von der geteilten Mitberechtigung dar, die in unterschiedlichsten Ausprägungen v.a. von Teilen der Literatur[208], aber in ähnlichen Ansätzen auch von der zumeist älteren Rechtsprechung[209] vertreten wird.

(1) Rechtliches Verständnis von geteilter Mitberechtigung

Die Anteile an den einzelnen Nachlassgegenständen sind damit nicht nur gegenständlich anzuerkennen, sondern vermitteln den Miterben überdies die entscheidende dingliche Berechtigung an dem Gesamthandsvermögen. Denn schließlich besteht auch der Nachlass gegenständlich nicht als solcher, sondern vielmehr nur die Summe der einzelnen Nachlassgegenstände. Die Vorschriften der § 2033 Abs. 2 BGB bzw. § 859 Abs. 2 Var. 2, Abs. 1 S. 2 ZPO schließen in wortlautgetreuer Anwendung nur die Verfügung und Pfändung der Anteile an den einzelnen Nachlassgegenständen aus. Dies wird dabei nicht um ihrer selbst willen ausgeschlossen, sondern, um eine Zersplitterung der Erbengemeinschaft zu verhindern.[210] Daher greift das Verfügungs- und Pfändungsverbot nicht ein, wenn ein Miterbe über die Summe seiner Anteile am Nachlass verfügt bzw. dieselben gepfändet werden. Der Miterbe kann seine vermögensgegenständliche Position in Ansehung des Nachlasses nur ganz oder gar nicht übertragen. Gäbe es die Vorschriften der § 2033 Abs. 1 BGB bzw. § 859 Abs. 2 Var. 1, Abs. 1 S. 1 ZPO nicht, so wäre der Miterbe gezwungen, die einzelnen Anteile am Nachlass jeweils gesondert zu übertragen bzw. die Gläubiger wären gezwungen, diese als Gesamtheit zu pfänden. Dies wäre jedoch eine kaum praktikable Vorgehensweise und insbesondere dort misslich, wo die Miterben bzw. die Gläubiger über die genaue Zusammensetzung des Nachlasses im Ungewissen sind. Vor diesem Hintergrund

---

[208] So etwa *Schulze-Osterloh*, S. 72 ff.; *Binder*, Rechtsstellung III, S. 6 ff., insbesondere 42. Unter Aufgabe zumindest der objektiven Kollektivierung, sog. Theorie der ungeteilten Mitberechtigung, vgl. *Schulze-Osterloh*, S. 80 m.w.N. Ähnlich die sog. Theorie der geteilten Gesamtberechtigung, vgl. *Stein*, in: Soergel, § 2033 Rdnr. 3. Ähnlich, jedoch eher kollektivierend, verstehen es: *Löhnig*, in: Staudinger, § 2032 Rdnr. 9 f. und § 2033 Rdnr. 39; *Gursky*, in: Staudinger, § 1008 Rdnr. 2; *Bayer*, in: Erman-BGB, § 2033 Rdnr. 9 („*latent vorhandene dingliche Berechtigung*"). Vgl. auch *Ascheuer*, S. 226 ff. m.w.N.

[209] BayObLGZ 1982, 59, 67 f.; RGZ 94, 239, 243; KG, JW 1938, 3115.

[210] So auch BGH, NJW 1969, 92; s. auch *Schulze-Osterloh*, S. 18, 84, 131 f.

ist nun die Funktion der § 2033 Abs. 1 BGB, § 859 Abs. 2 Var. 1, Abs. 1 S. 1 ZPO zu erklären. Sie erkennen den Anteil am Nachlass als verkehrsfähigen Vermögensgegenstand an, jedoch lediglich, um die Fungibilität und Pfändbarkeit der aus einer Vielheit bestehenden vermögensgegenständlichen Position des Miterben zu erleichtern. Hiermit sind jedoch die Anteile an den einzelnen Nachlassgegenständen nicht infrage gestellt. Inhaltlich verbirgt sich hinter dem Anteil am Nachlass i. S.d. § 2033 Abs. 1 BGB, § 859 Abs. 2 Var. 1, Abs. 1 S. 1 ZPO nichts anderes als die Summe der Anteile an den einzelnen Nachlassgegenständen.[211] Durch § 2033 Abs. 1 BGB, § 859 Abs. 2 Var. 1, Abs. 1 S. 1 ZPO wird mit dem Anteil am Nachlass lediglich eine Art verkehrsfähiger Transportcontainer geschaffen, der sicherstellt, dass stets die gesamte vermögensrechtliche Stellung des Miterben erfasst wird. Mit Blick auf die dem Miterben zustehende vermögensmäßige Rechtsposition am Gesamthandsvermögen kommt dem Anteil am Nachlass i. S.d. § 2033 Abs. 1 BGB darüber hinaus keine Bedeutung zu.[212] Insbesondere wird die vermögensrechtliche Zuordnung des Nachlasses zu den Erben durch die Summe aller Anteile an den Nachlassgegenständen bereits umfassend abgebildet, weil als Rechtsobjekt nur die einzelnen Nachlassgegenstände anzuerkennen sind.[213] So betrachtet bilden die beiden Absätze des § 2033 BGB eine Einheit und keinen Gegensatz. Sie besagen, dass die Verfügung bzw. Pfändung in Ansehung der einem Erben an den einzelnen Nachlassgegenständen zustehenden Anteile nur als fingiertes, weil aus rechtspraktischen Gesichtspunkten allein fungibles Komplettpaket erfolgen kann.[214] Neben dem Gegenstandsinbegriff „*Anteil am Nachlass*" sind somit auch die Anteile an den einzelnen Nachlassgegenständen als Rechtsobjekte anzuerkennen, die letztlich richtigerweise auch die dingliche Berechtigung der Miterben abbilden.

(2) Theorie der geteilten Mitberechtigung als der Rechtssicherheit abträglicher Zustand?

Gegen die Theorie der geteilten Mitberechtigung sind, insbesondere mit Blick auf den Schutz des Rechtsverkehrs, Bedenken erhoben worden. So gäbe es nach

---

211 Ähnlich *Schulze-Osterloh*, S. 88 f.

212 Dies ist gerade der entscheidende Unterschied zu Rechtsinstituten wie der Vertragsübernahme, bei der die Vertragsposition nur deshalb als einheitlicher Verfügungsgegenstand angesehen wird, weil sie mehr ist als die aus ihr fließenden Rechte und Pflichten, s. *Heinig*, in: BeckOGK-ZR, § 414 Rdnr. 40.

213 S. hierzu noch einmal *§ 3 II. 4. b) bb) (2)*.

214 Dies schließt freilich nicht aus, das Komplettpaket selbst nicht gegenständlich, sondern quotal aufzuteilen und als quotal geteiltes Komplettpaket zu veräußern. Die hierbei entstehende Bruchteilsgemeinschaft der Erwerber ist von einer unzulässigen Aufspaltung der gesamthänderischen Bindung strikt zu trennen, s. *Löhnig*, in: Staudinger, § 2033 Rdnr. 6.

dieser Theorie keine Möglichkeit des gutgläubigen Erwerbs oder der heilenden Genehmigung des Verfügungsgeschäfts, wenn entgegen § 2040 Abs. 1 BGB ein eigenmächtig handelnder Gesamthänder über einen Gesamthandsgegenstand verfügt. Das RG hatte die nicht heilbare Unwirksamkeit der Verfügung noch angenommen,[215] später jedoch seine Meinung zu Gunsten einer Genehmigungsfähigkeit revidiert.[216] Eine vertiefte Auseinandersetzung mit dem Gesamthandsverständnis, gerade mit Blick auf die Frage, ob diesem eine ungeteilte Gesamt- oder geteilte Mitberechtigung zugrunde zu legen ist, kann dieser Rechtsprechungsänderung jedoch nicht explizit entnommen werden, sodass es reine Spekulation wäre, diese Rechtsprechungsänderung mit einem wandelnden Gesamthandsverständnis in Verbindung zu bringen. In Anlehnung an die bereits im Jahre 1904 getätigten Ausführungen *Binders*[217] ist heute dennoch die Auffassung verbreitet, dass alleine unter Ägide einer vom Erbenkollektiv ausgeübten ungeteilten Gesamtberechtigung begründet werden kann, warum die Verfügung über einen Nachlassgegenstand seitens eines eigenmächtig handelnden Miterben nicht schlechthin nichtig ist, sondern nur die Verfügung eines Nichtberechtigten darstellt, die in den Grenzen des § 185 Abs. 2 BGB und der Gutglaubensvorschriften Geltung beanspruchen kann.[218] Richtigerweise kann dies aber genauso unter Ägide der Theorie der geteilten Mitberechtigung begründet werden. Wie bei der Freihand in § 747 S. 2 BGB ist die Norm des § 2040 Abs. 1 BGB nämlich für den einzelnen Miterben nicht ein Mangel in der Verfügungsmacht, sondern ein Mangel im Recht, sind diese Vorschriften doch nur Ausfluss des Grundsatzes, dass niemand mehr Rechte übertragen kann, als er inne hat.[219] Dies wird besonders deutlich, wenn man sich i. S.d. Theorie der geteilten Mitberechtigung die Berechtigung der Gesamthänder als anteilsmäßige Teilrechte vorstellt. Die Verfügung über den gesamthänderisch gebundenen Nachlassgegenstand ist so gesehen nichts anderes als eine Verfügung über die Summe der allen Miterben hieran zustehenden Anteile. Über die fremden Anteile am betreffenden Nachlassgegenstand verfügt der eigenmächtig handelnde Miterbe als Nichtberechtigter.[220] Die Verfügung ist damit insbesondere genehmigungsfähig, vgl. § 185 Abs. 2 S. 1 Var. 1 BGB und es gelten die Vorschriften über den gutgläubigen Erwerb.[221]

---

[215] RGZ 93, 292, 294.

[216] RGZ 152, 380, 383 f.; BGHZ 19, 138.

[217] *Binder*, Rechtsstellung III, S. 70 (Fn. 47) sah sich unter der Theorie der geteilten Mitberechtigung daran gehindert, auf eine entgegen § 2040 Abs. 1 BGB von einem Miterben getätigte Verfügung die Gutglaubensvorschriften der §§ 932 ff. BGB anzuwenden.

[218] *Löhnig*, in: Staudinger, § 2032 Rdnr. 7; *Gergen*, in: MüKo-BGB, § 2032 Rdnr. 10a.

[219] Latein: Nemo plus iuris transferre potest quam ipse habet.

[220] *Binder*, Rechtsstellung III, S. 70 (Fn. 47) hält dieses Ergebnis – ohne Begründung – für „*zu seltsam, um möglich zu erscheinen*".

[221] So auch *Schulze-Osterloh*, S. 40 ff.

Kann sich der Miterbe hiernach über seine insoweit fehlende Berechtigung hinwegsetzen, ist die Verfügung wirksam, da dann auch das Verfügungsverbot des § 2033 Abs. 2 BGB hinsichtlich des eigenen Anteils am Nachlassgegenstand aus teleologischen Gründen zurücktreten kann. Denn da dann sichergestellt ist, dass der dem verfügenden Miterben zukommende eigene Anteil am Nachlassgegenstand nur zusammen mit den übrigen Anteilen am Nachlassgegenstand übergeht, droht keine Zersplitterung der Gesamthand.[222] Kann sich der Miterbe über seine fehlende Berechtigung hinwegsetzen, wird das Verfügungsverbot des § 2033 Abs. 2 BGB bei einer eigenmächtig nur von einem Miterben getätigten Verfügung über einen Nachlassgegenstand also gar nicht aktiviert, selbst wenn man der Theorie der geteilten Mitberechtigung folgt. Die von der anteilsmäßigen Mitberechtigung der Gesamthänder ausgehende Theorie der geteilten Mitberechtigung erklärt den gutgläubigen Erwerb bei einer eigenmächtigen Veräußerung durch einen Gesamthänder daher genauso gut, wie die Theorie der ungeteilten Gesamtberechtigung, sodass kein Anlass besteht, mit Blick auf den Verkehrsschutz letzterer Theorie den Vorzug zu geben.

(3) Auswirkung der Theorie der geteilten Mitberechtigung auf den gemeinschaftlich gehaltenen oHG-Anteil

In konsequenter Anwendung der Theorie der geteilten Mitberechtigung erscheint nach alledem die gesamthänderische Mitberechtigung der Erben als eine neben die Bruchteilsgemeinschaft tretende Form der Idealteilung.[223] Wie der Bruchteilsinhaber hat nämlich hiernach jeder Miterbe gem. § 2033 Abs. 2 BGB ein ihm zukommendes Teilrecht (Anteil) an jedem einzelnen unter der Mitberechtigung stehenden Gegenstand, mag dieses, zur Verhinderung einer Zersplitterung der Gesamthand, auch nicht isoliert, sondern nur als Teil eines zu Fungibilitätszwecken fingierten Komplettpakets (nämlich als Anteil am Nachlass i. S.d. § 2033 Abs. 1 BGB) übertragen werden können. Damit hat jeder Miterbe auch ein eigenes Teilrecht an einem vererbten oHG-Anteil. Dieses jedem Miterben zustehende Teilrecht am oHG-Anteil schafft wiederum einen derart hinreichenden Bezug des einzelnen Miterben zur oHG, dass eine individuelle Gesellschafterstellung des Miterben nicht von vorneherein ausgeschlossen scheint. Damit kommt der Miterbe als eintretender Gesellschafter gem. § 130 Abs. 1 HGB in Betracht.

---

222 *Schulze-Osterloh*, S. 18, 132.

223 *Schulze-Osterloh*, S. 29 f.

dd) Zwischenergebnis

Nach alledem kann nur konstatiert werden, dass aus der gesamthänderischen Bindung, wie sie in § 2033 Abs. 2 BGB zum Ausdruck kommt, nicht gefolgert werden kann, dass die ebenfalls in § 2033 Abs. 2 BGB als bestehend vorausgesetzten Anteile an einzelnen Nachlassgegenständen eine andere Bedeutung als jene aufweisen, die in § 747 S. 1 BGB beschrieben werden. Zwischen der Freihand und der Gesamthand Erbengemeinschaft besteht insofern kein Unterschied, als sie beide als Unterformen ideell geteilter Gegenstände anzusehen sind. Die zur Freihand festgestellten Prämissen finden damit solange und soweit auf die Gesamthand Anwendung, als sie nicht gegen das Prinzip der gesamthänderischen Bindung oder gegen sonstige zwingende organisatorische Besonderheiten der jeweiligen Gesamthand verstoßen. Jedem Miterben steht somit ein Teilrecht an jedem einzelnen Nachlassgegenstand zu, sodass jeder Miterbe mit einem solchen Teilrecht auch dinglich an einem vererbten oHG-Anteil beteiligt ist.

c) Miterbengesellschafter kraft dinglichem Teilrecht am oHG-Anteil

Ist damit jedoch jeder Miterbe mit einem eigenen Teilrecht am vererbten oHG-Anteil beteiligt, schafft dies die Möglichkeit, jeden der in gesamthänderischer Verbundenheit gem. §§ 1922 Abs. 1, 2032 Abs. 1 BGB stehenden Miterben als Gesellschafter der oHG anzusehen. Die rechtstechnische Differenzierung zwischen einer durch Teilabtretung des oHG-Anteils bzw. (wie von der etablierten Ansicht präferiert) aufgrund Sondererbfolge eintretenden Realteilung auf der einen Seite und der durch unmodifizierte Universalsukzession gem. §§ 1922 Abs. 1, 2032 Abs. 1 BGB bewirkten Idealteilung des oHG-Anteils auf der anderen Seite rechtfertigt insoweit kein unterschiedliches Ergebnis. Die Tatsache, dass die Teilhaber eines idealgeteilten Gegenstands zueinander stets in einem Gemeinschaftsverhältnis wie der Erbengemeinschaft stehen, um die rein ideelle Teilung auch in der Rechtswirklichkeit zu koordinieren, steht zwar im Kontrast zu der Rechtsfigur des Sondererbengesellschafters, die die etablierte Ansicht mit der realteilenden Sondererbfolge verfolgt. Der Sondererbengesellschafter steht nämlich in Ansehung des oHG-Anteils grundsätzlich nicht in einem zusätzlichen Rechts- und Pflichtenverhältnis zu den sonstigen ggf. vorhandenen Sondererben.[224] Die damit im unmodifizierten Erbrechtsgefüge notwendige Abstimmung zwischen dem Verwaltungsgefüge der Erbengemeinschaft und dem Organisationsgefüge der oHG ist jedoch für die haftungsrechtliche Be-

[224] Es gelten letztlich die Grundsätze zur Teilübertragung des oHG-Anteils, vgl. *Schäfer*, in: MüKo-BGB, § 727 Rdnr. 33.

trachtungsweise ohne Belang.[225] Denn mit Blick auf die für die Gesellschafterhaftung gem. § 130 Abs. 1 HGB erforderliche Gesellschafterposition gehen Real- und Idealteilung dem Grunde nach von einem vergleichbaren Ausgangspunkt aus: Nicht nur der von der etablierten Ansicht kreierte, zweifelhafte Sondererbengesellschafter, sondern auch der aus der Anwendung des unmodifizierten Erbrechtsgefüges (§§ 1922 Abs. 1, 2032 Abs. 1 BGB) hervorgehende Miterbe des oHG-Anteils, der hier fortan als Miterbengesellschafter bezeichnet werden soll, muss im Zeitpunkt des Erbfalls kraft seiner dinglichen Mitberechtigung als in die Gesellschaft Eintretender i. S.d. § 130 Abs. 1 HGB angesehen werden. Die persönliche Gesellschafterhaftung i. S.d. §§ 128 S. 1, 130 Abs. 1 HGB kann somit (jedenfalls nach ungenutztem Verstreichenlassen der in § 139 Abs. 3 HGB bezeichneten Frist) auch jeden Miterben in seiner Funktion als Miterbengesellschafter treffen.

d) Haftung des Miterbengesellschafters

Allein diese Feststellung reicht jedoch noch nicht aus, um den gegen die unmodifizierte Universalsukzession in den oHG-Anteil ins Feld geführten Vorbehalt der Haftungsdisparität zu entkräften. Es bleibt noch zu beleuchten, in welcher Form die einzelnen Miterbengesellschafter zueinander in Anspruch zu nehmen sind. Gesellschafter einer oHG haften grundsätzlich gesamtschuldnerisch, was sich bereits aus dem Wortlaut des § 128 S. 1 HGB ergibt. Jedoch könnte das zwischen den Miterben bestehende Erbengemeinschaftsverhältnis dazu zwingen, von diesem Grundsatz der gesamtschuldnerischen Gesellschafterhaftung zu Gunsten einer Teilschuldnerschaft i. S.d. § 420 Var. 1 BGB[226] bzw. einer gemeinschaftlichen Schuld[227] abzuweichen. Beide Schuldnermehrheiten würden Gesellschaftsgläubiger im Verhältnis zur Gesamtschuld, bei der die Gläubiger nach ihrer Wahl jeden Schuldner in voller Höhe in Anspruch nehmen können, ungünstiger stellen und damit Raum für ein Aufrechterhalten des Vorwurfs der Haftungsdisparität lassen.[228] Doch weder die gemeinschaftliche Schuld noch die

---

225 Zu der dbzgl. Koordinierung der Organisationsgefüge, vgl. insbesondere *§ 3 II. 4. d), VI., VII.* und *XI. 2.* sowie *§ 6.*

226 Zur Teilschuldnerschaft, vgl. *Bydlinski*, in: MüKo-BGB, Vor. § 420 Rdnr. 4.

227 Zur gemeinschaftlichen Schuld, vgl. *Kreße*, in: BeckOGK-ZR, § 420 Rdnr. 24. Vgl. auch die etwas abweichende Darstellung bei *Bydlinski*, in: MüKo-BGB, Vor. § 420 Rdnr. 7 f., der zwischen der gemeinschaftlichen Schuld und der Gesamthandsschuld unterscheidet.

228 So wurde zum *PreußALR* vom RG in RGZ 16, 40, 58 selbst die unbeschränkbare Haftung, der die Erben nach *I 9 § 418 PreußALR* unterlagen, wenn sie das Erbe ohne die Rechtswohltat des Inventars antraten, als unverträglich mit der persönlichen Haftung im Personengesellschaftsrecht (*Art. 112 S. 1 ADHGB*) angesehen, da die Miterben einer Erbengemeinschaft dann zwar persönlich, aber gem. *I 17 §§ 127f. PreußALR* nur gemeinschaftlich

Teilschuld vermögen als Modell für eine Inanspruchnahme der Miterbengesellschafter zu überzeugen. So sehen die für die Erbengemeinschaft maßgeblichen Vorschriften zwar, in Abweichung vom Grundsatz der gesamtschuldnerischen Haftung des § 2058 BGB, gem. § 2059 Abs. 1 S. 2 BGB eine auf die Haftung mit dem Eigenvermögen beschränkte Teilschuld[229] bzw. in § 2059 Abs. 2 BGB mit der Gesamthandsschuld[230] eine besondere Form der gemeinschaftlichen Schuld vor. Allerdings kann diese Normierung schon deshalb nicht als Maßstab für die Inanspruchnahme der Miterbengesellschafter aus §§ 128 S. 1, 130 Abs. 1 HGB herangezogen werden, weil sich der Aussagegehalt der §§ 2058 ff. BGB auf Nachlassverbindlichkeiten beschränkt. Er gilt daher gerade nicht für Eigenverbindlichkeiten, selbst wenn sie (wie die Gesellschafterhaftung gem. §§ 128 S. 1, 130 Abs. 1 HGB) die Erbenmehrheit letztlich aus dem Anlass der Erbschaft treffen.[231] Da das Regelungskorsett der Erbengemeinschaft für die den Miterben treffenden Eigenverbindlichkeiten keine speziellen Regelungen trifft, müssen zur Bestimmung der Art der Schuldnermehrheit in diesem Fall die allgemeinen Grundsätze gelten, die für die einzelnen Miterben auch außerhalb des Regelungskorsetts der Erbengemeinschaft gelten.[232] Die Erben müssten als gewöhnliche untereinander unverbundene Einzelgesellschafter zusammen mit den übrigen Mitgesellschaftern als Gesamtschuldner für die Gesellschaftsaltverbindlichkeiten haften (§ 128 S. 1 HGB). Daher kann nichts anderes gelten, wenn die Miterben zu einer Erbengemeinschaft verbundenen sind. Dieser Gedanke wird nicht zuletzt durch die in § 18 Abs. 2 GmbHG angeordnete gesamtschuldnerische Haftung gestützt. Dessen analoge Anwendung im oHG-Recht liegt nahe, weil – wie noch zu zeigen sein wird – auch die Wertung des § 18 Abs. 1 GmbHG auf den in Erbengemeinschaft gehaltenen oHG-Anteil zu übertragen ist.[233] Zwar passt diese Norm nicht unmittelbar; § 18 Abs. 2 GmbHG beschränkt die gesamtschuldnerische Haftung auf Innenverbindlichkeiten, die die

---

„*zu einer bezüglichen Rate*", d. h. für einen ihrer Erbquote entsprechenden Teil der Forderung, einzustehen hatten. S. auch *Börner*, AcP 166, 426, 435 f.

[229] Zu der besonderen Konstellation der auf die Teilschuld beschränkten Eigenhaftung, die § 2059 Abs. 1 S. 2 BGB zugrunde liegt, vgl. auch *Flechtner*, in: Burandt/Rojahn-ErbR, § 2059 Rdnr. 13.

[230] Zu der Gesamthandsschuld als besondere Form der gemeinschaftlichen Schuld, vgl. *Kreße*, in: BeckOGK-ZR, § 420 Rdnr. 24; die damit korrespondierende Klage wird Gesamthandsklage genannt, vgl. hierzu und zum wechselseitigen Verhältnis *Leuchten*, S. 96 f. und 111 f.

[231] *Marotzke*, in: Staudinger, § 2058 Rdnr. 22.

[232] So befürwortet *Flechtner*, in: Burandt/Rojahn-ErbR, § 2058 Rdnr. 16 etwa für Eigenverbindlichkeiten aus § 1978 Abs. 1 BGB das Entstehen einer Gesamtschuld, sofern dies aus den allgemeinen Vorschriften der §§ 427, 840 Abs. 1 BGB möglich erscheint.

[233] S. hierzu noch *§ 6 II. 2.*

Erben gegenüber der Gesellschaft treffen. Doch muss berücksichtigt werden, dass sich diese Beschränkung des § 18 Abs. 2 GmbHG daraus erklärt, dass es im GmbH-Recht eine Außenhaftung der Gesellschafter gegenüber den Gesellschaftsgläubigern wegen § 13 Abs. 2 GmbHG grundsätzlich nicht gibt. Die in § 18 Abs. 2 GmbHG statuierte Beschränkung auf Innenverbindlichkeiten kann daher bei einer analogen Anwendung im Recht der oHG nicht gedankenlos übernommen werden, sondern muss auf die besondere Konstellation in der von einer Außenhaftung geprägten oHG angepasst werden. Dabei muss berücksichtigt werden, dass die in § 18 Abs. 2 GmbHG angesprochenen Innenverbindlichkeiten vornehmlich solche Forderungen sind, die der Erbringung bzw. Sicherung des Stamm- bzw. Grundkapitals dienen.[234] Mit der Anordnung der gesamtschuldnerischen Haftung zielt § 18 Abs. 2 GmbHG damit auf die Stärkung des den Gläubigern einer Kapitalgesellschaft zur Verfügung stehenden Haftungsfonds ab.[235] Da im Recht der Personengesellschaften an die Stelle eines garantierten Haftungsfonds funktional die akzessorische Außenhaftung der Gesellschafter tritt,[236] muss eine analoge Anwendung des § 18 Abs. 2 GmbHG im oHG-Recht daher auf eine Stärkung eben dieser akzessorischen Außenhaftung der Miterben zielen. Diese funktionale Betrachtungsweise führt i.E. dazu, dass der Rechtsgedanke des § 18 Abs. 2 GmbHG zu einer gesamtschuldnerischen Gesellschafterhaftung aller Miterbengesellschafter zwingt. Zusammengenommen rechtfertigen sowohl der Rechtsgedanke des § 18 Abs. 2 GmbHG als auch der in § 128 S. 1 HGB niedergelegte Grundsatz einer solidarischen Gesellschafterhaftung, dass die in die oHG einrückenden Miterbengesellschafter gem. §§ 128 S. 1, 130 Abs. 1 HGB als Gesamtschuldner in Anspruch zu nehmen sind.

5. Zwischenergebnis

Rücken die Miterben kraft unmodifizierter Universalsukzession gem. §§ 1922 Abs. 1, 2032 Abs. 1 BGB in den oHG-Anteil ein, werden sie zugleich Miterbengesellschafter. Damit haften sie nicht nur als Erben über die erbrechtliche Haftungsschiene mit den Kräften einer Nachlassverbindlichkeit für die vor dem Eintritt begründeten Gesellschaftsaltverbindlichkeiten. Vielmehr haftet jeder

---

[234] Insbesondere sind dies etwa bei der GmbH: die Einlageschuld gem. §§ 14, 19 Abs. 1 GmbHG, die Haftung für den Ausfall von Einlageschuldnern gem. § 24 GmbHG, die Nachschusspflichten gem. § 26 GmbHG und die Rückzahlung unzulässigerweise ausgeschütteter Einlagen gem. § 31 Abs. 1 GmbHG, s. *Ebbing*, in: Michalski-GmbHG, § 18 Rdnr. 62.

[235] Insofern wird § 18 Abs. 2 GmbHG im unmittelbaren Anwendungsbereich sogar (mit Blick auf die Interessen der Gesellschaftsgläubiger) als zwingende Vorschrift angesehen, vgl. *Reichert/Weller*, in: MüKo-GmbHG, § 18 Rdnr. 85.

[236] S. hierzu etwa *Habersack*, in: Staub-HGB, § 128 Rdnr. 1.

Miterbe (jedenfalls nach ungenutztem Verstreichenlassen der in § 139 Abs. 3 HGB bezeichneten Frist[237]) daneben als in die Gesellschaft Eintretender i. S.d. §§ 128 S. 1, 130 Abs. 1 HGB persönlich und gesamtschuldnerisch für alle vor seinem Eintritt begründeten Gesellschaftsverbindlichkeiten.[238] Damit steht i.E. die Gesellschafterhaftung, welcher sich die kraft unmodifizierter Universalsukzession in den oHG-Anteil einrückenden Miterbengesellschafter ausgesetzt sehen, der Gesellschafterhaftung, die die übrigen Mitgesellschafter zu schultern haben, in nichts nach. Der Vorwurf der Haftungsdisparität kann somit nicht aufrechterhalten werden.

III. Haftung der Miterben für die Gesellschaftsneuverbindlichkeiten

Der von der etablierten Ansicht geäußerte Vorwurf der Haftungsdisparität beschränkt sich zwar auf die Hervorhebung der im vorangegangenen Abschnitt als Trugschluss entlarvten Haftungsunverträglichkeit bzgl. der Gesellschaftsaltverbindlichkeiten. Dies bedeutet jedoch nicht, dass die haftungsrechtliche Beleuchtung der Gesellschaftsneuverbindlichkeiten völlig außer Betracht bleiben kann, will man der Erbenmehrheit in der Organisationsstruktur der Erbengemeinschaft nicht nur die Sukzession in den oHG-Anteil erlauben, sondern darüber hinaus auch darlegen und erklären, dass die Verwaltung durch die Erbengemeinschaft in einem haftungsrechtlich austarierten Gesamtgefüge erfolgt. Denn so wie die haftungsrechtliche Lage hinsichtlich der Gesellschaftsaltverbindlichkeiten darüber entscheidet, ob die Erben im Verwaltungsgefüge einer Erbengemeinschaft aus haftungsrechtlichen Gesichtspunkten in den oHG-Anteil einrücken können, entscheiden die haftungsrechtlichen Folgen der Gesellschaftsneuverbindlichkeiten darüber, ob die Erben den oHG-Anteil, in den sie eingerückt sind, aus haftungsrechtlicher Sicht überhaupt halten und über einen längeren Zeitraum sinnvoll werbend verwalten können. Daher ist auch die haftungsrechtliche Situation in Ansehung der Gesellschaftsneuverbindlichkeiten zu beleuchten.

---

[237] Überwiegend wird angenommen, dass diese persönliche Gesellschafterhaftung während der Karenzfrist des § 139 Abs. 3 HGB blockiert ist, s.: *Schäfer*, in: Staub-HGB, § 139 Rdnr. 121, 123; *Lorz*, in: E/B/J/S-HGB, § 139 Rdnr. 118. A.A. mit beachtlichen Argumenten jedoch *Siegmann*, S. 211. Zum Streitstand, s. auch *Emmerich*, ZHR 150, 193, 196 f.

[238] I.E. ebenso *Köbler*, Erbrecht und Gesellschaft, S. 107; *Eiselt*, AcP 158, 319, 323 f. S. auch *Bletz*, S. 50, der jedoch die Gesellschafterhaftung für Altverbindlichkeiten aus einer analogen Anwendung des § 27 Abs. 1 HGB begründet.

1. Persönliche Haftung gem. § 128 S. 1 HGB

Mit der Feststellung, dass jeder Miterbe eines vererbten oHG-Anteils selbst Gesellschafter wird, ist dabei auch entschieden, dass die Miterbengesellschafter für die nach dem Erbfall begründeten Neuverbindlichkeiten mit ihrem Privatvermögen über § 128 S. 1 HGB gleich den anderen Gesellschaftern gesamtschuldnerisch einstandspflichtig sind.[239] Denn auch hier gilt, dass die Miterben in ihrer Funktion als Miterbengesellschafter, aufgrund ihrer anteilsmäßigen ideellen Mitberechtigung am oHG-Anteil i. S.d. § 2033 Abs. 2 BGB, den übrigen Gesellschaftern in Ansehung der qualitativen Ausprägung des Rechte- und Pflichtenkorsetts der Gesellschaft in nichts nachstehen. Von dieser Warte aus ist also ein Haftungskonflikt in Ansehung der Gesellschaftsneuverbindlichkeiten nicht zu befürchten.

2. Sinn und Zumutbarkeit einer gleichzeitigen Haftung mit den Kräften einer Nachlassverbindlichkeit

Doch haften die in den oHG-Anteil eingerückten Miterben für die Gesellschaftsneuverbindlichkeiten auch unentziehbar mit dem Nachlass? Von dieser Frage hängt zwar nicht die Aufrechterhaltung des Vorwurfs der Haftungsdisparität ab, jedoch kann diese wirtschaftlich von erheblicher Bedeutung sein, wenn der Nachlass durch Testamentsvollstreckung (§ 2214 BGB) oder durch Anordnung einer Nachlass(insolvenz)verwaltung (§§ 1975, 1984 Abs. 2 BGB) abgesondert ist. Denn nur eine Nachlassverbindlichkeit – und nicht die den Gesellschafter als solche treffende Eigenverbindlichkeit des § 128 S. 1 HGB[240] – sichert nach dem dualistischen Haftungskonzept in diesen Fällen den Zugriff auf die Nachlassvermögenssphäre des Gesellschafter-Erben.[241]

3. Nachlasshaftung nur für Zwischenneuschulden?

Die mehrheitlich geäußerte Ansicht vertritt – wie bereits gesehen – in diesem Bereich einen konservativen Standpunkt und verneint grundsätzlich, dass Gesellschaftsneuverbindlichkeiten auch Nachlassverbindlichkeiten nach sich ziehen können. Eine Nachlassverbindlichkeit entsteht nach dieser Ansicht nur

---

[239] So i.E. auch *Bletz*, S. 51 f.

[240] Zum Charakter der Gesellschafterhaftung als Eigenverbindlichkeit, vgl. *Joachim*, in: Burandt/Rojahn-ErbR, § 1967 Rdnr. 42 („*persönlich und unbeschränkbar*“); *Dutta*, in: Staudinger, § 1967 Rdnr. 64 f.; *Küpper*, in: MüKo-BGB, § 1967 Rdnr. 45 („*[...] so haftet der Erbe eines oHG-Gesellschafters [...] gesellschaftsrechtlich [...]*“).

[241] *Muscheler*, Haftungsordnung, S. 553; *Graf*, ZEV 2000, 125, 131.

für die innerhalb der Karenzfrist des § 139 Abs. 3 HGB entstandenen Zwischenneuschulden, wobei dies wohl unmittelbar aus § 139 Abs. 4 HGB herausgelesen wird.[242] Allerdings überzeugt diese Sichtweise nicht. § 139 Abs. 4 HGB begründet schon vom Wortlaut her keine Nachlassverbindlichkeiten. Denn dort ist nur statuiert, dass nach fristgemäßer Ausübung der Rechte aus § 139 Abs. 1, Abs. 2 HGB der Erbe „*für die bis dahin entstandenen Gesellschaftsschulden nur nach Maßgabe der die Haftung des Erben für die Nachlaßverbindlichkeiten betreffenden Vorschriften des bürgerlichen Rechtes*“ haftet. § 139 Abs. 4 HGB verweist nur auf die erbrechtliche Haftung als Schuldgrund, sodass deren im BGB statuierte Voraussetzungen (hierbei kann es sich nur um die Vorschriften der §§ 1967 ff. BGB handeln) vorliegen müssen, wenn eine Gesellschaftsverbindlichkeit zu Lasten der Erben eine neben die persönliche Gesellschafterhaftung tretende Nachlassverbindlichkeit nach sich ziehen soll.[243] Eine solche Verbindlichkeit bleibt dann jedoch von der Enthaftungswirkung des § 139 Abs. 4 HGB unberührt; insofern hat § 139 Abs. 4 HGB nur klarstellende Bedeutung. Konstitutiv regelt § 139 Abs. 4 HGB nur, dass nach fristgemäßer Ausübung der Rechte aus § 139 Abs. 1, Abs. 2 HGB keine persönliche Haftung aus §§ 128 S. 1, 130 HGB (für Altschulden) bzw. § 128 S. 1 HGB (für Zwischenneuschulden) mehr droht, jedoch nicht, dass in diesem Fall zumindest eine Nachlassverbindlichkeit verbleiben muss.

4. Nachlasshaftung für jegliche Gesellschaftsneuverbindlichkeiten

Entscheidet § 139 Abs. 4 HGB richtigerweise also nicht darüber, ob und welche Gesellschaftsneuverbindlichkeiten auch Nachlassverbindlichkeiten nach sich ziehen, muss letztlich auch die willkürliche Grenze aufgegeben werden, wonach der Nachlass für Gesellschaftsneuverbindlichkeiten nur bis zum Ablauf der Karenzfrist des § 139 Abs. 3 HGB einstehen muss.[244] Vielmehr muss die Frage, ob und wie lange Gesellschaftsneuverbindlichkeiten auch Nachlassverbindlichkeiten nach sich ziehen, unter Heranziehung allgemeiner Kriterien, eben den Vorschriften des BGB und dort allen voran des § 1967 Abs. 2 BGB erfolgen.

a) Nachlasserbenschuld

Man könnte daher erwägen, wie bei einem Handelsgeschäft vorzugehen,[245] und die endgültige Verhaftung des Nachlasses mit einer Nachlassverbindlichkeit für

[242] S. hierzu noch einmal *§ 2 II. 2. b) bb)* und *cc)*.
[243] So auch *Kick*, S. 67.
[244] So aber die etablierte Ansicht. S. hierzu noch einmal § 2 *II. 2. b) bb)* und *cc)*.
[245] Zum Handelsgeschäft: BGH, NJW 1960, 959, 961; *Grüner*, in: BeckOGK-ZR, § 1967

Gesellschaftsneuverbindlichkeiten über die Rechtsfigur der Nachlasserbenschuld begründen.[246] Mit der Rechtsfigur der Nachlasserbenschuld[247] ist anerkannt, dass der Nachlass – neben der Eigenvermögenssphäre – auch nach dem Erbfall durch den Erben selbst mit Nachlassverbindlichkeiten unentziehbar belastet werden kann, wenn die Verbindlichkeiten in ordnungsmäßiger Verwaltung des Nachlasses entstehen.[248] Dann nämlich treffen die Verbindlichkeiten den Erben als solchen i.S.d. § 1967 Abs. 2 Var. 2 BGB.[249] Allgemein wird unter Nachlassverwaltung jede tatsächliche und rechtliche Maßnahme verstanden, die auf Verwaltung, Sicherung, Erhaltung, Vermehrung, Nutzung und Verwertung des Nachlasses gerichtet ist.[250] Dass der nachlasszugehörige oHG-Anteil nach dem Erbfall grundsätzlich Teil des Nachlasses bleibt und zum Schutz der Nachlassgläubiger nicht einfach automatisch in die Eigenvermögenssphäre des oder der Erben überwechseln darf, wurde dargelegt; auch die kategorische Negierung des Nachlassverwaltungsbezugs bei der Begründung von Gesellschaftsneuverbindlichkeiten wurde bereits kritisiert.[251] Daher scheint die Rechtsfigur der Nachlasserbenschuld an sich ein naheliegendes Instrument zu sein, um den Gesellschaftsneuverbindlichkeiten zu Lasten der Erben eine Nachlassverbindlichkeit nachfolgen zu lassen und so den Gesellschaftsneugläubigern auch den Nachlass als unentziehbare Haftungsmasse zur Verfügung zu stellen. Jedenfalls bei einer von einem oder mehreren Miterbengesellschaftern rechtsgeschäftlich begründeten Gesellschaftsneuverbindlichkeit kann auch kaum an einem Bezug zum Nachlass gezweifelt werden; immerhin wird die Gesellschaftsverbindlichkeit unmittelbar mit den aus dem nachlasszugehörigen oHG-Anteil erwachsenden Gesellschafterbefugnissen (insbesondere kraft der den Miterbengesellschaftern zukommenden organschaftlichen Vertretungsmacht gem. § 125 HGB[252]) und damit in Verwaltung des Nachlasses begründet.

Schwieriger gestaltet sich die Sachlage dann, wenn Gesellschaftsneuverbindlichkeiten alleine von den Mitgesellschaftern begründet werden. *Muscheler* bejaht auch hier das Vorliegen einer Nachlassverwaltung und in der Folge das Ent-

---

Rdnr. 212; *Lohmann*, in: BeckOK-BGB, § 1967 Rdnr. 22; *Reuschle*, in: E/B/J/S-HGB, § 27 Rdnr. 21.

[246] *Ernst*, S. 129; *Kick*, S. 67 (jedoch nur für Zwischenneuschulden); *Pütter*, S. 82; *Börner*, AcP 166, 426, 437; *Eiselt*, AcP 158, 319, 324: „*Die künftigen Gesellschaftsverbindlichkeiten treffen die Erben als Nachlasserbenschulden*“. S. auch *Ulmer*, NJW 1984, 1496, 1499.

[247] Erstmals zu diesem Begriff *Boehmer*, S. 116f.

[248] *Ernst*, S. 22f.

[249] *Joachim*, in: Burandt/Rojahn-ErbR, § 1967 Rdnr. 31.

[250] *Ernst*, S. 52.

[251] S. noch einmal *§ 2 II. 2. b) cc) (1)*.

[252] Zu der Frage, wie die Miterben die aus dem gemeinschaftlich gehaltenen oHG-Anteil fließende organschaftliche Vertretungsmacht ausüben, s. noch *§ 6 II. 3. c)*.

stehen einer Nachlassverbindlichkeit für den vergleichbaren Fall eines unter Testamentsvollstreckung stehenden oHG-Anteils. Dies gelte jedenfalls bei einem von Geschäftsführungs- und Vertretungsbefugnissen (§§ 114 ff., 125 Abs. 1 HGB) nicht entkernten oHG-Anteil, weil auch die schlichte Nichtausübung des Widerspruchsrechts gem. § 115 Abs. 1 Hs. 2 HGB als geschäftsbezogene Entscheidung mit nachlassverwaltendem Charakter aufgefasst werden müsse.[253] Dieser Gedankengang vermag jedoch wenig zu überzeugen. Denn die Nichtausübung des Widerspruchsrechts steht einem Schweigen gleich. Wo hierin der Akt der Nachlassverwaltung zu erblicken ist, erscheint zweifelhaft.[254] Es kann auch kaum überzeugen, jeder unwidersprochen gebliebenen Geschäftsmaßnahme die bewusste Entscheidung gegen die Ausübung des Widerspruchsrechts beizumessen und auf diesem Weg eine Maßnahme der Nachlassverwaltung zu bejahen. Ein Akt der Nachlassverwaltung kann in dem Fehlen eines Widerspruchs daher vernünftigerweise kaum erblickt werden. Spätestens bei nichtrechtsgeschäftlich begründeten Gesellschaftsneuverbindlichkeiten, insbesondere deliktischen Verbindlichkeiten oder Schadensersatzverpflichtungen aus zu vertretenden Pflichtverletzungen, versagt die Rechtsfigur der Nachlasserbenschuld jedoch vollends. Denn Nachlasserbenschulden können nur innerhalb der Grenzen ordnungsmäßiger Verwaltung entstehen.[255] Sie müssen vom Standpunkt eines sorgfältigen Verwalters eingegangen worden sein.[256] Ausschlaggebend ist also das objektive Interesse der Miterben; das Kriterium der ordnungsmäßigen Verwaltung ist damit wohl ähnlich wie in der Verwaltungsordnung der Erbengemeinschaft zu verstehen, vgl. §§ 2038 Abs. 1 S. 2 Hs. 1, Abs. 2, 745 Abs. 1 BGB. Selbst wenn man das Kriterium der Ordnungsmäßigkeit im unternehmerischen Bereich vor dem Hintergrund der besonderen Grundsätze zum unternehmerischen Ermessensspielraum weit auslegt,[257] dürften jedenfalls deliktische Verbindlichkeiten in vielen Fällen nicht mehr einer ordnungsmäßigen Verwaltung entsprechen, sodass in diesen Fällen eine unentziehbare Verhaftung des Nachlasses mittels der Rechtsfigur der Nachlasserbenschuld scheitern müsste.[258] Auch bei

---

[253] *Muscheler*, Haftungsordnung, S. 546.

[254] S. aber BGH, FamRZ 2013, 1476, 1477 und *Dutta*, in: Staudinger, § 1967 Rdnr. 42, die in einem Unterlassen eine Verwaltungsmaßnahme erblicken.

[255] RGZ 90, 91, 94 f.; BGHZ 32, 60, 64; BGH, NJW 1978, 1385, 1386; *ders.*, FamRZ 2009, 1520; *ders.*, FamRZ 2013, 543, 544; *ders.*, FamRZ 2013, 1476, 1477. S. auch: *Joachim*, in: Burandt/Rojahn-ErbR, § 1967 Rdnr. 31; *Ernst*, S. 24.

[256] *Dutta*, in: Staudinger, § 1967 Rdnr. 42.

[257] *Ernst*, S. 58 f.; *Reuschle*, in: E/B/J/S-HGB, § 27 Rdnr. 21; *Thiessen*, in: MüKo-HGB, § 27 Rdnr. 36; *Reuter*, ZHR 135, 511, 522 (zu § 1978 BGB), s. hierzu auch schon *§ 3 I. 3. d)* und noch *IV. 1.*

[258] Auch *Küpper*, in: MüKo-BGB, § 1967 Rdnr. 19 betont i.E., dass im Bereich der rein deliktischen Haftung die Entstehung einer Nachlasserbenschuld selten sein wird.

gegen die Gesellschaft gerichteten Schadensersatzansprüchen aus der Verletzung eines zwischen der Gesellschaft und dem Gesellschaftsgläubiger bestehenden Vertrages dürfte die Entstehung einer Nachlasserbenschuld selbst dann mehr als zweifelhaft sein, wenn die Pflichtverletzung letztlich von dem oder den Miterbengesellschaftern begangen wurde.[259] Gesellschaftsneuverbindlichkeiten des nichtrechtsgeschäftlichen Bereichs würden daher über die Rechtsfigur der Nachlasserbenschuld nur vereinzelt eine Nachlassverbindlichkeit nach sich ziehen. Mit der Rechtsfigur der Nachlasserbenschuld kann die Nachlasssphäre damit nur punktuell unentziehbar mit einer Nachlassverbindlichkeit belastet werden, wenn auf Ebene der Gesellschaft Gesellschaftsneuverbindlichkeiten begründet werden. Letztlich würde der Weg über die Rechtsfigur der Nachlasserbenschuld damit zu erheblichen Rechtsunsicherheiten führen, da es im Einzelfall schwierig sein dürfte, den Kreis von Gesellschaftsneuverbindlichkeiten abzustecken, der über die Rechtsfigur der Nachlasserbenschuld zu einer unentziehbaren Verhaftung des Nachlasses führt. Auch mit Blick auf die Gleichbehandlung der Gläubiger ist dieser Weg problematisch.

b) OHG-Beteiligung als vom Erblasser herrührende pflichtbelastete Rechtsposition

Wer die Nachlasssphäre für alle seitens der Mitgesellschafter und Miterbengesellschafter begründeten Gesellschaftsneuverbindlichkeiten gleichermaßen als unentziehbares Haftungsreservoir öffnen will, kann dies nur begründen, wenn er das Einrücken in einen oHG-Anteil als „*Eintritt in eine vom Erblasser herrührende pflichtbelastete Rechtsposition*“[260] begreift. Diese Rechtsfigur wird bei der Vererbung einer Gefahrenquelle (Tier, Kfz, Gebäude) herangezogen, um den sich nach dem Erbfall anschließenden zustandsbezogenen Gefährdungshaftungstatbeständen der § 833 S. 1 BGB, § 7 S. 1 StVG bzw. den Haftungstatbeständen für vermutetes Verschulden der §§ 833 S. 2, 834, 836 ff. BGB – unabhängig von einer konkreten Nachlassverwaltungsmaßnahme des oder der Erben – den Stempel der Nachlassverbindlichkeit aufdrücken zu können.[261] Insbesondere die genannten Gefährdungshaftungstatbestände haben gemeinsam, dass es sich letztlich bei ihnen um eine verhaltens- und verschuldensunabhängige Zustands-

---

[259] *Dutta*, in: Staudinger, § 1967 Rdnr. 53 hält zwar die unentziehbare Verhaftung des Nachlasses für die vom Erben zu vertretenen Leistungsstörungen für möglich, jedoch nur in Ansehung der den Erben selbst treffenden ererbten Vertragsverhältnisse und Nachlassverbindlichkeiten. Ähnlich äußert sich *Küpper*, in: MüKo-BGB, § 1967 Rdnr. 18.

[260] Grundlegend zu dem Begriff *Rebmann*, S. 1 f., die teilweise auch von einem Eintritt in eine „*verantwortungsbelastete Stellung*“ spricht.

[261] *Ernst*, S. 23; *Eberl-Borges*, in: Staudinger § 833 Rdnr. 112; *dies.*, VersR, 1996, 1070, 1073.

haftung handelt, die sich mit dem verhaltensorientierten Begriff der „*Nachlassverwaltung*“ nur unzureichend konturieren lässt. Letztlich rührt der haftungsaufgeladene Zustand, der diesen Gefährdungshaftungstatbeständen zu Grunde liegt, vom Erblasser und dessen Haltereigenschaft her. Damit stellt sich die sich daraus erwachsende Belastung mit der Verbindlichkeit als eine vom Erblasser herrührende Verbindlichkeit i. S.d. § 1967 Abs. 2 Var. 1 BGB dar.

Als wesensverwandt sind letztlich auch andere Fälle zu beurteilen, bei denen der Verpflichtungsgrund noch von dem Erblasser gelegt wurde, die Verbindlichkeit jedoch erst den Erben trifft, so etwa bei einer von einem Erblasser begangenen unerlaubten Handlung, die erst nach dessen Tod zu einer Rechtsgutsverletzung führt,[262] bei einer Belastung des Erben mit Mietzinsverbindlichkeiten aus einem vom Erblasser seinerzeit abgeschlossenen Mietvertrag[263] oder der Haftung des Erben einer Eigentumswohnung hinsichtlich der nach dem Erbfall entstehenden Wohngeldschulden i. S.d. § 16 Abs. 2 WEG[264].

Doch insbesondere die den Gefährdungshaftungstatbeständen zugrundeliegende Rechtslage kommt der Gesellschafterhaftung nahe.[265] Denn ähnlich eines Gefährdungshaftungstatbestands trifft die Gesellschafterhaftung die Gesellschafter verhaltens- und verschuldensunabhängig. So wie es letztlich für eine Haftung nach § 833 S. 1 BGB und § 7 StVG grundsätzlich nur darauf ankommt, dass eine Rechtsgutsverletzung vorliegt, die auf das Tierverhalten bzw. den Betrieb eines Kfz zurückzuführen ist, ist es für die Haftung nach § 128 S. 1 HGB allein entscheidend, dass eine Gesellschaftsverbindlichkeit begründet wird. So wie der Entschluss des Erblassers durch das Halten eines Tieres oder Kfz eine neue Gefahrenquelle zu eröffnen über dessen Tod hinauswirkt,[266] hat auch der Entschluss des Erblassers, der Gesellschaft beizutreten oder in ihr zu verbleiben und damit die eigene Vermögenssphäre nicht nur für aktuelle, sondern auch für künftige, im Einzelnen noch unbestimmte Gesellschaftsverbindlichkeiten zu öffnen, über seinen Tod hinaus Bedeutung. So wie bereits durch Begründung der Haltereigenschaft die Haftungsgrundlage für alle Schäden geschaffen ist, die das Tier bzw. das Kfz in der Zukunft verursachen wird,[267] ist auch durch den Eintritt in eine oHG bereits die Haftungsgrundlage für alle aktuellen und künftigen Gesellschaftsverbindlichkeiten gelegt. Da diese haftungsbegründenden Stellungen als Halter bzw. Gesellschafter letztlich gleichermaßen vom Erblasser herrühren, ist es in beiden Fällen gerechtfertigt, dass dessen Verlassenschaft auch über

262 *Dutta*, in: Staudinger, § 1967 Rdnr. 19.
263 *Stein*, in: Soergel, § 1967 Rdnr. 2.
264 *Joachim*, in: Burandt/Rojahn-ErbR, § 1967 Rdnr. 26.
265 Zur Wesensverwandtschaft, s. auch *Rebmann*, S. 2.
266 Zur Tierhalterhaftung betont dies auch *Rebmann*, S. 38.
267 *Klook*, S. 104.

seinen Tod hinaus unentziehbar für die aus diesen Stellungen erwachsenden Verbindlichkeiten mit der Kraft einer Nachlassverbindlichkeit verhaftet bleibt.[268]

c) Zeitliche Grenze dieser Rechtsfigur

Rechtfertigt damit die Ähnlichkeit zu den Gefährdungshaftungstatbeständen dem Grunde nach, dass der Nachlass über die Rechtsfigur des Eintritts in eine vom Erblasser herrührende pflichtbelastete Rechtsposition unentziehbar für die Gesellschaftsneuverbindlichkeiten verhaftet wird, bleibt der zeitliche Umfang dieser Haftung zu klären. Hierbei ist folgende Erkenntnis maßgeblich: Die Gesellschafterhaftung gem. § 128 S. 1 HGB adressiert die Erben bereits mit dem Erbanfall als persönliche Schuldner und stellt diese Haftung nur unter den Vorbehalt, dass bis zum Ablauf des Karenzzeitraumes des § 139 Abs. 3 HGB die Rechte aus § 139 Abs. 1, Abs. 2 HGB nicht geltend gemacht werden. Bei den genannten Gefährdungshaftungstatbeständen, insbesondere der Halterhaftung, ist dies anders. Denn hier kommt es zu einem unabsehbaren Schwebezustand, wenn der Erblasser als Halter durch seinen Tod aus dem Rechtsleben tritt, der oder die Erben jedoch die rein faktische und damit nicht gem. § 1922 Abs. 1 BGB übergehende Haltereigenschaft noch nicht übernommen haben, etwa weil sie von Anfall und Zusammensetzung des Nachlasses bisher keine Kenntnis hatten.[269]

aa) Persönliche Haftung als zeitliche Zäsur

Nach der Ansicht einiger Literaten ist der Gedanke, dass der Eintritt in eine vom Erblasser herrührende pflichtbelastete Rechtsposition bei Gefährdungshaftungstatbeständen zu einer Nachlassverbindlichkeit führt, alleine deshalb anzuerkennen, um eine Haftungslücke zu vermeiden. Der Gedanke könne daher nur solange greifen, bis der Erbe kraft eines bewussten Willensentschlusses eine eigene Haltereigenschaft begründet, da ab diesem Zeitpunkt eine Eigenhaftung des Erben in Betracht kommt. Nur um in der Zwischenzeit die Halterhaftung nicht gänzlich leerlaufen zu lassen, werde die Haltereigenschaft des Erblassers über dessen Tod hinaus fingiert bzw. postuliert.[270] Der Erbe übernimmt die

---

[268] In eine ähnliche Richtung geht *Weiler*, DNotZ 1952, 283, 294, wenn er betont: „*Zu diesen Nachlassverbindlichkeiten zählen nicht nur bereits genau fixierte Schulden, sondern auch Verbindlichkeiten, die noch unbestimmt (...) und erst dem Grunde nach – gewissermaßen keimhaft – angelegt sind. (...) und eine dem Grunde nach bestehende Verbindlichkeit ist die in der gesellschaftlichen Beteiligung enthaltene unbeschränkte persönliche Gesellschafterhaftung auch*".

[269] *Joachim*, in: Burandt/Rojahn-ErbR, § 1967 Rdnr. 23 f.

[270] *Dutta*, in: Staudinger, § 1967 Rdnr. 23.

Haltereigenschaft mit Erbanfall zunächst nur als solcher,[271] sodass eine Haftung in diesem Zeitraum eine Nachlassverbindlichkeit nach sich ziehen könne. Da nach der Begründung einer eigenen Haltereigenschaft des Erben die Halterhaftung zu einer Eigenverbindlichkeit erstarkt, sei jedoch ab diesem Zeitpunkt kein Bedürfnis mehr für die Verhaftung des Nachlasses anzuerkennen.[272] Diese Literaten lassen daher die Entstehung einer Nachlassverbindlichkeit kraft Eintritts in eine pflichtbelastete Rechtsposition nur in diesem Korridor der Haftungslücke zu.[273]

Im Denkmodell dieser Ansicht könnte daher die zu den Gefährdungshaftungstatbeständen entwickelte Rechtsfigur des Eintritts in eine vom Erblasser herrührende pflichtbelastete Rechtsposition auf die Vererbung eines Personengesellschaftsanteils allenfalls insoweit übertragen werden, als eine persönliche Verhaftung der Erben über § 128 S. 1 HGB nicht gewährleistet ist. Dies wäre nur hinsichtlich der Zwischenneuschulden und nur gegenüber den ihre Rechte aus § 139 Abs. 1, Abs. 2 HGB geltend machenden Miterbengesellschaftern der Fall.[274]

bb) Endgültige Übernahme der Verantwortung durch den Erben als zeitliche Zäsur

Richtigerweise legitimiert sich jedoch die unentziehbare Verhaftung des Nachlasses kraft des Eintritts in eine pflichtbelastete oHG-Gesellschafterposition über die Vermeidung einer Haftungslücke hinaus. Dies zeigt die dem Eintritt in eine pflichtbelastete Rechtsposition ähnliche Konstellation, in welcher ein Erbe mit Mietzinsverbindlichkeiten aus einem Mietvertrag belastet wird, der vom Erblasser seinerzeit abgeschlossen wurde. So kommt es dort für die Mietzinszahlungen bis zur ersten Kündigungsmöglichkeit des Erben i.S.d. § 564 S. 2 BGB – ähnlich wie in den Gefährdungshaftungstatbeständen – zu einer Schwebelage, in deren Rahmen nach dem BGH eine persönliche Verhaftung des Erben ausscheidet und nur eine unentziehbare Verhaftung des Nachlasses mit den Kräften einer Nachlassverbindlichkeit in Betracht kommt.[275] Erst für die Mietzinsverbindlichkeiten, die nach dem ungenutzten Verstreichenlassen des erstmöglichen Kündigungstermins entstehen, wird eine unentziehbare Verhaftung

---

[271] In diese Richtung *Eberl-Borges*, VersR 1996, 1070, 1073.

[272] Hierzu eingehend *Rebmann*, S. 39 und 43 ff. (spezifisch zur Tierhalterhaftung).

[273] *Rebmann*, S. 40 ff. (spezifisch zur Tierhalterhaftung); *Dutta*, in: Staudinger, § 1967 Rdnr. 23; *Eberl-Borges*, VersR 1996, 1070, 1073.

[274] Denn nur insofern erlischt die persönliche Gesellschafterhaftung, s. bereits *§ 2 II. 2. b) aa)* und *bb)*.

[275] BGH, NJW 2013, 933, 934 Rdnr. 15; *ders.*, NJW 2014, 389, 390 Rdnr. 10. S. auch *Stein*, in: Soergel, § 1967 Rdnr. 2.

des Erben mit seiner Eigenvermögenssphäre befürwortet.[276] Obwohl höchstrichterlich noch nicht geklärt, wird mehrheitlich befürwortet, dass daneben der Nachlass unentziehbar mit einer Nachlassverbindlichkeit jedenfalls dann forthaftet, wenn der Erbe das Mietobjekt in diesem Zeitraum noch nicht für eigene Zwecke bezogen hat, sondern im Dienste der Nachlassabwicklung verwendet.[277] Es ist daher stringent, wenn ein Teil der Literatur diesen Rechtsgedanken mit Blick auf die Gefährdungshaftungstatbestände anscheinend auch auf die Rechtsfigur des Eintritts in eine pflichtbelastete Rechtsposition übernommen hat und die Verhaftung des Nachlasses – trotz einer danebentretenden Eigenhaftung des Erben – auch dort anerkennt, wo der Nachlass noch abgewickelt werden muss, was gerade in den Fällen einer noch nicht auseinandergesetzten Erbengemeinschaft der Fall ist.[278]

Überträgt man wegen der Funktionsähnlichkeit der Gefährdungshaftungstatbestände und der Gesellschafterhaftung – wie hier vorgeschlagen – die Rechtsfigur des Eintritts in eine pflichtbelastete Rechtsposition, kann daher nichts anders gelten, wenn eine Erbenmehrheit in den oHG-Anteil eintritt. Die Miterben stehen dem Anteil erst einmal „*stellvertretend*" für den Nachlass, der den Verstorbenen bis zur Abwicklung weiterhin abbildet, vor. Denn der Nachlass kann sich bis zur Auseinandersetzung nicht mit dem Privatvermögen der Miterben vereinigen, sondern bleibt von diesem getrennt. Bildlich gesprochen lebt der Erblasser daher über seinen Tod hinaus bis zur Erbauseinandersetzung in der von ihm hinterlassenen gesamthänderisch gebundenen Vermögensmasse fort. Wird der Erblasser von dem noch abzuwickelnden Nachlass abgebildet und ist der oHG-Anteil noch Bestandteil desselben, kann daher auch noch davon gesprochen werden, dass die pflichtbelastete Gesellschafterposition, in die die Erben eingerückt sind, vom Erblasser herrührt. Daher muss die den Erblasser seinerzeit treffende Haftung aus § 128 S. 1 HGB nach dem Erbfall als Nachlassverbindlichkeit in der die Miterben treffenden eigenen Gesellschafterhaftung gem. § 128 S. 1 HGB fortleben, mit der Folge, dass der Charakter der Gesellschafterhaftung als Eigenverbindlichkeit um den Aspekt der Nachlassverbindlichkeit aufgewertet ist. Erst wenn sich der oder die nachfolgeberechtigten Erben über die Auseinandersetzung hinsichtlich des oHG-Anteils verständigen, ist, jedenfalls mit Blick auf den oHG-Anteil, die finale Güterzuordnung erreicht. Damit wird dieser in einer die weitere Entstehung von Nachlassverbindlichkeiten ausscheidenden Weise für eigene Zwecke des bzw. der nachfolgeberechtigten Erben dienstbar gemacht. Die Gesellschafterstellung rührt dann nicht

[276] *Herzog*, NZM 2013, 175, 180f.

[277] *Brox/Walker*, Erbrecht, § 37 Rdnr. 18; *Grüner*, in: BeckOGK-ZR, § 1967 Rdnr. 139.

[278] So *Küpper*, in: MüKo-BGB, § 1967 Rdnr. 19.

mehr vom Erblasser her, sondern ist eine vom Erben persönlich fortgeführte Rechtsposition.[279]

So betrachtet ziehen die Gesellschaftsneuverbindlichkeiten daher bis zur Auseinandersetzung der Miterben, über den Rechtsgedanken des Eintritts in eine vom Erblasser herrührende pflichtbelastete Rechtsposition, Nachlassverbindlichkeiten nach sich, sodass der Nachlass unentziehbar verhaftet wird. Daneben tritt die persönliche Haftung der Erben als Miterbengesellschafter gem. § 128 S. 1 HGB.

d) Zumutbarkeit für die Miterben

Eine unentziehbare Haftung des Nachlasses für jegliche Gesellschaftsneuverbindlichkeiten ist dabei auch keineswegs unbillig.[280] Sie ist sogar geradezu geboten, um unter Zugrundelegung einer unmodifizierten Universalsukzession in den oHG-Anteil ein kohärentes und interessengerechtes Haftungssystem zu etablieren. Denn die dem gesamthänderisch gebundenen Nachlass gem. § 2041 S. 1 BGB grundsätzlich als Ertrag zufließenden Gewinne[281] sind Produkt einer unternehmerischen Betätigung aller Gesellschafter. Von dieser profitieren gem. §§ 2038 Abs. 2 S. 1, 743 BGB alle Miterben nach dem Verhältnis ihrer Erbquote, gleich ob ihnen der oHG-Anteil als Nachfolger im Wege der Auseinandersetzung zugute kommen soll oder nicht. Wie noch zu zeigen sein wird, haben sie auch über das Verwaltungsgefüge der Erbengemeinschaft die Möglichkeit, auf die Geschäftsgeschicke Einfluss zu nehmen.[282] Daher ist es spiegelbildlich gerechtfertigt, den Nachlass auch unentziehbar mit der Gesellschafterhaftung für alle aus der unternehmerischen Betätigung erwachsenden Gesellschaftsneuverbindlichkeiten zu belasten.[283] Denn damit wird es allen Gesellschaftsneugläubigern ermöglicht, unentziehbar auf den Nachlass und damit auch auf diese Unternehmensgewinne zuzugreifen.

Befriedigt sich der Gesellschaftsneugläubiger auf Grundlage der Gesellschafterhaftung aus dem Privatvermögen eines Miterbengesellschafters, kann dieser über §§ 2038 Abs. 2 S. 1, 748 BGB in Höhe des nicht auf ihn entfallenden

---

[279] Diese zeitbezogene Sichtweise zumindest vom Ergebnis her befürwortend, *Börner*, AcP 166, 426, 437.

[280] A.A. für einen Alleinerben *Kick*, S. 67, die dies für kaum ernsthaft vertretbar hält.

[281] S. hierzu noch einmal *§ 2 II. 2. a)*.

[282] Zur Verwaltung des oHG-Anteils durch die Miterben, s. noch *§ 6 II.*

[283] Das ist gerade der entscheidende Unterschied zur (qualifizierten) Sondererbfolge, wo eine Haftung des Nachlasses für die Gesellschaftsneuverbindlichkeiten mangels gleichmäßiger Einflussmöglichkeit aller Miterben zu schweren Wertungswidersprüchen führen würde, s. *§ 2 II. 2. b) cc) (2)*.

Teils der Last auf den Nachlass[284] zugreifen.[285] Da das Regresssystem mit der Integration des oHG-Anteils in das Verwaltungsgefüge der Erbengemeinschaft wieder vollumfänglich funktioniert, braucht insoweit kein angemessener Teil der erwirtschafteten Unternehmenserträge dem Privatvermögen der Erben zugeordnet werden.[286]

Eine neben die persönliche Gesellschafterhaftung tretende unentziehbare Verhaftung des Nachlasses für sämtliche Gesellschaftsneuverbindlichkeiten stellt letztlich Neugläubiger einer oHG endlich mit Neugläubigern eines Handelsgeschäfts[287] und den Altgläubigern einer oHG[288] gleich und sorgt damit für ein kohärentes Haftungssystem im allgemeinen Handelsrecht.

5. Zwischenergebnis

Zusammengefasst kann festgehalten werden, dass sich die Miterbengesellschafter auch für die Gesellschaftsneuverbindlichkeiten, die während der Verwaltung des oHG-Anteils durch die Erben in Form der Erbengemeinschaft begründet werden, einer dualistischen Haftung ausgesetzt sehen. Sie haften neben der Eigenvermögenssphäre gem. § 128 S. 1 HGB unentziehbar mit dem Nachlass. Denn die Erben treten in die pflichtbelastete Gesellschafterstellung ein, die solange als vom Erblasser herrührend anzusehen ist, bis sich die Miterben über den oHG-Anteil auseinandersetzen.[289] Für gewöhnlich verblassen die sich aus diesem Gedanken rechtfertigenden Nachlassverbindlichkeiten zwar hinter der Eigenverbindlichkeit aus § 128 S. 1 HGB, jedoch erlangen sie im Falle einer Nachlassabsonderung, etwa gem. § 1975 BGB, oder der Ausübung der Rechte aus § 139 HGB eigenständige Bedeutung. Damit fügt sich das Haftungssystem zu einem sinnhaften Ganzen, welches Gesellschaftsaltgläubigern und -neugläubigern einen gleichermaßen großen Haftungszugriff auf das Gesellschaftsvermögen,

---

[284] Daneben steht ihm wegen des Gesamtschuldcharakters der persönlichen Gesellschafterhaftung natürlich auch ein Regressanspruch mit der Kraft einer Eigenverbindlichkeit nach Maßgabe des § 426 BGB gegen alle Miterbengesellschafter und Mitgesellschafter zu.

[285] Insofern findet man sich im unmodifizierten Erbrechtsgefüge bei der von *Siegmann*, S. 202 f. – freilich für die Sondererbfolge zu Unrecht – postulierten Regresssituation wieder.

[286] S. hierzu noch einmal *§ 2 II. 2. c)*.

[287] Diese haben über die Nachlasserbenschuld unentziehbaren Zugriff auf Nachlass- und Eigenvermögenssphäre, vgl. *Muscheler*, Erbrecht II, Rdnr. 3407.

[288] Diese haben über die erbrechtliche Schiene unentziehbaren Zugriff auf den Nachlass und über die gesellschaftsrechtliche Schiene unentziehbaren Zugriff auf das Eigenvermögen; vgl. hierzu noch einmal *Kick*, S. 76 f.; *Schmidt*, in: Müko-HGB, § 139 Rdnr. 100 und 107 f.

[289] Nachlasserbenschulden können in der Erbengemeinschaft auf unabsehbare Zeit entstehen, vgl. zur ähnlichen Ausgangslage bei der Nachlasserbenschuld *Ernst*, S. 35.

das Vermögen der Mitgesellschafter sowie das Eigen- und das Nachlassvermögen der Miterbengesellschafter gewährt.

IV. Zumutbarkeit des Haftungssystems für gesellschaftsferne Nachlassgläubiger

Um zu beurteilen, ob das in *§ 3 II.* und *III.* vorgestellte System der Miterbengesellschafterhaftung auch als allen Parteien zumutbares, gerechtes Haftungsmodell angesehen werden kann, müssen aber noch die Interessen der gesellschaftsfernen Nachlassgläubiger mit in die Betrachtung aufgenommen werden.

1. Unzureichendes bürgerlich-rechtliches Ausgleichssystem

Man muss sich zunächst wieder die besondere Interessenlage vor Augen führen, mit der die Beteiligten eines Nachlasses konfrontiert sind, wenn in diesem Nachlass ein Handelsgeschäft oder ein oHG-Anteil enthalten ist. Wie bereits beleuchtet, haben *Reuter*[290] und im Anschluss daran *Lieb*[291] dargelegt, dass der Nachweis einer nicht ordnungsmäßigen Verwaltung i. S.d. § 1978 Abs. 1 BGB i.d.R. scheitert, weil das Kriterium der Ordnungsmäßigkeit – im Lichte unternehmerischer Ermessensspielräume – im unternehmerischen Bereich umformt ist.[292] Nichts anderes gilt letztlich für das Merkmal der Erforderlichkeit der Aufwendung i. S.d. §§ 1978 Abs. 3, 670 BGB. Daher zwingt im unternehmerischen Bereich die Einräumung unternehmerischer Ermessensspielräume i.d.R. nicht nur zu einer Verneinung ordnungswidrigen Verhaltens, sondern auch zur grundsätzlichen Bejahung der Erforderlichkeit der von den Erben gemachten Aufwendungen. M.a.W. bleibt damit nach der Nachlassabsonderung gem. § 1975 BGB i.d.R. nicht nur eine unternehmensbezogene Nachlassschmälerung nach Maßgabe des § 1978 Abs. 1 BGB unausgeglichen, sondern die Erben sind gem. §§ 1978 Abs. 3, 670 BGB i.d.R. auch befugt, unternehmensbezogene und zugleich mit Bezug zur Nachlassverwaltung getätigte Aufwendungen aus dem Privatvermögen auf den Nachlass abzuwälzen.[293] Unter diese vom Erben getätigten Aufwendungen können die von den Miterbengesellschaftern aus dem Privatvermögen bedienten Eigenverbindlichkeiten gem. § 128 S. 1 HGB fallen.

---

290 *Reuter*, ZHR 135, 511, 522.

291 *Lieb*, in: FS Börner, S. 747, 760. S. auch: *Thiessen*, in: MüKo-HGB, § 27 Rdnr. 6; *Reuschle*, in: E/B/J/S-HGB, § 27 Rdnr. 6.

292 S. hierzu *§ 3 I. 3. d)*.

293 So für das Handelsgeschäft auch: *Reuschle*, in: E/B/J/S-HGB, § 27 Rdnr. 6; *Reuter*, ZHR 135, 511, 522 f.

Dies ist dann der Fall, wenn es sich bei diesen Eigenverbindlichkeiten um ein Vermögensopfer handelt, welches die Erben letztlich im Zusammenhang mit der Verwaltung des vererbten oHG-Anteils trifft, m.a.W. im sachlichen Zusammenhang mit der Verwaltung des Nachlasses steht. Jedenfalls bei einer von einem oder mehreren Miterbengesellschaftern rechtsgeschäftlich begründeten Gesellschaftsneuverbindlichkeit ist dies der Fall; immerhin wird die Gesellschaftsverbindlichkeit unmittelbar mit den aus dem nachlasszugehörigen oHG-Anteil erwachsenden Gesellschafterbefugnissen (insbesondere kraft der den Miterbengesellschaftern zukommenden organschaftlichen Vertretungsmacht gem. § 125 HGB[294]) und damit in Verwaltung des Nachlasses begründet.[295] Noch nicht befriedigte Gläubiger solcher Gesellschaftsverbindlichkeiten können über diesen Weg ebenfalls mittelbar Zugriff auf den Nachlass erlangen, wenn sie sich den im Eigenvermögen der Miterben befindlichen Befreiungsanspruch des §§ 1978 Abs. 3, 670, 257 BGB zur Einziehung überweisen lassen. Der Erbe bzw. die betreffenden Gesellschaftsneugläubiger können im unternehmerischen Bereich somit gem. §§ 1978 Abs. 3, 670 BGB ggf. i. V. m. § 257 BGB die auf den oHG-Anteil entfallende Haftung – soweit sie Ausfluss der Nachlassverwaltung ist – im Wesentlichen ungezügelt auf den Nachlass abwälzen. Problematisch ist diese Erkenntnis v. a. deshalb, weil es sich hierbei um eine Masseverbindlichkeit (§ 324 Abs. 1 Nr. 1 InsO) handelt, die Vorrang vor gewöhnlichen Nachlassgläubigern (§ 325 InsO) genießt.[296]

Zusammengefasst kommt es zu einer Abwälzung des Geschäftsrisikos auf die Nachlassmasse. Diese Abwälzung ist dabei ungezügelt möglich, weil das Merkmal der Erforderlichkeit der Aufwendungen, wegen des weiten unternehmerischen Ermessensspielraums, hierbei keine signifikante Einschränkung schafft.[297] Freilich haftet der Nachlass ohnehin unmittelbar und unentziehbar für alle Gesellschaftsneuverbindlichkeiten über die Rechtsfigur des Eintritts in eine pflichtbelastete Rechtsposition. Problematisch an dem Zugriff auf den Nachlass über §§ 1978 Abs. 3, 670 BGB ggf. i. V. m. § 257 BGB ist aber, dass dieser Ausgleichsweg letztlich zu Lasten der gewöhnlichen Nachlassgläubiger geht, weil

---

[294] Zu der Frage, wie die Miterben die aus dem gemeinschaftlich gehaltenen oHG-Anteil fließende organschaftliche Vertretungsmacht ausüben, s. noch *§ 6 II. 3. c)*.

[295] Insgesamt wird man den Kreis der über §§ 1978 Abs. 3, 670 BGB auf den Nachlass (eigentlich) gem. § 324 Abs. 1 Nr. 1 InsO privilegiert umlegbaren Gesellschaftsverbindlichkeiten genauso weit zu ziehen haben wie bei der Bestimmung derjenigen Gesellschaftsverbindlichkeiten, die über die Rechtsfigur der Nachlasserbenschuld eine unentziehbare Verhaftung des Nachlasses nach sich ziehen können, vgl. noch einmal *§ 3 III. 4. a)*.

[296] So für das Handelsgeschäft *Reuter*, ZHR 135, 511, 519 und 523 hinsichtlich der Vorgängervorschrift *§ 224 Abs. 1 Nr. 1 KO a. F.*

[297] So für das Handelsgeschäft auch *Dauner-Lieb*, S. 186 f. hinsichtlich der Vorgängervorschrift *§ 224 Abs. 1 Nr. 1 KO a. F.*

die Aufwendungsersatzansprüche gem. §§ 1978 Abs. 3, 670 BGB ggf. i. V. m. § 257 BGB vorrangig zu tilgende Masseverbindlichkeiten sind (§ 324 Abs. 1 Nr. 1 InsO). Die gesellschaftsfernen Nachlassaltgläubiger, die auf den Nachlass als einzige garantierte Haftungsmasse angewiesen sind, geraten ins Hintertreffen, da sie nur nachrangig aus dem Nachlass Befriedigung finden.

a) Schutz der Gesellschaftsaltgläubiger

Die Gesellschaftsaltgläubiger sind zwar Nachlassgläubiger, haben jedoch i.d.R. keine Verfinsterung ihrer Befriedigungsaussichten zu befürchten, steht ihnen doch nach Ablauf der Karenzfrist des § 139 Abs. 3 HGB mit der persönlichen Haftung aus §§ 128 S. 1, 130 Abs. 1 HGB ein weiteres Haftungsreservoir zur Verfügung.[298] Der bevorrechtigte Nachlasszugriff, den die Erben bzw. mittelbar die Gesellschaftsneugläubiger genießen, und der noch dazu durch das vom unternehmerischen Ermessen umformte Tatbestandsmerkmal der Erforderlichkeit von einem regulativen Filter befreit ist, bleibt damit jedenfalls für die Gesellschaftsaltgläubiger i.d.R. verschmerzbar.

b) Schutz der gesellschaftsfernen Nachlassgläubiger

Doch ist der durch §§ 128 S. 1, 130 Abs. 1 HGB gewährte Schutz ohne Zweifel begrenzt, bleiben doch die unternehmensfernen Nachlassgläubiger durch den ungezügelten bevorrechtigten Zugriff der Erben bzw. Gesellschaftsneugläubiger auf den Nachlass gem. §§ 1970 Abs. 3, 670, 257 BGB i. V. m. § 324 Abs. 1 Nr. 1 InsO benachteiligt.[299] Die bisweilen für das Handelsgeschäft diskutierten Korrekturen vermögen im hier beleuchteten gesellschaftsrechtlichen Kontext nicht zu überzeugen.

aa) Analoge Anwendung der §§ 128 S. 1, 130 Abs. 1 HGB zu Gunsten der gesellschaftsfernen Nachlassgläubiger?

Eine nach den vorgenannten Erwägungen sicher nachvollziehbare Forderung nach einer Ausdehnung des Tatbestands der persönlichen Haftung i. S.d. §§ 128 S. 1, 130 Abs. 1 HGB zu Gunsten der durch den Ausfall des Schutz- und Ausgleichssystems in § 1978 BGB betroffenen unternehmensfernen Nachlass-

[298] Nicht anders ist dies bei einem Handelsgeschäft. Als so verstandene Schutznorm zu Gunsten der Unternehmensaltgläubiger muss es sich daher nicht nur bei §§ 128 S. 1, 130 Abs. 1 HGB, sondern auch bei § 27 Abs. 1 HGB um eine Haftungsverstärkungsnorm handeln, die – ganz im hier vertretenen Sinne, vgl. *§ 3 I. 2. c) cc)* – einer Enthaftung durch einfache Erklärung des Erben entsprechend § 25 Abs. 2 HGB nicht zugänglich ist. Vgl. hierzu auch *Reuter*, ZHR 135, 511, 524 ff.

[299] So für das Handelsgeschäft auch *Dauner-Lieb*, S. 194 f.

gläubiger ist zwar eine nicht ganz unverständliche Forderung.[300] Jedoch wäre eine persönliche Haftung gegenüber den gesellschaftsfernen Nachlassgläubigern kaum mit dem Wortlaut der §§ 128 S. 1, 130 Abs. 1 HGB, deren systematischem Standort im HGB und dem Zweck dieser Vorschriften vereinbar. Denn dass die §§ 128 S. 1, 130 Abs. 1 HGB gerade den unternehmerischen Verkehr privilegieren, ist letztlich Reflex der spezifisch unternehmerischen Wertungsgleichung, wonach die persönliche Haftung auch der neu eintretenden Gesellschafter für die Gesellschafts(alt)schulden den Kredit der oHG stärkt und dem Grundsatz dient, dass eine Haftungsbeschränkung im unternehmerischen Bereich nur zu dem Preis einer juristischen Person, insbesondere einer Kapitalgesellschaft, zu erlangen ist.[301] Eine persönliche Haftung der Erben gegenüber jedem Nachlassgläubiger würde letztlich das den Erben großzügig eingeräumte unternehmerische Ermessen, seinem Schutzzweck kaum entsprechend, in den unternehmensfernen Bereich ziehen und es zum Steigbügelhalter einer gegen die Erben gerichteten, persönlichen Haftung für sämtliche Nachlassverbindlichkeiten instrumentalisieren.

bb) Teleologische Reduktion der §§ 1978 Abs. 3, 670 BGB?

Auch eine auf den unternehmerischen Bereich beschränkte teleologische Reduktion des Ausgleichsmechanismus, wie er sich in §§ 1978 Abs. 3, 670 BGB findet, erscheint nicht als naheliegende Lösung.[302] Immerhin soll der Erbe für die mit der Fortführung des oHG-Anteils verbundenen, eingegangenen Unternehmensrisiken mit Bezug zur Nachlassverwaltung durchaus Befriedigung aus dem Nachlass suchen können, kommt diesem doch über § 2041 S. 1 BGB auch der Unternehmensertrag zugute.[303]

[300] Hierfür ist bei einer Erbengemeinschaft am Handelsgeschäft *Dauner-Lieb*, S. 206–208, 218 f. und insbesondere 512 f.

[301] Auch *Dauner-Lieb*, S. 326 betont letztlich den engen Zusammenhang zwischen der persönlichen Haftung und dem Verbot des Unterlaufens der *„Anforderungen, die das Kapitalgesellschaftsrecht an ein ‚Wirtschaften mit beschränktem Risiko' stellt"*.

[302] So für das Handelsgeschäft etwa *Wolf*, AcP 181, 480, 507, der es bereits mangels fremdnütziger Zweckrichtung ablehnt, die persönliche Inanspruchnahme des Erben als Aufwendung zu qualifizieren. Hiergegen richtig *Dauner-Lieb*, S. 189 und 501, die betont, dass es zur Bejahung einer Aufwendung gerade nicht auf eine fremdnützige Zweckrichtung ankommt.

[303] Bei Alleinerben eines Handelsgeschäfts stellt *Dauner-Lieb*, S. 191 dieses Gerechtigkeitspostulat mangels unmittelbarer Anwendbarkeit des § 2041 S. 1 BGB freilich infrage. Diesen Wertungswiderspruch vermeidet man, wenn man § 2041 S. 1 BGB bei Alleinerben jedenfalls dann analog anwendet, wenn es zu einer (rückwirkenden) Nachlassabsonderung gem. §§ 1975 f. BGB kommt, vgl. hierzu *Dobler*, in: Staudinger, § 1978 Rdnr. 17.

cc) Teleologische Reduktion der Vorrangwirkung des § 324 Abs. 1 Nr. 1 InsO

Daher begegnet einzig und allein der Gedanke einer teleologischen Reduktion der in § 324 Abs. 1 Nr. 1 InsO zu findenden Vorrangwirkung für solche Aufwendungen Sympathien.[304] Denn letztlich fehlt im unternehmerischen Bereich – wegen des großzügig einzuräumenden unternehmerischen Ermessens – über den Filter der Erforderlichkeit ein Korrektiv, um einer ungezügelten Belastung des Nachlasses mit Aufwendungsersatzansprüchen gem. §§ 1978 Abs. 3, 670, 257 BGB entgegenzuwirken. In diesem Lichte wirkt die in § 324 Abs. 1 Nr. 1 InsO statuierte Vorrangwirkung in der Tat kaum zumutbar. Dem unternehmerisch tätigen Erben, welchem über das großzügig eingeräumte unternehmerische Ermessen ermöglicht wird, seine Belastungen aus der Nachlassverwaltung weitestgehend ungezügelt auf den Nachlass abzuwälzen, ist im Gegenzug zuzumuten, auf die Vorrangwirkung des § 324 Abs. 1 Nr. 1 InsO zu verzichten und insofern mit der Stellung eines gewöhnlichen Nachlassgläubigers i. S.d. § 325 InsO vorliebzunehmen. Die betreffenden Gesellschaftsneugläubiger, die sich zur Befriedigung ihrer Ansprüche diesen Anspruch in seiner Funktion als Befreiungsanspruch gem. §§ 1978 Abs. 3, 670, 257 BGB pfänden und überweisen lassen können, werden durch eine solche Rangverschlechterung natürlich mittelbar ebenso benachteiligt.[305] Dies scheint jedoch verschmerzbar, wenn man bedenkt, dass diese Gesellschaftsneugläubiger über § 128 S. 1 HGB ebenfalls einen garantierten Zugriff auf das persönliche Vermögen der Erben und damit auf ein weiteres Haftungsreservoir haben. Die persönliche Gesellschafterhaftung gegenüber diesen Gesellschaftsneugläubigern ist somit hinreichendes Äquivalent für den mittelbar auch von diesen hinzunehmenden Rangrücktritt.

Diese Gestaltung kommt auch den gesellschaftsfernen Nachlassgläubigern zugute und macht damit die Tatsache verschmerzbar, dass zu ihren Gunsten keine haftungsverstärkende persönliche Haftung der Erben besteht. Denn die persönliche Haftung der Miterbengesellschafter gegenüber den Geschäftsneugläubigern und der hinzunehmende Rangrücktritt für eine etwaige Befriedigung aus dem Nachlass gem. §§ 1978 Abs. 3, 670 BGB mahnt die Erben zur Vorsicht und zur Vermeidung verzichtbarer, wenngleich i.R.d. unternehmerischen Ermessens

---

304 In diese Richtung für das vererbte Handelsgeschäft auch *Dauner-Lieb*, S. 190 f. und 308, die jedoch betont, dass dieser Ansatz die Probleme nur mildern könne.

305 Damit werden die dem mittelbaren Zugriff der Gesellschaftsneugläubiger zugänglichen Aufwendungsersatzansprüche des Erben auf die Stufe von gewöhnlichen Insolvenzverbindlichkeiten i. S.d. § 325 InsO degradiert und stehen damit auf derselben Stufe, wie die unmittelbar den Gesellschaftsneugläubigern zustehenden Nachlassforderungen, welche auf dem Rechtsgedanken des Eintritts in eine vom Erblasser herrührende pflichtbelastete Rechtsposition beruhen, s. hierzu noch einmal *§ 3 III. 4*.

liegender Gesellschaftsverbindlichkeiten.[306] Damit schrumpft die Benachteiligung der unternehmensfernen Nachlassgläubiger auf den Vorbehalt zusammen, dass sie das allgemeine Unternehmensrisiko mittragen müssen. Dies ist ihnen jedoch zumutbar: Denn über § 2041 S. 1 BGB partizipieren sie an den in die Nachlassmasse fallenden Gewinnen, die auf den nachlasszugehörigen oHG-Anteil entfallen, sodass es gerechtfertigt ist, dass sie auch einen gewissen Teil des Unternehmensrisikos mittragen müssen. Daher ist ihnen das gleichrangige Hinzutreten weiterer Nachlassgläubiger aus der unternehmerischen Sphäre zuzumuten. Diesen Befund als eine dem § 1978 BGB widersprechende Aufbürdung des Risikos der Unternehmensfortführung zu Lasten der gesellschaftsfernen Nachlassgläubiger zu brandmarken,[307] ist Ausfluss einer allzu schematisch verstandenen Schutzrichtung der Ausgleichsordnung des § 1978 BGB. Diese will die Nachlassgläubiger nicht unbedingt so stellen, wie sie bei Erbfall stünden, sondern nur so, dass den Nachlassgläubigern die Haftungsmasse dem Grunde nach i.R.d. Vertretbaren gesichert ist. Letzteres muss jedoch bejaht werden: Denn da die Nachlassgläubiger das unternehmerische Risiko des Erblassers vor dem Erbfall ebenfalls bereits mitgetragen haben, ist es diesen zuzumuten, dass sie es nach dem Erbfall (bezogen auf den Nachlass) weiterhin mittragen müssen.

2. Zwischenergebnis

Zusammengenommen bildet das hier dargelegte Haftungsmodell damit ein für alle Parteien gedeihliches Interessengefüge, das noch dazu imstande ist, die konstruktiven Unwägbarkeiten zu eliminieren, die ein unternehmenstragender Nachlass im Schutz- und Ausgleichssystem des § 1978 BGB hinterlässt. Die persönliche Haftung gegenüber den Gesellschaftsaltgläubigern lässt es für diese verschmerzbar erscheinen, dass der unternehmenstragende Nachlass durch das faktische Leerlaufen des in § 1978 BGB normierten Schutz- und Ausgleichssystems einer besonders hohen Gefahr einer Nachlassaufzehrung ausgesetzt ist. Den gesellschaftsfernen Nachlassgläubigern kommt zwar keine persönliche Haftungsvorschrift gegenüber den Erben zugute. Durch die persönliche Haftung der Erben für die Gesellschaftsneuverbindlichkeiten und aufgrund der Tatsache, dass die Erben für insoweit ggf. bestehende Ausgleichsansprüche gegen den Nachlass gem. §§ 1978 Abs. 3, 670 BGB auf die insolvenzrechtliche Vorrangwirkung in § 324 Abs. 1 Nr. 1 InsO verzichten müssen, sind diese jedoch zur Vorsicht bei der Ausübung der Gesellschafterbefugnisse gemahnt, was die unter-

[306] S. zum Ganzen *Reuter*, ZHR 135, 511, 520 ff.

[307] So für das vererbte Handelsgeschäft *Dauner-Lieb*, S. 190 f. und 308.

nehmensfernen Nachlassgläubiger zumindest mittelbar vor einer ungezügelten Nachlassaufzehrung schützt. Daneben profitieren die gesellschaftsfernen Nachlassgläubiger auch von einem von allen Gesellschaftern der oHG erwirtschafteten Gewinnertrag, da dieser gem. § 2041 S. 1 BGB den gesamthänderisch gebundenen Nachlass als Haftungsmasse aufwertet. Daher ist es ihnen auch zumutbar, die mit dieser Geschäftstätigkeit verbundenen Risiken zu einem Teil mitzutragen. Sie sind daneben durch die i.R.d. § 1981 Abs. 2 S. 1 BGB mögliche Beantragung einer Nachlassverwaltung geschützt, wenn sie befürchten, dass das Hinzutreten neuer Gesellschaftsgläubiger als Nachlassgläubiger ihre Befriedigungsaussichten verfinstert. Denn der sodann berufene Nachlassverwalter kann diesem Hinzutreten weiterer Gesellschaftsgläubiger als Nachlassgläubiger Einhalt gebieten, ist er doch dazu berufen, die Vermögenssituation im Dienste der Nachlassgläubiger zu ermitteln und ggf. die oHG-Beteiligung gem. § 135 HGB analog privilegiert zu kündigen, wenn der bzw. die nachfolgeberechtigten Miterben nicht bereit sind, die oHG-Beteiligung aus dem Nachlass herauszukaufen.[308]

V. Haftung der (Mit-)Erbeserben- und Erbteilserwerbergesellschafter

Für den Erbeserben und die Miterbeserben, also diejenigen, die der Miterbe als Rechtsnachfolger von Todes wegen hinterlässt, sind die vorbezeichneten Ergebnisse bei Vorhandensein einer entsprechend weit gefassten Nachfolgeklausel[309] im Gesellschaftsvertrag entsprechend anwendbar, wenn man konsequent weiterdenkt und auch die Rechtsfigur des (Mit-)Erbeserbengesellschafters und dessen Verhaftung mit der Nachlass-, wie der Eigensphäre anerkennt.[310] Es bleibt nun noch die Aufgabe, diese Ergebnisse auf den lebzeitigen Rechtsnachfolger des Miterben, also den Erbteilserwerber, zu übertragen, welcher in Erfüllung eines Erbteilskaufvertrages (§§ 1922 Abs. 2, 2371 ff. BGB) oder eines ähnlichen Vertrages (§ 2385 BGB) den Anteil am Nachlass gem. § 2033 Abs. 1 BGB[311] erwirbt und mit der damit verbundenen Übernahme des Anteils am oHG-Anteil i. S.d. § 2033 Abs. 2 BGB in die Stellung des Miterbengesellschafters einrückt.[312] Er

[308] S. hierzu noch einmal *§ 2 III. 2.*

[309] Zur Ermittlung der Reichweite der von einer (einfachen) Nachfolgeklausel erfassten Erbfälle, ist deren Formulierung heranzuziehen, s. *Schmidt*, in: MüKo-HGB, § 139 Rdnr. 11.

[310] Zum Schutz der Erbes- und Miterbeserben muss dann freilich auch die Vorschrift des § 139 HGB im noch zu bezeichneten Sinn (s. *§ 4*) entsprechend angewendet werden.

[311] Zu den Einzelheiten des Erbteilserwerbs, s. noch *§ 3 IX. 3.*

[312] Erbe ist der Erbteilskäufer freilich nicht, s. *Rißmann/Szalai*, in: BeckOGK-ZR, § 2033 Rdnr. 36, 38.

soll im Folgenden Erbteilserwerbergesellschafter heißen. Hinsichtlich der vor der Erbteilsveräußerung begründeten Gesellschaftsverbindlichkeiten, die den veräußernden Miterben persönlich (§ 128 S. 1 HGB ggf. i.V.m. § 130 Abs. 1 HGB) und mit den Kräften einer Nachlassverbindlichkeit verhaften, bleibt der Miterbe auch nach der Erbteilsveräußerung verpflichtet.[313] In Ansehung der persönlichen Gesellschafterhaftung muss jedoch die den ausgeschiedenen Gesellschaftern zugutekommende Nachhaftungsbeschränkung gem. § 160 Abs. 1 HGB im Wege eines Erst-Recht-Schlusses auch dem (durch Erbteilsveräußerung) ausgeschiedenen Miterbengesellschafter zugutekommen.

Das Gesetz sieht mit Abschluss des Erbteilskaufvertrages gem. § 2382 Abs. 1 S. 1 BGB einen gesetzlichen Schuldbeitritt des Erbteilserwerbers in sämtliche Nachlassverbindlichkeiten vor.[314] Insofern ist er neben dem veräußernden Miterben als Gesamtschuldner verhaftet.[315] Ein Schuldbeitritt zu der persönlichen Gesellschafterhaftung des veräußernden Miterben kann hieraus nicht hergeleitet werden, da sich die Wirkung des § 2382 Abs. 1 S. 1 BGB auf die Nachlasssphäre beschränkt.[316] Jedoch bewirkt § 130 Abs. 1 HGB, dass der Erbteilserwerber mit der Erbteilsübertragung gem. § 2033 Abs. 1 BGB für die davor begründeten Verbindlichkeiten persönlich haftet. Denn auch der Erbteilserwerber tritt i. S.d. § 130 Abs. 1 HGB in die Gesellschaft ein, da mit der Übertragung des Anteils am Nachlass gem. § 2033 Abs. 1 BGB auch der Anteil an dem nachlasszugehörigen oHG-Anteil i.S.d. § 2033 Abs. 2 BGB übergeht.[317] Dass dieser ausreichende Legitimationsgrundlage für eine Gesellschafterstellung ist, wurde bereits dargelegt.[318] Die Eigentümlichkeit, dass die mit der Anteilsübertragung gem. § 2033 Abs. 1 BGB aktivierte persönliche Gesellschafterhaftung des Erbteilserwerbers gem. §§ 128 S. 1, 130 Abs. 1 HGB dem mit Abschluss des schuldrechtlichen Ver-

---

313 In Ansehung der den veräußernden Miterben treffenden Nachlassverbindlichkeit ergibt sich dies bereits aus § 2382 Abs. 1 S. 1 BGB.

314 Dies gilt selbst für solche Nachlassverbindlichkeiten, für welche der Käufer dem Verkäufer gegenüber gem. §§ 2378 Abs. 1, 2376, 2379 S. 2 BGB nicht haftet, vgl. § 2382 Abs. 1 S. 2 BGB und *Olshausen*, in: Staudinger, § 2382 Rdnr. 6.

315 *Grigas*, in: BeckOGK-ZR, § 2382 Rdnr. 4.

316 So wohl die etablierte Ansicht, s. *Olshausen*, in: Staudinger, § 2382 Rdnr. 6 und auch der historische Gesetzgeber, der von „*Universalsukzession des Käufers in die Passiva der Erbschaft*“, vgl. Motive II, S. 363, bzw. „*Käufer als Nachfolger in die Nachlassschulden*“, s. Protokolle II, S. 127, spricht. Der BGH hat in NJW 1963, 345, 347 die Norm des § 2382 Abs. 1 S. 1 BGB auf Verbindlichkeiten aus einem zwischen den Erben abgeschlossenen Erbauseinandersetzungsvertrag angewendet, da es sich hierbei um Eigenverbindlichkeiten handelt, die eine „*besonders enge sachliche Beziehung*“ zu Nachlassverbindlichkeiten aufweisen.

317 Denn insofern vermittelt nämlich der Erbteil i.S.d. § 2033 Abs. 1 BGB die Summe der Befugnisse aus den Anteilen an den einzelnen Nachlassgegenständen und damit auch die Befugnisse aus dem Anteil am oHG-Anteil. S. hierzu *§ 3 II. 4. b) cc)*.

318 S. hierzu noch einmal *§ 3 II. 4. c)* und *d)*.

trages wirksam werdenden Schuldbeitritt in die Nachlassverbindlichkeit gem. § 2382 Abs. 1 S. 1 BGB zeitlich nachfolgt, ist als gesetzgeberische Entscheidung hinzunehmen.

Für die Zeit nach seinem Erbteilserwerb gilt für den Erbteilserwerbergesellschafter das zum Miterbengesellschafter in Ansehung der Gesellschaftsneuverbindlichkeiten Gesagte entsprechend. Er haftet aufgrund seiner Stellung als Erbteilserwerbergesellschafter gem. § 128 S. 1 HGB mit der Kraft einer Eigenverbindlichkeit und – bis zur Auseinandersetzung über den oHG-Anteil – über die Rechtsfigur des Eintritts in die vom Erblasser herrührende pflichtbelastete Rechtsposition mit der Kraft einer Nachlassverbindlichkeit.[319] Alles in allem ist somit die haftungsrechtliche Situation bei Zulassung einer unmodifizierten Universalsukzession in den oHG-Anteil umfassend beleuchtet und für gesellschaftsrechtlich zumutbar zu erachten.

VI. Verwaltungsdisparität

Die etablierte Ansicht hat noch weitere Vorbehalte gegen die unmodifizierte Universalsukzession in den oHG-Anteil in Stellung gebracht. Der Argumentationsstrang der Verwaltungsdisparität[320] hebt hervor, dass das Gesellschaftsrecht von dem Grundsatz beherrscht sei, dass jedes Mitglied der Gesellschaft in der Lage sein müsse, die Verwaltungsrechte persönlich und selbstständig auszuüben.[321] Dieser Umstand ist es auch, den der BGH in seiner sperrigen Formulierung zu bemühen sucht, wenn er betont, dass die oHG *„(...) in der Regel eine persönlichkeitsbezogene Arbeitsgemeinschaft sei,[322] in der die Rechte und Pflichten eines Gesellschafters nur von (...) selbst handlungsfähigen Personen wahrgenommen werden können“*[323]. Diesen Anforderungen sollen die in der Organisationsform der Erbengemeinschaft in die oHG einrückenden Miterbengesellschafter nicht genügen, da diese Organisationsform nur sehr schwerfällig im Stande sei, die Gesellschafterbefugnisse wahrzunehmen.[324]

---

319 S. hierzu noch einmal *§ 3 III*.

320 In Anlehnung an die o.g. Haftungsdisparität so genannt.

321 *Gergen*, in: MüKo-BGB, § 2032 Rdnr. 55.

322 BGHZ 22, 186, 192; ähnlich BGH, NJW 1983, 2376, 2377.

323 S. BGH, NJW 1983, 2376, 2377. Den BGH ähnlich versteht auch *Bletz*, S. 52.

324 *Grunewald*, Gesellschaftsrecht, Rdnr. 160; *Schmidt*, in: MüKo-HGB, § 105 Rdnr. 104; *Siebert*, NJW 1955, 809, 810; *v. Proff*, in: BeckOGK-ZR, § 727 Rdnr. 44 (GbR).

1. Verwaltungsorganisation der Erbengemeinschaft

Die Wahrnehmung der Gesellschafterbefugnisse eines nachlasszugehörigen oHG-Anteils ist vollumfänglich Teil der Verwaltung des Nachlasses i. S.d. § 2038 Abs. 1 BGB. Denn der Verwaltungsordnung wird insoweit ein über den Abwicklungszweck hinausgehendes,[325] weites Verständnis beigemessen und umfasst sämtliche Maßregeln zur Verwahrung, Sicherung, Erhaltung, aber auch zur Vermehrung sowie zur Gewinnung von Nutzungen und zur Bestreitung der laufenden Verbindlichkeiten.[326] Sie umfasst sowohl die Willensbildung im Innenverhältnis der Erbengemeinschaft als auch die Vertretung der Miterben im Außenverhältnis.[327] Für diese somit umfassend verstandene Verwaltung und der damit verbundenen Ausübung von Gesellschafterbefugnissen ordnet § 2038 Abs. 1 S. 1 BGB dem Grunde nach die gemeinschaftliche Mitwirkung aller Miterben an. Hiernach sind im Ausgangspunkt alle Erben zur kollektiven Ausübung der aus dem gemeinschaftlich gehaltenen oHG-Anteil fließenden Befugnisse, insbesondere was die Geschäftsführungs- und Vertretungsaufgaben betrifft, angehalten. Dieser Umstand beschreibt die von der etablierten Ansicht zur Untermauerung des Vorbehalts der Verwaltungsdisparität ins Feld geführte Schwerfälligkeit. Denn es wird behauptet, diese kollektivistische Verwaltungsordnung der Erbengemeinschaft lähme die individualistisch geprägte Organisationsverfassung der oHG, wie sie in der gesetzlich angeordneten Einzelgeschäftsführungs- und Einzelvertretungsbefugnis i. S.d. §§ 114 Abs. 1, 115 Abs. 1 Hs. 1, 125 Abs. 1 HGB zum Ausdruck kommt.[328]

2. Organisationsgefüge der oHG

Jedoch ist zu bemerken, dass die gesetzliche Verwaltungsorganisation in der oHG gar nicht so stark individualistisch ausgeprägt ist, wie dies vielleicht bei unbefangener Lektüre des Gesetzes den Anschein hat. Denn insbesondere die Geschäftsführungsbefugnis ist – ausgehend von dem Grundsatz der Einzelgeschäftsführungsbefugnis, wie er in §§ 114 Abs. 1, 115 Abs. 1 Hs. 1 HGB an-

---

[325] Insofern konfligiert das Verständnis von Verwaltungsmaßnahmen mit dem angeblich auf Liquidation beschränkten Zweck der Erbengemeinschaft (s. hierzu noch *§ 3 VII. 2.*), was *Hellfeld*, S. 34 ff. als inkonsistent kritisiert.

[326] BGH, FamRZ 1965, 267, 269; *ders.*, ZEV 2010, 36, 37 Rdnr. 20; *ders.*, MittBayNot 2006, 245; *Wolf*, in: Soergel, § 2038 Rdnr. 2.

[327] *Kipp/Coing*, § 114 IV 1, S. 612.

[328] In diese Richtung z. B. *Schäfer*, in: Staub-HGB, § 139 Rdnr. 45, der jedoch die Schwerfälligkeit mit „*dem Verweis auf das Recht der Bruchteilsgemeinschaft*" begründet. Dieser Verweis ermöglicht jedoch gerade eine Flexibilisierung des kollektivistischen Verwaltungsgefüges, s. dazu noch *§ 6 II. 3 a) aa)*.

geordnet ist – weitläufigen Einschränkungen unterworfen. So sieht das Gesetz in §§ 116 Abs. 2, 119 Abs. 1 HGB für Geschäfte des außerordentlichen Geschäftsbetriebes ein Handeln durch einstimmigen Beschluss aller Gesellschafter vor, sodass in diesem Bereich nach dem oben rezipierten Schwerfälligkeitsargument eigentlich keine Verwaltungsdisparität zwischen oHG und Erbengemeinschaft bestehen dürfte.[329] Wenn man dabei noch bedenkt, dass selbst für den gewöhnlichen Geschäftsbetrieb die Einzelgeschäftsführungsbefugnis mit dem in § 115 Abs. 1 Hs. 2 HGB normierten Widerspruchsrecht jedes einzelnen Gesellschafters eine bedeutende Einschränkung erfährt, zeigt sich mit aller Deutlichkeit, unter welch großem Vorbehalt die Einzelgeschäftsführungsbefugnis in der oHG steht. Denn wenn eine Geschäftsführungsmaßnahme des gewöhnlichen Geschäftsbetriebes nicht vorgenommen werden darf, falls auch nur einer der Mitgesellschafter widerspricht (§ 115 Abs. 1 Hs. 2 HGB), ist der Unterschied zu einer kollektivistischen Verwaltungsorganisation bei Lichte betrachtet nicht allzu groß.[330] Dies gilt umso mehr, wenn man sich vor Augen führt, dass dem widersprechenden Gesellschafter ein großer Ermessensspielraum zukommt. So ist ein Widerspruch nur dann unzulässig, und damit unbeachtlich, wenn er die gesetzlichen Grenzen des eingeräumten Ermessens überschreitet, was insbesondere bei spezifisch missbilligenswerten oder eigensüchtigen Motiven anzunehmen ist.[331] Die Einzelrechte, die jedem oHG-Gesellschafter im gesetzlichen Organisationsgefüge zustehen, sind daher allenfalls in der gem. § 125 Abs. 1 HGB eingeräumten Einzelvertretungsbefugnis in aller Konsequenz vorgesehen. Doch auch hier ist zu bedenken, dass dieses individualistische Vertretungskonzept nur vorbehaltlich einer kollektivistisch ausgestalteten Vertretungsordnung Geltung beansprucht, s. § 125 Abs. 2, Abs. 3 HGB. Jedenfalls wenn die oHG daher eine kollektivistische Vertretungsordnung aufweist, kann das Argument der Verwaltungsdisparität keine Vorbehalte gegen den Eintritt der zu einer Erbengemeinschaft verbundenen Miterben in den oHG-Anteil liefern.[332]

3. Vergleich zu Verwaltungsordnungen anderer Organisationsformen

Doch auch wenn dies nicht der Fall ist, wirkt das Argument der Verwaltungsdisparität kaum valide. Ein Lagevergleich zu anderen kollektivistisch organisierten Personenmehrheiten, die als oHG-Gesellschafter zugelassenen sind, zeigt, dass sich der Vorwurf der Verwaltungsdisparität im derzeitigen Stand der Rechtsent-

---

[329] S. auch *Köbler*, Erbrecht und Gesellschaft, S. 105.

[330] Freilich zu weit geht es, wenn *Kruse*, in: FS Laufke, S. 179, 186 davon spricht, dass „*die Miterbengemeinschaft nicht unbeweglicher als die oHG selbst ist*".

[331] *Schäfer*, in: Staub-HGB, § 115 Rdnr. 7.

[332] In diese Richtung auch *Bletz*, S. 56.

wicklung nicht widerspruchsfrei aufrechterhalten lässt. So geht etwa die als oHG-Gesellschafterin zuzulassende Außen-GbR in §§ 709 Abs. 1, 714 BGB ebenfalls vom Primat der Gesamtgeschäftsführung und -vertretung aller Gesellschafter aus.[333] §§ 709 Abs. 1, 714 BGB wirken dabei sogar noch erheblich strenger als die Verwaltungsordnung der Erbengemeinschaft, da letztere in §§ 2038 Abs. 1 S. 2, Abs. 2, 745 BGB immerhin weitläufige Ausnahmen vom Primat der Gesamtverwaltung kennt.[334] Auch die GmbH und die AG sind sowohl in der Geschäftsführung, § 77 Abs. 1 S. 1 AktG[335], als auch in der Vertretung nach außen, § 35 Abs. 2 S. 1 GmbHG bzw. § 78 Abs. 2 S. 1 AktG, dem gesetzlichen Primat einer kollektivistischen Gemeinschaftsbefugnis der Geschäftsleiterorgane unterworfen, was ihrer Zulassung als oHG-Gesellschafterinnen jedoch keinen Abbruch tut.[336] Letztlich können sogar andere Personenhandelsgesellschaften Gesellschafter einer oHG sein, selbst wenn sie kraft des Gesellschaftsvertrages gem. §§ 109, 125 Abs. 2 HGB kollektivistisch geprägt sind.[337] Wieso daher die Erbengemeinschaft zu schwerfällig für die Ausübung der Gesellschafterbefugnisse in der oHG sein soll, kann die etablierte Ansicht, die die Schwerfälligkeit der Erbengemeinschaft betont,[338] jedenfalls nicht unter dem juristischen Blickwinkel einer Verwaltungsträgheit des Verwaltungsgefüges der Erbengemeinschaft begründen.[339]

---

[333] Zur Zulässigkeit der Außen-GbR als Inhaberin eines oHG-Anteils: *Schmidt*, in: MüKo-HGB, § 105 Rdnr. 98 f.; *Lieder*, in: Oetker-HGB, § 105 Rdnr. 46. So auch die Rechtsprechung zur GbR am Komplementäranteil einer KG: LG Berlin, NZG 2003, 580, 581; OLG Celle, DStR 2012, 918.

[334] So auch *Köbler*, Erbrecht und Gesellschaft, S. 105.

[335] Zur analogen Anwendung des § 77 Abs. 1 S. 1 AktG bei einem mehrköpfigen Geschäftsführerorgan in der GmbHG, vgl. etwa: *Lenz*, in: Michalski-GmbHG, § 37 Rdnr. 29; *Stephan/Tieves/Jaeger/Steinbrück*, in: MüKo-GmbHG, § 35 Rdnr. 79; *Uwe H. Schneider/Sven H. Schneider*, in: Scholz-GmbHG, § 37 Rdnr. 25.

[336] *Wertenbruch*, in: E/B/J/S-HGB, § 105 Rdnr. 137; *Klimke*, in: BeckOK-HGB, § 105 Rdnr. 75.

[337] Hierauf verweist auch: *Börner*, AcP 166, 426, 439; *Bletz*, S. 57.

[338] So zieht sich die Verwaltungsträgheit der Erbengemeinschaft – freilich ohne nähere Begründung – wie ein roter Faden durch die Literatur. Vgl. etwa *Schmidt*, in: MüKo-HGB, § 105 Rdnr. 104, der vom Entgegenstehen der „*Organisationsverfassung*“ spricht; ähnlich *Henssler*, in: Henssler/Strohn-GesR, § 105 HGB Rdnr. 59. *Schäfer*, in: Staub-HGB, § 139 Rdnr. 45 spricht von der „*schwerfälligen Organisation*“. *Siebert*, NJW 1955, 809, 810 konstatiert die „*nicht genügende Beweglichkeit*“ der Erbengemeinschaft.

[339] Der mit dem Trägheitsvorwurf sicher zusammenhängende, jedoch davon zu trennende Aspekt des besonderen Charakters der Erbengemeinschaft, in der Personen zusammengefasst werden, die sich einander nicht ausgesucht haben, wird noch in *§ 6* beleuchtet.

4. Zwischenergebnis

Zusammengefasst wirkt damit der Vorbehalt der Verwaltungsdisparität wenig überzeugend. Die Verwaltungsorganisation der Erbengemeinschaft ist in den wesentlichen Bereichen der ordnungsmäßigen Verwaltung und der Notverwaltung hinreichend flexibilisiert, §§ 2038 Abs. 1 S. 2, Abs. 2, 745 Abs. 1 BGB. Von einer ausgeprägten Schwerfälligkeit der Erbengemeinschaft im juristischen Sinne kann daher keine Rede sein. Unabhängig davon vermag dieser Vorwurf jedoch bereits deshalb kaum durchgreifen, weil das gesetzliche Organisationsgefüge der oHG, wegen des grundsätzlich jedem Gesellschafter zukommenden Widerspruchsrechts gem. § 115 Abs. 1 Hs. 2 HGB, ohnehin gar nicht so individualistisch und flexibel ist, wie bisweilen der Anschein erweckt wird. Wenn man sich dann noch vor Augen führt, dass kollektivistisch organisierte Personengesellschaften nicht als personengesellschaftsfeindlich eingestuft werden, ist – von einem verwaltungsorganisatorischen Standpunkt aus – der exklusiv gegen die Erbengemeinschaft gerichtete Vorwurf der Verwaltungsdisparität kaum mehr nachzuvollziehen.

VII. Zweckdisparität

Ein weiterer Angriffspunkt gegen eine unmodifizierte Universalsukzession in den oHG-Anteil sei nach der etablierten Ansicht in der Zweckdisparität[340] zwischen der oHG und der Erbengemeinschaft zu erblicken. Der Zweck der Erbengemeinschaft, als geborener Liquidationsgemeinschaft, sei letztlich immer auf Auseinandersetzung gerichtet, was sich an § 2042 Abs. 1 BGB zeige, wonach jeder Erbe grundsätzlich jederzeit die Auseinandersetzung verlangen kann. Dies stünde dem Zweck der oHG, die gem. § 105 Abs. 1 HGB auf den Betrieb eines Handelsgeschäfts gerichtet ist, diametral entgegen.[341]

1. Lagevergleich zur Personen- und Kapitalgesellschaft i.L. als oHG-Gesellschafterin

Letztlich versucht dieser Argumentationsstrang die Inkompatibilität der Erbengemeinschaft mit dem oHG-Regelungsregime nicht aus einem besonderen, alleine der Erbengemeinschaft vorbehaltenen Wesen herzuleiten, sondern aus

---

340 In Anlehnung an die o.g. Haftungsdisparität so genannt.

341 *Schäfer*, in: Staub-HGB, § 105 Rdnr. 100. S. auch: *Schöne*, in: BeckOK-BGB, § 705 Rdnr. 55; *ders.*, in: BeckOK-BGB, § 727 Rdnr. 16; *v. Proff*, in: BeckOGK-ZR, § 727 Rdnr. 44 (jeweils für die Außen-GbR).

dem Liquidationscharakter, welcher der Erbengemeinschaft innewohnt. Damit muss sich dieser Argumentationsstrang jedoch den Vorwurf der Verabsolutierung seiner Aussage gefallen lassen. Der Vorbehalt müsste etwa auch in doppelstöckigen Gesellschaftsstrukturen greifen, wo eine Gesellschaft (sog. umschlossene Gesellschaft) Gesellschafterin einer anderen Gesellschaft (sog. umschließende Gesellschaft) ist.[342] Dann dürfte etwa auch eine Gesellschaft i.L. nicht umschlossene Gesellschaft einer werbend tätigen oHG als umschließende Gesellschaft sein. Diese Konsequenz wird jedoch nicht gezogen. Vielmehr ist es anerkannt, dass eine aufgelöste umschlossene Personen-[343] oder Kapitalgesellschaft[344] Gesellschafterin einer webend tätigen umschließenden oHG bleiben kann, ohne dass es zu deren Auflösung kommt oder die Gesellschafterstellung der umschlossenen Gesellschaft beendet werden müsste. § 131 HGB sieht keine Rechtsfolgen dieser Art vor. Daher ist höchstrichterlich anerkannt, dass bei einer GmbH i.L. & Co. KG die Liquidatoren der umschlossenen GmbH die Geschäftsführungs- und Vertretungsbefugnisse in der umschließenden KG ausüben.[345]

Ist die umschlossene Gesellschaft i.L. eine oHG, kann nichts anderes gelten. Die entsprechenden Befugnisse, mit der die umschlossene oHG i.L. über ihre Liquidatoren die Geschäftsgeschicke auf Ebene der umschließenden oHG wahrnimmt, können auf die Norm des § 149 S. 1 Hs. 2 HGB gestützt werden. Diese Befugnis ist weit auszulegen. Sie ist bei einer oHG i.L. Ermächtigungsgrundlage für die im Lichte des Vollbeendigungszwecks einstweilen erforderliche Fortführung des eigenen Geschäftsbetriebs.[346] Daher muss es erst recht zugelassen werden, dass die Gesellschafterbefugnisse, die aus einem von der umschlossenen Liquidationsgesellschaft gehaltenen Anteil an einer umschließenden oHG fließen, weiter ausgeübt werden dürfen, bis klar ist, wie sich über den betreffenden Vermögensgegenstand auseinandergesetzt wird. Die Haftungsstruktur der umschlossenen oHG bleibt durch deren Umwandlung in eine Liquidationsgesellschaft erhalten: Die Gesellschafter der umschlossenen Gesellschaft haften für diejenigen Verbindlichkeiten persönlich, die die Liquidationsgesellschaft treffen, gleichgültig ob die Verbindlichkeiten vor oder nach der Auflösung ent-

---

[342] Dass eine solche doppelstöckige oHG zulässig ist, ergibt sich implizit aus §§ 125a Abs. 1 S. 2, S. 3, 172 Abs. 6 HGB. S. auch *Wertenbruch*, in: E/B/J/S-HGB, § 105 Rdnr. 142.

[343] *Hueck*, oHG, § 23 II 4, S. 347; *Schäfer*, in: Staub-HGB, § 131 Rdnr. 80; *Lorz*, in: E/B/J/S-HGB, § 131 Rdnr. 44. S. auch *Schmidt*, in: MüKo-HGB, § 105 Rdnr. 93, der zwar die Gesellschafterstellung bejaht, allerdings für eine Auflösung der umschließenden oHG plädiert.

[344] *Wertenbruch*, in: E/B/J/S-HGB, § 105 Rdnr. 139; so auch die Rechtsprechung für eine GmbH & Co. KG: BGH, NJW 1980, 233; OLG Hamburg, NJW 1987, 1896, 1897.

[345] BGH, NJW 1980, 233; OLG Hamburg, NJW 1987, 1896, 1897.

[346] Von einer weiten Auslegung der Liquidatorenbefugnisse gehen auch aus: *Hillmann*, in: E/B/J/S-HGB, § 149 Rdnr. 7; *Kamanabrou*, in: Oetker-HGB, § 149 Rdnr. 3 f.; *Habersack*, in: Staub-HGB, § 149 Rdnr. 15 f.

standen sind, §§ 156, 128 S. 1 HGB.[347] Zwar kommt den Gesellschaftern der Liquidationsgesellschaft mit Eintragung der Auflösung in das Handelsregister die Sonderverjährung ihrer akzessorischen Haftung gem. § 159 Abs. 1, Abs. 2 HGB zugute. Jedoch ist diese mit fünf Jahren so bemessen, dass die meisten Liquidationsverfahren diese Frist wohl nicht überschreiten werden, sodass hierin keine substantielle Beeinträchtigung von Drittinteressen gesehen werden kann.

Ist nun jedoch klar, dass eine GmbH i.L. und eine oHG i.L. Gesellschafterinnen einer werbend tätigen oHG sein können, ist es kaum überzeugend, warum nun Erben, verbunden als Erbengemeinschaft, unter Hervorhebung des angeblich gesellschaftsschädlichen Liquidationszwecks, dieses Recht nicht zustehen soll, wo doch bereits ausgeleuchtet ist, dass jeder Miterbe in seiner Funktion als Miterbengesellschafter einer persönlichen Gesellschafterhaftung aus §§ 128 S. 1, 130 Abs. 1 HGB bzw. § 128 S. 1 HGB unterliegt[348] und auch das Verwaltungsgefüge der Erbengemeinschaft strukturell nicht träger als das einer Personengesellschaft ausgestaltet ist.[349]

Zwar ist die Erbengemeinschaft eine geborene Liquidationsgemeinschaft, während die meisten anderen Personenzusammenschlüsse erst durch ihre Auflösung zu einer Liquidationsgesellschaft gekoren werden. Doch ist nicht einzusehen, warum es für den Vorbehalt der Zweckdisparität entscheidend sein soll, ob der Liquidationszweck bereits von Anfang an bestand oder erst im Nachhinein durch eine Auflösung des Verbands eingetreten ist. Daher kann aus dieser Besonderheit keinesfalls die Grundlage für eine Zweckdisparität gerade der Erbengemeinschaft hergeleitet werden.

Freilich ist zuzugeben, dass Liquidationsgesellschaften zumindest die Aussicht haben, durch einen entsprechenden Gesellschafterbeschluss wieder in eine werbende Gesellschaft umgewandelt zu werden,[350] wohingegen eine solche Möglichkeit für eine Erbengemeinschaft per se nicht besteht. Dies kann jedoch nicht der entscheidende Grund für die Bejahung der Zweckfeindlichkeit von Erbengemeinschaften sein. Denn solange nicht konkrete Anhaltspunkte für einen Fortsetzungswillen der Gesellschafter sprechen, ist das Schicksal einer Liquidationsgesellschaft nicht wesentlich anders zu beurteilen als das Schicksal einer Erbengemeinschaft. Auch ist zu berücksichtigen, dass selbst die eigentlich unveränderlich auf Auseinandersetzung gerichtete Organisationsform der Erbengemeinschaft – einen entsprechenden Willen der Erben vorausgesetzt – stark an einen werbenden Verbund angenähert werden kann. So kann der Anspruch auf

[347] *Roth*, in: Baumbach/Hopt-HGB, § 156 Rdnr. 4.

[348] S. noch einmal *§ 3 II. 4. d)* und *III. 1.*

[349] S. noch einmal *§ 3 VI.*

[350] Zu den Voraussetzungen für eine Fortsetzung einer aufgelösten oHG, vgl. weiterführend *Schmidt*, in: MüKo-HGB, § 145 Rdnr. 72 ff.

jederzeitige Auseinandersetzung i. S.d. § 2042 Abs. 1 BGB durch eine sog. Auseinandersetzungsvereinbarung[351] der Miterben aufgeschoben, ausgeschlossen oder von bestimmten Voraussetzungen abhängig gemacht werden.[352] Die Höchstzulassungsfrist von 30 Jahren, wie sie in § 2044 Abs. 2 S. 1 BGB vorgesehen ist, findet hierauf keine Anwendung, sodass diese Vereinbarung theoretisch ohne zeitliche Beschränkung gefasst werden kann.[353] Dies zeigt jedoch, wie sehr die genetische Liquidationsstruktur der Erbengemeinschaft modifiziert werden kann und in gewisser Weise ähnlich stark wie bei der Personengesellschaft i.L. den besonderen Abreden der Teilhaber zugänglich ist. Damit kann auch der Aspekt der jederzeitigen Rückumwandlungsmöglichkeit nicht erklären, warum eine Gesellschaft im Liquidationsstadium als Gesellschafter einer werbenden oHG zugelassen wird, eine Erbengemeinschaft hingegen nicht.

2. Erbengemeinschaft als hybrides Zweckgefüge

Auch neuere Erkenntnisse zur Zwecknatur der Erbengemeinschaft lassen den Argumentationsstrang der Zweckdisparität in einem veränderten Licht erscheinen. So wird bisweilen betont, dass die These von der Erbengemeinschaft als Liquidationsgemeinschaft überdacht werden müsse, da die Verwaltungsbefugnisse der Miterben über die Befugnisse hinausgehen, die zur Erreichung des Liquidationszwecks unbedingt erforderlich sind.[354] Denn sie umfassen sämtliche Maßregeln, die zur Verwahrung, Sicherung, Erhaltung, aber auch zur Vermehrung sowie zur Gewinnung von Nutzungen und zur Bestreitung der laufenden Verbindlichkeiten erforderlich und geeignet sind.[355] Letztere Arten von Maßregeln haben aber eindeutig werbenden Charakter, sodass insofern Inkonsistenzen zur angeblich strengen Liquidationsstruktur der Erbengemeinschaft bestehen.[356] Diesen Widerspruch scheint dabei auch der BGH zu erkennen, wenn er konstatiert:

„(...) auch wenn die Erbengemeinschaft als Auseinandersetzungsgemeinschaft konzipiert ist, (...) (darf) sie nicht nur im Hinblick auf eine möglichst rasche Abwicklung gesehen werden. Das Interesse der Miterben wird, insbesondere wenn wertvolle wirtschaftliche Einheiten er-

---

351 Zur schuldrechtlichen Wirkung einer solchen Vereinbarung, vgl. RG, WarnR 1938 Nr. 70.

352 S. hierzu weiterführend *Ann*, in: MüKo-BGB, § 2042 Rdnr. 10 ff.

353 *Lange/Kuchinke*, Erbrecht, § 44 II 4, S. 1143.

354 S. bereits *§ 3 VI. 1.*

355 BGH, FamRZ 1965, 267, 269; *ders.*, ZEV 2010, 36, 37 Rdnr. 20; *ders.*, MittBayNot 2006, 245; *Wolf*, in: Soergel, § 2038 Rdnr. 2.

356 *Hellfeld*, S. 34 ff.

halten werden sollen, nicht selten auf eine Fortführung der Gemeinschaft und damit auf eine gemeinsame Nutzung und Verwaltung des Nachlasses gerichtet sein"[357].

Ob man hieraus nun – wie *Hellfeld*[358] wohl meint – dem BGH eine erhebliche Relativierung vom strengen Dogma der liquidationszweckgeprägten Erbengemeinschaft abringen möchte und zusammen mit *Dauner-Lieb* sogar begrifflich voranprescht und die sog. „*Dauererbengemeinschaft*" in Kontrast zur „*Abwicklungserbengemeinschaft*" stellt,[359] oder hierin bloß eine Aufweichung des Verständnisses von Liquidationszweck sieht, ist letztlich für die hier angestellte Betrachtung ohne entscheidende Bedeutung. Denn jedenfalls ist klar, dass die Erbengemeinschaft, dem gewiss liquidationsbeherrschenden Endzweck vorgelagert, werbende Vorzwecke[360] verfolgen kann, insbesondere wenn es um wertvolle wirtschaftliche Einheiten geht.[361] Sie kann beides sein und ist deshalb fähig, ein hybrides Zweckgefüge zu bilden. Diese Erkenntnis hat jedoch Auswirkungen auf die hier beleuchtete Ausgangslage, bei der ein oHG-Anteil vererbt wird. Denn bei jeder Vererbung eines oHG-Anteils an eine Erbenmehrheit ist die angestrebte Verwaltung des oHG-Anteils durch eben diese Erbenmehrheit als werbender, von den Erben gemeinschaftlich verfolgter Vorzweck in die Gesamtbetrachtung der Zweckausrichtung der sie verbindenden Erbengemeinschaft miteinzubeziehen. Verfährt man so, erscheint eine solche Erbengemeinschaft weniger als starres Liquidationsgepräge, sondern vielmehr als Gemeinschaft mit hybrider Zweckstruktur, die bereits begrifflich nicht im Widerspruch zum werbenden Zweck der oHG stehen kann. Daher ist die pauschale These von der Zweckdisparität, die Erbengemeinschaften in werbende Gesellschaften hineintragen würden, im heutigen Rechtszustand wenig überzeugend.

3. Zwischenergebnis

Zusammenfassend ist daher zu resümieren, dass die pauschale Aussage der Zweckdisparität zwar in ihrer Einfachheit glänzt, jedoch bei genauerer Betrachtung nur schwer überzeugen kann. In ihrer Pauschalität berücksichtigt

---

357 BGH, NJW 2007, 2114, 2116 Rdnr. 14.

358 *Hellfeld*, S. 46.

359 Zu diesem Begriffspaar, s. *Dauner-Lieb*, S. 339; ähnlich *Hellfeld*, S. 52 und 54, der von „*kurzlebiger Erbengemeinschaft*" und „*Dauererbengemeinschaft*" spricht.

360 Zu den Begriffen Endzweck und Vorzweck allgemein, s. *Fikentscher*, in: FS Westermann, S. 87, 94 f.

361 *Hellfeld* spricht plakativ davon, dass die „*gemeinsame Nutzung und Verwaltung des Nachlasses zur Erhaltung der wirtschaftlichen Einheit*" ähnlich eines gemeinsamen Zwecks wirkt, da sie eine von der „*Individualsphäre der Miterben abstrahierte Gemeinschaftssphäre*" ist, s. *Hellfeld*, S. 47.

dieser Argumentationsstrang nicht überzeugend genug die Tatsache, dass die ebenfalls auf Auseinandersetzung gerichteten Personen- und Kapitalgesellschaften i.L. als oHG-Gesellschafter anerkannt sind. Darüber hinaus kann zwischen Personengesellschaften i.L. und der Erbengemeinschaft richtigerweise kein überzeugendes Unterscheidungsmerkmal gefunden werden, das es rechtfertigen würde, gerade die Erbengemeinschaft als derart zweckfeindlich anzusehen, dass diese nicht als oHG-Gesellschafterin zugelassen werden könnte. Dies gilt umso mehr als Erbengemeinschaften keine reinen Liquidationsgemeinschaften sind, da sie über ihre weit verstandene Verwaltungsorganisation, die auch werbende Verwaltungstätigkeiten umfassen kann, durchaus werbende Vorzwecke erfüllen können, die bei der Betrachtung der Zwecknatur der konkreten Erbengemeinschaft nicht unbeachtet bleiben dürfen.

VIII. Mangelnde Verselbstständigung der Erbengemeinschaft

Vielfach wird als weiterer Vorbehalt gegen die Zulassung der unmodifizierten Universalsukzession in den oHG-Anteil angeführt, dass die Erbengemeinschaft, mangels geschlossener Einheit, keine hinreichende Verselbstständigung besitze, um einen oHG-Anteil zu verwalten. Hiermit wird die mangelnde Rechtsfähigkeit der Erbengemeinschaft als Hindernis für einen Eintritt in die oHG-Gesellschafterposition vorgebracht.[362] Wie bereits gesehen, ist es zwar richtig anzunehmen, dass die Erbengemeinschaft keine Rechtsfähigkeit besitzt,[363] jedoch erschließt sich hieraus noch nicht, warum die rechtliche Verselbstständigung eines Organisationsgefüges als Voraussetzung für den Eintritt in eine Personengesellschafterposition gesehen wird. So ist die mangelnde Rechtsfähigkeit der Erbengemeinschaft bspw. auch kein Hindernis hinsichtlich einer Mitgliedschaft in einer GmbH, einer AG oder einer Genossenschaft.[364]

1. OHG-Anteil als ideell teilbare Rechtsposition

Dass bei der oHG anders zu verfahren sein soll, liegt wohl im Ausgangspunkt an der Prämisse, dass es sich bei einem oHG-Anteil letztlich um eine Vertrags-

---

[362] *Löhnig*, in: Staudinger, Vor. § 2032 Rdnr. 29; *Gergen*, in: MüKo-BGB, § 2032 Rdnr. 14, 55; *Wertenbruch*, in: E/B/J/S-HGB, § 105 Rdnr. 147; *Henssler*, in: Henssler/Strohn-GesR, § 105 HGB Rdnr. 59; *Lieder*, in: Oetker-HGB, § 105 Rdnr. 47.

[363] S. *§ 3 II. 3*. Zur fehlenden Rechtsfähigkeit der Erbengemeinschaft, s. auch *Gergen*, in: MüKo-BGB, § 2032 Rdnr. 12.

[364] So resümiert es auch *Köbler*, Erbrecht und Gesellschaft, S. 104.

position handelt.[365] Eine Vertragsposition kann nach herkömmlicher Auffassung nicht idealgeteilt gehalten werden, sondern muss einem einheitlichen Rechtssubjekt oder – sofern man der Theorie der ungeteilten Gesamtberechtigung folgt – zumindest einem Kollektiv zugeordnet sein.[366] Wenn man mit der hier vertretenen Ansicht die Erbengemeinschaft als eine Unterausprägung der Idealteilung begreift, sieht man sich daher eines weiteren Vorbehalts gegen eine Universalsukzession in den oHG-Anteil ausgesetzt. Diesen Vorbehalt vermeidet man, wenn man, in Ansehung des mittlerweile anerkannten Charakters der Vertragsposition als übertragbare Rechtsposition,[367] mit einer im Vordringen befindlichen Auffassung auch die idealgeteilte Vertragsposition für zulässig hält.[368] Die Gegenauffassung muss die in der Praxis weit verbreiteten Rechtspraktiken, wie das gemeinsame Mieten oder Vermieten einer Sache in Form der Bruchteilsgemeinschaft[369] und das Führen eines Gemeinschaftskontos in Bruchteilsgemeinschaft,[370] in ein der Idealteilung unterfallendes Rechtebündel und ein dieser nicht unterfallendes Verbindlichkeitenbündel unterteilen.[371] Dies überzeugt nicht, zerreißt doch eine solche Trennung das einheitliche Bündel von Rechten und Pflichten, das einer Vertragsposition zugrunde liegt. Daneben würde eine solche Betrachtung den eigenen, über die individuellen Rechte und Pflichten hinausgehenden Gehalt unberücksichtigt lassen, der einer Vertragsposition als Rechtsobjekt zukommt. Es scheint daher vorzugswürdig, die gesamte Vertragsposition als idealgeteilten Gegenstand zu betrachten, wobei das der Idealteilung zugrunde liegende Rechtsverhältnis – insbesondere mit Blick auf die hieraus resultierenden Verbindlichkeiten – in gewissem Umfang von den Wertungen des Vertragsverhältnisses überlagert ist.[372]

---

[365] *Hadding/Kießling*, in: Soergel, § 719 Rdnr. 12–14; *Schäfer*, in: MüKo-BGB, § 705 Rdnr. 180 (zumindest auch Rechtsverhältnis); *Schmidt*, in: MüKo-HGB, § 105 Rdnr. 169 (zumindest auch Geflecht von Rechtsverhältnissen).

[366] So noch *Schmidt*, in: MüKo-BGB, 3. Auflage, § 741 Rdnr. 18; *Schäfer*, in: MüKo-BGB, § 705 Rdnr. 83; *v. Proff*, in: Staudinger, § 741 Rdnr. 124.

[367] Zur Anerkennung der Vertragsübernahme, s. BGH, NJW 1985, 2528, 2530 m. w. N.

[368] So für die Bruchteilsgemeinschaft: *Schmidt*, in: MüKo-BGB, § 741 Rdnr. 18; *Fehrenbacher*, in: BeckOGK-ZR, § 741 Rdnr. 36.

[369] Selbst die Untervermietung einer Sache ist möglich, wobei der BGH in NJW 1969, 839 plakativ formulierte: „*Dieses Mietrecht ist der gemeinschaftliche Gegenstand im Sinne der §§ 743 ff. BGB*". Zur Möglichkeit der Anmietung und Vermietung in Bruchteilsgemeinschaft, vgl. auch *Häublein*, in: MüKo-BGB, § 535 Rdnr. 58 und 60 sowie *Emmerich*, in: Staudinger, Vor. § 535 Rdnr. 73a ff. bzgl. einer Miteigentümerbruchteilsgemeinschaft an einer Vermieterposition.

[370] Nur die Inhaber eines sog. Und-Kontos bilden im Zweifel eine Bruchteilsgemeinschaft, vgl. *Hadding*, in: Soergel, § 741 Rdnr. 13; BGH, WM 1987, 318; *ders.*, NJW 1991, 420.

[371] So wohl *v. Proff*, in: Staudinger, § 741 Rdnr. 124.

[372] So mittlerweile auch *Schmidt*, in: MüKo-BGB, § 741 Rdnr. 18, der seine noch in der 3. Auflage geäußerte Ablehnung ausdrücklich aufgegeben hat.

Doch selbst abseits dieser dogmatischen Überlegungen liegt eine Bruchteilsgemeinschaft an dem (durch Zulassung der Veräußerung oder Vererblichstellung[373]) für übertragbar erklärten oHG-Anteil näher als bei allen anderen Vertragspositionen, ist dieser doch durch die in Rechtsfortbildung zugelassene Möglichkeit der Übertragung gem. §§ 413, 398 BGB seiner ursprünglichen Qualität als Vertragsposition zu Gunsten einer Rechtsposition entstiegen, die einem verkehrsfähigen subjektiven Recht entspricht.[374] Damit ist der oHG-Anteil (abgesehen von den gewiss vorhandenen strukturellen Unterschieden zwischen Kapitalgesellschaft und Personengesellschaft) zumindest der Struktur nach mit der verbandsrechtlichen Mitgliedschaft, wie etwa der Aktie oder dem GmbH-Geschäftsanteil vergleichbar.[375] Da die für Kapitalgesellschaften geltenden Normen der § 18 GmbHG und § 69 AktG implizit voraussetzen, dass Kapitalgesellschaftsanteile in Idealteilung gehalten werden können,[376] ist davon auszugehen, dass die durch Rechtsfortbildung geschaffene Annäherung des Personengesellschaftsanteils an die kapitalgesellschaftsrechtliche Mitgliedschaft zu einer Berücksichtigung der in § 18 GmbHG bzw. § 69 AktG getroffenen Wertungsentscheidung zwingt und daher der oHG-Anteil dem Grunde nach der Idealteilung zu öffnen ist.[377]

2. Prinzip der Unteilbarkeit der Mitgliedschaft

Letztlich kann damit dem Verweis auf die mangelnde Rechtsfähigkeit der Erbengemeinschaft nur noch eine spezifisch personengesellschaftsrechtliche Erwägung unterlegt werden, um hiermit die Unzulässigkeit der Erbengemeinschaft am oHG-Anteil zu begründen. Dort setzen einige Literaten an, wenn sie auf das personengesellschaftsrechtliche Prinzip der Unteilbarkeit der Mitgliedschaft verweisen: Hiernach sollen einer Person in objektiver Hinsicht nicht mehrere Ge-

---

373 Der vererblich gestellte oHG-Anteil ist zumindest im hier vertretenen unmodifizierten Erbrechtsgefüge auch ein lebzeitig übertragbarer oHG-Anteil, beinhaltet doch die Vererblichstellung stets zumindest die Zulassung der Übertragung des gemeinschaftlich gehaltenen oHG-Anteils an den oder die nachfolgeberechtigten Miterben zum Zwecke der Auseinandersetzung, s. noch *§ 5 II.*

374 S. BGHZ 13, 179, 184 und 44, 229, 231. *Schmidt*, in: MüKo-HGB, § 105 Rdnr. 169. *Schäfer*, in: MüKo-BGB, § 719 Rdnr. 22 und § 705 Rdnr. 180.

375 So auch für die Bruchteilsgemeinschaft am Personengesellschaftsanteil: *Ropeter*, S. 84 f. und 118 f.

376 *Reichert/Weller*, in: MüKo-GmbHG, § 18 Rdnr. 6 f. Insbesondere auf die Berücksichtigung der in § 18 GmbHG getroffenen Wertungsentscheidungen auch im Personengesellschaftsrecht wird noch zurückzukommen sein, vgl. hierzu *§ 6 II. 2.*

377 Vor dem Hintergrund der Wertungen des § 69 AktG bezweifelt auch *Habermeier*, in: Staudinger, § 705 Rdnr. 30 die Ablehnung der Bruchteilsgemeinschaft am GbR-Anteil.

sellschaftsanteile an derselben Gesellschaft zukommen; daneben soll in subjektiver Hinsicht ein Gesellschaftsanteil nicht von mehreren Personen (ideell geteilt) gehalten werden können.[378] Letzterem Verständnis liegt die Vorstellung zu Grunde, dass nur bei der körperschaftlich organisierten juristischen Person die Mitgliedschaft derart von dem Mitglied verselbstständigt sei, dass die Vorstellung einer von mehreren Rechtssubjekten gehaltenen Mitgliedschaft möglich scheine. Bei Personengesellschaften, die von ihren Mitgliedern lebt, sollen Mitgliedschaft und Mitglied hingegen wohl ein untrennbares Ganzes darstellen, sodass jeder Mitgliedschaft nur ein Mitglied gegenüberstehen könne. *Flume* formuliert bildhaft, dass alles andere dazu führe, dass eine Person in Bruchteile aufgespalten würde.[379] Aus diesem Grund wird daher bspw. die Bruchteilsgemeinschaft an einem oHG-Anteil für problematisch erachtet.[380] Wenn man den Miterben in Verbundenheit einer Erbengemeinschaft die Rechtsfähigkeit abspricht,[381] scheint es daher naheliegend, dass die etablierte Ansicht ihre Vorbehalte auf die Erbengemeinschaft übertragen würde. Dies gilt umso mehr, wenn man – so wie in dieser Arbeit vertreten – Gesamthand und Freihand nur als Unterausprägungen der ideellen Teilung ansieht und der nebulösen Theorie von der ungeteilten Gesamtberechtigung den Rücken kehrt.[382] Doch ist das sklavische Festhalten an dem Grundsatz der Einheitlichkeit der Mitgliedschaft höchst zweifelhaft. Denn die vielbeschworene strenge Einheit von Mitgliedschaft und Mitglied ist kaum aufrechtzuerhalten, wenn man die soeben erörterte Rechtsfortbildung akzeptiert und den oHG-Anteil als der Übertragbarkeit zugängliches Rechtsobjekt begreift und damit letztlich in Kauf nimmt, dass sich die Wege von Mitglied und Mitgliedschaft trennen können. Sobald man den Personengesellschaftsanteil zum verkehrsfähigen Rechtsobjekt hochstuft, muss man vielmehr konsequenterweise akzeptieren, dass dieser grundsätzlich auch allen von der Rechtsordnung für die Verbindung von Rechtsobjekt und Rechtssubjekt vorgesehenen Zuordnungsinstrumentarien – etwa den Formen der Idealteilung – unterliegt.[383] Hierfür spricht nicht zuletzt, dass auch der BGH den Grundsatz der Unteilbarkeit der Mitgliedschaft zusehends aufweicht. So lässt er es zu, dass sich

---

378 *Schmidt*, in: MüKo-HGB, § 105 Rdnr. 75.

379 *Flume*, Allgemeiner Teil I-1, § 7 III 3, S. 99.

380 *Schmidt*, in: MüKo-HGB, § 105 Rdnr. 76 und 106.

381 S. hierzu noch einmal *§ 3 II. 3.* und *Gergen*, in: MüKo-BGB, § 2032 Rdnr. 12.

382 Demgegenüber sieht *Schmidt*, in: MüKo-HGB, § 105 Rdnr. 76 den Grundsatz der Unteilbarkeit der Mitgliedschaft bei einer nichtrechtsfähigen Gesamthand nicht unbedingt als verletzt an. Dies dürfte jedoch darin begründet liegen, dass er ein Verfechter der Theorie der ungeteilten Gesamtberechtigung ist.

383 Denn Konnex zwischen Anerkennung als verkehrsfähiges Rechtsobjekt und Idealteilung erkennt bei der Bruchteilsgemeinschaft am Personengesellschaftsanteil auch *Ropeter*, S. 97 f. und 118 f.

der vererblich (und damit übertragbar) gestellte oHG-Anteil entgegen des Grundsatzes der Unteilbarkeit der Mitgliedschaft im Zeitpunkt des Erbfalls nicht mit einem dem Erben bereits zustehenden oHG-Anteil an derselben Gesellschaft verbindet, sondern von diesem getrennt bleibt, wenn er unter Testamentsvollstreckung steht und damit in einer dem Erben zwar zuzurechnenden, aber seiner Verwaltung entzogenen Vermögenssphäre steckt.[384] Bei einem verkehrsfähigen oHG-Anteil hat der BGH damit letztlich das Prinzip der Unteilbarkeit der Mitgliedschaft in objektiver Hinsicht zur Disposition gestellt, um die Übertragbarkeit des oHG-Anteils in der von der Rechtsordnung vorgesehenen Ausgestaltung (nämlich einem abgesonderten Sondervermögen gem. §§ 2205, 2211, 2214 BGB) zu ermöglichen. Nicht weniger großzügig kann man dann aber sein, wenn es darum geht, einen oHG-Anteil einem zur Erbengemeinschaft zusammengeballten Sondervermögen (§ 2032 Abs. 1 BGB) zuzuweisen. Dort muss der Grundsatz der Unteilbarkeit der Mitgliedschaft – diesmal in subjektiver Hinsicht – zurücktreten, sodass mehrere Miterben als Miterbengesellschafter mit dem ideell geteilten oHG-Anteil in Beziehung treten können.

Ein der Disposition entzogener Kernbereich des Grundsatzes der Einheitlichkeit von Mitgliedschaft und Mitglied ist erst dort erreicht, wo dem allgemeinen strukturellen Prinzip des Personengesellschaftsrechts widersprochen werden würde, nachdem die Personengesellschaft von ihren Mitgliedern abhängig ist.[385] Hiernach kann von einer für das Personengesellschaftsrecht nicht hinnehmbaren Verselbstständigung der Mitgliedschaft gegenüber den Mitgliedern jedoch erst dann gesprochen werden, wenn das Band zum Rechtssubjekt getrennt wird, wie dies etwa der Fall ist, wenn die Gesellschaft ihre eigenen Gesellschaftsanteile hält. In den juristischen Personen, wie den Kapitalgesellschaften, ist dies (wenngleich oft nur in beschränktem Umfang, vgl. etwa §§ 71 ff. AktG und § 33 GmbHG) möglich, bei Personengesellschaften hingegen nicht, weil eben dort ein von dem Gesellschafter getrennter oHG-Anteil nicht vorstellbar ist.[386] Durch die Zulassung von Berechtigungspluralitäten am oHG-Anteil droht jedoch ein solcher Zustand nicht, da sich hierdurch nur die aus dem oHG-Anteil fließende Gesellschafterposition auf mehrere Teilhaber auffächern würde. Damit verschiebt sich nur der Bezugspunkt. Statt wie der *„gewöhnliche Gesellschafter"*, der seine Gesellschafterposition aus dem oHG-Anteil im Ganzen legitimieren kann, leitet der Miterbengesellschafter seine Miterbengesellschafterposition aus dem ihm zukommenden ideellen Anteil am oHG-Anteil i.S.d. § 2033 Abs. 2

---

[384] BGHZ 98, 48, 57.

[385] *Schäfer*, in: Staub-HGB, § 105 Rdnr. 39.

[386] *Schäfer*, in: Staub-HGB, § 105 Rdnr. 39 und 97.

BGB ab.[387] Mit einer „*Aufspaltung der Person*“[388], wie *Flume* es andeutet, hat das nichts zu tun.[389] Daher kann die Idealteilung eines oHG-Anteils nicht als Verstoß gegen das Prinzip der Unteilbarkeit der Mitgliedschaft aufgefasst werden.

3. Zwischenergebnis

Die Zulassung von Berechtigungspluralitäten, wie nach der hier vertretenen Auffassung die Erbenmehrheit am oHG-Anteil, kann nicht vor dem Hintergrund der fehlenden Rechtsfähigkeit der Erbengemeinschaft verweigert werden. Denn es liegt weder ein Verstoß gegen den Grundsatz der Unteilbarkeit der Mitgliedschaft vor noch widerspricht es zwingenden Grundsätzen, Vertragspositionen idealgeteilt zu halten.[390]

IX. Personalistische Prägung der oHG

Wenn die etablierte Ansicht zur Begründung der Sondererbfolge betont, dass es sich bei der oHG um eine „*personenbezogene Arbeitsgemeinschaft*“ handele, wird damit auf die personalistische Prägung hingewiesen, die jeder Personen(handels)gesellschaft innewohnt und die sie von sonstigen Personenzusammenschlüssen, wie etwa den kapitalistisch orientierten Kapitalgesellschaften, unterscheidet.[391] Die personalistische Prägung entstammt dabei der Vorstellung, dass der Schwerpunkt der Zweckförderungspflichten eines Personengesellschafters – anders als bei Kapitalgesellschaftern – nicht in der Erbringung einer Bar- oder Sacheinlage, sondern vielmehr in der persönlichen Mitarbeit eines jeden Gesellschafters liegt.[392] Dieser personalistischen Prägung der Personengesellschaften genüge die Erbengemeinschaft nicht, sodass die Erben auch nicht in der Verbindung einer Erbengemeinschaft als Miterbengesellschafter in die oHG eintreten könnten.[393] Um die

---

387 S. hierzu noch einmal *§ 3 II. 4. c)*.

388 *Flume*, Allgemeiner Teil I-1, § 7 III 3, S. 99.

389 So auch zur Bruchteilsgemeinschaft am Personengesellschaftsanteil *Ropeter*, S. 99 f.

390 So auch für die nach der hier vertretenen Auffassung wesensähnliche Bruchteilsgemeinschaft *Ropeter*, S. 113.

391 Wobei nicht übersehen werden darf, dass Kapitalgesellschaftsanteile durch Vinkulierung (s. etwa § 15 Abs. 5 GmbHG) einen der personalistischen Prägung nicht unähnlichen Mitgliederbezug erfahren können.

392 *Köbler*, Erbrecht und Gesellschaft, S. 101 f.

393 S. etwa *Weiler*, DNotZ 1952, 283, 285 (Kommanditanteil). In diese Richtung auch BGHZ 68, 225, 230, der darauf verweist, es bestehe ein „*Konflikt zwischen dem auf dem Prinzip der Gesamtrechtsnachfolge aufbauenden Erbrecht und dem auf der persönlichen Verbundenheit der Gesellschafter beruhenden Gesellschaftsrecht*“.

Richtigkeit dieser Aussage zu untersuchen, ist zu beleuchten, in welchen Zentralausprägungen die personalistische Prägung im Recht der oHG ihren Niederschlag gefunden hat und in welcher Form die Zulassung der Erbengemeinschaft am oHG-Anteil hierauf Einfluss nähme.

1. Erbsperre des § 131 Abs. 3 S. 1 Nr. 1 HGB – personalistische Zentralausprägung

So existiert mit dem Grundsatz der Unvererblichkeit der werbenden oHG-Beteiligung i. S.d. § 131 Abs. 3 S. 1 Nr. 1 HGB ein zentrales Strukturmerkmal der personalistischen Prägung.[394] Denn der Gesetzgeber hat hiermit die Wertungsentscheidung getroffen, dass die oHG grundsätzlich von dem jeweils aktuellen Gesellschafterbestand geprägt ist. Von Erben des verstorbenen Gesellschafters, deren persönliche Fähigkeiten naturgemäß anders als die des Erblassers ausgestaltet sein können, soll die oHG daher freigehalten werden.[395] Doch kann nun die personalistische Prägung nicht dazu führen, dass eine Erbenmehrheit in der Organisationsform der Erbengemeinschaft nicht in den oHG-Anteil einrücken kann. Denn jedenfalls, wenn die Gesellschafter den oHG-Anteil durch Aufnahme einer erbrechtlichen Nachfolgeklausel vererblich stellen, verzichten sie auf ihren Schutz aus § 131 Abs. 3 S. 1 Nr. 1 HGB und lenken so den oHG-Anteil mit dem Erbfall auf die erbrechtliche Bahn.

2. Fähigkeit zu persönlicher Mitarbeit – Ausprägung der personalistischen Prägung?

Dass gem. §§ 1922 Abs. 1, 2032 Abs. 1 BGB, bei Vorhandensein mehrerer Erben, diese in der Form der Erbengemeinschaft in den oHG-Anteil einrücken und nicht als Sondererben, ist für sich genommen ebenfalls kein Wesenszug, der mit der personalistischen Prägung unvereinbar ist. Zumindest in diese Richtung scheinen jedoch diejenigen Stimmen zu gehen, die sich auf die oben herausgearbeitete floskelhafte Formulierung der Rechtsprechung[396] berufen, und aus der Personen-

---

[394] Bis zur Handelsrechtsreform 1998 wurde der personalistischen Prägung insoweit Rechnung getragen, als dass mit Tod eines Gesellschafters die oHG gem. *§ 131 Nr. 4 HGB a. F.* aufgelöst wurde. Dieses Verständnis wird heute im oHG-Recht mit dem Gedanken der Unternehmenskontinuität verbunden und führt nur noch zu einem Ausscheiden des verstorbenen Gesellschafters, vgl. auch *Kamanabrou*, in: Oetker-HGB, § 131 Rdnr. 2; *Schäfer*, in: Staub-HGB, § 131 Rdnr. 2.

[395] Zur Unveräußerlichkeit und Unvererbbarkeit als Strukturmerkmal der personalistischen Prägung, s. etwa *Schücking*, in: Münchener Handbuch des Gesellschaftsrechts I, § 2 Rdnr. 24 (GbR).

[396] Vgl. hierzu noch einmal *§ 2 I. 4.*

bezogenheit des Gesellschaftsverbundes der oHG schließen, dass nur solche Organisationseinheiten als Gesellschafter in Betracht kommen, die die Fähigkeit zur persönlichen Mitarbeit besitzen.[397] Selbst wenn man einmal davon absieht, dass dieser Begriff wenig mehr als eine inhaltsarme Floskel ist, muss doch attestiert werden, dass diese Voraussetzung außerhalb des Kreises natürlicher Personen von Gesellschaftern regelmäßig nicht höchstpersönlich erfüllt werden kann. Dies müsste jedoch konsequenterweise zu dem kaum einleuchtenden Ergebnis führen, dass alle rechtlichen Gebilde, wie juristische Personen und Personengesellschaften, von der Gesellschafterstellung in einer oHG auszuschließen wären. Denn die Befähigung einer GmbH oder oHG zur persönlichen Mitarbeit im buchstäblichen Sinne ist genauso wenig vorhanden wie bei einer Erbengemeinschaft: Es gehört gerade zum Wesen rechtlicher Gebilde, dass diese von den dahinterstehenden natürlichen Personen repräsentiert werden. Bei Gesellschaften sind dies die Gesellschafter bzw. das Geschäftsleiterorgan, bei der Erbengemeinschaft die Gesamthänder.[398] Wenn daher juristische Personen und Personengesellschaften mittlerweile als Gesellschafter der personenbezogenen oHG anerkannt sind, kann das Kriterium der persönlichen Mitarbeit bzw. der eigenen Handlungsfähigkeit der Gesellschafter richtigerweise kein durchschlagendes Kriterium der personalistischen Prägung mehr sein.[399] Denn persönlich mitarbeiten und handeln können Personenverbände als reine Gedankenwesen nie, vielmehr handeln stets die dahinter stehenden natürlichen Personen (also die Erben einer Erbengemeinschaft bzw. die Gesellschafter oder Geschäftsleiter einer Gesellschaft) durch das jeweilige Verwaltungs- bzw. Organisationsgefüge des Personenverbunds.

3. Freie Verfügbarkeit über den Anteil am Nachlass gem. § 2033 Abs. 1 BGB

Freilich ist zuzugeben, dass die nur unter dem Vorbehalt der Zustimmung gestattete Veräußerlichkeit der oHG-Anteile gem. § 105 Abs. 3 HGB, § 719 Abs. 1 Hs. 1 Var. 1 BGB ein zentrales Strukturmerkmal der personalistischen Prägung ist.[400] Die Erbengemeinschaft, bei der gem. § 2033 Abs. 1 BGB der Anteil am

[397] Auf die genannte Formulierung berufen sich u.a. *Gergen*, in: MüKo-BGB, § 2032 Rdnr. 55. Er spricht von der Notwendigkeit, dass der Erbe in der Lage sein muss, die Verwaltungsrechte „*persönlich und selbstständig auszuüben*"; ähnlich *Rißmann/Szalai*, in: BeckOGK-ZR, § 2032 Rdnr. 21.

[398] So etwa auch *Bletz*, S. 61 f.

[399] *Köbler*, Erbrecht und Gesellschaft, S. 102.

[400] So das heutige Verständnis von § 719 Abs. 1 Hs. 1 Var. 1 BGB, s. *Schäfer*, in: MüKo-BGB, § 719 Rdnr. 27.

Nachlass – und damit zusammenhängend auch der hierin enthaltene Anteil am oHG-Anteil – ohne Zustimmung der übrigen Miterben übertragen werden kann, weist hingegen eine deutlich abgeschwächtere personalistische Güte auf. Bisweilen wird behauptet, dass dieser Umstand zeige, dass die Erbengemeinschaft nicht mit dem personalistischen Organisationsgefüge der oHG harmoniere und die Erbengemeinschaft deshalb am oHG-Anteil nicht zugelassen werden könne.[401]

a) Unter Zugrundelegung der Theorie der ungeteilten Gesamtberechtigung

Dass der Zustimmungsvorbehalt aus § 105 Abs. 3 HGB, § 719 Abs. 1 Hs. 1 Var. 1 BGB nicht auf die Erbteilsveräußerung i. S.d. § 2033 Abs. 1 BGB durchschlagen kann und damit tatsächlich durch Zulassung der Erbengemeinschaft ein Leerlaufen der Zustimmungspflicht droht, entspricht sicher dem Denkmodell der etablierten Ansicht, die die Berechtigung der Miterben als ungeteilte Gesamtberechtigung begreift. Denn wenn man sowohl objektiv[402] die Nachlassgegenstände als auch subjektiv[403] die Gesamthänder zu einer Art Gruppe kollektiviert, wird der Bezug des einzelnen Miterben zum konkreten Nachlassgegenstand aufgelöst. Die Gemeinschaft bleibt nach dieser Ansicht auch nach der Anteilsveräußerung materiell berechtigt, mag sich auch deren personelle Zusammensetzung geändert haben.[404] Da es im Denkmodell einer ungeteilten Gesamtberechtigung am einheitlichen Gesamtnachlass noch dazu keine Einzelberechtigung an den nachlasszugehörigen Gegenständen gibt, kann mit der Erbteilsübertragung i. S.d. § 2033 Abs. 1 BGB auch dogmatisch überhaupt keine Verfügung über die nachlasszugehörigen Einzelgegenstände mehr verbunden sein, die Zustimmungsvorbehalte, wie etwa § 105 Abs. 3 HGB, § 719 Abs. 1 Hs. 1 Var. 1 BGB auslösen würde. Es handelt sich hiernach um eine alleinige Verfügung über den Anteil am Nachlass, die sich nach § 2033 Abs. 1 BGB richtet, wohingegen es auf die Voraussetzungen, die für die Übertragung der Einzelgegenstände aufgestellt werden, also z. B. § 105 Abs. 3 HGB, § 719 Abs. 1 Hs. 1 Var. 1 BGB, nach dieser Sichtweise also schon ganz offensichtlich nicht ankommen kann.[405]

---

401 *Wiedemann*, Übertragung, S. 202; *Habermeier*, in: Staudinger, § 705 Rdnr. 31; *Schäfer*, in: Staub-HGB, § 105 Rdnr. 100.

402 S. bereits *§ 3 II. 4. b) aa) (1)* und Protokolle V, S. 838.

403 S. bereits *§ 3 II. 4. b) aa) (2)* und *Gergen*, in: MüKo-BGB, § 2032 Rdnr. 10 und § 2033 Rdnr. 38.

404 Plakativ *Wolf*, in: Soergel, § 2033 Rdnr. 13: „*Die Erbengemeinschaft bleibt auch im Falle einer totalen Auswechslung aller ursprünglichen Mitglieder (...) bestehen*".

405 Ähnliches gilt nach der etablierten Ansicht bei nachlasszugehörigen Grundstücken; so sollen in diesem Fall nach etablierter Ansicht bei einer Erbteilsverfügung eine Vielzahl von Schutzvorschriften nicht gelten. Keine Anwendung findet etwa § 1424 BGB (*§ 1445 BGB*

b) Unter Zugrundelegung der Theorie der geteilten Mitberechtigung

Wenn man der hier befürworteten Theorie von der geteilten Mitberechtigung folgt, führt die Erbteilsveräußerung i. S.d. § 2033 Abs. 1 BGB (verstanden als Komplettpaket) zugleich zu einer Änderung der Zuordnung der Summe aller Anteile i. S.d. § 2033 Abs. 2 BGB, die dem veräußernden Miterben mit Blick auf die einzelnen Nachlassgegenstände zustehen.[406] Daher scheint es im Denkmodell dieser Theorie nicht ganz fernliegend, das Zustimmungserfordernis des § 719 Abs. 1 Hs. 1 Var. 1 BGB zur zusätzlichen Voraussetzung der Erbteilsübertragung gem. § 2033 Abs. 1 BGB zu machen, wenn sich im gesamthänderisch gebundenen Nachlass ein oHG-Anteil befindet. Denn es ist nicht ganz von der Hand zu weisen, dass für die Übertragung der Miterbengesellschafterposition eigentlich nichts anderes gelten kann, als für die ganze Gesellschafterposition.[407] Dies würde freilich die Veräußerung eines ganzen Erbteils solange in die Gunst der Mitgesellschafter legen, bis sich die Erben zumindest über den oHG-Anteil auseinandergesetzt haben. Denn wenn der Anteil am oHG-Anteil i. S.d. § 2033 Abs. 2 BGB wegen der unterbliebenen Zustimmung der Mitgesellschafter gem. § 105 Abs. 3 HGB, § 719 Abs. 1 Hs. 1 Var. 1 BGB bei der Erbteilsveräußerung zurückbliebe, würde dies den Erbteilsveräußerungsvorgang insgesamt zum Scheitern verurteilen. Denn wie bereits herausgearbeitet, verlangt die Gesamtschau aus § 2033 Abs. 1 und Abs. 2 BGB, dass der Anteil am Nachlass stets als Komplettpaket veräußert wird.[408] Das Zurückbleiben des Anteils am oHG-Anteil kann auch nicht ausnahmsweise hingenommen werden, da dies zu einer Zersplitterung der vermögensmäßigen Berechtigung des Miterben führen würde.[409]

Richtigerweise ist jedoch die Zustimmung der übrigen Mitgesellschafter gem. § 719 Abs. 1 Hs. 1 Var. 1 BGB zu einer Erbteilsveräußerung gem. § 2033 Abs. 1 BGB auch im Denkmodell einer geteilten Mitberechtigung aller Miterben an den einzelnen Gesamthandsgegenständen nicht zwingend von Nöten. Denn die Genehmigungsbedürftigkeit der Veräußerung eines Nachlassgegenstands kann auch nach diesem Ansatz nicht pauschal auf die Erbteilsveräußerung übertragen werden, nur weil der betreffende Nachlassgegenstand Bestandteil des Nachlasses ist. Vielmehr steht dies auch nach dieser Anschauung unter dem Vorbehalt der Auslegung des Genehmigungsvorbehalts.[410] Hiernach muss § 719 Abs. 1

---

a. F.), s. KG, OLGZE 8, 338; OLG Colmar, OLGZE 9, 451; *Flechtner*, in: Burandt/Rojahn-ErbR, § 2033 Rdnr. 9; *Löhnig*, in: Staudinger, § 2033 Rdnr. 19.

406 S. noch einmal *§ 3 II. 4. b) cc) (1)*.

407 So *Börner*, AcP 166, 426, 443.

408 S. *§ 3 II. 4. b) cc) (1)*.

409 Diese Gefahr sieht auch *Börner*, AcP 166, 426, 443, spricht sich jedoch gleichwohl für die Zustimmung der übrigen Mitgesellschafter zur Erbteilsveräußerung aus.

410 So auch *Schulze-Osterloh*, S. 90, der mit Blick auf eine Entscheidung des BGH in BGHZ

Hs. 1 Var. 1 BGB nicht auf eine Erbteilsveräußerung gem. § 2033 Abs. 1 BGB übertragen werden. Dies ergibt sich schon daraus, dass das hinter der Norm der § 105 Abs. 3 HGB, § 719 Abs. 1 Hs. 1 Var. 1 BGB stehende Prinzip der personalistischen Prägung keinesfalls ein unverrückbarer Grundsatz, sondern eine der Disposition der Gesellschafter unterliegende Schutzvorschrift ist.[411] Genau zu einer solchen Disposition kommt es, wenn sich die Mitgesellschafter durch eine erbrechtliche Nachfolgeklausel dazu bereit erklären, den oHG-Anteil auf die erbrechtlichen Bahnen zu lenken. Denn die Gesellschafter bedingen hiermit nicht nur die Vorschrift des § 131 Abs. 3 S. 1 Nr. 1 HGB ab, sondern öffnen sich damit zusammenhängend auch dem erbrechtlichen Rechtsregime. Steht nun dieses erbrechtliche Regelungsregime in gewissen Punkten in einem Spannungsfeld zur personalistischen Prägung der oHG, darf hieraus nicht geschlossen werden, dass das erbrechtliche Regelungsregime insofern zu modifizieren wäre. Dies würde ja gerade die Tatsache auf den Kopf stellen, dass die Mitgesellschafter durch die Vererblichstellung freiverantwortlich für die Geltung des erbrechtlichen Regelungsregimes im Umfeld des oHG-Anteils optiert haben. Vielmehr ist davon auszugehen, dass die personalistische Prägung der oHG insoweit konkludent mit der Vererblichstellung abbedungen wurde, als dies die Anwendung des erbrechtlichen Regelungsregimes erfordert. Sind daher mehrere Miterben vorhanden, müssen die Mitgesellschafter eine Übertragung der Miterbengesellschafterposition insoweit hinnehmen, als diese Ausfluss einer über § 2033 Abs. 1 BGB zugelassenen Erbteilsveräußerung ist.

Die Anwendung des unmodifizierten Erbrechtsgefüges führt daher auch nach der Theorie der geteilten Mitberechtigung zu keinem Wertungskonflikt mit dem Grundsatz der personalistischen Prägung in einer oHG. Vielmehr erkennen die Mitgesellschafter durch die Vererblichstellung des oHG-Anteils das erbrechtliche Regelungsregime an und verzichten mit dem Erbfall in zweifacher Hinsicht auf die personalistische Prägung: Erstens erklären die Gesellschafter, unter Verzicht auf die Erbsperre des § 131 Abs. 3 S. 1 Nr. 1 HGB, den oHG-Anteil überhaupt für vererbbar. Sind mehrere Erben vorhanden, haben sie sich damit zusammenhängend zweitens in Abbedingung des in § 105 Abs. 3 HGB, § 719 Abs. 1 Hs. 1 Var. 1 BGB vermittelten Schutzes damit abgefunden, dass der

---

18, 380, 381, in der dieser eine für Grundstücksveräußerungen erforderliche Genehmigung nach dem Kontrollratsgesetz Nr. 45 nicht auf Erbteilsveräußerungen anwandte, konstatierte, dass dies nicht der Theorie der geteilten Mitberechtigung widerspreche, weil die Übertragung der Genehmigungsbedürftigkeit auf die Erbteilsveräußerung aus wirtschaftspolitischen Gründen grundsätzlich nicht erforderlich sei, wie nun auch ein Rückschluss aus der Nachfolgevorschrift des § 2 Abs. 2 Nr. 2 GrdStVG zeige, der die Genehmigung von Erbteilsveräußerungen nur in ganz bestimmten Situationen vorsehe.

[411] *Habermeier*, in: Staudinger, § 719 Rdnr. 3.

oHG-Anteil von einer allein vom Willen des Erblassers bestimmten Erbenmehrheit verwaltet wird, deren personelle Zusammensetzung sich bis zur Auseinandersetzung zu Gunsten des oder der nachfolgeberechtigten Erben, ohne ihre Einflussnahme, durch eine Erbteilsveräußerung ändern kann.[412]

c) Zeitliche Beschränkung dieses Verzichts

Dass diese Lockerung der personalistischen Prägung den Mitgesellschaftern zumutbar ist, ergibt sich bereits aus der schlichten Tatsache, dass die Mitgesellschafter nicht gezwungen sind, den oHG-Anteil vererblich zu stellen und damit das erbrechtliche Regelungsregime als verbindlich anzuerkennen. Daneben ist zu berücksichtigen, dass die mit der Vererblichstellung verbundene Einschränkung der personalistischen Prägung in zeitlicher Hinsicht nur bis zur Auseinandersetzung der Erbengemeinschaft andauert. Spätestens wenn dem oder den nachfolgeberechtigten Erben der oHG-Anteil ausgeantwortet ist, wird er nicht mehr von der Erbteilsveräußerung i. S.d. § 2033 Abs. 1 BGB erfasst. Dann kann daher der in § 105 Abs. 3 HGB, § 719 Abs. 1 Hs. 1 Var. 1 BGB verankerte Zustimmungsvorbehalt wieder Platz greifen. Dem Interesse der Mitgesellschafter daran, dass es möglichst schnell zu einer Auseinandersetzung über den oHG-Anteil (und damit auch zu einer raschen Wiederherstellung der personalistischen Prägung) kommt, kann mit Blick auf eine auf den Verzögerungsfall auflösend bedingte Vererblichstellung bzw. der Gewährung außerordentlicher Lossagungsrechte gem. §§ 133, 140 HGB Rechnung getragen werden. Wie noch zu zeigen sein wird, können diese Optionen insbesondere für den Fall einer Auseinandersetzungsblockade auf Ebene der Erbengemeinschaft fruchtbar gemacht werden.[413]

d) Lagevergleich zu nicht personalistisch strukturierten Personengesellschaften

Der Vorbehalt gegen die freie Veräußerbarkeit der Erbteile gem. § 2033 Abs. 1 BGB kann auch nicht unabhängig von der Tatsache, dass die Mitgesellschafter nach dem hier soeben skizzierten Modell auf ihre personalistische Prägung verzichtet haben, aufrechterhalten werden. Denn alleine die Tatsache, dass die Erbteile gem. § 2033 Abs. 1 BGB veräußerbar sind, spricht nicht gegen eine Erbengemeinschaft am oHG-Anteil. Dies wird besonders deutlich, wenn man sich vor Augen führt, dass von der etablierten Ansicht offenkundig nicht bestritten wird, dass eine rechtsfähige oHG oder Außen-GbR als umschlossene Gesellschaft

---

[412] In diese Richtung auch *Köbler*, Erbrecht und Gesellschaft, S. 102 f.

[413] Zur Möglichkeit der auflösenden Bedingung der Nachfolgeklausel, vgl. *Bletz*, S. 194 und *§ 5 I. 1. c)*.

auch dann Sondererbin eines oHG-Anteils werden kann, wenn wiederum deren Gesellschaftsanteile unter Abbedingung des (§ 105 Abs. 3 HGB), § 719 Abs. 1 Hs. 1 Var. 1 BGB frei veräußerbar sind.[414] Dann jedoch wirkt es kaum überzeugend, die Erbengemeinschaft, mit Blick auf die gem. § 2033 Abs. 1 BGB zugelassene Veräußerbarkeit der Erbteile, für gesellschaftsfeindlich zu erklären. Zwar ist die umschlossene Personengesellschaft ihr eigener Rechtsträger (s. für die oHG etwa § 124 Abs. 1 HGB), sodass die umschließende oHG durch einen Wechsel im Mitgliederbestand der umschlossenen Personengesellschaft personell nicht unmittelbar betroffen ist. Jedoch wird eine umschlossene Personengesellschaft letztlich i.E. genauso von ihren Gesellschaftern geprägt, wie die Erbengemeinschaft durch deren Gesamthänder. Wenn eine rechtsfähige Personengesellschaft mit frei veräußerlichen Gesellschaftsanteilen als Gesellschafterin einer oHG keine unüberwindbaren Spannungen mit dem Grundsatz der personalistischen Prägung hervorruft, kann nichts anderes bei einer Erbenmehrheit in der Organisationsform der Erbengemeinschaft gelten.[415]

e) *Haftungsgefahr als Lenkungsinstrument*

Schlussendlich bleibt eine Erbteilsveräußerung auch aus einem ganz subtilen Grund für die Mitgesellschafter erträglich. Denn der Erbteilserwerber, der in Erfüllung eines Erbteilkaufvertrages i. S.d. §§ 1922 Abs. 2, 2371 ff. BGB oder eines gleichgestellten Vertrages i. S.d. § 2385 BGB einen Erbteil gem. § 2033 Abs. 1 BGB erwirbt, in dem sich ein Anteil an einem oHG-Anteil befindet, setzt sich einer persönlichen Haftungsgefahr für alle Alt- und Neuverbindlichkeiten der Gesellschaft aus.[416] Dies macht einen solchen Erbteil in den meisten Fällen als Erwerbsobjekt nicht nur unattraktiv, sondern führt auch dazu, dass sich der Erbteilserwerber, im Angesicht der persönlichen Haftungsgefahr, einer vernünftigen Ausübung der Gesellschafterbefugnisse in aller Regel nicht verschließen wird.[417] Auch die übrigen Miterbengesellschafter werden sich im Angesicht der persönlichen Haftungsgefahr, der sie ausgesetzt sind, über den Erbteilserwerber genau in Kenntnis setzen und überdenken, ob mit diesem eine

[414] So sieht *Schäfer*, in: Staub-HGB, § 105 Rdnr. 96 den von der umschließenden Gesellschaft nicht kontrollierbaren Mitgliederwechsel in der umschlossenen Gesellschaft deshalb nicht als problematisch an, weil es Sache der Mitgesellschafter sei, auf eine geeignete Regelung im Gesellschaftsvertrag hinzuwirken. Ähnlich äußert sich *Habermeier*, in: Staudinger, § 705 Rdnr. 27 für den Fall eines von einer Personenhandelsgesellschaft gehaltenen GbR-Anteils.

[415] S. auch: *Bletz*, S. 67 f.; *Köbler*, Erbrecht und Gesellschaft, S. 130.

[416] S. hierzu bereits *§ 3 V*.

[417] Die Haftungsgefahr als Lenkungsinstrument zu unternehmerisch sinnvollem Verhalten ist allgemein anerkannt, s. etwa: *Wiedemann*, Gesellschaftsrecht I, § 10 III 1, S. 536; *Emmerich*, ZHR 132, 297, 323.

sinnvolle Verwaltung des oHG-Anteils möglich ist oder ob sie nicht vielmehr das ihnen zustehende Vorkaufsrecht gem. §§ 2034 Abs. 1, 2035 Abs. 1 BGB ausüben sollen. Diese faktischen Gründe zeigen, dass die freie Veräußerbarkeit des Erbteils die Zulassung der Erbengemeinschaft am oHG-Anteil nicht infrage stellt, sondern aus rein faktischen Gründen ein für die Mitgesellschafter zumutbarer Zustand ist.

f) Zwischenergebnis

Zusammenfassend ist zu sagen, dass die freie Veräußerbarkeit der Erbteile gem. § 2033 Abs. 1 BGB kein Argument gegen die Zulassung der Erbengemeinschaft am oHG-Anteil ist, weil der Zustimmungsvorbehalt der § 105 Abs. 3 HGB, § 719 Abs. 1 Hs. 1 Var. 1 BGB nach seinem Normzweck, unter Berücksichtigung der Zumutbarkeit der Mitgesellschafter, keine Geltung beanspruchen muss, ohne dass dies die unmodifizierte Universalsukzession in den oHG-Anteil infrage stellen müsste. Die Mitgesellschafter sind nicht schutzwürdig, haben sie doch mit der Vererblichstellung des oHG-Anteils diesen auf die erbrechtliche Bahn gelenkt und so auf ihren Schutz aus der personalistischen Prägung verzichtet. Dass dieser Verzicht für die Mitgesellschafter nicht unzumutbar ist, zeigt schon der Lagevergleich mit solchen Personengesellschaften, bei denen die Gesellschaftsanteile frei veräußerbar sind. Wenn diese als Gesellschafterinnen einer oHG zugelassen werden, können die Miterben, die in Erbengemeinschaft verbunden sind, nicht mit dem Hinweis auf § 2033 Abs. 1 BGB als gesellschafterunfähig angesehen werden. Daneben ist zu berücksichtigen, dass die Suspendierung der personalistischen Prägung ohnehin auf den Zeitraum beschränkt ist, in dem der oHG-Anteil unter gesamthänderischer Bindung steht, und durch den Haftungsdruck, den sich der Erbteilserwerber aussetzt, darüber hinaus ein diesen disziplinierendes Element besitzt, welches die Mitgesellschafter schützt. Schlussendlich ist zu berücksichtigen, dass sich die Mitgesellschafter durch flankierende Maßnahmen ein hinreichendes Maß an Einfluss auf die zeitnahe Beendigung der gesamthänderischen Bindung des oHG-Anteils sichern können.[418]

X. Vorschrift des § 139 HGB

Eines der bis heute durchschlagskräftigsten Argumente, mit dem die etablierte Ansicht die Sondererbfolge zu legitimieren sucht, ist die Existenz der Vorschrift des § 139 HGB. Denn hieraus wird versucht, einen gesetzlichen Anknüpfungs-

[418] Zu nennen ist hier etwa die auflösende Bedingung der Vererblichstellung, vgl. noch *§ 5 I. 1. c)*.

punkt für eine stillschweigende Anerkennung der Sondererbfolge herzuleiten. *Klöhn* etwa konstatiert, dass sich aus § 139 Abs. 1, Abs. 2 HGB Rückschlüsse auf die Sondererbfolge ziehen lassen, da diese Norm „*das Wahlrecht und die Gesellschafterstellung jedem einzelnen Miterben zuweist*“[419]. Ähnlich argumentiert auch der BGH.[420]

1. Individuelle Adressierung in § 139 HGB

Die Feststellung, dass § 139 Abs. 1, Abs. 2 HGB den Erben die Gesellschafterstellung zuweist, ist zwar richtig, da „*jeder Erbe*“ in § 139 Abs. 1, Abs. 2 HGB über „*sein Verbleiben in der Gesellschaft*“ befindet und „*sein Ausscheiden aus der Gesellschaft*“ erklärt, jedoch ist fraglich, warum dies ein Beleg für die Sondererbfolge sein soll.[421] Dass es in § 139 HGB vermieden wird, die Erbengemeinschaft selbst als Inhaberin der Rechte zu adressieren, ist nämlich konsequent und richtig. Denn die Erbengemeinschaft ist gerade kein rechtsfähiges Organisationsgefüge. Keine Norm des BGB oder des HGB spricht die Erben in Gemeinschaftsform an, wenn die Erbenmehrheit in der Organisationsform der Erbengemeinschaft adressiert wird. Vielmehr sprechen etwa die §§ 473 S. 1, 594d Abs. 1, Abs. 2, 630g Abs. 3 S. 1, 1097 Hs. 1, 2040 Abs. 1, 2058, 2062 Hs. 1, 2148, 2204 Abs. 2 BGB und die §§ 22 Abs. 1, 24 Abs. 2, 25 Abs. 1 S. 2, 143 Abs. 3, 146 Abs. 1 S. 2, 148 Abs. 1 S. 2, 157 Abs. 3 HGB stets von „*den Erben*“. Dass diese Adressierung richtig ist, zeigt auch die Zentralnorm des § 2032 Abs. 1 BGB, die ebenfalls „*die Erben*“ als Inhaber des gemeinschaftlichen Vermögens ansieht.

2. Individuelles Wahlrecht in § 139 HGB

Die besondere Funktionsweise des § 139 HGB, jedem Erben, unabhängig von den anderen Erben, das dort bezeichnete Wahlrecht zuzuweisen, verdient es daher, genauer auf seine Vereinbarkeit mit der unmodifizierten Universalsukzession überprüft zu werden. Hiernach soll sich § 139 HGB deshalb gegen eine Universalsukzession in den oHG-Anteil positionieren, weil in Abs. 1 und Abs. 2 der Vorschrift bestimmt ist, dass „*jeder Erbe sein Verbleiben in der Ge-*

---

[419] *Klöhn*, in: Henssler/Strohn-GesR, § 139 HGB Rdnr. 18. In diese Richtung auch: *Schmidt*, in: MüKo-HGB, § 105 Rdnr. 104; *Flechtheim*, in: Düringer/Hachenburg-HGB, § 139 Anm. 15.

[420] BGH, NJW 1983, 2376, 2377. Vorsichtiger noch BGHZ 68, 225, 237, wo konstatiert wird, dass die Sondererbfolge auch „*die Vorschrift des § 139 HGB für sich (hat), die sie zwar nicht ausdrücklich vorschreibt, bei unbefangener Betrachtung aber offenbar voraussetzt*“.

[421] So aber *Flume*, Allgemeiner Teil I-1, § 18 II 1, S. 379.

sellschaft davon abhängig machen kann, daß ihm (...) die Stellung eines Kommanditisten eingeräumt wird" bzw. er alleine befugt ist, „*sein Ausscheiden aus der Gesellschaft zu erklären*"[422]. Dieses individuell jedem Erben zustehende Recht soll der Konzeption der Erbengemeinschaft entgegenstehen, da diese gerade vom Prinzip der gemeinschaftlichen Verwaltung geprägt sei, wie §§ 2038 Abs. 1 S. 1, 2040 Abs. 1 BGB zeigen. § 139 HGB sei daher ein Recht des einzelnen Erben und nicht der Erbengemeinschaft, was Rückschlüsse auf die Sondererbfolge zulasse.[423] Bereits *Börner* und *Bletz* haben jedoch aufgezeigt, dass das jedem einzelnen Erben zustehende Wahlrecht aus § 139 Abs. 1, Abs. 2 HGB für sich genommen überhaupt keine Aussagekraft dahingehend zulässt, ob es dem Erben als solchem oder als Mitglied einer Erbengemeinschaft zusteht.[424] Denn auch in letzterem Fall ist eine individuelle Einräumung von Rechten nicht ausgeschlossen. So ist in § 2038 Abs. 1 S. 1 BGB der Grundsatz der gemeinschaftlichen Verwaltung normiert, jedoch kennt dieser, insbesondere mit dem Notverwaltungsrecht gem. § 2038 Abs. 1 S. 2 Hs. 2 BGB, eine zu Gunsten des einzelnen Erben wirkende individuelle Durchbrechung. Auch das individuelle Ausschlagungsrecht jedes Miterben gem. § 1952 Abs. 3 BGB zeigt, dass das Gefüge der Erbengemeinschaft nicht unvereinbar mit dem Gedanken eines eigenen, individuellen Verteidigungsrechts ist, insbesondere wenn dieses der Abwendung der ungewollten Wirkung eines Erbschaftsanfalls dient. Das zeigt jedoch, dass eine durch § 139 Abs. 1, Abs. 2 HGB gewährte beschränkte Alleinentscheidungskompetenz des einzelnen Erben nicht zu unüberwindbaren Spannungen mit dem Rechtsgefüge der Erbengemeinschaft führt.

3. Rechtsfolgen des § 139 HGB

Allenfalls die in den gleichnamigen Absätzen statuierte Rechtsfolge, also der alleinigen Umwandlung der Gesellschafterposition des seine Rechte geltend machenden Erben in einen Kommanditanteil bzw. die Aufgabe dieser Gesellschafterposition, führt zu Spannungen im Erbengemeinschaftsgefüge. Denn dieses Ergebnis wäre unter Zugrundelegung der unmodifizierten Universalsukzession in den oHG-Anteil gem. §§ 1922 Abs. 1, 2032 Abs. 1 BGB nur um den Preis einer Einwirkung auf den dem betreffenden Miterben zustehenden Anteil am oHG-Anteil möglich, was in ein Spannungsfeld zu der in § 2033 Abs. 2 BGB statuierten gesamthänderischen Bindung tritt. Denn diese steht gerade mit dem dort statuierten Verfügungsverbot einer Einwirkung auf die dem einzelnen

---

[422] *V. Proff*, in: BeckOGK-ZR, § 727 Rdnr. 45.1. Ähnlich: *Flechtheim*, in: Düringer/Hachenburg-HGB, § 139 Anm. 15; *Klöhn*, in: Henssler/Strohn-GesR, § 139 HGB Rdnr. 18.

[423] *Flume*, Allgemeiner Teil I-1, § 18 II 1, S. 379 (Fn. 12).

[424] *Bletz*, S. 17; *Börner*, AcP 166, 426, 445 f.

Miterben zustehenden Anteile an den einzelnen Nachlassgegenständen feindlich gegenüber.[425] Weil die gesamthänderische Bindung für die Erbengemeinschaft in der Tat wesensbildendes Merkmal ist, steht das Schicksal der Erbengemeinschaft ab Ausübung der Rechte aus § 139 HGB tatsächlich infrage. Daraus jedoch ergibt sich, dass die schlichte Existenz der Vorschrift des § 139 HGB kein zwingendes Argument für die Sondererbfolge liefert, sondern unmittelbar allenfalls Rückschlüsse auf ein Ausscheiden aus dem gesamthänderisch gebundenen Vermögen zulässt, wenn ein Erbe nach dem Erbfall von seinen Rechten aus § 139 Abs. 1, Abs. 2 HGB Gebrauch macht.[426] Solange jedoch keiner der Erben die Rechte aus § 139 HGB wahrnimmt, kann § 139 HGB auch keinen Grund dafür liefern, den oHG-Anteil aus der in §§ 1922 Abs. 1, 2032 Abs. 1 BGB angeordneten unmodifizierten Universalsukzession auszuschließen.[427] Auch der Verweis auf die Rechtsfolge des § 139 HGB lässt damit keinen Rückschluss auf die Sondererbfolge zu, sondern macht nur eine vertiefte Erörterung erforderlich, ob die Erbengemeinschaft am oHG-Anteil auch jenseits der Ausübung der Rechte gem. § 139 Abs. 1, Abs. 2 HGB fortbestehen kann.

4. Genese des § 139 HGB

Nun wird freilich gegen diese These argumentiert, dass eine der gesamthänderischen Bindung abträgliche Rechtsfolge des § 139 Abs. 1, Abs. 2 HGB zumindest Rückschlüsse auf die Tatsache zulasse, dass der Gesetzgeber stillschweigend von einer Sondererbfolge in oHG-Anteile ausgegangen ist. *Flume* etwa weist darauf hin, dass der Gesetzgeber im Normtext des § 139 HGB wohl darauf hingewiesen hätte, dass der oHG-Anteil durch die Ausübung der darin enthaltenen Rechte aus dem gesamthänderisch gebundenen Vermögen ausscheidet, wenn von ihm eine unmodifizierte Universalsukzession in den oHG-Anteil intendiert gewesen wäre. Da er dies nicht getan hat, läge daher der Schluss nahe, dass der oHG-Anteil bereits mit dem Erbfall aus dem gesamthänderisch gebundenen Nachlass ausgeschlossen sein sollte.[428] Auch für *Wiedemann* liegt der Schluss nahe, dass „*§ 139 HGB (...) nun einen Hinweis (gebe), dass der Er-*

---

[425] *Börner*, AcP 166, 426, 444.

[426] So *Börner*, AcP 166, 426, 445 f.

[427] Dies sieht wohl auch *Wiedemann*, Übertragung, S. 198, wenn er betont, dass § 139 HGB „*die Möglichkeit einer Einzelnachfolge, aber nicht ihre Zwangsläufigkeit*" beweist, zieht jedoch hieraus nur den Schluss, dass § 139 HGB die Existenz der Sondererbfolge nicht vollständig belegen könne.

[428] *Flume*, Allgemeiner Teil I-1, § 18 II 1, S. 379 (Fn. 12).

werb einer Beteiligung als Ganzes die Vorschriften über die Erbengemeinschaft wenigstens teilweise übergeht“[429].

Wenn man einmal davon absieht, dass diese Rückschlussargumente schon aus sich heraus voraussetzen, dass die Ausübung der Rechte aus § 139 HGB zu einem Ausscheiden aus dem gesamthänderischen Verbund zwingen,[430] sind diese Schlussfolgerungen auch aus einem anderen Blickwinkel zweifelhaft. Es gibt schlicht keinen Grund, der aus logischen Gesichtspunkten dazu zwingt, von einer allein auf die Miterbengesellschafterstellung am oHG-Anteil beschränkten Umwandlungsbefugnis gem. § 139 Abs. 1, Abs. 2 HGB auf eine Abweichung von einem der Fundamentalprinzipien des Erbrechts – der Universalsukzession – zu schließen, nur weil in § 139 HGB eine – einstweilen als notwendig unterstellte – Teilauseinandersetzung nicht explizit normiert ist. Anders wäre dies allenfalls dann, wenn sich Belege dafür finden ließen, dass der historische Gesetzgeber das Spannungsverhältnis zwischen der Rechtsfolge des § 139 HGB und der gesamthänderischen Bindung tatsächlich gesehen hat, jedoch trotz dieser Erkenntnis bewusst davon abgesehen hat, in § 139 HGB dieses Spannungsverhältnis aktiv zu lösen. Denn nur dann kann unterstellt werden, dass der Gesetzgeber gerade deswegen in § 139 HGB keine Veranlassung für eine Normierung des Ausscheidens aus dem gesamthänderisch gebundenen Vermögen gesehen hat, weil er davon ausging, dass die gesamthänderische Bindung in Ansehung des oHG-Anteils ohnehin keine Anwendung findet. Dies ist jedoch nicht der Fall, wie nachfolgend anhand der Genese des § 139 HGB aufgezeigt werden soll.

a) Vorschrift des § 139 HGB im Spiegel ihrer Erschaffung

Die Vorschrift des § 139 HGB ist mit Inkrafttreten des HGB am 1.1.1900 in Geltung gesetzt worden, eine Vorläufervorschrift im *ADHGB* existierte nicht. An diesem Datum sind zwei Fakten bemerkenswert. Erstens war zu diesem Zeitpunkt die vom RG in RGZ 16, 40 zum *PreußALR* ausjudizierte Sondererbfolge in Personengesellschaftsanteile bereits seit geraumer Zeit in der Rechtspraxis etabliert. Zweitens markierte dieses Datum zugleich einen Kurswechsel im Erbrecht, da sich die bürgerlichen Partikularrechte (allen voran das *PreußALR*) mit diesem Datum aus dem geltenden Recht verabschiedeten, um Platz für die im gesamten Deutschen Reich geltende, einheitliche bürgerliche Rechtsordnung des BGB zu machen. Daher konnte man bei Schaffung des § 139 HGB nicht einfach von einem Fortbestand der zum *PreußALR* ausjudizierten Rechtsprechung zur Sondererbfolge ausgehen.

---

429 *Wiedemann*, Übertragung, S. 197.

430 Dass dieser Schritt nicht veranlasst ist, wird in *§ 4* noch zu zeigen sein.

aa) Vermeidung einer unentziehbaren persönlichen Erbenhaftung

Wer tiefer in die Genese der Vorschrift einsteigt, die heute als § 139 Geltung im HGB beansprucht, wird feststellen, dass die Idee zur Schaffung dieser Norm am 27.11.1895 in der 6. Sitzung der Kommission-Handel[431] geboren wurde.[432] Diese Einrichtung tagte vom 21.11.1895 bis zum 18.12.1895, um einen von *Eduard Hoffmann*[433] bis zum Frühjahr 1895 ausgearbeiteten und im Sommer desselben Jahres an die beteiligten Stellen übersandten *I. HGB-Entwurf* zu erörtern, der sich im Bereich des oHG-Rechts noch sehr stark am *ADHGB* orientierte und in dem eine dem § 139 HGB vergleichbare Vorschrift noch nicht enthalten war.[434] Richtig ist, dass man sich zur Schaffung dieser Vorschrift gerade in Ansehung der Rechtsprechung des RG in RGZ 16, 40 genötigt sah.[435] Hierzu gab die in diesem Urteil ausjudizierte persönliche Haftung der *„ohne weiteres"*[436] – gemeint ist kraft Gesetzes und damit unabhängig von einem durch die Erben geäußerten Willensakt – in die Gesellschafterstellung einrückenden Erben gem. *Art. 112 S. 1* und *Art. 113 Abs. 1 ADHGB* Anlass. Da diese persönliche Gesellschafterhaftung des *ADHGB* im Wesentlichen unverändert in das HGB übernommen werden sollte, drohte auch unter Ägide des HGB eine solche einseitig vom Erblasser den Erben aufgezwungene, persönliche Verhaftung, die diese nach allgemeinen Grundsätzen nur um den Preis einer Ausschlagung der gesamten Erbschaft hätten abstreifen können. Dies wurde allgemein als unbillig empfunden.[437]

bb) Konservierung der Sondererbfolge als mitschwingendes Motiv?

Aus der Tatsache, dass man in der Kommission-Handel augenscheinlich davon ausging, dass die Rechtsprechung des RG in RGZ 16, 40 auch nach Erlass des BGB insofern Geltung behalten sollte, als in die Gesellschafterstellung von Todes wegen eintretende Erben einer kraft Gesetzes entstehenden persönlichen Haftung unterliegen, darf nun jedoch nicht darüber hinaus gefolgert werden, dass die Kommission-Handel damit auch stillschweigend die im gleichnamigen Urteil

---

431 Die Kommission hieß offiziell: *„Kommission zur Begutachtung des Entwurfs eines Handelsgesetzbuchs"*, zu dieser Bezeichnung sowie deren Zusammensetzung, s. *S/S/K*, Quellen HGB I, S. 14–16.

432 *S/S/K*, Quellen HGB II-1, S. 331.

433 Der Vater von *Eduard Hoffmann*, *Heinrich Hoffmann*, erlangte als Verfasser des Kinderbuchs *„Struwwelpeter"* Berühmtheit, s. *Langfeld*, Mein Leben, S. 139; *S/S/K*, Quellen HGB I, S. 12 (Fn. 45).

434 *S/S/K*, Quellen HGB I, S. 12 ff. und 52; zum Inhalt, s. auch *S/S/K*, Quellen HGB I, S. 217 ff.

435 Insoweit richtig *Siegmann*, S. 46.

436 *S/S/K*, Quellen HGB II-1, S. 331; HGB-Denkschrift 1896, S. 287.

437 *S/S/K*, Quellen HGB II-1, S. 331.

ausgesprochene Sondererbfolge in das Zeitalter des BGB hineinkonservieren wollte. Wie bereits gesehen, haben diese beiden Punkte nichts miteinander zu tun. Richtigerweise ist die persönliche Gesellschafterhaftung gem. §§ 128 S. 1, 130 Abs. 1 HGB logische Folge jeder Rechtsnachfolge in den oHG-Anteil und trifft den Rechtsnachfolger damit gleichgültig, ob er als Alleinerbe, als Sondererbe oder als Miterbe in gesamthänderischer Verbundenheit in den oHG-Anteil eintritt.[438] Das Bedürfnis nach Schaffung einer Vorschrift, die die als unverhältnismäßig hart empfundene persönliche Gesellschafterhaftung erträglich gestaltet, bestand also unabhängig davon, wie sich unter Ägide des BGB die Erbfolge in Personengesellschaftsanteile fortentwickeln würde.

Nun kann man freilich argumentieren, dass das RG seinerzeit in RGZ 16, 40 dieser, nach der hier vertretenen Auffassung für das BGB als richtig empfundenen Lösung im Anwendungsbereich des *PreußALR* nicht folgte, weil es sich zur Sicherstellung einer unbeschränkten persönlichen Gesellschafterhaftung gerade zur rechtsfortbildenden Schöpfung der Sondererbfolge in den oHG-Anteil genötigt sah.[439] Man könnte daher folgern, dass auch die Kommission-Handel, nicht zuletzt deshalb, weil sie nichts Abweichendes kommuniziert hat, diesem jedenfalls unter Ägide des BGB nicht besonders überzeugenden Rechtsverständnis folgte. So ließe sich konstatieren, dass die Kommission-Handel mit der Anerkennung eines Bedürfnisses, die persönliche Haftung, die Erben eines Gesellschaftsanteils droht, abzumildern, auch stillschweigend die Sondererbfolge anerkannte.[440] Hierfür scheint auch der von *Flechtheim* kommunizierte, sich aus den veröffentlichten Protokollen[441] jedoch nicht ergebende Hinweis zu sprechen, wonach die Vorschrift des heutigen § 139 HGB in der Kommission-Handel auf Anregung[442] *Bolzes* geschaffen wurde, der bereits bei Erlass des Urteils RGZ 16, 40 durch den II. Senat als Reichsgerichtsrat des gleichnamigen Senats fungierte.[443]

Doch selbst wenn man diese Tatsachen berücksichtigt, ist ein solcher Rückschluss nicht zwingend. Vielmehr ist es sogar naheliegender, dass § 139 HGB nur auf die Abmilderung der als untragbar empfundenen persönlichen Haftung aller Erben zielte und die Frage, wie ein oHG-Anteil auf die Erben übergeht, dem Erbrecht und der Rechtswissenschaft überlassen werden sollte. Denn bei

438 Zur persönlichen Gesellschafterhaftung des Miterbengesellschafters, vgl. noch einmal *§ 3 II. 4.*

439 RGZ 16, 40, 57 ff.

440 In diese Richtung wohl *Siegmann*, S. 47 f.

441 In den Protokollen zur 6. Sitzung der Kommission-Handel, wie von *S/S/K*, Quellen HGB II-1, S. 331 wiedergegeben.

442 So *Flechtheim*, in: Düringer/Hachenburg-HGB, § 139 Anm. 1. S. auch *Patzschke*, ZHR 113, 1, 5.

443 Zur Senatszusammensetzung weiß *Köbler*, Erbrecht und Gesellschaft, S. 38 zu berichten.

Schaffung des § 139 HGB konnte nicht davon ausgegangen werden, dass die vom RG seinerzeit zum *PreußALR* ausgeführten Erwägungen zur Sondererbfolge in oHG-Anteile im gänzlich anders ausgestalteten Erbrecht des BGB Bestand haben würden. Dass auch die bei Schaffung des § 139 HGB beteiligten Kreise in dieser Beziehung keine Gewissheit sahen, lässt sich daraus schließen, dass man zwischenzeitlich im Entwicklungsprozess des § 139 HGB einen zusätzlichen Absatz einzufügen gedachte, in dem normiert werden sollte, dass der Erbe persönlich zu haften habe, wenn er von seinen Befugnissen nicht rechtzeitig innerhalb der Karenzfrist Gebrauch mache.[444] Hiermit sollten gerade Komplikationen vermieden werden, die man bei Vorhandensein mehrerer Erben vermutete.[445] Dass mit diesen Komplikationen letztlich nur das in RGZ 16, 40, 57 f. konstatierte Schreckgespenst einer allein mit den Kräften einer Nachlassverbindlichkeit haftenden Erbengemeinschaft am oHG-Anteil gemeint sein konnte, liegt auf der Hand. Wenn jedoch mit § 139 HGB i. S.d. Entscheidung RGZ 16, 40 die Sondererbfolge in oHG-Anteile kodifiziert werden sollte, wäre diese Befürchtung (und damit auch die Einführung eines solchen Absatzes) von vorneherein völlig fernliegend gewesen. Zwar ist dieser Absatz letztlich nie Gesetz geworden,[446] jedoch kann hieraus nicht geschlossen werden, dass sich letztendlich doch die Überzeugung durchgesetzt hatte, dass § 139 HGB einen Fortbestand der Sondererbfolge im Zeitalter des BGB erfordere und es daher einer gesonderten Anordnung der persönlichen Haftung der Erben nicht bedürfe. Denn für so einen Rückschluss fehlen jegliche Belege, wie ganz generell, warum dieser Absatz nicht übernommen wurde. Ohnehin ist zu konstatieren, dass im gesamten dokumentierten Schaffensprozess dieser Vorschrift keine vertiefte Auseinandersetzung mit der Frage auszumachen ist, ob die noch im Verhältnis von *ADHGB* und partikularrechtlichem *PreußALR* zur Legitimation der Sondererbfolge angestellten Gedanken des RG in RGZ 16, 40 ff. auf das Verhältnis von HGB und dem damals reichsweit in Kraft getretenen BGB übertragen werden können. Dass eine solche kritische Neubewertung der Sachlage geboten war, musste nicht nur vor dem Hintergrund einleuchten, dass beide BGB-Kommissionen, in bewusster Abkehr von den partikularrechtlichen Zivilkodifikationen, der reichs-

---

444 Eine solche Vorschrift wurde als *§ 126 Abs. 5 HGB* von dem in der Zeit vom 8. bis 11.10.1896 tagenden Ausschuss auf Antrag der II. Unterkommission vorläufig gebilligt, s. *S/S/K*, Quellen HGB II-1, S. 685.

445 So die explizite Erklärung am *XXIII. Deutschen Handelstag*, s. *S/S/K*, Quellen HGB II-1, S. 605.

446 Bereits in der Bundesratsvorlage vom 13.11.1896 war dieser Absatz nicht mehr enthalten, s. *S/S/K*, Quellen HGB I, S. 500.

einheitlichen Normierung von Sondererbfolgen[447] und Vindikationslegaten[448] im BGB unter ausführlicher und tiefgreifender Erörterung sehr kritisch gegenüberstanden. Es ist auch zu berücksichtigen, dass die Vorschriften der Erbengemeinschaft des BGB im Zeitpunkt der Geburt des heutigen § 139 HGB, also im vierten Quartal des Jahres 1895, noch nicht einmal ihre endgültige gesetzliche Gestalt gefunden hatten.[449] Hier den Willen auszumachen, dass über das Handelsrecht auf das noch im Entstehen befindliche Erbrecht bereits proaktiv und einseitig korrigierend Einfluss genommen werden sollte, obwohl selbst in der Schlussberatung der II. Kommission noch einmal der Wille bekräftigt wurde, dass man Vindikationslegaten und dinglich wirkenden Teilungsanordnungen im Zeitalter des BGB kritisch gegenüberstehe,[450] scheint nicht sehr wahrscheinlich. Jedenfalls hätte man zumindest erwartet, dass die Kommission-Handel über die Gesprächskanäle Kontakt zu den BGB-Kommissionen und Gremien gesucht hätte, wenn wirklich beabsichtigt worden wäre, durch § 139 HGB die Vererbung eines oHG-Anteils in bewusster Abkehr von der Dogmatik des BGB zu kodifizieren.

cc) Schaffensprozess in der Kommission-Handel

Aus den Protokollen der Kommission-Handel und dem dort dokumentierten Schaffensprozess des § 139 HGB lassen sich weitere Argumente gegen die Annahme einer durch § 139 HGB stillschweigend kodifizierten Sondererbfolge ausmachen. Die von juristischer Seite in der Kommission geäußerten ersten Anregungen zur Schaffung der Vorschrift des § 139 HGB vermieden es, in einer dem Gesamthandsverständnis abträglichen Weise dem einzelnen Erben die Befugnis zu geben, über seine eigene Position in der Gesellschaft zu disponieren. Vielmehr ging der erste Formulierungsvorschlag dahin, die Vorschrift folgendermaßen zu fassen:

---

447 Als Beleg dient insbesondere die Ablehnung der Regelung von Anerbenrechten im BGB: I. Kommission: Mugdan V, S. 1; II. Kommission: Protokolle V, S. 852 ff.; *Jakobs/Schubert*, Beratung-V-1, S. 818.

448 Mugdan V, S. 70 f., 92, 621 ff.

449 In diesem Zeitpunkt wurde der *redigierte II. Entwurf des BGB* vielmehr erst im Justizausschuss des Bundesrats beraten, woraus der *III. Entwurf des BGB* hervorging, den der Reichskanzler am 17.1.1896 dem Reichstag vorlegte, s. *Honsell*, in: Staudinger, Einleitung Rdnr. 85. Auch die II. Kommission hielt noch bis zum 8.2.1896 Sitzungen ab, vgl. *Jakobs/Schubert*, Beratung-Einführung, S. 58.

450 Protokolle VI, S. 344 ff. (Vindikationslegat); Protokolle VI, S. 346 f. (Sondererbfolge).

„Ist im Gesellschaftsvertrag bestimmt, dass die Gesellschaft durch den Tod eines Gesellschafters nicht aufgelöst wird, so hat jeder Erbe desselben (...) das Recht, die Gesellschaft ohne Einhaltung einer Frist zu kündigen“[451].

Jeder Erbe sollte also die Möglichkeit haben, die Gesellschaft als Ganzes, und damit auch mit Wirkung für alle Miterben, durch Kündigung aufzulösen. Dies hätte der gesamthänderischen Bindung der Erbengemeinschaft nicht widersprochen, da der Erbe nicht bloß über seinen Anteil am Nachlassgegenstand oHG-Anteil i. S.d. § 2033 Abs. 2 BGB, also seine Miterbengesellschafterposition, sondern über den Fortbestand der Gesellschaft selbst disponiert hätte. Dass diese Formulierung letztlich nicht Gesetz wurde, ist einem kommissionsinternen Einwand von *„namentlich kaufmännischer Seite“*[452] (und damit sicher nicht auf Initiative des Juristen *Bolze*) zu verdanken, der hinsichtlich des den Erben gewährten Kündigungsrechts bemängelte, dass so das Interesse der übrigen Gesellschafter zu wenig Berücksichtigung fände, nicht mit Abfindungsansprüchen seitens der Erben belastet zu werden. Man regte deshalb an, die Erben vorrangig auf die Einräumung einer Kommanditistenstellung zu verweisen. Dadurch könnten sich auf der einen Seite die Erben gewiss sein, kein persönliches Haftungsrisiko aufgezwungen zu bekommen und auf der anderen Seite die übrigen Gesellschafter versichert sein, dass das Gesellschaftsvermögen zusammengehalten wird. Nur wenn die Mitgesellschafter mit der Umwandlung in eine KG nicht einverstanden sind, müsste man den haftungsaversen Erben ein subsidiäres Kündigungsrecht zugestehen.[453] Wenngleich nicht explizit dokumentiert, liegt es jedoch nahe, dass sich genau mit diesem von kaufmännischer Seite initiierten und sodann diskutierten zweistufigen Rückzugskonzept die gesamthandsfeindliche Idee eines Verteidigungsrechts einschlich, dass nicht den Erben als Kollektiv, sondern jedem Erben in Bezug auf seine individuelle Stellung in der Gesellschaft zustehen müsse. Denn in der Umwandlung in eine Kommanditistenstellung sah man ein ungünstiges Moment für die Miterben, da *„insofern dieselben ihr Kapital der Gesellschaft belassen müssten, aber von der Geschäftsführung ausgeschlossen blieben“*[454]. Es ist daher naheliegend, dass man es, ausgehend von dieser Feststellung, vermutlich als gebotene Gerechtigkeitsentscheidung ansah, dass nur jeder Erbe für sich über seine eigene Position in der Gesellschaft disponieren solle, jedoch nicht in den Stand versetzt werden dürfe, für alle Miterben zu sprechen und die anderen Miterben

---

451 So die Formulierung im Kommissionsprotokoll, wie in *S/S/K*, Quellen HGB II-1, S. 332 wiedergegeben.

452 So die Formulierung im Kommissionsprotokoll, wie in *S/S/K*, Quellen HGB II-1, S. 332 wiedergegeben.

453 *S/S/K*, Quellen HGB II-1, S. 332 f.

454 *S/S/K*, Quellen HGB II-1, S. 333.

ohne finanzielle Entschädigung aus der Geschäftsführung und Vertretung herauszudrängen. Dass der Miterbe (wenn die übrigen Gesellschafter sein Ansinnen auf Einräumung einer Kommanditistenstellung ablehnen) ebenfalls nur über sein Ausscheiden aus der Gesellschaft disponieren dürfe, muss so gesehen letztlich nur als die logische Fortführung dieser Gerechtigkeitserwägung auf der zweiten Stufe verstanden werden. Folgt man diesem Gedankengang, ist die Tatsache, dass § 139 HGB in einem seltsamen Spannungsverhältnis zur gesamthänderischen Bindung der Erbengemeinschaft steht, letztlich bloße Nebenfolge einer auf ganz anderen Gerechtigkeitserwägungen beruhenden Gestaltungsentscheidung des damaligen Schaffensprozesses.

b) Misslungene Verzahnung des § 139 HGB mit den Vorschriften des BGB

Wenn also der Schaffensprozess des § 139 HGB richtigerweise keine Hinweise auf eine stillschweigende Zugrundlegung der Sondererbfolge liefert, fragt es sich natürlich, wieso die Kommission-Handel nicht erkannte, dass die so konstruierte Rechtsfolge der in § 139 HGB zugelassenen Anteilsumwandlung mit der in § 2033 Abs. 2 BGB statuierten gesamthänderischen Bindung konfligieren würde. Um dies zu verstehen, muss man sich vergegenwärtigen, dass in der juristisch äußerst lebhaften Zeit des ausgehenden 19. Jahrhunderts die gleichzeitig in Kraft getretenen Kodifikationen des BGB und HGB zum Teil parallel und von verschiedenen, personell unterschiedlich besetzten Kommissionen und Expertengremien ausgearbeitet wurden.[455]

Wer dabei auf die Genese des BGB blickt, wird feststellen, dass die Vorstellung, wie mehrere Erben in den Nachlass nachfolgen sollten, bei der Ausarbeitung des BGB lange Zeit vom gemeinrechtlichen Primat einer Bruchteilsnachfolge geprägt war, vgl. *§ 1750 Abs. 1 BGB – I. Entwurf*[456]. In dieser Konsequenz sollte unter den Erben das Recht der Bruchteilsgemeinschaft gelten, *§ 2151 BGB – I. Entwurf*[457]. Nicht zuletzt, weil nach diesem Verständnis die vererbten Rechte und Verbindlichkeiten sogar nach dem Grundsatz „*nomina et debita sunt ipso iure divisa*“ als unmittelbar in der Hand der Erben realgeteilte Positionen angesehen worden wären und für vererbliche Gesellschaftsanteile letztlich Entsprechendes[458] hätte gelten müssen,[459] wäre es daher nach dem

[455] Zum Ablauf, vgl. *Jakobs/Schubert*, Beratung-Einführung, S. 4 und 6 f.

[456] Wiedergegeben, in: I. Entwurf BGB, S. 420.

[457] Wiedergegeben, in: I. Entwurf BGB, S. 513.

[458] *Börner*, AcP 166, 426, 445 bezeichnet diesen Vorgang als „*participatio ipso iure est divisa*“.

[459] So *Windel*, S. 128; *Köbler*, Erbrecht und Gesellschaft, S. 41 f. und 119 f.

I. Entwurf des BGB jedem Miterben möglich gewesen, über seine Rechtsstellung in der Gesellschaft i. S.d. Vorschrift des § 139 HGB frei zu verfügen.

Mit einer Portion guten Willens wäre es auch im Erbrecht nach dem *PreußALR* nicht viel anders zu beurteilen gewesen. Zwar wurde den Erben unter Ägide des *PreußALR* durch einen Plenarbeschluss des königlich preußischen Obertribunals vom 17.12.1841 nur eine ungeteilte Gesamtberechtigung an der Erbschaft zugesprochen,[460] was in der Folge zu der weiteren für den Gesamthandscharakter entscheidenden Rechtfortbildung führte: Dem Erben sollte nicht gestattet sein, über seine Anteile an den einzelnen Nachlassgegenständen zu verfügen.[461] Wenngleich das königlich preußische Obertribunal sein Ergebnis mit Rücksicht auf die besondere Behandlung von Verbindlichkeiten und Forderungen (*I 17 §§ 127ff.*, *§ 151 PreußALR*) in der Erbengemeinschaft zu untermauern suchte,[462] war dieses Ergebnis doch nicht unmittelbar aus dem Gesetz ableitbar und daher nicht mehr als eine richterliche Rechtsfortbildung. Denn die Erbengemeinschaft des *PreußALR* fußte im gesetzlichen Ausgangspunkt auf einer Bruchteilsgemeinschaft, wie der Verweis in *I 17 § 115 PreußALR* auf die allgemeinen Grundsätze des Miteigentums zeigt. Macht man sich darauf aufbauend klar, dass die Erbengemeinschaft des *PreußALR* damit im gesetzlichen Ausgangspunkt der freien Anteilsveräußerung gem. *I 17 § 60 PreußALR* offen stand, hätte die Vorschrift des § 139 HGB in diesen Regelungsrahmen sogar widerspruchslos eingebunden werden können; § 139 HGB hätte bei der Vererbung von Personengesellschaftsanteilen schlicht die richterliche Rechtsfortbildung des königlich preußischen Obertribunals reduziert.[463]

Erst im *II. Entwurf des BGB* schwenkte man, in bewusster Abkehr vom gemeinen Recht und dem *I. Entwurf des BGB* (sowie nach den vorangegangenen Erkenntnissen auch in bewusster Abkehr vom gesetzlichen Rahmen des *PreußALR*), in den *§§ 1906, 1907 Abs. 2 BGB – II. Entwurf* zu Gunsten eines gesetzlich normierten umfassenden Gesamthandsverständnisses um, kodifizierte also die richterliche Rechtsfortbildung des königlich preußischen Obertribunals: Der gesamte Nachlass sollte gemeinschaftliches Eigentum der Miterben werden und jeder Miterbe der Fähigkeit beraubt sein, über die Anteile an den einzelnen Nachlassgegenständen zu verfügen.[464] Die Normierung des Gesamthandsprinzips nahm bei der Erbengemeinschaft jedoch erst gegen Ende des Wirkens der

---

[460] PreußOtE 7, 270, 276 ff.

[461] PreußOtE 35, 352, 363 ff.; *Löhnig*, in: Staudinger, Vor. § 2032 Rdnr. 10.

[462] PreußOtE 35, 352, 366.

[463] So *Windel*, S. 128 f.

[464] Zu den Anträgen, die dazu in der II. Kommission gestellt wurden, s. *Jakobs/Schubert*, Beratung-V-1, S. 788 ff. Zu den Gründen, s. eingehend: Protokolle V, S. 835 ff.; Mugdan V, S. 859 f.

II. Kommission im Jahr 1895 Gestalt an[465] und konnte letztlich erst dann als endgültige Entscheidung betrachtet werden, als der *redigierte II. Entwurf des BGB* am 21.10.1895 in Gänze von der BGB-Gesamtkommission gebilligt wurde.[466] Wer nun diese Daten mit der bereits eingangs erwähnten Tatsache vergleicht, dass die Vorschrift des heutigen § 139 HGB als *§ 126 HGB – Kommissionsentwurf* von der Kommission-Handel in deren 6. Sitzung am 27.11.1895 erstmalig geformt wurde,[467] wird feststellen, dass zwischen dem im Recht der Erbengemeinschaft von der II. Kommission vollzogenen Wandel hin zur Gesamthand und der Schöpfung der Vorschrift des § 139 HGB eine relativ kurze Zeitspanne lag. Ausgehend von dieser Tatsache vermutet *Köbler,* dass die Kommission-Handel das Umschwenken auf das System der gesetzlich normierten Gesamthand durch die II. Kommission bei der Ausarbeitung des *§ 126 HGB – Kommissionsentwurf* nicht mehr mit einer derart ausreichenden Vorlaufzeit erreichte, um sich über die einzelnen Details klar zu werden, die dieser Paradigmenwechsel auf das HGB haben sollte. In der Folge sei es wohl schlicht nicht aufgefallen, dass die in Aussicht genommene Fassung des § *126 HGB – Kommissionsentwurf* Konflikte mit dem seinerzeit erst kurz zuvor von der II. Kommission favorisierten Gesamthandsprinzip der Erbengemeinschaft hervorrufen würde. Vor diesem Hintergrund sei es zu verstehen, dass die Vorschrift, die als § 139 HGB Eingang in die endgültige Fassung des HGB gefunden hat, zu wenig auf das Gesamthandsprinzip abgestimmt wurde.[468]

Die These *Köblers* erfährt vom damaligen Kommissionsmitglied *Langfeld* Unterstützung, der sich in seinen Memoiren daran erinnert, dass das „*Bürgerliche Gesetzbuch seine erste Probe vor Praktikern nur schlecht bestand*“[469] und ihm in der Kommission-Handel die Aufgabe oblag, „*manche irrige Auffassung vom neuen Rechte (*scil.: *BGB) richtig zu stellen*“[470]. Dass die Kommission-Handel noch im Denkmodell des von der I. BGB-Kommission und einigen Partikularrechten vertretenen und mit der Rechtsfolge des § 139 Abs. 1, Abs. 2

---

465 *Köbler* berichtet, dass der Entschluss, in Ansehung der Erbengemeinschaft auf das Gesamthandsprinzip überzuschwenken, auf einem Vorstoß von *v. Gierke* aus dem Jahre 1895 beruhte, s. *Köbler*, Erbrecht und Gesellschaft, S. 44.

466 *Leske*, Vergleichende Darstellung III-1, S. 6. Am 22.10.1895 wurde der *redigierte II. Entwurf des BGB* dann dem Reichskanzler überreicht, s. *Honsell*, in: Staudinger, Einleitung Rdnr. 84.

467 *S/S/K*, Quellen HGB II-1, S. 331.

468 Vgl. zum Ganzen *Köbler*, Erbrecht und Gesellschaft, S. 47 f., 120.

469 *Langfeld*, Mein Leben, S. 139, der als Beispiel den freilich hier irrelevanten Themenkomplex des ehelichen Güterrechts der Handelsfrauen anführte. Dennoch lässt die von *Langfeld* beschriebene negative Grundhaltung gegenüber dem BGB tief in die Arbeitsweise der Kommission-Handel blicken.

470 *Langfeld*, Mein Leben, S. 139.

HGB ohne Weiteres harmonierenden Bruchteilsprinzips verhaftet war, rückt so noch mehr in den Bereich des Wahrscheinlichen. Dies gilt umso mehr, als sich alleine hieraus erklärt, warum sich in den veröffentlichten Protokollen keine Ausführungen zum Verhältnis des Regelungskomplexes der Erbengemeinschaft und der Vorschrift des *§ 126 HGB – Kommissionsentwurf* findet. Dass letztlich das Gesamthandsprinzip mit der II. Kommission auch in der Erbengemeinschaft Einzug hielt, führte dazu, dass die Schöpfung der Norm, die später als § 139 HGB in das Handelsgesetzbuch Eingang fand, schon anfänglich makelbehaftet war. Auf Seiten der Schöpfer des BGB hat man zwar versucht, im Endstadium, also während der Beratung des *II. Entwurfs des BGB* im Justizausschuss des Bundesrates, Rücksicht auf die gleichzeitige Entwicklung bei der Schaffung des HGB zu nehmen.[471] Jedoch bedarf es wenig Phantasie, wenn man konstatiert, dass hier der enorme Zeitdruck wohl einer lückenlosen Verzahnung im Wege gestanden haben dürfte.

c) Fehlendes Problembewusstsein im weiteren Verlauf

Freilich verwundert es, warum der durch *§ 126 HGB – Kommissionsentwurf* hervorgerufene Konflikt zum gesamthänderischen Prinzip der Erbengemeinschaft auch in der Folgezeit unbemerkt blieb. Denn es vergingen nach dem Abschluss der von der Kommission-Handel ausgearbeiteten Änderungen noch mehr als zwölf Monate, bis ein weiterer Entwurf des HGB, nebst einer aktualisierten Denkschrift, als Reichstagsvorlage am 22.1.1897 präsentiert wurde.[472] Doch weder in der aus dem *§ 126 HGB – Kommissionsentwurf* entwickelten Norm des *§ 137 HGB – Reichstagsvorlage* noch in der sie erläuternden Denkschrift sind Tendenzen zu erkennen, die sich auch nur im Ansatz als Auseinandersetzung mit dem Gesamthandsprinzip der bürgerlich-rechtlichen Erbengemeinschaft verstehen lassen. Dabei war es doch nach den einleitenden Äußerungen von *Rieberding* in der 170. Sitzung des Reichstags vom 8.2.1897 eines der zentralen Anliegen bei Abfassung des HGB gewesen, „*einen Ausgleich zu schaffen zwischen dem, was in früheren Jahrzehnten das HGB (*scil.: *ADHGB) zu Grunde legte, und demjenigen, von dem jetzt das bürgerliche Recht ausgeht*“[473]. Auch die Denkschrift zur HGB-Reichstagsvorlage ordnet in ihrer Vorbemerkung an, dass eines der vordringlichsten Ziele der Novellierung des Handelsrechts sei, „*die Vorschriften des HGB mit dem Inhalte des BGB in Einklang zu bringen*“[474]. Es kann daher nur vermutet werden, dass auch von den beteiligten Kreisen, die aus-

---

[471] *Jakobs/Schubert*, Beratung-Einführung, S. 6.

[472] *S/S/K*, Quellen HGB I, S. 594 ff. (Reichstagsvorlage) und II-2, S. 949 ff. (Denkschrift).

[473] *Hahn/Mugdan*, Materialien VI, S. 455.

[474] *Hahn/Mugdan*, Materialien VI, S. 189.

gehend vom Kommissionsentwurf an der Reichstagsvorlage arbeiteten, nicht erkannt wurde, zu welchen Konflikten die Norm des *§ 137 HGB – Reichstagsvorlage* mit Blick auf das Gesamthandsverständnis des BGB führen würde. Hierfür spricht auch die Tatsache, dass die zur HGB-Reichstagsvorlage herausgegebene Denkschrift von 1897 in Ansehung der Vorläufervorschrift des heutigen § 139 HGB wortlautidentisch zu der zum *HGB-Kommissionsentwurf* herausgegebenen Denkschrift von 1896 ist.[475] Es kann daher auch in diesem Stadium kaum von einer bewussten Abweichung vom Gesamthandsprinzip gesprochen werden. Denn es ist schwer vorstellbar, dass *§ 137 HGB – Reichstagsvorlage* ohne einen dahingehenden Ansatz in der Denkschrift von einem der zentralsten Prinzipien des bürgerlichen Erbrechts abgekoppelt werden sollte. Auch in der auf die Reichstagsvorlage folgenden ersten Beratung des Reichstags vom 8.2. bis 10.2.1897 sowie in den Beratungen der XVIII. Kommission des Reichstags (die sich im Anschluss an diese Reichstagsitzungen konstituierte) und auch in der zweiten Beratung des Reichstags vom 6.4.1897 fehlte jegliche Erörterung zu dem der Vorschrift des heutigen § 139 HGB zugrunde gelegten Verhältnis zwischen dem Erb- und dem Handelsrecht.[476] Stattdessen wurde in einer dritten Beratung des Reichstages am 7.4.1897 eine Gesamtannahme des HGB beschlossen.[477] *§ 137 HGB – Reichstagsvorlage* hat in dieser Schaffensphase nur noch insofern eine Änderung erfahren, als dass die Norm in unveränderter Gestalt zwei Paragraphennummern weiter gerückt ist und als § 139 HGB bis heute ihren Platz im HGB beansprucht.

d) Zwischenergebnis

Nach alledem muss konstatiert werden, dass die bei der Schaffung des § 139 HGB beteiligten Kreise höchstwahrscheinlich den Widerspruch nicht erkannten, welcher zwischen der in § 139 Abs. 1, Abs. 2 HGB statuierten Rechtsfolge und der durch die II. Kommission als Gesamthand ausgestalteten Erbengemeinschaft besteht. Diese Erkenntnis kann nun jedoch nicht dazu führen, dass man gerade hieraus versucht, die Sondererbfolge in oHG-Anteile zu legitimieren.[478] Denn ansonsten würde man die Absenz jeglichen Problembewusstseins auf Seiten der Kreise, die an der Schaffung der Norm des § 139 HGB beteiligt waren, zu einer bewussten Entscheidung gegen eine unmodifizierte Universalsukzession in den

[475] Für einen synoptischen Vergleich dieser beiden Entwürfe, s. etwa *S/S/K*, Quellen HGB II-2, S. 1206 ff., insbesondere 1210 f.

[476] S. hierzu *Hahn/Mugdan*, Materialien VI, S. 532: „*Soweit eine ausdrückliche Feststellung in diesem Bericht nicht stattfindet, fand eine Diskussion bei den nicht erwähnten §§ nicht statt und wurden dieselben stillschweigend genehmigt*".

[477] *Hahn/Mugdan*, Materialien VI, S. 762 f.

[478] So jedoch offenbar *Windel*, S. 129.

oHG-Anteil hochstilisieren. Vielmehr ist *Köbler*[479] darin zuzustimmen, dass diese Erkenntnis gerade umgekehrt die Argumente derjenigen in Zweifel zieht, die in § 139 HGB eine bewusste Entscheidung des historischen Gesetzgebers für die Sondererbfolge erblicken.

5. Wortlaut des § 139 HGB und qualifizierte Sondererbfolge

Dass mit § 139 HGB vom historischen Gesetzgeber keine Kodifizierung der Sondererbfolge in ihrer heutigen Erscheinungsform angestrebt war, zeigt schließlich auf eindrucksvolle Weise auch der Wortlaut der Norm selbst. Denn § 139 HGB ist nach den einleitenden Worten des § 139 Abs. 1 HGB anwendbar, „*wenn im Gesellschaftsvertrag bestimmt ist, dass im Falle des Todes eines Gesellschafters die Gesellschaft mit dessen Erben fortgesetzt werden soll*“. Die in der Praxis häufig genutzte Möglichkeit einer qualifizierten Sondererbfolge, bei der die Gesellschaft nur mit einzelnen Miterben fortgesetzt wird, ist in § 139 Abs. 1 HGB, der von „*dessen Erben*“ spricht, gerade nicht vorgesehen.[480] Dies zeigt eindrucksvoll, dass aus der Vorschrift des § 139 HGB jedenfalls keine Legitimation für eine dem heute erreichten Rechtszustand der etablierten Ansicht entsprechende Sondererbfolge entnommen werden kann. Denn es wirkt nicht sehr stringent, sich auf Wortlaut und Entstehungsgeschichte des § 139 HGB zu berufen, um Belege für die Sondererbfolge zu sammeln, jedoch die in der Norm des § 139 HGB selbst angelegten Belege gegen den heute erreichten Rechtszustand dieses Gebildes unberücksichtigt zu lassen.

6. Zwischenergebnis und Fazit

Aus § 139 HGB lässt sich nach der vorangegangenen Betrachtung nicht ableiten, dass sich die erbrechtliche Sukzession in einen oHG-Anteil nach dem Gedanken der Sondererbfolge vollzieht. Mit der Erbengemeinschaft in Konflikt gerät weder die von § 139 Abs. 1 HGB vorausgesetzte Gesellschafterstellung der Erben noch die Tatsache, dass § 139 Abs. 1, Abs. 2 HGB jedem Erben ein eigenes Wahlrecht zubilligt. Konfliktträchtig könnte alleine die in § 139 Abs. 1, Abs. 2 HGB vorgesehene Rechtsfolge einer auf die Stellung des betreffenden Miterben beschränkten Anteilsumwandlung bzw. eines auf die Stellung des betreffenden Miterben beschränkten Austritts aus der Gesellschaft sein, da dies mit der

---

479 *Köbler*, Erbrecht und Gesellschaft, S. 47 f. und 120.

480 Die etablierte Ansicht muss sich daher mit teleologischen Erwägungen behelfen, wenn sie begründen will, warum die Rechte aus § 139 HGB auch qualifizierten Sondererben zugutekommen. *Lehmann-Richter*, in: BeckOK-HGB, § 139 Rdnr. 4 spricht von richterlicher Rechtsfortbildung des § 139 HGB.

Gesamthandsstruktur der Erbengemeinschaft, insbesondere mit § 2033 Abs. 2 BGB, in einem gewissen Spannungsverhältnis steht. Jedoch kann diese Feststellung keinen Rückschluss auf eine Sondererbfolge liefern, sondern allenfalls dazu führen, dass der von den Erben in Erbengemeinschaft gehaltene oHG-Anteil mit Ausübung dieser Rechte aus dem gesamthänderischen Verbund auszugliedern ist.[481] Auch wenn man sich die historischen Abläufe der Schaffung des § 139 HGB vor Augen führt, kann keine vom historischen Gesetzgeber bewusst in Kauf genommene Durchbrechung des gesamthänderischen Prinzips erblickt werden. Wahrscheinlicher ist vielmehr, dass die Kommission-Handel, in dem Bestreben einen gerechten Interessensausgleich zwischen den Erben, den Gesellschaftsgläubigern und den Mitgesellschaftern zu schaffen, bei der Konzeption des § 139 HGB eine harmonische Anpassung an das Gesamthandsverständnis der Erbengemeinschaft des BGB aus dem Blick verloren hat.

XI. Andere einfachgesetzliche Vorbehalte gegen die unmodifizierte Universalsukzession in den oHG-Anteil

Ist § 139 HGB daher richtigerweise kein Beleg für die Sondererbfolge zu entnehmen, bleibt letztlich zu prüfen, ob dem übrigen geltenden Recht ein Argumentationsmuster entnommen werden kann, das für die von der etablierten Ansicht präferierte Sondererbfolge in oHG-Anteile fruchtbar gemacht werden kann.

1. Sondergutstheorie Wiedemanns

Ehegatten einer Gütergemeinschaft halten Personengesellschaftsanteile regelmäßig in ihrer Sondergutssphäre i. S.d. § 1417 BGB.[482] *Wiedemann* versucht, aus dieser Erkenntnis heraus den Bogen zur Erbengemeinschaft zu spannen und die Sondererbfolge in Personengesellschaftsanteile hierdurch in ein gesetzliches Gewand zu kleiden.[483] Zu diesem Zweck schlägt er vor, die aus dem Recht der Gütergemeinschaft bekannte Sondergutssphäre (§ 1417 Abs. 1 BGB) auf das Recht der Erbengemeinschaft zu übertragen und dieser sodann einen vererblich gestellten oHG-Anteil zuzuweisen. Der Sondererbe sei so gem. § 1417 Abs. 3

---

481 S. hierzu *§ 4*.

482 So jedenfalls die Ansicht der Rechtsprechung, vgl. BayObLG, DNotZ 2003, 454 f. und OLG Nürnberg, NJW-Spezial 2017, 496 (beide Kommanditanteil) und *Kanzleiter*, in: MüKo-BGB, 7. Auflage, § 1416 Rdnr. 9 f. und § 1417 Rdnr. 4, der unter Berufung auf den Wortlaut des § 1417 Abs. 2 BGB nur nicht veräußerbare Personengesellschaftsanteile der Sondergutssphäre zuordnen will.

483 *Wiedemann*, in: FS Großfeld, S. 1309, 1324.

S. 1 BGB analog zur alleinigen Verwaltung des oHG-Anteils befugt.[484] So sehr diese Betrachtungsweise im Stande ist, das Ergebnis der Sondererbfolge auf eine rechtliche Grundlage zu stellen, fehlt diesem Ansatz doch die Fähigkeit, brauchbare Erkenntnisse über die vorgelagerte Frage hinsichtlich der Notwendigkeit der Sondererbfolge in oHG-Anteile zu liefern.

Vielmehr lebt der Ansatz, oHG-Anteile bei einer nichtrechtsfähigen Gesamthand einer Sondergutssphäre zuzuweisen, selbst im unmittelbaren Anwendungsbereich des § 1417 BGB – also bei der Gütergemeinschaft – von der Richtigkeit der Prämisse, dass oHG-Anteile nicht in gesamthänderischer Verbundenheit gehalten werden können. Dies wäre gem. § 1417 Abs. 2 BGB allerdings nur der Fall, wenn der oHG-Anteil als unübertragbare Rechtsposition ausgestaltet ist. Ist der oHG-Anteil aber entgegen § 105 Abs. 3 HGB, § 719 Abs. 1 Hs. 1 Var. 1 BGB für übertragbar erklärt worden, müsste er eigentlich auch nicht in das Sondergut eines Ehegatten fallen, sondern könnte – abgesehen von der Möglichkeit ihn gem. § 1418 Abs. 2 BGB dem Vorbehaltsgut zuzuweisen – auch dem Gesamtgut gem. § 1416 BGB zugeordnet werden. Dass der oHG-Anteil dennoch immer nur dem Sondergut zugewiesen wird, erklärt sich daraus, dass § 1417 Abs. 2 BGB bei der Gütergemeinschaft letztlich analog angewendet wird, wenn ein übertragbarer Personengesellschaftsanteil im Raum steht.[485] Dahinter steht jedoch dieselbe althergebrachte Vorstellung, wie diejenige, die nach den vorangegangenen Erkenntnissen für die Erbengemeinschaft keine zwingende Geltung beansprucht: Der oHG-Anteil soll dem Verwaltungsorganisationsgefüge einer nichtrechtsfähigen Berechtigungspluralität, wie der Gütergemeinschaft, nicht zugänglich sein.[486] Dass oHG-Anteile zur Sondergutssphäre der Ehegatten gerechnet werden, ist daher m.a.W. Folge und nicht Begründung des Umstandes, dass Gesamthändern einer nichtrechtsfähigen Gesamthandsgemeinschaft als solchen keine Gesellschafterstellung in einer Personengesellschaft zufallen kann.

Auf die Ebene der Erbengemeinschaft gemünzt kann daher die Sonderguts-theorie *Wiedemanns* allenfalls erklären, wie die Sondererbfolge in oHG-Anteile wirkt. Erweist sich diese Erkenntnis jedoch als fragwürdig, was nach den vorangegangenen Erkenntnissen jedenfalls für die Erbengemeinschaft naheliegt, stellt

---

[484] *Wiedemann*, Übertragung, S. 206.

[485] So i.E. *v. Bar*, in: Staudinger, § 1408 Rdnr. 24 für eine von Ehegatten gegründete Ehegattengesellschaft, wenn dieser betont: „*die Gesellschaftsanteile können, selbst wenn sie im Gesellschaftsvertrag für übertragbar erklärt worden sind, kraft Gesetzes nicht in das Gesamtgut fallen*".

[486] OLG Nürnberg, NJW-Spezial 2017, 496; i.E. ebenso bereits BayObLG, DNotZ 2003, 454f. S. auch: *Schmidt*, in: MüKo-HGB, § 105 Rdnr. 105; *v. Bar*, in: Staudinger, § 1416 Rdnr. 14; *Mensch*, in: BeckOGK-ZR, § 1417 Rdnr. 9 und § 1416 Rdnr. 23 (der jedoch wahlweise auch eine Zuordnung zum Vorbehaltsgut für möglich hält, wenn aktiv hierfür optiert wird).

sich kein Bedürfnis mehr, die Rechtsfigur der Sondergutssphäre auf die Erbengemeinschaft zu übertragen. Ein einfachgesetzlicher Vorbehalt gegen eine unmodifizierte Universalsukzession in oHG-Anteile ist der Sondergutstheorie *Wiedemanns* damit nicht zu entnehmen.

2. Entsprechende Anwendung der HöfeO

Siebert schlägt vor, die modifizierte Universalsukzession als Produkt einer analogen Anwendung der Sondererbfolge im Landwirtschaftserbrecht anzuerkennen, wie sie etwa in § 4 S. 1 HöfeO und den jeweiligen Anerbenrechten vorgesehen ist.[487] Die Heranziehung der Anerbenrechte zur Begründung der bundeseinheitlich ausgestaltenden Rechtsnachfolge in Personengesellschaftsanteile scheitert jedoch schon daran, dass diese landesrechtlicher Natur sind, jeweils nur in einigen Gebieten Deutschlands gelten und überdies nicht alle eine Sondererbfolge vorsehen.[488] Was die Heranziehung der HöfeO angeht, scheidet diese zwar als sog. partielles Bundesrecht[489] nicht schon von vorneherein als Analogiegrundlage aus.[490] Ob jedoch die Voraussetzungen für eine Analogie vorliegen, hängt nicht zuletzt von der Bewertung der Interessenlage ab, die die erbrechtliche Sonderbehandlung bei der Erbfolge in landwirtschaftliche Güter rechtfertigt. Teilweise wird die Sondererbfolge in landwirtschaftliche Höfe aus dem historisch überlieferten öffentlichen Interessenstandpunkt begründet, nämlich der Erhaltung von leistungsfähigen Betrieben zur Sicherstellung der Ernährung der Bevölkerung, dem (mit Blick auf die Gefahr einer drohenden Zersplitterung des Landwirtschaftsbetriebs) eine unmodifizierte Erbrechtsfolge nicht genügen könne.[491] Die Sondererbfolge in Personengesellschaftsanteile legitimiert sich jedoch nicht aus

---

[487] *Siebert*, Gesellschaftsvertrag, S. 43; ähnlich *v. Lübtow*, Erbrecht II, S. 863.

[488] Bloße Übernahmerechte des Anerben sehen vor: Badisches Gesetz, die geschlossenen Hofgüter betreffend; Hessische Landgüterordnung. Sondererbfolgen sehen vor: Württembergisches Gesetz über das Anerbenrecht (am 31.12.2000 außer Kraft getreten, jedoch noch heute für Erblasser anwendbar, die vor dem 1.1.1930 geboren sind); Bremisches Höfegesetz; Rheinland-Pfälzisches Landesgesetz über die Höfeordnung. Vgl. auch *Krenz*, AcP 195, 361, 365 (Fn. 27).

[489] Die HöfeO erstreckt sich auf das Gebiet der ehemaligen britischen Besatzungszone. Vgl. im Übrigen *Grimm*, in: Grimm/Norer-Agrarrecht, 4. Kapitel Rdnr. 7.

[490] *Wiedemann*, Übertragung, S. 203 hält hingegen vor dem Hintergrund einer fehlenden einheitlichen Regelung den Weg über eine Analogie von vorneherein für ungeeignet.

[491] *Wöhrmann/Graß*, Landwirtschaftserbrecht, § 4 HöfeO Rdnr. 1. Das *„öffentliche Interesse an leistungsfähigen landwirtschaftlichen Betrieben"* und das damit verbundene Ziel, den Hof *„als geschlossene leistungsfähige Einheit im Erbgang zu erhalten"* betont auch BGH, ZEV 2014, 550, 553 Rdnr. 31.

solch ernährungspolitischen Erwägungen, sodass vor diesem Zweck eine Übertragung der Wertungen der HöfeO schon offensichtlich ausscheidet.

Bisweilen wird aber auch ein eher privatnütziger Interessenaspekt der HöfeO betont. Hiernach rechtfertige sich die Sonderbehandlung des Hoferben darin, dass diesem, in Anerkennung des erblasserseitigen Interesses, den Betrieb in der Familie zu deren Unterhaltssicherung ungeteilt zu erhalten, eine erleichterte Fortführung des Betriebs ermöglicht werden soll, ohne dass der designierte Hoferbe, aus Angst vor der finanziellen Belastung, die von der (i.R. einer Erbauseinandersetzung) zu zahlenden Abfindungszahlung ausgeht, von einer Hofübernahme abgehalten wird.[492] Diese Literaten stehen einer Übertragung des aus der HöfeO bekannten Vererbungsmechanismus zumindest auf Familienbetriebe offener gegenüber, da das Interesse nach Erhaltung von Familienunternehmen allgemein anzuerkennen sei.[493]

Selbst wenn man diesen Erwägungen folgen möchte und eine vergleichbare Interessenlage jedenfalls im Bereich von Familienunternehmen bejaht, taugt die analoge Anwendung der Vorschriften der HöfeO nicht, um hiermit den gegenwärtig erreichten Rechtszustand der Sondererbfolge in Personengesellschaftsanteile zu legitimieren, da beide Sondererbfolgen in ihrer Ausgestaltung zu unterschiedlich sind. So kann der Hof i. S.d. § 1 HöfeO durch Bestimmung des Hoferben i. S.d. § 7 Abs. 1 S. 1 Var. 1 HöfeO nur an solche Rechtssubjekte vererbt werden, die kraft Gesetzes Hofeigentümer i. S.d. § 1 Abs. 1 HöfeO sein können.[494] Hofeigentümer kann hiernach stets eine natürliche Person alleine sein, mehrere Personen nur dann, wenn sie Ehegatten oder eingetragene Lebenspartner[495] sind und die Hofstelle zu gemeinschaftlichem Eigentum erwerben, also z. B. i.R. einer Gütergemeinschaft oder einer Bruchteilsgemeinschaft.[496] Außerhalb von Ehe- bzw. Lebenspartnerschaftskonstellationen ist eine Hofeigentümerstellung mehrerer Personen nicht möglich, sodass in diesen Fällen auch keine Hoferbenmehrheit denkbar ist; für die Elternhoferbfolge findet sich dieses Ergebnis in § 6 Abs. 4 S. 3 HöfeO niedergelegt. Zusammengefasst zeigt dies, dass die Normen der HöfeO es nicht erlauben, dass – so wie das in dem von der etablierten Ansicht erreichten Rechtszustand der Sondererbfolge in Personen-

---

492 *Lange*, Erbrecht, § 96 Rdnr. 2 und 5; zum privatnützigen Interesse, s. auch BVerfG, DNotZ 1995, 692, 696.

493 *Lange*, Erbrecht, § 96 Rdnr. 5.

494 *Wöhrmann/Graß*, Landwirtschaftserbrecht, § 4 HöfeO Rdnr. 11 f. und § 7 HöfeO Rdnr. 25 ff.; *Düsing/Sieverdingbeck*, in: Düsing/Martinez-Agrarrecht, § 4 HöfeO Rdnr. 6 und § 7 HöfeO Rdnr. 3.

495 Zum Lebenspartnerhof, vgl. den Globalverweis in § 19 Abs. 1 S. 1 HöfeO.

496 *Wöhrmann/Graß*, Landwirtschaftserbrecht, § 1 HöfeO Rdnr. 58, 68 und 71; *Düsing/Sieverdingbeck*, in: Düsing/Martinez-Agrarrecht, § 1 HöfeO Rdnr. 18.

gesellschaftsanteile möglich ist – der betreffende Gegenstand nach Herzenslust auf einen, mehrere oder alle Erben gegenständlich aufgeteilt wird.[497]

Daneben ist die Sondererbfolge der HöfeO – anders als die Sondererbfolge in Personengesellschaftsanteile – keine unbedingte, nicht zur Disposition des Erblassers stehende Rechtsfolge: Wenn vom Erblasser weder ein Hoferbe nach § 7 Abs. 1 S. 1 Var. 1 HöfeO bestimmt noch ein gesetzlicher Hoferbe i.S.d. § 5f. HöfeO vorhanden ist, dann vererbt sich der Hof nach den allgemeinen erbrechtlichen Vorschriften der §§ 1922 Abs. 1, 2032 Abs. 1 BGB, § 10 HöfeO. Selbiges gilt bei Abgabe einer negativen Hoferklärung i.S.d. § 1 Abs. 4 S. 1 HöfeO. Auch dann hat der Erblasser die Möglichkeit, sein bäuerliches Anwesen nach allgemeinen erbrechtlichen Vorschriften zu vererben.[498] Die HöfeO führt überdies nach richtiger Auffassung zu einer Nachlassspaltung zwischen dem allgemein vererbten Vermögen und dem nach der HöfeO vererbten Vermögen, sodass etwa die Ausschlagung des Hofes keine Auswirkungen auf die Erbenstellung am übrigen Vermögen hat.[499] Eine solche Nachlassspaltung wird jedoch ersichtlich bei der Sondererbfolge in Personengesellschaftsanteile gerade nicht vertreten.[500]

Letztlich passen auch Ausgleichsansprüche, die den weichenden Erben an Hofes statt gem. § 4 S. 2 HöfeO zustehen, nicht zur Sondererbfolge in Personengesellschaftsanteile, wie sie die etablierte Ansicht vertritt. Denn gem. § 12 Abs. 2 HöfeO müssen sich die weichenden Erben mit einer Abfindung begnügen, deren Berechnung sich nach einem pauschalisierten Hofeswert (nämlich dem Eineinhalbfachen des steuerlichen Einheitswerts i.S.d. § 48 BewG zuzüglich gewisser Zu- und Abschläge) berechnet und damit i.d.R. bedeutend niedriger ausfällt als ein nach dem Ertragswertverfahren berechneter wahrer Hofeswert.[501] Diese Privilegierung rechtfertigt sich wiederum aus spezifisch landwirtschaftlich motivierten Grundlagen und wäre im Personengesellschaftsrecht, das einen möglichst gerechten Wertausgleich fordert, fehl am Platz.[502] Macht man sich diese Unterschiede klar, fällt es schwer, allein mit Blick auf die in § 4 S. 1 HöfeO

---

[497] *Wiedemann*, Übertragung, S. 205.

[498] S. *Grimm*, in: Grimm/Norer-Agrarrecht, 4. Kapitel Rdnr. 8f.; *Wöhrmann/Graß*, Landwirtschaftserbrecht, § 10 HöfeO Rdnr. 11.

[499] So etwa *Wöhrmann/Graß*, Landwirtschaftserbrecht, § 4 HöfeO Rdnr. 9. Ob die Nachlassspaltung auch dazu führt, dass der Hof gänzlich aus dem Nachlass ausgelagert ist, ist hingegen str.; dafür: *Kunz*, in: Staudinger, § 1922 Rdnr. 144; dagegen: *Damrau*, NJW 1984, 2785, 2787.

[500] Zu der sich daraus ergebenden Konsequenz einer zwingenden Gleichzeitigkeit von Sondererben- und Miterbenstellung, s. bereits *§ 2 II. 2. d)*.

[501] S. im Einzelnen *Wöhrmann/Graß*, Landwirtschaftserbrecht, § 12 HöfeO Rdnr. 21.

[502] So unter Gegenüberstellung von § 12 HöfeO und den Rechtsfolgen, die sich durch Ausübung der Übernahmeklage gem. *§ 142 HGB a.F.* ergaben, *Wiedemann*, Übertragung, S. 204. Selbst *Siebert* will die aus der HöfeO bekannte wertmäßige Zuordnung gerade nicht auf die

normierte Sondererbfolge, die analoge Anwendung der HöfeO als Grundlage für eine gesetzliche Absicherung der Sondererbfolge in Personengesellschaftsanteile zu erblicken.

3. Stillschweigende Anerkennung der Sondererbfolge durch Einführung des Europäischen Nachlasszeugnisses?

Als vergeblich müsste auch ein Versuch betrachtet werden, die Sondererbfolge in Personengesellschaftsanteile aus Vorschriften der EuErb-VO herzuleiten. So sehen zwar Art. 63 Abs. 2 lit. b, Art. 68 lit. l Var. 2 EUErb-VO die Zuweisung eines oder mehrerer bestimmter Vermögenswerte an die im Zeugnis als Erben bestimmten Personen als Sonderaspekte vor, die in das Europäische Nachlasszeugnis aufgenommen werden können. Der in dieser Vorschrift gebrauchte Terminus „*Zuweisung von Vermögenswerten*" meint v. a. dingliche Teilungsanordnungen und Vindikationslegate, also Konstellationen, die zumindest mit einer Sondererbfolge wesensverwandt scheinen.[503] Jedoch kann nun hieraus nicht hergeleitet werden, dass der EU-Gesetzgeber gerade die in Deutschland so heikle Sondererbfolge in Personengesellschaftsanteile stillschweigend legitimiert hätte, hat doch die EuErb-VO als unmittelbar geltendes Unionsrecht (Art. 288 Abs. 2 AEUV) sämtliche Erbrechtsordnungen der Mitgliedsstaaten abzubilden.[504]

4. Stillschweigende Anerkennung der Sondererbfolge im PartGG?

Naheliegender ist da schon ein Verweis auf § 9 Abs. 4 S. 2 PartGG, wenn man nach Vorschriften Ausschau halten möchte, die womöglich die Sondererbfolge bestätigen. Zwar gilt diese Vorschrift nur für die PartG, jedoch ist deren Regelungsrahmen neueren Datums[505], sodass die dort normierten Grundsätze u.U. Rückschlüsse auf die von der etablierten Ansicht betriebene Rechtsentwicklung bei der Vererbung von oHG-Anteilen zulassen. Der in der gesetzlichen Ausgangslage gem. § 9 Abs. 4 S. 1, Abs. 1 PartGG i. V. m. § 131 Abs. 3 S. 1 Nr. 1 HGB unvererbliche PartG-Anteil kann nämlich gem. § 9 Abs. 4 S. 2 PartGG nur

---

Sondererbfolge in einen Personengesellschaftsanteil übertragen, vgl. *Siebert*, Gesellschaftsvertrag, S. 43 (Fn. 8a).

503 *Dutta*, in: MüKo-BGB, Art. 63 EuErb-VO Rdnr. 16 und Art. 68 EuErb-VO Rdnr. 9; *J. Schmidt*, in: BeckOGK-ZR, Art. 63 EuErb-VO Rdnr. 24.

504 Hierauf deutet auch *Kleinschmidt*, in: jurisPK-BGB, Art. 63 EuErb-VO Rdnr. 33 und Art. 68 EuErb-VO Rdnr. 25 hin, der die in Art. 63 Abs. 2 lit. b und Art. 68 lit. l Var. 2 EuErb-VO vorgesehene Angabe der Zuweisung von Vermögenswerten an einen Erben v. a. auf dinglich wirkende Teilungsanordnungen der ausländischen Rechtskreise bezieht.

505 § 9 Abs. 4 S. 2 PartGG ist zusammen mit den übrigen Normen des PartGG am 25.7.1994 erlassen worden und am 1.7.1995 in Kraft getreten, vgl. BGBl. 1994 I, 1744 f.

zu Gunsten von Personen vererblich gestellt werden, die i. S.d. § 1 Abs. 1, Abs. 2 PartGG einen freien Beruf ausüben können. Bezieht man den Terminus „*vererblich*" i. S.d. § 9 Abs. 4 S. 2 PartGG bereits auf den Erbanfall und nicht erst auf die nachgelagerte Auseinandersetzung, muss sich die Norm als regelmäßiger Störfaktor gegenüber der unmodifizierten Universalsukzession einer in Erbengemeinschaft verbundenen Erbenmehrheit erweisen. Zwar scheitert die Erbenmehrheit nicht bereits an dem Merkmal der natürlichen Person i. S.d. §§ 9 Abs. 4 S. 2, 1 Abs. 1 S. 3 PartGG, da mangels Rechtsfähigkeit nicht die Erbengemeinschaft, sondern die dahinter stehenden Erben richtigerweise Bezugsobjekt sind, sodass jedenfalls eine aus natürlichen Personen bestehende Erbenstruktur keinen Bedenken ausgesetzt ist.[506] Jedoch müsste jeder der Miterben den von der PartG verfolgten freien Beruf ausüben können oder zumindest einen mit diesem kompatiblen Beruf.[507] Da freie Berufe oft speziellen berufszulassungsrechtlichen Voraussetzungen unterliegen, die – neben § 1 Abs. 1, Abs. 2 PartGG – durch den in § 1 Abs. 3 PartGG enthaltenen Verweis vom Anforderungsprofil des § 9 Abs. 4 S. 2 PartGG umfasst sind,[508] werden in aller Regel nicht alle Miterben einer Erbengemeinschaft dem nachfolgeberechtigten Kreis angehören können. Eine Vererbung des PartG-Anteils unter Ägide der Universalsukzession wäre damit unter § 9 Abs. 4 S. 2 PartGG auf wenige Fälle beschränkt. Da dies vom Gesetzgeber kaum gewollt sein kann, scheint es daher verführerisch zu konstatieren, dass die in offener Rechtsfortbildung geschaffene Sondererbfolge stillschweigend von § 9 Abs. 4 S. 2 PartGG vorausgesetzt sein muss. Bisweilen liest man sogar, dass sich § 9 Abs. 4 S. 2 PartGG wie eine in Gesetz gegossene qualifizierte Nachfolgeklausel verhält.[509] Dann könnte man weiter folgern, dass § 9 Abs. 4 S. 2 PartGG dahingehend zu deuten ist, dass die Sondererbfolge letztlich vom Gesetzgeber stillschweigend anerkannt wurde.

Doch soweit muss man nicht gehen, wenn man dem Wort „*vererblich*" i. S.d. § 9 Abs. 4 S. 2 PartGG lediglich die Wirkung einer Nachfolgebestimmung zubilligt, die sich auf den Zeitpunkt der Erbauseinandersetzung bezieht und verlangt, dass der PartG-Anteil an eine partnerschaftsfähige Person ausgeantwortet werden muss, jedoch auf den Erbanfall als solchen keinen Einfluss hat. Dass in der Übergangszeit der PartG-Anteil auch von partnerschaftsunfähigen Miterben gehalten wird, ist dann unschädlich, wenn – neben der allgemeinen Vererblichstellung des PartG-Anteils – sichergestellt ist, dass entweder keine partnerschaftsunfähigen Miterben eingesetzt werden oder diese zumindest während der Übergangsphase die aus dem PartG-Anteil fließenden Gesellschaftsbefugnisse nicht wahrnehmen

[506] So wohl auch *Heydn*, S. 95 f.

[507] *Schäfer*, in: MüKo-BGB, § 9 PartGG Rdnr. 25.

[508] *Heydn*, S. 38; *Arnold*, S. 52 f.

[509] *Schmidt*, NJW 1995, 1, 5.

können. Letzteres kann etwa durch eine Testamentsvollstreckung am PartG-Anteil erreicht werden, die den Inhalt hat, dass ein Mitpartner der PartG, der partnerschaftsfähige Miterbe oder eine andere partnerschaftsfähige Person damit betraut ist, die Auseinandersetzung über den PartG-Anteil schnellstmöglich zu betreiben (§ 2204 Abs. 1 BGB) und bis dahin die vollumfängliche Verwaltung über den PartG-Anteil zu übernehmen (§ 2205 S. 1 BGB). Ersteres ist selbst nach etablierter Ansicht möglich[510] und auch letzteres begegnet nach der hier noch herauszuarbeitenden Ansicht grundsätzlich keinen Bedenken.[511] So verstanden kann die Vorschrift des § 9 Abs. 4 S. 2 PartGG mit der unmodifizierten Universalsukzession in Einklang gebracht werden. Eine die Sondererbfolge bestätigende Aussagekraft braucht dieser Vorschrift also nicht entnommen zu werden. Von daher erübrigt sich auch der Gedanke, dass über die Vorschrift des § 9 Abs. 4 S. 2 PartGG die Sondererbfolge mittlerweile implizit vom Gesetzgeber anerkannt sei und dies auch Wiederhall im oHG-Recht finden müsse.

XII. Sondererbfolge als ungeschriebener Rechtssatz im Spiegel des Verfassungsrechts

Kann die Sondererbfolge damit richtigerweise nicht aus der geschriebenen Rechtsordnung hergeleitet werden, ist sie nicht mehr als ein ungeschriebener Rechtssatz.

1. Verfassungsrechtliche Legitimation ungeschriebener Rechtssätze

Ein ungeschriebener Rechtssatz kann dabei aus verfassungsrechtlicher Sicht einfachgesetzliche Legitimation erlangen, wenn er gewohnheitsrechtlich anerkannt ist, sodass es nicht verwundert, dass einige Stimmen die Sondererbfolge in Personengesellschaftsanteile genau auf eben diesem Wege zu legitimieren suchen.[512] Als Gewohnheitsrecht wird dabei außerhalb der Legislative gesetztes, durch eine dauerhafte, tatsächliche Übung in der Rechtsgemeinschaft allgemein gelebtes, ungeschriebenes Recht verstanden, dass auf der Rechtsüberzeugung der Gemeinschaft beruht, die Übung sei verbindlich.[513] Dass eine Rechtsprechung

---

510 S. noch einmal *§ 2 III. 3. a) cc)*. Insofern ergibt sich beim PartG-Anteil nichts anderes als bei einem oHG-Anteil, s. *Heydn*, S. 191 f.

511 Insofern sind die zur Testamentsvollstreckung am oHG-Anteil herauszuarbeitenden Erwägungen des *§ 9* entsprechend zu übertragen.

512 *Wiedemann*, JZ 1977, 685, 690 f.; *Rüthers*, AcP 168, 263, 276; *Brox/Walker*, Erbrecht, § 44 Rdnr. 13. Von *„richterlichem Gewohnheitsrecht"* spricht *Stein*, in: Soergel, § 1922 Rdnr. 65.

513 *Bydlinski*, Methodenlehre, S. 215.

hingenommen wird, genügt nicht, um einen Rechtssatz zu Gewohnheitsrecht erstarken zu lassen. Es kommt auf die tatsächliche Übung in der maßgeblichen Bevölkerung, nicht auf die tatsächliche Übung in juristischen Kreisen an.[514] Die Sondererbfolge ist jedoch gerade kein in der Rechtsgemeinschaft wurzelnder Rechtsbrauch, noch sind stichhaltige Hinweise erkennbar, dass sich die Sondererbfolge derart in das Rechtsbewusstsein der Bevölkerung eingebrannt hat, dass sie mittlerweile als selbstverständlich praktiziert wird. Vielmehr macht sich die Bevölkerung über die Art der Sukzession in Personengesellschaftsanteile oftmals keine Gedanken.[515]

Damit könnte es sich bei der Sondererbfolge allenfalls um eine auf die Interpretation letztinstanzlicher Gerichte zurückgehende Ausprägung ungeschriebenen Richterrechts handeln.[516] Die Zulässigkeit von Richterrecht als rechtserzeugender Quelle leitet das BVerfG aus der normkonkretisierenden und normergänzenden Funktion der Rechtsprechung ab, die zur Ergänzung und Weiterführung des geschriebenen Rechts befugt ist.[517] Die dualistische Funktion der Rechtsprechung als Anwender und Fortbilder des Rechts ist heute unbestritten.[518] Die Legitimation der Gerichte zur Rechtsfortbildung wird auch an vielen Stellen im Gesetz ausdrücklich anerkannt, vgl. etwa §§ 511 Abs. 4 S. 1 Nr. 1, 543 Abs. 2 S. 1 Nr. 2, 566 Abs. 4 S. 1 Nr. 2 ZPO, § 132 Abs. 4 GVG. Nach *Larenz* findet sie in zwei Ausprägungen ihre Gestalt, nämlich in der gesetzesimmanenten und der gesetzesübersteigenden Rechtsfortbildung.[519] Allenfalls zu letzterer Kategorie könnte die Sondererbfolge gezählt werden, ist sie doch nicht nur eine Korrektur des Gesetzeswortlauts durch Analogie oder teleologische Reduktion, sondern eine durchgreifende Neuschöpfung.[520] Denn sie kann weder aus anderen gesetzlich bekannten Instrumentarien gewonnen werden[521] noch ist sie in § 139 HGB als bestehend vorausgesetzt.[522] Sie widerspricht sogar, wie in *§ 2* dargelegt wurde, dem gesetzlich vorgegebenen Erbrechtssystem bei Vorhandensein mehrerer Erben und führt zu den dort dargelegten Wertungswidersprüchen.

---

514 *Larenz/Canaris*, Methodenlehre, S. 258.

515 So jedenfalls *Bletz*, S. 73.

516 Zur allgemeinen Verwechslungsgefahr zwischen Richterrecht und Gewohnheitsrecht, vgl. *Maties*, in: BeckOGK-ZR, § 611a Rdnr. 286.

517 BVerfGE 34, 269, 287 f.; *Uhle*, in: Maunz/Dürig-GG, Art. 70 Rdnr. 48; *Rozek*, in: M/K/S-GG, Art. 70 Rdnr. 34.

518 Vgl. etwa *Wiedemann*, NJW 2014, 2407.

519 *Larenz/Canaris*, Methodenlehre, S. 187.

520 Ähnlich (zumindest mit Blick auf die qualifizierte Sondererbfolge) *Siegmann*, NJW 1995, 481, 484.

521 S. noch einmal *§ 3 XI*.

522 S. noch einmal *§ 3 X*.

2. Verfassungsrechtliche Vorgaben richterlicher Rechtsfortbildung

Gerade für diese starke Form der richterlichen Rechtsfortbildung muss jedoch umso nachdrücklicher auf die Legitimation geachtet werden, die insbesondere in der Wahrung der Gewaltenteilung (Art. 20 Abs. 2 S. 2 GG) ihre Grenze finden muss. Dies bedingt, dass die richterliche Rechtsfortbildung

„nicht dazu führen (darf), dass der Richter seine eigene materielle Gerechtigkeitsvorstellung an die Stelle derjenigen des Gesetzgebers setzt. (...) Eine Interpretation, die als richterliche Rechtsfortbildung den klaren Wortlaut des Gesetzes hintanstellt, keinen Widerhall im Gesetz findet und vom Gesetzgeber nicht ausdrücklich oder – bei Vorliegen einer erkennbar planwidrigen Gesetzeslücke – stillschweigend gebilligt wird, greift unzulässig in die Kompetenzen des demokratisch legitimierten Gesetzgebers ein"[523].

Die Sondererbfolge müsste m.a.W. eine den Wortlaut des Gesetzes (§ 2032 Abs. 1 BGB) fortentwickelnde Schöpfung extra (nicht jedoch contra) legem[524] sein, dürfte also nicht mit dem Gesetz unvereinbar sein und müsste durch spezifisch rechtliche Kriterien geboten sein. Letzteres fordert im Lichte der Gewaltenteilung i. S.d. Art. 20 Abs. 2 S. 2 GG v. a., dass sich die Sondererbfolge durch überwiegende Gründe der Gerechtigkeit beweist;[525] so etwa um dem Alterungsprozess von Gesetzen entgegenzuwirken und diese an gewandelte Wertvorstellungen anzupassen oder um Vorgaben des höherrangigen Rechts umzusetzen.[526] Ein solches Regelungsbedürfnis ist jedoch für die Sondererbfolge fraglich, sind doch die sie tragenden Vorbehalte nach den vorangegangenen Erwägungen nicht zutreffend oder zumindest mit bedeutend milderen Korrekturen ausräumbar.[527] Der dem Grundsatz der Verhältnismäßigkeit verpflichteten Rechtsprechung muss jedenfalls eine behutsame Vorgehensweise Richtschnur sein.[528] Als solches kann die dem BGB völlig fremde Sondererbfolge in oHG-Anteile kaum gelten. Man kann sich nur schwer dem Eindruck verschließen, dass die Rechtsprechung letztlich die Sondererbfolge v. a. ergebnisorientiert aus dem Rechtszustand der Partikularrechte in das BGB konserviert hat, um ein mit sozialen Spannungen aufgeladenes Beziehungsgeflecht, wie das der Erbengemeinschaft, aus dem unternehmerischen Bereich heraushalten zu können. Dies ist jedoch eine an die Stelle des Gesetzgebers tretende materielle Gerechtigkeitserwägung der Judikative, welche die in § 2032 Abs. 1 BGB getroffene legislative

---

523 BVerfG, NJW 2011, 836, 837 f. Rdnr. 52 f.

524 S. zu den Begriffen extra und contra legem auch *Larenz/Canaris*, Methodenlehre, S. 246, 252.

525 *Zippelius*, Juristische Methodenlehre, § 13 III, S. 67.

526 *Wiedemann*, NJW 2014, 2407, 2412.

527 S. insbesondere *§ 3 I.-XI.*

528 Auch *Wiedemann*, NJW 2014, 2407, 2412 betont die Bindung der Rechtsprechung an das Übermaßverbot.

Grundentscheidung für eine gesamthänderische Bindung des gesamten Nachlasses, und damit auch das Prinzip der Gewaltenteilung, ohne durchschlagende Rechtfertigung herausfordert. Dies führt letztlich zu den in *§ 2* herausgearbeiteten Spannungen zum gesetzlichen System. Eine solche richterliche Rechtsfortbildung erscheint daher zumindest bedenklich, v.a. wenn man berücksichtigt, dass der genetischen Streit- und Blockadeanfälligkeit der Erbengemeinschaft mit den vom Gesetzgeber zur Verfügung gestellten Werkzeugen für alle Beteiligten angemessen begegnet werden kann.[529]

Diesem Verdikt kann man nicht mit dem Hinweis entkommen, dass das Festhalten an der Sondererbfolge vor dem Hintergrund der die Obergerichte treffenden Pflicht zu einer kontinuierlichen revisionsrichterlichen Rechtsprechung geboten ist.[530] Denn ein solches Gebot mag vor dem Hintergrund des Vertrauensschutzes und der Gleichbehandlung zwar grundsätzlich anzuerkennen sein, jedoch kann es nur dort gelten, wo es sich um eine zulässige Rechtsfortbildung handelt. Dies muss mit Blick auf die Sondererbfolge nach den vorgenannten Erwägungen jedoch ernsthaft infrage gestellt werden. Selbst wenn man nicht so weit gehen möchte,[531] kann die Rechtsprechung jedenfalls nicht als gezwungen gelten, an der Rechtsfigur der Sondererbfolge festzuhalten. Insofern gilt:

> „*Verbindlich ist grundsätzlich nicht das Präjudiz als solches, sondern nur die in ihm ausgesprochene Maxime der Entscheidung und zwar insoweit, als sie auf einer ‚zutreffenden' Auslegung oder Ergänzung der Normen beruht oder ein Rechtsprinzip in beispielgebender Weise konkretisiert*“[532].

Wenn man die in *§§ 2* und *3* herausgearbeiteten Argumente zusammennimmt, ist genau dies mit Blick auf die Sondererbfolge nicht zu attestieren. Diese liefern vielmehr ausreichendes Material für eine (selbst im Lichte des Vertrauensschutzes und der Gleichbehandlung) gerechtfertigte Abkehr von der Sondererbfolge und Rückkehr in das geschriebene Recht. Dies fällt umso einfacher, wenn man die Untersuchungen *Fikentschers* heranzieht, die unterstreichen, dass sich die Rechtsprechung ohnehin allenfalls faktisch, nicht aber rechtlich an ihre Präjudizien bindet; der BGH folge insofern der Linie des RG, das sich immer als frei betrachtete „*aus Gründen besserer Einsicht auch von einer langjährigen ständigen Rechtsprechung abzuweichen*“[533]. Freilich muss die Rückkehr in das

---

[529] S. noch *§ 5 I.1.* und *§ 6 II.*

[530] BGHZ 68, 225, 237.

[531] So wohl *Zippelius*, Juristische Methodenlehre, § 13 III, S. 68, der regelwidrige Rechtsfortbildung für wirksam erachtet.

[532] *Larenz/Canaris*, Methodenlehre, S. 256.

[533] S. *Fikentscher*, Methoden des Rechts III, S. 711 f., der hierzu auf ein Urteil des RG in RGZ 132, 218 hinweist, wo das RG von einer dreißigjährigen Judikatur zur Auslegung von Aufrechnungsverträgen abwich, und daneben a.a.O. in (Fn. 238) auch mehrere BGH-Ent-

unmodifizierte Erbrechtsgefüge so schonend wie möglich eingeleitet und durchgeführt werden.[534]

XIII. Zwischenergebnis

Letztlich müssen alle Vorbehalte gegen eine unmodifizierte Universalsukzession in einen oHG-Anteil als nicht oder jedenfalls nicht so durchschlagend bezeichnet werden, als dass die aus dem Erbrecht gem. §§ 1922 Abs. 1, 2032 Abs. 1 BGB vorgegebene Marschroute infrage gestellt werden müsste. Damit fordert das Erbrecht in den vorbezeichneten Vorschriften, auch in Ansehung eines vererblich gestellten oHG-Anteils, Geltung. Das führt zu folgenden zwei Schlussfolgerungen. Erstens zwingt § 1922 Abs. 1 BGB, wonach das Vermögen stets auf die zu(m) Erben berufene(n) Person(en) übergeht, dazu, dass der im unmodifizierten Erbrechtsgefüge kraft Gesetzes gem. § 131 Abs. 3 S. 1 Nr. 1 HGB eigentlich unvererbliche oHG-Anteil nur zu Gunsten aller Erben vererblich gestellt werden kann. Die Vorstellung, die der qualifizierten Nachfolgeklausel zugrunde liegt, also der Vererblichstellung zu Gunsten einer oder mehrerer Personen, mit der Wirkung, dass nur diesen der oHG-Anteil im Wege des Erbfalls anfallen kann, ist Ausgeburt des Denkmodells der Sondererbfolge und kann im unmodifizierten Erbrechtsgefüge nicht zugelassen werden.[535] Einer qualifizierten Nachfolgeklausel im Gesellschaftsvertrag ist damit jeglicher Einfluss auf die erbrechtliche Sukzession als solcher zu versagen. Vielmehr muss deren Wirkung auf das gesellschaftsrechtliche Gefüge beschränkt bleiben, um dort zu versuchen, dem rechtspraktischen Bedürfnis nach Qualifizierung der Nachfolgestellung unter Beachtung der erbrechtlichen Wertungsentscheidung in §§ 1922 Abs. 1, 2032 Abs. 1 BGB bestmöglich Rechnung zu tragen.[536] Zweitens rücken mehrere Erben nicht unverbunden in realgeteilte Anteilssplitter, sondern stets im Organisationsgefüge der Erbengemeinschaft in den sodann idealgeteilten oHG-Anteil ein, §§ 2032 ff. BGB.

---

scheidungen aufführt, bei denen ähnliche Abweichungen von einer ständigen Judikatur zu verzeichnen sind.

[534] S. hierzu noch *§ 13 I. 6.*

[535] *Bletz*, S. 179; *Kruse*, in: FS Laufke, S. 179, 187; *Köbler*, Erbrecht und Gesellschaft, S. 138; *Haas*, S. 37 f.

[536] Zu den Wirkungsweisen einer qualifizierten Nachfolgeregelung im unmodifizierten Erbrechtsgefüge, vgl. noch *§ 5 I. 1.* Zu den Möglichkeiten einer Konzentration der gemeinschaftlichen Mitverwaltung, s. noch *§§ 11* und *12.* Zu den rechtspraktischen Erwägungen, welche einen für die Rechtspraxis erträglichen, schonenden Übergang zurück in das unmodifizierte Erbrechtsgefüge ermöglichen, vgl. noch *§ 13 I. 6.*

§ 4 Fortbestand der Erbengemeinschaft am oHG-Anteil nach Ausübung der Rechte aus § 139 HGB

Ist nun geklärt, dass mehreren Erben der oHG-Anteil in gesamthänderischer Verbundenheit als Erbengemeinschaft anfällt, bleibt zu klären, ob dieser von §§ 1922 Abs. 1, 2032 Abs. 1 BGB vorgegebene Zustand auch bis zu dem von den Miterben selbst gewählten Zeitpunkt der (Teil-)Auseinandersetzung über den oHG-Anteil andauern kann. Hieran könnte man zweifeln, da die mit der gesamthänderischen Bindung im Spannungsverhältnis stehende Rechtsfolge des § 139 HGB dazu zwingen könnte, dass der oHG-Anteil aus dem gebundenen Sondervermögen auszuscheiden ist, wenn die Miterben ihre entsprechenden Rechte aus dieser Norm ausüben.[1]

I. Alle Erben üben die Rechte aus § 139 HGB in gleicher Weise aus bzw. nicht aus

Die Rechtsfolgen des § 139 Abs. 1, Abs. 2 HGB harmonieren jedenfalls dort mit der gesamthänderischen Bindung, wo alle Miterben gemeinschaftlich die Rechte aus § 139 Abs. 1, Abs. 2 HGB in gleicher Weise ausüben bzw. nicht ausüben. Denn in diesem Fall erfährt der gemeinschaftlich gehaltene oHG-Anteil als Ganzes ein einheitliches Schicksal. Üben sämtliche Miterben keines der in § 139 HGB vorgesehenen Rechte aus, kann die Erbengemeinschaft unverändert am oHG-Anteil fortbestehen. Bei gemeinschaftlicher Einreichung eines von den Mitgesellschaftern unterstützten Umwandlungsgesuchs sämtlicher Miterben i.S.d. § 139 Abs. 1 HGB wandelt sich der oHG-Anteil, kraft der so bewirkten Abänderung des Gesellschaftsvertrages,[2] in einen gemeinschaftlich gehaltenen

---

[1] Dass es gerade die Rechtsfolge des § 139 Abs. 1, Abs. 2 HGB ist, die zu Spannungen mit dem Gesamthandsgefüge führt, s. noch einmal *§ 3 X. 3.*

[2] Die Einräumung einer Kommanditistenstellung ist damit ein derivativer Umwandlungsvorgang kraft Abänderung des Gesellschaftsvertrages und nicht als Austritt aus der oHG unter gleichzeitigem Eintritt als Kommanditist zu verstehen; so auch zum etablierten Verständnis von § 139 Abs. 1 HGB: *Schmidt*, in: MüKo-HGB, § 139 Rdnr. 69; BayObLG, NZG 2003, 476, 477.

Kommanditanteil und die Gesellschaft wird zur KG.[3] Lehnen die Mitgesellschafter eine Umwandlung in eine Kommanditbeteiligung ab und sehen die Miterbengesellschafter davon ab, ihr Ausscheiden aus der Gesellschaft zu erklären, halten sie weiterhin gemeinschaftlich den oHG-Anteil. Entscheiden sie sich hingegen zu einer gemeinschaftlichen Austrittserklärung i. S.d. § 139 Abs. 2 HGB, wird die gemeinschaftlich gehaltene oHG-Mitgliedschaft zu Gunsten eines von den Erben in gesamthänderischer Verbundenheit gehaltenen Abfindungsanspruchs beendet.[4] In all diesen Konstellationen bedarf es keiner Modifikation der gesamthänderischen Bindung, weil es nicht zu einer Rechtsfolge kommt, die auf den einzelnen Anteil am oHG-Anteil i. S.d. § 2033 Abs. 2 BGB beschränkt ist.[5] Damit wird die gesamthänderische Bindung der Erbengemeinschaft in diesen Fällen nicht tangiert.

II. Einer der Erben übt die Rechte aus § 139 HGB aus

Anspruchsvoller wird die Anwendung des § 139 HGB unter Ägide des unmodifizierten Erbrechtsgefüges erst dort, wo die den einzelnen Miterben zukommenden Anteile am oHG-Anteil i. S.d. § 2033 Abs. 2 BGB, wegen unterschiedlicher Ausübung der Rechte aus § 139 HGB, verschiedene Schicksale erfahren. Nur in diesem Fall zeigt sich die vom Gesetzgeber in § 139 HGB statuierte Rechtsfolge problematisch, wonach „*jedem Erben*“ die Befugnis gewährt ist „*sein Verbleiben*“ von der Einräumung einer Kommanditistenstellung abhängig zu machen (§ 139 Abs. 1 HGB) bzw. „*sein Ausscheiden*“ aus der Gesellschaft zu erklären (§ 139 Abs. 2 HGB).[6] Denn die Rechtsfolge des § 139 Abs. 1, Abs. 2 HGB – eine auf die Stellung der Miterben beschränkte Umwandlung der Gesellschafterposition bzw. ein beschränkter Austritt aus der Gesellschaft – scheint mit der gesamthänderischen Bindung des § 2033 Abs. 2 BGB in Widerspruch zu stehen, weil diese gerade eine Verfügung über den einzelnen Anteil des Miterben am einzelnen Nachlassgegenstand verbietet.[7]

---

[3] *Bletz*, S. 134.

[4] *Bletz*, S. 133.

[5] *Haas*, S. 34; *Bletz*, S. 123 f. und 137. In diese Richtung wohl auch *Köbler*, Erbrecht und Gesellschaft, S. 132 ff.

[6] *Köbler*, Erbrecht und Gesellschaft, S. 134; *Bletz*, S. 131.

[7] *Börner*, AcP 166, 426, 444.

1. Beendigung der gesamthänderischen Bindung am oHG-Anteil?

Wiedemann konstatiert hierzu, dass die den Miterben in der Erbengemeinschaft gemeinschaftlich zustehende Beteiligung logisch unmöglich aufrechtzuerhalten sei, wenn die Miterben – nach einer unterschiedlichen Ausübung der in § 139 Abs. 1, Abs. 2 HGB vorgesehenen Rechte – verschiedene Gesellschafterpositionen innehätten.[8] Auch die Mehrzahl des ohnehin exklusiven Kreises derjenigen Literaten, die eine unmodifizierte Universalsukzession in den oHG-Anteil auch bei mehreren Erben befürworten, sehen spätestens ab diesem Zeitpunkt das Bedürfnis, den oHG-Anteil aus dem gesamthänderischen Nachlass auszusondern, wenn die in § 139 Abs. 1, Abs. 2 HGB vorgesehenen Rechtsfolgen eintreten.[9] Es bleibt freilich die Frage, wie der oHG-Anteil nach Ansicht dieser Literaten entsprechend aus dem gesamthänderisch gebundenen Nachlass auszusondern wäre.

a) Teilauseinandersetzung kraft Rechtsgeschäfts

So wurde erwogen, dass der Ausübung der Rechte aus § 139 HGB im eingangs beschriebenen Sinn notwendigerweise eine rechtsgeschäftliche Teilauseinandersetzung über den oHG-Anteil in Natur gem. §§ 2042 Abs. 2, 752 BGB vorausgehen müsse.[10] Dieser Weg hat den Vorteil, dass dem erbrechtlichen Grundsatz der Universalsukzession nur wenig Gewalt angetan wird. Denn es kommt nicht kraft Gesetzes, sondern nur durch ein gewolltes und zielgerichtetes Mitwirken aller Erben zum Ausschluss des oHG-Anteils aus dem gesamthänderischen Verbund. Da die Auseinandersetzung gem. § 2042 Abs. 1 BGB eigentlich nur über den ganzen Nachlass verlangt werden kann,[11] müsste der Norm des § 139 HGB eine stillschweigende Ausnahme von diesem Grundsatz entnommen werden, die es jedem Erben ermöglicht, zur Verwirklichung der in § 139 Abs. 1, Abs. 2 HGB vorgesehenen Rechte die Teilauseinandersetzung über den oHG-Anteil zu verlangen. In konsequenter Umsetzung des in § 139 Abs. 5 HGB niedergelegten Rechtsgedankens müsste dieser Anspruch auf Teilauseinandersetzung selbst dann bestehen, wenn der Erblasser die Auseinandersetzung durch letztwillige Verfügung gem. § 2044 Abs. 1 S. 1, Abs. 2 S. 1 BGB für einen Zeitraum von bis zu 30 Jahren ausgeschlossen hat, das Gesetz die Auseinandersetzung in § 2043

---

[8] Vgl. *Wiedemann*, Übertragung, S. 197 f., wobei dieser unter Heraushebung dieses Sonderfalls versucht, die von der etablierten Ansicht vertretene und von ihm auf § 1417 BGB gestützte Sondererbfolge zu legitimieren.

[9] *Eiselt*, AcP 158, 319, 325 f.; *Börner*, AcP 166, 426, 445 f.; *Haas*, S. 32 f.; *Bletz*, S. 131.

[10] *Eiselt*, AcP 158, 319, 326.

[11] Eine Teilauseinandersetzung kann grundsätzlich nicht verlangt werden, s. *Ann*, in: MüKo-BGB, § 2042 Rdnr. 18.

BGB aufschiebt oder der Aufschub der Auseinandersetzung seitens der Miterben gem. § 2045 BGB verlangt wird.

Doch selbst wenn man jedem Erben hiernach einen Anspruch auf Teilauseinandersetzung gewährt, der sich gegenüber den genannten Normen unbedingt durchsetzt, bleibt dieser Weg eine Haftungsfalle. Denn gem. § 139 Abs. 4 HGB kommt es nur dann zu einer Haftungsbeschränkung, wenn innerhalb der Frist des § 139 Abs. 3 HGB der Kommanditanteil eingeräumt wird bzw. der Austritt aus der oHG erfolgt ist.[12] Da in aller Regel binnen drei Monaten keine gerichtliche Durchsetzung der Teilauseinandersetzung über den oHG-Anteil erwartet werden kann, diese jedoch Vorbedingung für die Ausübung der Rechte aus § 139 Abs. 1, Abs. 2 HGB ist, hätten es nach dieser Lösung die Miterben in der Hand, demjenigen unter ihnen, der seine Rechte geltend machen will, die Haftungsbeschränkung aus § 139 Abs. 4 HGB vorzuenthalten. Die Einhaltung der Drei-Monats-Frist würde sich hierdurch reflexartig zu einem Druckmittel für die übrigen Miterben entwickeln, die sich die vertragliche Teilauseinandersetzung – und damit die Möglichkeit der persönlichen Enthaftung ihres austrittswilligen Kollegen – teuer abkaufen lassen könnten. Der von *Eiselt* vorgeschlagene Ausweg, die enthaftende Wirkung des § 139 Abs. 4 HGB nur davon abhängig zu machen, dass dem Rechtsverkehr durch Eintragung im Handelsregister die bevorstehende Ausübung der Rechte aus § 139 HGB mitgeteilt wird,[13] wirkt wie eine Noterwägung. Der Wortlaut des § 139 Abs. 3, Abs. 4 HGB ist insoweit eindeutig und macht die enthaftende Wirkung gerade nicht von der Eintragung im Handelsregister abhängig, sondern vielmehr davon, dass dem Erben innerhalb der Drei-Monats-Frist eine Kommanditistenstellung eingeräumt wird bzw. er aus der Gesellschaft ausscheidet.[14] Die Frage, ob die persönliche Haftung des Erben aus Vertrauensschutzerwägungen fortbestehen muss, weil die rechtzeitig vorgenommene Anteilsumwandlung oder das Ausscheiden verspätet im Handelsregister eingetragen sind, ist eine davon zu trennende Frage der Rechtsscheinhaftung.[15] Umgekehrt ist es jedoch nicht eingängig, den Miterbengesellschaftern das Haftungsprivileg des § 139 Abs. 4 HGB zu Lasten des Geschäftskreises allein aus registerrechtlichen Erwägungen zu gewähren, nur weil die Änderung

---

[12] So die überwiegende Auffassung: *Lorz*, in: E/B/J/S-HGB, § 139 Rdnr. 115; *Schäfer*, in: Staub-HGB, § 139 Rdnr. 94 f.; *Schmidt*, in: MüKo-HGB, § 139 Rdnr. 90. A.A. *Lehmann-Richter*, in: BeckOK-HGB, § 139 Rdnr. 25 (Zugang des Umwandlungsantrags).

[13] S. *Eiselt*, AcP 158, 319, 326, der aber um die Zweifelhaftigkeit dieser Konstruktion im Bilde ist und daher wohl auch deshalb den Weg über eine rechtsgeschäftliche Teilungsanordnung letztendlich ebenfalls nicht für vorzugswürdig erachtet.

[14] S. etwa *Kamanabrou*, in: Oetker-HGB, § 139 Rdnr. 74. Zur verspäteten Anteilsumwandlung bzw. zum verspäteten Austritt, s. *Schmidt*, in: MüKo-HGB, § 139 Rdnr. 123 f.

[15] S. hierzu *Schmidt*, in: MüKo-HGB, § 139 Rdnr. 126 und 129.

der materiellen Rechtslage alsbald nachfolgt. Diese Umkehrung des Ablaufs würde das Vertrauensschutzsystem des Handelsregisters auf den Kopf stellen, wonach bei einer deklaratorischen Eintragung die Registerlage die aktuelle materiell-rechtliche Lage dokumentiert und nicht umgekehrt diese proaktiv ankündigt.[16] Der Eintragungsfähigkeit bzw. -pflichtigkeit einer angekündigten Anteilsumwandlung bzw. eines bevorstehenden Austritts aus der Gesellschaft kann daher keine enthaftende Wirkung zukommen. Daher mutiert der Weg über eine den Rechten aus § 139 HGB zwingend vorgeschaltete, rechtsgeschäftliche Teilauseinandersetzung über den oHG-Anteil zu einer kaum zumutbaren Haftungsfalle für den einzelnen Miterben. Alles in allem ist daher die Annahme einer der Rechtsausübung vorgeschalteten, rechtsgeschäftlichen Teilauseinandersetzung nicht der zielführende Weg, um die Funktionsweise des § 139 HGB durch die Brille des Erbrechts zu erklären.

b) Teilauseinandersetzung kraft Gesetzes

Wegen dieser konstruktiven Bedenken suchen die eingangs aufgeführten Literaten daher mehrheitlich den Weg über eine durch § 139 HGB stillschweigend vorausgesetzte gesetzliche Teilauseinandersetzung, um das vermeintlich mit der gesamthänderischen Bindung unvereinbare Ergebnis zu legitimieren, welches die unterschiedliche Ausübung der in § 139 Abs. 1, Abs. 2 HGB vorgesehenen Rechte mit sich brächte. Mit dem Zeitpunkt der Annahme des Antrags auf Einräumung einer Kommanditbeteiligung durch die Mitgesellschafter, andernfalls mit wirksamer Austrittserklärung i.S.d. § 139 Abs. 2 HGB, soll es zur gesetzlichen Teilauseinandersetzung kommen, da erst in diesem Zeitpunkt die Rechtsfolgen aus § 139 Abs. 1, Abs. 2 HGB ihre Wirkung entfalten.[17] So wird erreicht, dass der unter dem Fristendruck des § 139 Abs. 3 HGB stehende Miterbengesellschafter seine persönliche Haftung aus eigener Kraft abstreifen kann. Die Einhaltung der Frist des § 139 Abs. 3 HGB wird so in die alleinige Hand des seine Rechte geltend machenden Miterbengesellschafters gelegt.[18]

Freilich fehlt jeglicher gesetzliche Anknüpfungspunkt für eine durch § 139 HGB bewirkte gesetzliche Teilauseinandersetzung. Selbst wenn man hierüber mit Blick auf die bereits als unglücklich enttarnte Wortlautfassung des § 139

---

[16] So auch *Müther*, in: BeckOK-HGB, § 15 Rdnr. 1, wenn er treffend formuliert: „*Das Register gibt nur die Rechtswirklichkeit wieder. Die Eintragung ist (...) rechtsbekundend*“.

[17] *Börner*, AcP 166, 426, 445, der jedoch dem Begriff gesetzliche Teilauseinandersetzung mit Bedenken entgegentritt; *Bletz*, S. 131. A.A. *Eiselt*, AcP 158, 319, 326f. und *Haas*, S. 32f., die die Teilauseinandersetzung bereits dann durchgreifen lassen, wenn der Miterbe den entsprechenden Antrag gem. § 139 Abs. 1 HGB gestellt hat, damit jedoch den Zeitpunkt der Teilauseinandersetzung ohne Not nach vorne verschieben.

[18] *Bletz*, S. 122f.

HGB hinwegsehen will, muss man sich dennoch folgende Frage stellen: Was bleibt von der unmodifizierten Universalsukzession in den oHG-Anteil noch übrig, wenn sie im Nachgang jeder einzelne Miterbe durch die Ausübung der Rechte aus § 139 HGB zunichtemachen kann? Letztlich findet man sich dann doch nur unweit der etablierten Ansicht wieder. Statt einer bereits mit dem Erbfall eintretenden Sondererbfolge, ist diese i.E. auf die Ausübung der Rechte gem. § 139 HGB aufschiebend bedingt. Damit ist letztlich im Vergleich zu der etablierten Ansicht kaum mehr gewonnen als ein zeitliches Hinausschieben der Realteilung.[19] Alle Widersprüche, die bereits in *§ 2* gezeigt haben, dass die Sondererbfolge an Konstruktionsmängeln krankt, treten lediglich bis zu der von einem oder einzelnen Miterben angestrengten Ausübung der Rechte aus § 139 HGB zurück. Wegen der dann von den eingangs genannten Literaten für notwendig erachteten gesetzlichen Teilauseinandersetzung würden sich ab diesem Zeitpunkt wieder die altbekannten Konstruktionsdefizite ergeben. Eine in § 139 HGB hineingelesene gesetzliche Teilungsanordnung benachteiligt damit i.E. die Interessen der Miterben und der Nachlassgläubiger.

c) Zwischenergebnis

Letztlich überzeugt es vom Ergebnis her weder, die vertragliche Teilauseinandersetzung über den oHG-Anteil zur Vorbedingung für den Eintritt der Rechtsfolgen aus § 139 Abs. 1, Abs. 2 HGB zu erklären, noch eine gesetzliche Teilauseinandersetzung über den oHG-Anteil als deren zwingende Folge anzusehen. Nimmt man an, dass dem § 139 HGB eine vertragliche Teilauseinandersetzung vorzuschalten ist, würde der vom Fristendruck geplagte Miterbe unbilligerweise der Willkür der übrigen Miterben ausgesetzt werden. Eine gesetzliche Teilauseinandersetzung ist nicht nur im ähnlichen Gewand der Sondererbfolge bei Erbanfall, sondern auch dann problematisch, wenn sie letztlich Rechtsfolge der unterschiedlichen Ausübung der Rechte aus § 139 Abs. 1, Abs. 2 HGB ist. Denn hierzu wird es häufig kommen. Die dogmatischen Probleme, die mit der Sondererbfolge verbunden sind, werden dann letztlich nur aufgeschoben und die unmodifizierte Universalsukzession in den oHG-Anteil wird zu einem vorübergehenden Zwischenstadium degradiert. Die Annahme, dass § 139 HGB konkludent eine Teilauseinandersetzung am oHG-Anteil voraussetzt, kann damit dogmatisch in keiner denkbaren Variante befriedigen.

[19] Insofern richtig *Windel*, S. 133.

2. Fortwirkung der gesamthänderischen Bindung trotz Ausübung der Rechte aus § 139 HGB

Daher muss nach einem Weg gesucht werden, wie die gesamthänderische Bindung der Erbengemeinschaft die in § 139 Abs. 1, Abs. 2 HGB vorgesehenen Rechtsfolgen überdauern kann. Dieser Weg ist erstrebenswert. Denn wie bereits aus *§ 2* ersichtlich, ist die Entscheidung des BGB, die Erben bis zum einverständlich gewählten Zeitpunkt der Auseinandersetzung in gesamthänderischer Verbundenheit i. S.d. §§ 2032 ff. BGB an sämtlichen Nachlassgegenständen zu beteiligen, ein der Sondererbfolge überlegener, weil sorgsam abgestimmter Interessenausgleich zwischen den Erben, den Nachlassgläubigern und den Privatgläubigern.[20] Nachfolgend soll daher ein entsprechend gesamthandsfreundlicher Lösungsweg gesucht werden. Dabei soll zunächst die Situation einer seitens eines Miterbengesellschafters verfolgten Umwandlung in einen Kommanditanteil gem. § 139 Abs. 1 HGB untersucht werden (a), um im Anschluss daran die hieraus gewonnenen Erkenntnisse auf den angestrebten Austritt eines Miterben aus der Gesellschaft gem. § 139 Abs. 2 HGB zu übertragen (b).

a) Einer der Erben übt das Recht aus § 139 Abs. 1 HGB aus

Übt ein einzelner Miterbe (betreffender Miterbe), unter Zustimmung der Mitgesellschafter, gem. § 139 Abs. 1 HGB sein Recht dahingehend aus, dass er sich eine Stellung als Kommanditist einräumen lässt, während andere Miterben voll einstandspflichtige Miterbengesellschafter bleiben, muss letztlich erreicht werden, dass der Gesellschaftsanteil trotz dieser auf den Miterben beschränkten Rechtsfolgenanordnung in § 139 Abs. 1 HGB als Ganzes Teil des gesamthänderisch gebundenen Nachlassvermögens bleibt.

aa) Auffassung Köblers

Köbler bejaht diese Möglichkeit, da das Gesamthandsgefüge der Erbengemeinschaft in Bezug auf den oHG-Anteil nach seiner Ansicht durch § 139 HGB nicht infrage gestellt ist.

Er zieht dabei einen Lagevergleich zu einer umschließenden oHG, an der eine umschlossene oHG als Gesellschafterin beteiligt ist.[21] Er konstatiert dabei richtig, dass ein Gesellschafter in dieser umschlossenen oHG ohne Weiteres seine Position in eine Kommanditbeteiligung umwandeln könne, ohne dass dies

---

[20] S. hierzu noch einmal zusammenfassend *§ 2 IV.* und später noch *§ 7.*

[21] Zu diesem Begriffspaar, vgl. bereits *§ 3 VII. 1.* Dass eine solche doppelstöckige oHG zulässig ist, ergibt sich implizit aus §§ 125a Abs. 1 S. 3, 172 Abs. 6 S. 2 HGB. S. auch *Wertenbruch*, in: E/B/J/S-HGB, § 105 Rdnr. 142.

unmittelbare Auswirkungen auf die umschließende oHG und deren Gesellschafterbestand habe. Denn trotz der Statusveränderung, die der Gesellschafter der umschlossenen oHG erfährt, bleibe die umschlossene oHG als Gesellschafterin der umschließenden oHG mit sich selbst identisch. Daher ist ein solches Vorgehen auch nur mit den Mitgesellschaftern der umschlossenen oHG, nicht jedoch mit den Gesellschaftern der umschließenden oHG abzustimmen.[22] Dieser Gedanke sei nun, so *Köbler*, auf die Erbengemeinschaft als Gesellschafterin einer oHG zu übertragen, da auch diese Gesamthand sei und insofern nichts anderes gelten könne. Erfahre also ein Miterbe mit Ausübung des Rechts aus § 139 Abs. 1 HGB eine Statusänderung, habe das letztlich überhaupt keine Auswirkungen auf die oHG, sondern beträfe allein das Verhältnis der Miterben untereinander. Der Miterbe schalte durch Ausübung der Rechte aus § 139 Abs. 1 HGB gewissermaßen wie ein oHG-Gesellschafter einer umschlossenen oHG, der seine Beteiligung in eine Kommanditbeteiligung umwandelt, einen Gang zurück. Dies sei dabei, wie in einer umschlossenen oHG, ein rein interner Vorgang innerhalb der Erbengemeinschaft, ohne dass dies unmittelbare Auswirkungen auf die oHG habe, da die Erbengemeinschaft als solche ja erhalten bleibe. Der Miterbe, der sein Recht aus § 139 Abs. 1 HGB wahrnimmt, sei nicht Kommanditist in der oHG, sondern werde nur innerhalb der Erbengemeinschaft als solcher behandelt. Da die Rechtsfolge auf das Verwaltungsgefüge der Erbengemeinschaft beschränkt bleibt, sei auch der Antrag i.S.d. § 139 Abs. 1 HGB nicht an die Mitgesellschafter der oHG, sondern ausschließlich an die Miterben der Erbengemeinschaft zu richten.[23]

bb) Kritik an Köblers Auffassung

So sehr man *Köbler* zugutehalten muss, dass er als einer der ganz wenigen Literaten in der Rechtswissenschaft überhaupt versucht hat, dem Dogma einer durch § 139 HGB aufoktroyierten Sondererbfolge bzw. Teilauseinandersetzung über den oHG-Anteil zu begegnen, kann doch seine Begründung nicht überzeugen. Sie wird zu Recht kritisiert,[24] was leider auch dazu geführt hat, dass die Idee einer durch die Rechtsfolgen des § 139 HGB unberührten gesamthänderischen Bindung am Gesellschaftsanteil in Misskredit geraten ist. So hinkt schon der Vergleich *Köblers*, wenn er die Erbengemeinschaft am oHG-Anteil mit einer umschlossenen oHG vergleicht. Die oHG ist gem. § 124 Abs. 1 HGB ihr eigener, von den Gesellschaftern hinreichend emanzipierter Rechtsträger.[25]

---

[22] *Schäfer*, in: Staub-HGB, § 105 Rdnr. 96.

[23] S. zum Ganzen *Köbler*, Erbrecht und Gesellschaft, S. 136.

[24] *Siegmann*, S. 72 f.; *Bletz*, S. 129 f.

[25] So die überwiegende Ansicht, s. bereits *§ 1 II.*

Dies führt dazu, dass die einzelnen Gesellschafter dieser umschlossenen Personengesellschaft keine echte dingliche Berechtigung am Anteil der umschließenden oHG haben; der Verweis des § 105 Abs. 3 HGB auf die insoweit missverständliche Norm des § 719 Abs. 1 BGB ist im Lichte des § 124 Abs. 1 HGB insofern rechtsfortbildend auszulegen.[26] Vielmehr ist nur der umschlossenen oHG selbst der Anteil an der umschließenden oHG zugeordnet.[27] Daher kann eine Umwandlung der Gesellschafterposition in eine Kommanditposition auf Ebene der umschlossenen Gesellschaft auch keine Konflikte zu einer gesamthänderischen Bindung aufweisen. Bei der Erbengemeinschaft ist dies anders: Da diese nicht ihr eigener Rechtsträger ist, hat der Miterbe einer Erbengemeinschaft eine dingliche Mitberechtigung am Nachlass und damit – der Theorie der geteilten Mitberechtigung folgend – auch einen Anteil an den einzelnen Nachlassgegenständen (§ 2033 BGB).[28] Die beiden Ausgangslagen sind also schon vor diesem Hintergrund gar nicht vergleichbar.

Daneben ist es fernliegend, wenn *Köbler* die Ausübung des Rechts aus § 139 Abs. 1 HGB mit der auf Ebene einer umschlossenen oHG vorgenommenen Umwandlung einer Komplementär- in eine Kommanditposition vergleicht. Mit letzterem Vorgang geht in der Tat eine Statusveränderung auf Ebene der umschlossenen Gesellschaft einher. Die Ausübung des Rechts aus § 139 Abs. 1 HGB durch einen Miterbengesellschafter entspricht dagegen weniger einer Statusveränderung auf Ebene der Erbengemeinschaft, als vielmehr einer gegenständlich beschränkten Umgestaltung der Miterbengesellschafterposition, also der dinglichen Gesamthandsberechtigung am oHG-Anteil.[29] Denn anders als bei der Umwandlung einer oHG-Gesellschafterposition in eine Kommanditposition würde die Rechtsfolge des § 139 Abs. 1 HGB nicht auf die komplette Gesamthandsstellung einwirken. Der Miterbe bleibt immerhin am übrigen Nachlassvermögen dem Grunde nach unverändert beteiligt. Vielmehr bezieht sich die Statusveränderung bei § 139 Abs. 1 HGB alleine auf die dingliche Beziehung des Miterben zum gesamthänderisch gehaltenen Gesellschaftsanteil.[30] Dies ist jedoch ohne ein vergleichbares Beispiel im Personengesellschaftsrecht. Alles in allem vermag daher der Lagevergleich *Köblers* nicht zu überzeugen.

---

[26] Zum Verhältnis von § 105 Abs. 3 HGB, § 719 Abs. 1 Hs. 1 BGB und § 124 Abs. 1 HGB, s. auch bereits *§ 1 II.*

[27] Zur Zuordnung des Gesellschaftsvermögens, vgl. *Hillmann*, in: E/B/J/S-HGB, § 124 Rdnr. 2. So auch mit Blick auf die rechtsfähige Außen-GbR *Habermeier*, in: Staudinger, § 719 Rdnr. 2.

[28] S. hierzu noch einmal *§ 3 II. 4. b) cc).*

[29] Zur Miterbengesellschafterposition, vgl. noch einmal *§ 3 II. 4. c).*

[30] So auch *Bletz*, S. 129 f.

cc) Anteil am oHG-Anteil i. S.d. § 2033 Abs. 2 BGB als umwandlungsfähiges Rechtsobjekt

Wenngleich die Begründung *Köblers* daher nicht überzeugen kann, bedeutet dies jedoch nicht, dass dessen Arbeitshypothese i.E. verfehlt wäre: Aus den in *§ 2* erörterten Gründen ist zu versuchen, § 139 Abs. 1 HGB mit der gesamthänderischen Bindung der Erbengemeinschaft in Einklang zu bringen. Dabei darf man sich jedoch nicht hinter einer vorgeblich auf die Ebene der Erbengemeinschaft beschränkten Wirkung des § 139 HGB verstecken. Vielmehr muss das durch die Rechtsfolge des § 139 Abs. 1 HGB provozierte Spannungsverhältnis zur gesamthänderischen Bindung offen angegangen werden. Es ist daher zu beleuchten, ob es möglich ist, dass einem Miterben der gesamthänderisch gebundene Gesellschaftsanteil nur mehr mit der Kraft einer Kommanditistenstellung zugeordnet werden kann, während er am übrigen Nachlass unverändert beteiligt bleibt. Daneben müsste den übrigen Miterben derselbe Gesellschaftsanteil weiterhin als Komplementärstellung zugeordnet sein. Letztlich kann dies nur dann gelingen, wenn man annimmt, dass durch die Ausübung des Rechts aus § 139 Abs. 1 HGB seitens des Miterben alleine dessen ideeller Anteil am oHG-Anteil i. S.d. § 2033 Abs. 2 BGB, also seine Miterbengesellschafterstellung, umgewandelt wird.

(1) Isolierte Umwandlung des Anteils am oHG-Anteil

Will man § 139 Abs. 1 HGB diese Rechtsfolge entnehmen, würde dies voraussetzen, dass es überhaupt denkbar ist, dass ein ideeller Anteil am oHG-Anteil umgewandelt werden kann. Wer im Gefolge der Theorie der ungeteilten Gesamtberechtigung bereits die Existenz von Anteilen an den einzelnen Nachlassgegenständen an sich leugnet, muss konsequenterweise im Gefolge *Wiedemanns* konstatieren, dass dies „*logisch unmöglich*“[31] ist. Aufgeschlossener kann man sich diesem Gedanken jedoch nach der hier für vorzugswürdig erachteten Theorie der geteilten Mitberechtigung zeigen, da hiernach im Grundsatz die in § 2033 Abs. 2 BGB vorgesehenen Anteile an den einzelnen Nachlassgegenständen anerkannt sind.[32] Eigentlich kann der Miterbe über seinen Anteil an dem Nachlassgegenstand „*oHG-Anteil*“ gerade nicht verfügen, s. § 2033 Abs. 2 BGB. Dieser Aspekt scheint daher zunächst gegen die hier vorgenommene Deutung zu sprechen. Denn wenn § 139 Abs. 1 HGB eine Umwandlung des Anteils am oHG-Anteil zur Folge hätte, käme es zu einer Inhaltsänderung des Anteils am oHG-Anteil und damit zu einer Verfügung,[33] die § 2033 Abs. 2 BGB vorder-

---

[31] *Wiedemann*, Übertragung, S. 198.

[32] S. hierzu noch einmal *§ 3 II. 4. b) cc) (1)*.

[33] *Bayreuther*, in: MüKo-BGB, § 185 Rdnr. 3.

gründig kategorisch auszuschließen scheint. Wie bereits ausgeführt, zielt der Schutzzweck des § 2033 Abs. 2 BGB jedoch lediglich darauf ab, dass es zu keiner Rechtszersplitterung der Erbengemeinschaft kommt, bei der das Gesamthandsvermögen teils den Gesamthändern und teils den Außenstehenden zugeordnet ist und damit keine gleichmäßige Mitberechtigung mehr unter den Gesamthändern an allen Gesamthandsgegenständen gewährleistet ist. Wenn sich § 2033 Abs. 2 BGB seinem Wortlaut nach gegen sämtliche Verfügungen zu richten scheint, ist dies vor dem Hintergrund des Schutzzwecks teleologisch dahingehend zu reduzieren, dass nur solche Verfügungen verboten sind, die den gesamthänderischen Verbund infrage stellen.[34] Wenn man § 139 Abs. 1 HGB dahingehend versteht, dass der Miterbe lediglich seine Miterbengesellschafterposition derart umwandelt, dass er fortan als Miterbenkommanditist gilt, bleibt der Gesellschaftsanteil als solcher gesamthänderisch gebunden. Er ist dem betreffenden Miterben, der sein Recht aus § 139 Abs. 1 HGB geltend gemacht hat, lediglich in veränderter Gestalt zugeordnet. Es droht damit gerade keine personelle Rechtszersplitterung der Gesamthand und damit auch keine dem § 2033 Abs. 2 BGB abträgliche Verfügung. Die gesamthänderische Bindung wird insofern durch § 139 Abs. 1 HGB allenfalls gelockert, ohne dass es zum Bruch kommt. Diese Lockerung fällt umso leichter, wenn man in der Anerkennung eines gewissen Maßes an Selbstständigkeit hinsichtlich des dem Miterben zukommenden Anteils am oHG-Anteil genau den Tribut erblickt, den das Erbrecht vor dem Hintergrund des Art. 2 Abs. 1 EGHGB dem Handelsrecht im Lichte der Rechtsfolgenanordnung in § 139 Abs. 1 HGB zollen muss.

(2) Rechtliche Zulässigkeit hybrider Personengesellschaftsanteile

Wenn somit nur der ideelle Anteil, mit dem der seine Rechte aus § 139 Abs. 1 HGB geltend machende Miterbe in Beziehung tritt, eine Umwandlung erfährt, und die diesem zukommende vollhaftende Miterbengesellschafterstellung in eine Miterbenkommanditistenstellung umgewandelt wird, bleiben die den übrigen Miterben zukommenden Anteile am oHG-Anteil unberührt, sodass sie auch weiterhin vollhaftende Miterbenkomplementäre sind. Zusammengenommen entsteht so in der Summe ein weiterhin von der Erbenmehrheit in gesamthänderischer Verbundenheit gehaltener Personengesellschaftsanteil, der sich gegenüber dem Miterben, der sein Recht aus § 139 Abs. 1 HGB geltend macht, wie ein Kommanditanteil und gegenüber den anderen Miterben wie ein Komplementäranteil verhält (hybrider Personengesellschaftsanteil).

Hybride Personengesellschaftsanteile, die sich relativ zu den einzelnen Gesamthändern unterschiedlich verhalten, sind freilich im Gesetz nicht erwähnt.

---

[34] *Schulze-Osterloh*, S. 89 und 131 f.

Jedoch kann hieraus nicht geschlossen werden, dass deren Anerkennung zu versagen ist. Die Vorstellung, dass sich Personengesellschaftsanteile stets absolut und einheitlich verhalten müssen, ist in Sondervermögenslagen schlicht nicht immer durchzuhalten.[35] Vor dieser Erkenntnis konnte sich selbst der IV. Zivilsenat des BGH nicht verschließen, als dieser es zugelassen hat, dass ein unter Testamentsvollstreckung stehender Personengesellschaftsanteil rechtlich selbstständig bleibt und sich nicht mit einem bereits vorhandenen Anteil des Erben verbindet, selbst wenn dieser mit dem Erbfall der letzte verbliebene Gesellschafter ist. Selbst wenn sich damit rechtlich alle Anteile in der Hand des Erben befinden, kommt es somit nicht zur Vollbeendigung der Gesellschaft.[36] Erklärbar ist dies letztlich nur, wenn man in diesem Fall annimmt, dass die das Nachlasssondervermögen prägenden Vorschriften der §§ 2205, 2211, 2214 BGB entgegen des Grundsatzes der Einheitlichkeit der Mitgliedschaft zu einer subjektiv-relativen Betrachtungsweise zwingen. In deren Rahmen nimmt der verbleibende Gesellschafter die beiden Gesellschafterpositionen aus zwei unterschiedlichen Stellungen wahr, die er diesen Anteilen gegenüber jeweils relativ betrachtet einnimmt – die zum Zeitpunkt des Erbfalls bereits vorhandene Gesellschafterposition hält der Gesellschafter weiterhin als solcher, wohingegen er die ererbte Gesellschafterposition in seiner quasipersonenverschiedenen Funktion als unter Testamentsvollstreckung stehender Erbe inne hat. Nicht unähnlich ist es in dem Fall, in dem die §§ 2032 ff. BGB das Nachlasssondervermögen prägen. Hier zwingt die Rechtsfolge des § 139 Abs. 1 HGB bei einem im Sondervermögen der §§ 2032 ff. BGB gehaltenen Gesellschaftsanteil zu einer objektiv-relativen Betrachtungsweise, in der sich der Gesellschaftsanteil gegenüber dem Miterben, der sein Recht aus § 139 Abs. 1 HGB geltend macht, wie ein Kommanditanteil und gegenüber den anderen Miterben wie ein Komplementäranteil verhält.

Im Denkmodell der geteilten Mitberechtigung, wonach es sich bei der Gesamthand nur um eine Form der Idealteilung handelt,[37] liefert der mögliche Lagevergleich zur wesensverwandten Freihand weitere Argumente für eine Zulassung hybrider Personengesellschaftsanteile. Ist nämlich dort anerkannt, dass die Anteile der einzelnen Freihänder gem. § 747 S. 1 BGB ganz unterschiedliche Wege gehen können, indem etwa einer der Anteile an einer gemeinschaftlich gehaltenen Sache oder Forderung verpfändet, anderweitig belastet oder seinem Inhalt nach

[35] Auch *Lorz*, S. 157 f. betont, dass das Prinzip der Einheitlichkeit der Mitgliedschaft in einem erbrechtlichen Sonderregime (er nennt beispielhaft die Vor- und Nacherbfolge) nicht durchzuhalten ist.

[36] BGHZ 98, 48, 57; BGH, NJW 1996, 1284, 1285 f. (GbR-Anteil).

[37] *Schulze-Osterloh*, S. 29 f.

geändert wird,[38] kann es für die Erbengemeinschaft nicht anders sein. Auch hier muss der Anteil eines Miterben an einem Nachlassgegenstand jedenfalls insoweit einen inhaltlich anderen Weg gehen können als die Anteile der übrigen Miterben, wie § 139 Abs. 1 HGB das Prinzip der gesamthänderischen Bindung gem. § 2033 Abs. 2 BGB lockert und die Erbengemeinschaft in diesem Bereich dem Charakter einer Freihand angenähert ist.

Bedenken gegen einen hybriden Personengesellschaftsanteil können auch nicht aus der besonderen Struktur des in gesamthänderischer Verbundenheit gehaltenen oHG-Anteils selbst hergeleitet werden. Zwar ist es nicht möglich, dass eine Person in derselben Gesellschaft sowohl einen Kommandit- als auch einen Komplementäranteil hält.[39] Diese Konstellation ist jedoch mit dem hybriden Charakter der nach § 139 Abs. 1 HGB teilumgewandelten Gesellschaftsanteile nicht vergleichbar, sind doch dort die gleichzeitige Komplementärs- und Kommanditeigenschaft lediglich zwei Aspekte, die ein einheitlicher Gesellschaftsanteil relativ zu verschiedenen Personen einnehmen kann. Sie ist die natürliche Fortentwicklung der hier vertretenen Ansicht, wonach ein oHG-Anteil in idealgeteilter Form gehalten werden kann, ohne dass dies mit zwingenden personengesellschaftlichen Wertungen, insbesondere mit dem Grundsatz der Unteilbarkeit der Mitgliedschaft, in Konflikt gerät.[40]

Ein Verstoß gegen den Numerus clausus der Personengesellschaftsformen droht ebenfalls nicht.[41] Denn mit § 139 Abs. 1 HGB ist die Form eines hybriden Personengesellschaftsanteils, der sich relativ zu den jeweiligen Miterbengesellschaftern entsprechend unterschiedlich verhält, gesetzlich abgesichert. Lediglich dieser Rückschluss muss aus einer allgemeinen Auslegung des § 139 Abs. 1 HGB gewonnen werden. Geht man diesen Weg mit, dürfte es am zweckmäßigsten sein, wenn man die oHG, in der sich ein Miterbe zur Umwandlung seiner Miterbengesellschafterposition entschließt, fortan als KG betrachtet.[42] Denn selbst wenn der vererbte Gesellschaftsanteil nach Ausübung des Rechts

---

[38] Zu deren Zulässigkeit, s. *v. Proff*, in: Staudinger, § 747 Rdnr. 34 ff.

[39] *Wertenbruch*, in: E/B/J/S-HGB, § 105 Rdnr. 47.

[40] S. hierzu *§ 3 VIII. 1.* und *2.*

[41] Der Numerus clausus des Gesellschaftsrechts, auch genannt Typenzwang, zieht weitläufige Kreise und verbietet etwa eine GbR mbH, s. hierzu etwa *Kindler*, ZIP 2009, 1146, 1148 f. Zum Numerus clausus der Gesellschaftsformen, vgl. auch: *Froning*, in: Sudhoff-Unternehmensnachfolge, § 38 Rdnr. 32; *Hoor*, in: Breithaupt/Ottersbach-Kompendium Gesellschaftsrecht, Teil 2 D § 1 Rdnr. 7.

[42] A.A. *Köbler*, Erbrecht und Gesellschaft, S. 136, der zwar anerkennt, dass der Erbe, der sein Recht aus § 139 Abs. 1 HGB geltend macht, wie ein Kommanditist zu behandeln ist, hieraus aber keine Konsequenzen für die Rechtsform der Gesellschaft zieht, weil er – wie in *§ 4 II. 2. a) bb)* kritisiert – die Wirkungen des § 139 Abs. 1 HGB auf die Erbengemeinschaft beschränkt.

aus § 139 Abs. 1 HGB relativ gesehen auch nur einem Miterben gegenüber nur mehr die Befugnisse eines Miterbenkommanditisten vermittelt, ruft dies bereits die in §§ 161 ff. HGB geregelten Besonderheiten auf den Plan, sodass auch die Rechtsform der Gesellschaft an diesen Besonderheiten nicht vorbeigehen kann.[43] Die Miterbengesellschafterposition folgt letztlich den Wertungen der betreffenden Gesamtgesellschafterposition, sofern sich nicht aus den aus der Erbengemeinschaft folgenden besonderen Bindungen ein anderes ergibt.

dd) Haftungslage bei Ausübung des Rechtes aus § 139 Abs. 1 HGB

Erkennt man an, dass durch die Annahme des Antrags auf Einräumung einer Kommanditistenstellung seitens der Mitgesellschafter i. S.d. § 139 Abs. 1 HGB der betreffende Miterbe seinen Anteil am oHG-Anteil dergestalt umwandelt, dass er fortan nur noch als Miterbenkommanditist gilt, geschieht dies v. a. mit Blick auf die Gesellschaftsgläubiger, sodass aus § 139 HGB auch haftungsrechtliche Konsequenzen zu ziehen sind.[44] Hinsichtlich der Gesellschaftsaltverbindlichkeiten und Zwischenneuschulden ist er aus einer persönlichen Haftung als unbeschränkt einstandspflichtiger Miterbengesellschafter gem. §§ 128 S. 1, 130 Abs. 1 HGB (Gesellschaftsaltverbindlichkeiten) bzw. § 128 S. 1 HGB (Zwischenneuschulden) entlassen, § 139 Abs. 4 HGB. Für diese Verbindlichkeiten haftet er gem. §§ 2058 ff. BGB zusammen mit den übrigen Miterben gesamtschuldnerisch mit den Kräften einer Nachlassverbindlichkeit.[45] Persönlich haftet er in seiner neuen Funktion als Miterbenkommanditist gem. §§ 173 Abs. 1, 171 Abs. 1, 172 Abs. 1 HGB analog, d. h. beschränkt auf seine Haftsumme, die aus der individuellen Erbquote zu bilden ist, mit der der betreffende Miterbe an der seinerzeit vom Erblasser erbrachten Einlage beteiligt ist.[46] Gesellschaftsneuverbindlichkeiten, die nach Ausübung des Rechts aus § 139 Abs. 1 HGB begründet werden, treffen den betreffenden Miterben nur in den Grenzen einer beschränkten Kommanditistenhaftung gem. §§ 171 Abs. 1, 172 Abs. 1 HGB analog persönlich.[47] Daneben bleibt jedoch eine unentziehbare Verhaftung des Nachlasses möglich, da auch der Miterbenkommanditist nach der hier vertretenen Auffassung in Ansehung der Gesellschaftsneuverbindlichkeiten aus dem Gedanken des Eintritts in eine vom Erblasser herrührende pflichtbelastete Rechtsposition

---

[43] Zu den handelsregisterrechtlichen Fragestellungen, vgl. noch *§ 6 IV. 2.*

[44] Diese Möglichkeit erwägt auch *Börner*, AcP 166, 426, 444 f., wenngleich er sie letztlich i.E. ablehnt.

[45] Insofern ergibt sich nichts anderes als bei der etablierten Ansicht, vgl. *Lorz*, in: E/B/J/S-HGB, § 139 Rdnr. 122 und 124.

[46] Insoweit gilt nichts anderes, als dasjenige, was die etablierte Ansicht bei Allein- und Sondererben konstatiert, s. *Schäfer*, in: Staub-HGB, § 139 Rdnr. 125.

[47] *Schmidt*, in: MüKo-HGB, § 139 Rdnr. 112.

mit der Kraft einer Nachlassverbindlichkeit weiterhaftet.[48] Denn die Tatsache, dass der gemeinschaftlich gehaltene oHG-Anteil gem. § 139 Abs. 1 HGB eine teilweise Umwandlung erfahren hat, ändert nichts an der Tatsache des Eintritts in die vom Erblasser herrührende pflichtbelastete Rechtsposition. An dem seinerzeit gefassten Entschluss des Erblassers, der Gesellschaft beizutreten bzw. nicht wieder auszutreten, muss sich der Miterbe in seiner Funktion als Rechtsnachfolger des Erblassers trotz der Umwandlung seiner Miterbengesellschafterposition gem. § 139 Abs. 1 HGB weiterhin festhalten lassen, da diese Umwandlung nur für ihn persönlich mit Blick auf seine persönliche Gesellschafterhaftung wirkt. Seine erbrechtlichen Verpflichtungen will die Enthaftungswirkung des § 139 Abs. 4 HGB dem betreffenden Erben ersichtlich nicht abnehmen.

b) Einer der Erben übt das Recht aus § 139 Abs. 2 HGB aus

Wird der Antrag des austrittswilligen betreffenden Miterben auf Einräumung einer Kommanditistenstellung abgelehnt, kann dieser Miterbe nach § 139 Abs. 2 HGB „*ohne Einhaltung einer Kündigungsfrist sein Ausscheiden aus der Gesellschaft erklären*“. Wie diese Rechtsfolge letztlich mit dem Fortbestand der gesamthänderischen Bindung in Einklang zu bringen ist, soll im Folgenden erörtert werden.

aa) Auffassung Köblers und die Kritik hieran

Köbler führt wiederum den Vergleich zu einer doppelstöckigen Personengesellschaft an und konstatiert, dass die Rechtsfolge einer Austrittserklärung seitens des austrittswilligen Miterben gem. § 139 Abs. 2 HGB lediglich auf Ebene der Erbengemeinschaft Wirkung entfalte und nicht auf der Ebene der umschließenden oHG fortwirke. Der Anteil am gesamthänderisch gehaltenen oHG-Anteil, von dem der betreffende Miterbe Abstand nimmt, gehe nicht verloren, sondern soll den übrigen Miterben gem. § 738 Abs. 1 S. 1 BGB analog anwachsen. Gleichzeitig sei dem austrittswilligen Miterben gegen die übrigen Miterben ein Abfindungsanspruch gem. § 738 Abs. 1 S. 2 BGB analog zu gewähren. Da somit die Wirkungen des § 139 Abs. 2 HGB auf die Erbengemeinschaft beschränkt blieben, sieht *Köbler* die Vorbehalte gegen einen Fortbestand der gesamthänderischen Bindung am oHG-Anteil ausgeräumt.[49] Jedoch greifen *Köblers* Argumente aus demselben Grund nicht, aus dem bereits sein Versuch zur Deutung des § 139 Abs. 1 HGB abzulehnen war. Er impliziert durch die Heranziehung des sachfremden Vergleichs mit einer doppelstöckigen oHG letztlich, dass die Erben-

---

[48] S. hierzu noch einmal *§ 3 III. 4. b)*.

[49] S. zum Ganzen *Köbler*, Erbrecht und Gesellschaft, S. 136 f.

gemeinschaft durch Ausübung der Rechte aus § 139 HGB stets mit sich identisch bleibe. Dies kann nicht überzeugen. Vielmehr ist richtigerweise davon auszugehen, dass die Rechtsfolgen des § 139 HGB auch auf die Ebene der oHG, nämlich auf die Miterbengesellschafterposition, durchschlagen.[50]

bb) Kündigung des ideellen Anteils am oHG-Anteil

So gesehen müsste die Ausübung des Austrittsrechts aus § 139 Abs. 2 HGB nicht nur Auswirkungen auf das Verwaltungsgefüge der Erbengemeinschaft haben, sondern auch auf Ebene der oHG eine Kündigung der Miterbengesellschafterposition nach sich ziehen. Der Anteil am oHG-Anteil (also die Miterbengesellschafterposition) müsste hierfür von dem austrittswilligen Miterben aufgegeben werden können, sodass dieser sämtlichen Mitgesellschaftern entsprechend ihrer Quote gem. § 105 Abs. 3 HGB, § 738 Abs. 1 S. 1 BGB anwüchse. Dabei dürften die übrigen Miterben ihre Anteile am oHG-Anteil nicht verlieren und auch der betreffende Miterbe müsste seine ideelle Berechtigung am übrigen Nachlass behalten. Anders als die Rechtsfolge des § 139 Abs. 1 HGB würde dies aber letztlich dem Schutzzweck der in § 2033 Abs. 2 BGB zum Ausdruck kommenden gesamthänderischen Bindung am oHG-Anteil widersprechen. Wie bereits herausgearbeitet, verbietet diese, dass ein Anteil an einem Nachlassgegenstand auf eine außenstehende Person übertragen wird, da hierdurch „*ein Gegenstand des Gesamthandsvermögens teilweise den Gesamthändern, teilweise einem Außenstehenden zusteht*“[51]. Es käme hierdurch also zu einem zersplitterten Gemeinschaftsverhältnis. Wenn ein Erbe auf seinen Anteil an einem Gesamthandsgegenstand verzichten könnte und dieser allen Mitgesellschaftern gem. § 105 Abs. 3 HGB, § 738 Abs. 1 S. 1 BGB anwüchse, ergäbe sich letztlich eine ähnliche Zersplitterung des Gemeinschaftsverhältnisses, da nicht mehr jeder Miterbe mit derselben Quote an allen Gesamthandsgegenständen beteiligt wäre. Denn der sein Recht aus § 139 Abs. 2 HGB geltend machende Miterbe würde zwar noch zusammen mit den übrigen Miterben entsprechend seiner Erbquote an den übrigen Nachlassgegenständen beteiligt bleiben, jedoch nicht mehr am oHG-Anteil partizipieren. Die gesamthänderische Bindung wäre nicht nur gelockert, sondern gebrochen, sodass dieses Ergebnis für die nichtrechtsfähige Gesamthand schlechterdings undenkbar ist.[52]

---

[50] S. bereits *§ 4 II. 2. a) bb)*.

[51] *Schulze-Osterloh*, S. 84.

[52] In diese Richtung auch *Bletz*, S. 126. Allgemein zur Unmöglichkeit eines Verzichts auf einen Anteil am einzelnen Gegenstand des Gesamthandsvermögens, vgl. *Schulze-Osterloh*, S. 127.

Das „*Ausscheiden*" des Miterben aus der Gesellschaft, wie es § 139 Abs. 2 HGB anordnet, könnte – verstanden als Kündigung des Anteils am oHG-Anteil durch einen Miterben – daher nur verwirklicht werden, wenn der oHG-Anteil aus dem gesamthänderisch gebundenen Nachlassvermögen ausscheidet und entweder den verbliebenen Miterben realgeteilt als Summe von selbstständigen Teilrechten zufällt oder von den verbliebenen Miterben zwar weiterhin idealgeteilt gehalten wird, jedoch nicht mehr unter Ägide der Gesamthand Erbengemeinschaft, sondern in Form einer daneben tretenden Bruchteilsgemeinschaft. Da ersteres Ergebnis letztlich wiederum zu einer zeitlich nur aufgeschobenen Sondererbfolge zwänge, sprechen hiergegen die zur Sondererbfolge herausgearbeiteten Ergebnisse und Konstruktionsdefizite.[53] Letztere Auslegung würde zwar die zur Sondererbfolge herausgearbeiteten Ergebnisse eher vermeiden.[54] Darüber hinaus verträgt sich die Bruchteilsgemeinschaft am oHG-Anteil auch mit dem Grundsatz der Unteilbarkeit der Mitgliedschaft, wenn man diesem richtigerweise nicht das Verbot von Berechtigungspluralitäten am oHG-Anteil entnimmt.[55] Allerdings führt eine neben die Erbengemeinschaft tretende Bruchteilsgemeinschaft zu dem kaum einleuchtenden Ergebnis, dass die übrigen Miterben in ihrer Funktion als Teilhaber der Bruchteilsgemeinschaft die Möglichkeit hätten, gem. § 747 S. 1 BGB ihren Anteil am oHG-Anteil an Dritte zu veräußern, was ihnen unter Ägide der Erbengemeinschaft wegen § 2033 Abs. 2 BGB gerade verwehrt war. Damit ist auch diese Lösung wenig interessengerecht.

cc) Umwandlung des Anteils am oHG-Anteil

Es muss daher versucht werden, durch eine Auslegung des Merkmals „*Ausscheiden*" i.S.d. § 139 Abs. 2 HGB eine Versöhnung mit dem Prinzip der gesamthänderischen Bindung zu erreichen und den oHG-Anteil im gesamthänderischen Verbund zu halten. Dass dies nicht gegen den Willen des historischen Gesetzgebers verstößt, wurde dargelegt: Den Materialien zu § 139 HGB kann nicht entnommen werden, dass die zur Schaffung der Norm berufenen Kreise mit § 139 HGB eine Durchbrechung des Prinzips der gesamthänderischen Bindung gewollt haben. Die Existenz des § 139 Abs. 2 HGB ist vielmehr der Erkenntnis zu verdanken, dass man den Miterbengesellschaftern das Recht zugestehen wollte, die Befreiung von der persönlichen Gesellschafterhaftung zu erlangen,

---

[53] S. hierzu zusammenfassend bereits *§ 4 II. 1.* und *§ 2 IV.*

[54] So wäre der oHG-Anteil auch unter Ägide der Freihand, insbesondere hinsichtlich eines Zugriffs seitens der Privatgläubiger einzelner Erben, gem. § 747 ZPO geschützt. Daneben kann der oHG-Anteil als Ganzes gem. § 747 S. 2 BGB nur von allen verbliebenen Miterben (als Bruchteilsberechtigte) veräußert werden.

[55] So jedenfalls *Ropeter*, S. 113. Insofern können die in *§ 3 VIII. 1.* und *2.* gewonnenen Erkenntnisse übertragen werden.

ohne dass die anteilsmäßige gesamthänderische Mitberechtigung gänzlich durch Ausschlagung aufgegeben werden muss.[56] Entgegen des ersten Vorschlags in der Kommission-Handel gewährte man dem betreffenden Erben nicht das Recht, die Gesellschaft aufzulösen, weil man das Gesellschaftskapital im Interesse der Mitgesellschafter und dem Sinn einer Nachfolgeklausel entsprechend so gut wie möglich zusammenhalten wollte.[57] Daher entschied man sich für ein zweistufiges Rückzugskonzept, bei dem sich vermutlich das der Norm des § 139 HGB zugrundeliegende Spannungsfeld zur gesamthänderischen Bindung einschlich. Nur aus dieser Zielvorgabe heraus ist die Norm des § 139 Abs. 2 HGB zu verstehen: Dem betreffenden Miterben soll das Recht zustehen, sich aus seiner Miterbengesellschafterposition zurückziehen zu können.[58] Diese rein ergebnisorientierten Erwägungen zwingen jedoch nicht zu der von § 139 Abs. 2 HGB scheinbar kommunizierten Rechtsfolge: Die im Lichte des § 2033 Abs. 2 BGB nicht mögliche, weil gesamthandsfeindliche Beendigung der Miterbengesellschafterposition durch eine Aufgabe des dem Miterben zugeordneten Anteils am oHG-Anteil. Denn wenn der in § 139 Abs. 2 HGB statuierte Rückzug des austrittswilligen Miterben aus der Gesellschaft auch auf eine Weise verwirklicht werden kann, welcher der gesamthänderischen Bindung entspricht, ist dieser Weg vorzuziehen. Dies erreicht man, wenn man der von § 139 Abs. 2 HGB kommunizierten Rechtsfolge „*Ausscheiden aus der Gesellschaft*" keine Beendigung der Miterbengesellschafterposition, sondern bloß ein Ruhen der Miterbengesellschafterposition entnimmt, sodass der seine Rechte aus § 139 Abs. 2 HGB geltend machende Miterbe zwar mitgliedschaftlich im Wesentlichen als aus der Gesellschaft zurückgezogen gilt, sein Miterbengesellschaftsanteil ihm jedoch vermögensmäßig weiterhin als (derzeit) im Wesentlichen wirkungslose Einheit im gesamthänderisch gebundenen Nachlassvermögen zugeordnet ist. Wenn die dem betreffenden Erben zugeordnete Miterbengesellschafterposition ruht, handelt es sich letztlich wiederum um einen aus verschiedenen Klassen an Miterbengesellschafterpositionen zusammengesetzten, hybriden Personengesellschaftsanteil, der relativ zu den einzelnen Miterben diejenige Gestalt einnimmt, die der individuellen Ausübung der Rechte aus § 139 HGB entspricht. Damit wird sichergestellt, dass das gesamthänderische Prinzip, ähnlich wie bei § 139 Abs. 1 HGB, gelockert, aber eben nicht durchbrochen wird, ohne dass die vom

[56] So geht auch die HGB-Denkschrift 1896, S. 287 davon aus, dass § 139 HGB gerade die Funktion erfüllt, dass der Erbe, der die persönliche Gesellschafterhaftung vermeiden will, nicht gezwungen werden kann, die gesamte Erbschaft auszuschlagen, sondern die Möglichkeit erhalten muss, sich aus der oHG zurückzuziehen.

[57] S. hierzu noch einmal *S/S/K*, Quellen HGB II-1, S. 332 f.

[58] Zusammenfassend, vgl. noch einmal *§ 3 X. 4. a) cc)*.

Gesetzgeber mit der Schaffung des § 139 Abs. 2 HGB verfolgten Ziele infrage gestellt werden müssten.

dd) Rechtliche Zulässigkeit eines teilweise ruhenden Gesellschaftsanteils

Dass eine Mitgliedschaft mit der Folge ruhen kann, dass das Mitglied im Wesentlichen keine mitgliedschaftlichen Rechte und Pflichten mehr treffen, ist im Recht der Körperschaften anerkannt, weil dort die Mitgliedschaft vom Mitglied (also z. B. dem Gesellschafter) getrennt werden kann. So ist es insbesondere bei einem (eingetragenen) Verein,[59] aber auch bei Kapitalgesellschaften, wenn diese eigene Anteile erwerben.[60] Zwar kann eine Personengesellschaft, mangels hinreichender rechtlicher Verselbstständigung, keine eigenen Anteile halten.[61] Doch auch ohne eine Aufhebung der rechtlichen Zuordnung des Personengesellschaftsanteils zu dem Gesellschafter ist eine ruhende Mitgliedschaft im Personengesellschaftsrecht denkbar, wenn man die Personengesellschaft aus ihrer Vertragsnatur heraus begreift.[62] Denn insbesondere bei Dauerschuldverhältnissen ist allgemein anerkannt, dass eine Vertragsposition durch Vereinbarung der Vertragsparteien oder kraft Gesetzes ruhen kann. Zu nennen sind hier etwa das ruhende Arbeitsverhältnis[63], das ruhende Mietverhältnis[64] oder der ruhende Versicherungsvertrag[65]. Bei einem Personengesellschaftsvertrag kann insofern nichts anderes gelten.[66] Was jedoch bei einer Gesellschafterposition in der Personengesellschaft möglich ist, kann in Ansehung einer Miterbengesellschafterposition nicht grundlegend anders bewertet werden. Dass die Vorstellung eines hybriden Gesellschaftsanteils, der sich im Sondervermögen der Erbengemeinschaft relativ zu den einzelnen Mit-

---

[59] *Schöpflin*, in: BeckOK-BGB, § 39 Rdnr. 8.

[60] S. etwa gem. § 33 GmbHG und § 71b AktG, vgl. *Löwisch*, in: MüKo-GmbHG, § 33 Rdnr. 127 f. und *Cahn*, in: Spindler/Stilz-AktG, § 71b Rdnr. 8 ff. Ähnliches geschieht bei der Kaduzierung i. S.d. § 21 GmbHG und § 64 AktG, wenngleich deren rechtliche Wirkungen umstritten sind, vgl. hierzu *Ebbing*, in: Michalski-GmbHG, § 21 Rdnr. 105 f. und 116; *Foerster*, S. 36 f. und 39 f.

[61] *Schäfer*, in: Staub-HGB, § 105 Rdnr. 39 und 97.

[62] Zur Gesellschaft als Schuldverhältnis, vgl. *Schäfer*, in: MüKo-BGB, Vor. § 705 Rdnr. 14. *Schmidt*, in: MüKo-HGB, § 105 Rdnr. 169 (Mitgliedschaft als Geflecht von Rechtsverhältnissen).

[63] *Biebl*, in: A/P/S-KündigungsR, § 14 KSchG Rdnr. 11.

[64] OLG Köln, BeckRS 2013, 21123 im Tatbestand vorausgesetzt. S. auch das Beispiel für eine Ruhensvereinbarung in *Eggert*, in: Weise/Krauß, BeckOF-Vertrag, 15.3, § 11 Abs. 2 lit. c.

[65] S. etwa § 193 Abs. 6 S. 4 VVG.

[66] So schlägt etwa *Kespohl*, GWR 2011, 130, 131 eine Ruhensvereinbarung im Personengesellschaftsverhältnis für den Zeitraum zwischen Vererbung eines Personengesellschaftsanteils und Benennung eines gemeinschaftlichen Vertreters vor, freilich ohne die genaue Reichweite und Rechtsfolgen dieses Ruhens zu spezifizieren.

erben unterschiedlich verhält, nicht als unzulässig gewertet werden kann, wurde bereits für den Fall des § 139 Abs. 1 HGB dargelegt, wo sich ein Gesellschaftsanteil relativ zu den einzelnen Miterben als Miterbenkommandit- und Miterbenkomplementärposition verhält.[67] Insofern kann daher nichts anderes gelten, wenn sich ein Gesellschaftsanteil aus aktivierten und ruhenden Miterbengesellschafterpositionen zusammensetzt. Zusammengefasst kann der Gedanke einer ruhenden Gesellschafterposition insoweit fruchtbar gemacht werden, um im Fall des § 139 Abs. 2 HGB die mit dieser Norm verfolgte persönliche Enthaftung mit den Wertungen der Gesamthand zu versöhnen: Der betreffende Miterbe scheidet mitgliedschaftlich aus der Gesellschaft aus; vermögensmäßig bleibt ihm der ideelle Anteil am Gesellschaftsanteil, also die Miterbengesellschafterposition, aber zugeordnet. Sie wird nur inaktiviert, nicht jedoch beendet. Der in gesamthänderischer Verbundenheit gehaltene Personengesellschaftsanteil nimmt ähnlich wie bei § 139 Abs. 1 HGB einen hybriden Charakter an. Er verhält sich relativ zu dem Erben, der seine Rechte aus § 139 Abs. 2 HGB geltend gemacht hat, als inaktivierte Rechtsposition und bleibt gegenüber den anderen Miterben aktiv.

ee) Vereinbarkeit mit dem Wortlaut des § 139 Abs. 2 HGB

Es kann freilich nicht verleugnet werden, dass der Wortlaut des § 139 Abs. 2 HGB voraussetzt, dass der Erbe „*sein Ausscheiden aus der Gesellschaft*" erklärt. Mit Ausscheiden aus der Gesellschaft meint das Gesetz jedoch eigentlich die Beendigung der Gesellschafterstellung und das Erlöschen des oHG-Anteils zu Gunsten eines Abfindungsanspruchs i. S.d. § 105 Abs. 3 HGB, § 738 Abs. 1 S. 2 BGB, also gerade nicht nur dessen Ruhen, wie insbesondere ein Vergleich mit der Norm des § 131 Abs. 3 S. 1 HGB zeigt.[68] Daher wirkt es auf den ersten Blick fernliegend, wenn man der in § 139 Abs. 2 HGB statuierten Rechtsfolge nur ein Ruhen der Miterbengesellschafterposition beimessen möchte, um damit der im BGB beheimateten gesamthänderischen Bindung der Erbengemeinschaft Rechnung zu tragen. Kritiker könnten hierin eine unzulässige Umkehrung der Vorschrift des Art. 2 Abs. 1 EGHGB erblicken, nach welcher der Vorschriften des HGB entgegenstehende Normen des BGB weichen müssen und nicht umgekehrt. Die Vorrangwirkung des HGB, wie sie in Art. 2 Abs. 1 EGHGB statuiert ist, muss jedoch unter dem Vorbehalt stehen, dass die entsprechende Vorschrift im HGB vom Gesetzgeber in bewusster Abkehr vom BGB geschaffen wurde. Wie bereits gesehen, ist jedoch die Genese des § 139 HGB weniger von einer Konservierung der zum *PreußALR* ergangenen Rechtsprechung der Sondererb-

---

[67] S. hierzu noch einmal *§ 4 II. 2. a) cc) (2)*.

[68] Zum Begriff des Ausscheidens, s. eingehend *Schäfer*, in: Staub-HGB, § 131 Rdnr. 16.

folge in oHG-Anteile, als vielmehr von dem Ziel geprägt, die als unbillig empfundene persönliche Gesellschafterhaftung des in die Gesellschaft eintretenden Erben erträglich zu gestalten, wobei die Umsetzung leider an einem augenscheinlich unterentwickelten Problembewusstsein hinsichtlich des Verhältnisses zwischen dem seit der II. Kommission anerkannten Gesamthandsprinzip der Erbengemeinschaft und den durch die Vorschrift des § 139 HGB provozierten Rechtsfolgen geprägt war.[69] Daher scheint die Schlussfolgerung gerechtfertigt, dass die Rechtsfolge des § 139 Abs. 2 HGB „*Austritt aus der Gesellschaft*" vom historischen Gesetzgeber wohl mit Blick auf eine Erbengemeinschaft gemeinrechtlicher Prägung entworfen wurde, die so nur im *I. Entwurf des BGB* vorgesehen war, aber nie Gesetz wurde. Kann man die Vorschrift des § 139 Abs. 1 HGB noch mit dem gesamthänderischen Prinzip vereinbaren, gelingt dies mit Blick auf den Wortlaut des § 139 Abs. 2 HGB nicht mehr. Um den in § 139 Abs. 2 HGB zum Ausdruck kommenden gesetzgeberischen Willen dennoch zu verwirklichen, ohne mit dem Gesamthandsprinzip brechen zu müssen, kommt man daher nicht umhin, großzügig bei der Wortlautauslegung des § 139 Abs. 2 HGB zu verfahren und das in § 139 Abs. 2 HGB angesprochene „*Ausscheiden aus der Gesellschaft*" auf die mitgliedschaftliche Ebene zu beschränken und sie daher als bloße Inaktivierung der Miterbengesellschafterposition zu verstehen. Dies stellt keine Versündigung gegen die Vorrangwirkung des Art. 2 Abs. 1 EGHGB dar, sondern ist vielmehr Ausfluss des Willens, die wohl unbeabsichtigt hinterlassenen gesetzlichen Zielkonflikte bestmöglich miteinander zu vereinbaren.

ff) Haftungslage bei Ausübung des Rechtes aus § 139 Abs. 2 HGB

Während des Ruhens der Miterbengesellschafterstellung genießt der Miterbe keine mitgliedschaftlichen Rechte, ist aber auch im Wesentlichen von seinen korrespondierenden mitgliedschaftlichen Pflichten befreit. Dass die Miterbengesellschafterposition insbesondere als Quelle der persönlichen Gesellschafterhaftung i. S.d. § 128 S. 1 HGB suspendiert ist, müssen die Gesellschaftsgläubiger (anders als bei rechtsgeschäftlich ausbedungenen Ruhensvereinbarungen, wo eine Befreiung von der persönlichen Haftung einen Verstoß gegen § 128 S. 2 HGB zur Folge hätte) gegen sich gelten lassen. Denn für die bis zu dem Zeitpunkt der Inaktivierung der Miterbengesellschafterbeteiligung begründeten Gesellschaftsaltverbindlichkeiten und Zwischenneuschulden folgt die Enthaftung bereits aus § 139 Abs. 4 HGB. Zur Verwirklichung des vom historischen Gesetzgeber verfolgten Zwecks des § 139 HGB, den seine Rechte aus § 139 HGB geltend machenden Miterben von seiner persönlichen Haftung aus § 128 S. 1

[69] S. hierzu noch einmal *§ 3 X. 4.*

HGB zu befreien,[70] kommt eine persönliche Haftung aus § 128 S. 1 HGB jedoch auch hinsichtlich der danach entstehenden Gesellschaftsneuverbindlichkeiten nicht mehr in Betracht. Die enthaftende Wirkung in § 139 Abs. 4 HGB ist also in erweiterter Auslegung ihres Wortlauts „*bis dahin*“ auch für die jenseits der Inaktivierung entstehenden Gesellschaftsverbindlichkeiten anzuwenden. Aus der ruhenden Miterbengesellschafterposition erwächst also keine persönliche Gesellschafterhaftung mehr, selbst wenn der Miterbe formal betrachtet seine Miterbengesellschafterposition behält.[71] Der seine Rechte aus § 139 Abs. 2 HGB geltend machende Miterbe ist aber für alle Gesellschaftsverbindlichkeiten weiterhin mit der Kraft einer Nachlassverbindlichkeit – zusammen mit den übrigen Miterben – gem. § 2058 BGB gesamtschuldnerisch verhaftet. Für Gesellschaftsaltverbindlichkeiten und Zwischenneuschulden ergibt sich dies wiederum aus § 139 Abs. 4 HGB. Für die Gesellschaftsaltverbindlichkeiten haftet er hiernach gem. §§ 1922 Abs. 1, 1967 Abs. 2 Var. 1 BGB mit der Kraft einer Nachlassverbindlichkeit weiter, weil diese Schulden vom Erblasser herrühren.[72] Für Zwischenneuschulden ergibt sich die Haftung mit den Kräften einer Nachlassverbindlichkeit wiederum aus dem Gedanken des Eintritts in eine pflichtbelastete Rechtsposition.[73] Für danach entstehende Gesellschaftsneuverbindlichkeiten kann nichts anderes gelten. Denn unabhängig von der Tatsache, dass seine Miterbengesellschafterposition inaktiviert ist, bleibt es dabei, dass er als einer der Miterben in die vom Erblasser herrührende pflichtbelastete Rechtslage eingerückt ist. An dem seinerzeit gefassten Entschluss des Erblassers, der Gesellschaft beizutreten bzw. nicht wieder auszutreten, muss sich der Miterbe in seiner Funktion als Rechtsnachfolger des Erblassers – trotz der Inaktivierung seiner Miterbengesellschafterposition gem. § 139 Abs. 2 HGB – weiterhin festhalten lassen, da diese Inaktivierung nur für ihn persönlich und mit Blick auf seine persönliche Gesellschafterhaftung wirkt. Seine erbrechtlichen Verpflichtungen will die Enthaftungswirkung des § 139 Abs. 4 HGB dem betreffenden Erben ersichtlich nicht abnehmen. Dies ist kein Wertungswiderspruch zur qualifizierten Sondererbfolge, selbst wenn der sein Recht aus § 139 Abs. 2 HGB geltend machende Miterbe ähnlich eines gesellschaftsfernen Sondererben keinen Ein-

---

70 Zum Gesetzeszweck, s. noch einmal *§ 3 X. 4. a)*; *S/S/K*, Quellen HGB II-1, S. 331; HGB-Denkschrift 1896, S. 287.

71 In Ansehung der persönlichen Gesellschafterhaftung entspricht die haftungsrechtliche Lage damit i.E. dem etablierten Verständnis von § 139 Abs. 2 HGB, vgl. *Schäfer*, in: Staub-HGB, § 139 Rdnr. 126.

72 Zum dualistischen Haftungsmodell, vgl. noch einmal *§ 3 I. 1.* Zur fortbestehenden Erbenhaftung nach Austritt im Denkmodell der etablierten Ansicht, s. auch *Schmidt*, in: MüKo-HGB, § 139 Rdnr. 115.

73 S. hierzu noch einmal *§ 3 III. 4. b)*.

fluss auf die Begründung der nach der Inaktivierung begründeten Gesellschaftsverbindlichkeiten mehr hat. Denn anders als bei der qualifizierten Sondererbfolge kommt es im hier vertretenen Begründungsmodell nicht dazu, dass der Miterbe schon von vorneherein nicht in den oHG-Anteil einrückt und daher nie die Chance hatte, an der Verwaltung des oHG-Anteils teilzunehmen.[74] Selbst wenn sie letztlich wegen der Geltendmachung der Rechte aus § 139 Abs. 2 HGB seitens des betreffenden Miterben nicht genutzt wird, legitimiert eben diese Chance an der Verwaltung des oHG-Anteils teilzunehmen, dass stets alle Miterben zumindest bis zur Auseinandersetzung mit der Kraft einer Nachlassverbindlichkeit für die Gesellschaftsneuschulden weiterhaften. Da somit alle Miterben als Nachlassgesamtschuldner gem. § 2058 BGB direkt verhaftet werden und trotz Ausübung der Rechte aus § 139 HGB auch bis zur Auseinandersetzung mit dem Nachlass verhaftet bleiben, ist den Gesellschaftsalt- und Gesellschaftsneugläubigern im Lichte des § 747 ZPO stets ein garantierter Zugriff auf den gesamthänderisch gebundenen Nachlass sicher.[75]

gg) Schicksal des Abfindungsanspruchs bei einem teilweise ruhenden oHG-Anteil

Anders als bei der Ausübung des Rechts aus § 139 Abs. 1 HGB, bei welchem der Miterbengesellschafter nur in mitgliedschaftlicher Hinsicht auf die Stellung eines Miterbenkommanditisten degradiert wird, führt die Ausübung des Rechts aus § 139 Abs. 2 HGB zu einer vollständigen Entkernung der Miterbengesellschaftsposition. Da jedoch der Anteil am oHG-Anteil als inaktivierte Rechtsposition weiterhin besteht und dem betreffenden Miterben weiterhin vermögensmäßig zugeordnet ist, gelangt durch die Ausübung des Rechts aus § 139 Abs. 2 HGB kein der Erbquote des betreffenden Miterben entsprechender Abfindungsanspruch zur Entstehung. Das Gesellschaftsvermögen wird also grundsätzlich auch bei Ausübung des „*Austrittsrechts*“ gem. § 139 Abs. 2 HGB durch einzelne Miterben nicht mit Abfindungsansprüchen derselben belastet. In diesem Punkt ergibt sich also ein signifikanter Unterschied gegenüber dem etablierten Verständnis zu § 139 Abs. 2 HGB.[76] Doch erklärt sich dieser Unterschied aus dem hier dargelegten Gesamtsystem des unmodifizierten Erbrechtsgefüges. Denn alles andere würde dem interimistischen Charakter der ruhenden Miterben-

---

[74] So ist es aber jedenfalls bei der qualifizierten Sondererbfolge, vgl. *§ 2 II 2. b) cc)* und *c)*.

[75] Anders sieht dies *Bletz*, S. 127, der zwar die im Lichte des § 747 ZPO unabweisbare Notwendigkeit der Verhaftung aller Miterben zu erkennen scheint, sich jedoch offensichtlich außer Stande fühlt, den seine Rechte aus § 139 Abs. 2 HGB geltend machenden Miterben auch noch nach seinem „*Ausscheiden*“ mit der Kraft einer Nachlassverbindlichkeit weiterhaften zu lassen.

[76] S. hierzu *Kamanabrou*, in: Oetker-HGB, § 139 Rdnr. 83.

gesellschafterposition widersprechen. Erst wenn i.R.d. Auseinandersetzung auf Ebene der Erbengemeinschaft über das endgültige Schicksal des gesamthänderisch gebundenen Gesellschaftsanteils entschieden wird, tritt die Frage der Entstehung eines Abfindungsanspruchs in den Vordergrund. Denn erst in diesem Stadium müssen sich die Erben gemeinsam fragen, ob der gesamthänderisch gehaltene Gesellschaftsanteil im Wege der Auseinandersetzung dem oder den nachfolgeberechtigten Erben ausgeantwortet werden kann[77] oder er zur Tilgung der Nachlassverbindlichkeiten durch Kündigung gem. § 132 HGB zu kommerzialisieren ist.[78]

c) Ausübung der Rechte aus § 139 HGB durch weitere Miterben

Tun es dem betreffenden Miterben weitere Miterben gleich und üben auch sie ihr Recht gem. § 139 Abs. 1 oder Abs. 2 HGB rechtzeitig aus, wandelt sich auch deren vollhaftende Miterbengesellschafterposition in eine Miterbenkommanditposition (§ 139 Abs. 1 HGB) oder eine inaktivierte Miterbengesellschafterposition (§ 139 Abs. 2 HGB) um. Der gesamthänderisch gehaltene hybride Personengesellschaftsanteil behält als solcher seine Gestalt, es sei denn, dass letztlich alle Miterben (mit Zustimmung der Mitgesellschafter) ihr Recht in gleicher Weise gem. § 139 Abs. 1 HGB bzw. (nach einer gegenüber allen Miterben erklärten Verweigerung dieses Ansinnens) gem. § 139 Abs. 2 HGB ausüben. In ersterem Fall liegt dann ein von allen Miterben gemeinschaftlich gehaltener Kommanditanteil vor. In letzterem Fall steht die gemeinschaftliche Bindung einem mitgliedschaftlichen und vermögensmäßigen Austritt aus der Gesellschaft nicht mehr entgegen. Macht also der letzte Miterbe von seinem Recht aus § 139 Abs. 2 HGB Gebrauch, treten die Miterben gemeinschaftlich im wahrsten Sinne des in § 139 Abs. 2 HGB gebrauchten Wortes aus der Gesellschaft aus. Der gemeinschaftlich gehaltene oHG-Anteil wächst in diesem Fall den übrigen Mitgesellschaftern gem. § 105 Abs. 3 HGB, § 738 Abs. 1 S. 1 BGB an; an seine Stelle tritt der Abfindungsanspruch i. S.d. § 105 Abs. 3 HGB, § 738 Abs. 1 S. 2 BGB, der gem. § 2041 S. 1 BGB in den gemeinschaftlich gebundenen Nachlass fällt.[79]

---

77 Zur Auseinandersetzung über den gesamthänderisch gehaltenen oHG-Anteil, s. noch *§ 5*.

78 Im Interesse der Miterben und Nachlassgläubiger genießt hier der oHG-Anteil keine Vorzugsbehandlung, sondern wird, wie jeder andere Nachlassgegenstand auch, dem nachfolgeberechtigten Miterben grundsätzlich erst nach der Tilgung der Nachlassverbindlichkeiten ausgeantwortet (§§ 2046 Abs. 1, 2047 Abs. 1 BGB). Zur Lage bei der (qualifizierten) Sondererbfolge, s. noch einmal *§ 2 I. 5. b)*.

79 Es tritt damit nach der hier vertretenen Lösung erst in diesem Moment die Rechtsfolge ein, die die etablierte Ansicht der Norm des § 139 Abs. 2 HGB schlechthin beimisst, vgl. etwa *Schäfer*, in: Staub-HGB, § 139 Rdnr. 114 mit Verweis auf Rdnr. 3.

In den Fällen, in denen sich die Miterben in Ansehung der ihnen zustehenden Rechte aus § 139 HGB letztlich unterschiedlich entscheiden, bleibt der gemeinschaftlich gehaltene Gesellschaftsanteil allerdings solange ein hybrider Gesellschaftsanteil, bis sich die Miterben über diesen auseinandersetzen. Er kann letztlich aus Miterbenkomplementärpositionen, Miterbenkommanditpositionen und ruhenden Miterbengesellschafterpositionen bestehen. Der Gedanke eines hybriden Personengesellschaftsanteils, der sich relativ gegenüber dem jeweiligen Miterben so verhält, wie dieser seine Rechte aus § 139 Abs. 1, Abs. 2 HGB ausgeübt bzw. nicht ausgeübt hat, kann daher auch in dieser Konstellation die in § 139 HGB vorgesehenen Rechtsfolgen unter dem Dach der gesamthänderischen Bindung vereinen.

III. Zwischenergebnis

Vorliegend wurde die Tür zu einer bislang unbekannten Rechtsfigur geöffnet, dem hybriden Personengesellschaftsanteil. Er ist jedoch nichts anormales, sondern muss als die zwanglose und natürliche Folge einer in das Gefüge der gesamthänderischen Bindung transportierten Norm des § 139 HGB betrachtet werden. Am Dogma der Einheitlichkeit des Personengesellschaftsanteils kann in Sondervermögenslagen nicht festgehalten werden. Dies musste auch der BGH in Ansehung eines unter Testamentsvollstreckung stehenden oHG-Anteils erkennen. Ein solcher bleibt nach Ansicht des IV. Senats mit Blick auf den Sondervermögenscharakter, den ein unter Testamentsvollstreckung stehender Nachlass gem. §§ 2205 ff. BGB aufweist, von einem gleichzeitig im Eigenvermögen des Erben gehaltenen Gesellschaftsanteil derselben Gesellschaft getrennt. Es handelt sich hierbei letztlich um eine relative Betrachtungsweise, bei der zwei Gesellschafterpositionen getrennt bleiben, obwohl sie sich in der Hand des einzig verbleibenden Gesellschafters befinden.[80] Da es auch im Umfeld einer Erbengemeinschaft gem. §§ 2032 ff. BGB zur Bildung eines Sondervermögens kommt, kann dort eine durch § 139 HGB provozierte relative Betrachtungsweise nicht vor dem Hintergrund der Einheitlichkeit der Mitgliedschaft als unzulässig betrachtet werden. Der in gesamthänderischer Verbundenheit gehaltene Gesellschaftsanteil verhält sich gegenüber jedem Miterben relativ so, wie dieser sein Recht aus § 139 Abs. 1, Abs. 2 HGB ausgeübt bzw. nicht ausgeübt hat. So kann die Norm des § 139 HGB mit dem Gesamthandsgefüge der Erbengemeinschaft versöhnt werden. Lediglich die zweckorientierte Auslegung der in § 139 Abs. 2 HGB angeordneten Rechtsfolge, die dazu führt, dass der Austritt einzelner Mit-

---

[80] S. hierzu noch einmal BGHZ 98, 48, 57 und *§ 4 II. 2. a) cc) (2)*.

erben auf das mitgliedschaftliche Rechte- und Pflichtengefüge beschränkt bleiben muss und nicht dazu führt, dass die Miterbengesellschafterposition dem betreffenden Miterben gegenständlich entzogen wird, bleibt als Wermutstropfen übrig. In Ansehung der historischen Genese des § 139 HGB[81] dürfte diese Auslegung der Rechtsfolge des § 139 Abs. 2 HGB jedoch verständlich, ja sogar naheliegend sein. Der Vorteil liegt auf der Hand: Die Auseinandersetzung über den oHG-Anteil wird in dem hier verfolgten Rechtsverständnis auch jenseits der in § 139 Abs. 1, Abs. 2 HGB vorgesehenen Rechtsfolgen in die Hände der Miterben gelegt; so wie es vom Erbrecht in den §§ 2042 ff. BGB aus guten Gründen vorgesehen ist. Die in *§ 2* dargelegte nachteilige Folge einer die erbrechtliche Wertordnung zerschneidenden Realteilung des oHG-Anteils kann vermieden werden. Dies sichert die in *§ 3* vollzogene Herleitung einer unmodifizierten Universalsukzession in den oHG-Anteil zusätzlich auch vom Ergebnis her ab.

[81] S. hierzu noch einmal *§ 3 X. 4.*

§ 5 Auseinandersetzung über den gesamthänderisch gehaltenen Personengesellschaftsanteil

Ein Ende findet die gesamthänderische Bindung am oHG-Anteil erst dann, wenn sich die Miterben nach Maßgabe der §§ 2042 ff. BGB oder in übereinstimmend freiverantwortlicher Abweichung von dieser Ordnung auseinandersetzen. Die Auseinandersetzung über den (je nach Ausübung der Rechte aus § 139 Abs. 1, Abs. 2 HGB) gemeinschaftlich gehaltenen oHG-Anteil, Kommanditanteil bzw. hybriden Personengesellschaftsanteil ist damit – im Vergleich zur Sondererbfolge der etablierten Ansicht – ein zusätzlicher Schritt. Erst dann wird der Gesellschaftsanteil aus der gemeinschaftlichen Verwaltung der Erben entlassen und in die Alleinverwaltung durch einen oder mehrere nachfolgeberechtigte Miterben (dann über realgeteilte Anteilssplitter) überführt.

I. Reaktionsmöglichkeiten der Mitgesellschafter bei sich verzögernden Auseinandersetzungsbemühungen

Daher muss gefragt werden, was die Mitgesellschafter für Reaktionsmöglichkeiten haben, wenn auf Ebene der Erbengemeinschaft keine oder nur unzureichende Auseinandersetzungsbemühungen unternommen werden. Hierbei ist richtigerweise zwischen einer einfachen und einer qualifizierten Nachfolgeregelung im Gesellschaftsvertrag zu unterscheiden.

1. Reaktionsmöglichkeiten bei einer Vererblichstellung mit Nachfolgezusatz

Ist vorgesehen, dass nur einer oder einzelne bestimmte Erben Nachfolger werden sollen (qualifizierte Nachfolge), hat dies – wie bereits beleuchtet – nach dem hier vertretenen Verständnis hinsichtlich des Erbanfalls gem. §§ 1922 Abs. 1, 2032 Abs. 1 BGB keine Auswirkung.[1] Vielmehr hat der nachfolgeberechtigte Miterbe auf Ebene der Erbengemeinschaft die Ausantwortung des gemeinschaftlich ge-

[1] S. hierzu bereits *§ 3 XIII*.

haltenen Gesellschaftsanteils zu erwirken. Doch heißt das nun nicht, dass die Qualifizierungsbemühungen im Gesellschaftsvertrag, mit denen die Mitgesellschafter sicherstellen wollen, dass letztlich nur der auserkorene Nachfolger seine Position nach dem Erbfall einnimmt, völlig zu vernachlässigen wären. Denn auch wenn man – wie noch zu zeigen ist – die Verwaltungsorganisation in der Erbengemeinschaft und die Organisationsverfassung auf Ebene der oHG so kombinieren kann, dass der Gefahr einer Erlahmung des oHG-Organisationsgefüges wirksam begegnet werden kann,[2] bleibt die unmodifizierte Universalsukzession – wegen der damit verbundenen Einflussnahme aller vom Erblasser eingesetzten Miterben auf die Gesellschaft – für die Mitgesellschafter eine Bürde. Aus der Tatsache der Qualifizierung des Kreises der Nachfolger müssen daher Rechtsfolgen gezogen werden, die dafür sorgen, dass der designierte Nachfolger seine Position schnellstmöglich einnehmen kann. Nur so befriedigt man *„das im Vordergrund stehende Bedürfnis, (...) die Gesellschaft und die Mitgesellschafter von Einwirkungen fremder Personen auf die inneren Angelegenheiten der Gesellschaft zu bewahren“*[3]. Dies zeigt sich insbesondere bei Familienunternehmen. Bei Familienstämmen, die aus vielen Familienmitgliedern bestehen, von denen zwar eine möglichst große Zahl als Erben bedacht werden soll, jedoch nur einer oder einzelne Familienmitglieder die oHG-Beteiligung fortführen sollen, muss verhindert werden, dass festgefahrene Auseinandersetzungsbestrebungen über den oHG-Anteil auf Ebene der Erbengemeinschaft für die Mitgesellschafter zur Falle werden. Denn andernfalls müssten sie es auf unabsehbare Zeit hinnehmen, dass *„die Gesellschaft von den Familienmitgliedern erstickt wird“*[4].

Einer Lösung dieses Spannungsverhältnisses kann das hier vertretene Modell einer unmodifizierten Universalsukzession in den oHG-Anteil nur genügen, wenn es entweder schon aus sich heraus Vorkehrungen beinhaltet, die sicherstellen, dass die Übergangsphase, in der der oHG-Anteil von sämtlichen, auch nicht nachfolgeberechtigten Miterben gemeinschaftlich gehalten wird, möglichst kurz andauert, oder zumindest zusätzlichen Regelungen offen gegenübersteht, die eine gewisse Qualifizierung des unmodifizierten Erbrechts ermöglichen.

---

[2] S. hierzu *§ 6 II. 3.*

[3] So BGHZ 98, 48, 55 zum Schutz vor der Einmischung von Testamentsvollstreckern. Diese Aussage passt aber auch für den Schutz vor Einmischung von nicht nachfolgeberechtigten Miterben; denn wie es der BGH in NJW 1981, 749, 750 treffend ausdrückt: *„Die Bedenken gegen die Einbeziehung von Anteilen an einer Personengesellschaft in die Verwaltungsvollstreckung (...) (sind) im Wesentlichen aus demselben Grundgedanken hergeleitet, mit dem der Erbengemeinschaft die Fähigkeit zur Mitgliedschaft aberkannt und die Sondernachfolge begründet worden ist“*.

[4] Dies zu verhindern sieht *Kruse*, in: FS Laufke, S. 179, 180 als tragenden Grund für die qualifizierte Sondererbfolge.

a) Haftungsdruck

Dabei ist zu berücksichtigen, dass die Störgefahr der nicht nachfolgeberechtigten Miterben aus dem hier dargestellten System heraus bereits als gering zu betrachten ist. Denn wie schon beleuchtet, unterliegen grundsätzlich alle Miterbengesellschafter gem. §§ 128 S. 1, 130 Abs. 1 HGB bzw. § 128 S. 1 HGB einer persönlichen und solidarischen Gesellschafterhaftung.[5] Diese Tatsache wird i.d.R. bereits Anreiz genug sein, dass diejenigen Erben, die mangels Nachfolgeberechtigung ohnehin kein Interesse an der Gesellschaft haben, sich innerhalb der Frist des § 139 Abs. 3 HGB gem. § 139 Abs. 1, Abs. 2 HGB ganz oder zum Teil aus der Gesellschafterposition zurückziehen werden, um in den Genuss der Haftungsprivilegierung des § 139 Abs. 4 HGB zu kommen. Dabei haben es die Mitgesellschafter durch Verweigerung der Zustimmung zur Umwandlung in eine Kommanditposition i. S.d. § 139 Abs. 1 HGB in der Hand, die haftungsaversen und nicht nachfolgeberechtigten Miterben zur Inaktivierung ihrer Mitgesellschafterposition gem. § 139 Abs. 2 HGB zu bewegen. Hierdurch verlieren diese Miterben ihren Einfluss in der Gesellschaft, sodass sich in aller Regel bereits vor der Erbauseinandersetzung das nach der Nachfolgebestimmung angestrebte Ergebnis einstellen wird: Allenfalls die nachfolgeberechtigten Miterben werden mit Blick auf ihre Nachfolgerstellung von einer Geltendmachung der Rechte aus § 139 HGB absehen und so in die Lage versetzt sein, die aus dem hybriden Gesellschaftsanteil fließenden Gesellschafterbefugnisse alleine, d.h. unter Ausschluss der anderen Miterben auszuüben.

b) Reaktionsmöglichkeiten bei treuwidriger Verzögerung der Teilauseinandersetzung

Nur wenn die nicht nachfolgeberechtigten Miterben ausnahmsweise dem Haftungsdruck widerstehen und ihre Rechte aus § 139 HGB nicht geltend machen, kann dies einmal anders sein. Mangels Nachfolgeberechtigung werden die Miterben dies jedoch nur ausnahmsweise erwägen. Übernehmen die nicht nachfolgeberechtigten Miterben jedoch die Bürde der persönlichen Gesellschafterhaftung und bleiben Miterbengesellschafter, müssen die Mitgesellschafter im Gegenzug deren Einfluss auf die Gesellschaft im Ausgangspunkt dulden. Als Bestimmung im Gesellschaftsvertrag bleibt die Nachfolgeregelung auf das Gesellschaftsverhältnis beschränkt und entfaltet unmittelbar keine Wirkung als Verfügung von Todes wegen, insbesondere nicht als Teilungsanordnung i. S.d. § 2048 BGB, auf Ebene der Erbengemeinschaft.[6] Unmittelbar haben die Mit-

[5] Vgl. hierzu noch einmal *§ 3 II. 4.* und *III. 1.*

[6] Vgl. auch *Kruse*, in: FS Laufke, S. 179, 188.

gesellschafter auch keinen Einfluss auf die Auseinandersetzung, da gem. § 2042 Abs. 1 BGB nur jeder Miterbe die vollständige Auseinandersetzung verlangen kann. Da die Miterben, in ihrer Funktion als Miterbengesellschafter, jedoch auch der gesellschaftsrechtlichen Treuepflicht unterliegen, die sie zu „*Loyalität*“[7] gegenüber den Mitgesellschaftern und der Gesellschaft anhält,[8] haben diese ihr Eigeninteresse nötigenfalls zurückzustellen, wenn die Rücksichtnahme auf das kollektive Gesellschaftsinteresse sowie die Interessen der Mitgesellschafter es erfordern.[9] Das rechtfertigt es, sie gegenüber den Mitgesellschaftern zu verpflichten, ihre individuellen Motive, die sie zur Hinauszögerung der Auseinandersetzung in Ansehung des oHG-Anteils bewegen, hintanzustellen, um der auch sie als Rechtsnachfolger des Erblassers bindenden, im kollektiven Interesse stehenden Nachfolgeregelung im Gesellschaftsvertrag Geltung zu verleihen. Daher müssen die Mitgesellschafter über die Treuepflicht gegenüber den Miterbengesellschaftern auf die Einhaltung der qualifizierten Nachfolgeregelung beharren können. Selbige Pflichtunterworfenheit muss auch die Miterbenkommanditisten treffen. Schließlich muss auch die Inhaber einer inaktivierten Miterbengesellschafterposition insofern kraft ihrer fortbestehenden vermögensmäßigen Zuordnung des ruhenden Anteils am Gesellschaftsanteil noch ein nachwirkender Rest an Treuepflicht treffen. Damit versetzt die Treuepflicht die Mitgesellschafter in die Position, gegenüber allen Miterbengesellschaftern auf eine baldige Auseinandersetzung über den oHG-Anteil drängen zu können. Der nachfolgeberechtigte Miterbengesellschafter kann sich auf die Seite der Mitgesellschafter schlagen und hat so dasselbe Recht, denn auch er ist in das Treueverhältnis der Gesellschaft eingebunden.[10] Werden seitens der Miterben daher keine ausreichenden Anstrengungen mit Blick auf die gegenständliche Teilauseinandersetzung über den oHG-Anteil unternommen, stellt dies richtigerweise einen Verstoß gegen die Treuepflicht auf Ebene der Gesellschaft dar. Dies muss jedenfalls dort angenommen werden, wo eine gegenständliche Teilauseinandersetzung über den oHG-Anteil unterbleibt, obwohl diese den Miterben aus der Sicht eines verständigen Dritten eigentlich ohne größere Schwierigkeiten möglich sein müsste. Als Ultima Ratio muss es den Mitgesellschaftern in diesem Fall

---

[7] *Schmidt*, in: MüKo-HGB, § 105 Rdnr. 188.

[8] Zum bipolaren Anwendungsgebiet der Treuepflicht der Gesellschafter, s. auch *Schäfer*, in: Staub-HGB, § 105 Rdnr. 234 ff.

[9] *Klimke*, in: BeckOK-HGB, § 105 Rdnr. 149; *Born*, in: E/B/J/S-HGB, § 109 Rdnr. 20. Zum Kapitalgesellschaftsrecht, vgl. auch BGHZ 129, 136, 143 f.

[10] Des von *Kruse*, in: FS Laufke, S. 179, 188 vertretenen und von *Bletz*, S. 176 f. kritisierten Ansatzes, dem nachfolgeberechtigten Miterben gegen die anderen Miterben über einen Vertrag zu Gunsten Dritter zu einem Anspruch auf Ausantwortung des oHG-Anteils zu verhelfen, bedarf es daher nicht.

erlaubt sein, die treuwidrig agierenden Miterben über eine Ausschließungsklage gem. §§ 140 Abs. 1, 133 Abs. 2 HGB – bzw. einen Ausschließungsbeschluss, soweit dieser gesellschaftsvertraglich vereinbart ist[11] – aus der Gesellschaft herauszudrängen. So wird vermieden, dass sich eine auf Ebene der Erbengemeinschaft eingeschlichene Blockade auf Ebene der Gesellschaft zu etwas Unabänderlichem auswächst und die qualifizierte Nachfolgeklausel im Gesellschaftsvertrag sanktionslos missachtet werden kann. Hierin eine mit dem Wertungsgefüge des § 2042 Abs. 1 BGB im Spannungsfeld stehende Möglichkeit der Mitgesellschafter zu sehen, die Erben zur Teilauseinandersetzung zu zwingen, griffe zu kurz. Die Mitgesellschafter können nicht aktiv auf den Auseinandersetzungsprozess auf Ebene der Erbengemeinschaft Einfluss nehmen. Die Erben verstoßen bei unzureichenden Auseinandersetzungsbemühungen nur gegen ihre Treuepflicht und riskieren im Regelfall nicht mehr als den Fortbestand der gesamthänderisch gebundenen Gesellschafterposition. Es ist also treffender, von einer Obliegenheit der Erben zur zeitnahen (Teil-)Auseinandersetzung über den Gesellschaftsanteil zu sprechen. Diese Obliegenheit ist geboten, um dem Interesse der Mitgesellschafter hinreichend Rechnung zu tragen. Diese vertrauen nämlich darauf, dass letztlich nur der oder die nachfolgeberechtigten Erben in die oHG nachfolgen.

c) Auflösende Bedingung der Vererblichstellung

Wollen sich die Mitgesellschafter auf den Weg über eine Ausschließungsklage gem. §§ 140 Abs. 1, 133 Abs. 2 HGB nicht verlassen, bleibt ihnen die Möglichkeit, die Vererblichstellung i. S.d. § 158 Abs. 2 BGB auflösend dahingehend zu bedingen, dass sich die Miterben innerhalb eines bestimmten Zeitkorridors nicht über die (Teil-)Auseinandersetzung hinsichtlich des oHG-Anteils verständigen.[12] Gegen die Zulässigkeit einer solchen Bedingung bestehen keine Bedenken.[13] Zwar kommt der Nachfolgeklausel eine verfügende Wirkung zu (immerhin wird der Inhalt der Mitgliedschaft in Abweichung zu § 131 Abs. 3 S. 1 Nr. 1 HGB verändert), jedoch sind, aufgrund ihres Charakters als im Gesellschaftsvertrag zu vereinbarende vertragliche Abrede, keine Gründe ersichtlich, die für eine Bedingungsfeindlichkeit streiten könnten.[14] Ein Rückschluss aus § 925 Abs. 2 BGB

---

[11] Zur Zulässigkeit eines Ausschließungsbeschlusses, vgl. BGH, NJW 2011, 2648 f. Rdnr. 15; *Schmidt*, in: MüKo-HGB, § 140 Rdnr. 91.

[12] Ähnlich *Bletz*, S. 194, der jedoch in jeder qualifizierten Nachfolgeklausel eine auflösende Bedingung erblickt.

[13] I.E. wohl ähnlich zur etablierten Ansicht *Sudhoff*, Der Gesellschaftsvertrag der Personengesellschaften, S. 383, da dieser eine befristete Nachfolgeklausel für zulässig erklärt.

[14] Anders ist dies etwa bei einseitig vorzunehmenden Gestaltungsrechten, wie etwa der Aufrechnung, die als bedingungsfeindlich gelten, vgl. § 388 S. 2 BGB.

zeigt vielmehr, dass vertragliche Verfügungen grundsätzlich bedingt werden können. Die auflösende Bedingung der Vererblichstellung setzt die Erbsperre des § 131 Abs. 3 S. 1 Nr. 1 HGB wieder in Geltung und beseitigt so die Grundlage für die Rechtsnachfolge automatisch, § 158 Abs. 2 BGB. Eine Rückbeziehung der Rechtsfolgen ist möglich, § 159 BGB. Die Grundsätze der fehlerhaften Gesellschaft finden auf das Scheitern der Rechtsnachfolge keine Anwendung,[15] sodass der oHG-Anteil automatisch mit Eintritt der auflösenden Bedingung aus dem Verfügungsbereich der Erben entschwindet und gem. § 105 Abs. 3 HGB, § 738 Abs. 1 S. 1 BGB den übrigen Gesellschaftern nach dem Verhältnis ihrer Anteile anwächst.

d) Präventive Möglichkeiten des Erblassers zur Absicherung der Nachfolge

Um das Scheitern seines Nachfolgevorhabens i. S.d. vorgenannten Konstellationen zu verhindern, ist dem Erblasser zu raten, durch erbrechtliche Institute sicherzustellen, dass der designierte Nachfolger auch tatsächlich zeitnah nach seinem Ableben den oHG-Anteil erhält.

aa) Teilungsanordnung bzw. Vorausvermächtnis

Vertraut der Erblasser den nicht nachfolgeberechtigten Miterben hinreichend, reicht es letztlich aus, zu Gunsten des nachfolgeberechtigten Erben eine Teilungsanordnung (§ 2048 BGB) bzw. ein Vorausvermächtnis (§ 2150 BGB) zu statuieren, sodass der nachfolgeberechtigte Miterbe einen schuldrechtlichen Anspruch auf Ausantwortung des gesamthänderisch gebundenen Gesellschaftsanteils erhält. Die Erfüllung des Anspruchs auf Auseinandersetzung nach Maßgabe der Teilungsanordnung gem. §§ 2042 Abs. 1, 2048 BGB ist freilich grundsätzlich auf den Gesamtnachlass gerichtet; eine zeitsparendere Teilauseinandersetzung über einen bestimmten Nachlassgegenstand (wie den oHG-Anteil) ist zwar möglich, ein Anspruch des einzelnen Erben hierauf wird aber grundsätzlich nicht gewährt.[16] Etwas anderes soll nur gelten, wenn für die gegenständliche Teilauseinandersetzung besondere Gründe sprechen und wenn schützenswerte Interessen widersprechender Miterben oder Belange der Gemeinschaft dadurch nicht gefährdet werden.[17] Dabei scheint es, mit Blick auf eine im Gesellschaftsvertrag vereinbarte qualifizierte Nachfolge, durchaus naheliegend, als solchen besonderen Grund auch das Interesse des oder der nachfolgeberechtigten Miterben sowie der Mitgesellschafter anzusehen, die Gesellschaft ausschließlich

---

[15] *Schmidt*, in: MüKo-HGB, § 105 Rdnr. 255; *Schäfer*, in: Staub-HGB, § 105 Rdnr. 365.
[16] *Ann*, in: MüKo-BGB, § 2042 Rdnr. 18.
[17] BGH, NJW 1985, 51, 52.

mit dem oder den nachfolgeberechtigten Miterben fortzuführen. Die Treuepflicht, der auch die Miterben in ihrer Funktion als am Gesellschaftsverhältnis beteiligte Miterbengesellschafter unterliegen, umformt richtigerweise das Abwicklungsgefüge der Erbengemeinschaft. Es scheint daher gerechtfertigt, dass der nachfolgeberechtigte Miterbe vorweg die Teilauseinandersetzung über den oHG-Anteil verlangen kann, wenn sich eine Auseinandersetzung über den übrigen Nachlass als zeitintensives Unterfangen herausstellt.

Will man den oHG-Anteil weitestgehend aus dem zeitintensiven Erbauseinandersetzungsverfahren heraushalten, kann dies dadurch erreicht werden, dass der oHG-Anteil dem nachfolgeberechtigten Erben über ein entsprechendes Vorausvermächtnis (§ 2150 BGB) zugewandt wird. Er erhält hierdurch mit dem Anfall der Erbschaft (§ 2176 BGB) einen schuldrechtlichen Anspruch auf Ausantwortung des oHG-Anteils gem. § 2174 BGB. Als Nachlassverbindlichkeit (vgl. § 1967 Abs. 2 a. E. BGB) kann die Erfüllung jedoch gem. § 2014 BGB bis zum Ablauf von drei Monaten nach Annahme der Erbschaft verweigert werden. Da diese Frist im Regelfall nur unwesentlich länger[18] als die Karenzfrist des § 139 Abs. 3 HGB ist, kann es jedoch den Beteiligten im Regelfall kaum unzumutbar sein, die endgültige Verwirklichung der Nachfolge bis zum Ablauf dieser Frist abzuwarten.

Das Interesse der Nachlassgläubiger am Erhalt der Nachlassmasse wird durch eine vom nachfolgeberechtigten Miterben durch Teilungsanordnung oder Vorausvermächtnis durchsetzbare Ausantwortung des Gesellschaftsanteils nicht beeinträchtigt. Denn diese Rechte können dem nachfolgeberechtigten Miterben bzw. Vermächtnisnehmer nicht schrankenlos zustehen, sondern unterliegen der gesetzlichen Nachlassabwicklungsordnung. Über die Möglichkeit der Beantragung einer Nachlassverwaltung (§ 1981 Abs. 2 BGB) bzw. Nachlassinsolvenzverwaltung (§ 317 Abs. 1 InsO) können etwa die Nachlassgläubiger, die durch eine bevorstehende Auskehr des Gesellschaftsanteils befürchten, dass ihre Befriedigungsaussichten verschlechtert werden, eine geordnete Nachlassabwicklung erreichen.[19] Daneben liegt die Sicherstellung der Befriedigung der Nachlassgläubiger auch im Interesse der Miterben. Die Miterben haben im eigenen Interesse und unter Beachtung ihrer Treuepflichtunterworfenheit zeitnah

[18] Die Frist des § 2014 BGB berechnet sich nach der Annahme der Erbschaft, die regelmäßig sechs Wochen nach Kenntnis von dem Anfall der Erbschaft und des Berufungsgrunds ausgelöst wird, §§ 1944 Abs. 1, Abs. 2, 1943 BGB. Daher wird die Frist des § 2014 BGB im Regelfall spätestens mit einer entsprechenden Verzögerung im Vergleich zur Frist des § 139 Abs. 3 HGB ablaufen.

[19] Zur Frage, ob und wie der Nachlass(insolvenz)verwalter den oHG-Anteil verwerten muss bzw. diesen einstweilen bis zum Abschluss des Verfahrens weiterverwalten kann, vgl. noch *§ 10 I.* und *III.*

zu kalkulieren, ob sich die Ausantwortung des Gesellschaftsanteils mit der Tilgung aller auf dem Nachlass ruhenden Verbindlichkeiten vereinbaren lässt oder ob eine geordnete Nachlassabwicklung durch eine Nachlass(insolvenz)verwaltung vorzuziehen ist. Dies gilt insbesondere dann, wenn der Gesellschaftsanteil den wesentlichen Vermögenswert des Nachlasses ausmacht, da die Miterben in diesem Fall bei einer Teilauseinandersetzung gegenüber den Nachlassgläubigern ihr Verteidigungsrecht aus § 2059 Abs. 1 S. 1 BGB und die Möglichkeit der Beantragung einer Nachlassverwaltung verlieren, vgl. §§ 2059 Abs. 1, 2062 Hs. 2 BGB.[20]

bb) Abwicklungstestamentsvollstreckung

Traut der Erblasser den Erben eine einvernehmliche und zeitnahe Auseinandersetzung nicht zu, hat er die Möglichkeit, einen Abwicklungstestamentsvollstrecker i. S.d. §§ 2203 f. BGB einzusetzen, der dafür sorgt, dass der gemeinschaftlich gehaltene oHG-Anteil dem oder den nachfolgeberechtigten Erben entsprechend den Wünschen des Erblassers zukommt. Eine Diskussion über die Zulässigkeit einer solchen Testamentsvollstreckung erübrigt sich selbst nach etablierter Ansicht.[21] Die nicht nachfolgeberechtigten Miterben können in diesen Fällen eine Ausantwortung des oHG-Anteils zu Gunsten des bzw. der nachfolgeberechtigten Miterben nicht blockieren, da deren Vereinbarungen den Abwicklungstestamentsvollstrecker grundsätzlich nicht binden.[22] Damit können sich der Erblasser und auch die Mitgesellschafter sicher sein, dass die Nachfolgeplanung zeitnah umgesetzt wird und nicht im Stadium der Erbengemeinschaft stecken bleibt.

e) Weiteres Verfahren nach Scheitern der Nachfolge wegen sich verzögernder Teilauseinandersetzung

Hat der Erblasser nicht durch die vorgenannten Rechtsinstitute das Gelingen der Nachfolge abgesichert und ist seitens der Mitgesellschafter eine erfolgreiche Ausschließungsklage angestrengt bzw. ein wirksamer Ausschließungsbeschluss gefasst worden oder die auflösende Bedingung der Vererblichstellung eingetreten, scheitert die Nachfolge in den oHG-Anteil zwar zunächst, da durch die Beendigung der vererbten Gesellschafterposition nur mehr der Abfindungsanspruch i. S.d. § 105 Abs. 3 HGB, § 738 Abs. 1 S. 2 BGB von den Miterben

---

20 Zum Begriff der Nachlassteilung i. S.d. §§ 2059 Abs. 1 S. 1, 2062 Hs. 2 BGB bei Verteilung der wesentlichen Nachlasswerte, vgl. schon *§ 2 II. 3. a)* und *Marotzke*, in: Staudinger, § 2059 Rdnr. 33.

21 Vgl. schon *§ 2 III. 3. a) cc)*.

22 *Lange*, in: BeckOK-BGB, § 2204 Rdnr. 7.

gesamthänderisch gehalten wird. Jedoch bleibt die Nachfolge des nachfolgeberechtigten Miterben möglich, wenn man die etablierte Ansicht zur Sondererbfolge insoweit überträgt, als man der gescheiterten erbrechtlichen Nachfolgeklausel im Wege ergänzender Vertragsauslegung oder im Wege der Umdeutung gem. § 140 BGB die Wirkung einer Eintrittsklausel beimisst.[23] Der nachfolgeberechtigte Erbe kann sich bei der Auseinandersetzung den Abfindungsanspruch als Substitut des ihm zustehenden oHG-Anteils übertragen lassen und so unter Einbringung eben dieses Anspruchs die Wiederaufnahme in die Gesellschaft verlangen. Tut er dies nicht, muss die oHG ihn abfinden. Dies ist keinesfalls ein unbilliges Ergebnis. Denn zwar soll die Entstehung eines Abfindungsanspruchs mit einer Nachfolgeregelung oft gerade verhindert werden.[24] Doch ist das Scheitern der Nachfolge und die damit verbundene Aktivierung eines Abfindungsanspruchs eine allgemeine Gefahr, die auch im Denkmodell der Sondererbfolge mit einer Nachfolgeklausel nicht gänzlich ausgeschlossen werden kann. Wenn etwa der Sondererbe nicht bereit ist, die vererbte Gesellschafterposition als solche zu übernehmen und sich die Gesellschaft nicht damit einverstanden erklärt, den nachfolgeberechtigten Miterben als Kommanditisten zu dulden, sieht sie sich in diesem Fall im Lichte des § 139 Abs. 2 HGB ebenfalls eines Abfindungsanspruchs ausgesetzt und kann sich davor nur durch Abfindungsbeschränkungsklauseln angemessen schützen.[25]

2. Keine Reaktionsmöglichkeiten bei Vererblichstellung ohne Nachfolgezusatz

Haben die Mitgesellschafter den oHG-Anteil im Gesellschaftsvertrag lediglich generell vererblich gestellt, ohne zugleich die Nachfolgeberechtigung zu spezifizieren (einfache Nachfolge), haben die Mitgesellschafter keine Einflussmöglichkeit auf den Auseinandersetzungsvorgang. Denn verzichten die Mitgesellschafter auf die Spezifizierung des Nachfolgerkreises, haben sie sich letztlich konkludent damit zufriedengegeben, dass die Erben untereinander die

---

[23] Vgl. die etablierte Ansicht im Denkmodell der Sondererbfolge: *Lorz*, in: E/B/J/S-HGB, § 139 Rdnr. 6; *Schmidt*, in: MüKo-HGB, § 139 Rdnr. 21; BGH, NJW 1978, 264, 265; OLG Frankfurt, NJW-RR 1988, 1251, 1252.

[24] *Kruse*, in: FS Laufke, S. 179, 180.

[25] Wird die Beteiligung durch Ausschlussklage gem. §§ 140, 133 HGB beendet, sollten die allgemeinen Grenzen der Abfindungsbeschränkungen gelten (vgl. hierzu *Schäfer*, in: Staub-HGB, § 131 Rdnr. 162 ff.), da ein gänzlicher Ausschluss des Abfindungsanspruchs nur auf den Todesfall möglich ist, vgl. *Schäfer*, a. a. O., Rdnr. 188. Bei einer auflösenden Bedingung soll nach *Bletz*, S. 195 sogar ein Ausschluss des Abfindungsanspruchs nach den für eine Fortsetzungsklausel entwickelten Maßstäben (s. hierzu: RGZ 145, 289, 293 f.; *Lorz*, in: E/B/J/S-HGB, § 131 Rdnr. 125; *Schmidt*, in: MüKo-HGB, § 131 Rdnr. 161) möglich sein.

Nachfolge in den oHG-Anteil ausmachen. Damit sind die Mitgesellschafter jedoch nicht schutzwürdig, wenn sich der Auseinandersetzungsvorgang verzögert, müssen sie sich doch mit der Entscheidung der Erben über den weiteren Fortgang abfinden. Eine maßgebliche Verschlechterung im Verhältnis zur Sondererbfolge bedeutet dies jedoch nicht. Durch den noch zu beleuchtenden Koppelungsgedanken ist sichergestellt, dass die Verwaltung im Erbengemeinschaftsgefüge keine signifikante Erlahmung des Organisationsgefüges der oHG zur Folge hat.[26] Wie noch zu zeigen sein wird, stehen die Mitgesellschafter durch eine zur Erbengemeinschaft verbundene Erbenmehrheit sogar besser als unter Ägide der einfachen Sondererbfolge, weil sich im letzteren Fall die Mitgesellschafter eines sprunghaft ansteigenden Gesellschafterbestands ausgesetzt sehen, der ihre ggf. nach Köpfen berechnete Mehrheitsherrschaft in der Gesellschaft gefährden kann.[27]

II. Auseinandersetzung über den gemeinschaftlich gehaltenen Personengesellschaftsanteil

Im Normalfall wird insbesondere in qualifizierten Nachfolgelagen eine Auseinandersetzung der Erbengemeinschaft über den Personengesellschaftsanteil gelingen. Ausgehend von den Ausführungen des *§ 4* kann der vererbte oHG-Anteil auf dem Weg dorthin jedoch bedeutende Veränderungen erfahren. Diese dürfen bei der späteren Auseinandersetzung nicht unbeachtet bleiben. Je nach Verlauf wird der Auseinandersetzung ein gemeinschaftlich gehaltener oHG-Anteil, Kommanditanteil oder hybrider Personengesellschaftsanteil zugeführt. Egal wie sich der gesamthänderisch gehaltene Anteil darstellt, die Auseinandersetzung der Miterben folgt den Vorschriften der §§ 2042 ff. BGB. Nach der gesetzlichen Regel wird daher der Personengesellschaftsanteil nach Tilgung der Nachlassverbindlichkeiten (§ 2046 Abs. 1 BGB) als Teil des Überschusses gem. § 2047 Abs. 1 BGB dem oder den kraft Gesellschaftsvertrages nachfolgeberechtigten Miterben ausgeantwortet.

1. Übernahme durch nachfolgeberechtigten Miterbenkomplementär

Für gewöhnlich werden sich alle nicht nach dem Gesellschaftsvertrag nachfolgeberechtigten Miterben haftungsavers zeigen und sich gem. § 139 Abs. 1 HGB zumindest auf eine Kommanditposition zurückziehen oder ihre Position in der

[26] S. noch *§ 6 II. 3. c)*.

[27] *Köbler*, Erbrecht und Gesellschaft, S. 127; s. auch *§ 6 II. 5. b)* und *§ 7 II.*

Gesellschaft gem. § 139 Abs. 2 HGB sogar inaktivieren, wohingegen der oder die nachfolgeberechtigten Miterben ihre vollhaftende Miterbenbeteiligung regelmäßig behalten werden.[28] Die Auseinandersetzung über die gesamthänderisch gehaltene hybride Gesellschafterposition wird dabei dadurch bewirkt, dass der gesamthänderisch gebundene Personengesellschaftsanteil dem nachfolgeberechtigten Erben ausgeantwortet wird, indem die nicht nachfolgeberechtigten Miterben ihm – bildlich gesprochen – ihre Miterbenkommanditpositionen bzw. inaktivierten Gesellschafterpositionen übertragen. Diese Ausantwortung verstößt nicht gegen § 105 Abs. 3 HGB, § 719 Abs. 1 Hs. 1 Var. 1 BGB, enthält doch die qualifizierte Nachfolgeklausel eine konkludente Zustimmung zur auseinandersetzungsbedingten Auskehr der gesamthänderisch gehaltenen Gesellschafterposition an den nachfolgeberechtigten Miterben.[29] Mit Auseinandersetzung verlässt der oHG-Anteil die gesamthänderisch gebundene Sondervermögenssphäre, sodass auch die durch § 139 HGB herbeigeführte Hybridität der Gesellschafterposition beendet wird. Mit der Auseinandersetzung gilt wieder der allgemeine Grundsatz des Personengesellschaftsrechts: Ein Gesellschafter kann nur einen einheitlichen Gesellschaftsanteil innehaben und niemals zugleich Komplementär und Kommanditist sein.[30] Wie bei dem Hinzuerwerb einer Kommanditbeteiligung durch einen Komplementär[31] verhält es sich bei der Auseinandersetzung über den hybriden Gesellschaftsanteil daher so, dass die hinzuerworbenen Miterbenkommanditpositionen bzw. inaktivierten Gesellschafterpositionen zur Wahrung der Einheitlichkeit in qualitativer Hinsicht von der Miterbenkomplementärposition des nachfolgeberechtigten Miterben dergestalt zu einem einheitlichen Ganzen vereinnahmt werden, dass sich in der Hand des nachfolgeberechtigten Miterben wieder ein einheitlicher oHG-Anteil manifestiert. Die Personengesellschaft, die mit der Ausübung der Rechte seitens der nicht nachfolgeberechtigten Miterben gem. § 139 Abs. 1 HGB zur KG bzw. gem. § 139 Abs. 2 HGB zur Gesellschaft mit inaktiven Bestandteilen wurde, wird ab diesem Zeitpunkt also wieder zur „*gewöhnlichen*" oHG.

2. Übernahme durch nachfolgeberechtigten Miterbenkommanditisten

Auch wenn sich der nachfolgeberechtigte Miterbe gem. § 139 Abs. 1 HGB auf eine Miterbenkommanditposition zurückgezogen hat, vereinigt er die im Wege der Erbauseinandersetzung von den übrigen, nicht nachfolgeberechtigten Miterben hinzuerworbenen Miterbengesellschafterpositionen in seiner Hand zu ei-

---

[28] Hintergrund ist der Haftungsdruck, s. noch einmal *§ 5 I. 1. a)*.

[29] *Bletz*, S. 181 f.

[30] *Schäfer*, in: Staub-HGB, § 105 Rdnr. 72; OLG Hamm, NJW 1982, 835, 836.

[31] S. hierzu *Schmidt*, in: MüKo-HGB, § 177 Rdnr. 20.

nem einheitlichen Gesellschaftsanteil. Denn mit Aussonderung aus dem gesamthänderisch gebundenen Sondervermögen endet auch hier die Hybridität des Gesellschaftsanteils. Der personengesellschaftsrechtliche Grundsatz, wonach niemand zugleich Komplementär und Kommanditist sein kann, fordert außerhalb des Sondervermögens Beachtung.[32] In Verwirklichung des Grundsatzes der Einheitlichkeit der Mitgliedschaft müsste sich zwar eigentlich die stärkste Form der gesellschaftsrechtlichen Beteiligung durchsetzen. Erwirbt etwa ein Kommanditist eine Komplementärsbeteiligung hinzu, wird allgemein angenommen, dass sich beide Anteile zu einem einheitlichen Komplementäranteil zusammenfügen.[33] Auf den auseinandersetzungsbedingten Hinzuerwerb der aus einer ideellen Teilung hervorgegangenen Miterbenkomplementärpositionen sollte dieser Grundsatz jedoch nicht übertragen werden. Vielmehr ist dem in der Hand des übernehmenden Miterben bereits vorhandenen Miterbengesellschaftsanteil die qualitativ bestimmende Wirkung bei einer Vereinigung mit anderen Miterbengesellschaftsanteilen zuzusprechen. Denn die Vereinigung verschiedener Formen von Miterbengesellschaftsanteilen ist rechtstechnisch ein anderer Vorgang als die Vereinigung verschiedener Formen von eigenständigen Gesellschaftsanteilen. Während es sich nämlich im letzteren Fall um die Verschmelzung von eigenständigen Gesellschafterpositionen handelt, geht es in ersterem Fall um die Zusammenführung von unselbstständigen, rein ideell geteilten Anteilen der Mitgliedschaft, die alleine eine relative Rechtsposition des betreffenden Miterben zum Gesellschaftsanteil abbilden. Dass sich in diesem Fall die von den übrigen Miterben übernommenen Miterbengesellschafterpositionen der Rechtsqualität der Miterbengesellschafterposition des übernehmenden Erben unterzuordnen haben, ist nachvollziehbar, wenn man bedenkt, dass sich in dessen Anteil das Maß an Rechtsposition ausdrückt, welches der nachfolgeberechtigte Miterbe durch die bewusste Ausübung oder Nichtausübung der in § 139 HGB vorgesehenen Rechte für sich gewählt hat. Hat dieser unter Zustimmung der Mitgesellschafter seine vollhaftende Miterbengesellschafterposition gem. § 139 Abs. 1 HGB zu Gunsten einer Miterbenkommanditposition aufgegeben, kann sich daher in seiner Hand auch nur ein einheitlicher Kommanditanteil als Produkt der Erbauseinandersetzung manifestieren.

3. Übernahme durch sonstige Miterben

Eine im Wege der Auseinandersetzung vorgesehene Übernahme des gesamthänderisch gebundenen Personengesellschaftsanteils durch nicht nachfolge-

[32] Zu diesem Grundsatz, s. noch einmal *§ 5 II. 1.* und OLG Hamm, NJW 1982, 835, 836.
[33] *Schmidt*, in: MüKo-HGB, § 177 Rdnr. 20.

berechtigte Erben ist nicht möglich.[34] Mit der Vererblichstellung haben sich die Mitgesellschafter alleine damit einverstanden erklärt, dass alle vom Erblasser eingesetzten Erben als Miterbengesellschafter bis zur (Teil-)Auseinandersetzung über die Erbengemeinschaft Einfluss auf das Gesellschaftsgeschehen nehmen können. Haben die Mitgesellschafter die gesellschaftsvertragliche Nachfolgeklausel qualifiziert und damit nur einen oder einzelne Erben als endgültige Nachfolger anerkannt, ist das Verbot, über den Personengesellschaftsanteil gem. § 105 Abs. 3 HGB, § 719 Abs. 1 Hs. 1 Var. 1 BGB zu verfügen, nur in Ansehung dieser nachfolgeberechtigten Miterben abbedungen worden, sodass auch nur diese im Wege der Teilauseinandersetzung den oHG-Anteil übernehmen können.[35]

Auch dem nachfolgeberechtigten Miterben, der sich zuvor gem. § 139 Abs. 2 HGB gänzlich von seiner Miterbengesellschafterposition zurückgezogen hat, muss es verwehrt sein, den oHG-Anteil im Wege der Auseinandersetzung zu übernehmen. Denn insofern hat er letztlich durch die Inaktivierung seiner Miterbengesellschafterposition zu erkennen gegeben, dass er auf die Nachfolge verzichtet. Er steht damit einem nicht nachfolgeberechtigten Miterben gleich, sodass ihm gegenüber das Verfügungsverbot der § 105 Abs. 3 HGB, § 719 Abs. 1 Hs. 1 Var. 1 BGB ebenfalls wirkt. Denn die Nachfolgeregelung im Gesellschaftsvertrag muss personell auf diejenigen Nachfolger beschränkt sein, die ihr Interesse an der Übernahme der Rechtsnachfolge bekundet haben. Dies kann bei einem Miterbengesellschafter, der seine Position i. S.d. § 139 Abs. 2 HGB inaktiviert hat, schwerlich angenommen werden. Sind andere nachfolgeberechtigte Erben nicht vorhanden, fußt die Vererblichstellung damit auf einer leerlaufenden Nachfolgeklausel. In diesem Fall ist die Nachfolge gescheitert, sodass sinnvollerweise angenommen werden muss, dass die Vererblichstellung i.d.R. konkludent auf diesen Fall i. S.d. § 158 Abs. 2 BGB auflösend bedingt ist. Haben also alle nachfolgeberechtigten Erben gem. § 139 Abs. 2 HGB ihre Miterbenbeteiligung inaktiviert, scheitert die Erbfolge in den oHG-Anteil.[36] Der vererbte Anteil wächst den Mitgesellschaftern an, § 105 Abs. 3 HGB i. V. m. § 738 Abs. 1 S. 1 BGB, und den Erben steht stattdessen ein gemeinschaftlich gehaltener Abfindungsanspruch gem. § 105 Abs. 3 HGB, § 738 Abs. 1 S. 2 BGB zu.[37]

[34] Daher erübrigt sich der teilweise in der Literatur zu lesende Vorwurf, die in der Erbengemeinschaft angelegte jederzeitige Möglichkeit der Auseinandersetzung gem. § 2042 Abs. 1 BGB sei gerade mit Blick auf die personalistische Prägung der oHG nicht tolerierbar, vgl. etwa *Menold*, S. 72 f. Ähnlich bereits *Zunft*, NJW 1957, 1129, 1131.

[35] *Bletz*, S. 181 f.

[36] Die Grundsätze der fehlerhaften Gesellschaft können bei der gescheiterten Anteilsvererbung nicht fruchtbar gemacht werden, s.: *Schmidt*, in: MüKo-HGB, § 105 Rdnr. 255; *Schäfer*, in: Staub-HGB, § 105 Rdnr. 365.

[37] Es gilt damit letztlich nichts anderes, als wenn die Erben gemeinschaftlich ihr Recht aus § 139 Abs. 2 HGB ausgeübt hätten, vgl. hierzu noch einmal *§ 4 I*.

III. Zwischenergebnis

Die Auseinandersetzung über den gemeinschaftlich gehaltenen Personengesellschaftsanteil steht dem Grunde nach alleine unter der Entscheidungsgewalt der Miterben. Dabei ist jedoch zu beachten, dass der Personengesellschaftsanteil (oder ein Teil hiervon) nur dem oder den nachfolgeberechtigten Miterben ausgeantwortet werden kann,[38] da andernfalls grundsätzlich die Verfügungssperre des § 105 Abs. 3 HGB, § 719 Abs. 1 Hs. 1 Var. 1 BGB Platz greift. Daneben ist zu beachten, dass einem nachfolgeberechtigten Miterben der Personengesellschaftsanteil nur in dem Umfang ausgeantwortet werden kann, wie der betreffende Miterbe durch die Ausübung oder Nichtausübung seiner Rechte aus § 139 HGB dokumentiert hat, Verantwortung in der Gesellschaft übernehmen zu wollen. Miterbenkommanditisten kann der Personengesellschaftsanteil daher nur als Kommanditbeteiligung ausgeantwortet werden, während Miterben einer inaktivierten Miterbengesellschafterposition der Gesellschaftsanteil gar nicht ausgeantwortet werden kann.

Bei einer Verzögerung der Auseinandersetzung haben Mitgesellschafter nur dann Reaktionsmöglichkeiten, wenn sie durch Qualifizierung der Nachfolge ein erhöhtes Maß an Interesse an einer konkreten Nachfolgeperson dokumentiert haben. Für gewöhnlich wird jedoch in diesen Fällen bereits der in der oHG-Beteiligung liegende Haftungsdruck dafür sorgen, dass nur die nachfolgeberechtigten Miterben den Rechten aus § 139 HGB widerstehen werden, während nicht nachfolgeberechtigte Miterben sich im Angesicht einer durch die Mitgesellschafter ausgesprochenen Verweigerung einer Miterbenkommanditistenstellung zur Inaktivierung der Miterbengesellschafterposition gem. § 139 Abs. 2 HGB gezwungen sehen werden. Der Erbengemeinschaft am oHG-Anteil kommt so bereits eine sich selbst regulierende Wirkung zu. Darüber hinaus haben die Mitgesellschafter durch flankierende Maßnahmen, wie etwa durch eine auflösende Bedingung der Vererblichstellung, die Möglichkeit, bereits im Vorfeld eine überlange Verwaltung des Gesellschaftsanteils durch eine Erbengemeinschaft zu vermeiden. In der Gesamtschau kann daher die Auseinandersetzung über den Personengesellschaftsanteil als ein Vorgang bezeichnet werden, der zwar grundsätzlich in der Hand der Miterben liegt, der aber, aufgrund der selbstregulierenden Tendenzen der Erbengemeinschaft und der Möglichkeit der Mitgesellschafter zu vorbeugenden Maßnahmen, für die Gesellschaft und die Mitgesellschafter erträglich ist.

---

[38] Eine Pflicht zur Auskehr des Gesellschaftsanteils an den nachfolgeberechtigten Miterben besteht nur, wenn sich in der Verfügung von Todes wegen eine dahingehende Teilungsanordnung bzw. ein entsprechendes Vorausvermächtnis findet. Freilich findet diese Pflicht ihre Grenzen in den allgemeinen Regelungen zur Abwicklungsordnung, s. noch einmal *§ 5 I. 1. d)*.

§ 6 In Erbengemeinschaft organisierte Miterben am Personengesellschaftsanteil

Die Auseinandersetzung der Erben über den Personengesellschaftsanteil ist im hier vorgestellten Denkmodell einer unmodifizierten Universalsukzession in den oHG-Anteil bei einer qualifizierten Nachfolge stets und bei einer einfachen Nachfolge i.d.R. das Fernziel der Vererbung des oHG-Anteils. Der Zeitkorridor, in dem die Mitgesellschafter die Einflussnahme aller Miterben in Verbundenheit als Erbengemeinschaft hinnehmen müssen, ist daher zwar in aller Regel beschränkt, dennoch bedarf es für diesen Zeitraum der Untersuchung, wie das Verwaltungsgefüge der Erbengemeinschaft mit dem Organisationsgefüge der Gesellschaft zu harmonisieren ist.

I. Grundproblem: Erbengemeinschaft als Zwangs- bzw. Zufallsgemeinschaft

Es wurde bereits dargelegt, dass aus einem rein rechtlichen Vergleich dieser beiden Gefüge kein Beleg für eine gegenseitige Unverträglichkeit nachgewiesen werden kann.[1] Ungeachtet dessen bleiben die Mitgesellschafter, die sich mit der Vererblichstellung eines oHG-Anteils einverstanden erklären, aus tatsächlichen Gründen mit einer gewissen Unsicherheit konfrontiert. Denn wenn man von einer bindenden Verfügung von Todes wegen absieht, steht der personelle Bestand der Erbengemeinschaft bei der Entscheidung über die Vererblichstellung des oHG-Anteils noch nicht fest. Die über die Zulässigkeit der Nachfolge in den oHG-Anteil befindenden Mitgesellschafter haben allenfalls das Wort des Erblassers, dass dieser nur bestimmte Personen als Erben einsetzen werde. Gewiss ist dies jedoch nicht, da der Erblasser in seiner Entscheidung, wen er als Erben einsetzt, grundsätzlich frei ist und nicht beschränkt werden kann, § 2302 BGB, ja sogar eine einmal getroffene letztwillige Verfügung bis zu seinem Tod frei widerrufen darf, s. §§ 2253 ff. BGB.[2] Wenn die Gesellschafter den oHG-Anteil ver-

---

1 S. hierzu noch einmal *§ 3 VI*.

2 Zum Widerruf des Testaments, s. eingehend *v. Lübtow*, Erbrecht I, S. 233 ff.

erblich stellen, müssen sie bei Eintritt des Erbfalls die Erbengemeinschaft in ihrer dann maßgeblichen Zusammensetzung zunächst einmal hinnehmen. Erschwerend kommt eine weitere Unbekannte hinzu: Da die Erbengemeinschaft nicht kraft eines zielgerichteten, geschäftlichen Kontakts kooperationswilliger Personen entsteht, sondern kraft einer Zwangsvereinigung eines allein vom Erblasser bestimmten Kreises von Erben, besteht überhaupt keine Gewähr, dass diese Personen willens und in der Lage sind, für eine erfolgreiche Verwaltung des Nachlasses und damit auch für eine reibungslose Ausübung der aus dem vererbten oHG-Anteil fließenden Gesellschafterbefugnisse zu sorgen. Die Erbengemeinschaft ist daher, anders als eine Personengesellschaft, bei der sich die Gesellschafter aufgrund eines gewollten und zielgerichteten Kontakts zusammengefunden haben, eine Zwangs-[3] bzw. Zufallsgemeinschaft.[4] Ihr wohnt eine genetische Störanfälligkeit inne, die sich auf das Organisationsgefüge der oHG auswirken kann.

II. Verwaltung des Gesellschaftsanteils durch die Erbenmehrheit

Umso nachdrücklicher stellt sich daher die Frage, wie der oHG-Anteil von den Miterben zu verwalten ist, damit der Zwangs- bzw. Zufallsgemeinschaftscharakter der Erbengemeinschaft nicht zu einer unzumutbaren Belastung für das Organisationsgefüge der oHG wird. Übt keiner der Miterben seine Rechte aus § 139 HGB aus (entweder weil alle Miterben nachfolgeberechtigt sind oder die nicht nachfolgeberechtigten Miterben, unter Inkaufnahme der persönlichen Gesellschafterhaftung, ein Mitspracherecht an der Gesellschaft behalten wollen), bleibt der oHG-Anteil als solcher unberührt. Die nachfolgenden Ausführungen unter *1.-3.* sollen sich dieser Grundkonstellation widmen, während unter *4.* die Modifikationen erörtert werden, die eine Ausübung der Rechte aus § 139 HGB im Verwaltungsgefüge der Erbengemeinschaft mit sich bringt. Unter *5.* soll das gefundene Ergebnis mit Blick auf die Zumutbarkeit für die Mitgesellschafter untersucht werden. Die Beleuchtung der Auswirkungen einer Modifikation des Organisationsgefüges der oHG unter *6.* rundet die Untersuchung ab.

---

[3] So *Lange*, GmbHR 2013, 113.

[4] *Rißmann/Szalai*, in: BeckOGK-ZR, § 2032 Rdnr. 2; *Gergen*, in: MüKo-BGB, Vor. § 2032 Rdnr. 5; *Hartlich*, RNotZ 2018, 285, 286.

1. Obligatorische Bestellung eines gemeinschaftlichen Vertreters?

Von Anfang an ausgeschlossen wäre die von dem Zwangs- bzw. Zufallsgemeinschaftscharakter ausgehende Gefahr der Erbengemeinschaft dann, wenn die Miterben die Obliegenheit träfe, einen gemeinschaftlichen Vertreter zu bestellen, der die Angelegenheiten der Miterben in der Gesellschaft vertritt. Diese Obliegenheit hat der Gesetzgeber aber nur in den § 69 Abs. 1 AktG, § 77 Abs. 1 S. 3 GenG, § 146 Abs. 1 S. 2 HGB geschaffen, also für die Verwaltung von Aktien, Genossenschaftsanteilen sowie Anteilen an einer oHG i. L., nicht jedoch für eine werbend tätige oHG.[5] *Börner*[6] vertritt gleichwohl die Auffassung, dass dieser Rechtsgedanke bei einer werbend tätigen oHG analog angewendet werden müsse, wenn eine Erbenmehrheit verbunden als Erbengemeinschaft in unmodifizierter Universalsukzession in den oHG-Anteil einrückt. Dies scheint jedoch nicht sachgerecht. Denn durch die gesetzliche Obliegenheit zur Bestellung eines gemeinschaftlichen Vertreters sollen zwar auf der einen Seite klare Verhältnisse über die Ausübung der Rechte aus dem Gesellschaftsanteil geschaffen werden, um so die Gesellschaft vor Nachteilen zu schützen, die eine Berechtigungspluralität an einem Gesellschaftsanteil mit sich brächte.[7] Der in diesen Vorschriften verfolgte Weg, die Nachteile durch eine gesetzlich angeordnete Obliegenheit zur Bestellung eines gemeinschaftlichen Vertreters zu beseitigen, lebt jedoch auf der anderen Seite von der besonderen Interessenlage, die in einer oHG i.L., einer AG bzw. einer Genossenschaft vorherrschen. So ist den Erben eines vererbten Liquidationsanteils, eines Genossenschaftsanteils bzw. einer Aktie die Bestellung eines an ihrer statt handelnden gemeinschaftlichen Vertreters als gesetzliche Obliegenheit zuzumuten, da sich die Miterben in diesen Gesellschaften grundsätzlich keiner persönlichen Gesellschafterhaftung ausgesetzt sehen.[8] Hinsichtlich der auf den ersten Blick besonders naheliegenden analogen Anwendung des § 146 Abs. 1 S. 2 HGB ergeben sich weitere Gesichtspunkte, die einer Übertragung auf die werbende oHG entgegenstehen. So ist die Vorschrift des § 146 Abs. 1 S. 2 HGB Ausdruck des typischerweise vorhandenen Interesses der Gesellschafter einer oHG i.L. an einer zügigen Abwicklung, dem

[5] Es handelt sich lediglich um eine Obliegenheit, nicht um eine Pflicht, da die Miterben nur im eigenen Interesse, nämlich zur Sicherstellung der Ausübung der Mitgliedschaftsbefugnisse, einen gemeinschaftlichen Vertreter zu bestellen haben, vgl. *Bayer/Sarakinis*, NZG 2018, 561, 562 (zu § 69 Abs. 1 AktG).

[6] *Börner*, AcP 166, 426, 440 f.

[7] *Bayer*, in: MüKo-AktG, § 69 Rdnr. 2; *Fandrich*, in: P/F/B-GenG, § 77 Rdnr. 5; *Hillmann*, in: E/B/J/S-HGB, § 146 Rdnr. 5.

[8] Für AG und Genossenschaft ergibt sich dies aus § 1 Abs. 1 S. 2 AktG bzw. § 2 GenG. Wegen § 139 Abs. 4 HGB trifft jedoch die Erben auch in der durch den Erbfall aufgelösten oHG keine persönliche Gesellschafterhaftung, vgl. *Schmidt*, in: MüKo-HGB, § 139 Rdnr. 119.

eine gemeinsame Ausübung des Liquidatorenamts durch die Erben nach Maßgabe des § 2038 BGB im Wege stünde.[9] Auf diesen Schutz können die Mitgesellschafter nach der im Vordringen befindlichen Auffassung verzichten und sich mit einer gemeinschaftlichen Verwaltung durch die Erben abfinden.[10] Da es jedoch in einer werbend tätigen oHG kein Interesse an einer zügigen Gesellschaftsabwicklung gibt und sich die Mitgesellschafter durch die Vererbung eines Anteils an einer werbend tätigen oHG explizit bereit erklärt haben, dass der oHG-Anteil auf erbrechtliche Bahnen gelenkt wird, also nach dem hier vertretenen Verständnis dem Grundsatz der §§ 1922 Abs. 1, 2032 ff. BGB unterworfen und (bei Vorhandensein mehrerer Erben) von einer Erbenmehrheit verwaltet wird, passt die analoge Anwendung der Vorschrift des § 146 Abs. 1 S. 2 HGB dort nicht. Die Analogie passt auch deshalb nicht, weil die gesetzliche Obliegenheit zur Bestellung eines gemeinschaftlichen Vertreters im unmittelbaren Zusammenhang mit der Norm des § 146 Abs. 1 S. 1 HGB zu verstehen ist, wonach im Zweifel sämtliche Gesellschafter auch Liquidatoren sind.[11] I.V.m. § 150 Abs. 1 HGB führt dies dazu, dass die Liquidationshandlungen nur von allen Gesellschaftern gemeinschaftlich vorgenommen werden können. Diese streng vergemeinschaftete Befugniszuweisung würde sich bei einem Einrücken durch alle Miterben in gemeinschaftlicher Verbundenheit ohne die Vorschrift des § 146 Abs. 1 S. 2 HGB als besonders lähmend auswirken, da die Gesellschafter nun auch stets einen gemeinsamen Konsens mit den dazu gestoßenen Miterbengesellschaftern suchen müssten. Diese Vervielfältigungsfalle droht jedoch in dem vom gesetzlichen Grundmodell einer Einzelgeschäftsführungs- und Einzelvertretungsbefugnis ausgehenden Organisationsgefüge der werbend tätigen oHG (§§ 114 Abs. 1, 115 Abs. 1 Hs. 1, 125 Abs. 1 HGB) gerade nicht, sodass dort kein Bedürfnis besteht, von Gesetzes wegen kategorisch auf die Bestellung eines gemeinschaftlichen Vertreters zu beharren.

Aus all diesen Gründen ist es daher nicht zielführend, in der werbend tätigen oHG die gesetzlich angeordnete Obliegenheit zur Bestellung eines gemeinschaftlichen Vertreters gem. § 146 Abs. 1 S. 2 HGB analog anzuwenden. Vielmehr ist es den Gesellschaftern selbst zu überlassen, ob sie diesen Weg durch Aufnahme einer sog. (obligatorischen) Vertreterklausel[12] im Gesellschaftsvertrag ausnahmsweise beschreiten wollen.

---

9 *Habersack*, in: Staub-HGB, § 146 Rdnr. 22.

10 *Hillmann*, in: E/B/J/S-HGB, § 146 Rdnr. 5.

11 *Habersack*, in: Staub-HGB, § 146 Rdnr. 24.

12 S. hierzu *§ 12*.

2. *Verwaltung durch die Erben nach dem Vorbild des § 18 Abs. 1 GmbHG*

Fehlt daher eine (obligatorische) Vertreterklausel im Gesellschaftsvertrag, liegt es näher, die kraft unmodifizierter Universalsukzession in den oHG-Anteil als Erbengemeinschaft einrückenden Miterben nach dem Vorbild des § 18 Abs. 1 GmbHG an der Verwaltung des oHG-Anteils zu beteiligen. Unmittelbar koordiniert § 18 Abs. 1 GmbHG die Mitberechtigung an einem GmbH-Anteil und fordert eine gemeinschaftliche Ausübung der Rechte durch alle Mitberechtigten. Drückt sich die Mitberechtigung in einem Erbengemeinschaftsverhältnis aus, bedeutet dies nun jedoch nicht, dass § 18 Abs. 1 GmbHG die Verwaltungsordnung der Erbengemeinschaft gem. § 2038 BGB zu Gunsten einer streng kollektivistischen Rechtsausübung modifiziert. Nach überwiegender Auffassung bleibt die Verwaltungsordnung des § 2038 BGB sowohl für die Willensbildung im Innenverhältnis der Erbengemeinschaft als auch für die Verwirklichung des gebildeten Willens im Außenverhältnis mit Wirkung gegenüber der Gesellschaft maßgeblich.[13] Mit dem Erfordernis der von allen Teilhabern getragenen gemeinschaftlichen Rechtsausübung stellt § 18 Abs. 1 GmbHG im Dienste der Rechtssicherheit für das Verhältnis der Miterben gegenüber der Gesellschaft lediglich klar, dass sich die Ausübung der aus dem idealgeteilten Gesellschaftsanteil fließenden Gesellschafterbefugnisse gegenüber der Gesellschaft nicht proratarisch auf die Erben aufteilt, sondern die Gesellschafterbefugnisse vielmehr einheitlich in der Gemeinschaft ausgeübt werden.[14] Wann jedoch davon auszugehen ist, dass die Erben *„mit einer Stimme"*[15] sprechen, ist Sache der Verwaltungsordnung der Erbengemeinschaft. Für die Anwendung des in § 18 Abs. 1 GmbHG niedergelegten Rechtsgedankens im oHG-Recht kann daher nichts anderes gelten. Das bedeutet, dass die durch § 2038 BGB legitimierten Erben die aus dem oHG-Anteil fließenden Gesellschafterbefugnisse als Ganzes wahrnehmen.

3. *Verwaltung des oHG-Anteils durch die Erben*

Es bleibt zu klären, wie eine solche Verwaltung des oHG-Anteils durch die in Erbengemeinschaft organisierte Erbenmehrheit nach dem Vorbild des § 18 Abs. 1

---

[13] Sog. *Lehre von der mittelbar einheitlichen Rechtsausübung*: *Lange*, GmbHR 2013, 113, 115; *J. Schmidt*, NZG 2015, 1049, 1051; BGHZ 108, 21, 31; OLG Karlsruhe, ZEV 2014, 208; OLG Stuttgart, MittBayNot 2015, 252, 253. S. auch *Reichert/Weller*, in: MüKo-GmbHG, § 18 Rdnr. 60, 63; *Wicke*, GmbHG, § 18 Rdnr. 3. A.A. (Lehre von der unmittelbar einheitlichen Rechtsausübung), vgl. etwa *Ebbing*, in: Michalski-GmbHG, § 18 Rdnr. 44. S. zum Ganzen auch *Lange*, GmbHR 2013, 113, 115 (Fn. 17) m. w. N.

[14] *Lange*, GmbHR 2013, 113, 115; *Kaya*, ZEV 2013, 593, 595.

[15] *J. Schmidt*, NZG, 2015, 1049, 1051.

GmbHG rechtlich ausgestaltet ist. Die Herausforderung, die eine solche Verwaltung zu bewältigen hat, besteht dabei in der Ausmerzung der faktischen Gefahren, die die Zulassung der Erbengemeinschaft am oHG-Anteil für die Mitgesellschafter birgt; immerhin wohnt der Erbengemeinschaft aufgrund ihres Charakters als Zwangs- bzw. Zufallsgemeinschaft eine genetische Störanfälligkeit inne.[16]

a) Verwaltungsgefüge des § 2038 BGB

Hierfür ist zunächst ganz allgemein das Verwaltungsgefüge der Erbengemeinschaft zu betrachten. Um ein Blockaderecht einzelner Quertreiber in der Erbengemeinschaft zu verhindern, gibt das Gesetz bereits weitreichende Hilfestellungen; § 2038 BGB sieht nämlich kein streng kollektivistisches Verwaltungsgefüge vor.

aa) Ordnungsmäßige Verwaltung

Nur die Aufgaben der außerordentlichen Verwaltung unterliegen dem streng kollektivistischen Einstimmigkeitserfordernis sämtlicher Miterben i. S.d. § 2038 Abs. 1 S. 1 BGB, wohingegen die Maßnahmen der ordnungsmäßigen Verwaltung i. S.d. §§ 2038 Abs. 2 S. 1, 745 Abs. 1 BGB grundsätzlich von der Mehrheit der Erben zu beschließen und auszuführen sind.[17] Handelt es sich sogar um eine erforderliche Maßnahme der ordnungsmäßigen Verwaltung, sind alle Miterben zur Mitwirkung verpflichtet, § 2038 Abs. 1 S. 2 Hs. 1 BGB. Erforderlich ist eine Maßnahme der ordnungsmäßigen Verwaltung dabei dann, wenn keine andere, weniger einschneidende Maßnahme zur Verfügung steht.[18] Die Pflicht jedes Miterben zur Mitwirkung bei erforderlichen Maßnahmen der ordnungsmäßigen Verwaltung ist dabei vielschichtig und umfasst nicht nur rein reales Handeln zur Umsetzung einer Maßnahme der ordnungsmäßigen Verwaltung, sondern beinhaltet auch die Pflicht der Miterben, bei der Willensbildung und dem außenwirksamen Abschluss der erforderlichen Rechtsgeschäfte (etwa durch Zustimmung) mitzuwirken.[19]

---

[16] Vgl. noch einmal *§ 6 I.*

[17] *Gergen*, in: MüKo-BGB, § 2038 Rdnr. 34 und 51; BGHZ 56, 47.

[18] *Rißmann*, in: Rißmann-Erbengemeinschaft, § 4 Rdnr. 74; *Christ*, in: Ebeling/Geck-Erbengemeinschaft, Teil I Rdnr. 287.

[19] *Waldherr*, S. 79.

bb) Mitwirkungspflicht als bloßer Annex zum Mehrheitsverwaltungsgefüge

Würde man § 2038 Abs. 1 S. 2 Hs. 1 BGB die bloße Funktion eines Annexes zuweisen, bliebe es dabei, dass die konkrete Maßnahme der ordnungsmäßigen Verwaltung nur von der Mehrheit der Miterben im Innenverhältnis beschlossen und im Außenverhältnis vollzogen werden könnte. Die Minderheit hätte lediglich die Möglichkeit, eine erforderliche Maßnahme ordnungsmäßiger Verwaltung durchzusetzen, wenn sie über die Mitwirkungspflicht die übrigen Erben zur Unterstützung zwingt.[20] Die Minderheit wäre so stets genötigt, von den übrigen Miterben entweder antizipiert die Einwilligung zu dem internen Beschluss sowie dem außenwirksamen Handeln einzufordern oder nach eigenmächtiger Vornahme dieser Rechtsakte die nachträgliche Genehmigung einzuholen.[21] In letzterem Fall bliebe das vollmachtlos vorgenommene, einseitige Rechtsgeschäft gem. § 111 S. 1 BGB grundsätzlich unwirksam, ein zwei- oder mehrseitiges Rechtsgeschäft (z. B. Vertrag oder Gesellschafterbeschluss) könnte dagegen gem. §§ 177 Abs. 1, 184 Abs. 1 BGB rückwirkend in Geltung gesetzt werden. Doch selbst die im letzteren Fall mögliche Heilung ist nicht unbedenklich; denn das Verfahren zur Einholung der Genehmigungen von uneinsichtigen Miterben könnte die Anstrengung von Mitwirkungserzwingungsprozessen erforderlich machen, an deren Ende die Zustimmung durch rechtskräftiges Urteil ersetzt wird, § 894 S. 1 ZPO.[22] Dies stellt jedoch ein langwieriges Unterfangen dar. Da die Wirksamkeit der in Rede stehenden Verwaltungsmaßnahme jedoch bis zur (ggf. gem. § 894 S. 1 ZPO ersetzten) Abgabe der Genehmigung des letzten Miterben suspendiert wäre und erst dann rückwirkend (§ 184 Abs. 1 BGB) in Geltung gesetzt würde, entstünde bis dahin eine dem Rechtsverkehr kaum zuträgliche Schwebelage.

cc) Mitwirkungspflicht als ein das Mehrheitsverwaltungsgefüge umformendes Moment

Diese Schwebelage wird vermieden, wenn der Mitwirkungspflicht des § 2038 Abs. 1 S. 2 Hs. 1 BGB, entgegen der etablierten Ansicht, eine das Mehrheitsbeschlusserfordernis überlagernde Wertung entnommen wird. Ausgangspunkt

---

[20] So i.E. die etablierte Ansicht: *Lohmann*, in: BeckOK-BGB, § 2038 Rdnr. 8; *Löhnig*, in: Staudinger, § 2038 Rdnr. 12; *Flechtner*, in: Burandt/Rojahn-ErbR, § 2038 Rdnr. 29; *Wolf*, in: Soergel, § 2038 Rdnr. 19; *Rißmann/Szalai*, in: BeckOGK-ZR, § 2038 Rdnr. 31; *Gergen*, in: MüKo-BGB, § 2038 Rdnr. 42.

[21] Die Mitwirkungspflicht des § 2038 Abs. 1 S. 2 Hs. 1 BGB umfasst auch die Genehmigung, s. *Rißmann*, in: Rißmann-Erbengemeinschaft, § 4 Rdnr. 124.

[22] Zu den Mitwirkungserzwingungsprozessen, vgl. weitergehend: *Christ*, in: Ebeling/Geck-Erbengemeinschaft, Teil I Rdnr. 287; *Waldherr*, S. 79.

dieser Überlegung ist (insofern noch in Übereinstimmung mit der etablierten Ansicht), dass der Gesetzgeber durch die in § 2038 Abs. 1 S. 2 Hs. 1 BGB statuierte Mitwirkungspflicht letztlich klargestellt hat, dass sich Miterben einer erforderlichen ordnungsmäßigen Verwaltungsmaßnahme nicht in den Weg stellen dürfen, sondern aktiv an deren Umsetzung mitzuwirken haben. Daher müssen diese der Maßnahme zustimmen und alle zu ihrer Verwirklichung (rechtlich oder tatsächlich) erforderlichen Handlungen unterstützen und nötigenfalls sogar selbst vornehmen.[23] Von einer echten Mehrheitsverwaltungskompetenz der Miterben im vorbezeichneten Sinne kann dann allerdings nicht mehr gesprochen werden, endet diese doch rechtstatsächlich dort, wo die Miterben in ihrem Ermessen nicht mehr frei sind, eine konkrete Maßnahme anzunehmen oder abzulehnen. Letztlich unterliegen die Miterben im Anwendungsbereich des § 2038 Abs. 1 S. 2 Hs. 1 BGB einer Stimmpflicht. Stimmpflichten sind aus dem Kapitalgesellschaftsrecht bekannt. Sie werden dort angenommen, wo ein bestimmtes Abstimmungsverhalten aus der Treuepflicht geboten ist, und führen dazu, dass entgegen des gebotenen Abstimmungsverhaltens abgegebene Stimmen bei der Beschlussfassung unbeachtlich sind und der von der Minderheit unterstützte Beschluss daher gleichwohl als angenommen gilt.[24] Ähnliche Erwägungen gelten auch im Personengesellschaftsrecht,[25] wobei die hieraus zu ziehende Rechtsfolge – also die Unbeachtlichkeit der treuwidrig abgegebenen Stimmen – jedenfalls nach der überwiegenden Auffassung in der Literatur in ähnlicher Form mehr oder weniger auf das Personengesellschaftsrecht übertragen wird.[26] Zwar ist eine Stimmpflicht im Gesellschaftsrecht – vor dem Hintergrund des erforderlichen hinreichend qualifizierten Treuepflichtverstoßes – nur unter erhöhten Anforderungen anzunehmen, die Unbeachtlichkeit der abgegebenen Stimmen wird dort nur im Einzelfall vorkommen, jedoch steht dies einer Übertragung dieses

---

23 *Waldherr*, S. 79.

24 BGH, NZG 2008, 783, 785 Rdnr. 20; *ders.*, NZG 2016, 781, 782 Rdnr. 17; *Drescher*, in: MüKo-GmbHG, § 47 Rdnr. 260.

25 Vgl. die Rechtsprechung: BGH, NZG 2009, 1347, 1349 Rdnr. 23; *ders.*, NJW-RR 1987, 285, 286; *ders.*, NJW 1985, 974; *ders.*, WM 1979, 1058, 1060; *ders.*, NJW 1965, 1960; *ders.*, NJW 1961, 724 f.

26 Im Einzelnen herrscht hierbei Uneinigkeit. Für eine Unbeachtlichkeit der treuwidrig abgegeben Stimme unterhalb von Grundlagengeschäften, vgl. *Finckh*, in: Henssler/Strohn-GesR, § 119 HGB Rdnr. 26 f. und *Lieder*, in: Oetker-HGB, § 119 Rdnr. 31. Für eine generelle Unbeachtlichkeit von treuwidrig abgegebenen Stimmen, vgl. *Freitag*, in: E/B/J/S-HGB, § 119 Rdnr. 40. Die Rechtsprechung hingegen ist zögerlicher und spricht sich im Personengesellschaftsrecht nur im Ausnahmefall für die Unwirksamkeit der treuwidrig abgegebenen Stimme aus, vgl. etwa BGH, NJW 1985, 974 (Publikumspersonengesellschaft) und *ders.*, WM 1979, 1058, 1060 (Abwendung existenzbedrohender Folgen), will aber im Übrigen diese Rechtsfolge wohl nicht ziehen, vgl. etwa *ders.*, NJW-RR 1987, 285, 286.

Rechtsgedankens auf die Erbengemeinschaft nicht entgegen. Dort muss sogar davon ausgegangen werden, dass eine qualifizierte Treuepflichtverletzung nicht vorliegen muss, da die Mitwirkungs- und damit Zustimmungspflicht in § 2038 Abs. 1 S. 2 Hs. 1 BGB – insoweit gesetzlich vertypt – bei jeder erforderlichen Maßnahme der ordnungsmäßigen Verwaltung besteht. Überträgt man dabei die für das Kapitalgesellschaftsrecht geltende und im Grundsatz von der Literatur auch für das Personengesellschaftsrecht befürwortete Rechtsfolge auf das Verwaltungsgefüge der Erbengemeinschaft und konstatiert, dass eine im Widerspruch zur Mitwirkungspflicht abgegebene Stimme eines Miterben unbeachtlich ist, bleibt den Miterben bei der Beschlussfassung über eine erforderliche Maßnahme der ordnungsmäßigen Verwaltung damit lediglich die Möglichkeit, dieselbe zu unterstützen oder mit dem Protest ungehört zu bleiben. Das muss jedoch dazu führen, dass jeder einzelne Miterbe ermächtigt ist, erforderliche Maßnahmen der ordnungsmäßigen Verwaltung stellvertretend für alle Erben nötigenfalls selbstständig vorzunehmen, selbst wenn sich keine Mehrheit hierfür findet. So verstanden erfüllt die Mitwirkungspflicht aus § 2038 Abs. 1 S. 2 Hs. 1 BGB ausschließlich in Bezug auf unvertretbare Handlungen ihren buchstäblichen Sinn, sodass diese auch nur dort tatsächlich gegenüber den Miterben (im Klagewege) durchgesetzt werden muss.[27]

dd) Zwischenergebnis

Die ordnungsmäßige Verwaltung reiht sich im Grundsatz durch das Erfordernis einer von der Mehrheit der Erben beschlossenen Verwaltungsmaßnahme zwischen der streng kollektivistischen außerordentlichen Verwaltung und der vom Einzelverwaltungsgrundsatz beherrschten Notverwaltung des § 2038 Abs. 1 S. 2 Hs. 2 BGB ein.[28] Ist die ordnungsmäßige Verwaltungsmaßnahme im Einzelfall sogar erforderlich, folgt nach hier vertretener Auffassung aus der in § 2038 Abs. 1 S. 2 Hs. 1 BGB statuierten Mitwirkungspflicht, dass die Durchführung der Maßnahme in letzter Instanz auch von einem einzelnen Erben durchgeführt werden kann. Dies darf jedoch nicht zu dem Schluss verleiten, dass damit i.R.d. ordnungsmäßigen Verwaltung eine echte Einzelverwaltungsbefugnis jedes Miterben bestünde. Die Entscheidung über die Durchführung der erforderlichen Maßnahme ordnungsmäßiger Verwaltung muss vielmehr dem Erbenkollektiv stets vorab zur Diskussion und Abstimmung gereicht werden. Wenn allerdings die Verhandlungen unter den Miterben ergebnislos verlaufen und die zu der er-

---

[27] Hierzu kann eine Klage gegen den uneinsichtigen Miterben angestrengt werden; der Leistungsbefehl kann über § 888 ZPO vollstreckt werden, vgl. *Waldherr*, S. 79.

[28] Dies wird bisweilen auch „*Drei-Stufen-Kompetenzregelung*“ genannt, s. *Kaya*, ZEV 2013, 593, 595.

forderlichen Maßnahme ordnungsmäßiger Verwaltung anregende Miterbenminderheit von der Mehrheit überstimmt wird, verstößt die Mehrheit gegen ihre Mitwirkungspflicht aus § 2038 Abs. 1 S. 2 Hs. 1 BGB. Die Folge ist, dass ihr negatives Veto unbeachtlich ist und die Minderheit die Maßnahme dennoch durchführen kann. Ohne dass man sich auf den von der etablierten Ansicht vertretenen und unnötig komplizierten Pfad einer von allen Miterben im Klagewege zu erzwingenden Zustimmung begeben muss, gewährleistet diese Ansicht, in Verwirklichung des in § 2038 Abs. 1 S. 1 BGB niedergelegten Prinzips der Gesamtverantwortung, dass stets alle Miterben in den Entscheidungsprozess eingebunden sind und mit ihren abweichenden Auffassungen angehört werden, es jedoch bei einem unüberwindlichen Disput nicht zu einer lähmenden Blockade kommt. Kraft ausdrücklicher gesetzlicher Regelung in § 2038 Abs. 1 S. 2 Hs. 2 BGB ist auf die vorherige Einbindung des Erbenkollektivs nur in dringenden[29] Notgeschäftsführungsangelegenheiten zu verzichten, da nur dort ein unbedingtes alleiniges Verwaltungsrecht jedes einzelnen Miterben vorgesehen ist. Um diesen Unterschied zur erforderlichen ordnungsmäßigen Verwaltung zu unterstreichen, sollte daher im Umfeld erforderlicher Maßnahmen der ordnungsmäßigen Verwaltung von einer Quasieinzelverwaltungsbefugnis der Miterben gesprochen werden, die sich von der Einzelverwaltungsbefugnis in Notgeschäftsführungsangelegenheiten i. S.d. § 2038 Abs. 1 S. 2 Hs. 2 BGB durch die notwendige vorherige Einbindung des Erbenkollektivs unterscheidet. So kann das dem einzelnen Miterben nach der hier vertretenen Ansicht eingeräumte Recht, bei erforderlichen Maßnahmen der ordnungsmäßigen Verwaltung nötigenfalls alleine und unabhängig von den anderen Miterben tätig zu werden, keine spiegelbildliche individuelle Pflicht des einzelnen Miterben hierzu beinhalten. Die Miterben können daher bei Maßnahmen der ordnungsmäßigen Verwaltung von einem eigenverantwortlichen Tätigwerden absehen und die Entscheidung hierüber dem Erbenkollektiv überlassen. Auch können Dritte die Erfüllung der Mitwirkungspflicht gegenüber den Miterben nicht durchsetzen. Die Mitwirkungspflicht trifft die Miterben nur untereinander und nicht im Verhältnis zu Dritten.[30] Alles in allem ist damit das Verwaltungsgefüge der Erbengemeinschaft hinreichend flexibilisiert. Daher kann sich regelmäßig nur i.R.d. außerordentlichen Verwaltung überhaupt das genetische Störpotential der Zwangs- und Zufallsgemeinschaft tatsächlich auswirken.

---

[29] Zum Dringlichkeitserfordernis in Notverwaltungsangelegenheiten, vgl. BGH, NJW 1952, 1252, 1253.

[30] *Löhnig*, in: Staudinger, § 2038 Rdnr. 11. Zur abweichenden Ausgangslage i.R.d. Notverwaltung i. S.d. § 2038 Abs. 1 S. 2 Hs. 2 BGB, vgl. *Gergen*, in: MüKo-BGB, § 2038 Rdnr. 55.

b) Ordnungsmäßige Verwaltung eines oHG-Anteils

In einem weiteren Schritt ist zu beleuchten, welche mit der Verwaltung des oHG-Anteils einhergehenden Gesellschafterbefugnisse in den Kreis der ordnungsmäßigen Verwaltung fallen und damit der hinreichend flexiblen Mehrheits- bzw. Quasieinzelverwaltung der Erben unterliegen sowie welche Befugnisse unter die störanfällige außerordentliche Verwaltung fallen. Unter ordnungsmäßiger Verwaltung werden gemeinhin alle Maßnahmen verstanden, die dem Interesse aller Miterben, unter Berücksichtigung der Beschaffenheit des jeweiligen Nachlassgegenstands, nach billigem Ermessen entsprechen.[31] Dies ist dabei vom Standpunkt einer vernünftig und wirtschaftlich denkenden Person in der Situation der Erben zu beurteilen.[32] Bei der Beurteilung der Ordnungsmäßigkeit wird regelmäßig ein großzügiger Entscheidungsspielraum gewährt.[33] Maßgeblicher Zeitpunkt ist dabei die Vornahme der geplanten Handlung.[34] Wie unschwer erkennbar, ist diese gängige Definition kaum in der Lage, vorausschauend den Kreis der ordnungsmäßigen Verwaltung scharf zu konturieren.[35] Vielmehr hängt die Abgrenzung sehr von dem zu verwaltenden Nachlassgegenstand im konkreten Einzelfall ab, da die Beschaffenheit des betreffenden Nachlassgegenstands Ausgangspunkt aller Überlegungen zu sein hat.[36] Relativ gut ausgeleuchtet ist dabei das Feld von ordnungsmäßigen Verwaltungsmaßnahmen bei körperlichen Nachlassgegenständen. Hier werden insbesondere die objektive Nützlichkeit und das Maß der mit der Maßnahme verbundenen wirtschaftlichen Einbußen als Gradmesser für die Ordnungsmäßigkeit der Verwaltungsmaßnahme herangezogen. Denn alles, was den Erben nach objektiven Kriterien nützt und keine unzumutbaren Einbußen hervorruft, liegt natürlich auch im Interesse eines wirtschaftlich denkenden, vernünftigen Erben. So sind insbesondere die Instandsetzungs- und Reparaturmaßnahmen eines Grundstücks Teil der ordnungsmäßigen Verwaltung;[37] jedenfalls dann, wenn sie aus dem Nachlassver-

---

[31] *Rißmann/Szalai*, in: BeckOGK-ZR, § 2038 Rdnr. 37; ähnlich auch, *Löhnig*, in: Staudinger, § 2038 Rdnr. 13.

[32] BGH, NJW 2010, 765, 768 Rdnr. 32; *ders.*, FamRZ 1965, 267, 269; BGHZ 164, 181, 188; OLG Celle, JR 1963, 221, 222.

[33] OLG Stuttgart, MittBayNot 2015, 252, 253.

[34] *Lange*, GmbHR 2013, 113, 116; BGHZ 6, 76, 81; BGH, NJW-RR 2010, 1312, 1314 Rdnr. 14.

[35] In diese Richtung *Menold*, S. 75.

[36] In diese Richtung wohl auch *Lange*, GmbHR 2013, 113, 116, der betont, dass heute u. a. auf die Gestalt des Nachlasses für die Beurteilung der Ordnungsmäßigkeit abgestellt wird.

[37] KG, OLGZE 30, 184.

mögen bezahlt werden können.[38] Selbiges gilt für den Abschluss eines Pachtvertrages über ein Grundstück.[39]

aa) Interesse der Erben bei Verwaltung eines oHG-Anteils

Auch i.R.d. Verwaltung eines oHG-Anteils muss zur Konturierung des Kreises ordnungsmäßiger Verwaltung der Ausgangspunkt aller Überlegungen das Interesse der Miterben sein. Jedoch ist der objektive Nützlichkeitsgedanke bzw. der Grad der wirtschaftlichen Einbußen für den unkörperlichen Nachlassgegenstand oHG-Anteil selten weiterführend. Denn die Verwaltung von oHG-Anteilen wird zu einem Gutteil von unternehmerischen Entscheidungen beeinflusst, deren Nützlichkeit bzw. Schädlichkeit oft erst weit in der Zukunft und damit ex post festgestellt werden können.

bb) Grenze: Wesentliche Veränderung des Gesamtnachlasses?

Zur Vermeidung von Rechtsunsicherheiten muss im unternehmerischen Bereich daher eine zielführende Umgrenzung der ordnungsmäßigen Verwaltung gefunden werden, die das Interesse der Miterben von dem dort unpassenden Nützlichkeitsgedanken emanzipiert. *J. Schmidt* will etwa im Fall einer Verwaltung eines GmbH-Anteils durch eine Erbengemeinschaft, unter Verweis auf §§ 2038 Abs. 2 S. 1, 745 Abs. 3 BGB, in der wesentlichen Veränderung des Gesamtnachlasses die Obergrenze für eine ordnungsmäßige Verwaltungsmaßnahme erblicken.[40] Mit einer Bestimmung der Grenze über die §§ 2038 Abs. 2 S. 1, 745 Abs. 3 BGB riskiert man jedoch, dass der Umfang des Kreises ordnungsmäßiger Verwaltungsmaßnahmen zu sehr von dem Wert abhängig gemacht wird, den der vererbte Gesellschaftsanteil im Verhältnis zum Gesamtnachlass einnimmt. Denn je größer der Anteil der Gesellschafterbeteiligung am Gesamtnachlass ist, desto eher können auch kleinere Verwaltungsmaßnahmen mit Bezug zu der Gesellschafterbeteiligung zu wesentlichen Veränderungen am Gesamtnachlass führen und desto kleiner ist daher der Kreis ordnungsmäßiger Verwaltung zu ziehen.[41] Daneben käme es für die Beurteilung einer allein nach Maßgabe der §§ 2038 Abs. 2 S. 1, 745 Abs. 3 BGB zu bestimmenden Ordnungsmäßigkeit der Verwaltungsmaßnahme immer entscheidender auf das Wertverhältnis zwischen

---

[38] OLG Celle, ZMR 1961, 83.

[39] BGH, NJW 1971, 1265.

[40] *J. Schmidt*, NZG 2015, 1049, 1053.

[41] So zum vererbten GmbH-Anteil auch *Lange*, GmbHR 2013, 113, 117. Ähnlich auch *J. Schmidt*, NZG 2015, 1049, 1052, die darauf hinweist, dass eine wesentliche Veränderung des Gesamtnachlasses i.d.R. nur vorliegt, wenn der Geschäftsanteil wesentlicher oder alleiniger Bestandteil des Nachlasses ist.

Gesamtnachlass und oHG-Anteil an, je richtungsweisender die Gesellschaft (und damit auch der im oHG-Anteil verkörperte Wert) durch Geschäftsführungs- oder Vertretungsmaßnahmen verändert wird bzw. Haftungsgefahren ausgesetzt ist. Die Mitgesellschafter und auch potentielle Geschäftspartner der oHG haben jedoch i.d.R. keinen Einblick in die konkrete Zusammensetzung des Nachlasses und können daher nicht beurteilen, ob eine Geschäftsführungs- oder Vertretungsmaßnahme eine hinreichende Auswirkung auf den Gesamtnachlass haben wird. Aufgrund dieser Ungewissheit werden die Mitgesellschafter und Geschäftspartner i.d.R. gar nicht beurteilen können, ob für eine auf Ebene der Gesellschaft zu treffende Maßnahme, die auf den vererbten oHG-Anteil entfallenden Befugnisse wirksam von allen Erben ausgeübt werden müssen oder ob auch das Handeln einer Erbenmehrheit bzw. das Handeln einzelner Erben ausreicht. Diese Unsicherheit mag im Bereich einer Erbengemeinschaft an einem GmbH-Anteil noch erträglich sein, da die Gesellschafter dort grundsätzlich nicht in die den Geschäftsführern vorbehaltene Geschäftsführung und organschaftliche Vertretung (§ 35 Abs. 1 S. 1 GmbHG) eingebunden sind und auch nicht persönlich für die Gesellschaftsschulden haften (§ 13 Abs. 2 GmbHG). Für den hier beleuchteten Fall eines mit Geschäftsführungs- und Vertretungsbefugnissen ausgestatteten und vollhaftenden oHG-Anteils ist eine wertorientierte Grenzziehung mangels Rechtssicherheit dagegen zu verwerfen. Dies wird noch dadurch verstärkt, dass sich bei den dort zu treffenden unternehmerischen Entscheidungen die Auswirkung und Bedeutung einzelner Maßnahmen hinsichtlich der Gesamtvermögensmasse oft erst in der Rückschau beurteilen lassen. Die alleinige Konturierung der ordnungsmäßigen Verwaltung nach dem in §§ 2038 Abs. 2 S. 1, 745 Abs. 3 BGB niedergelegten vermögensmäßigen Beurteilungsmaßstab würde somit im unternehmerischen Betätigungsfeld, in dem man sich bei der Verwaltung eines oHG-Anteils nunmal befindet, erhebliche Rechtsunsicherheit in das Gesellschaftsgefüge hineintragen. Die rein vermögensorientierte Grenze der §§ 2038 Abs. 2 S. 1, 745 Abs. 3 BGB kann somit aufgrund der mit ihr verbundenen Unsicherheiten nicht als zielführende Konturierung der ordnungsmäßigen Verwaltung für einen in Erbengemeinschaft gehaltenen oHG-Anteil erachtet werden. Die unternehmerischen Belange fordern eine Konturierung, die mehr auf die unternehmerischen Bedürfnisse angepasst ist.

cc) Merkmal der Ordnungsmäßigkeit im Lichte des unternehmerischen Ermessens

Der Befund, dass die in §§ 2038 Abs. 2 S. 1, 745 Abs. 3 BGB niedergelegten Grundsätze unzureichend auf die unternehmerischen Belange ausgerichtet sind, wird noch durch einen anderen Blickwinkel bestätigt. Wie bereits zu § 1978

Abs. 1 BGB erkannt, fordert der den geschäftsführenden oHG-Gesellschaftern einzuräumende Ermessensspielraum von dem Merkmal der Ordnungsmäßigkeit einen entsprechenden Tribut.[42] Dies wird dadurch bestätigt, dass die Grundsätze zur „*business judgement rule*", wie sie in § 93 Abs. 1 S. 2 AktG und § 34 Abs. 1 S. 2 GenG normiert sind, als verallgemeinerungsfähiger Rechtsgedanke auch bei der Geschäftsführung in der oHG mehr und mehr Beachtung finden.[43] Erkennt man daher an, dass das Merkmal der Ordnungsmäßigkeit auch i.R.d. Erbengemeinschaft aus unternehmerischen Gründen umformt ist, zeigt sich, dass das in § 2038 BGB niedergelegte Verwaltungsgefüge zu wenig auf den unternehmerischen Verkehr abgestimmt ist.

dd) Ordnungsmäßige Verwaltung im unternehmerischen Kleid

Hieraus nun jedoch zu folgern, dass das Verwaltungsgefüge der Erbengemeinschaft – mit Blick auf eine unternehmerische Betätigung – ganz generell nur eine unklare und lückenhafte Konturierung der ordnungsmäßigen Verwaltung erlaube, sodass sich das Verwaltungsgefüge als ungeeignet für den unternehmerischen Verkehr zeige und mangels Rechtssicherheit auch keiner fruchttragenden Rechtsfortbildung unterworfen werden könne,[44] vermag nicht zu befriedigen.

(1) Abstrakt-generelles Pflichterfüllungsinteresse

Vielmehr sind aus dem Merkmal der Ordnungsmäßigkeit i. S.d. §§ 2038 Abs. 1 S. 2 Hs. 1, Abs. 2 S. 1, 745 BGB selbst Kriterien zu entwickeln, die mit Blick auf die unternehmerische Verwaltung des oHG-Anteils zu einer hinreichend konturierten, unternehmenstauglichen und damit für alle Beteiligten nachvollziehbaren Verwaltungsordnung der Erbengemeinschaft führen. Dabei ist von obiger Definition auszugehen und das Interesse der Miterben zum Ausgangspunkt aller Überlegungen zu machen. Abstrakt-generell wird den Miterben in erster Linie daran gelegen sein, dass die ihnen obliegenden Pflichten, die sie durch das Einrücken in die Gesellschafterposition schultern müssen, erfüllt werden. Zu diesen Pflichten gehören – neben den vom Erblasser seinerzeit besonders übernommenen Pflichten – die allgemeinen Pflichten, denen Gesellschafter einer oHG für gewöhnlich unterliegen, insbesondere die im Gesellschaftsvertrag vereinbarten Zweckförderungspflichten, aber auch die gesetz-

---

[42] S. bereits *§ 3 I. 3. d)* und *IV. 1.*

[43] *Schäfer*, in: Staub-HGB, § 114 Rdnr. 40 und *Drescher*, in: E/B/J/S-HGB, § 114 Rdnr. 32; *Rawert*, in: MüKo-HGB, § 114 Rdnr. 69.

[44] So für die Erbengemeinschaft am Handelsgeschäft *Dauner-Lieb*, S. 483 ff., 498 und 517.

lichen Pflichtrechte[45], zu denen etwa auch die aus § 114 Abs. 1 Var. 2 HGB folgende Pflicht zur Geschäftsführung[46] und die Pflicht zur Vertretung der Gesellschaft[47] zählen. Die Erfüllung der Geschäftsführungs- und Vertretungspflicht, die aus dem gemeinschaftlich gehaltenen oHG-Anteil erwächst, entspricht daher im Ausgangspunkt erst einmal grundsätzlich dem Interesse der Erben, sodass die Wahrnehmung dieser Befugnisse Bestandteil der ordnungsmäßigen Verwaltung des oHG-Anteils sein kann, da hiermit die allen Miterben zukommende Pflicht aus der ererbten Gesellschafterstellung wahrgenommen wird.

(2) Konkret-individuelle Interessensabwägung – Einfallstor für die gesellschaftsrechtliche Treuepflicht

Das bedeutet jedoch nicht, dass jede Verwaltungsmaßnahme, die der Wahrnehmung der gesellschaftsrechtlichen Pflichten dient, auch tatsächlich Teil der ordnungsmäßigen Verwaltung ist. Wie aus der eingangs aufgeführten Definition ersichtlich, bedarf es – neben dem Interesse der Erben an der Durchführung der Verwaltungsmaßnahme – einer Billigkeitskontrolle, mit der ein Ausgleich zwischen dem für eine ordnungsmäßige Verwaltung sprechenden Interesse nach einer möglichst flexiblen Erfüllung der Gesellschafterpflichten und dem für das Grundprinzip des § 2038 Abs. 1 S. 1 BGB streitenden Interesse der Miterben an einer gesamtverantwortlichen Verwaltung herzustellen ist.[48] Diese Interessenabwägung muss – jedenfalls sofern es um die Verwaltung des oHG-Anteils geht – aus einem unternehmerischen Blickwinkel erfolgen. Denn die in den oHG-Anteil einrückenden Miterben sind nicht nur Teil der Erbengemeinschaft, sondern – in ihrer Funktion als Miterbengesellschafter – auch Teil des Pflichtengefüges in der oHG. In diesem Organisationsgefüge trifft sie insbesondere die Treuepflicht, die sie gegenüber der Gesellschaft und den anderen Mitgesellschaftern zur Loyalität und Rücksichtnahme verpflichtet.[49] Loyalität und Rücksichtnahme müssen dabei insbesondere mit Blick auf die Organisationsverfassung in der oHG geschuldet sein. Denn deren Kernbestandteile, die Geschäftsführung und Vertretung, kommen als uneigennützige (Pflicht-)Rechte[50] grundsätzlich jedem Gesellschafter zu; zudem gilt für diese wiederum die Treuepflicht in besonders großer Intensität.[51] Dabei kann die Treuepflicht richtigerweise nicht nur bei der konkreten Ausübung

[45] Zu diesem Begriff, s. auch BGH, NJW 1972, 862, 863 (GbR).

[46] BGH, NJW 1972, 862, 863 (GbR); *Klimke*, in: BeckOK-HGB, § 114 Rdnr. 13.

[47] *Habersack*, in: Staub-HGB, § 125 Rdnr. 5.

[48] Zum Abwägungsmaßstab, s. auch *Gergen*, in: MüKo-BGB, § 2038 Rdnr. 31.

[49] S. bereits eingehend *§ 5 I. 1. b)*. In diese Richtung auch *Köbler*, Erbrecht und Gesellschaft, S. 110, der jedoch von der Treuepflicht der Erbengemeinschaft spricht.

[50] Zu diesem Begriff, s. noch einmal BGH, NJW 1972, 862, 863 (GbR).

[51] *Schäfer*, in: Staub-HGB, § 105 Rdnr. 232.

der Geschäftsführungs- und Vertretungsbefugnisse eine Rolle spielen,[52] sondern muss auch abstrakt-generell bei der Hinnahme und Förderung der Organisationsverfassung der Gesellschaft beachtet werden. Dass die gesellschafterliche Treuepflicht zu diesem Zweck auch auf ein gesellschaftsexternes, allein die Gesellschafter prägendes Verwaltungsgefüge ausstrahlen kann, ist richtigerweise anzuerkennen. So hat der BGH etwa anerkannt, dass ein GmbH-Gesellschafter, der von der Stimmpflicht auf Ebene der GmbH gem. § 47 Abs. 4 S. 2 GmbHG ausgeschlossen ist, nicht über den Umweg einer Stimmbindungsvereinbarung Einfluss auf das Abstimmungsgeschehen nehmen darf.[53] Die Treuepflicht kann einer Stimmbindungsvereinbarung insoweit also Grenzen setzen.[54] Wenn also Stimmbindungsvereinbarungen im Kapitalgesellschaftsrecht durch die gesellschafterliche Treuepflicht umformt werden können, muss dies auch für das Personengesellschaftsrecht gelten, da dort die Treuepflicht nicht minder stark, sondern (aufgrund der im Regelfall vorherrschenden personalistischen Prägung) eher noch stärker ausgestaltet ist.[55] Das Verwaltungsgefüge der Erbengemeinschaft am oHG-Anteil stülpt ein Verwaltungsgefüge über ein gesellschaftliches Organisationsgefüge. Dies geschieht dabei in nicht unähnlicher Weise, wie dies eine zwischen mehreren Gesellschaftern geschlossene Stimmbindungsvereinbarung tut, sodass die Anerkennung des Einflusses der Treuepflicht auf Stimmbindungsverträge Grund genug ist, die Treuepflicht auch auf das Verwaltungsgefüge der Erbengemeinschaft durchschlagen zu lassen.[56]

Die Frage ist nun, ob eine auf die Erbengemeinschaft durchschlagende Treuepflicht auch so weit geht, dass sich das Verwaltungsgefüge der Erbengemeinschaft – in Ansehung der Verwaltung des oHG-Anteils – an das Organisationsgefüge der oHG anlehnt. Dem Grundsatz nach gebietet nämlich die Treuepflicht nicht, dass sich ein gesellschaftsexternes Verwaltungsgefüge, welches das Verhalten mehrerer Gesellschafter koordiniert, hinsichtlich der Mehrheitserfordernisse am Ordnungsgefüge der Gesellschaft orientiert. Dies hat der BGH in der Entscheidung *Schutzgemeinschaft II* für ein Stimmrechtskonsortium in einer AG klargestellt.[57] Etwas anderes muss sich jedoch dann ergeben, wenn die Treuepflicht eine Parallelisierung der Ordnungsgefüge ausnahmsweise gebietet. Dies

[52] S. hierzu *Klimke*, in: BeckOK-HGB, § 105 Rdnr. 151.

[53] BGH, NJW 1967, 1963, 1964.

[54] So für das Kapitalgesellschaftsrecht auch *Wertenbruch*, NZG 2009, 645, 648.

[55] Auch *Schmidt*, in: MüKo-HGB, § 105 Rdnr. 190 konstatiert: „*Je personalistischer die Struktur der Gesellschaft ist, umso intensiver sind die Treupflichten*".

[56] Auch *Schürnbrand*, NZG 2016, 241, 246 erkennt für den ähnlichen Fall eines in Erbengemeinschaft gehaltenen GmbH-Anteils einen Einfluss des gesellschaftlichen Organisationsgefüges auf das Verwaltungsgefüge der Erbengemeinschaft an und rechtfertigt diesen aus der Treuepflicht.

[57] BGHZ 179, 13, 21 Rdnr. 18 ff. für das Zusammentreffen einer qualifizierten Drei-

ist mit Blick auf die Angleichung der Verwaltungsordnung der Erbengemeinschaft an das Organisationsgefüge der oHG zu bejahen. Denn wie bereits beleuchtet, wohnt der Erbengemeinschaft als Zwangs- bzw. Zufallsgemeinschaft abstrakt-generell eine genetische Störanfälligkeit inne.[58] Alle Gesellschafter, und damit auch die Miterbengesellschafter, haben daher ein Interesse daran, dass das Organisationsgefüge der oHG durch die gemeinschaftliche Verwaltung des oHG-Anteils in der Erbengemeinschaft nicht unzumutbar mit eben diesem Zwangs- bzw. Zufallsgemeinschaftscharakter belastet wird. Insoweit gebietet die Treuebindung der Miterbengesellschafter auf Ebene der oHG ausnahmsweise, dass sich das unter ihnen bestehende Erbengemeinschaftsgefüge – in Ansehung der Verwaltung des oHG-Anteils – am Organisationsrahmen der oHG orientiert. Das für diese Orientierung unabdingbare Verbindungsstück ist dabei die zur Ausfüllung des Kriteriums der Ordnungsmäßigkeit anzustellende Billigkeitskontrolle. Denn mit der aus der Treuebindung der Miterbengesellschafter resultierenden Pflicht, auf Ebene der oHG für ein reibungsloses Funktionieren der Organisationsstruktur der oHG zu sorgen, muss das für die Konturierung der Ordnungsmäßigkeit maßgebliche Interesse der Miterben korrespondieren, in Verwirklichung dieser Pflicht auf Ebene der Erbengemeinschaft eine gesellschaftsharmonische Verwaltungsstruktur der Erbengemeinschaft bereitzustellen, um so die Risiken, die von dieser Zwangs- bzw. Zufallsgemeinschaft ausgehen, zu minimieren. Damit ist letztlich das theoretische Fundament geschaffen, um das Organisationsgefüge der oHG in Angelegenheiten der Verwaltung des oHG-Anteils als Vorbild für das Verwaltungsgefüge der Erbengemeinschaft zu betrachten. Denn die Störung des Ordnungsgefüges der oHG durch die Zwangs- bzw. Zufallsgemeinschaft der Erbengemeinschaft muss jedenfalls dann als minimiert gelten, wenn das Ordnungsgefüge der oHG in Angelegenheiten der Verwaltung des oHG-Anteils als Impulsgeber für das Verwaltungsgefüge der Erbengemeinschaft dient. Zusammengefasst strahlt also die Organisationsverfassung der oHG über die Interessenabwägung auf die Verwaltungsorganisation der Erbengemeinschaft aus und konturiert so den Kreis der ordnungsmäßigen Verwaltungsmaßnahmen, soweit es um die Verwaltung des oHG-Anteils geht.

c) Ergebnis: Koppelungsgedanke

Die Ausstrahlung des Organisationsgefüges der oHG auf das Verwaltungsgefüge der Erbengemeinschaft führt – in Ansehung der Verwaltung des oHG-Anteils – zu einer Koppelung der Verwaltungsordnung der Erbengemeinschaft an die

---

viertel-Mehrheitsklausel auf Ebene einer AG und eines als Innen-GbR organisierten Stimmrechtskonsortiums, in dem ein Stimmbindungsvertrag eine einfache Mehrheit vorsieht.

[58] S. oben *§ 6 I.*

Organisationsverfassung der oHG (Koppelungsgedanke). Diese Koppelung gestaltet sich dabei richtigerweise wie folgt: Die Gesellschafterbefugnisse, die auf Ebene der oHG einem Gesellschafter selbstständig zustehen, sind auf Ebene der Erbengemeinschaft Bestandteil der ordnungsmäßigen Verwaltung und damit vom streng kollektivistischen Verwaltungsgefüge befreit. Nur die Gesellschafterbefugnisse, die in kollektiven Beschlüssen wahrgenommen werden, sind bereits aus sich heraus schwerfällige Entscheidungsprozesse und brauchen nach der Interessenlage der Miterben nicht aus der Gesamtverwaltungsbefugnis ausgelagert zu werden. Sie sind Bestandteil der außerordentlichen Verwaltung. Weist die Organisationsstruktur der oHG keine besondere Organisationsentscheidung der Gesellschafter auf,[59] hat sich der für die Interessenabwägung auf Ebene der Erbengemeinschaft maßgebliche Grad an Bedeutung der jeweiligen Geschäftsführungsmaßnahme daher an der in § 116 Abs. 1, Abs. 2 HGB normierten gesetzlichen Trennung von Geschäftsführungsmaßnahmen des gewöhnlichen und des außergewöhnlichen Geschäftskreises zu orientieren.[60] Mit der Gesamtgeschäftsführungsbefugnis bei letzteren Maßnahmen gem. §§ 116 Abs. 2, 119 Abs. 1 HGB korrespondiert nach der Interessenabwägung auf Ebene der Erbengemeinschaft der Bereich der außerordentlichen Verwaltung. Mit der Einzelgeschäftsführungsbefugnis für erstere Maßnahmen auf Ebene der oHG gem. §§ 116 Abs. 1, 114 Abs. 1, 115 Abs. 1 Hs. 1 HGB korrespondiert nach der Interessenabwägung auf Ebene der Erbengemeinschaft der Bereich der ordnungsmäßigen Verwaltung. Der Vorteil: Diese Trennung ist unabhängig von besonderen Wertverhältnissen zwischen dem Gesellschaftsanteil und dem übrigen Nachlass und bietet daher auch für die Mitgesellschafter und Geschäftspartner der Gesellschaft ein rechtssicher feststellbares Verwaltungsgefüge. Daneben wird mit dieser Koppelung ein nicht unerhebliches Maß an Flexibilisierung des Verwaltungsgefüges der Erbengemeinschaft erreicht, was die genetische Störanfälligkeit desselben mindert. Denn die aus dem oHG-Anteil fließende Einzelgeschäftsführungsbefugnis des gewöhnlichen Geschäftskreises gem. § 116 Abs. 1 HGB kann grundsätzlich von der Mehrheit der Erben gem. §§ 2038 Abs. 2 S. 1, 745 Abs. 1 BGB wahrgenommen werden. Verdichtet sich die konkrete Geschäftsführungsmaßnahme des gewöhnlichen Geschäftskreises im jeweiligen Einzelfall zu einer Maßnahme, die zur Gewährleistung der ordnungsmäßigen Verwaltung des oHG-Anteils erforderlich ist, kann sie wegen der Mitwirkungspflicht gem. § 2038 Abs. 1 S. 2 Hs. 1 BGB sogar von einem einzigen Miterben in Quasieinzelverwaltungsbefugnis vorgenommen werden. Nimmt man hierbei den

[59] Für das gesellschaftsvertraglich modifizierte Organisationsgefüge einer oHG, vgl. *§ 6 II. 6.*

[60] Diese Trennlinie befürwortet für die Verwaltung eines GmbH-Anteils durch die Erbenmehrheit: *Raue*, GmbHR 2015, 121 und 124. Diesem Ansatz ablehnend gegenüberstehend: *J. Schmidt*, NZG 2015, 1049, 1053.

zu § 1978 Abs. 1, Abs. 3 BGB beleuchteten Gedanken auf, dass den Erben bei der unternehmerischen Betätigung i.R.d. Ausübung der aus dem oHG-Anteil fließenden Gesellschafterbefugnisse ein großzügiger Ermessensspielraum einzuräumen ist, der das Merkmal der Ordnungsmäßigkeit bzw. Erforderlichkeit umformt,[61] kann dies auch für das ebenfalls stark wertungsbezogene Tatbestandsmerkmal der Erforderlichkeit i.R.d. § 2038 Abs. 1 S. 2 Hs. 1 BGB nicht folgenlos bleiben. Auch dort muss das unternehmerische Ermessen einen hinreichenden Einfluss hinterlassen, sodass im unternehmerischen Bereich im Regelfall von einer Erforderlichkeit der Maßnahme auszugehen ist. Daher wird sich i.R.d. ordnungsmäßigen Verwaltung die Mehrheitsbefugnis regelmäßig zu einer Quasieinzelverwaltungsbefugnis verdichten, wenn sich die Maßnahme nicht bereits ex ante als nicht sorgfaltsgemäße unternehmerische Entscheidung entpuppt. So lösen sich zumeist auch Pattsituationen bei zweigliedrigen Erbengemeinschaften auf, bei denen einer von beiden Miterben versucht, durch seine Blockadehaltung die vom anderen Miterben wahrgenommene Geschäftsführung des ordnungsmäßigen Geschäftskreises zu konterkarieren.

Die Vertretung der oHG erfolgt über § 125 Abs. 1 HGB dem Grunde nach über eine organschaftliche Einzelvertretungsbefugnis der Gesellschafter.[62] In konsequenter Anwendung des Koppelungsgedankens ist es daher überzeugend, die Vertretung der oHG auf Ebene der Erbengemeinschaft als ordnungsmäßige Verwaltungsmaßnahme anzusehen, die in Mehrheitsverwaltung von der Erbenmehrheit bzw. – bei entsprechender unternehmerischer Erforderlichkeit – in Quasieinzelverwaltungsbefugnis von jedem Miterbengesellschafter wahrgenommen werden kann.

4. Verwaltung des hybriden Gesellschaftsanteils durch die Erben

Im Falle einer qualifizierten Nachfolge wird es im Regelfall dazu kommen, dass diejenigen Miterben von ihren Rechten aus § 139 Abs. 1, Abs. 2 HGB Gebrauch machen, die nicht zur Nachfolge in die Gesellschafterstellung berechtigt sind.[63] Dies lässt den Gesellschaftsanteil nicht unberührt und muss daher auch Auswirkungen auf die Verwaltung des Gesellschaftsanteils im Gefüge der Erbengemeinschaft haben.

---

[61] S. hierzu noch einmal *§ 3 I. 3. d)* und *IV. 1.*

[62] Zur Einzelvertretungsmacht jedes Gesellschafters, s. *Hillmann*, in: E/B/J/S-HGB, § 125 Rdnr. 18.

[63] S. noch einmal *§ 5 I. 1. a).*

a) Verwaltung des hybriden Gesellschaftsanteils mit Blick auf die Miterbenkommanditisten

Durch die Umwandlung der Miterbengesellschafterposition gem. § 139 Abs. 1 HGB gilt der betreffende Miterbe als Miterbenkommanditist.[64] Dies muss daher auch Auswirkungen auf die Verwaltung des dann hybriden Gesellschaftsanteils durch die in Erbengemeinschaft verbundene Erbenmehrheit haben. *Börner* scheint zwar anderes zu konstatieren, da er davon ausgeht, dass eine Umwandlung der dem betreffenden Miterben zustehenden vollhaftenden Miterbengesellschafterposition in eine Miterbenkommanditistenstellung nichts daran ändere, dass diesem die übrigen, vollhaftenden Anteile des oHG-Anteils weiterhin zugeordnet seien, sodass der betreffende Miterbe über diese weiterhin mit der Kraft eines Komplementärs auf die Gesellschaft einwirken könne.[65] Richtigerweise verwaltet der Miterbe jedoch nicht den Gesellschaftsanteil schlechthin, sondern tritt mit diesem nur über seinen Anteil i. S.d. § 2033 Abs. 2 BGB in Beziehung, da ihm nur dieser seine unter den Miterben aufgeteilte Mitberechtigung vermittelt.[66] Dass der betreffende Miterbe mit Ausübung des Rechts aus § 139 Abs. 1 HGB auf die Befugnisse eines Kommanditisten beschränkt wird, kann daher bei der Beurteilung des Verwaltungsgefüges i. S.d. § 2038 BGB nicht unbeachtet bleiben. Der betreffende Miterbe kann nach Ausübung des Rechts aus § 139 Abs. 1 HGB nur mehr in den durch §§ 164, 170 HGB gezogenen Grenzen Einfluss auf die Verwaltung des hybriden Gesellschaftsanteils nehmen. Damit ist der Miterbenkommanditist gem. § 164 S. 1 Hs. 2, S. 2 HGB grundsätzlich nur i.R.d. § 116 Abs. 2 HGB an der Geschäftsführung beteiligt.[67] Aus der Vertretung der Gesellschaft ist er gleich ganz ausgeschlossen, § 170 HGB. Dem Koppelungsgedanken folgend, bleibt er damit hinsichtlich der Verwaltung des hybriden Gesellschaftsanteils im Wesentlichen an den von allen Miterben gemeinschaftlich zu beschließenden außerordentlichen Verwaltungsmaßnahmen i. S.d. § 2038 Abs. 1 S. 1 BGB beteiligt.[68] Die sonstige Verwaltungstätigkeit in Ansehung des hybriden Gesellschaftsanteils, also insbesondere die Geschäftsführung des gewöhnlichen Geschäftskreises (§§ 114 Abs. 1, 115 Abs. 1, 116 Abs. 1 HGB) und die Vertretung (§ 125 Abs. 1 HGB), wird dagegen als Teil der ordnungsmäßigen Verwaltung allein von den Miterbenkomplementären, also denjenigen Miterben,

---

64 S. noch einmal *§ 4 II. 2. a) cc)*.

65 *Börner*, AcP 166, 426, 444.

66 Zur hier vertretenen Theorie der geteilten Mitberechtigung, vgl. noch einmal *§ 3 II. 4. b) cc)*.

67 Zum Umfang der Geschäftsführungsbefugnis bei Kommanditisten, vgl. *Grunewald*, in: MüKo-HGB, § 164 Rdnr. 10 ff.

68 Denn die Befugnisse aus § 116 Abs. 2 HGB gehören nach dem Koppelungsgedanken zum Kreis der außerordentlichen Verwaltungsmaßnahmen i. S.d. § 2038 Abs. 1 S. 1 BGB, vgl. *§ 6 II. 3. c)*.

die ihre Rechte aus § 139 Abs. 1, Abs. 2 HGB nicht geltend gemacht haben, nach Maßgabe der §§ 2038 Abs. 1 S. 2 Hs. 1, Abs. 2 S. 1, 745 Abs. 1 BGB wahrgenommen. Das hybride Wesen des durch § 139 Abs. 1 HGB umformten Gesellschaftsanteils ist somit nicht nur auf die haftungsrechtliche Ebene beschränkt, sondern fordert auch in verwaltungsorganisatorischer Hinsicht Beachtung und zwingt so auch zu einer relativ gegenüber dem einzelnen Miterben unterschiedlichen Verwaltungsbefugnis in Ansehung des gesamthänderisch gehaltenen Gesellschaftsanteils.

b) Verwaltung des hybriden Gesellschaftsanteils mit Blick auf die ruhenden Miterbengesellschafterpositionen

Noch stärker hat die Inaktivierung der einem Miterben zustehenden Miterbengesellschafterposition gem. § 139 Abs. 2 HGB Auswirkungen auf die Verwaltung des gesamthänderisch gehaltenen Personengesellschaftsanteils. Denn anders als der sein Recht aus § 139 Abs. 1 HGB geltend machende Miterbenkommanditist, der gem. § 164 S. 1 Hs. 2 HGB i.R.d. § 116 Abs. 2 HGB an der Geschäftsführung beteiligt bleibt, berechtigt die gem. § 139 Abs. 2 HGB inaktivierte Miterbengesellschafterposition zu keinerlei Geschäftsführungs- und Vertretungsmaßnahmen auf Ebene der Gesellschaft mehr. Auf Ebene der Erbengemeinschaft ist der Miterbe, der sein Recht aus § 139 Abs. 2 HGB geltend gemacht hat, daher weder befugt, i.R.d. ordnungsmäßigen Verwaltung i.S.d. §§ 2038 Abs. 1 S. 2 Hs. 1, Abs. 2 S. 1, 745 Abs. 1 BGB Maßnahmen mit Bezug auf den hybriden Gesellschaftsanteil zu ergreifen, noch ist er bei den entsprechenden Maßnahmen der außerordentlichen Verwaltung i.S.d. § 2038 Abs. 1 S. 1 BGB zu beteiligen. Über letztere haben sich vielmehr nur diejenigen Miterben zu verständigen, die als Miterbenkomplementäre oder beschränkt haftende Miterbenkommanditisten in der Gesellschaft verbleiben.

Von diesen rein internen Mitgliedschaftsbefugnissen, die aus dem hybriden Gesellschaftsanteil fließen und über das Verwaltungsgefüge der Erbengemeinschaft einer Koordination unter den Miterben zugeführt werden, müssen natürlich die vermögensrechtlichen Befugnisse getrennt werden, die dem betreffenden Miterben in seiner Funktion als Gesamthänder von außen betrachtet am hybriden Gesellschaftsanteil zustehen. Um einen Bruch mit der gesamthänderischen Bindung zu vermeiden, führt die Inaktivierung der Miterbengesellschafterposition gem. § 139 Abs. 2 HGB schließlich nicht zu einer völligen Abspaltung des hybriden Personengesellschaftsanteils. Die Inaktivierung lässt vielmehr im Lichte des aufrechtzuerhaltenden Gesamthandsprinzips die vermögensmäßige Zuordnung zu Gunsten aller Miterben unberührt. Damit bleibt auch der Miterbe, der seine Miterbengesellschafterposition inaktiviert hat, Gesamthänder in Ansehung aller Nachlassgegenstände und damit auch in Ansehung des hybriden Gesellschaftsanteils.[69] Von daher steht ihm gem. § 2040 Abs. 1 BGB noch ein Mitspracherecht bei Verfügungen über den hybriden Gesellschaftsanteil zu. Auch wenn Gläubiger in den gesamthänderisch gebundenen Gesellschaftsanteil vollstrecken wollen, müssen sie gem. § 747 ZPO einen Titel gegen alle Miterben erwirken, also auch gegen denjenigen Miterben, der seine Rechte aus § 139 Abs. 2 HGB geltend gemacht hat.[70]

5. Zumutbarkeit für die Mitgesellschafter

Aus den vorangegangenen Untersuchungen ergibt sich, dass das Verwaltungsgefüge der Erbengemeinschaft keinesfalls eine derart kollektivistische Ausprägung annimmt, wie man eigentlich vermuten könnte. Nachfolgend soll daher das sich aus dem Koppelungsgedanken ergebende Verwaltungsgefüge der Erbengemeinschaft dahingehend untersucht werden, ob es für die Mitgesellschafter ein unter Abwägung aller Gesichtspunkte zumutbares Ergebnis darstellt.

a) Ordentlicher Geschäftskreis i. S.d. § 116 Abs. 1 HGB

Nach dem Koppelungsgedanken ist im gesetzlichen Organisationsgefüge der oHG der gesamte Bereich des ordentlichen Geschäftskreises gem. § 116 Abs. 1 HGB sowie die organschaftliche Vertretungsbefugnis gem. § 125 Abs. 1 HGB auf Ebene der Erbengemeinschaft Teil der ordnungsmäßigen Verwaltung. Damit sind diese Mitgliedschaftsbefugnisse über eine Mehrheitsverwaltung gem. §§ 2038 Abs. 2 S. 1, 745 Abs. 1 BGB bzw. eine sich über die Mitwirkungspflicht des § 2038 Abs. 1 S. 2 Hs. 1 BGB zur Quasieinzelverwaltung verdichtenden Verwaltung hinreichend flexibilisiert. Die Miterbengesellschafter können somit dank des Koppelungsgedankens im Bereich des ordentlichen Geschäftskreises gem. § 116 Abs. 1 HGB hinreichend flexibel agieren, selbst wenn sich unter ihnen einzelne Quertreiber befinden. Gegenüber den Mitgesellschaftern kann sich das Verwaltungsgefüge der Erbengemeinschaft im Bereich des ordentlichen Geschäftskreises i. S.d. § 116 Abs. 1 HGB aber ohnehin nicht lähmend auf das Organisationsgefüge der oHG auswirken. Den Mitgesellschaftern verbleibt über die ihnen im ordentlichen Geschäftskreis zukommenden Einzelgeschäftsführungs- und Einzelvertretungsbefugnisse die Möglichkeit, auch aus eigener

---

[69] Vgl. noch einmal *§ 4 II. 2. b) bb)* und *cc)*.

[70] Der nach vorliegender Lösung aufrechterhaltene Schutz der § 2040 Abs. 1 BGB, § 747 ZPO ist gerade einer der entscheidenden Vorteile gegenüber einer realteilenden Anteilszersplitterung, wie sie etwa der Sondererbfolge zugrunde liegt, vgl. noch einmal zusammenfassend *§ 2 II. 2. a) bb) (3)*.

Machtvollkommenheit die Gesellschaftsangelegenheiten fortzuführen oder unliebsamen Geschäftsführungsmaßnahmen der Miterben gem. § 115 Abs. 1 Hs. 2 HGB zu widersprechen. Zusammengefasst kann sich daher das Erbengemeinschaftsgefüge im Bereich des ordentlichen Geschäftskreises aus zwei Gründen nur in den seltensten Fällen in einer für die Mitgesellschafter unzumutbaren Weise lähmend auf das Organisationsgefüge der oHG auswirken.[71]

b) Außerordentlicher Geschäftskreis i. S.d. § 116 Abs. 2 HGB

Erst im Bereich des außerordentlichen Geschäftskreises gem. § 116 Abs. 2 HGB kann sich der Charakter der Erbengemeinschaft als Zwangs- bzw. Zufallsgemeinschaft in relevanter Weise im Organisationsgefüge der oHG bemerkbar machen. Denn gem. § 119 Abs. 1 HGB müssen solchen Maßnahmen grundsätzlich sämtliche zur Mitwirkung bei der Beschlussfassung berufene Gesellschafter zustimmen, sodass die Mitgesellschafter in diesem Bereich nicht mehr aus eigener Machtvollkommenheit die Gesellschafterbefugnisse wahrnehmen können. Sie sind vielmehr auf die Stimme angewiesen, die auf den vererbten oHG-Anteil entfällt. Da nach dem Koppelungsgedanken über deren Ausübung nach der Verwaltungsordnung der Erbengemeinschaft gem. § 2038 Abs. 1 S. 1 BGB grundsätzlich sämtliche Miterben zu befinden haben, sind die Mitgesellschafter im Bereich des außergewöhnlichen Geschäftskreises sogar von der Zustimmung sämtlicher Miterben abhängig. Doch bedeutet dieser Befund nun nicht, dass damit das an das Organisationsgefüge der oHG gekoppelte Verwaltungsgefüge der Erbengemeinschaft den Mitgesellschaftern in diesen Bereichen gänzlich unzumutbar wäre. Denn die Mitgesellschafter stehen durch die Erbengemeinschaft am oHG-Anteil nicht schlechter als bei einer einfachen Nachfolgeklausel, bei der ebenfalls alle Miterben als stimmberechtigte Gesellschafter i. S.d. § 119 Abs. 1 HGB entscheidend auf den Bereich des außerordentlichen Geschäftskreises Einfluss nehmen können.[72] Das unmodifizierte Erbrechtsgefüge belastet die Mitgesellschafter nur insofern, als ihnen der Weg einer nur beschränkten Vererblichstellung mittels qualifizierter Sondererbfolge versperrt ist, bei der sie nur die Einwirkung eines begrenzten Kreises an qualifizierten Sondererben zu dulden hätten.[73] Doch kann dem Interesse der Mitgesellschafter an einer beschränkten Einflussnahme der nicht nachfolgeberechtigten Miterben auch im unmodifizierten Erbrechtsgefüge ausreichend Rechnung getragen werden. So haben sie etwa die Möglichkeit, mittels Aufnahme einer entsprechenden Bedingung im

[71] *Köbler*, Erbrecht und Gesellschaft, S. 127.

[72] *Köbler*, Erbrecht und Gesellschaft, S. 127.

[73] Denn eine zu einem beschränkten Erbanfall führende qualifizierte Nachfolgeklausel ist unter Ägide eines unmodifizierten Erbrechtsgefüges nicht anzuerkennen, s. *§ 3 XIII*.

Gesellschaftsvertrag, die Vererblichstellung des oHG-Anteils oder die Ausübung der aus ihm fließenden Gesellschafterbefugnisse an die Bestellung eines gemeinschaftlichen Vertreters, etwa des nachfolgeberechtigten Erben oder eines Mitgesellschafters, zu knüpfen. Dieser kann dann anstelle des Erbenkollektivs alle Verwaltungsmaßnahmen alleine wahrnehmen, die in Bezug auf den vererbten oHG-Anteil anfallen.[74] Daneben kann ein Schutz vor einer Sperrminorität der nicht nachfolgeberechtigten Miterben dadurch erreicht werden, dass das Organisationsgefüge auf Ebene der oHG – wie in der Praxis üblich[75] – für den Kreis des außerordentlichen Geschäftsbetriebs eine Mehrheitsklausel i.S.d. § 119 Abs. 2 HGB vorsieht.[76] Zu einer Stimmrechtsvervielfältigung kommt es – anders als bei der einfachen Sondererbfolge – im unmodifizierten Erbrechtsgefüge nicht,[77] sodass die Mitgesellschafter selbst bei einer nach Kopfteilen zu bestimmenden Mehrheit nicht fürchten müssen, dass durch die erbrechtliche Nachfolge einer unbestimmten Anzahl von Miterben eine Verschiebung der Mehrheitsverhältnisse droht.[78] Doch selbst wenn die Mitgesellschafter all dies nicht vorsehen, werden sie bei qualifizierten Nachfolgekonstellationen in den seltensten Fällen im Bereich des außergewöhnlichen Geschäftsbetriebs auf die Mitwirkung sämtlicher Erben angewiesen sein. Wie bereits ausgeführt, reguliert sich das unmodifizierte Erbrechtsgefüge in aller Regel selbst, da sich die nicht nachfolgeberechtigten Miterben regelmäßig haftungsavers zeigen und versuchen werden, innerhalb der Karenzfrist des § 139 Abs. 3 HGB ihre persönliche Gesellschafterhaftung über die Ausübung der Rechte aus § 139 Abs. 1, Abs. 2 HGB abzustreifen.[79] Verweigern die Mitgesellschafter hierbei den nicht nachfolgeberechtigten Miterben die Stellung eines Miterbenkommanditisten, sind diese zur Vermeidung einer persönlichen Haftung gezwungen, in Ausübung ihres Rechts aus § 139 Abs. 2 HGB ihre Miterbengesellschafterposition zu inaktivieren. Damit verlieren sie jedoch sämtliche Verwaltungsbefugnisse am oHG-Anteil und damit auch das Recht, auf die Geschäftsführungsentscheidungen des außergewöhnlichen Geschäftskreises einzuwirken.[80] Üben die nicht nachfolgeberechtigten Miterben ihre Rechte aus § 139 HGB unter Inkaufnahme einer sie

---

[74] S. hierzu *§ 12.*

[75] *„In den meisten Gesellschaftsverträgen (wird) von der Möglichkeit Gebrauch gemacht, das Einstimmigkeitserfordernis ganz oder teilweise durch Mehrheitsklauseln zu ersetzen*", vgl. *Goette/Goette*, DStR 2016, 74. Ähnlich formuliert es *Leuering/Rubner*, NJW-Spezial 2017, 655.

[76] Zur Zulässigkeit und Voraussetzung für Mehrheitsklauseln, vgl. *Schäfer*, in: Staub-HGB, § 119 Rdnr. 30 ff.

[77] S. bereits *§ 5 I. 2.*; s. auch noch *§ 7 II.*

[78] *Köbler*, Erbrecht und Gesellschaft, S. 127.

[79] S. noch einmal *§ 5 I. 1. a)* und *§ 6 II. 4.*

[80] S. noch einmal *§ 6 II. 4. b).*

belastenden persönlichen Gesellschafterhaftung nicht aus, haben sie für eine zeitlich beschränkte Teilnahme an der Haftungsgemeinschaft optiert. Aufgrund dieses persönlichen Haftungseinsatzes scheint es nicht unbillig, diesen Erben auch einen entscheidenden Einfluss auf die Maßnahmen des außergewöhnlichen Geschäftskreises zu geben, selbst wenn die Mitgesellschafter hierbei durch den Charakter der Zwangs- bzw. Zufallsgemeinschaft, welcher der Erbengemeinschaft naturgemäß innewohnt, belastet werden. Denn durch das Damoklesschwert der persönlichen Haftung ist in aller Regel garantiert, dass auch die nicht nachfolgeberechtigten Miterben ihr Mitwirkungsrecht sorgsam ausüben.[81] Daneben ist zu berücksichtigen, dass – wie bereits beleuchtet – die Mitgesellschafter unzureichenden Auseinandersetzungsbemühungen der Miterben nicht tatenlos zusehen müssen,[82] sodass der zeitliche Korridor, in dem der Einfluss von nicht nachfolgeberechtigten Miterben auf die Gesellschaft zu dulden ist, von Anfang an begrenzt bleibt.

c) Zwischenergebnis

Das hier vertretene Modell eines Miterbenverwaltungsgefüges, welches sich in Ansehung der Verwaltung des oHG-Anteils an das Organisationsgefüge der oHG koppelt, stellt sich für alle Nachlassbeteiligten als zumutbares Ergebnis dar. Denn damit erscheint das Verwaltungsgefüge der Erbengemeinschaft auch für die Mitgesellschafter als eine anhand objektiver Kriterien rechtssicher nachvollziehbare Ordnung. Es garantiert daneben ein hinreichendes Maß an Flexibilität im Bereich des gewöhnlichen Geschäftskreises i. S.d. § 116 Abs. 1 HGB. Im Bereich des außergewöhnlichen Geschäftskreises i. S.d. § 116 Abs. 2 HGB ist den Mitgesellschaftern ein erforderliches Mitwirken aller Miterben zumutbar. Sie stehen in einfachen Nachfolgekonstellationen nicht schlechter als im etablierten Modell der Sondererbfolge. In qualifizierten Nachfolgekonstellationen wird sich i.d.R. aufgrund des Haftungsdrucks, dem jeder Miterbe unterworfen ist, automatisch eine Rechtslage einstellen, in der nur die nachfolgeberechtigten Miterben einen bestimmenden Einfluss auf das Organisationsgefüge der oHG ausüben. Nicht nachfolgeberechtigte Miterben werden i.d.R. durch Ausübung der Rechte aus § 139 HGB versuchen, ihre persönliche Haftung abzustreifen und verlieren in diesem Maße auch an Einfluss auf die Gesellschaft. In den wenigen Ausnahmefällen, in denen nicht nachfolgeberechtigte Miterben einmal dem Haftungsdruck widerstehen und persönlich haftende Miterbengesellschafter

[81] Diese verhaltenssteuernde Wirkung der Haftung erkennen richtig: *Emmerich*, ZHR 132, 296, 323; *Habersack*, in: Staub-HGB, § 128 Rdnr. 1; *Schäfer*, ZIP 2003, 1225, 1228 (für rechtsgeschäftliche Verbindlichkeiten); *Wiedemann*, JZ 1969, 469, 471.

[82] S. noch einmal *§ 5 I. 1. b)*.

bleiben, ist es nicht unbillig, diesen Miterbengesellschaftern als Äquivalent für die übernommene persönliche Haftung auch weiterhin einen bestimmenden Einfluss auf die Gesellschaft zu belassen. Auch den Mitgesellschaftern ist dies zuzumuten, wird dieser Zustand doch nur bis zur Auseinandersetzung über den Gesellschaftsanteil andauern. Verzögerungen dieser Auseinandersetzung müssen die Mitgesellschafter nicht hinnehmen und können entsprechend reagieren. Hierbei haben sie es auch in der Hand, sich durch begleitende Maßnahmen entsprechend weiter abzusichern.

6. Koppelungsgedanke im modifizierten Organisationsgefüge der oHG

Ist das Organisationsgefüge der oHG gesellschaftsvertraglich entsprechend modifiziert, richtet sich auf Ebene der Erbengemeinschaft die Trennung zwischen ordnungsmäßiger und außerordentlicher Verwaltung i. S.d. § 2038 Abs. 1 BGB nach dem Grad der von den Gesellschaftern gewählten Kollektivierung bzw. Individualisierung des Organisationsgefüges der oHG. Dort, wo nach dem Willen der oHG-Gesellschafter den Gesellschaftern eine Einzelbefugnis zukommt, schlägt die Interessenabwägung auf Ebene der Erbengemeinschaft zu Gunsten des Bereichs der ordnungsmäßigen Verwaltung aus. Dort, wo nach dem Willen der oHG-Gesellschafter im Kollektiv durch Beschluss entschieden werden soll, handelt es sich um eine Maßnahme der außerordentlichen Verwaltung, die gem. § 2038 Abs. 1 S. 1 BGB dem Erbenkollektiv gemeinschaftlich zusteht. Besonders kollektivistisch geprägten oHG-Organisationsgefügen kann daher durch eine Erbengemeinschaft empfindlich zugesetzt werden, da sich bei diesen, nach dem hier vertretenen Koppelungsgedanken, viele Gesellschafterbefugnisse im Bereich der von allen Miterben gemeinschaftlich gestalteten außerordentlichen Verwaltung gem. § 2038 Abs. 1 S. 1 BGB sammeln. Doch selbst in diesen Fällen müssen die auf eine qualifizierte Nachfolge abzielenden Mitgesellschafter nicht vor der Erbengemeinschaft als Zwangs- bzw. Zufallsgemeinschaft geschützt werden, etwa indem man dort ausnahmsweise in analoger Anwendung der § 69 Abs. 1 AktG, § 77 Abs. 1 S. 3 GenG, § 146 Abs. 1 S. 2 HGB die gesetzliche Obliegenheit zur Bestellung eines gemeinschaftlichen Vertreters fordert.[83] Denn auch hier gilt, dass die nicht nachfolgeberechtigten Miterben, die sich mit einer Ablehnung des Umwandlungsantrags i. S.d. § 139 Abs. 1 HGB konfrontiert sehen, i.d.R. ihre persönliche Gesellschafterhaftung durch Ausübung des Rechts aus § 139 Abs. 2 HGB abstreifen werden, sodass die Mitgesellschafter den unkontrollierten Einfluss sämtlicher Miterben in der oHG (und eine damit einhergehende Erlahmung des Geschäftsbetriebs) oft nicht zu fürchten brauchen. Ent-

---

[83] S. hierzu noch einmal *Börner*, AcP 166, 426, 440 f.

scheiden sich die nicht nachfolgeberechtigten Miterben aber ausnahmsweise einmal gegen die Ausübung der Rechte aus § 139 HGB und damit für eine Teilnahme an der Haftungsgemeinschaft der oHG, wäre es im Lichte der dann zu ihren Lasten aktivierten persönlichen Gesellschafterhaftung nicht wertungsgerecht, sie durch die Obliegenheit zur Bestellung eines gemeinschaftlichen Vertreters kategorisch von der Mitwirkung an der Gesellschaft auszuschließen. Vielmehr wird die verhaltenssteuernde Wirkung der Gesellschafterhaftung auch hier im Regelfall ihr Übriges tun. Daneben ist auch hier wiederum zu berücksichtigen, dass die Erbengemeinschaft in qualifizierten Nachfolgekonstellationen i.d.R. nur für einen beschränkten Zeitraum Platz greift. Wollen die Mitgesellschafter hierauf nicht vertrauen, sind sie auf die fakultative Möglichkeit zu verweisen, die Vererblichstellung von der Bestellung eines gemeinschaftlichen Vertreters abhängig zu machen,[84] wenn sie nicht ohnehin erwägen, das Organisationsgefüge der oHG aus Anlass der Vererblichstellung derart zu flexibilisieren, dass die oHG von den Gefahren, die von der Erbengemeinschaft als Zwangs- bzw. Zufallsgemeinschaft ausgehen, nicht betroffen wird.

7. Zwischenergebnis

Abschließend kann also konstatiert werden, dass sich hinsichtlich der Verwaltung des oHG-Anteils die Verwaltungsorganisation der Erbengemeinschaft aufgrund des Koppelungsgedankens weitestgehend an der Organisationsverfassung der oHG orientiert. Gesellschafterbefugnisse, die nach dieser Organisationsverfassung von jedem Gesellschafter alleine wahrgenommen werden können, sind Bestandteil der ordnungsmäßigen Verwaltung auf Ebene der Erbengemeinschaft und können daher gem. §§ 2038 Abs. 2 S. 1, 745 Abs. 1 BGB von der Mehrheit der Erben oder – wenn die Maßnahme erforderlich ist – sogar von jedem Miterbengesellschafter in letzter Instanz alleine wahrgenommen werden, § 2038 Abs. 1 S. 2 Hs. 1 BGB. Gesellschafterbefugnisse, die auf Ebene der Gesellschaft vom Kollektiv im Beschlusswege wahrgenommen werden müssen, sind auf Ebene der Erbengemeinschaft Teil der außerordentlichen Verwaltung und bedürfen daher dem gemeinschaftlichen Zusammenwirken aller Miterben. Ändert sich auf Ebene der oHG die Organisationsverfassung, hat dies über den aus der Treuepflicht entspringenden Koppelungsgedanken auch Auswirkungen auf Ebene der Erbengemeinschaft. Die Verwaltungsorganisation auf Ebene der Erbengemeinschaft passt sich automatisch an die veränderte Organisationsverfassung auf Ebene der oHG an, um dieser – in Erfüllung der den Miterbengesellschaftern obliegenden Treuepflicht – bestmöglich zu entsprechen. Ein derart in das unternehmerische

---

[84] S. hierzu *§ 12*.

Gewand gekleidete Verwaltungsgefüge der Erbengemeinschaft vermag selbst dort, wo sämtliche Miterben unter Inkaufnahme einer persönlichen Gesellschafterhaftung nicht von ihren Rechten aus § 139 HGB Gebrauch machen, keine für die Mitgesellschafter unzumutbare Lähmung des Organisationsgefüges der oHG hervorrufen. Denn i.R.d. ordentlichen Geschäftskreises gem. § 116 Abs. 1 HGB kommt den einzelnen Mitgesellschaftern eine von der Mitwirkung der Miterben unabhängige Einzelgeschäftsführungsbefugnis zu. Für die Maßnahmen des außerordentlichen Geschäftskreises sowie bei entsprechender Kollektivierung gilt zwar anderes, da dort gem. § 119 Abs. 1 HGB grundsätzlich alle Gesellschafter – wegen des Koppelungsgedankens unter Einschluss aller Miterbengesellschafter – gemeinschaftlich handeln müssen. Eine Sperrminorität der Miterben kann jedoch von den Mitgesellschaftern durch entsprechende gesellschaftsvertragliche Gestaltung umgangen werden. Selbst wenn dies nicht erfolgt ist, müssen die Mitgesellschafter eine in sich blockierte Erbengemeinschaft nicht hinnehmen, sondern können in letzter Instanz die Erben über eine Ausschlusskündigung gem. §§ 133, 140 HGB bzw. – bei entsprechender gesellschaftsvertraglicher Vereinbarung – über eine Ausschlusserklärung aus der Gesellschaft hinausdrängen.

III. Gewinnanspruch im Gefüge der Erbengemeinschaft

Hinsichtlich der aus dem gesamthänderisch gehaltenen Gesellschaftsanteil fließenden Gewinnansprüche ändert sich durch die Erbfolge zunächst wenig. Unter Zugrundelegung der gesetzlichen Ausgangslage entfällt auf den gemeinschaftlich gehaltenen Anteil zunächst eine nach Maßgabe der Kapitalbeteiligung zu berechnende vierprozentige Vorausdividende (§ 121 Abs. 1 S. 1 HGB) sowie ein Mehrgewinnanspruch gem. § 121 Abs. 3 HGB, der – da die Miterbengesellschafter nur einen ideell geteilten Personengesellschaftsanteil halten – nach dem ursprünglichen Kopfteil des Erblassers berechnet wird.[85] Wenn einer der Erben von seinem Recht aus § 139 Abs. 2 HGB Gebrauch macht, erfährt dieser Ausgangspunkt auf Ebene der Gesellschaft keine Abweichung. Denn der auf den gemeinschaftlich gehaltenen Personengesellschaftsanteil entfallende Kapital- und Kopfteil ändert sich solange nicht, wie der hybride Gesellschaftsanteil noch zumindest gegenüber einem Miterben als vollhaftende Beteiligung wirkt. Erst auf Ebene der Erbengemeinschaft zwingt § 139 Abs. 2 HGB zu einer Änderung der Gewinnverteilung unter den Miterben. Sind normalerweise alle Miterben gem. §§ 2038 Abs. 2 S. 1, 743 Abs. 1 BGB entsprechend ihrer Erbquote an allen Nachlasserträgen beteiligt, fordert § 139 Abs. 2 HGB in Ansehung der auf den

[85] So auch *Köbler*, Erbrecht und Gesellschaft, S. 128.

oHG-Anteil entfallenden Gewinnerträge eine abweichende Betrachtung. Immerhin verfügt der Miterbe, der sein Recht aus § 139 Abs. 2 HGB geltend gemacht hat, über keine aktive Miterbengesellschafterposition mehr, sodass es gerechtfertigt scheint, ihn auch nicht mehr an dem Gewinnertrag des Gesellschaftsanteils zu beteiligen. Den übrigen Miterbengesellschaftern wächst der auf den Miterben gem. §§ 2038 Abs. 2 S. 1, 743 Abs. 1 BGB entfallende Gewinnanteil entsprechend ihrer Erbquote an.[86]

Wenn ein Miterbe seine Stellung lediglich in Ausübung seines Rechts aus § 139 Abs. 1 HGB in eine Miterbenkommanditbeteiligung umwandelt, wurde bereits ausgeführt, dass die Gesellschaft grundsätzlich als KG zu behandeln ist.[87] Die dann gebotene analoge Anwendung der §§ 161 ff. HGB verschiebt den gesetzlich vorgegebenen Gewinnverteilungsschlüssel bereits auf Ebene der Gesellschaft. Dadurch, dass der hybride Gesellschaftsanteil dem betreffenden Miterben gegenüber als Kommanditbeteiligung wirkt und ihn zum Miterbenkommanditisten macht, muss der Gewinnanspruch gegenüber der Gesellschaft nun nicht mehr nach den Grundsätzen des § 121 HGB, sondern nach § 168 HGB berechnet werden. Zwar ändert sich hierdurch mit Blick auf die Vorausdividende nichts, § 168 Abs. 1 HGB. Jedoch wird der Mehrgewinn nicht mehr kopfteilig, sondern nach der flexiblen Vorschrift des § 168 Abs. 2 HGB berechnet.[88] Auf Ebene der Erbengemeinschaft ist dem Miterbenkommanditisten sein über die Vorschriften der §§ 2038 Abs. 2 S. 1, 743 Abs. 1 BGB zu realisierender Anteil am nunmehr auf Ebene der Gesellschaft veränderten Gewinnverteilungsschlüssel jedoch dem Grunde nach zu belassen. Den Eintritt des abweichenden Gewinnverteilungszustands müssen die Mitgesellschafter nicht hinnehmen, haben sie doch die Möglichkeit, den Umwandlungsantrag des betreffenden Miterben gem. § 139 Abs. 1 HGB abzulehnen.[89]

IV. Erbengemeinschaft und Handelsregister

Auch die Behandlung der Erbengemeinschaft im Handelsregister begegnet keinen durchgreifenden Hindernissen. §§ 107 Var. 4, 106 Abs. 2 Nr. 1 HGB verlangt, dass der Anmeldung zum Handelsregister Name, Vorname, Geburtsdatum

---

[86] Insofern ist die Rechtsfolge mit der Kaduzierung eines GmbH-Anteils vergleichbar, wenngleich der Gewinnanteil dort allen Mitgesellschaftern anwächst, vgl. hierzu *Schütz*, in: MüKo-GmbHG, § 21 Rdnr. 103.

[87] S. noch einmal *§ 4 II. 2. a) cc) (2)*.

[88] Zu den Kriterien der Bestimmung des angemessenen Anteils, s.: *Weipert*, in: E/B/J/S-HGB, § 168 Rdnr. 7 ff.; *Grunewald*, in: MüKo-HGB, § 168 Rdnr. 3 f.

[89] So schon die Kommission-Handel, s. *S/S/K*, Quellen HGB II-1, S. 333.

und Wohnort eines jeden neu eintretenden Gesellschafters einer oHG beizufügen sind. Diese Vorschrift muss letztlich analog auf Miterbengesellschafter angewendet werden: Da die Miterben i.R.d. unmodifizierten Universalsukzession allesamt als Miterbengesellschafter in die oHG eintreten, sind diese folglich in das Handelsregister aufzunehmen.

1. Eintragung des Erbengemeinschaftsvermerks

Zu beleuchten bleibt, ob auch das unter den Miterbengesellschaftern bestehende Gemeinschaftsverhältnis mittels eines Erbengemeinschaftsvermerks im Handelsregister auszuweisen ist. Anders als im Grundbuchrecht (§ 47 Abs. 1 GBO) fehlt für das Handelsregister ein gesetzlicher Anknüpfungspunkt, mit dem dort das Halten eines oHG-Anteils in ideeller Teilung als Erbengemeinschaft ausgedrückt werden könnte. Hieraus kann jedoch nicht geschlossen werden, dass ein Erbengemeinschaftsvermerk im Handelsregister keinen Ausdruck finden kann. So folgt nicht nur die Möglichkeit eines solchen Zusatzes, sondern sogar dessen Notwendigkeit aus §§ 107 Var. 5, 106 Abs. 2 Nr. 4 HGB, da das Verwaltungsgefüge der Erbengemeinschaft auf das Organisationsgefüge der oHG Einfluss hat. Der Koppelungsgedanke kann nicht zu einer vollständigen Parallelisierung der Verwaltungsorganisationen führen, da Maßnahmen der organschaftlichen Vertretung der oHG, die gem. § 125 Abs. 1 HGB von jedem Gesellschafter einzeln vorgenommen werden können, auf Ebene der Erbengemeinschaft Teil der ordnungsmäßigen Mehrheitsverwaltung i.S.d. §§ 2038 Abs. 2 S. 1, 745 Abs. 1 BGB sind, die sich selbst bei Erforderlichkeit der Maßnahmen (§ 2038 Abs. 1 S. 2 Hs. 1 BGB) nur zu einer Quasieinzelverwaltungsbefugnis konkretisiert.[90] Nichts anderes ergibt sich, wenn man die Erbengemeinschaft am oHG-Anteil letztlich mit der von der etablierten Ansicht zugelassenen Erbengemeinschaft am Handelsgeschäft vergleicht. Auch dort ist die Tatsache, dass mehrere Erben ein Handelsgeschäft als Erbengemeinschaft weiterbetreiben, in den §§ 17 ff. HGB nicht als eintragungsfähiger Rechtsformzusatz vorgesehen. In analoger Anwendung des § 19 Abs. 1 Nr. 1 HGB wird jedoch gefordert, dass die Fortführung des Handelsgeschäfts in Erbengemeinschaft mit einem Rechtsformzusatz im Handelsregister auszudrücken ist.[91] Daher kann nichts anderes gelten,

---

[90] S. *§ 6 II. 3. c)*. Einen Erbengemeinschaftsvermerk bejahen i.E. auch *Bletz*, S. 68 f. und *Börner*, AcP 166, 426, 441.

[91] *Hopt*, in: Baumbach/Hopt-HGB, § 19 Rdnr. 4. Hierbei ist freilich umstritten, ob der Rechtsformzusatz „*e.K. in Erbengemeinschaft*“ (so *Heidinger*, in: MüKo-HGB, § 19 Rdnr. 43), „*(in) eingetragene(r) Erbengemeinschaft*“ (so *Burgard*, in: Staub-HGB, § 19 Rdnr. 36; *Reuschle*, in: E/B/J/S-HGB, § 22 Rdnr. 61) oder schlicht mit „*in Erbengemeinschaft*“ gewählt werden muss. Vgl. zum Streitstand *Bömeke*, in: BeckOK-HGB, § 19 Rdnr. 18.

wenn die Erbenmehrheit in Erbengemeinschaft einen oHG-Anteil hält.[92] Vergleichend kann auch auf die Rechtslage bei einer Außen-GbR, die einen oHG-Anteil hält, rekurriert werden. Zwar ist diese als solche (anders als die Erbengemeinschaft) (teil-)rechtsfähig und somit selbst Gesellschafterin i.S.d. § 106 Abs. 2 Nr. 1 HGB,[93] jedoch wird es mit Blick auf deren fehlende Handelsregisterpublizität nicht für ausreichend gehalten, dass nur die Außen-GbR als solche in das Handelsregister eingetragen wird. Zur sachgerechten Beurteilung der Vertretungsverhältnisse i.S.d. § 106 Abs. 2 Nr. 4 HGB sind auch die hinter der Außen-GbR stehenden Gesellschafter einzutragen. In analoger Anwendung des für die Kommanditbeteiligung geltenden § 162 Abs. 1 S. 2 Var. 1 HGB wird daher bei einer von einer Außen-GbR gehaltenen oHG-Beteiligung die Eintragung der GbR-Gesellschafter zum Schutz des Handelsverkehrs verlangt.[94] Es kommt somit zu einer Doppeleintragung von Außen-GbR und deren Gesellschaftern. Dieser Rechtsgedanke der Doppeleintragung ist bei einer Erbengemeinschaft am oHG-Anteil ebenfalls zu beachten, da die Erbengemeinschaft der Außen-GbR insofern ähnlich ist, als beide nicht handelsregisterfähig sind. Freilich ist bei einer analogen Anwendung zu berücksichtigen, dass die Erbengemeinschaft – im Unterschied zur Außen-GbR – nicht (teil-)rechtsfähig ist. Wenn daher nach den eingangs ausgeführten Erwägungen bei der Erbengemeinschaft die Eintragung aller Miterbengesellschafter in analoger Anwendung der §§ 107 Var. 4, 106 Abs. 2 Nr. 1 HGB vorgegeben ist und der Erbengemeinschaftsvermerk ebenfalls vor dem Hintergrund der sachgerechten Beurteilung der Vertretungsverhältnisse als Zusatz verlangt wird, handelt es sich letztlich nur um einen reziproken Weg, um genauso wie die etablierte Ansicht bei der Außen-GbR (nur von dem Standpunkt der fehlenden Rechtsfähigkeit aus betrachtet) die Doppeleintragung der Erben und des zwischen ihnen bestehenden Gemeinschaftsverhältnisses zu erreichen.

2. Eintragung sonstiger Änderungen

Kommt es innerhalb der Drei-Monats-Frist durch eine wirksame Ausübung der Rechte aus § 139 Abs. 1, Abs. 2 HGB zu einer qualitativen Veränderung der Miterbengesellschaftsstruktur, ist dies ebenfalls entsprechend im Handelsregister zu vermerken. Denn diese hat wiederum in einer den Handelsverkehr tangierenden

---

[92] I.E. auch *Köbler*, Erbrecht und Gesellschaft, S. 126.

[93] Zur Teilrechtsfähigkeit der Außen-GbR, s. BGHZ 146, 341; zur Gesellschafterfähigkeit der Außen-GbR, s. *§ 3 VI. 3.*

[94] *Schäfer*, in: Staub-HGB, § 106 Rdnr. 15; *Langhein*, in: MüKo-HGB, § 106 Rdnr. 19. So auch die Rechtsprechung zum Komplementäranteil: LG Berlin, NZG 2003, 580, 581; OLG Celle, DStR 2012, 918.

Weise Auswirkungen auf die Vertretung der Gesellschaft i.S.d. §§ 107 Var. 5, 106 Abs. 2 Nr. 4 HGB, da Miterbenkommanditisten und Inhaber einer ruhenden Miterbengesellschafterposition die aus dem gemeinschaftlich gehaltenen Gesellschaftsanteil fließende organschaftliche Vertretungsbefugnis nicht bemühen dürfen.[95] Die unter Ausübung ihres Rechts aus § 139 Abs. 1 HGB in Erbengemeinschaft auftretenden Miterbenkommanditisten sind hiernach, unter Offenlegung des auf sie entfallenden Teils der Einlage als Haftsumme gem. §§ 162 Abs. 3 Var. 1, Abs. 1 S. 1, 172 Abs. 1 HGB analog, als solche zu kennzeichnen. Zugleich muss die Gesellschaft den Rechtsformzusatz KG tragen.[96] Miterbengesellschafter, die ihre Rechtsposition gem. § 139 Abs. 2 HGB inaktivieren, haben zwar keinerlei mitgliedschaftliche Befugnisse mehr inne, dürfen jedoch zur Vermeidung einer Unrichtigkeit des Handelsregisters nicht gänzlich aus dem Handelsregister entfernt werden; immerhin sind diese im Übrigen noch Bestandteil der Erbengemeinschaft. Daher sind sie dem Rechtsverkehr über das Handelsregister als ruhende und damit nicht persönlich haftende Miterbengesellschafter vorzustellen.

Änderungen in der personellen Struktur der Gesamthänder der Erbengemeinschaft sind ebenfalls einzutragen. Denn insofern kann nichts anderes gelten, als bei einer Außen-GbR, die einen Kommanditanteil bzw. oHG-Anteil hält. In diesen Konstellationen ist ebenfalls ein Wechsel im Bestand der GbR-Gesellschafter gem. § 162 Abs. 1 S. 2 Var. 2 HGB (für die oHG analog) im Handelsregister zu vermerken.[97] Da letztlich die Konstellation, in der eine Außen-GbR einen Personengesellschaftsanteil hält, mit der Ausgangslage einer Erbengemeinschaft am Personengesellschaftsanteil zumindest der Wertung nach vergleichbar ist,[98] sind in analoger Anwendung der für die GbR geltenden Norm des § 162 Abs. 1 S. 2 Var. 2 HGB folglich etwa auch Erbteilserwerbergesellschafter einzutragen.[99]

---

[95] Zu den Auswirkungen, welche die Rechtsfolgen des § 139 Abs. 1, Abs. 2 HGB auf das Verwaltungsgefüge der Erbengemeinschaft nehmen, vgl. noch einmal *§ 6 II. 4.*

[96] Mit Ausübung der Rechte aus § 139 Abs. 1 HGB durch nur einen Miterben ist die Gesellschaft nach hier vertretener Auffassung als KG zu behandeln, s. noch einmal *§ 4 II. 2. a) cc) (2).*

[97] Zur GbR am Kommanditanteil, vgl. bereits BGHZ 148, 291. Zur analogen Anwendung des in § 162 Abs. 1 S. 2 Var. 2 HGB befindlichen Rechtsgedankens im oHG-Recht, vgl. *Langhein*, in: MüKo-HGB, § 106 Rdnr. 19; *Schäfer*, in: Staub-HGB, § 106 Rdnr. 15.

[98] S. noch einmal *§ 6 IV. 1.*

[99] S. hierzu noch einmal *§ 3 V.*

V. Zwischenergebnis

Der vererbte Gesellschaftsanteil kann von den Miterben in gesamthänderischer Verbundenheit als Erbengemeinschaft gehalten werden, ohne dass die Interessen der beteiligten Kreise unzumutbar strapaziert werden. Das Interesse der Mitgesellschafter an einem nicht zu stark vom Zwangs- bzw. Zufallsgemeinschaftscharakter der Erbengemeinschaft gestörten Organisationsgefüge der oHG kann bei einer einfachen Nachfolge aller Miterben schon gar nicht anerkannt werden. Denn durch den Koppelungsgedanken wird erreicht, dass sich das Gefüge der Erbengemeinschaft weitestgehend an das Organisationsgefüge der oHG angleicht.[100] Die Mitgesellschafter stehen so im unmodifizierten Erbrechtsgefüge nicht signifikant schlechter, als wenn die Erben in einfacher Sondererbfolge unverbunden in die Mitgliedschaft eingerückt wären.[101] Aber auch in qualifizierten Nachfolgekonstellationen reguliert sich das Erbengemeinschaftsgefüge i.d.R. selbst, sodass den Mitgesellschaftern keine signifikante Schlechterstellung gegenüber einer qualifizierten Sondererbfolge droht. Denn i.d.R. werden die nicht nachfolgeberechtigten Miterben über § 139 HGB versuchen, ihre persönliche Haftung abzustreifen. Die Mitgesellschafter können den Antrag auf Umwandlung in eine Miterbenkommanditposition gem. § 139 Abs. 1 HGB ablehnen, um die nicht nachfolgeberechtigten Miterben dazu zu bringen, gem. § 139 Abs. 2 HGB ihre Miterbengesellschafterposition zu inaktivieren.[102] Dann können nur mehr die nachfolgeberechtigten Miterben die Gesellschafterbefugnisse wahrnehmen, sodass letztlich bereits vor der Auseinandersetzung diejenige Lage eingetreten sein wird, die von den Mitgesellschaftern bei einer qualifizierten Nachfolge angestrebt ist. Die nicht nachfolgeberechtigten Miterben bleiben nur über § 2040 Abs. 1 BGB bzw. § 747 ZPO bei einer Verfügung über oder Zwangsvollstreckung in den Gesellschaftsanteil beteiligt.[103] Doch selbst wenn die nicht nachfolgeberechtigten Miterben der Inaktivierung ihrer Miterbengesellschafterposition widerstehen und weiterhin über das Verwaltungsgefüge der Erbengemeinschaft auf das Organisationsgefüge der Gesellschaft Einfluss nehmen, kann gewährleistet werden, dass die Erbengemeinschaft keinen lähmenden Einfluss auf das Organisationsgefüge der oHG nimmt. So können – jedenfalls im gesetzlichen Organisationsgefüge der oHG – die Mitgesellschafter über §§ 114 Abs. 1, 115 Abs. 1 Hs. 1 HGB bzw. § 125 Abs. 1 HGB weiterhin aus eigener Machtvollkommenheit sämtliche Geschäftsführungsmaß-

[100] S. hierzu *§ 6 II. 3. c)*.

[101] Dies zeigt sich insbesondere im ordentlichen, aber auch im außerordentlichen Geschäftskreis, vgl. hierzu noch einmal *§ 6 II. 5.*

[102] S. bereits *§ 5 I. 1. a)*.

[103] S. noch einmal *§ 6 II. 4. b)*.

nahmen des gewöhnlichen Geschäftskreises (§ 116 Abs. 1 HGB) sowie Vertretungshandlungen vornehmen. Eine in sich zerstrittene Erbengemeinschaft kann also in diesem Bereich keine Lähmung des Geschäftsbetriebs hervorrufen.[104] Nur soweit es den außergewöhnlichen Geschäftskreis i. S.d. § 116 Abs. 2 HGB betrifft oder soweit die Gesellschafter das gesetzlich vorgegebene Organisationsgefüge im Gesellschaftsvertrag kollektiviert haben und die Mitgesellschafter also auf die Mitwirkung des zur Erbengemeinschaft zusammengewürfelten Miterbenkollektivs angewiesen sind, kann sich eine Blockade auf Ebene der Erbengemeinschaft überhaupt auf die Ebene der Gesellschaft auswirken. Denn über den Koppelungsgedanken werden diejenigen Gesellschafterbefugnisse, die auf Ebene der oHG im Kollektiv zu beschließen sind, auf Ebene der Erbengemeinschaft zum Kreis der außerordentlichen Verwaltungsmaßnahmen gezählt, für die gem. § 2038 Abs. 1 S. 1 BGB ein gemeinschaftliches Zusammenwirken aller Miterben erforderlich ist. Doch ist dieses Ergebnis den Mitgesellschaftern zuzumuten. Denn erstens ist zu berücksichtigen, dass jeder Miterbengesellschafter einer persönlichen Gesellschafterhaftung gem. § 128 S. 1 HGB unterliegt.[105] Diese wird die Miterbengesellschafter i.d.R. bereits in hinreichendem Maße dazu anhalten, sich konstruktiv am oHG-Gesellschaftsgefüge zu beteiligen. Zweitens ist zu berücksichtigen, dass eine Blockade für die Mitgesellschafter vermeidbar ist. Sie können die Gesellschaft im Zuge der Entscheidung über die Vererblichstellung einzelner oHG-Anteile fit für etwaige Nachfolgekonstellationen machen. Die in § 119 Abs. 1 HGB normierte einstimmige Beschlussfassung kann – wie in der Praxis durchaus üblich – zu Gunsten einer Mehrheitsklausel abbedungen werden.[106]

Doch selbst wenn die Mitgesellschafter dies nicht vorsehen, sind drittens die aus *§ 5. I.* gewonnenen Erkenntnisse zu berücksichtigen, die gezeigt haben, dass die Mitgesellschafter einer Blockadesituation nicht tatenlos zusehen müssen. Wenn die Mitgesellschafter nicht ohnehin die Vererblichstellung unter die auflösende Bedingung einer raschen Auseinandersetzung gestellt haben, sind sie in qualifizierten Nachfolgekonstellationen in die Lage versetzt, der treuwidrigen Verzögerung der Auseinandersetzung durch die Miterben mit einem Ausschluss durch Klage gem. §§ 133, 140 HGB bzw. – soweit gesellschaftsvertraglich vorgesehen – durch eine Ausschlusserklärung zu begegnen und so die Miterben aus der Gesellschaft hinauszudrängen.[107] Die Interessen der Gesellschaftsgläubiger sind durch die Zulassung der Erbengemeinschaft am oHG-Anteil ebenfalls nicht

---

104 S. noch einmal *§ 6 II. 5. a)*.
105 S. bereits *§ 3 II. 4. d)* und *III. 1.*
106 S. noch einmal *§ 6 II. 5. b)*.
107 S. bereits *§ 5 I. 1. b)* und *c)*.

unzumutbar betroffen. Denn über den Erbengemeinschaftsvermerk[108] sowie den Vermerk über die durch § 139 HGB provozierten Änderungen[109] im Handelsregister ist sichergestellt, dass sich der Rechtsverkehr über die Besonderheiten hinreichend Kenntnis verschaffen kann. Alles in allem führt die Erbengemeinschaft zu keinen unzumutbaren Verwerfungen mit dem Organisationsgefüge der Gesellschaft, womit sich eine erbrechtliche Mitverwaltung an einem oHG-Anteil als unbedenklich erweist.

---

108 S. *§ 6 IV. 1.*
109 S. *§ 6 IV. 2.*

§ 7 (Weitere) Vorteile gegenüber der Sondererbfolge

Die vorangegangene Untersuchung in den *§§ 3–6* hat gezeigt, dass eine unmodifizierte Universalsukzession mehrerer Erben in Form der Erbengemeinschaft in den oHG-Anteil durch eine Verzahnung von Erb- und Gesellschaftsrecht erreicht und der oHG-Anteil durch die Erben in Form der Erbengemeinschaft verwaltet werden kann sowie dass das Gefüge der Erbengemeinschaft auch dann fortbesteht, wenn Miterben ihre Rechte aus § 139 HGB geltend machen und es erst dann sein Ende findet, wenn sich die Erben über den oHG-Anteil auseinandersetzen. Dieses Modell einer näher an das Gesetz angelehnten Vererbung des oHG-Anteils hat dabei nicht nur das Gesetz auf seiner Seite, sondern weiß auch mit weiteren Vorzügen gegenüber der Sondererbfolge zu glänzen.

I. Vermeidung der in § 2 aufgezeigten Nachteile der Sondererbfolge

Zunächst einmal werden die in *§ 2* beschriebenen Nachteile und Unwägbarkeiten vermieden. Dadurch, dass garantiert wird, dass alle Miterben in gesamthänderischer Verbundenheit an der Verwaltung des angefallenen oHG-Anteils beteiligt sein können, ist endlich der Weg frei für eine Entwicklung, die bedeutend mehr Parallelen zur Situation aufweist, bei der ein Handelsgeschäft vererbt wird. Da alle Miterben in Ansehung des oHG-Anteils in die Verantwortung genommen sind, können diese auch in Ansehung der Gesellschaftsneuverbindlichkeiten hinsichtlich des gemeinschaftlich gebundenen Nachlasses unentziehbar mit einer Nachlassverbindlichkeit verhaftet werden.[1] Da die mit dem vererbten oHG-Anteil verbundenen Lasten auf alle Miterben gleichmäßig verteilt sind, können auch die aus dem oHG-Anteil fließenden Neuaktiva endlich einheitlich bis zur Auseinandersetzung gem. § 2041 S. 1 BGB dem Nachlass zugeordnet werden, ohne dass eine irgendwie geartete Rückzuordnung in das Privatvermögen eines Miterben erwogen werden muss. Denn das Miterbengemeinschafts-

[1] S. *§ 3 III. 4.* im Vergleich zur unvorteilhaften Lage unter Ägide der (qualifizierten) Sondererbfolge, vgl. *§ 2 II. 2. b) cc)*.

gefüge sorgt über §§ 2058, 426 Abs. 1, 2038 Abs. 2 S. 1, 748 BGB für einen angemessenen Lastenausgleich und gewährt über §§ 2038 Abs. 2 S. 1, 743 Abs. 1 BGB den Miterben, die ihre Rechte aus § 139 Abs. 2 HGB nicht geltend gemacht haben, also den Miterbenkomplementären und (bei Zustimmung der Mitgesellschafter) auch den Miterbenkommanditisten, einen entsprechend der Erbquote berechneten Anteil an den auf die oHG-Beteiligung entfallenden Gewinnen.[2] Über den oHG-Anteil müssen sich die Miterben letzten Endes bei einer qualifizierten Nachfolge immer auseinandersetzen, wodurch ein angemessener Ausgleich unter den Miterben sichergestellt ist, da ein mit dem oHG-Anteil überquotal bedachter nachfolgeberechtigter Miterbe die Ausantwortung nur Zug um Zug gegen eine Ausgleichszahlung verlangen kann.[3] Bei Anwendung einer unmodifizierten Universalsukzession in den oHG-Anteil gehören auch die Korrekturen des Begriffs der Nachlassteilung i.S.d. §§ 2059 Abs. 1 S. 1, 2062 Hs. 2 BGB der Vergangenheit an, da es schlicht nicht mehr zu einer Teilung des Nachlasses kommt.[4] Von entscheidender Bedeutung ist auch, dass der oHG-Anteil im unmodifizierten Erbrechtsgefüge bis zur Erbauseinandersetzung sowohl unter dem Schutz des § 2040 Abs. 1 BGB als auch des § 747 ZPO steht. Die Miterben können nur gemeinschaftlich über den oHG-Anteil verfügen bzw. dessen Gläubiger in diesen vollstrecken. Letzteres führt dazu, dass die Nachlassgläubiger bereits ohne Nachlassseparation gem. § 1975 BGB vor konkurrierenden Eigengläubigern der Miterben geschützt sind. Die im Denkmodell der Sondererbfolge dogmatisch nur unbefriedigenden Möglichkeiten, mit denen versucht wird, die aus dem singularsukzedierten oHG-Anteil erwachsenden Neuaktiva dem gesamthänderisch gebundenen Nachlass zuzuordnen, werden so nicht mehr benötigt.[5] Die gem. § 2040 Abs. 1 BGB nur gemeinschaftliche Verfügungsbefugnis aller Miterben in Ansehung des oHG-Anteils schließlich hilft präventiv, vermögensschädigenden Handlungen eines einzelnen Miterben vorzubeugen.

---

[2] S. dagegen *§ 2 II. 2. c)* für die unvorteilhafte Lage in der qualifizierten Sondererbfolge, wo dem für die Gesellschaftsneuverbindlichkeiten alleine haftenden qualifizierten Sondererben ein nicht näher spezifizierbarer Anteil am Gewinnertrag persönlich zugeordnet wird.

[3] S. dagegen *§ 2 I. 5. b)* für die unvorteilhafte Lage in der qualifizierten Sondererbfolge, wo die gesellschaftsfernen Miterben in die aktive Rolle gedrängt werden, wenn ihnen in offener Rechtsfortbildung ein Ausgleichsanspruch gegen den überquotal bedachten Sondererben zugedacht wird.

[4] S. dagegen *§ 2 II. 3.* für die unvorteilhafte Lage in der Sondererbfolge, wo letztlich dort, wo der oHG-Anteil den wesentlichen Teil des Nachlasses ausmacht, versucht werden muss, durch teleologische Reduktion der §§ 2059 Abs. 1 S. 1, 2062 Hs. 2 BGB die negativen Rechtsfolgen der Teilung zu vermeiden.

[5] S. dagegen *§ 2 II. 2. a) bb)* für die unvorteilhafte Lage in der Sondererbfolge.

II. Keine Stimmrechtsvervielfältigung

Trotz der mit der Universalsukzession in den oHG-Anteil verbundenen Idealteilung des oHG-Anteils beansprucht der unmodifiziert vererbte oHG-Anteil vor der Auseinandersetzung weiterhin nur mit der Stimmkraft eines einzelnen Gesellschafters Geltung bei der Beschlussfassung.[6] Es kann so im Umfeld der unmodifizierten Universalsukzession gerade nicht zu einem sprunghaften Anstieg der Stimmrechte kommen. Anders ist dies bei (einfachen) Sondererbfolgen, wo es gerade im Umfeld von Mehrheitsklauseln, die nach Kopfteilen zu berechnen sind,[7] zu einer fatalen Verschiebung der Mehrheitsverhältnisse kommen kann.[8] Vor diesem Hintergrund kann daher unter Ägide der unmodifizierten Universalsukzession die für die Sondererbfolge bekannte Folgekorrektur, nämlich die Aufnahme einer Vertreterklausel in den Gesellschaftsvertrag, unterbleiben.[9]

Die Bändigung der Stimmrechtsvervielfältigung vermeidet in bestimmten Konstellationen bisher nahezu unausgeleuchtete Folgeprobleme der Sondererbfolge. So etwa dort, wo die ursprüngliche Alleinerbenstellung ex tunc zu Gunsten einer Erbengemeinschaft wegfällt, weil etwa das die Alleinerbenstellung legitimierende Testament angefochten wurde und hierdurch rückwirkend mehrere Personen zu gesetzlichen Erben berufen sind. Ungeachtet der ohnehin schon zahlreichen Probleme, die diese Konstellation für die etablierte Ansicht mit sich bringt,[10] kann diese Konstellation unter Ägide der einfachen Sondererbfolge empfindliche Auswirkungen auf das Organisationsgefüge der oHG haben. Denn der oHG-Anteil würde rückwirkend in so viele Splitter zerfallen, wie gesetzliche Erben vorhanden sind. In der Zwischenzeit getroffene Gesellschafterbeschlüsse können so wegen der damit einhergehenden Stimmrechtsvervielfältigung infrage gestellt sein, insbesondere wenn diese die Mehrheitsverhältnisse verschiebt. Ein Ausweg mag die Übertragung der Grundsätze der fehlerhaften Gesellschaft bieten, die bei der Anfechtung von in Vollzug gesetzten Gesellschaftsverhältnissen zu einer Begrenzung der Anfechtungswirkung zwingen. Jedoch ist deren Anwendung

[6] I.E. ebenso *Bletz*, S. 57; *Börner*, AcP 166, 426, 446; *Köbler*, Erbrecht und Gesellschaft, S. 127.

[7] Wegen § 119 Abs. 2 HGB wird eine Mehrheitsklausel im Zweifel nach Köpfen und nicht nach Kapitalanteilen berechnet, s. auch *Lieder*, in: Oetker-HGB, § 119 Rdnr. 65.

[8] S. zum Problem der Stimmrechtsvervielfältigung bei einfachen Sondererbfolgen *Schäfer*, in: MüKo-BGB, § 727 Rdnr. 33; BGH, NJW 1993, 1265, 1267.

[9] Dieser Folgekorrektur bedarf es hingegen, wenn man der etablierten Ansicht folgt: *Schäfer*, in: Staub-HGB, § 139 Rdnr. 53; *Schmidt*, in: MüKo-HGB, § 139 Rdnr. 13. Die gemeinschaftliche Vertretung kann jedoch im hier vertretenen Modell zur Konzentration der erbrechtlichen Mitverwaltung eingesetzt werden, vgl. noch *§ 12*.

[10] Zur ex tunc entstehenden Erbengemeinschaft, s. *Rißmann/Szalai*, in: BeckOGK-ZR, § 2041 Rdnr. 3.2.

bei einer gescheiterten Anteilsvererbung stark in Zweifel zu ziehen.[11] Daher können sie wohl auch in der vorliegenden Konstellation nicht fruchtbar gemacht werden.

III. Keine Aufdeckung stiller Reserven durch Erbanfall

Auch in einkommensteuerrechtlicher Hinsicht bietet die unmodifizierte Universalsukzession – insbesondere gegenüber qualifizierten Sondererbfolgen[12] – einen erheblichen Vorteil. Denn qualifizierte Nachfolgeklauseln sind eine Steuerfalle, ermöglichen sie zwar den ungemeinen Gestaltungsvorteil eines alleine zu Gunsten des Nachfolgers vererbbaren oHG-Anteils. Bei umfassendem Sonderbetriebsvermögen des Erblassers kann dieser Vorteil jedoch leicht in das Gegenteil umschlagen. Denn durch die qualifizierte Sondererbfolge der etablierten Ansicht geht der dem qualifizierten Sondererben zufallende oHG-Anteil nicht denselben Weg, wie das in das gesamthänderisch gebundene Nachlassvermögen fallende Sonderbetriebsvermögen.[13] Letzteres kann nämlich wegen § 39 Abs. 2 Nr. 2 AO nicht alleine dem als Mitunternehmer i. S.d. § 15 Abs. 1 S. 1 Nr. 2 EStG nachfolgeberechtigten qualifizierten Sondererben zugerechnet werden, sondern steht allen Gesamthändern anteilig zu.[14] Damit kommt es im Umfang des Sonderbetriebsvermögens, welches den nicht nachfolgeberechtigten Miterben zuzurechnen ist, zu einer Entnahme (§ 4 Abs. 1 S. 2 EStG), die gem. § 6 Abs. 1 Nr. 4 S. 1 Hs. 1 EStG grundsätzlich mit dem Teilwert i. S.d. § 6 Abs. 1 Nr. 1 S. 3 EStG anzusetzen ist, und damit – unter Aufdeckung stiller Reserven – zu einem nicht

---

[11] Die Grundsätze der fehlerhaften Gesellschaft können bei der gescheiterten Anteilsvererbung nicht fruchtbar gemacht werden, vgl. *Schmidt*, in: MüKo-HGB, § 105 Rdnr. 255; *Schäfer*, in: Staub-HGB, § 105 Rdnr. 365.

[12] Einfache Sondererbfolgen weisen hingegen ertragssteuerlich keine solche Gefahr auf, weil dort alle Erben Mitunternehmer i. S.d. § 15 Abs. 1 S. 1 Nr. 2 EStG werden, vgl. *Siegmann*, NJW 1995, 481, 482 f.; s. auch: BFH, DStR 1992, 610; *ders.*, DStR 1991, 455, 456.

[13] *Lorz*, in: E/B/J/S-HGB, § 139 Rdnr. 34.

[14] Vgl. *Siegmann*, NJW 1995, 481, 483, der a. a. O., S. 486 jedoch ein eigenes Lösungsmodell entwickelt, mit dem er dafür plädiert, auch die gesellschaftsfernen Miterben als Mitunternehmer i. S.d. § 15 Abs. 1 S. 1 Nr. 2 EStG anzusehen. Der mit Blick auf ein gleichwertiges Maß an Mitunternehmerrisiko angestrengte Vergleich mit der atypisch stillen Gesellschaft setzt jedoch die bereits in *§ 2 II. 2. a) bb) (1)* als mit dem System des geltenden Rechts kaum vereinbar kritisierte anfängliche Zuordnung des im oHG-Anteil verkörperten Aktivwerts zum gesamthänderisch gebundenen Nachlass voraus. Der von *Siegmann* daneben postulierte Auskunftsanspruch der gesellschaftsfernen Miterben gegen den qualifizierten Sondererben zur Darlegung der hinreichenden Mitunternehmerinitiative setzt wiederum in Ansehung des singularsukzedierten oHG-Anteils ein besonderes Rechtsverhältnis zwischen diesen Protagonisten voraus. Dass *Siegmann* dieses bejaht, beruht auf der bereits in *§ 2 II. 2. c) bb)* kritisierten Ansicht, den qualifizierten Sondererben mit einem in Notgeschäftsführung handelnden Miterben zu vergleichen.

nach §§ 16, 34 EStG begünstigten steuerpflichtigen Vorgang.[15] Dies gilt selbst dann, wenn sich die Miterbengemeinschaft zeitnah über das Sonderbetriebsvermögen auseinandersetzt.[16] Insbesondere kann ein anderes Ergebnis nicht über § 6 Abs. 3 S. 2 EStG hergeleitet werden, da diese Vorschrift voraussetzt, dass der Übertragende Mitunternehmer bleibt, was im Erbfall naturgemäß nicht möglich ist.[17]

Diese steuerrechtliche Falle für den Rechtsverkehr wird im hier dargestellten System einer unmodifizierten Universalsukzession schon aus sich heraus vermieden, da es hier i.R.d. Erbanfalls nicht zu einer Entnahme kommen kann. Der oHG-Anteil fällt zunächst einmal zusammen mit dem Sonderbetriebsvermögen in den gesamthänderisch gebundenen Nachlass. Als Komplettpaket wird der oHG-Anteil – mitsamt dem Sonderbetriebsvermögen – erst im Wege der Erbauseinandersetzung an den nachfolgeberechtigten Miterben ausgeantwortet, indem die übrigen Miterbengesellschafter – bildlich gesprochen – die auf sie entfallenden Anteile am oHG-Anteil sowie das Sonderbetriebsvermögen auf ihn übertragen.[18] In Erfüllung des Anspruchs auf Auseinandersetzung gem. § 2042 Abs. 1 BGB muss dieser Vorgang jedenfalls insoweit als unentgeltliche Übertragung und damit gem. § 6 Abs. 3 S. 1 Hs. 1 Var. 3 EStG als steuerneutrale Buchwertfortführung betrachtet werden, als sich dieser Erwerb i.R.d. Erbquote der nachfolgeberechtigten Erben hält.[19] In diesem Rahmen kann gem. § 6 Abs. 5 S. 3 Nr. 3, S. 1 EStG auch der auf die anderen Miterben entfallende Teil des Sonderbetriebsvermögens steuerneutral übertragen werden. Denn die Miterbengesellschafter müssen – wie gewöhnliche Gesellschafter – als Mitunternehmer i.S.d. § 15 Abs. 1 S. 1 Nr. 2 EStG angesehen werden. Denn über das Verwaltungsgefüge der Erbengemeinschaft gem. § 2038 Abs. 1 BGB kommt ihnen ein hinreichendes Maß an Mitunternehmerinitiative, über die persönliche Haftung gem. § 128 S. 1 HGB sowie die quotale Fruchtziehung und Lastentragung gem. §§ 2038 Abs. 2 S. 1, 743 Abs. 1, 748 BGB zugleich auch ein ausreichendes Maß an Mitunternehmerrisiko zu.[20] Insgesamt wird damit durch das hier vorgestellte

---

[15] BFH, DStR 1992, 610, 611; BMF, ZEV 2006, 154, 163 Rdnr. 73; *Ruhwinkel*, Die Erbengemeinschaft, Rdnr. 887.

[16] BMF, ZEV 2006, 154, 163 Rdnr. 73.

[17] Zur Unanwendbarkeit des § 6 Abs. 3 S. 2 EStG, vgl. auch *Lorz*, in: E/B/J/S-HGB, § 139 Rdnr. 34 und *Geck*, ZEV 2002, 41, 44.

[18] Zur Auseinandersetzung, vgl. noch einmal *§ 5 II*.

[19] So auch für die Auseinandersetzung eines einzelkaufmännischen Betriebs: *Schallmoser*, in: Blümich, § 16 EStG Rdnr. 36 und 60; *Hartlich*, RNotZ 2018, 285, 305. Vgl. auch BFH, NJW 1991, 249, 252.

[20] Insofern gilt nichts anderes als bei einer Erbengemeinschaft, die ein Handelsgeschäft betreibt, da dort alle Miterben ebenfalls Mitunternehmer i.S.d § 15 Abs. 1 S. 1 Nr. 2 EStG sind. Vgl. zur Mitunternehmerstellung der Erben eines Handelsgeschäfts BFH, NJW 1991, 249, 251 und *Bode*, in: Blümich, § 15 EStG Rdnr. 322.

Modell einer unmodifizierten Universalsukzession die Gefahr des Aufdeckens stiller Reserven effektiv verhindert, ohne dass der Erblasser oder die Mitgesellschafter ihr Interesse nach Sicherstellung der Unternehmensfortführung durch einen bestimmen Miterben hintanstellen müssen; immerhin wurde dargelegt, dass die Mitgesellschafter – kraft der im Gesellschaftsvertrag vereinbarten Nachfolgerstellung eines bestimmten Erben – gesellschaftsrechtlich wirkungsvolle Mittel haben, um sicherzustellen, dass gerade dieser die vererbte oHG-Position alsbald nach dem Erbfall auch übernimmt.[21]

IV. Keine Aufdeckung stiller Reserven durch die Geltendmachung der Rechte aus § 139 HGB

Auch die Ausübung der Rechte aus § 139 HGB im hier dargestellten Sinne durch einzelne Miterben kann grundsätzlich nicht zu einem steuerbaren Vorgang führen. Dies gilt nicht nur für eine Umwandlung in eine Miterbenkommanditposition i. S.d. § 139 Abs. 1 HGB, sondern auch dann, wenn ein Miterbe, in Ausübung seines Rechts aus § 139 Abs. 2 HGB, die auf ihn entfallende Miterbengesellschafterposition inaktiviert. Denn hierbei handelt es sich nicht um eine – wenngleich i. S.d. § 34 Abs. 2 Nr. 1 EStG tarifbegünstigte – nach Maßgabe des § 16 Abs. 3 S. 2 ff. EStG anzusetzende und damit grundsätzlich steuerpflichtige Einstellung der Mitunternehmerschaft i. S.d. § 16 Abs. 3 S. 1 Var. 2 EStG. Vielmehr ist hierin eine nicht steuerpflichtige Unterbrechung der Mitunternehmerschaft zu erblicken, wie sie in § 16 Abs. 3b S. 1 EStG anerkannt ist. Denn letztlich geht der inaktivierte Anteil am oHG-Anteil nicht – wie für eine Aufgabe der Mitunternehmerschaft typisch – unwiederbringlich zu Gunsten eines aktivierten Abfindungsanspruchs oder eines erzielten Kaufpreisanspruchs verloren, sondern wird alsbald von dem oder den nachfolgeberechtigten Erben im Wege der Erbauseinandersetzung übernommen und sodann reaktiviert.[22] Die zeitlichen Grenzen innerhalb derer die Rechtsprechung üblicherweise noch bereit ist, von einer Betriebsunterbrechung auszugehen, dürften dabei in den seltensten Fällen überschritten werden.[23] Zu einer ggf. steuerbaren Einstellung der Mitunternehmerschaft i. S.d. § 16 Abs. 3 S. 1 Var. 2 EStG kommt es i.d.R. erst dann, wenn sämtliche (nachfolgeberechtigte) Miterben ihr Recht aus § 139 Abs. 2 HGB geltend gemacht haben, da erst mit diesem Zeitpunkt das rechtliche Schicksal des vererbten oHG-Anteils zu Gunsten eines Abfindungsanspruchs besiegelt ist.

---

[21] S. hierzu *§ 5 I. 1.*

[22] S. hierzu noch einmal *§ 4 II. 2. b) gg)* sowie *§ 5 II. 1.* und *2.*

[23] BFH, NJW-RR 1996, 1500, 1501 (11 bzw. 14 Jahre); BFH, BeckRS 1998, 30027003 (25 Jahre). A.A. *Ehlers*, DStZ 1987, 557, 559 (2 Jahre).

3. Kapitel

Erbrechtliche Fremdverwaltung eines vererbten oHG-Anteils

§ 8 Bisher vertretene Konstruktionen einer unbeschränkten Testamentsvollstreckung an einem oHG-Anteil

Wie bereits beleuchtet, modifiziert die etablierte Ansicht das Erbrechtsgefüge auch, sofern es um die erbrechtliche Fremdverwaltung des oHG-Anteils geht. Hierbei liegt insbesondere die Testamentsvollstreckung im Fokus der Betrachtung, die von der etablierten Ansicht aus eigener Machtvollkommenheit auf die nicht haftungsträchtige „*Außenseite*" der Beteiligung beschränkt wird, weil der Ausdehnung der Befugnisse des Testamentsvollstreckers auf die „*Innenseite*" der Beteiligung der Vorbehalt der Haftungsinkompatibilität entgegensteht.[1] Ausgehend hiervon sollen im nachfolgenden Teil die von verschiedenen Literaten zur Einebnung des Vorwurfs der Haftungsinkompatibilität bereits entwickelten Lösungsmodelle in Ansehung eines an einen Alleinerben (Gesellschafter-Erbe) vererbten, jedoch unter Testamentsvollstreckung stehenden oHG-Anteils auf deren Überzeugungskraft überprüft werden.

I. Unbeschränkte Testamentsvollstreckung zu Lasten des Gesellschafter-Erben

Besonders in älteren Publikationen sind Strömungen zu finden, die den Haftungskonflikt vom Ergebnis her dadurch zu lösen suchen, dass sie den Gesellschafter-Erben entgegen § 2206 Abs. 1 S. 1 BGB einer persönlichen Haftung unterwerfen. Letztlich geht es bei diesen Versuchen stets darum, die Belastung des Gesellschafter-Erben mit der persönlichen Gesellschafterhaftung i. S.d. § 128 S. 1 HGB aus dem Aussagegehalt der Vorschrift des § 2206 Abs. 1 S. 1 BGB herauszuhalten.

---

[1] S. hierzu noch einmal *§ 2 III. 3. a) aa)*, *dd)* und *ee)*.

1. Begrifflicher Ansatz

So versucht insbesondere *Marotzke* der Vorschrift des § 2206 Abs. 1 S. 1 BGB mit begrifflichen Erwägungen beizukommen.[2] Er betont, dass die dort normierte begrenzte Verpflichtungsbefugnis des Testamentsvollstreckers tatbestandlich schon gar nicht aktiviert werde, wenn der Gesellschafter-Erbe gem. § 128 S. 1 HGB für Verbindlichkeiten hafte, die vom Testamentsvollstrecker in organschaftlicher Vertretung der Gesellschaft begründet werden. Denn die Begründung von Gesellschaftsverbindlichkeiten im Namen der nachlassfremden oHG erfolge nicht, wie es § 2206 Abs. 1 S. 1 BGB selbstverständlich voraussetzt, in Verwaltung des Nachlasses.[3] Daneben hafte der Gesellschafter-Erbe nicht, wie von § 2206 Abs. 1 S. 1 BGB vorausgesetzt, kraft einer vom Testamentsvollstrecker für den Nachlass eingegangenen Verbindlichkeit (diese begründet er ja unmittelbar für und gegen die Gesellschaft), sondern kraft der gesetzlichen Vorschrift des § 128 S. 1 HGB.[4] Mit einer so begründeten Umgehung der Vorschrift des § 2206 Abs. 1 S. 1 BGB erreicht man zwar eine völlige Entkoppelung der Gesellschafterhaftung vom Nachlass und stellt somit die Brücke zur etablierten Ansicht außerhalb der Testamentsvollstreckung her, welche die den Gesellschafter-Erben außerhalb der Karenzfrist des § 139 Abs. 3 HGB treffende Haftung für Gesellschaftsneuverbindlichkeiten mangels Nachlassbezuges als reine Eigenverbindlichkeit einstuft.[5] Diesem Gedanken wurde jedoch der zutreffende Einwand entgegengehalten, dass man hiermit den Gesetzeszweck des § 2206 Abs. 1 S. 1 BGB vernachlässigen würde.[6] Denn § 2206 Abs. 1 S. 1 BGB ist als Ausgleich für den Erben zu sehen, dem die vom Erblasser aufgezwungene Testamentsvollstreckung nur dann zumutbar ist, wenn aus dieser Testamentsvollstreckerkonstellation zumindest keine Gefahr für sein Privatvermögen resultiert.[7] § 2206 Abs. 1 S. 1 BGB muss daher die Eigenvermögenssphäre des Erben auch vor Verbindlichkeiten schützen, die (wie § 128 S. 1 HGB) eine persönliche Verhaftung als unmittelbare Folge einer vom Testamentsvollstrecker eingegangenen Ver-

---

[2] *Marotzke*, JZ 1986, 457, 461. S. auch: *Kick*, S. 154 f.; *Siegmann*, S. 237 f.

[3] Dies meint *Marotzke*, JZ 1986, 457, 461, wenn er rhetorisch danach fragt: „*Handelt ein Testamentsvollstrecker, der als Vertreter der oHG Waren einkauft, denn wirklich nur für den Nachlass?*“.

[4] Dies meint *Marotzke*, JZ 1986, 457, 461, wenn er konstatiert: „*Für Verbindlichkeiten der Gesellschaft haftet der Erbe natürlich nicht (...) nach erbrechtlichen, sondern (auch) nach gesellschaftsrechtlichen Grundsätzen*“.

[5] S. noch einmal *§ 2 II. 2. b) cc) (1)*.

[6] *Weidlich*, S. 34.

[7] S. Mugdan V, S. 123: „*Denn es kann nicht die Absicht sein, den Erben in Folge der ihm vom Erblasser aufgedrängten Vertretung über die Kräfte oder den Werth (sic!) des Nachlasses hinaus mit seinem eigenen Vermögen persönlich haften zu lassen*“.

bindlichkeit anordnet.[8] Daneben ist es kaum begreiflich, warum die Befugnisse, die aus dem Nachlassgegenstand „*oHG-Anteil*" resultieren (insbesondere die unbeschränkte Vertretungsbefugnis gem. §§ 125 Abs. 1, 126 Abs. 1 HGB) und die vom Testamentsvollstrecker kraft seines privaten Amtes wahrgenommen werden, weiter gehen sollen als die Verwaltungsbefugnisse über den Nachlass selbst, sind sie es doch, die den Testamentsvollstrecker überhaupt erst in die Lage versetzen, als erbrechtlicher Fremdverwalter des oHG-Anteils aufzutreten. Eine tatbestandliche Ausschaltung der Vorschrift des § 2206 Abs. 1 S. 1 BGB in Gesellschaftskonstellationen überzeugt daher nicht.

2. *Teleologischer Ansatz*

Ein anderer Angriffspunkt wird über eine teleologische Auslegung des § 2206 Abs. 1 S. 1 BGB gewonnen. Einige Literaten[9] (und zur Unterstützung seiner begrifflichen These auch *Marotzke*[10]) meinen, dieser Vorschrift unter Hinweis auf § 139 HGB beikommen zu können. Sie konstatieren, dass § 139 HGB das Interesse des Erben durch ein Testamentsvollstreckerhandeln nicht unentziehbar in seiner persönlichen Vermögenssphäre getroffen zu werden, speziell regelt. Übt der Gesellschafter-Erbe die Rechte aus § 139 HGB nicht aus, erklärt er sich gewissermaßen mit einer Verhaftung seiner persönlichen Vermögenssphäre durch die Geschäftstätigkeit des Testamentsvollstreckers in der oHG einverstanden. Freilich sind die Rechte aus § 139 HGB zeitbeschränkt, vgl. dessen Abs. 3. Der innerhalb der Drei-Monats-Frist gefasste Entschluss des unter Testamentsvollstreckung stehenden Gesellschafter-Erben, vollhaftender Gesellschafter zu bleiben, weil er den Fähigkeiten des Testamentsvollstreckers vertraut, kann sich jenseits dieser Frist als Fehlentscheidung erweisen. Während etwa *Weiler*[11] unter Verweis auf die im Handelsrecht gebotene Verkehrssicherheit hiergegen keine Bedenken erhebt, erkennt *Marotzke*[12] das zu Tage tretende Schutzdefizit an und schlägt daher vor, den Lauf der Drei-Monats-Frist des § 139 Abs. 3 HGB bis zur

---

[8] So etwa auch *Lorz*, S. 143.

[9] *Emmerich*, ZHR 132, 309 f.; *Einmahl*, AcP 160, 29, 37; *Weiler*, DNotZ 1952, 283, 295; *Schultze*, S. 52 f. Einschränkend *Schleitzer*, S. 30 ff., insbesondere S. 43, der bereit ist, den teleologischen Ansatz unter zusätzlicher Gewährung eines jederzeitigen Austrittsrechts des unter Testamentsvollstreckung stehenden Erben mitzutragen.

[10] Wobei *Marotzke*, JZ 1986, 457, 462 f. diese These wohl nur in den Konstellationen des § 139 Abs. 2 HGB vertritt, also wenn die Mitgesellschafter dem Erben die Stellung eines Kommanditisten verweigern. Im Übrigen will er dies jedoch aus den Regeln zur Ausschlagung herleiten.

[11] *Weiler*, DNotZ 1952, 283, 295.

[12] Freilich mit der Besonderheit, dass dieser verlängerten Karenzfrist keine enthaftende Wirkung mehr zukommt. § 139 HGB dient damit jenseits der Drei-Monats-Frist lediglich dazu,

Beendigung der Testamentsvollstreckung auszusetzen. Doch selbst wenn man diesem Ansatz folgt, kann § 139 HGB richtigerweise nicht als die in Gesetzesform gegossene Interessenabwägung angesehen werden, die dem Interesse des Gesellschafter-Erben nach Schutz seiner persönlichen Vermögenssphäre vor dem Testamentsvollstreckerhandeln hinreichend Rechnung trägt und damit die in § 2206 Abs. 1 S. 1 BGB gezogene Schranke der Haftungsgewalt obsolet macht.[13] Denn letztlich ist § 139 HGB doch ein Schutzinstrument, welches dem Gesellschafter-Erben unabhängig von einer angeordneten Testamentsvollstreckung zusteht. Mit ihm soll v. a. sichergestellt werden, dass der Gesellschafter-Erbe durch den Eintritt in die Gesellschaft nicht gem. §§ 128 S. 1, 130 Abs. 1 HGB unentziehbar für alle Altgesellschaftsverbindlichkeiten und Zwischenneuschulden persönlich haften muss. Ohne die Vorschrift des § 139 HGB könnte er dies nur erreichen, wenn er die gesamte Erbschaft ausschlägt. Vor dieser Bürde soll § 139 HGB den Erben bewahren.[14] Die mit der Testamentsvollstreckung einhergehende zusätzliche Belastung, die sich darin äußert, dass es der Erbe hinnehmen muss, dass an seiner statt eine dritte Person die Gesellschafterbefugnisse wahrnimmt und er für die durch diese Person begründeten Verbindlichkeiten auch noch persönlich einzustehen hat, ist in die Vorschrift des § 139 HGB aber gar nicht eingepreist. Diese allein der Testamentsvollstreckung innewohnende Belastung kann daher nicht durch § 139 HGB mitabgegolten sein. Eine andere Deutung verdeckt den Unterschied dieser beiden Belastungen. So hat der Gesetzgeber nämlich die Tatsache, dass der Gesellschafter-Erbe als in die Gesellschaft Eintretender i. S. d. § 130 Abs. 1 HGB persönlich für alle Gesellschaftsaltverbindlichkeiten haftet, prinzipiell abgesegnet und mit der Vorschrift des § 139 HGB unter einen Befreiungsvorbehalt gestellt, wohingegen er sich hinsichtlich des Mandats des Testamentsvollstreckers, ausweislich des § 2206 Abs. 1 S. 1 BGB, präventiv gegen eine auf die persönliche Vermögenssphäre des Erben wirkende Verpflichtungsbefugnis ausgesprochen hat. Wenn man diesen Unterschied missachtet, würde man den befreienden Zweck des § 139 HGB in das Gegenteil umfunktionieren und mit dieser Norm letztlich die persönliche Belastung des unter Testamentsvollstreckung stehenden Erben legitimieren. Dies kann aus teleologischen Gründen nicht überzeugen. Auch das von den eingangs genannten Literaten gewählte Instrumentarium eines pauschalen Verzichts auf das Haftungsbeschränkungsrecht kann in dogmatischer Hinsicht kaum überzeugen. Während dieses gegenüber einzelnen konkreten Verbindlichkeiten zwar

sich der unbeschränkten Verpflichtungsmacht des Testamentsvollstreckers zu entziehen, vgl. *Marotzke*, JZ 1986, 457, 468.

[13] I.E. ebenso *Lorz*, S. 145 f.

[14] HGB-Denkschrift 1896, S. 287. S. auch *Muscheler*, Haftungsordnung, S. 547, der § 139 HGB treffend als „*(milderes) Surrogat für die Ausschlagung der Erbschaft*" bezeichnet.

überwiegend zugelassen wird,[15] ist ein pauschaler Verzicht auf das Haftungsbeschränkungsrecht für eine Zahl unbekannter und zukünftiger Forderungen nicht anzuerkennen. Dies zeigt sich daran, dass eine solche Regel in *§ 2094 BGB – I. Entwurf* ursprünglich enthalten war, jedoch bewusst gestrichen wurde.[16] Das ungenutzte Verstreichenlassen der Drei-Monats-Frist des § 139 Abs. 3 HGB kann daher keine Reduktion der in § 2206 Abs. 1 S. 1 BGB statuierten Haftungsbeschränkung legitimieren. Vielmehr muss dieser Gedanke gebührend beachtet werden.

II. Unbeschränkte Testamentsvollstreckung zu Lasten der Gesellschaftsgläubiger

Andere Literaten – v. a. *Muscheler*[17] sowie ein Teil der heutigen Kommentarliteratur[18] – gehen, in wohlverstandener Nachfolge zu den bereits von *Baur*[19] und *Canaris*[20] zum Handelsgeschäft entwickelten Vorarbeiten, den Vorbehalt der Haftungsinkompatibilität offen an. Sie versuchen erst gar nicht, eine unentziehbare persönliche Einstandspflicht des Gesellschafter-Erben für die vom Testamentsvollstrecker erzeugten Gesellschaftsverbindlichkeiten zu postulieren. Sie halten vielmehr eine auf die Kräfte einer Nachlassverbindlichkeit beschränkte Haftung des Gesellschafter-Erben für die während des Testamentsvollstreckermandats begründeten (rechtsgeschäftlichen) Gesellschaftsneuverbindlichkeiten für handelsrechtlich bzw. personengesellschaftsrechtlich vertretbar.

1. Handelsrechtliche Vorbehalte

Dem unter Testamentsvollstreckung stehenden oHG-Anteil nur die Haftung mit den Kräften einer Nachlassverbindlichkeit zuzuordnen, d. h. ohne einen garantierten persönlichen Haftungszugriff, muss bereits dem Grunde nach auf Ablehnung stoßen. Denn wie bereits gesehen, werden zwar als oHG-Gesellschafter

---

[15] Begründet wird dies mit einem Rückschluss aus § 2012 Abs. 1 S. 3 BGB und der Tatsache, dass sich der Erbe auch ohne einen Beschränkungsvorbehalt i. S.d. § 780 Abs. 1 ZPO verurteilen lassen kann, s. *Küpper*, in: MüKo-BGB, Vor. § 1967 Rdnr. 11.

[16] *Muscheler*, Haftungsordnung, S. 122 (Fn. 16), 542.

[17] *Muscheler*, Haftungsordnung, S. 539 ff.

[18] *V. Proff*, in: BeckOGK-ZR, § 727 Rdnr. 59; *ders.*, DStR 2018, 415, 417 f.; *Zimmermann*, in: MüKo-BGB, § 2205 Rdnr. 36. Zum Handelsgeschäft, s. auch *Weidlich*, NJW 2011, 641, 645 f.

[19] *Baur*, in: FS Dölle I, S. 249, 263 und 265, der sich jedoch auf den Haftungskonflikt bei einem unter Testamentsvollstreckung stehenden Handelsgeschäft konzentriert.

[20] *Canaris*, Handelsrecht, § 9 Rdnr. 37 und 39.

auch beschränkt haftende Rechtssubjekte, wie Kapitalgesellschaften, Minderjährige oder nicht bzw. nicht ausschließlich verwaltungsbefugte Ehegatten einer Gütergemeinschaft, zugelassen. Doch kann hieraus nicht hergeleitet werden, dass damit auch eine Haftungsbeschränkung auf den Nachlass im Handelsrecht zuzulassen ist.[21] Denn unter Zugrundelegung eines qualitativen Verständnisses von Haftungsbeschränkung ist es – selbst im Lichte der neueren Entwicklungen des Gesellschaftsrechts – nicht widersprüchlich, wenn das allgemeine Handelsrecht – wie aus den §§ 27, 130 Abs. 1, 139 Abs. 4 HGB ersichtlich – Rechtssubjekten, die beschränkt auf die Kräfte einer Nachlassverbindlichkeit haften, feindlich gegenübersteht.[22] Das Modell einer auf die Kräfte einer Nachlassverbindlichkeit beschränkten Gesellschafterhaftung vermag daher zwar die Interessen des Gesellschafter-Erben zu wahren, berücksichtigt aber nicht angemessen die Aversion des allgemeinen Handelsrechts vor Rechtssubjekten, die beschränkt auf die Kräfte einer Nachlassverbindlichkeit haften. Dies gilt selbst dann, wenn man das von *Muscheler*[23] entwickelte Modell einer punktuellen, persönlichen Außenhaftung des Testamentsvollstreckers für die hier im Zentrum der Betrachtung stehende Testamentsvollstreckung am oHG-Anteil mit in die Betrachtung einbezieht. Denn dies könnte zwar eine gewisse Entlastung im Haftungskonflikt bringen, jedoch reichen diese punktuellen Rechtsfiguren nicht aus, um die handelsrechtlichen Vorbehalte gegen Haftungsbeschränkungen auf den Nachlass auszuräumen. Allenfalls eine auf den oHG-Anteil entfallende, lückenlose, persönliche Verhaftung vermag eine Versöhnung mit den handelsrechtlichen Grundsätzen bringen.

2. Suspendierung des § 139 HGB und deren problematische Konsequenzen

Daneben ist diese Lösung auch noch mit Blick auf die daraus gezogenen Folgen zu hinterfragen. Da der Gesellschafter-Erbe für die Zeit der Testamentsvollstreckung nach diesem Modell keine persönliche Haftung fürchten muss, könne nach *Muscheler* die Norm des § 139 HGB für diese Zeit suspendiert werden.[24] Erst mit Beendigung der Testamentsvollstreckung – und dem damit verbundenen Wegfall der abschirmenden Wirkung des § 2206 Abs. 1 S. 1 BGB – werde die endgültige Verhaftung der persönlichen Vermögenssphäre des Gesellschafter-Erben aktuell und der Gesellschafter-Erbe benötige den Schutz des § 139 HGB.

---

21 So jedoch *Muscheler*, Haftungsordnung, S. 549 ff.

22 S. hierzu noch einmal *§ 3 I. 2. c)*, *3.* und *4.*

23 So für die vergleichbare Situation bei einer Testamentsvollstreckung über ein Handelsgeschäft zusammenfassend *Muscheler*, Haftungsordnung, S. 394.

24 *Muscheler*, Haftungsordnung, S. 546 ff.

Die Karenzfrist des § 139 Abs. 3 HGB soll von dem Zeitpunkt an berechnet werden, von welchem der Gesellschafter-Erbe von der Beendigung der Testamentsvollstreckung Kenntnis erlangt.[25] Macht der Gesellschafter-Erbe von seinen Rechten aus § 139 HGB keinen Gebrauch, hafte er nach *Muscheler* persönlich für alle bis dahin begründeten Gesellschaftsverbindlichkeiten, einschließlich derjenigen, die vom Testamentsvollstrecker begründet wurden.[26] Positiv an diesem Gedankengang ist, dass die den Wertungen des allgemeinen Handelsrechts richtigerweise abträgliche Abschirmung der persönlichen Vermögenssphäre damit letzten Endes kein endgültiger Zustand ist, sondern nur unter dem Vorbehalt der Ausübung der Rechte aus § 139 HGB steht. Problematisch ist jedoch, dass die Umsetzung für einen namhaften Zeitraum (§ 2210 BGB) zu Lasten der Gesellschaftsaltgläubiger geht. Denn für die Gesellschaftsaltverbindlichkeiten stünde, kraft des Eintritts in die Gesellschaft, die persönliche Gesellschafterhaftung des Gesellschafter-Erben gem. §§ 128 S. 1, 130 Abs. 1 HGB eigentlich bereits fest, da § 2206 Abs. 1 S. 1 BGB dbzgl. von vorneherein keine haftungsbegrenzende Wirkung entfaltet. Ohne Anordnung der Testamentsvollstreckung wäre die persönliche Gesellschafterhaftung nur für den Drei-Monats-Zeitraum des § 139 Abs. 3 HGB blockiert.[27] Folgt man aber dem Vorschlag *Muschelers* und suspendiert die Norm des § 139 HGB für die Zeit der Testamentsvollstreckung, wäre die persönliche Gesellschafterhaftung für diese Verbindlichkeiten bis zum Ende der Testamentsvollstreckung blockiert; der Gesellschafter-Erbe würde bis dahin nur mit der Kraft einer Nachlassverbindlichkeit haften.[28] Selbst wenn man berücksichtigt, dass die Gesellschaftsaltgläubiger wegen § 2214 BGB durch die Anordnung der Testamentsvollstreckung einen besonders geschützten Zugriff auf die Nachlassvermögenssphäre erhalten, wirkt diese allein durch die Anordnung der Testamentsvollstreckung bewirkte Schlechterstellung des Haftungszugriffs für die Gesellschaftsaltgläubiger nicht wertungsgerecht. Denn es hängt von den konkreten Verhältnissen des Einzelfalls ab, ob die durch § 2214 BGB bewirkte Abschirmung des Haftungszugriffs der Privatgläubiger die quantitativen Nachteile aufwiegen kann, die die Gesellschaftsaltgläubiger mit der u.U. sehr lange andauernden Beschränkung ihres

[25] *Muscheler*, Haftungsordnung, S. 548.

[26] *Muscheler*, Haftungsordnung, S. 548.

[27] Überwiegend wird angenommen, dass die persönliche Gesellschafterhaftung während der Karenzfrist des § 139 Abs. 3 HGB blockiert ist, s. *Schäfer*, in: Staub-HGB, § 139 Rdnr. 121, 123; *Lorz*, in: E/B/J/S-HGB, § 139 Rdnr. 118. A.A. mit beachtlichen Argumenten jedoch *Siegmann*, S. 211; zwar diskutiert dieser nur die Rechtslage für die Gesellschaftsaltverbindlichkeiten, jedoch kann für die Zwischenneuschulden nichts anderes gelten. Zum Streitstand, s. auch *Emmerich*, ZHR 150, 193, 196 f.

[28] *Muscheler*, Haftungsordnung, S. 546.

Haftungszugriffs erdulden müssen. Die Verschränkung der Norm des § 139 HGB mit einer auf die Kräfte einer Nachlassverbindlichkeit beschränkten Haftung des Gesellschafter-Erben vermag so nicht zu überzeugen. Zusammengefasst stellt sich das gesamte Modell einer unbeschränkten Testamentsvollstreckung zu Lasten der Gesellschaftsgläubiger als nicht wertungsgerecht heraus.

III. Unbeschränkte Testamentsvollstreckung zu Lasten des Testamentsvollstreckers

Kommt daher einerseits eine Belastung des Gesellschafter-Erben mit der Bürde der persönlichen Haftung nicht in Betracht, kann andererseits auf die persönliche Haftung aber auch nicht verzichtet werden, käme als dritte – bisher kaum verfolgte – Möglichkeit in Betracht, dem Testamentsvollstrecker die alleinige Bürde der persönlichen Haftung aufzuerlegen. Unabhängig von der Frage, ob dies überhaupt geeignet wäre, den Vorbehalt der Haftungsinkompatibilität auszuräumen,[29] ist bereits zweifelhaft, ob der Testamentsvollstrecker vollumfänglich persönlich haftbar gemacht werden kann. Hierfür müsste der Testamentsvollstrecker Adressat der persönlichen Gesellschafterhaftung gem. § 128 S. 1 HGB sein. Ist der Testamentsvollstrecker nicht ausnahmsweise Mitgesellschafter bzw. wird ihm nicht flankierend die dem Erben zustehende Gesellschafterposition treuhänderisch übertragen,[30] spricht hiergegen zunächst die fehlende eigene Gesellschafterstellung. Ob gesellschaftsfremde Personen der akzessorischen Gesellschafterhaftung unterliegen können, wenn sie mittelbar in das mitgliedschaftliche Gesellschaftsverhältnis einbezogen werden (sog. Quasigesellschafter[31]), ist umstritten; die Rechtswissenschaft diskutiert dies v. a. bei drei Konstellationen: der Unterbeteiligung, dem Treuhandverhältnis und dem Nießbrauch an einem oHG-Anteil.[32] Während aus der mittelbaren Beteiligung des Treugebers[33] und

---

[29] Zur Frage, ob die an Erbes statt tretende persönliche Haftung des Testamentsvollstreckers der Aversion des allgemeinen Handelsrechts vor Rechtssubjekten, die beschränkt auf die Kräfte einer Nachlassverbindlichkeit haften, genügt, vgl. noch *§ 9 II. 5.*

[30] Sog. Treuhandlösung, vgl. *Lange*, in: BeckOK-BGB, § 2205 Rdnr. 43; *Damrau*, in: Soergel, § 2205 Rdnr. 34.

[31] Zu dem Begriff *Foerster*, S. 127 ff.

[32] Vgl. hierzu zusammenfassend auch *Habersack*, in: Staub-HGB, § 128 Rdnr. 9 und § 105 Rdnr. 102 ff.

[33] BGHZ 178, 271 Rdnr. 21 ff. (Außen-GbR); BGHZ 178, 271, 275 f. Rdnr. 18 f.; BGHZ 189, 45, 48 Rdnr. 10 (Kommanditanteil) BGH, NZG 2011, 1023, 1025 Rdnr. 36; BGH, NZG 2015, 269 Rdnr. 20. A.A. *Kindler*, ZIP 2009, 1146, 1148 f. unter Verweis auf den im Gesellschaftsrecht geltenden Typenzwang.

Unterbeteiligten[34] überwiegend keine Gesellschafteraußenhaftung abgeleitet wird, ist die Diskussion hierüber bei einem Nießbraucher eines oHG-Anteils nie gänzlich verstummt. Aus dem Gesetz kann eine Lösung schwerlich entwickelt werden, denn §§ 1068 Abs. 2, 1041 BGB weisen dem Nießbraucher im wirtschaftlichen Korrelat zur Nutznießung lediglich die Erhaltungslast zu.[35] Ausgehend von *Flume*[36] findet sich in der Literatur nur eine überschaubare Anzahl von Literaten, die den Nießbraucher eines oHG-Anteils der persönlichen Gesellschafterhaftung unterwerfen wollen.[37] Überwiegend wird die Außenhaftung des Nießbrauchers hingegen abgelehnt.[38] Die obergerichtliche Rechtsprechung hält sich bedeckt oder lehnt die Außenhaftung ebenfalls ab.[39] Die herrschende Ansicht erweist sich damit gegenüber der Idee, Nichtgesellschafter mit einer persönlichen Haftung für sämtliche Gesellschaftsverbindlichkeiten zu belasten, wenig offenherzig, was angesichts des klaren Wortlauts in § 128 S. 1 HGB auch nicht zu beanstanden ist.

Selbst wenn man der Auffassung *Flumes* zum Nießbrauch Gehör schenken wollte, muss jedenfalls eine Übertragung auf das Rechtsinstitut der Testamentsvollstreckung scheitern. Denn die Testamentsvollstreckung weist im Verhältnis zum Nießbrauch einen entscheidenden Unterschied auf, der einer haftungsbegründenden Quasigesellschafterstellung des Testamentsvollstreckers von Anfang an entgegensteht. So ist der Nießbraucher über seine Befugnis zur Nutzungsziehung gem. §§ 1068 Abs. 2, 1030 Abs. 1 BGB in die Lage versetzt, die auf den Gesellschaftsanteil entfallenden ausschüttungsfähigen Gewinne als Rechts-

---

[34] OLG Schleswig, NZG 2009, 256, 257 (zum vergleichbaren Fall eines atypisch stillen Gesellschafters einer KG); *Habersack*, in: Staub-HGB, § 128 Rdnr. 9. A.A. jedoch OLG Schleswig, NJOZ 2007, 3778, 3785 zu einer offenen Unterbeteiligung an einer Immobilienfonds-GbR, bei der der Unterbeteiligte organisationsrechtlich in die Gesellschaft einbezogen wurde.

[35] *Teichmann*, ZGR 1972, 1, 14 postuliert hingegen, dass man „*darunter auch die Verpflichtungen des Gesellschafters, die aus dem Bestand des Anteils folgen, einordnen (könnte)*". Gleichwohl entscheidet er sich i.E. für eine teleologische Reduktion dieser Vorschrift.

[36] *Flume*, Allgemeiner Teil I-1, § 17 VI, S. 364.

[37] Vgl. u. a. *Schön*, ZHR 158, 229, 256; *Ulmer*, in: FS Fleck, S. 383, 396.

[38] Vgl. u. a. *Schmidt*, in: MüKo-HGB, Vor. § 230 Rdnr. 24; *Wertenbruch*, in: E/B/J/S-HGB, § 105 Rdnr. 237; *Klimke*, in: BeckOK-HGB, § 105 Rdnr. 114; *Heinze*, in: Staudinger, Anh. zu § 1068 f. Rdnr. 91; *Roth*, in: Baumbach/Hopt-HGB, § 105 Rdnr. 44; *Teichmann*, ZGR 1972, 1, 14; *Wälzholz*, DStR 2010, 1786, 1789. Unklar *Schäfer*, in: Staub-HGB, § 105 Rdnr. 128, wenn er betont, dass die zu Recht abgelehnte persönliche Haftung des Treugebers „*konsequentermaßen auch für den Nießbraucher zu berücksichtigen ist*", a. a. O. § 106 Rdnr. 16 der Außenhaftung des Nießbrauchers dennoch positiv gegenübersteht.

[39] Gegen eine persönliche Haftung des Nießbrauchers: OLG München, MittBayNot 2016, 538, 540 (Nießbrauch an Kommanditanteil). Offenlassend: OLG Stuttgart, NZG 2013, 432, 433; OLG Oldenburg, NZG 2015, 643, 644 Rdnr. 5.

früchte i. S.d. § 99 Abs. 2 BGB unmittelbar für sich zu vereinnahmen.[40] Der Testamentsvollstrecker hat diese Befugnisse nicht, da er die Beteiligung im fremden Interesse verwaltet. Die während seines Mandats erzielten Gewinnansprüche aus der oHG-Beteiligung kommen als Erwerb gem. § 2041 S. 1 BGB analog[41] dem Nachlass – und damit letztendlich dem Gesellschafter-Erben als dessen Rechtsträger – zugute. Der Testamentsvollstrecker ist auf eine angemessene Vergütung nach Maßgabe des § 2221 BGB beschränkt, wenn der Erblasser nicht ohnehin ein anderes bestimmt hat, und damit allenfalls mittelbar an einem Teil der Gewinnerträge beteiligt. Kommt dem Testamentsvollstrecker der Gesellschaftsgewinn damit dem Grunde nach nicht unmittelbar zugute, kann es jedoch kaum gerechtfertigt sein, ihn voll am Unternehmerrisiko in Gestalt einer persönlichen Gesellschafterhaftung gem. § 128 S. 1 HGB zu beteiligen.[42] Aus dieser Interessenlage heraus ist es verständlich, wenn man davon absieht, den Testamentsvollstrecker einer persönlichen Gesellschafterhaftung gem. § 128 S. 1 HGB zu unterwerfen. Der Vorbehalt der Haftungsinkompatibilität lässt sich daher nicht durch eine Übertragung der Haftung aus § 128 S. 1 HGB auf den Testamentsvollstrecker eindämmen.

IV. Zwischenergebnis

Die bisher zur Einebnung des Haftungskonflikts vorgeschlagenen Wege überzeugen nicht. Eine unbeschränkte Testamentsvollstreckung unter Inkaufnahme einer persönlichen Haftung des Gesellschafter-Erben für die vom Testamentsvollstrecker eingegangenen Gesellschaftsverbindlichkeiten widerspricht der Wertung des § 2206 Abs. 1 S. 1 BGB.[43] Wer die Nichtausübung der dem Gesellschafter-Erben zustehenden Rechte aus § 139 HGB als Legitimationsgrundlage für eine teleologische Reduktion der Wertung des § 2206 Abs. 1 S. 1 BGB heranzieht, verkehrt den Schutzzweck des § 139 HGB in sein Gegenteil.[44] Wenn teilweise versucht wird, eine mit den Kräften einer Nachlassverbindlichkeit verhaftete Gesellschafterposition für zulässig zu erklären und damit den Vorbehalt

---

[40] *Heinze*, in: Staudinger, Anh. zu § 1068 f. Rdnr. 79; *Schmidt*, in: MüKo-HGB, Vor. § 230 Rdnr. 18; *Schäfer*, in: Staub-HGB, § 105 Rdnr. 121; *Flume*, Allgemeiner Teil I-1, § 17 VI, S. 367.

[41] Zur analogen Anwendung des § 2041 S. 1 BGB auf den unter Testamentsvollstreckung stehenden Alleinerben, vgl. RGZ 138, 132, 133 f.; OLG Hamm, ZEV 2001, 275.

[42] Plakativ zu dem Zusammenhang von Nutzen und Lasten, s. auch *Wiedemann*, Gesellschaftsrecht I, § 10 III 1, S. 538 nach einem Zitat von *Eucken*: „*Wer den Nutzen hat, muß auch den Schaden tragen*".

[43] S. hierzu noch einmal *§ 8 I. 1.*

[44] S. noch einmal *§ 8 I. 2.*

der Haftungsinkompatibilität zu einem bloßen Scheinproblem zu deklarieren, kann diesem Ansatz im Angesicht der vom Gesetzgeber in den §§ 27 Abs. 1, 130 Abs. 1, 139 Abs. 4 HGB zum Ausdruck kommenden Aversion des allgemeinen Handelsrechts vor Rechtssubjekten, die beschränkt auf die Kräfte einer Nachlassverbindlichkeit haften, nicht gefolgt werden.[45] Den Testamentsvollstrecker als Quasigesellschafter pauschal einer persönlichen Haftung in analoger Anwendung des § 128 S. 1 HGB zu unterwerfen, kann mit Blick auf die äußerst zurückhaltende Billigung von haftungsrechtlichen Quasigesellschaftern nicht überzeugen.[46]

45 S. bereits *§ 3 I. 2. c)*.

46 S. hierzu bereits *§ 8 III.*

§ 9 Eigene Ansicht zur unbeschränkten Testamentsvollstreckung an vererbten oHG-Anteilen

Weil die bisher beleuchteten Lösungsmodelle nicht überzeugen, soll im Folgenden ein eigenes Wertungsmodell entwickelt werden, mit dem der Vorbehalt der Haftungsinkompatibilität befriedet und eine vollumfängliche Testamentsvollstreckung an einem oHG-Anteil etabliert werden kann.[1] Hierbei sind letztlich zwei Ziele miteinander zu vereinbaren, die bei der Bearbeitung im Auge behalten werden müssen. Erstens muss das hier zu erarbeitende Modell den Vorbehalt der Haftungsinkompatibilität möglichst schonend und unter Beachtung des gesetzlichen Wertungsgefüges befrieden. Zweitens muss der hier zu erarbeitende Lösungsvorschlag ein kohärentes und gerechtes Modell darstellen, das im Stande ist, die Interessen aller Nachlassbeteiligten in Ausgleich zu bringen.

I. Zurechnung des Testamentsvollstreckerhandelns

Will man sich der Verwirklichung des ersten Ziels nähern, kann kaum unbeachtet bleiben, dass die den Vorbehalt der Haftungsinkompatibilität bestimmende Frage nach der Haftung für die vom Testamentsvollstrecker begründeten Verbindlichkeiten bereits an einer logisch vorrangigen Stelle zu einer vertieften Systematisierung zwingt. So muss nämlich zunächst beleuchtet werden, in welchen Formen ein Testamentsvollstrecker handelt und wie dieses Testamentsvollstreckerverhalten dem Gesellschafter-Erben haftungsbegründend zugerechnet werden kann. Die Komplexität dieser Frage liegt in der Tatsache, dass der Testamentsvollstrecker, der einen oHG-Anteil verwaltet, letztlich eine Doppelrolle einnimmt. Er steht zum einen der Sondervermögensmasse Nachlass als Fremdverwalter vor. Gleichzeitig ist er durch seine Verwaltungsaufgabe in Ansehung des oHG-Anteils in das Gesellschaftsgefüge integriert. Aus dieser Doppelrolle sind auch die Konsequenzen für sein Verwaltungshandeln zu ermitteln, bei denen

[1] Zu den Besonderheiten, zu denen eine Testamentsvollstreckung bei einem in Erbengemeinschaft gehaltenen oHG-Anteil nötigt, vgl. noch *§ 11*.

es zu einer Begründung von Verbindlichkeiten kommen kann, die dem Gesellschafter-Erben zugerechnet werden.

1. Allgemeine Nachlassverwaltung (Nachlassrepräsentanz)

Da diese Doppelrolle letztlich auf der gewöhnlichen Ausgangslage außerhalb der Vererbung eines oHG-Anteils aufbaut, bei der der Testamentsvollstrecker alleine dem Nachlass als Fremdverwalter vorsteht, soll zunächst beleuchtet werden, wie sich dort die Zurechnungswege darstellen. Verwaltet der Testamentsvollstrecker durch sein Verhalten unmittelbar den Nachlass und verpflichtet dabei den Erben in seiner Funktion als Rechtsträger des Nachlasses, soll dies nachfolgend als Nachlassrepräsentanz verstanden werden. Handelt der Testamentsvollstrecker hierbei rechtsgeschäftlich, verpflichtet er als Partei kraft privaten Amtes[2] den Gesellschafter-Erben mit den Kräften einer Nachlassverbindlichkeit in Form der Nachlassverwaltungsschuld[3] gem. § 2206 Abs. 1 S. 1 BGB.[4] Zur Vermeidung einer Eigenhaftung muss er seine Testamentsvollstreckerstellung offenlegen.[5]

Werden vom Testamentsvollstrecker auf nichtrechtsgeschäftlichem Weg Verbindlichkeiten begründet, ist Ausgangspunkt die Verwaltungsgrundnorm des § 2205 S. 1 BGB, die richtigerweise subsidiär immer dort eingreift, wo eine Verwaltungsaufgabe nicht speziell ausgestaltet wurde.[6] Aufbauend hierauf kann dem Erben nach allgemein bekannten Zurechnungsnormen auch nichtrechtsgeschäftliches Verhalten des Testamentsvollstreckers zugerechnet werden. Zu Schadensersatzansprüchen aus Sonderverbindung (§§ 280 ff. BGB) konstatieren RG[7] und BGH[8], dass sich der Erbe innerhalb von Sonderverbindungen das Verhalten des Testamentsvollstreckers gem. § 278 S. 1 Var. 1 BGB analog als eigene, zu vertretende Pflichtverletzung zurechnen lassen müsse, da der Testamentsvoll-

---

2 So das etablierte Verständnis: BGHZ 25, 275, 279; *Lange*, in: BeckOK-BGB, § 2197 Rdnr. 5; *Heckschen*, in: Burandt/Rojahn-ErbR, Vor. § 2197 Rdnr. 2; *Hoeren*, in: Schulze-BGB, Vor. § 2197 Rdnr. 4.

3 Zur Terminologie, s. *Grüner*, in: BeckOGK-ZR, § 1967 Rdnr. 192. Synonym wird bisweilen der Begriff Erbschaftsverwaltungsschuld benutzt, vgl. etwa *Joachim*, in: Burandt/Rojahn-ErbR, § 1967 Rdnr. 30.

4 Das Kriterium der Ordnungsgemäßheit soll hier außer Acht bleiben, da dies i.R. einer Verwaltungstestamentsvollstreckung gem. §§ 2209 S. 2, 2207 S. 1 BGB im Zweifel ohnehin abbedungen sein wird.

5 *Lange*, in: BeckOK-BGB, § 2197 Rdnr. 7.

6 Bereits die II. Kommission sah die besonderen Verwaltungsbefugnisse, wie etwa das Verfügungsrecht i. S.d. § 2205 S. 2 BGB und auch die Verpflichtungsbefugnis i. S.d. § 2206 Abs. 1 S. 1 BGB, nur als besondere Ausprägungen, meist Einschränkungen der Verwaltungsgrundnorm an, s. Mugdan V, S. 658.

7 RGZ 144, 399, 402 f.

8 BGH, WM 1957, 514, 515.

strecker wegen seiner in § 2205 S. 1 BGB umschriebenen, fremdwirkenden Aufgabe einem gesetzlichen Vertreter nicht unähnlich sei. Hinsichtlich der Zurechnung von deliktischem Verhalten scheint sich eine einheitliche Haltung in der Rechtsprechung[9] noch nicht herausgebildet zu haben. § 831 BGB und § 278 S. 1 BGB scheiden als Zurechnungsnormen offensichtlich aus.[10] Die mittlerweile wohl überwiegende Literatur scheint jedoch einer analogen Anwendung des § 31 BGB offen gegenüberzustehen.[11] Hierbei wird mit der sachlichen Nähe der verwaltenden Testamentsvollstreckung zu der Stiftung von Todes wegen (§ 83 BGB) argumentiert, deren Errichtung aus ähnlichen Gründen wie eine Testamentsvollstreckung erwogen werden kann und bei der die entsprechende Anwendung von § 31 BGB bereits kraft Gesetzes (§ 86 S. 1 BGB) vorgesehen ist.[12] Daneben ist die verwaltende Testamentsvollstreckung der Stiftung auch aus organisationsrechtlicher Sicht ähnlich, weil dem Nachlass als gem. §§ 1975 Abs. 1, 1984 Abs. 2 BGB absonderungsfähigem und wegen der Testamentsvollstreckung gem. § 2214 BGB bereits einseitig abgesondertem Sondervermögen das Verwaltungshandeln des Testamentsvollstreckers ebenso sehr zugutekommt, wie wenn der Testamentsvollstrecker als Vorstand des zu einem Stiftungsvermögen zusammengeballten Nachlasses tätig geworden wäre. Daher ist es spiegelbildlich gerechtfertigt, den Nachlass auch mit den Risiken des Testamentsvollstreckerhandelns zu belasten, m.a.W. § 31 BGB analog anzuwenden. Sonstige nichtrechtsgeschäftliche Verbindlichkeiten, wie etwa Ansprüche aus Bereicherungsrecht, Geschäftsführung ohne Auftrag, angemaßter Eigengeschäftsführung, Steuerschulden oder Sonderdeliktsrecht, enthalten meistens bereits in ihrer Normstruktur den richtigen Anspruchsschuldner und bedürfen somit häufig keines Zurechnungstatbestandes.

2. *Verwaltung eines oHG-Anteils (Gesellschaftsrepräsentanz)*

Freilich anders verlaufen die Zurechnungswege in der hier beleuchteten, gesellschaftsrechtlichen Konstellation, in der der Testamentsvollstrecker einen nach-

---

[9] Zu nennen ist hier lediglich eine ältere Entscheidung des OLG Hamburg, OLGZE 16, 267, 268 f., die eine Analogie zu § 31 BGB ausdrücklich befürwortet.

[10] *Muscheler*, Haftungsordnung, S. 237 f.; *Lange*, in: BeckOK-BGB, § 2219 Rdnr. 20; *Zimmermann*, in: MüKo-BGB, § 2219 Rdnr. 18.

[11] *Offenloch*, in: BeckOGK-ZR, § 31 Rdnr. 69 f. Jedenfalls für die Verwaltungstestamentsvollstreckung auch *Lange*, in: BeckOK-BGB, § 2219 Rdnr. 20. S. auch *Reimann*, in: Staudinger, § 2219 Rdnr. 29 f., wobei dieser die Zurechnungsnorm offenlässt. Eine Anwendung des § 31 BGB gänzlich ablehnend: *Zimmermann*, Die Testamentsvollstreckung, S. 488, wenngleich er einräumt, dass die Tendenz wohl dahin geht.

[12] *Muscheler*, Haftungsordnung, S. 243 f.; i.E. ähnlich auch *Lange*, in: BeckOK-BGB, § 2219 Rdnr. 20.

lasszugehörigen oHG-Anteil verwaltet und daher zusätzlich in das Gesellschaftsgefüge involviert ist. Der Testamentsvollstrecker nimmt hier eine Doppelrolle ein. Unmittelbar übt der Testamentsvollstrecker die Befugnisse aus dem nachlasszugehörigen oHG-Anteil aus und begründet bei dieser Gelegenheit mit Wirkung für die Gesellschaft Verbindlichkeiten. Der Testamentsvollstrecker nimmt also in diesen Konstellationen die soeben dargestellten Befugnisse nicht primär aus der Nachlassrepräsentanz wahr, sondern aus einer darauf aufbauenden Stellung, die hier als Gesellschaftsrepräsentanz bezeichnet werden soll. Für den rechtsgeschäftlichen Bereich bedeutet dies, dass der Testamentsvollstrecker rechtsgeschäftliche Gesellschaftsverbindlichkeiten nicht als privater Amtsinhaber im eigenen Namen, sondern als an Erbes statt handelnder, organschaftlicher Vertreter der oHG in deren Namen eingeht.

Kraft allgemeiner Zurechnungsnormen fungiert er daneben als nichtrechtsgeschäftlicher Gesellschaftsrepräsentant. Denn auch ein Gesellschafter, der selbst die Gesellschaftsbefugnisse ausübt, ist im nichtrechtsgeschäftlichen Bereich i.d.R. Repräsentant der Gesellschaft. Damit wird insbesondere das deliktische Verhalten der Gesellschafter über die analoge Anwendung des § 31 BGB der Gesellschaft zugerechnet.[13] Für Verhalten, welches i.R. von Sonderverbindungen zu einer zu vertretenden Pflichtverletzung führt, gilt nichts anderes, wobei hierfür die Zurechnung zum Teil aus § 31 BGB analog,[14] zum Teil aber auch aus § 278 S. 1 Var. 2 BGB[15] hergeleitet wird. Wenn der Testamentsvollstrecker bei Ausübung der aus dem oHG-Anteil fließenden organschaftlichen Befugnisse anstelle des Gesellschafter-Erben handelt, kann somit nichts anderes gelten.[16] Auch der Testamentsvollstrecker gilt daher im nichtrechtsgeschäftlichen Bereich als Repräsentant der Gesellschaft, sodass insbesondere deliktisches Verhalten und die auf sein Verhalten zurückgehenden Pflichtverletzungen der Gesellschaft zugerechnet werden.

II. Haftung für die vom Testamentsvollstrecker rechtsgeschäftlich erzeugten Gesellschaftsneuverbindlichkeiten

Auf diesen allgemeinen Erwägungen aufbauend, soll nun in einem zweiten Schritt beleuchtet werden, wie sich die Haftungssituation bei einem unter Testa-

---

[13] BGH, NJW 2007, 2490, 2491 Rdnr. 14 (Außen-GbR); *Arnold*, in: MüKo-BGB, § 31 Rdnr. 4.

[14] So grundsätzlich *Arnold*, in: MüKo-BGB, § 31 Rdnr. 29.

[15] *Flume*, Allgemeiner Teil I-1, § 16 IV 2, S. 320f.; *Schwennicke*, in: Staudinger, § 31 Rdnr. 6f.

[16] So auch *Weidlich*, S. 64f.; *Lorz*, S. 150f.

mentsvollstreckung stehenden oHG-Anteil darstellt. Dabei ist zunächst der rechtsgeschäftliche Wirkungsbereich des Testamentsvollstreckers zu beleuchten, d.h. es soll die auf den vererbten oHG-Anteil entfallende Haftungssituation skizziert werden, die besteht, wenn von einem Testamentsvollstrecker in Ausübung der organschaftlichen Vertretungsbefugnis gem. § 125 Abs. 1 HGB (also als rechtsgeschäftlicher Gesellschaftsrepräsentant) Gesellschaftsverbindlichkeiten begründet werden.

1. Ausschluss der persönlichen Haftung des Gesellschafter-Erben

Eigentlich würde über § 128 S. 1 HGB jeder Gesellschafter, und damit auch der Gesellschafter-Erbe, mit seiner persönlichen Vermögenssphäre verhaftet werden. Da jedoch der Testamentsvollstrecker erst aus seiner Stellung als Nachlassrepräsentant in die Lage versetzt wird, die organschaftlichen Befugnisse aus dem nachlasszugehörigen oHG-Anteil wahrzunehmen, m.a.W. als Gesellschaftsrepräsentant aufzutreten, muss die Gesellschaftsrepräsentanz die Grenzen der Nachlassrepräsentanz wahren. Weil der Testamentsvollstrecker wegen § 2206 Abs. 1 S. 1 BGB i.R.d. Nachlassrepräsentanz nicht befugt ist, rechtsgeschäftliche Verbindlichkeiten einzugehen, die den Erben mit seiner Eigenvermögenssphäre unentziehbar verhaften, muss dies daher auch bei der Gesellschaftsrepräsentanz gelten. Den Gesellschafter-Erben kann daher über § 128 S. 1 HGB keine persönliche Gesellschafterhaftung treffen, wenn es sich um eine Gesellschaftsverbindlichkeit handelt, die vom Testamentsvollstrecker in Vertretung der oHG ausbedungen wurde.[17] § 2206 Abs. 1 S. 1 BGB provoziert damit unmittelbar über den Wertungsgleichlauf zwischen rechtsgeschäftlicher Gesellschafts- und Nachlassrepräsentanz den Vorbehalt der Haftungsinkompatibilität. Insofern befindet sich die hier vertretene Lösung i.E. auf gleicher Linie wie die etablierte Ansicht.

2. Haftung des Gesellschafter-Erben mit den Kräften einer Nachlassverbindlichkeit

Geht man davon aus, dass der Testamentsvollstrecker bei der rechtsgeschäftlichen Begründung von Gesellschaftsverbindlichkeiten primär nur die Gesellschaft vertritt, ist fraglich, wie die vom Testamentsvollstrecker ausbedungene Gesellschaftsneuverbindlichkeit – wie von der etablierten Ansicht zur Belegung des Vorbehalts der Haftungsinkompatibilität postuliert[18] – überhaupt den Erben

---

[17] Die Mitgesellschafter können dagegen freilich persönlich verhaftet werden, s. *Muscheler*, Haftungsordnung, S. 545.

[18] Vgl. noch einmal die auf § 2206 BGB rekurrierende etablierte Ansicht in der Rechtsprechung: RGZ 170, 392, 394; RGZ 172, 199, 202 f. (Kommanditanteil); BGHZ 24, 106,

mit der Kraft einer Nachlassverbindlichkeit treffen kann. Denn über § 128 S. 1 HGB träfe den Gesellschafter-Erben grundsätzlich nur eine Eigenverbindlichkeit. Auch § 2206 Abs. 1 S. 1 BGB hilft hierbei nicht weiter. Für eine Verhaftung mit der Kraft einer Nachlassverbindlichkeit fordert § 2206 Abs. 1 S. 1 BGB, dass der Testamentsvollstrecker die Verbindlichkeit *„für den Nachlass“* eingeht, d. h. unmittelbar den Erben als solchen vertritt. Dies findet aber nicht statt, wenn der Testamentsvollstrecker als Gesellschaftsrepräsentant in Ausübung der ihm anvertrauten organschaftlichen Vertretungsbefugnisse im Namen der Gesellschaft handelt. Auch die Wertung des § 2206 Abs. 1 S. 1 BGB hilft hier nicht weiter. Sie zwingt in diesen Fällen nur dazu, die persönliche Haftung des Gesellschafter-Erben gem. § 128 S. 1 HGB auszuschließen. Sie kann aber nicht dazu führen, diese Gesellschafterhaftung auf eine Nachlassverbindlichkeit zu reduzieren. Denn eine Nachlassverbindlichkeit ist nicht ein weniger im Vergleich zur Eigenverbindlichkeit des § 128 S. 1 HGB, sondern hat einen völlig verschiedenen garantierten Haftungsumfang.[19] Eine Verhaftung des Gesellschafter-Erben mit den Kräften einer Nachlassverbindlichkeit muss daher aus allgemein erbrechtlichen Erwägungen hergeleitet werden. Sie ergibt sich richtigerweise aus dem bereits beleuchteten Umstand, dass das Einrücken in einen oHG-Anteil als Eintritt in eine vom Erblasser herrührende pflichtbelastete Rechtsposition zu begreifen ist.[20] Selbst unter Heranziehung des Gedankens, wonach die Haftung wegen des Eintritts in eine pflichtbelastete Rechtsposition nur der Haftungslückenfüllung dient,[21] ist eine Verhaftung des Nachlasses nach dieser Rechtsfigur für die gesamte Dauer der Testamentsvollstreckung zur Schließung der Haftungslücke gerechtfertigt. Denn für die gesamte Dauer des Testamentsvollstreckermandats kann sich nach der Wertung des § 2206 Abs. 1 S. 1 BGB keine persönliche Gesellschafterhaftung des Gesellschafter-Erben für die vom Testaments-

---

112 f.; BGHZ 68, 225, 239; BGH, NJW 1981, 749, 750 (GbR-Anteil); BGHZ 98, 48, 57; BGH, NJW 1996, 1284, 1285 (GbR-Anteil). Literatur: *Schäfer*, in: MüKo-BGB, § 705 Rdnr. 113; *ders.*, in: Staub-HGB, § 139 Rdnr. 59. S. auch die Vertreter einer Testamentsvollstreckung zu Lasten der Gesellschaftsgläubiger: *Muscheler*, Haftungsordnung, S. 545 f.; *v. Proff*, in: BeckOGK-ZR, § 727 Rdnr. 59: *„Aus Sicht des durch die Testamentsvollstreckung beschränkten Erbens sind auch alle nach dem Erbfall neu begründeten Verbindlichkeiten Nachlassverbindlichkeiten, für die er die Haftung beschränken könnte. Dies gilt mE auch für die akzessorische Erbenhaftung analog § 128 HGB“*.

[19] Zum Charakter des § 128 S. 1 HGB als Eigenverbindlichkeit und zum dualistischen Haftungsmodell, vgl. noch einmal *Schmidt*, in: MüKo-HGB, § 139 Rdnr. 108 sowie *§ 3 I. 1.* und *III. 1.* und *4.*

[20] S. bereits für die Erbenmehrheit *§ 3 III. 4. b)*.

[21] *Dutta*, in: Staudinger, § 1967 Rdnr. 23; in diese Richtung auch *Eberl-Borges*, VersR 1996, 1070, 1073.

vollstrecker begründeten rechtsgeschäftlichen Verbindlichkeiten realisieren.[22] Wie bereits erwähnt, kommt es auf diese Sichtweise aber gar nicht an, wenn man richtigerweise die Zeitspanne, in welcher der Nachlass entsprechend dem Gedanken des Eintritts in eine vom Erblasser herrührende pflichtbelastete Rechtsposition verhaftet werden kann, soweit ausdehnt, wie der betreffende Erbe als Rechtsnachfolger die pflichtbelastete Position noch nicht individuell selbst übernommen hat, weil die pflichtbelastete Position noch zum Nachlass gehört, der (ohne bereits abgewickelt zu sein) noch zu einem Sondervermögen zusammengeballt ist.[23] Gleiches gilt auch bei der Testamentsvollstreckung am oHG-Anteil, da hier der Gesellschafter-Erbe für die Dauer des Mandats gem. §§ 2205 ff. BGB aus der Verwaltung des oHG-Anteils verdrängt ist. Der Testamentsvollstrecker handelt als solcher im Dienste des Nachlasses des verstorbenen Erblassers, der noch zu einem Sondervermögen zusammengeballt ist, was sich daran zeigt, dass auf den unter Testamentsvollstreckung stehenden Nachlass § 2041 S. 1 BGB analog angewendet wird.[24] Somit können sämtliche Unternehmensgewinne mit dinglicher Wirkung dem Nachlass zugerechnet werden. So betrachtet ist es auch überzeugend, für die Dauer des Testamentsvollstreckermandats, den vom Testamentsvollstrecker ausbedungenen, rechtsgeschäftlichen Gesellschaftsneuverbindlichkeiten eine unentziehbare Verhaftung des Gesellschafter-Erben mit den Kräften einer Nachlassverbindlichkeit nachfolgen zu lassen.

3. Persönliche Haftung des Testamentsvollstreckers

Um die durch die Testamentsvollstreckung hervorgerufene Ausgangslage mit der Aversion des allgemeinen Handelsrechts vor Haftungsbeschränkungen auf den Nachlass zu versöhnen,[25] muss garantiert sein, dass für die vom Testamentsvollstrecker in Vertretung der oHG begründeten rechtsgeschäftlichen Gesellschaftsverbindlichkeiten, anstelle des eigentlich zur persönlichen Haftung auf den Plan gerufenen Gesellschafter-Erben, der Testamentsvollstrecker persönlich haftbar gemacht werden kann. Dabei muss sichergestellt sein, dass diese persönliche

---

[22] I.E. ähnlich argumentiert *Rebmann*, S. 41 f. für die Konstellation eines unter Nachlass(insolvenz)verwaltung stehenden Tieres.

[23] So etwa im Falle einer Erbengemeinschaft, wo der Nachlass zuvor abgewickelt werden muss. S. hierzu noch einmal *§ 3 III. 4. c) bb)* und *Küpper*, in: MüKo-BGB, § 1967 Rdnr. 19.

[24] RGZ 138, 132, 133 f.; BGH, NJW 2002, 3773, 3774; OLG Schleswig, FamRZ 2015, 606, 607; *Rißmann/Szalai*, in: BeckOGK-ZR, § 2041 Rdnr. 23; *Löhnig*, in: Staudinger, § 2041 Rdnr. 15.

[25] Zur Aversion des allgemeinen Handelsrechts vor Rechtssubjekten, die beschränkt auf die Kräfte einer Nachlassverbindlichkeit haften, vgl. noch einmal *§ 3 I. 2. c)*.

Haftung des Testamentsvollstreckers ein ausreichendes Haftungssubstrat für die Gesellschaftsgläubiger darstellt.

a) § 2206 Abs. 1 S. 1 BGB als Einschränkung des Grundsatzes der Unbeschränktheit und Unbeschränkbarkeit der Gesellschafterhaftung

Die Versuche, den Testamentsvollstrecker in diesen Konstellationen persönlich haftbar zu machen, sind bisher fragmentarisch geblieben.[26] Richtigerweise ist Ausgangspunkt die bereits gewonnene Erkenntnis, wonach § 2206 Abs. 1 S. 1 BGB, wegen des Wertungsgleichlaufs zur Nachlassrepräsentanz, auch im Bereich der Gesellschaftsrepräsentanz Geltung beansprucht und dazu führt, dass es dort nicht zu einer persönlichen Haftung des Gesellschafter-Erben gem. § 128 S. 1 HGB kommen kann, wo der Testamentsvollstrecker in Ausübung der organschaftlichen Vertretungsmacht am Abschluss des Rechtsgeschäfts mit Wirkung für und gegen die oHG beteiligt ist.[27] § 2206 Abs. 1 S. 1 BGB zwingt damit zu einer Einschränkung der haftungsrechtlichen Regellage in der oHG, die davon geprägt ist, dass alle Gesellschafter einer persönlichen Gesellschafterhaftung gem. § 128 S. 1 HGB unterliegen. Der Grundsatz der Unbeschränktheit und Unbeschränkbarkeit der Gesellschafterhaftung, wie er in §§ 105 Abs. 1, 128 S. 2 HGB zum Ausdruck kommt, wird letztlich durch Zulassung der vollumfänglichen Testamentsvollstreckung außer Kraft gesetzt. Den Stimmen in der Literatur, die dies anders sehen, weil sie diesen Grundsatz auf vertragliche Haftungsbeschränkungen reduzieren,[28] kann nicht gefolgt werden. Zwar versagt § 128 S. 2 HGB gerade haftungsbeschränkenden Vereinbarungen gegenüber Dritten die Wirkung. Wenn jedoch § 105 Abs. 1 HGB die oHG gerade mit Blick auf die Abgrenzung zur gesetzlichen Haftungsbeschränkung der Kommanditistenhaftung in § 171 Abs. 1 HGB als Gesellschaft beschreibt, bei der bei keinem Gesellschafter die Haftung gegenüber Gesellschaftsgläubigern beschränkt ist, kann dieser Formulierung keine Reduzierung auf vertragliche Haftungsbeschränkungen entnommen werden.

---

[26] *Baur*, in: FS Dölle I, S. 249, 262 f. verweist für das unter Testamentsvollstreckung stehende Handelsgeschäft etwa darauf, dass bei einem Testamentsvollstrecker, der seine Amtseigenschaft nicht offenlegt, neben der Begründung einer Nachlassverbindlichkeit eine Eigenhaftung gegeben sein mag. Doch was ist, wenn der Testamentsvollstrecker seine Amtseigenschaft offenlegt?

[27] S. bereits *§ 9 II. 1.*

[28] *Muscheler*, Haftungsordnung, S. 550.

b) Anwendung der Grundsätze der Handelndenhaftung

Die Frage ist nun, wie mit einer solchen Verletzung des Grundsatzes der Unbeschränktheit und Unbeschränkbarkeit der Gesellschafterhaftung im Personengesellschaftsrecht umzugehen ist. Zur Beantwortung der Frage lohnt ein Vergleich zu anderen Gesellschaftsformen, die eine haftungsrechtliche Regellage vorsehen. Hierbei sind insbesondere die Kapitalgesellschaften zu nennen, bei denen es der haftungsrechtlichen Regellage entspricht, wenn das auf den Zeitpunkt der Eintragung der Gesellschaft garantierte Stamm- bzw. Grundkapital in der vorgeschriebenen Form aufgebracht und vom Registergericht geprüft wurde.[29] Zu einer Abweichung hiervon kommt es insbesondere bei der vor der Eintragung der Kapitalgesellschaft bereits als Rechtsträger eigener Art anerkannten Kapitalgesellschaft in Gründung (Vorgesellschaft), § 11 Abs. 1 GmbHG, § 41 Abs. 1 S. 1 AktG.[30] Diese besitzt kraft Natur der Sache keinen der haftungsrechtlichen Regellage entsprechenden Haftungsfond im vorbezeichneten Sinn. Von daher verwundert es nicht, wenn in der Vorgesellschaft besondere Haftungsinstrumente vorgesehen sind, die als hinreichender Ausgleich für das gründungsbedingte Abweichen von der haftungsrechtlichen Regellage einer Kapitalgesellschaft fungieren. Unbestrittenermaßen zählen hierzu die von der Rechtsprechung[31] entwickelten Grundsätze zur Vorbelastungs- und Verlustdeckungshaftung,[32] die jedoch als reine Innenhaftungstatbestände für eine Übertragung auf das hier im Zentrum der Betrachtung stehende Außenhaftungsgefüge der oHG nur von beschränktem Wert wären. Vom Ergebnis her aussichtsreicher ist die Übertragung der Grundsätze der Handelndenhaftung, wie sie insbesondere für die Vorgesellschaft der GmbH (Vor-GmbH) in § 11 Abs. 2 GmbHG und der Vorgesellschaft der AG (Vor-AG) in § 41 Abs. 1 S. 2 AktG vorgesehen sind, da die Handelndenhaftung ihrer Struktur nach eine Außenhaftung ist.[33]

---

[29] *Schäfer*, in: Henssler/Strohn-GesR, § 5 GmbHG Rdnr. 3; zu Möglichkeiten der Ablehnung durch das Registergericht bei einer festgestellten Unterbilanz, vgl. insbesondere *Merkt*, in: MüKo-GmbHG, § 11 Rdnr. 171.

[30] BGHZ 91, 148, 151; *Wicke*, GmbHG, § 11 Rdnr. 3.

[31] BGHZ 134, 333.

[32] Zur Vorbelastungs- und Verlustdeckungshaftung, vgl. *Blath*, in: Michalski-GmbHG, § 11 Rdnr. 66 ff.

[33] Über den Verweis in § 278 Abs. 3 AktG gilt die Handelndenhaftung daneben auch für die KGaA, vgl. *Perlitt*, in: MüKo-AktG, § 280 Rdnr. 26. In Art. 16 Abs. 2 SE-VO findet sich die Handelndenhaftung daneben auch für den wohl seltenen Fall einer Vor-SE. Diese besonderen Formen der Handelndenhaftung sollen jedoch für die nachfolgende Betrachtung grundsätzlich nicht im Zentrum der Betrachtung stehen.

aa) Handelndenhaftung in der Vorgesellschaft

Eine Übertragung der Handelndenhaftung auf die hier im Zentrum der Betrachtung stehende Konstellation setzt freilich voraus, dass der Zweck der Handelndenhaftung eine solche Übertragung gebietet. Der Sinn und Zweck der Handelndenhaftung hat eine wechselvolle Geschichte hinter sich. Ursprünglich war diese Form der Haftung Ausdruck der Negierung eines verpflichtungsfähigen Rechtsträgers vor Eintragung im Handelsregister.[34] Wagte man es doch, vor Eintragung der juristischen Person in deren Namen zu handeln und damit dem Rechtsverkehr eine Handlungsfähigkeit dieses Gebildes vorzuspiegeln, sah man sich gezwungen, diesen zu schützen und zumindest den Handelnden persönlich haften zu lassen (ursprüngliche Sicherungsfunktion der Handelndenhaftung).[35] Gleichzeitig betrachtete man diese Haftung als eine Art Strafe für den Handelnden, welcher durch sein Verhalten der Einwilligung durch das Registergericht in rechtswidriger Weise vorausgreift (Straffunktion der Handelndenhaftung).[36]

Mit der zwischenzeitlichen Anerkennung der Vorgesellschaft als verpflichtungsfähigen Rechtsträger und der Aufgabe des Vorbelastungsverbots[37] sah man sich gezwungen, der Handelndenhaftung einen veränderten Bedeutungsgehalt zu geben.[38] So hat sich die Handelndenhaftung in zwei unterschiedliche Schutzrichtungen aufgespalten. Kommt es aufgrund einer wirksamen Vertretung seitens des Geschäftsleiterorgans zu einer wirksamen Verpflichtung der Vorgesellschaft, greift die Handelndenhaftung als unterstützende Haftungsschiene ein und verpflichtet das handelnde Organ persönlich. Obwohl historisch nicht hierfür ausgelegt, kommt der Handelndenhaftung in dieser ersten Schutzrichtung heute v. a. eine Druck- und Ausgleichsfunktion[39] zu. Denn durch die persönliche Verhaftung des eigentlich befugt handelnden Gesellschaftsorgans soll sichergestellt werden, dass der Rechtsverkehr gegenüber der noch nicht mit einer hinreichenden Grund- bzw. Stammkapitalziffer ausgestatteten und durch die Einhaltung der Normativ-

---

34 Diese Sichtweise entstammt letztlich dem Konzessionssystem, auf das die Vorgängervorschrift der Handelndenhaftung (*Art. 211 Abs. 2 ADHGB*) fußte, s. auch *Blath*, in: Michalski-GmbHG, § 11 Rdnr. 85.

35 *Merkt*, in: MüKo-GmbHG, § 11 Rdnr. 115. In diese Richtung auch RGZ 122, 172, 175, wo der Handelndenhaftung ein „*rechtspolizeilicher Charakter*" beigemessen wird, um „*Dritte, die in die Vertragsbeziehungen mit einer in solchem Anfangszustand vorhandenen (...) Gesellschaft mbH eintreten, nach Möglichkeit zu schützen*".

36 *Jaeger*, in: BeckOK-GmbHG, § 11 Rdnr. 63.

37 So die neuere Rechtsprechung, s. hierzu: BGHZ 80, 129, 137 ff.; BGHZ 80, 182, 183; BGHZ 91, 148, 150 f.

38 *Ulmer/Habersack*, in: GK-GmbHG, § 11 Rdnr. 123.

39 *Blath*, in: Michalski-GmbHG, § 11 Rdnr. 86 und 88; *Merkt*, in: MüKo-GmbHG, § 11 Rdnr. 118 f.

bedingungen auch dahingehend geprüften Vorgesellschaft unmittelbar im Außenverhältnis abgesichert wird (Ausgleichsfunktion der Handelndenhaftung).[40] Dass die Gründer mittlerweile ohnehin über die Verlustdeckungs- und Vorbelastungshaftung unbeschränkt verpflichtet sind, die Stamm- bzw. Grundkapitalziffer aufzufüllen,[41] konnte die Anerkennung der Handelndenhaftung als Ausgleichsinstrument, wohl wegen ihrer Natur als eine den Gläubigerschutz besonders effektiv verwirklichenden Außenhaftung, bisher nicht infrage stellen.[42] Dies liegt wahrscheinlich auch daran, dass die Handelndenhaftung darüber hinaus dazu dient, Druck auf die Organe auszuüben, die Eintragung voranzutreiben (Druckfunktion der Handelndenhaftung).[43] In ihrer zweiten Schutzrichtung fungiert die Handelndenhaftung in einer abgewandelten Sicherungsfunktion, insbesondere wenn es wegen der auf gründungsnotwendige Rechtsgeschäfte beschränkten Vertretungsbefugnis der Gesellschaftsorgane zu keiner Verpflichtung der Vorgesellschaft kommt.[44] In zeitlicher Hinsicht wirkt sich diese janusköpfige Schutzrichtung wie folgt aus: So überdauert die Handelndenhaftung in ihrer Sicherungsfunktion das Stadium der Vor-GmbH, während die Handelndenhaftung in der Druck- bzw. Ausgleichsfunktion mit der Eintragung der GmbH und der damit verbundenen Herstellung der haftungsrechtlichen Regellage erlischt.[45]

bb) Übertragung der Handelndenhaftung auf das Organisationsgefüge der oHG

Insbesondere in ihrer Ausgleichsfunktion ist die Handelndenhaftung für die hier in Rede stehende Konstellation einer Testamentsvollstreckung am oHG-Anteil interessant. Denn die Tatsache, dass die etablierte Ansicht die persönliche Handelndenhaftung in ihrem unmittelbaren Anwendungsbereich bei § 11 Abs. 2 GmbHG, § 41 Abs. 1 S. 2 AktG als Ausgleich für die in der Vorgesellschaft noch nicht registergerichtlich kontrollierte und garantierte Eigenkapitalausstattung begreift,[46] kann verallgemeinert werden. Die Handelndenhaftung ist Ausgleich

---

[40] BGHZ 80, 182, 184; *Fastrich*, in: Baumbach/Hueck-GmbHG, § 11 Rdnr. 45; *Altmeppen*, in: Roth/Altmeppen-GmbHG, § 11 Rdnr. 115; *Schmidt*, in: Scholz-GmbHG, § 11 Rdnr. 103; *Ulmer/Habersack*, in: GK-GmbHG, § 11 Rdnr. 125; *Merkt*, in: MüKo-GmbHG, § 11 Rdnr. 118.

[41] S. hierzu BGHZ 134, 333.

[42] Ähnlich *Schwab*, NZG 2012, 481, 482, der die Handelndenhaftung allenfalls dann für entbehrlich hielte, wenn die Gründerhaftung als Außenhaftung ausgestaltet werden würde. S. auch *Schmidt*, in: GK-AktG, § 41 Rdnr. 87.

[43] *Schäfer*, in: Henssler/Strohn-GesR, § 11 GmbHG Rdnr. 48.

[44] *Ulmer/Habersack*, in: GK-GmbHG, § 11 Rdnr. 124, 139. Kritisch zu dieser Funktion *Meyer*, GmbHR 2002, 1176, 1185 f.

[45] BGHZ 80, 182, 183 f.; *Blath*, in: Michalski-GmbHG, § 11 Rdnr. 108 f. S. auch *Jaeger*, in: BeckOK-GmbHG, § 11 Rdnr. 67 f.; *Wicke*, GmbHG, § 11 Rdnr. 14.

[46] S. hierzu: BGHZ 80, 182, 184; *Merkt*, in: MüKo-GmbHG, § 11 Rdnr. 118; *Ulmer/Habersack*, in: GK-GmbHG, § 11 Rdnr. 125.

dafür, dass die Vorgesellschaft negativ von der haftungsrechtlichen Regellage der eingetragenen Kapitalgesellschaft abweicht. Der Rechtsgedanke, dass ein von der haftungsrechtlichen Regellage abweichender Zustand durch eine persönliche Haftung des organmäßig Handelnden ausgeglichen werden muss, passt jedoch auch dort, wo ein oHG-Anteil unter Testamentsvollstreckung steht.

(1) Vergleichbarkeit der haftungsrechtlichen Regellage

Diese These mag zwar zunächst wenig eingängig sein; immerhin kennt die oHG als Personengesellschaft keine gesetzliche Vorgabe, wonach ein gesichertes Eigenkapital als Haftungsfond zu bilden ist.[47] Doch muss man sich vor Augen führen, dass bei einer Personengesellschaft der Gläubigerschutz aufgrund des fehlenden Eigenkapitalschutzes durch die persönliche Haftung aller Gesellschafter substituiert wird. Die persönliche Haftung der Gesellschafter tritt damit funktional an die Stelle des Stamm- bzw. Grundkapitals.[48] Diese eigenkapitalersetzende persönliche Haftung aller Gesellschafter ist daher als die haftungsrechtliche Regellage in der oHG zu identifizieren. Genau dieser Zustand ist es jedoch, der bei einem unter Testamentsvollstreckung stehenden oHG-Anteil gestört ist, da nach den bereits gewonnenen Erkenntnissen der Gesellschafter-Erbe für die von einem Testamentsvollstrecker in Ausübung der organschaftlichen Vertretungsmacht begründeten Gesellschaftsverbindlichkeiten, wegen § 2206 Abs. 1 S. 1 BGB, nicht persönlich einzustehen hat.[49] Es kann letztlich kein relevanter Unterschied zwischen dem Abweichen von der haftungsrechtlichen Regellage des Kapitalgesellschaftsrechts und dem Abweichen von derjenigen des Personengesellschaftsrechts ausgemacht werden, der eine jeweils unterschiedliche Reaktion auf diesen Zustand rechtfertigen würde. Beide Formen der haftungsrechtlichen Regellage dienen letztlich dem Gläubigerinteresse in gleichem Maße.[50] In beiden Fällen muss daher das negative Abweichen der haftungsrechtlichen Regellage durch eine persönliche Haftung des Handelnden kompensiert werden. Somit besteht im Ausgangspunkt die Grundlage, um über die Handelndenhaftung den Testamentsvollstrecker für die von ihm im Namen der Gesellschaft eingegangenen, rechtsgeschäftlichen Gesellschaftsverbindlichkeiten persönlich haften zu lassen.

---

[47] *Wertenbruch*, in: E/B/J/S-HGB, § 105 Rdnr. 24; *Henssler*, in: Henssler/Strohn-GesR, § 105 HGB Rdnr. 7.

[48] *Habersack*, in: Staub-HGB, § 128 Rdnr. 1; *Pütter*, S. 39 f. (zu einer ähnlichen Erwägung beim Handelsgeschäft).

[49] S. bereits *§ 2 III. 3. a) aa)* und *§ 9 II. 1.*

[50] Zur Funktion des Stamm- bzw. Grundkapitals als Gläubigerschutzinstrument, vgl. *Leitzen*, in: Michalski-GmbHG, § 5 Rdnr. 8; zur Funktion der Haftung des § 128 S. 1 HGB als Gläubigerschutzinstrument, s. *Hillmann*, in: E/B/J/S-HGB, § 128 Rdnr. 1.

(2) Vergleichbarkeit der tatbestandlichen Ausgangssituation

Auch die in den § 11 Abs. 2 GmbHG, § 41 Abs. 1 S. 2 AktG vorgesehene tatbestandliche Ausgangssituation, wonach zur Begründung der Haftung im Namen der Gesellschaft gehandelt worden sein muss, ist letztlich mit der hier im Fokus stehenden Sachlage vergleichbar, in der ein Testamentsvollstrecker im Namen der oHG rechtsgeschäftliche Gesellschaftsverbindlichkeiten begründet. Handelnder ist im unmittelbaren Anwendungsbereich der Handelndenhaftung derjenige, der organschaftliche Gesellschaftsbefugnisse ausübt oder aber derjenige, der wie ein Gesellschaftsorgan auftritt.[51] Rechtsgeschäftliche Vertreter der Gesellschaft, wie Prokuristen, Generalbevollmächtigte und Handlungsbevollmächtigte, die als solche auftreten, sind von vorneherein nicht von der Handelndenhaftung erfasst.[52] Im Namen der Gesellschaft handelt derjenige, der für die Gesellschaft gegenüber einem Dritten auftritt, der nicht Gesellschafter ist.[53]

Überträgt man letztlich die Handelndenhaftung auf die von einer Testamentsvollstreckung geprägte oHG, wäre jeder Gesellschafter als Handelnder aufzufassen, aber auch jede sonstige Person, die wie ein Gesellschafter am Rechtsverkehr im Namen der oHG teilnimmt. Freilich läuft die Handelndenhaftung zu Lasten der Mitgesellschafter der oHG leer, selbst wenn diese im Namen der oHG Gesellschaftsverbindlichkeiten eingehen, da die Mitgesellschafter bereits über § 128 S. 1 HGB für die Gesellschaftsverbindlichkeiten einzustehen haben. Der Gesellschafter-Erbe ist wegen der angeordneten Testamentsvollstreckung im Wesentlichen von seinen organschaftlichen Befugnissen entkleidet und damit in eine passive Rolle gezwungen.[54] Er tritt daher nicht als Handelnder im Namen der Gesellschaft auf. Einzig in Ansehung des nach außen im Namen der Gesellschaft agierenden Testamentsvollstreckers erfüllt die Handelndenhaftung ihren Zweck. Dabei muss i.E. der Testamentsvollstrecker als Handelnder im vorgenannten Sinne aufgefasst werden. Zwar ist der Testamentsvollstrecker kein Gesellschafter, jedoch übt er kraft seines privaten Amtes die auf den vererbten oHG-Anteil entfallenden, organschaftlichen Befugnisse aus und ist damit zumindest eine Person, die wie ein Organ für die Gesellschaft tätig wird. Dass die Handelndenhaftung auf Situationen beschränkt bleibt, in denen der Testamentsvollstrecker gegenüber gesellschaftsfremden Dritten auftritt, und damit nicht zu Gunsten der Mitgesellschafter wirkt, steht der Entkräftung des Vorbehalts der Haftungsinkompatibilität nicht entgegen. Denn die Mitgesellschafter sind in An-

[51] *Merkt*, in: MüKo-GmbHG, § 11 Rdnr. 128; *Wicke*, GmbHG, § 11 Rdnr. 13.

[52] *Blath*, in: Michalski-GmbHG, § 11 Rdnr. 91.

[53] *Jaeger*, in: BeckOK-GmbHG, § 11 Rdnr. 73.

[54] Zu den Restbefugnissen, die dem Gesellschafter-Erben während der Zeit des Testamentsvollstreckermandats verbleiben, vgl. *§ 9 VI. 2.*

sehung einer auf den vererbten oHG-Anteil entfallenden lückenlosen persönlichen Haftung nicht schutzwürdig. Entweder haben sie der vollumfänglichen Testamentsvollstreckung zugestimmt und so die Grundlage gelegt, die ein Abweichen von der haftungsrechtlichen Regellage ermöglicht hat, oder sie müssen sich die vor ihrem Beitritt getroffene Entscheidung zurechnen lassen, weil sie Teil des Gesellschaftsgefüges geworden sind. Somit kann der herausgearbeitete Grundsatz der Aversion des allgemeinen Handelsrechts vor Rechtssubjekten, die beschränkt auf die Kräfte einer Nachlassverbindlichkeit haften,[55] jedenfalls den Mitgesellschaftern gegenüber zurücktreten.

(3) Handelndenhaftung als über die normierten Tatbestände hinausgreifendes Prinzip

Nun ist die Handelndenhaftung im Personen(handels)gesellschaftsrecht freilich gesetzlich nicht vorgesehen. Man könnte daher gegen eine analoge Anwendung einwenden, dass die im Gesetz vorgesehenen Formen der Handelndenhaftung abschließend sind und darüber hinaus keine planwidrige Regelungslücke vorhanden ist. Dies scheint dadurch bestätigt zu werden, dass auf europäischer Ebene die Handelndenhaftung zwar in Art. 8 Publizitäts-RL ebenfalls vorgesehen ist, jedoch begrenzt Art. 1 der Publizitäts-RL, selbst wenn man Art. 16 Abs. 2 SE-VO mit in die Betrachtung einbezieht, die Handelndenhaftung auf die Gründungsstadien der AG, der KGaA, der GmbH und der SE. Das Argument einer zwingenden abschließenden Regelung der Handelndenhaftung trägt jedoch nicht, vielmehr dienen diese Vorschriften nur einem europäischen Mindeststandard für das Gründungsstadium.[56] Zudem belegt die Rechtslage im GenG eindeutig, dass die Handelndenhaftung auch jenseits ihrer geschriebenen und europarechtlich prädeterminierten Grenzen zur Anwendung kommt. Denn auch im GenG erkennt die etablierte Ansicht, mit Verweis auf den Wortlaut des § 13 GenG, die Existenz eines Rechtsträgers eigener Art vor Eintragung in das Genossenschaftsregister an, der als Vorstufe zur Genossenschaft bereits weitestgehend dem Recht der Genossenschaft unterliegt, die sog. Vorgenossenschaft.[57] Obwohl also das Rechtsinstitut der Handelndenhaftung im GenG nicht explizit geregelt ist, wendet es die etablierte Ansicht gerade mit Blick auf die fehlende Eigenkapitalausstattung in der Genossenschaft auch hier ganz überwiegend an.[58]

---

[55] S. hierzu *§ 3 I. 2. c)*.

[56] *Schäfer*, in: MüKo-AktG, Art. 16 SE-VO Rdnr. 15.

[57] *Vosberg/Klawa*, in: Kölner Handbuch, Kapitel 15 Rdnr. 10; *Geibel*, in: Henssler/Strohn-GesR, § 13 GenG Rdnr. 3.

[58] *Fandrich*, in: P/F/B-GenG, § 13 Rdnr. 7; *Müller*, GenG, § 13 Rdnr. 14b. Auf eine Nothaftung einschränkend *Beuthien*, in: Beuthien-GenG, § 13 Rdnr. 12. Ebenfalls mit Vorbehal-

Dies zeigt eindrucksvoll, dass das Prinzip der Handelndenhaftung mehr ist als ein bewusst punktuell geregeltes Rechtsinstitut. Einer Anwendung im Personengesellschaftsrecht steht daher kein abschließender Charakter der Handelndenhaftung entgegen.

(4) Eintragung im Handelsregister als Hindernis für die Anwendung der Handelndenhaftung?

Alle Formen der Vorgesellschaft, bei denen die etablierte Ansicht die Handelndenhaftung überwiegend anerkennt, haben freilich eines gemeinsam: Sie alle sind (noch) nicht vollständig entstandene Gesellschaften, die zudem noch nicht in dem jeweiligen Publikationsregister (Handelsregister bzw. Genossenschaftsregister) eingetragen sind. Mit der Eintragung in das jeweilige Publikationsregister als letztem Baustein der Entstehung der Kapitalgesellschaft bzw. Genossenschaft entfällt jedoch die Handelndenhaftung in seiner Ausgleichsfunktion.[59] Die oHG, auf welche die Handelndenhaftung nach der hier vertretenen Auffassung übertragen werden soll, ist hingegen eine bereits bestehende Gesellschaft, die in den Fällen, in denen sie einen kleingewerblichen oder vermögensverwaltenden Zweck verfolgt, gem. § 105 Abs. 2 S. 1 HGB stets, und in den Fällen, in denen sie ein in kaufmännischer Weise eingerichtetes Handelsgewerbe betreibt, i.d.R. in das Handelsregister eingetragen ist. Auch ein Testamentsvollstreckervermerk ist – wie noch zu zeigen sein wird – eintragungsfähig[60] und wird daher regelmäßig einige Zeit nach dem Erbfall eingetragen sein. Doch können diese formellen Umstände nicht gegen eine Übertragung der Handelndenhaftung auf das Organisationsgefüge der oHG sprechen. Denn wenn die Handelndenhaftung in ihrer Ausgleichsfunktion im unmittelbaren Anwendungsbereich der Vorgesellschaft mit der Handelsregistereintragung erlischt, steht dies mit der damit verbundenen Herstellung der haftungsrechtlichen Regellage in Verbindung. Ab diesem Zeitpunkt besteht kein Bedürfnis mehr für die Handelndenhaftung als Ausgleichsinstrument, weil eine nachträgliche Rückgewähr der Einlagen kein Abweichen von der haftungsrechtlichen Regellage des Kapitalgesellschaftsrechts darstellt; die Garantiefunktion des Stamm- bzw. Grundkapitals ist nämlich grundsätzlich alleine auf den Eintragungszeitraum beschränkt.[61] Kommt es nach der Eintragung etwa zur Rückzahlung der Einlagen,

---

ten gegen eine Handelndenhaftung im Genossenschaftsrecht *Holthaus-Lehnhoff*, in: Lang/Weidmüller-GenG, § 13 Rdnr. 8.

[59] S. etwa *Merkt*, in: MüKo-GmbHG, § 11 Rdnr. 122; *Schäfer*, in: MüKo-AktG, Art. 16 SE-VO Rdnr. 21.

[60] S. hierzu *§ 9 VII*.

[61] *Schäfer*, in: Henssler/Strohn-GesR, § 5 GmbHG Rdnr. 3.

greifen alleine die Rückgewähr- und Schadensersatzansprüche gem. §§ 62 Abs. 1 S. 1, 93 Abs. 3 Nr. 1 AktG bzw. §§ 31 Abs. 1, 43 Abs. 3 GmbHG, um das missbilligenswerte Defizit im Haftungsfond auszugleichen. Einer anderen Ausgangslage sieht man sich dagegen bei der oHG ausgesetzt. Denn das Abweichen von der haftungsrechtlichen Regellage ist dort ein von der Eintragung der oHG in das Handelsregister völlig abgekoppelter Faktor. Das Abweichen von der haftungsrechtlichen Regellage hängt alleine mit der angeordneten Testamentsvollstreckung zusammen, weil sich insoweit die eigenkapitalersetzende, persönliche Gesellschafterhaftung nicht vollumfänglich entfalten kann. Da jedoch die Eintragung der oHG in das Handelsregister keine Auswirkungen auf die Herstellung der haftungsrechtlichen Regellage in der oHG hat, kann diese nicht gegen eine Anwendung der Handelndenhaftung sprechen.

Dass der Rechtsverkehr durch den Testamentsvollstreckervermerk hinreichend über die fehlende persönliche Haftung des Gesellschafter-Erben informiert ist, ist ebenfalls unmaßgeblich für die persönliche Haftung des Testamentsvollstreckers. Denn die Handelndenhaftung ist jedenfalls in ihrer Ausgleichsfunktion nicht Ausdruck einer Vertrauenshaftung. Wiederum lohnt ein Vergleich zur Situation bei der Vorgesellschaft. Dort wird – jedenfalls nach der vorzugswürdigen Auffassung in der herrschenden Literatur[62], der wohl mittlerweile auch der *BGH*[63] zu folgen scheint – selbst dann ein Bedürfnis dafür gesehen, den Rechtsverkehr durch die Handelndenhaftung zu schützen, wenn der Handelnde ausdrücklich für die Vorgesellschaft tätig war. Der Rechtsverkehr wird damit geschützt, selbst wenn dieser genau weiß, dass er mit einer von der haftungsrechtlichen Regellage abweichenden Vorgesellschaft kontrahiert. Dies zeigt, dass die Ausgleichsfunktion der Handelndenhaftung nicht Ausdruck der Kompensation eines enttäuschten Vertrauens des Rechtsverkehrs in eine geprüfte und gesicherte Eigenkapitalausstattung einer Kapitalgesellschaft ist.[64] Für die hier favorisierte Übertragung der Handelndenhaftung auf den unter Testamentsvollstreckung stehenden oHG-Anteil kann nichts anders gelten. Der Rechtsverkehr muss daher auch hier über die Handelndenhaftung geschützt werden, selbst wenn für diesen durch einen Testa-

62 *Schmidt*, in: GK-AktG, § 41 Rdnr. 90; *Ulmer/Habersack*, in: GK-GmbHG, § 11 Rdnr. 137; *Blath*, in: Michalski-GmbHG, § 11 Rdnr. 98 ff.; *Altmeppen*, in: Roth/Altmeppen-GmbHG, § 11 Rdnr. 117.

63 BGHZ 91, 148, 149, wo im Namen der GmbH i.G. gehandelt wurde und der BGH klarstellte, dass in diesem Fall eine Handelndenhaftung dann möglich sei, wenn es tatsächlich zur notariellen Beurkundung des Gesellschaftsvertrages gekommen sein sollte. In diese Richtung auch KG, GmbHR 1994, 121.

64 Gegen den Charakter der Vertrauenshaftung im unmittelbaren Anwendungsbereich der Handelndenhaftung sprechen sich auch aus: *Schmidt*, in: Scholz-GmbHG, § 11 Rdnr. 105; *Blath*, in: Michalski-GmbHG, § 11 Rdnr. 100.

mentsvollstreckervermerk ersichtlich war, dass der handelnde Testamentsvollstrecker den Gesellschafter-Erben nicht persönlich verpflichten konnte.

Zusammenfassend kann festgehalten werden: Die Handelndenhaftung ist für die Dauer der Testamentsvollstreckung, ungeachtet der Eintragung der Gesellschaft bzw. der Testamentsvollstreckung im Handelsregister, Bestandteil der Haftungsverfassung der oHG, weil in diesem Zeitraum die Haftungsordnung in der oHG von der in § 105 Abs. 1 HGB vorgesehenen haftungsrechtlichen Regellage negativ abweicht.

c) Zwischenergebnis

Die gesetzlich geregelten Fälle der Handelndenhaftung rechtfertigen sich in ihrer Ausgleichsfunktion daraus, dass die Vorgesellschaft von dem haftungsrechtlichen Regelzustand der eingetragenen Kapitalgesellschaft abweicht. Der Vorgesellschaft fehlt es an einer registergerichtlich kontrollierten und garantierten Eigenkapitalausstattung. In einer oHG, in der zumindest ein Gesellschafter unter Testamentsvollstreckung steht, weicht die haftungsrechtliche Regellage ebenfalls negativ ab. Denn die Funktion des registergerichtlich überprüften und garantierten Stammkapitals übernimmt bei der oHG die unbeschränkte Gesellschafterhaftung aller Gesellschafter (§§ 105 Abs. 1, 128 HGB). Dieser Zustand ist jedoch durch die Testamentsvollstreckung gestört, weil wegen § 2206 Abs. 1 S. 1 BGB die von dem Testamentsvollstrecker rechtsgeschäftlich begründeten Gesellschaftsverbindlichkeiten zu keiner persönlichen Haftung des Gesellschafter-Erben führen. Daher ist es vor dem Hintergrund der Ausgleichsfunktion geboten, die zur Vorgesellschaft aufgestellten Grundsätze der Handelndenhaftung auf eine oHG zu übertragen. Entscheidend wirkt sich dies dahingehend aus, dass der an Erbes statt handelnde Testamentsvollstrecker als Handelnder persönlich für die von ihm eingegangenen Verbindlichkeiten der Gesellschaft haftet. Letztlich wird damit die durch § 2206 Abs. 1 S. 1 BGB blockierte persönliche Haftung des Gesellschafter-Erben durch eine persönliche Haftung des Testamentsvollstreckers substituiert.

4. Verteidigungs- und Regressmöglichkeiten des Testamentsvollstreckers

Der Testamentsvollstrecker haftet kraft der Handelndenhaftung akzessorisch mit seinem Eigenvermögen.[65] Wie bei der Handelndenhaftung in der Vorgesellschaft gem. § 11 Abs. 2 GmbHG, § 41 Abs. 1 S. 2 AktG sind dem Testamentsvoll-

---

[65] Vgl. zur akzessorischen Rechtsnatur der Handelndenhaftung in der Vor-GmbH: *Schmidt*, in: Scholz-GmbHG, § 11 Rdnr. 123; *Merkt*, in: MüKo-GmbHG, § 11 Rdnr. 136.

strecker daher die Verteidigungsrechte gem. § 129 HGB analog zu gewähren.[66] Auch kann der Testamentsvollstrecker nach den für akzessorische Schuldnermehrheiten entwickelten Grundsätzen Regress bei der Gesellschaft nehmen.[67] Ein Aufwendungsersatzanspruch gem. § 110 HGB scheitert freilich an der fehlenden Gesellschafterstellung des Testamentsvollstreckers. Entschließt man sich nicht zu einer analogen Anwendung, muss der Regressanspruch gegen die Gesellschaft (ähnlich wie bisweilen bei einem ausgeschiedenen Gesellschafter vertreten[68]) aus § 670 BGB gewährt werden, wobei das Auftragsverhältnis zwischen Gesellschaft und Testamentsvollstrecker zumindest konkludent durch das von der Gesellschaft gebilligte Tätigwerden des Testamentsvollstreckers zustande kommt. Die im oHG-Recht zum Teil vorgeschlagene, daneben tretende cessio legis gem. § 774 Abs. 1 BGB analog,[69] mit der einem Gesellschafter auch noch derjenige Anspruch zugebilligt werden würde, der dem Gesellschaftsgläubiger gegen die oHG zusteht, wird von der höchstrichterlichen Rechtsprechung abgelehnt.[70] Sie ist daher auch dem Testamentsvollstrecker nicht als weitere Regressmöglichkeit zur Verfügung zu stellen.

Anders als der Handelnde in der Vorgesellschaft[71] kann der in seiner persönlichen Vermögenssphäre in Anspruch genommene Testamentsvollstrecker daneben unzweifelhaft minus-rata Regress bei den Mitgesellschaftern des Gesellschafter-Erben gem. § 426 Abs. 1 BGB nehmen, wenn er tatsächlich mit seiner persönlichen Vermögenssphäre in Anspruch genommen wird. Denn letztlich haftet der Testamentsvollstrecker über die Grundsätze der Handelndenhaftung zusammen mit den ohnehin solidarisch haftenden Mitgesellschaftern gleichstufig und damit zumindest aus Wertungsgesichtspunkten als Gesamtschuldner i. S.d. §§ 421 ff. BGB. Den nicht nach außen persönlich haftenden Gesellschafter-Erben kann der Testamentsvollstrecker über § 2218 Abs. 1, 670 BGB nur mit der Kraft einer Nachlassverbindlichkeit im Regresswege beanspruchen.[72] Wiederum muss hier das Merkmal der Erforderlichkeit durch das auch dem unternehmerisch tätigen Testamentsvollstrecker einzuräumende, großzügige unternehmerische

[66] Zu den Verteidigungsrechten bei der Handelndenhaftung in der Vor-GmbH, vgl. *Ulmer/Habersack*, in: GK-GmbHG, § 11 Rdnr. 144.

[67] Vgl. zu den Regressansprüchen bei der Handelndenhaftung in der Vor-GmbH: *Blath*, in: Michalski-GmbHG, § 11 Rdnr. 110 f.; *Ulmer/Habersack*, in: GK-GmbHG, § 11 Rdnr. 149 ff.

[68] *Roth*, in: Baumbach/Hopt-HGB, § 128 Rdnr. 36.

[69] So *Schmidt*, in: MüKo-HGB, § 128 Rdnr. 31.

[70] BGH, NZG 2011, 1023, 1028 Rdnr. 60.

[71] Zu den Regressansprüchen bei der Handelndenhaftung in der Vor-GmbH, vgl. *Schmidt*, in: Scholz-GmbHG, § 11 Rdnr. 126 ff.

[72] Zum Charakter als Nachlassverbindlichkeit, vgl. *Heckschen*, in: Burandt/Rojahn-ErbR, § 2218 Rdnr. 29.

Ermessen weitestgehend leerlaufen.[73] Im Wesentlichen besteht daher ein weiter Aufwendungsersatz gegenüber dem Nachlass.[74] Um jedoch eine unzumutbare Belastung der Nachlassaltgläubiger zu verhindern, muss die in § 324 Abs. 1 Nr. 6 InsO normierte nachlassinsolvenzrechtliche Vorrangwirkung dieser Aufwendungsersatzansprüche – ähnlich wie bereits bei der Verwaltung durch die Erbenmehrheit beleuchtet[75] – teleologisch reduziert werden. So wird vermieden, dass sich das hier entwickelte Modell der Handelndenhaftung des Testamentsvollstreckers über den Regressweg zu einer unbilligen Belastung des Nachlasses (und damit insbesondere der Nachlassgläubiger) auswächst.

5. Erfüllung des handelsrechtlichen Bedürfnisses nach unbeschränkter Haftung

Durch die Handelndenhaftung wird i.E. der Zugriff auf das Eigenvermögen des Testamentsvollstreckers garantiert. Diese persönliche Haftung des Testamentsvollstreckers ist letztlich als hinreichendes Substitut für die blockierte persönliche Gesellschafterhaftung des Gesellschafter-Erben anzusehen, sodass der Vorbehalt der Haftungsinkompatibilität insoweit befriedet werden kann. Denn dass stets der Gesellschafter-Erbe selbst persönlich haften muss, kann der aus §§ 27, 130 Abs. 1, 139 Abs. 4 HGB abzuleitenden Aversion des allgemeinen Handelsrechts vor Rechtssubjekten, die beschränkt auf die Kräfte einer Nachlassverbindlichkeit haften, nicht entnommen werden. Wenn in diesen Vorschriften der Erbe des Gesellschafters bzw. Inhabers eines Handelsgeschäfts mit der persönlichen Haftung belastet wird, erfolgt dies weniger mit dem Ziel, dass es stets diese Person sein müsse, die die persönliche Haftungslast trägt. Vielmehr zeigt der Gesetzgeber damit nur, dass in diesem Bereich eine Verhaftung alleine mit den Kräften einer Nachlassverbindlichkeit nicht ausreichend ist.[76] Die von der etablierten Ansicht gebilligte Treuhandlösung, bei der dem Testamentsvollstrecker zur Einebnung des Haftungskonflikts über Ergänzungskonstrukte (Ermächtigung bzw. Vollrechtsübertragung) die persönliche Haftung aufgebürdet wird,[77] ist Beleg für dieses Verständnis.

---

[73] Zur allgemeinen Anwendung der business judgement rule bei einem Testamentsvollstrecker im unternehmerischen Bereich, vgl. *Wicke*, ZGR 2015, 161, 174.

[74] Ähnlich schon in den Konstellationen der Erbengemeinschaft für die Aufwendungen eines Miterben gem. §§ 1978 Abs. 3, 670 BGB, vgl. *§ 3 IV. 1.*

[75] S. noch einmal *§ 3 IV. 1. b) cc).*

[76] Zur Aversion des allgemeinen Handelsrechts vor Rechtssubjekten, die beschränkt auf die Kräfte einer Nachlassverbindlichkeit haften, vgl. noch einmal *§ 3 I. 2. c) aa).*

[77] Zur Treuhandlösung, vgl. etwa *Lange*, in: BeckOK-BGB, § 2205 Rdnr. 43.

Es besteht auch aus Gläubigerschutzgesichtspunkten jedenfalls dann kein Bedürfnis, gerade eine persönliche Verhaftung des Gesellschafter-Erben zu fordern, wenn ein Testamentsvollstreckervermerk im Handelsregister eingetragen ist.[78] Es ist dann sogar naheliegender, den Testamentsvollstrecker für diejenigen Rechtsgeschäfte persönlich haften zu lassen, bei denen er die oHG repräsentiert. Auch dem Prinzip der Einheit von Herrschaft und Haftung[79] entspricht es eher, dem Testamentsvollstrecker die persönliche Haftung für diejenigen Verbindlichkeiten aufzuerlegen, die dieser kraft seiner Verwaltungsbefugnisse begründet. Denn dann wird die besondere Machtfülle, die die Gesellschafterbefugnisse für den Testamentsvollstrecker mit sich bringen, durch ein disziplinierendes Gegengewicht in Gestalt einer persönlichen Haftung kontrolliert: Das Damoklesschwert der Haftung hält den Testamentsvollstrecker wie die übrigen Mitgesellschafter dazu an, die Gesellschafterbefugnisse, insbesondere die Vertretung, sorgsam und wohl überlegt auszuüben.[80] Die persönliche Haftung des Testamentsvollstreckers ist daher aus allgemeinen gesellschaftsrechtlichen Erwägungen geeignet, den Vorbehalt der Haftungsinkompatibilität auszuräumen.

III. Haftung für die vom Testamentsvollstrecker nichtrechtsgeschäftlich erzeugten Gesellschaftsneuverbindlichkeiten

In einem zweiten Schritt soll nun der nichtrechtsgeschäftliche Wirkungsbereich des Testamentsvollstreckers beleuchtet werden. Es soll also die auf den vererbten oHG-Anteil entfallende Haftungssituation skizziert werden, die besteht, wenn der Testamentsvollstrecker zurechenbar nichtrechtsgeschäftliche Gesellschaftsverbindlichkeiten begründet.

1. Ausschluss der persönlichen Haftung des Gesellschafter-Erben

Wie auch im rechtsgeschäftlichen Bereich stellt sich die Frage, inwieweit der Gesellschafter-Erbe für die seitens des Testamentsvollstreckers begründeten nichtrechtsgeschäftlichen Gesellschaftsneuverbindlichkeiten haften muss.[81] Über § 128 S. 1 HGB würde hierfür grundsätzlich auch der Gesellschafter-Erbe mit

[78] S. hierzu *§ 9 VII.*

[79] Hierzu noch einmal *Wiedemann*, Gesellschaftsrecht I, § 10 III 2, S. 543 ff.

[80] Sog. verhaltenssteuernde Wirkung der Haftung, vgl. hierzu etwa: *Habersack*, in: Staub-HGB, § 128 Rdnr. 1; *Schäfer*, ZIP, 2003, 1225, 1228 (für rechtsgeschäftliche Verbindlichkeiten); *Wiedemann*, JZ 1969, 469, 471.

[81] Zur nichtrechtsgeschäftlichen Gesellschaftsrepräsentanz, vgl. noch einmal *§ 9 I. 2.*

seiner persönlichen Vermögenssphäre verhaftet werden. Da jedoch der Testamentsvollstrecker erst aus seiner Stellung als Nachlassrepräsentant in die Lage versetzt wird, die organschaftlichen Befugnisse aus dem oHG-Anteil wahrzunehmen, m.a.W. als Gesellschaftsrepräsentant aufzutreten, muss auch die nichtrechtsgeschäftliche Gesellschaftsrepräsentanz wiederum die haftungsrechtlichen Grenzen der nichtrechtsgeschäftlichen Nachlassrepräsentanz wahren.[82] Anders als bei der rechtsgeschäftlichen Zurechnungsnorm des § 2206 Abs. 1 S. 1 BGB, bei der aus dem Wortlaut *„mit Wirkung für den Nachlass"* ersichtlich ist, dass der Testamentsvollstrecker den Erben nur mit der Kraft einer Nachlassverbindlichkeit verhaften kann, fehlt eine solch explizite Begrenzung, wenn der Testamentsvollstrecker auf nichtrechtsgeschäftlichem Wege Verbindlichkeiten begründet. Doch werden auch diese Verbindlichkeiten als reine Nachlassverbindlichkeiten eingestuft.[83] Dahinter steckt letztlich eine allgemeine, nicht auf die Testamentsvollstreckung beschränkte Gerechtigkeitserwägung: Es soll grundsätzlich verhindert werden, dass der Erbe ohne sein Zutun Opfer einer persönlichen Haftung aus dem ererbten Nachlass werden kann.[84] Neben den seitens des Testamentsvollstreckers begründeten nichtrechtsgeschäftlichen Verbindlichkeiten werden mit diesem Rechtsgedanken auch die von Nachlass(insolvenz)verwaltern[85] und Nachlasspflegern[86] begründeten Verbindlichkeiten zu reinen Nachlassverbindlichkeiten herabgestuft, soweit diese dem Erben zugerechnet werden. Allen voran die höchstrichterliche Rechtsprechung versucht dieses Ergebnis mit der gem. § 2205 S. 1 BGB, § 1985 Abs. 1 BGB bzw. § 80 Abs. 1 InsO auf den Nachlass beschränkten Verwaltungsbefugnis eben dieser Fremdverwalter zu begründen. So hat bereits der IV. Zivilsenat des BGH in einem obiter dictum zu solchen Fremdverwaltern festgestellt:

---

[82] Insofern gilt nichts anderes als zur rechtsgeschäftlichen Gesellschaftsrepräsentanz, vgl. *§ 9 II. 1.*

[83] So bspw. i.R.d. §§ 1978 Abs. 1, 280 ff. BGB, vgl. etwa: *Stein*, in: Soergel, § 1978 Rdnr. 6 m.w.N. Für gem. § 31 BGB analog zugerechnetes deliktisches Testamentsvollstreckerverhalten: *Muscheler*, Haftungsordnung, S. 10 f., 245. Auch *Lorz* und *Weidlich* setzen dies letztlich voraus, wenn sie das Bedürfnis sehen, dem Testamentsvollstrecker nur denjenigen oHG-Anteil zur vollständigen Verwaltung zuzubilligen, der auch von den Geschäftsführungsbefugnissen entkernt ist, da nur so sichergestellt sei, dass es nicht zu einer Zurechnung deliktischen Verhaltens gem. § 31 BGB analog komme, für welches die Gesellschaft und über § 128 S. 1 HGB auch der Gesellschafter-Erbe persönlich einzustehen habe; vgl. *Lorz*, S. 150 f. und *Weidlich*, S. 64 f.

[84] So etwa mit Blick auf eine postmortale Vollmacht wegen der sonst angeblich gefährdeten Privatautonomie des Erben *Dutta*, in: Staudinger, § 1967 Rdnr. 28.

[85] So i.E. wohl auch *Küpper*, in: MüKo-BGB, § 1985 Rdnr. 3, wenn er konstatiert: *„(...) verpflichtet der Verwalter den Erben als Träger des Nachlasses"*.

[86] Auch *Leipold*, in: MüKo-BGB, § 1960 Rdnr. 65 stellt i.E. fest, dass der Nachlasspfleger nur reine Nachlassverbindlichkeiten begründen kann.

„Es handelt sich hier um einen allgemeinen Grundsatz des deutschen Rechts, der in verschiedenen Bestimmungen des Gesetzes seinen Ausdruck gefunden hat. So kann der Erbe, wenn er für Nachlaßverbindlichkeiten nicht unbeschränkt haftet, den Zugriff derjenigen, die auf Grund einer Rechtshandlung des Nachlaßverwalters, des Nachlaßpflegers oder des Testamentsvollstreckers einen Anspruch gegen ihn erworben haben, von seinem Privatvermögen abwenden und sie auf die Befriedigung aus dem Nachlaß verweisen“[87].

Wenn man diese Wertung mitträgt, ist daher auch das nichtrechtsgeschäftliche Testamentsvollstreckerverhalten, welches dem Erben zuzurechnen ist, allenfalls im Stande, den Erben mit den Kräften einer Nachlassverbindlichkeit zu treffen. Aufbauend hierauf kann sodann der Gesellschafter-Erbe auch durch die nichtrechtsgeschäftliche Gesellschaftsrepräsentanz des Testamentsvollstreckers allenfalls mit der Kraft einer Nachlassverbindlichkeit verhaftet werden. Hierbei ist wiederum die bereits beleuchtete Tatsache fruchtbar zu machen, dass das Einrücken in einen oHG-Anteil als Eintritt in eine vom Erblasser herrührende pflichtbelastete Rechtslage zu begreifen ist.[88] Eine danebentretende persönliche Haftung des Gesellschafter-Erben gem. § 128 S. 1 HGB verbietet sich jedoch.

2. Persönliche Haftung des Testamentsvollstreckers

Doch auch hinsichtlich der von einem Testamentsvollstrecker im nichtrechtsgeschäftlichen Bereich erzeugten Gesellschaftsverbindlichkeiten kann der Vorbehalt der Haftungsinkompatibilität überwunden werden, wenn auch dort stets eine unterstützende persönliche Haftung des Testamentsvollstreckers Geltung beansprucht.

a) Verbindlichkeiten des nichtrechtsgeschäftlichen Bereichs i.w.S.

Hierbei ist zunächst der nichtrechtsgeschäftliche Bereich zu beleuchten, der in gewisser Hinsicht noch mit dem rechtsgeschäftlichen Bereich zusammenhängt (nichtrechtsgeschäftlicher Bereich i.w.S.). Zu nennen sind hier insbesondere Schadensersatzansprüche, denen sich die Gesellschaft aus einer rechtsgeschäftlichen Sonderverbindung ausgesetzt sieht, weil ihr gem. § 31 BGB analog bzw. § 278 S. 1 Var. 2 BGB die zu vertretende Pflichtverletzung des Testamentsvollstreckers zugerechnet wird. Daneben fallen hierunter aber auch die Gesellschaft treffende Ansprüche aus einer Leistungskondiktion, weil der Testamentsvollstrecker als unselbstständiger Leistungsmittler die rechtsgrundlos geleistete vertragliche Leistung für die Gesellschaft entgegennimmt,[89] sowie die sich hieran

---

[87] BGH, NJW 1955, 339. Bestätigt durch: BGHZ 34, 293, 295 f.; BGH, NJW 2010, 69, 70 Rdnr. 12 ff.

[88] S. hierzu noch einmal *§ 9 II. 2.*

[89] Dass die Empfangnahme durch Hilfspersonen oder Zahlstellen i.E. außer Betracht

anschließenden Ansprüche aus einer verschärften Bereicherungshaftung gem. §§ 818 Abs. 4, 819 BGB i. V. m. § 292 BGB.

aa) Vorschläge der Literatur

Für den Bereich der Schadensersatzansprüche aus rechtsgeschäftlicher Sonderverbindung haben einige Autoren für den Bereich der Nachlassrepräsentanz eine allgemeine Repräsentantenhaftung des Testamentsvollstreckers im vorvertraglichen[90] bzw. vertraglichen[91] Bereich entwickelt. *Muscheler* etwa stützt diese im handelsgeschäftlichen Bereich darauf, dass der Testamentsvollstrecker als Quelle institutionalisierten Vertrauens eine besondere Stellung i. S.d. § 311 Abs. 3 S. 1 BGB einnimmt, sodass aus entsprechenden Sonderverbindungen, die vorvertraglicher oder vertraglicher Natur sein können, Schutz und Sorgfaltspflichten i. S.d. § 241 Abs. 2 BGB auch ihm gegenüber wirken.[92] Noch schärfer argumentiert *Ballerstedt*, der im vorvertraglichen Bereich die erbrechtlichen Fremdverwalter sogar als primäre Quelle des vom Rechtsverkehr entgegengebrachten Vertrauens ansieht, da diese durch ihre umfassenden Einwirkungsrechte und ihr hohes Maß an Selbstständigkeit den eigentlichen Geschäftsherrn faktisch aus seiner Rolle verdrängten und alleine für die Vertragsverhandlungen verantwortlich seien. Daher müssten sie auch alleine durch das vorvertragliche Vertrauensverhältnis verpflichtet werden.[93] *Dölle* und *E. Schmidt* heben diesen Gedanken letztlich auf die vertragliche Ebene und sehen den Fremdverwalter als eigentlichen Schuldner der aus der gesetzlichen Sonderverbindung resultierenden Pflichten an, weil der eigentliche Geschäftsherr vollumfänglich aus der aktiven Verwaltung ausgeschlossen sei. Für eine Pflichtverletzung müsse daher der Fremdverwalter neben[94] oder anstelle[95] des Erben haften.

---

bleiben muss und für den Leistungsempfänger auf die dahinterstehende Person, die es angeht, abzustellen ist, wird allgemein anerkannt, wenngleich über die dogmatische Grundlage des Zurechnungstatbestands Unklarheit herrscht, vgl. *Wendehorst*, in: BeckOK-BGB, § 812 Rdnr. 41. Bei einer Leistung ist also unmittelbar die Gesellschaft passivlegitimiert, die Gesellschafter haften allenfalls über § 128 S. 1 HGB; in diese Richtung auch *Wendehorst*, a. a. O., Rdnr. 292.

90 *Ballerstedt*, AcP 151, 501, 525 ff.; *Muscheler*, Haftungsordnung, S. 201 ff.

91 *Dölle*, in: FS Schulz II, S. 268, 279 f.; *E. Schmidt*, AcP 170, 502, 517 ff.; *Muscheler*, Haftungsordnung, S. 201 f., 208.

92 *Muscheler*, Haftungsordnung, S. 201 ff., 208.

93 *Ballerstedt*, AcP 151, 501, 525 ff.

94 *Dölle*, in: FS Schulz II, S. 268, 279 f., der den Erben daneben freilich nur mit der Kraft einer Nachlassverbindlichkeit verhaften will und dabei betont, dass dies seiner Auffassung nach nicht auf § 278 S. 1 BGB beruhe.

95 *E. Schmidt*, AcP 170, 502, 517 ff.

Ohne diese Vorstöße inhaltlich bewerten zu wollen,[96] können diese für die Nachlassrepräsentanz entwickelten Grundsätze nicht auf die Gesellschaftsrepräsentanz übertragen werden. Denn wenn der Testamentsvollstrecker in Ausübung der organschaftlichen Befugnisse als Repräsentant der Gesellschaft auftritt, reicht seine Vertrauensposition nicht über diejenige eines gewöhnlichen Gesellschafters hinaus. Als solcher kann er daher gegenüber potentiellen Geschäftspartnern der Gesellschaft nicht als Quelle eines besonderen institutionalisierten Vertrauens angesehen werden. Seine herausgehobene amtsbezogene Stellung, die alleine Quelle für eine solche Vertrauensstellung sein könnte, ist auf den Nachlass beschränkt, § 2205 S. 1 BGB.

Daneben reichen diese Rechtsfiguren nicht aus, um eine allgemeine Repräsentantenhaftung des Testamentsvollstreckers im nichtrechtsgeschäftlichen Bereich i.w.S. zu begründen. Denn diese Lösungsversuche beschränken sich auf eine exklusive oder konkurrierende persönliche Verhaftung des Testamentsvollstreckers für die von ihm begangenen Pflichtverletzungen. Selbst in diesem kleinen Segment sind sie daneben auf denjenigen Bereich der Schadensersatzansprüche limitiert, die auf vertraglichen und vorvertraglichen Sonderrechtsverhältnissen beruhen, welche gerade vom Testamentsvollstrecker als Vertreter bewusst und zielgerichtet begründet wurden. Denn nur wenn der Testamentsvollstrecker bei der Begründung der Sonderrechtsbeziehung involviert war, könnte dieser überhaupt als institutionalisierte Vertrauensquelle gegenüber dem Geschäftspartner angesehen werden. Nur dann kann das vom Rechtsverkehr dem Testamentsvollstrecker entgegengebrachte Vertrauen das Schuldverhältnis überhaupt mitbestimmen. Diese spezifische Konstellation bildet jedoch nicht alle Haftungsgefahren ab, die einer Verwaltung eines oHG-Anteils durch einen Testamentsvollstrecker innewohnen. Hier kann es etwa dazu kommen, dass der Testamentsvollstrecker eine Pflicht aus einem vertraglichen Verhältnis verletzt, an dessen Abschluss er gar nicht beteiligt war. Über § 278 S. 1 Var. 2 BGB bzw. § 31 BGB analog könnte diese Pflichtverletzung der Gesellschaft zwar als eigene Pflichtverletzung zugerechnet werden, sodass diese Schadensersatz schuldet.[97] Da der Testamentsvollstrecker aber nicht bei der Begründung des Schuldverhältnisses involviert war und die Geschäftspartner ihm gegenüber kein besonderes Vertrauen entgegengebracht haben, kann dies nach den auf Vertrauen basierenden Auffassungen der eingangs genannten Literaten kaum zu einer persönlichen Haftung des Testamentsvollstreckers führen. Damit sind diese Lösungsansätze nicht geeignet, um den Vorbehalt der Haftungsinkompatibilität vollumfänglich einzuebnen.

---

[96] Reichlich Kritik erfahren diese bereits durch *Dauner-Lieb*, S. 238 ff.

[97] S. hierzu noch einmal *§ 9 I. 2.*

bb) Handelndenhaftung im nichtrechtsgeschäftlichen Bereich

Um den Testamentsvollstrecker in seiner Funktion als Fremdverwalter des oHG-Anteils auch im nichtrechtsgeschäftlichen Bereich i.w.S. zu verhaften, hilft wiederum ein Rückgriff auf die Grundsätze der Handelndenhaftung einer Vorgesellschaft i.S.d. § 11 Abs. 2 GmbHG, § 41 Abs. 1 S. 2 AktG. Denn die Handelndenhaftung wird auch in ihrem unmittelbaren Anwendungsbereich bei der Vorgesellschaft nicht nur im rechtsgeschäftlichen, sondern auch im rechtsgeschäftsähnlichen Bereich herangezogen, d. h. dort, wo eine Verbindlichkeit seitens des Handelnden zwar kraft Gesetzes begründet wird, wo jedoch eine rechtsgeschäftliche Grundlage zur Entstehung dieser Verbindlichkeit beiträgt.[98] Allzu streng wird dieser rechtsgeschäftliche Ursprung nicht gesehen, sodass neben Verhaltensweisen, die zu klassischen vertragsrechtlichen Sekundäransprüchen, wie Schadensersatz, Rücktritt und Minderung[99] führen, auch eine Geschäftsführung ohne Auftrag[100] sowie die Aufforderung zur Leistung ohne Rechtsgrund[101] einen ausreichenden rechtsgeschäftlichen Bezug darstellen und daher zu einer persönlichen Haftung des Handelnden führen können. Selbst die Auslösung einer Abgabenlast gegenüber der Gesellschaft wird als Verhaltensweise angesehen, die zu einer Handelndenhaftung führen kann, wenn nur der Steuertatbestand an ein rechtsgeschäftliches Verhalten anknüpft.[102]

cc) Übertragung auf die Testamentsvollstreckung am oHG-Anteil

Wie bereits dargelegt, rechtfertigt sich die persönliche Haftung des Testamentsvollstreckers für die im Namen der oHG eingegangenen, rechtsgeschäftlichen Verbindlichkeiten daraus, dass die aus dem Recht der Vorgesellschaft stammende Handelndenhaftung in ihrer Ausgleichsfunktion auf die Konstellation zu übertragen ist, in der ein Testamentsvollstrecker einen oHG-Anteil verwaltet, weil damit die wegen § 2206 Abs. 1 S. 1 BGB blockierte persönliche Haftung des Gesellschafter-Erben durch eine persönliche Haftung des Testamentsvollstreckers substituiert werden kann.[103] Wenn nach dem bereits Gesagten[104] die seitens des Testamentsvollstreckers begründeten nichtrechtsgeschäftlichen Gesell-

---

[98] *Wicke*, GmbHG, § 11 Rdnr. 13; *Blath*, in: Michalski-GmbHG, § 11 Rdnr. 95; OLG Karlsruhe, NZG 1998, 268, 269 (ungerechtfertigte Bereicherung).

[99] *Merkt*, in: MüKo-GmbHG, § 11 Rdnr. 130.

[100] *Schmidt-Leithoff*, in: R/S-L-GmbHG, § 11 Rdnr. 122.

[101] OLG Karlsruhe, NZG 1998, 268, 269.

[102] *Ulmer/Habersack*, in: GK-GmbHG, § 11 Rdnr. 136; fehlt dieser rechtsgeschäftliche Bezug, soll aber die Belastung mit einer Steuerverbindlichkeit grundsätzlich kein die Handelndenhaftung auslösender Vorgang sein, s. BFH, DStRE 1997, 265, 267.

[103] S. noch einmal *§ 9 II. 3. b) bb)*.

[104] S. noch einmal *§ 9 III. 1.*

schaftsverbindlichkeiten ebenfalls keine persönliche Haftung des Gesellschafter-Erben nach sich ziehen können, müssen konsequenterweise auch die Grundsätze der Handelndenhaftung jedenfalls insoweit auf diesen Bereich übertragen werden können, als die Handelndenhaftung nach den bereits gewonnenen Erkenntnissen auch im unmittelbaren Anwendungsfeld i.R.d. Vorgesellschaft für den nichtrechtsgeschäftlichen Bereich anerkannt ist.[105] Daher muss die Handelndenhaftung jedenfalls dort eingreifen, wo der Testamentsvollstrecker eine gesetzliche Verbindlichkeit zu Lasten der oHG begründet, die auf einer rechtsgeschäftlichen Grundlage beruht. Damit haftet der Testamentsvollstrecker nach den Grundsätzen der Handelndenhaftung etwa persönlich für einen gegen die Gesellschaft gerichteten vertraglichen Schadensersatzanspruch, der auf einem von ihm zurückzuführenden Leistungsstörungstatbestand beruht, welcher über § 31 BGB analog bzw. § 278 S. 1 Var. 2 BGB der Gesellschaft zugerechnet wird. Doch kann dieses Ergebnis auch auf andere vom Testamentsvollstrecker herrührende nichtrechtsgeschäftliche Gesellschaftsverbindlichkeiten übertragen werden. So kann etwa der Testamentsvollstrecker aus der Handelndenhaftung für diejenige Bereicherungsschuld der Gesellschaft persönlich in Anspruch genommen werden, die daraus resultiert, dass der Testamentsvollstrecker als unselbstständiger Leistungsmittler den rechtsgrundlos geleisteten Vorteil für die Gesellschaft entgegennimmt,[106] sowie auch für die sich hieran anschließenden Ansprüche aus einer verschärften Bereicherungshaftung gem. §§ 818 Abs. 4, 819 BGB i. V. m. § 292 BGB.

b) Verbindlichkeiten des nichtrechtsgeschäftlichen Bereichs i.e.S.

Ist die Handelndenhaftung im nichtrechtsgeschäftlichen Bereich i.w.S. noch anerkannt und daher im Stande, den Vorbehalt der Haftungsinkompatibilität durch eine persönliche Verhaftung des Testamentsvollstreckers in diesem Bereich zu entkräften, verlässt man diesen gesicherten Pfad, wenn man in den nichtrechtsgeschäftlichen Bereich vordringt, der keinen Bezug mehr zum rechtsgeschäftlichen Bereich aufweist (nichtrechtsgeschäftlicher Bereich i.e.S.). Dieser Bereich, so vielfältig er ist, lebt von seinen eigenen Wertungen und seinen verschiedenartigen Verpflichtungstatbeständen. Im Folgenden soll dennoch anhand einer Grobeinteilung versucht werden, darzulegen, dass auch in diesem Bereich eine persönliche Verhaftung des Testamentsvollstreckers begründet werden kann und damit der Vorbehalt der Haftungsinkompatibilität nicht durchgreift.

---

[105] S. noch einmal *§ 9 III. 2. a) bb)*.

[106] Als Leistungsempfänger ist auf die dahinterstehende Person, die es angeht, also im vorliegenden Fall auf die Gesellschaft abzustellen, vgl. *Wendehorst*, in: BeckOK-BGB, § 812 Rdnr. 41 und 292.

aa) Verbindlichkeiten des allgemeinen Jedermanndeliktsrechts

Zunächst ist in Bezug auf die vom Testamentsvollstrecker begründeten allgemeinen Verbindlichkeiten der deliktischen Jedermannshaftung der §§ 823 Abs. 1, Abs. 2, 826 BGB zu sagen, dass der Testamentsvollstrecker hierfür im Außenverhältnis selbst persönlich haftet.[107] Diese persönliche Haftung des Testamentsvollstreckers tritt neben eine auf die Kräfte einer Nachlassverbindlichkeit beschränkte Haftung des Gesellschafter-Erben, sodass beide Gesamtschuldner sind, wobei letzterer beim Testamentsvollstrecker voll Regress nehmen kann.[108] Die fehlende persönliche Haftung des Gesellschafter-Erben gem. § 128 S. 1 HGB wird somit in diesen Fällen bereits nach allgemeinen Grundsätzen durch die persönliche Haftung des Testamentsvollstreckers substituiert. Insoweit kann also der Vorbehalt der Haftungsinkompatibilität nicht durchgreifen.

bb) Sonstige gesetzliche Verbindlichkeiten des nichtrechtsgeschäftlichen Bereichs i.e.S.

Problematisch wird die Sachlage jedoch im Sonderdeliktsrecht, in dem nur ein bestimmter Personenkreis haftbar gemacht werden kann. Als Beispiel kann die Kfz-Halterhaftung (§ 7 Abs. 1 StVG), die Tierhalterhaftung (§ 833 BGB) oder die Produkthaftung (§ 1 Abs. 1 S. 1 ProdHaftG) aufgeführt werden. Diese Haftungstatbestände treffen, selbst wenn der haftungsbegründende Vorgang seitens des Testamentsvollstreckers in Gang gesetzt wurde, nur die Gesellschaft, wenn diese als Kfz- oder Tierhalter bzw. Hersteller (§ 4 ProdHaftG) anzusehen ist. Eine danebentretende deliktische Haftung des Testamentsvollstreckers aus den deliktischen Haftungstatbeständen der §§ 823 Abs. 1, Abs. 2, 826 BGB bzw. § 18 Abs. 1 S. 1 StVG ist zwar möglich, jedoch mit dem Verschuldenserfordernis einer besonderen Schwäche ausgesetzt, sodass es in diesen Fällen zu der Gemengelage kommen kann, dass zwar die Gesellschaft haftet (und damit über § 128 S. 1 HGB auch die Mitgesellschafter), nicht jedoch der Testamentsvollstrecker und wegen der Wertungen des Testamentsvollstreckungsrechts auch nicht der Gesellschafter-Erbe persönlich. Ähnliche Konstellationen drohen etwa in den Fällen der Eingriffskondiktion und der angemaßten Eigengeschäftsführung (§ 687 Abs. 2 BGB) sowie bei einem Nutzungsersatz aus EBV (§§ 987, 990 Abs. 1 BGB), wenn im ersteren Fall die Gesellschaft passivlegitimiert ist,

---

[107] S. auch *Muscheler*, Haftungsordnung, S. 234 f.

[108] Insofern gelten die allgemeinen Grundsätze zur Testamentsvollstreckung, vgl. etwa: *Reimann*, in: Staudinger, § 2219 Rdnr. 29; *Zimmermann*, in: MüKo-BGB, § 2219 Rdnr. 18; *Muscheler*, Haftungsordnung, S. 245.

weil sie etwas erlangt hat,[109] im zweiten Fall Geschäftsherr ist,[110] bzw. im letzteren Fall schlicht unredliche Besitzerin ohne Besitzrecht ist,[111] der haftungsbegründende Vorgang (also der Eingriff, die Eigengeschäftsführung bzw. die Nutzungsziehung) jedoch von dem Testamentsvollstrecker vorgenommen wird.[112] Wenn in diesen Fällen die persönliche Haftung des Testamentsvollstreckers nach allgemeinen Regeln scheitert, man jedoch die etablierte Ansicht nicht aufgeben will, wonach wegen der aus § 2205 S. 1 BGB immanenten Beschränkung der Verwaltungsbefugnisse jegliches vom Testamentsvollstrecker in Verwaltung des Nachlasses herrührende Verhalten keine persönliche Haftung des Gesellschafter-Erben aus § 128 S. 1 HGB nach sich ziehen kann, müsste der Vorbehalt der Haftungsinkompatibilität aufrechterhalten bleiben.

cc) Handelndenhaftung im nichtrechtsgeschäftlichen Bereich i.e.S.

Anders wäre dies nur, wenn man auch hier die Möglichkeit in Betracht zieht, an Erbes statt den Testamentsvollstrecker persönlich zu verhaften. Über die Handelndenhaftung scheint dies jedoch auf den ersten Blick nicht zu gelingen, da aus dem Tatbestandsmerkmal „*im Namen der Gesellschaft*“ i.S.d. § 11 Abs. 2 GmbHG, § 41 Abs. 1 S. 2 AktG, also aufgrund des Bezugs zum vertretungsrechtlichen Offenkundigkeitsprinzip, nach wie vor ganz überwiegend der notwendige rechtsgeschäftliche Bezug für das Eingreifen der Handelndenhaftung hergeleitet wird.[113]

Dagegen versucht *Schwab* im unmittelbaren Anwendungsbereich der Handelndenhaftung mit beachtlichen Argumenten dieselbe auf den nichtrechtsgeschäftlichen Bereich auszudehnen.[114] *Schwab* führt die auch heute noch gemeinhin befürwortete Beschränkung der Handelndenhaftung auf den rechts-

---

[109] Zum Bereicherungsrecht im Umfeld von Personengesellschaften, vgl. *Wendehorst*, in: BeckOK-BGB, § 812 Rdnr. 292.

[110] Wenn ein Gesellschaftsorgan ein Geschäft ausführt, wird der Personengesellschaft bei einer echten Geschäftsführung ohne Auftrag die Geschäftsführerstellung über § 31 BGB analog zugerechnet, vgl. *Schäfer*, in: MüKo-BGB, § 677 Rdnr. 19. Selbiges muss daher auch bei einer angemaßten Eigengeschäftsführung gelten.

[111] Zur gesellschaftsrechtlichen Zurechnung des Besitzerwerbs des Organs zu Lasten der Personengesellschaftsrecht *Joost*, in: MüKo-BGB, § 854 Rdnr. 23. Zur Zurechnung der Bösgläubigkeit des Organs zu Lasten der Personengesellschaft, vgl. *Raff*, in: MüKo-BGB, § 990 Rdnr. 27.

[112] Ein ähnliches Fallbeispiel bildet *Schwab*, NZG 2012, 481, 484 i.R.d. Vorgesellschaft.

[113] BSG, DNotZ 1986, 569, 570; BGHZ 53, 210, 214; BGH, NJW 1976, 419, 420; *ders.*, NJW 1976, 1685; BAG, NJW 1997, 3331, 3332; BFH, DStRE 1997, 265, 267; *Wicke*, GmbHG, § 11 Rdnr. 13; *Blath*, in: Michalski-GmbHG, § 11 Rdnr. 95. Zu Art. 16 Abs. 2 SE-VO, vgl. auch *Schäfer*, in: MüKo-AktG, Art. 16 SE-VO Rdnr. 18.

[114] *Schwab*, NZG 2012, 481, 483 f.

geschäftlichen Bereich auf ein mit der Evolution dieser Vorschrift nicht schritthaltendes, veraltetes Verständnis zurück, das immer noch in der längst abgelegten Straffunktion dieser Vorschrift verharrt. Denn nur wer in der Handelndenhaftung ausschließlich ein Mittel sieht, die von einem übereifrigen Gewinnstreben beherrschte vorzeitige Geschäftsaufnahme zu unterbinden, könne die Handelndenhaftung auf den rechtsgeschäftlichen Bereich beschränken.[115] Der nach heutigem Verständnis im Vordergrund stehende Zweck der Handelndenhaftung könne sich demgegenüber keine Differenzierung zwischen rechtsgeschäftlicher und nichtrechtsgeschäftlicher Sphäre leisten, da die Gläubiger in beiden Fällen schutzwürdig seien; die Gläubiger des nichtrechtsgeschäftlichen Bereichs sind regelmäßig sogar noch schutzwürdiger, haben diese sich doch ihren Schuldner nicht auf Grundlage eines freiwillig geschlossenen Rechtsgeschäfts ausgesucht. § 11 Abs. 2 GmbHG bzw. § 41 Abs. 1 S. 2 AktG seien hiernach analog auf gesetzliche Verbindlichkeiten anzuwenden.[116]

Dagegen sieht *Pentz* keinen Raum für eine planwidrige Regelungslücke, die eine solche analoge Anwendung rechtfertigen könne. Denn seit jeher sei man von der Vorgesellschaft als Zuordnungssubjekt ausgegangen, sodass die Beschränkung der Handelndenhaftung auf den rechtsgeschäftlichen Bereich als bewusste Entscheidung des Gesetzgebers zu werten sei.[117] Die Tatsache, dass sich der historische Gesetzgeber bereits bei der Reform des *ADHGB* von 1870 über die Rechtssubjektivität der juristischen Person in Gründung bewusst war, wird von den Untersuchungen *Rittners* gedeckt.[118] Dieser weist sogar nach, dass bereits zu den ursprünglichen Beratungen zum *Nürnberger Entwurf des ADHGB*[119] Vorschläge zur Regelung der vor Eintragung vorherrschenden Gesellschaftsverhältnisse diskutiert wurden, die nur aus Angst vor einer allzu starken Pauschalisierung fallengelassen wurden.[120]

Doch vermag diese Feststellung das Begründungsmodell *Schwabs* nicht zu entkräften, benutzt er sie doch selbst zur Untermauerung seiner These.[121] Die Beschränkung der Handelndenhaftung auf den rechtsgeschäftlichen Bereich war zwar eine bewusste Entscheidung des damaligen Gesetzgebers, sie muss aber eben im Lichte der damals zugrunde gelegten Straffunktion gesehen werden.[122]

---

[115] *Schwab*, NZG 2012, 481, 484.

[116] *Schwab*, NZG 2012, 481, 482.

[117] *Pentz*, in: MüKo-AktG, § 41 Rdnr. 137.

[118] *Rittner*, S. 120.

[119] Dieser wurde bis 1861 von der Nürnberger Kommission ausgearbeitet und galt, nach entsprechender landesgesetzlicher Einführung, in den einzelnen Staaten des Deutschen Bundes, vgl. *Köbler*, Deutsche Rechtsgeschichte, S. 188; *Pohlmann*, S. 42 f.

[120] So berichtet es in Bezug auf die KG nach damaliger Prägung *Rittner*, S. 114 f.

[121] *Schwab*, NZG 2012, 481, 484 zeigt dieses Verständnis selbst auf.

[122] Zur Straffunktion, vgl. RGZ 55, 302, 304.

Da sich insofern jedoch eine Wandlung vollzogen hat, liegt *Schwab* mit seiner Kritik genau richtig, wohingegen *Pentz* insoweit nicht durchdringen kann.

Daneben bemerkt *Pentz*, dass *Schwabs* Verweis auf den Wegfall der Straffunktion mit Blick auf eine Ausdehnung der Handelndenhaftung auf den nichtrechtsgeschäftlichen Bereich „*nichtssagend*“[123] sei. Doch ist auch dieser Vorwurf von *Pentz* nicht eingängig. Vielmehr überzeugen die dahingehenden Äußerungen *Schwabs*. Strafwürdig konnte nach damaligem Verständnis nur die gewollte gewinngetriebene, vorzeitige Geschäftsaufnahme, also rechtsgeschäftliches Verhalten sein. Ausgehend von der Straffunktion machte es insoweit Sinn, die Handelndenhaftung auf den rechtsgeschäftlichen Bereich zu beschränken. Mit Aufgabe der Straffunktion ist diese Beschränkung jedoch infrage zu stellen. Selbst wenn man entgegen der These *Schwabs* und mit *Pentz* in der Strafunktion nicht den entscheidenden Grund für eine Beschränkung der Handelndenhaftung auf den rechtsgeschäftlichen Bereich sehen will, muss man doch spätestens dann den Schlussfolgerungen *Schwabs* Sympathien entgegenbringen, wenn man die ursprüngliche Sicherungsfunktion mit in den Fokus nimmt. Diese ist nämlich – insofern über die Feststellungen *Schwabs* hinausgehend – ebenfalls nur von der rechtsgeschäftlichen Warte aus gesehen zu erklären. Bezeichnend sind ältere Urteile des BGH, in denen die Handelndenhaftung v. a. mit der aus der Sicherungsfunktion bekannten Begründung zu rechtfertigen gesucht wird, dass „*die GmbH, in deren Namen gehandelt wird, vor ihrer Eintragung noch nicht besteht und deshalb nicht sogleich verpflichtet werden kann*“[124]. Dies solle es rechtfertigen,

> „*Geschäftsführer oder wie ein Geschäftsführer handelnde Personen, die über einen Geschäftsabschluß namens der GmbH verantwortlich zu entscheiden haben, für das Zustandekommen des versprochenen rechtlichen Kontakts einstehen zu lassen*“[125].

Es waren also vorrangig die sich aus dem Vorbelastungsverbot ergebenden rein sicherungsfunktionalen, dem Normverständnis des § 179 BGB nicht unähnlichen Vertrauensschutzaspekte, die für die Handelndenhaftung maßgeblich waren. Aus dieser Warte ist es verständlich, warum die Handelndenhaftung auf den rechtsgeschäftlichen Bereich beschränkt wurde; denn Vertrauen in den rechtlichen Kontakt zur Gesellschaft kann nur im rechtsgeschäftlichen Bereich aufgebaut werden. Da jedoch diese Vorstellung seit BGHZ 80, 129 überwunden ist, sich die Handelndenhaftung vielmehr grundsätzlich in einer vom Vertrauen losgelösten Ausgleichsfunktion und nur noch ausnahmsweise (bei gescheiterter

[123] Eine weitere Begründung für diesen Vorwurf ist nicht auszumachen, vgl. *Pentz*, in: MüKo-AktG, § 41 Rdnr. 137.

[124] BGHZ 53, 210, 214. Ähnlich BGH, NJW 1976, 419, 420.

[125] BGH, NJW 1976, 1685.

Verpflichtung der Vorgesellschaft) in der Sicherungsfunktion ausdrückt,[126] muss auch das Bedürfnis nach einer Beschränkung der Handelndenhaftung auf den rechtsgeschäftlichen Bereich einer kritischen Neubewertung zugeführt werden. So ist es zwar richtig, dass die Sicherungsfunktion der Handelndenhaftung dem rechtsgeschäftlichen Bereich dient; denn dort fungiert die Handelndenhaftung als lex specialis zu § 179 BGB[127] und damit als Annex zum Vertretungsrecht. Jedoch trifft *Schwab* den richtigen Punkt, sofern man die Ausgleichsfunktion der Handelndenhaftung in den Fokus nimmt. Dass nämlich gegenüber einem Gläubiger als Ausgleich für die in der Vorgesellschaft noch nicht gesicherte Kapitalaufbringung eine persönliche Haftung des Handelnden gewährt wird, ist eine Gerechtigkeitserwägung, die von jeglichen rechtsgeschäftlichen Besonderheiten und Vertrauensschutzaspekten entrückt ist und daher im nichtrechtsgeschäftlichen Bereich genauso Geltung beansprucht.[128] Derjenige Gläubiger, der kraft Verwirklichung eines gesetzlichen Tatbestands ohne jeglichen Bezug zu einem Rechtsgeschäft in seine Rolle als Gläubiger gezwungen wird, ist sogar noch schutzwürdiger in seiner Stellung als der Gläubiger einer rechtsgeschäftlichen Verbindlichkeit, die auf einem bewussten und freiwilligen Kontakt beruht.[129] Da die Ausgleichsfunktion die tragende Schutzerwägung derjenigen Handelndenhaftung ist, die nach der hier vertretenen Auffassung auf eine von der Testamentsvollstreckung geprägten oHG übertragen wird,[130] ist auch die Handelndenhaftung, welche der Testamentsvollstrecker unterliegt, auf den nichtrechtsgeschäftlichen Bereich auszudehnen. Daher wird das Haftungsdefizit im nichtrechtsgeschäftlichen Bereich i.e.S. auch jenseits der deliktischen Jedermannshaftung angemessen ausgeglichen und der Vorbehalt der Haftungsinkompatibilität wird vollumfänglich überwunden.

3. Zwischenergebnis

Letztlich ist damit im nichtrechtsgeschäftlichen Bereich eine ähnliche Haftungslage wie im rechtsgeschäftlichen Bereich hergestellt. Der Gesellschafter-Erbe haftet für die seitens des Testamentsvollstreckers begründeten nichtrechts-

[126] Vgl. hierzu noch einmal *§ 9 II. 3. b) aa)*.

[127] *Ulmer/Habersack*, in: GK-GmbHG, § 11 Rdnr. 128.

[128] Auch *Pentz*, in: MüKo-AktG, § 41 Rdnr. 128 betont, dass die Handelndenhaftung kein Fall der Rechtsscheinhaftung ist, wenngleich er a. a. O., Rdnr. 137 dennoch i.E. die Ausdehnung der Handelndenhaftung auf den nichtrechtsgeschäftlichen Bereich ablehnt. Dennoch von „*Vertrauen auf Haftung der AG, in dem § 41 Abs. 1 S. 2 (AktG) seine verbleibende Rechtfertigung findet*", spricht *Koch*, in: Hüffer/Koch-AktG, § 41 Rdnr. 21.

[129] *Schwab*, NZG 2012, 481, 482.

[130] S. noch einmal *§ 9 II. 3. b) bb)*.

geschäftlichen Verbindlichkeiten allenfalls mit der Kraft einer reinen Nachlassverbindlichkeit unter dem Gesichtspunkt des Eintritts in eine pflichtbelastete Rechtsposition. Der Aversion des allgemeinen Handelsrechts vor einem solchen Zustand geschuldet, unterliegt der Testamentsvollstrecker für diese Verbindlichkeiten jedoch stets einer unterstützenden persönlichen Eigenhaftung. Im deliktischen Bereich haftet der Testamentsvollstrecker regelmäßig selbst für die von ihm begangenen unerlaubten Handlungen.[131] Bei den jenseits davon begründeten Gesellschaftsverbindlichkeiten sichern die nach der hier vertretenen Meinung zu übertragenden Grundsätze der Handelndenhaftung eine persönliche Haftung des Testamentsvollstreckers. Denn für gesetzliche Verbindlichkeiten, die sich auf eine rechtsgeschäftliche Grundlage zurückführen lassen, entspricht es bei der Vorgesellschaft ohnehin der überwiegenden Auffassung, dass hier die Handelndenhaftung eingreift.[132] Insoweit decken die nach hier entwickelter Auffassung zu übertragenden Grundsätze der Handelndenhaftung diesen Fall ebenfalls ab.[133] Doch auch jenseits davon ist es angezeigt, die Handelndenhaftung anzuwenden und den Testamentsvollstrecker persönlich zu verhaften.[134] Damit kann das mit der Testamentsvollstreckung einhergehende Haftungsdefizit auch in diesem Bereich ausgeglichen werden.

IV. Haftung für die von den Mitgesellschaftern erzeugten Gesellschaftsneuverbindlichkeiten

Bei den Gesellschaftsverbindlichkeiten, die alleine von den Mitgesellschaftern begründet werden, stellt sich die Sachlage anders dar. Denn wenn von Seiten der Mitgesellschafter Gesellschaftsverbindlichkeiten begründet werden, für die der Gesellschafter-Erbe kraft seiner ererbten Gesellschafterposition über § 128 S. 1 HGB persönlich einzustehen hat, realisiert sich nicht das spezifische Testamentsvollstreckerrisiko, vor dem die in § 2206 Abs. 1 S. 1 BGB bzw. kraft allgemeinen Verwaltungserwägungen herauszulesende Haftungsbeschränkung schützen will. Der Gesellschafter-Erbe, der wegen der angeordneten Testamentsvollstreckung keinen Einfluss auf die Geschäftsgeschicke nehmen kann, steht nicht wesentlich[135] schlechter da, als wenn er einen von sämtlichen dispositiven Innenrechtsbefugnissen entkernten oHG-Anteil erworben hätte.

---

[131] S. noch einmal *§ 9 III. 2. b) aa)*.

[132] S. noch einmal *§ 9 III. 2. a) bb)*.

[133] S. noch einmal *§ 9 III. 2. a) cc)*.

[134] S. noch einmal *§ 9 III. 2. b) cc)*.

[135] Sofern man gegen diesen Lagevergleich geltend machen möchte, dass ein von sämtlichen Innenrechtsbefugnissen entkernter Gesellschafter wegen des unentziehbaren Einsicht-

1. Persönliche Haftung des Gesellschafter-Erben

Da der von sämtlichen dispositiven Innenrechtsbefugnissen entkernte Gesellschafter-Erbe das Risiko einer persönlichen Verhaftung für die seitens der Mitgesellschafter begründeten Gesellschaftsverbindlichkeiten tragen muss, kann es im Ausgangspunkt nicht unbillig sein, auch einem unter Testamentsvollstreckung stehenden Gesellschafter-Erben die persönliche Haftung gem. § 128 S. 1 HGB für die von den Mitgesellschaftern begründeten Gesellschaftsverbindlichkeiten aufzubürden.[136] Dabei ist es richtigerweise irrelevant, ob der Testamentsvollstrecker bei den vorgeschalteten Maßnahmen der gesellschaftsinternen Willensbildung tätig wird (§§ 114 ff. HGB), solange die Gesellschaftsverbindlichkeit nur im Außenverhältnis ohne eine entscheidende Beteiligung des Testamentsvollstreckers unmittelbar von einem oder mehreren Mitgesellschaftern allein auf rechtsgeschäftlichem Wege in Vertretung der oHG eingegangen oder auf nichtrechtsgeschäftlichem Wege begründet wird, etwa weil die Gesellschaft gem. § 31 BGB analog für das deliktische Verhalten eines Mitgesellschafters einzustehen hat.

a) Gesellschaftsverbindlichkeiten im Umfeld der Einzelgeschäftsführung

Dies leuchtet bei Verbindlichkeiten des ordentlichen Geschäftskreises schon deswegen ein, weil in der Begründung der Verbindlichkeit durch einen Mitgesellschafter konkludent die Bestätigung einer ggf. vom Testamentsvollstrecker intern getroffenen Geschäftsführungsentscheidung liegt, sodass diese jedenfalls im gesetzlichen Grundmodell einer Einzelgeschäftsführung jedes Gesellschafters (§§ 114 Abs. 1, 115 Abs. 1 Hs. 1, 116 Abs. 1 HGB) letztlich in den Hintergrund rückt. Die Maßnahme wird auch vor dem Hintergrund eines testamentsvollstreckerseitig nicht ausgeübten Widerspruchsrechts gem. § 115 Abs. 1 Hs. 2 HGB nicht zu einer testamentsvollstreckereigenen und damit den haftungsbeschränkenden Wertungen der §§ 2205 f. BGB unterliegenden Maßnahme.[137] Die Nichtausübung des Widerspruchsrechts stellt ein Schweigen dar, dem im

---

nahmerechts gem. § 118 Abs. 2 HGB ein mehr an Einwirkungsrechten inne hat als ein unter vollumfänglicher Testamentsvollstreckung stehender Gesellschafter, dem lediglich über §§ 2218 Abs. 1, 666 BGB ein gewisses Maß an Kontroll- und Rechenschaftsrechten gegenüber dem Testamentsvollstrecker zusteht, so ist dies zwar im Ansatz zutreffend, jedoch sind die Unterschiede i.E. marginal. Sie können bei der konkreten Ausgestaltung der Testamentsvollstreckung berücksichtigt werden. S. hierzu noch *§ 9 VI. 2. c)*.

[136] I.E. so bereits: *Bommert*, BB 1984, 178, 182; *Hüfner*, S. 132; *Weidlich*, S. 63 f. und 66.

[137] A.A. *Muscheler*, Haftungsordnung, S. 546 und (zur vergleichbaren Situation bei der Außen-GbR) *v. Proff*, in: BeckOGK-ZR, § 727 Rdnr. 59.3, die etwaige Geschäftsführungsmaßnahmen (dort: das Unterlassen eines Widerspruchs gem. § 115 Abs. 1 Hs. 2 HGB bzw. § 711 BGB) als kausal für das Entstehen einer Verbindlichkeit halten.

Rechtsverkehr grundsätzlich gerade keine Bedeutung zukommt. Entschiede man anders, würde auch das gesellschaftsrechtliche Innen- und Außenverhältnis vermengt werden. Denn das Äußern bzw. Nichtäußern eines Widerspruchs hat keinen Einfluss auf die Möglichkeit der Begründung der Gesellschaftsverbindlichkeit im Außenverhältnis (also das rechtliche „*Können*"), sondern entfaltet alleine Wirkungen i.R.d. internen Zulässigkeit (also das „*Dürfen*").[138] Da das Entstehen der Verbindlichkeit alleine auf das äußere, unmittelbar die Verbindlichkeit begründende Wirken des Mitgesellschafters zurückzuführen ist, verblasst das rein interne Geschäftsführungsverhalten des Testamentsvollstreckers dahinter. Daher unterliegen Verbindlichkeiten, die nach außen hin alleine seitens der Mitgesellschafter begründet werden, nicht den besonderen haftungsrechtlichen Grundsätzen des Testamentsvollstreckungsrechts i.S.d. §§ 2205 f. BGB und der Gesellschafter-Erbe kann für diese nach gewöhnlichen gesellschaftsrechtlichen Grundsätzen gem. § 128 S. 1 HGB persönlich verhaftet werden.[139]

b) Gesellschaftsverbindlichkeiten im Umfeld der Gesamtgeschäftsführung

Nicht anders ist in den Fällen der kollektivierten Geschäftsführung zu entscheiden. Dies ist etwa dort der Fall, wo die Geschäfte des gewöhnlichen Geschäftsbetriebs in die Gesamtgeschäftsführungskompetenz aller Gesellschafter gelegt wurden oder wo es um Rechtsgeschäfte auf dem Gebiet des außerordentlichen Geschäftskreises (§ 116 Abs. 2 HGB) geht und es gem. § 119 Abs. 1 HGB für die interne Willensbildung auf die Zustimmung aller Gesellschafter und damit auch auf die Stimme des Gesellschafter-Erben ankommt, die der Testamentsvollstrecker in Ausübung seiner amtsbezogenen Pflichten verwaltet. Selbst wenn in diesen Fällen das Rechtsgeschäft von einem Mitgesellschafter in Ausübung seiner Einzelvertretungsbefugnis gem. § 125 Abs. 1 HGB abgeschlossen wird, bleibt dort die Mitwirkung des Testamentsvollstreckers i.S. einer äquivalenten Kausalität jedenfalls insofern maßgeblich, als das Geschäft ohne die von ihm abgegebene Stimme im Außenverhältnis nicht hätte abgeschlossen werden dürfen.[140] Doch auch hier gilt, dass alleine dieser Umstand nicht zu der

---

[138] *Lieder*, in: Oetker-HGB, § 115 Rdnr. 14.

[139] Wenn *Lorz*, S. 150 f. und *Weidlich*, S. 64 ff. dennoch einen Ausschluss des Testamentsvollstreckers von der Geschäftsführung fordern, erfolgt dies alleine mit Blick auf den Ausschluss der Zurechnung nichtrechtsgeschäftlichen (deliktischen) Testamentsvollstreckerverhaltens zu Lasten der Gesellschaft gem. § 31 BGB analog. Da nach der hier vertretenen Lösung wegen der Übertragung der Grundsätze der Handelndenhaftung kein Haftungskonflikt droht, s. *§ 9 III. 2. a) cc)* und *b) cc)*, erübrigen sich solche Korrekturerwägungen.

[140] Ähnlich wäre es bei einer Mehrheitsklausel. Denn auch hier geht jedenfalls die strafgerichtliche Rechtsprechung seit dem berühmten Ledersprayfall (BGHSt 37, 106, 131) davon aus, dass bei Kollegialentscheidungen jedes Mitglied, das sich der zur Erfolgsabwendung not-

Annahme verleiten darf, dass die begründete Gesellschaftsverbindlichkeit den Wertungen des Testamentsvollstreckungsrechts unterworfen werden muss und damit den Gesellschafter-Erben nicht persönlich i. S.d. § 128 S. 1 HGB verpflichten kann. Denn auch in diesen Fällen bleibt es dabei, dass die vom Testamentsvollstrecker mitgetragene kollektive Geschäftsführungsentscheidung nur das rechtliche „*Dürfen*“ im Innenverhältnis regelt, wohingegen das rechtliche „*Können*“ im Außenverhältnis hiervon völlig unabhängig ist. Der Mitgesellschafter, der die Verbindlichkeit im Außenverhältnis begründet, tut dies in Ausübung seiner organschaftlichen Befugnisse, repräsentiert also alleine die Gesellschaft. Das Unterstützungsmoment des Testamentsvollstreckers i.R.d. internen Willensbildung verblasst auch hier, da ansonsten wiederum eine Vermischung zwischen Innen- und Außenverhältnis drohen würde. Selbst wer dies anders sieht und eine Gesamtbetrachtung vornimmt, muss erkennen, dass alleine das befürwortende Abstimmungsverhalten im Innenverhältnis durch den Testamentsvollstrecker keine derart hinreichend starke Zurechnung zu der sodann im Außenverhältnis begründeten Gesellschaftsverbindlichkeit herstellt, dass der Gesellschafter-Erbe über die Gerechtigkeitserwägungen des Testamentsvollstreckungsrechts vor einer persönlichen Haftung geschützt werden müsste.[141] Diese Sichtweise stellt letztlich die konsequente Fortführung der Rechtsprechung des II. Senats dar, der die Testamentsvollstreckung über einen Kommanditanteil selbst bei ausstehender Haftsumme zugelassen hat, weil er offensichtlich die gem. §§ 164 S. 1 Hs. 2, 116 Abs. 2 HGB dem Kommanditisten zukommenden Mitwirkungsrechte aus dem außergewöhnlichen Geschäftskreis bei der Beurteilung des Vorbehalts der Haftungsinkompatibilität für unmaßgeblich erachtet.[142]

---

wendigen Entscheidung enthält, letztlich quasikausal verantwortlich ist, ohne dass es sich damit entlasten kann, „*daß sein Bemühen, die gebotene Kollegialentscheidung herbeizuführen, erfolglos geblieben wäre, weil ihn die anderen Beteiligten im Streitfalle überstimmt hätten*“. Überträgt man dieses Ergebnis auf das Zivilrecht – wogegen keine durchgreifenden Bedenken bestehen – kann nichts anderes bei einem gegenüber der Mehrheit unterlassenen Protest gegen eine Maßnahme gelten. S. weiterführend *Mayer*, in: F/K/F-ArzneimittelR, § 45 Rdnr. 59.

[141] I.E. so bereits *Hüfner*, S. 132; *Lorz*, S. 151; *Weidlich*, S. 65 f. A.A. OLG Düsseldorf, FamRZ 2008, 1295, 1296.

[142] Vgl. die Begründung in BGHZ 108, 187, 196 f.: „*Hat der Erblasser die übernommene Kommanditeinlage nicht voll eingezahlt, haftet er nach § 171 Abs. 1 HGB bis zur Höhe der Einlage persönlich (...). Mit einer angeordneten Testamentsvollstreckung hat das jedoch im Grundsatz nichts zu tun; jene Haftung trifft den Erben auch, wenn keine Testamentsvollstreckung besteht. Die laufenden Geschäfte, durch die sich die Haftung verwirklichen kann, führt nicht der Testamentsvollstrecker, sondern der persönlich haftende Gesellschafter. Es besteht daher kein Anlaß, die Testamentsvollstreckung nur bei voll eingezahlter Einlage zuzulassen*“.

c) Zwischenergebnis

Wird die Gesellschaftsverbindlichkeit im Außenverhältnis von einem Mitgesellschafter begründet, kann der Gesellschafter-Erbe für diese gem. § 128 S. 1 HGB persönlich verpflichtet werden. Hierbei ist es unmaßgeblich, ob der Testamentsvollstrecker am internen Willensbildungsprozess (entscheidend) mitgewirkt hat. Es handelt sich in diesen Situationen stets um eine Verbindlichkeit, in der sich nicht das testamentsvollstreckertypische Risiko manifestiert. Sie entspringt alleine der Gesellschaftsrepräsentanz des Mitgesellschafters, für die der Gesellschafter-Erbe – ähnlich wie ein von Mitwirkungsbefugnissen entkernter Gesellschafter – aus gesellschaftsrechtlichen Erwägungen gem. § 128 S. 1 HGB persönlich haften muss.

2. Haftung mit den Kräften einer Nachlassverbindlichkeit

Für die Dauer des Testamentsvollstreckermandats wird der Gesellschafter-Erbe daneben noch aufgrund des Einrückens in den oHG-Anteil, verstanden als eine vom Erblasser herrührende pflichtbelastete Rechtsposition, mit den Kräften einer Nachlassverbindlichkeit verhaftet.[143] Dass der Nachlass für die vom Erblasser herrührende Gesellschafterbeteiligung unentziehbar verhaftet werden muss, weil die seinerzeit vom Erblasser erklärte Bereitschaft, durch Beitritt oder Nichtaustritt aus der Gesellschaft für sämtliche Gesellschaftsverbindlichkeiten mitzuhaften, transmortal fortwirkt, beansprucht für alle Gesellschaftsverbindlichkeiten gleichermaßen Gültigkeit, egal ob diese von dem Testamentsvollstrecker oder von einem Mitgesellschafter begründet wurden.

V. Verfassungsrechtliche Gründe gegen diese Lösung?

Letztlich haftet der unter Testamentsvollstreckung stehende Gesellschafter-Erbe damit für die seitens der Mitgesellschafter begründeten Gesellschaftsverbindlichkeiten unentziehbar sowohl mit der Eigen- als auch mit der Nachlassvermögenssphäre. Dieses Ergebnis bedarf gerade mit Blick auf die persönliche Haftungsspur einer Betrachtung aus dem verfassungsrechtlichen Blickwinkel. Denn verfassungsrechtliche Wertungen, insbesondere die in Art. 2 Abs. 1 GG verbürgte allgemeine Handlungsfreiheit, verlangen, dass die wirtschaftliche Bewegungsfreiheit des Einzelnen nicht unzumutbar eingeschränkt wird, wobei dieser Gedanke über die Generalklauseln der §§ 138, 242, 826 BGB auf die

---

[143] S. hierzu noch einmal *§ 3 III. 4. b)* und *c)*, sowie *§ 9 II. 2.*

zwischen Privaten geltende Zivilrechtsordnung ausstrahlt.[144] Eine unzumutbare Einschränkung der wirtschaftlichen Bewegungsfreiheit wird insbesondere dort angenommen, wo eine natürliche Person, etwa wegen einer unwiderruflich erteilten Generalvollmacht, eine vollumfängliche Bevormundung erdulden muss und ihre wirtschaftliche Betätigungsfreiheit nicht mehr frei entfalten kann.[145] Denn man will, wie dies auch in § 311b Abs. 2, Abs. 3 BGB zum Ausdruck kommt, verhindern, dass durch eine einzige unbedachte Entscheidung, das ganze Vermögen einer Person für alle Zeit aufs Spiel gesetzt wird.[146]

1. Postulat der Einheit von Herrschaft und Haftung

Mit Blick auf die in § 128 S. 1 HGB verankerte persönliche Einstandspflicht der Gesellschafter einer oHG für alle Gesellschaftsverbindlichkeiten, unabhängig davon, wer sie begründet, begibt man sich unweigerlich ebenfalls in die Gefahr für die eigene Privatautonomie. Bisweilen wird dieser Zustand nur deshalb für erträglich gehalten, weil mit der Bürde der persönlichen Haftung spiegelbildlich von Gesetzes wegen über die §§ 114 ff., 125 f. HGB auch ein gewisses Maß an Herrschaft jedes Gesellschafters in der Gesellschaft einhergeht. Man spricht von einem Rechtsprinzip der Einheit von Herrschaft und Haftung.[147] Dieses Postulat hat dabei eine bipolare Ausformung: Erstens sollen positiv diejenigen, die in einer Personengesellschaft unbeschränkt-persönlich haften, auch die maßgebliche Leitungsmacht in der Gesellschaft einnehmen (keine Herrschaft ohne Haftung); zweitens sollen negativ diejenigen, die in der Gesellschaft keinerlei Einfluss haben, auch keiner unbeschränkt-persönlichen Haftung unterliegen (keine Haftung ohne Herrschaft).[148] Es verwundert daher nicht, dass diejenigen Lösungsvorschläge, die den Vorbehalt der Haftungsinkompatibilität zu Lasten des Gesellschafter-Erben entscheiden, indem sie dem wegen der Testamentsvollstreckung von der Geschäftsführung und Vertretung ausgeschlossenen Gesell-

---

[144] So bereits im Lüth-Urteil, wo das BVerfG in BVerfGE 7, 198, 205 konstatierte: „*Der Rechtsgehalt der Grundrechte als objektive Normen entfaltet sich im Privatrecht durch das Medium der dieses Rechtsgebiet unmittelbar beherrschenden Vorschriften*“. S. auch *Emmerich*, ZHR 132, 297, 317 und *Schleitzer*, S. 39 f.

[145] *Schäfer*, in: BeckOK-BGB, § 168 Rdnr. 25; zur Sittenwidrigkeit bereits vor Geltung des GG, vgl. OLG München, JFG 14, 428, 433. S. auch *Emmerich*, ZHR 132, 297, 318.

[146] *Emmerich*, ZHR 132, 297, 319; *Wiedemann*, JZ 1966, 101, 103 (jedenfalls mit Blick auf *§ 310 BGB a. F.*).

[147] Vgl. *Müller-Erzbach*, AcP 154, 299, 342: „*Dass notwendig die Haftung der Herrschaft entsprechen muss*“. Zum Vorbehalt gegen die Zulassung einer Testamentsvollstreckung zu Lasten des Erben (Vollmachtslösung) erhob es *Siebert*, in: FS Hueck, S. 321, 335.

[148] So unterteilen das Prinzip insbesondere *Lorz*, S. 57 f. und *Wiedemann*, Gesellschaftsrecht I, § 10 III 2, S. 544.

schafter-Erben die Bürde aufgeben, persönlich für die vom Testamentsvollstrecker initiierten Gesellschaftsverbindlichkeiten zu haften, bisweilen bereits vom Ergebnis her bekämpft werden. Es wird in diesen Fällen ein Aufbruch des Grundsatzes der Einheit von Herrschaft und Haftung konstatiert, was zu einer sittenwidrigen „*Knebelung des Erben*“[149] führe.[150]

2. Einheit von Herrschaft und Haftung als wertungsbedürftiges Gerechtigkeitsprinzip

Richtigerweise ist das Postulat der Einheit von Herrschaft und Haftung jedoch kein unbedingt geltender Rechtssatz, sondern ein konkretisierungsbedürftiges Rechtsprinzip.[151] Dies zeigt sich etwa dort, wo der Gesellschafter seine Geschäftsführungs- und Vertretungsbefugnisse gem. §§ 109, 114 Abs. 2, 125 Abs. 1 a. E. HGB weitestgehend zur Disposition stellt bzw. ihm diese Befugnisse gem. §§ 117, 127 HGB aberkannt werden,[152] er dabei als Gesellschafter jedoch in vollem Umfang der Haftung unterworfen bleibt und im Wesentlichen auf seine unentziehbaren Kontrollrechte gem. § 118 Abs. 2 HGB beschränkt ist.[153] Der Grundsatz der Einheitlichkeit von Herrschaft und Haftung ist dort nicht verletzt. Vergleicht man diese Situation mit einem unter vollumfänglicher Testamentsvollstreckung stehenden Gesellschafter-Erben, kann die teilweise Auferlegung der persönlichen Haftung keinesfalls pauschal als ein Verstoß gegen gesellschaftsrechtliche bzw. verfassungsrechtliche Grundprinzipien angesehen werden. Anders wäre nur zu entscheiden, wenn der von *Emmerich* gegenüber einer Testamentsvollstreckung zu vollen Lasten des Gesellschafter-Erben[154] geäußerte Vorbehalt Gehör finden muss. Dieser konstatiert, dass die Rechtsfigur eines unter Testamentsvollstreckung stehenden, aber dennoch persönlich haftenden Gesellschafters schwerere Zerwürfnisse mit dem Rechtsprinzip „*keine Haftung*

---

[149] So nennt es *Marotzke*, JZ 1986, 457, 463.

[150] Vgl. *Emmerich*, ZHR 132, 297, 323 f.; *Dörrie*, Testamentsvollstreckung, S. 58 ff. Vorbehaltlich ergänzender Schutzvorkehrungen auch *Schleitzer*, S. 43. Mit Bezug auf die sog. Vollmachtslösung, vgl. auch *Siebert*, in: FS Hueck, S. 321, 335 f.

[151] So für die Testamentsvollstreckung am Handelsgeschäft, vgl. *Lorz*, S. 57 ff.

[152] Selbst die Befugnisse i. S. d. § 116 Abs. 2 und Abs. 3 HGB unterliegen weitestgehend der Disposition der Gesellschafter, wie § 109 HGB zeigt. Vgl. hierzu auch *Jickeli*, in: MüKo-HGB, § 116 Rdnr. 60: „*Der Grundsatz der Selbstorganschaft hat nicht zur Konsequenz, dass ein bestimmter Gesellschafter in einem gewissen Mindestumfang an der Geschäftsführung beteiligt werden muss*“. Zur Grenze der Testamentsvollstreckung, vgl. noch *§ 9 VI.*

[153] Der von der Vertretung und Geschäftsführung ausgeschlossene Gesellschafter hat einen Kern unentziehbarer Kontrollrechte aus § 118 Abs. 2 HGB, s. *Jickeli*, in: MüKo-HGB, § 118 Rdnr. 32. Zu der ähnlichen Situation bei Kommanditisten, vgl. auch BGH, NJW 1995, 194, 195 f.

[154] Also die Testamentsvollstreckung, wie sie die Literaten in *§ 8 I.* vertreten.

ohne Herrschaft" hervorrufe als die Rechtsfigur eines von jeglichen Gesellschafterbefugnissen ausgeschlossen Gesellschafters. Denn während der Testamentsvollstrecker keiner unbeschränkt-persönlichen Gesellschafterhaftung gegenüber Dritten unterliege, sei dies bei den Mitgesellschaftern anders. Diese persönliche Außenhaftung sei es jedoch, die dem von der Geschäftsführung und Vertretung ausgeschlossenen Gesellschafter die Gewissheit gebe, dass keine übermäßigen Risiken zu seinen Lasten eingegangen werden. Auf diese Gewissheit müsse dagegen der unter Testamentsvollstreckung stehende Gesellschafter-Erbe verzichten, da der Testamentsvollstrecker über § 2219 Abs. 1 BGB nur einer verschuldensabhängigen Innenhaftung unterliege, die diese Funktion nicht vollends übernehmen könne.[155] Diese Argumentation hat zwar richtige Ansätze, verliert jedoch in dem hier vertretenen Lösungsmodell schon deswegen stark an Gewicht, weil der Testamentsvollstrecker über die Handelndenhaftung für die von ihm begründeten Gesellschaftsverbindlichkeiten einer eigenen persönlichen Haftung unterliegt, die ihn insoweit auch zu einer verantwortungsvollen Ausübung der Geschäftsgeschicke anhält. Daher schrumpft *Emmerichs* Vorbehalt im hier vertretenen Modell darauf zusammen, dass der Testamentsvollstrecker allenfalls mangels eines eigenen Haftungsrisikos nicht ausreichend zur Überwachung der Mitgesellschafter angehalten sein könnte.[156] Jedoch vermag auch ein solcher Vorbehalt nicht durchzudringen, lässt er doch einen wesentlichen Punkt unberücksichtigt. So wird nämlich ganz generell nicht gefordert, dass derjenige, der die Organbefugnisse in der Gesellschaft ausübt, einer eigenen persönlichen Gesellschafterhaftung für die von den Mitgesellschaftern begründeten Gesellschaftsverbindlichkeiten unterliegt, die ihn zur Kontrolle und Überwachung der Mitgesellschafter anhält. So werden etwa fremdverwaltete oHG-Gesellschafter, wie etwa eine GmbH oder UG (haftungsbeschränkt), zugelassen, bei denen die Gesellschafterbefugnisse vom Geschäftsführer ausgeübt werden (§ 35 Abs. 1 S. 1 GmbHG), der nach außen hin grundsätzlich nicht persönlich haftet. Ähnliches gilt bei Gesellschaftern, die einen gesetzlichen Vertreter haben.[157] Auch Kommanditisten haften bei einer voll eingezahlten Haftsumme nicht (§ 171 Abs. 1 Hs. 2 HGB), können jedoch wesentliche Kontrollfunktionen aus-

---

[155] *Emmerich*, ZHR 132, 297, 323; *Dörrie*, Testamentsvollstreckung, S. 60 f. Die Haftungsgefahr als Lenkungsinstrument zu unternehmerisch sinnvollem Verhalten ist allgemein anerkannt, vgl. etwa *Wiedemann*, Gesellschaftsrecht I, § 10 III 1, S. 536.

[156] In diese Richtung *Schmellenkamp*, MittRhNotK 1986, 181, 184, der sich an einer persönlichen Haftung des Gesellschafter-Erben für die von den Mitgesellschaftern begründeten Gesellschaftsverbindlichkeiten u. a. aus dem Grund stört, weil der Testamentsvollstrecker die Überwachungsrechte ausübt.

[157] S. etwa zur Zulässigkeit nicht voll geschäftsfähiger Gesellschafter, *Schmidt*, in: MüKo-HGB, § 105 Rdnr. 83.

üben, wenn sie in Abweichung vom gesetzlichen Grundmodell (§§ 163, 164 S. 1 Hs. 1 HGB) auch geschäftsführungsbefugt sind. Diese Lage kann jedoch kaum als Zustand beschrieben werden, der für die vollhaftenden Mitgesellschafter völlig untragbar ist, nur weil die Kommanditisten mangels eines eigenen Haftungsrisikos nicht ausreichend zur Kontrolle und Überwachung angehalten sind.

3. Zwischenergebnis

Zusammenfassend überzeugt es daher nicht, das hier vertretene Modell einer Testamentsvollstreckung von vorneherein aus verfassungsrechtlicher Sicht mit dem Verdikt der Schuldnerknebelung zu brandmarken.[158] Das verbleibende persönliche Haftungsrisiko des Gesellschafter-Erben zwingt vielmehr nur dazu, diesem, trotz der angeordneten Testamentsvollstreckung, gewisse Befugnisse zu belassen.[159] Dem Gesellschafter-Erben muss insbesondere ein adäquates Lossagungsrecht zugebilligt werden.[160]

VI. Umfang der Testamentsvollstreckung

Damit bleibt festzuhalten, dass der Vorbehalt der Haftungsinkompatibilität durch eine persönliche Haftung des Testamentsvollstreckers für die von ihm begründeten Gesellschaftsverbindlichkeiten ausgeräumt werden kann und dass die verbleibende persönliche Gesellschafterhaftung des Gesellschafter-Erben dem Grunde nach keine verfassungsrechtlichen Bedenken aufwirft. Durch die Einebnung des Vorbehalts der Haftungsinkompatibilität wird es dem Testamentsvollstrecker dem Grunde nach ermöglicht, sowohl die vermögensrechtliche als auch die mitgliedschaftsrechtliche Seite des oHG-Anteils zu verwalten. Eine Abgrenzung zwischen „*Innen-*“ und „*Außenseite*“ des Anteils kann unterbleiben. Er unterliegt dem Grunde nach umfassend der Verwaltungsbefugnis des Testamentsvollstreckers, der damit nicht nur über etwaige Verfügungen hinsichtlich des oHG-Anteils entscheidet (§§ 2205 S. 2, 2211 Abs. 1 BGB) und eine Zwangsvollstreckung der Privatgläubiger des Gesellschafter-Erben abwehren kann (§ 2214 BGB), sondern i.S.d. § 2205 S. 1 BGB grundsätzlich alle Mitgliedschaftsbefugnisse wahrnimmt, also insbesondere auch die Geschäftsführungs- und Vertretungsbefugnisse.

---

[158] In diese Richtung auch *Wiedemann*, Gesellschaftsrecht I, § 10 III 2, S. 547 f.

[159] I.E. ähnlich *Marotzke*, JZ 1986, 457, 466 f. Zu den verbleibenden Befugnissen des Gesellschafter-Erben, s. auch noch *§ 9 VI. 2.*

[160] S. sogleich *§ 9 VI. 2. b).*

1. Grenzen der Testamentsvollstreckung

Trotz des überwundenen Vorbehalts der Haftungsinkompatibilität bleibt die Frage, ob der umfassenden Verwaltungsbefugnis des Testamentsvollstreckers über den oHG-Anteil, abseits der Haftungsinkompatibilität, Grenzen gesetzt sind. Dies wird neben denjenigen Literaten, die eine vollumfängliche Testamentsvollstreckung am oHG-Anteil für möglich halten, auch von der etablierten Ansicht erörtert, nämlich dort, wo es auch nach ihrer Ansicht mangels einer Haftungsinkompatibilität nicht zu einer Beschränkung der Verwaltungsbefugnisse auf die „*Außenseite*" kommen kann; bei der Testamentsvollstreckung in Kommanditanteile und i.R.d. Testamentsvollstreckung am oHG-Anteil, die im Wege einer Ersatzlösung auf die „*Innenseite*" ausgedehnt wurde. Die dort geführten Diskussionen können auf das vorliegend vertretene Modell der Testamentsvollstreckung übertragen werden.[161]

a) Kernbereich als verbleibender Tabubereich des Testamentsvollstreckers?

Eine Grenze könnte dabei der Kernbereich der Mitgliedschaft[162] bilden. Dieser ist Ausfluss der Erkenntnis, dass jede Person, die sich entschließt an einem Gesellschaftsverhältnis teilzuhaben, ein Stück weit seine Vermögenssphäre in die Hände seiner Mitgesellschafter legt.[163] Dies gebietet es, jedem Gesellschafter hinreichenden Schutz vor der Mitherrschaft der übrigen Gesellschafter zu gewähren. Der Kernbereich stellt gewissermaßen einen Kompromiss zwischen der gem. § 109 HGB anerkannten freien Gestaltung des Innenverhältnisses der Gesellschaft und dem Individualschutz des einzelnen Gesellschafters her und umreißt diejenigen Gesellschafterrechte, die einem Gesellschafter von den übrigen

---

[161] Rechtsprechung: BGHZ 108, 187, 198 f.; OLG Hamm, NJW-RR 2002, 729; LG Mannheim, NZG 1999, 824; LG Berlin, ZEV 2004, 29, 30. Literatur: *Weidlich*, S. 46 ff. und 69 f.; *Mayer*, ZIP 1990, 976, 978; *Pauli*, in: Bengel/Reimann-Testamentsvollstreckung, § 5 Rdnr. 176, 179 ff.; *Schmidt*, Gesellschaftsrecht, § 45 V 7c, S. 1353; *Lorz*, S. 178 ff.; *Damrau*, NJW 1984, 2785, 2789; *Dörrie*, ZEV 1996, 370, 374; *Everts*, MittBayNot 2003, 427, 429 f.; *Zimmermann*, in: MüKo-BGB, § 2205 Rdnr. 37; *Schäfer*, in: MüKo-BGB, § 705 Rdnr. 119. Hingegen eignen sich die diffizilen Konturierungen zu der von der etablierten Ansicht vertretenen Testamentsvollstreckung an der „*Außenseite*" des oHG-Anteils nicht für die weitere Diskussion. Vgl. hierzu noch einmal *§ 2 III. 3. a) ee)* und *Pauli*, in: Bengel/Reimann-Testamentsvollstreckung, § 5 Rdnr. 160 ff.

[162] Zur dogmatischen Entwicklung, vgl. in der höchstrichterlichen Rechtsprechung etwa: RGZ 91, 166, 168 f.; BGHZ 8, 35, 41 ff.; BGHZ 20, 368 ff. (Kommanditanteil); BGHZ 48, 251, 256; BGH, NJW 1985, 974. Diese Grundlagen unter dem Begriff „*Kernbereich*" vereint durch *Westermann*, S. 351.

[163] *Wiedemann*, Gesellschaftsrecht I, § 7 I 1, S. 357.

Gesellschaftern nicht einseitig entzogen werden dürfen.[164] Üblicherweise wird dabei zwischen den absolut unverzichtbaren und den nur – vorbehaltlich einer gesonderten Zustimmung des betroffenen Gesellschafters – relativ unentziehbaren Gesellschafterrechten unterschieden.[165]

aa) Kernbereich als abzuwägendes, bewegliches System

Das Verständnis des Kernbereichs wird dadurch erschwert, dass er als „*bewegliches System*"[166] auch mit Bezug auf die im konkreten Gesellschaftsverhältnis abgebildete Interessenkollision und Stellung des betroffenen Gesellschafters einzelfallbezogen nach Art der anvisierten Gesellschaftsmaßnahme bestimmt werden muss.[167] Zusätzliche Unruhe[168] in diese Rechtsfigur bringt die neuere höchstrichterliche Rechtsprechung des II. Senats des BGH, in der betont wird, dass „*der Senat in seiner jüngeren Rechtsprechung (...) nicht (mehr) darauf ab(stellt), ob ein Eingriff in den so genannten „Kernbereich" gegeben ist*"[169], sondern es bei „*Eingriffen in die individuelle Rechtsstellung*"[170] auf Treuepflichtgesichtspunkte ankommt. Hiernach soll in Bezug auf die relativ unentziehbaren Kernbereichsrechte auch ohne Zustimmung des betroffenen Gesellschafters in dessen Rechtsposition eingegriffen werden können, wenn „*der Eingriff im Interesse der Gesellschaft geboten und dem betroffenen Gesellschafter unter Berücksichtigung seiner eigenen schutzwerten Belange zumutbar ist*"[171]. Da der II. Senat nicht konkret spezifiziert hat, in welche Beziehung er den Begriff „*Kernbereich*" mit dem Begriff „*individuelle Rechtsstellung*" gesetzt haben will, ist es Gegenstand einer kontroversen Diskussion in der Literatur, ob das Rechtsinstitut des Kernbereichs von Seiten der Rechtsprechung gänzlich aufgegeben oder nur in seiner Geltungskraft herabgemindert worden ist.[172]

---

[164] *Weidlich*, S. 43.

[165] *Freitag*, in: E/B/J/S-HGB, § 119 Rdnr. 72. Übersicht zu den bisher gesicherten Positionen des Kernbereichs bei *Schäfer*, in: Staub-HGB, § 119 Rdnr. 39 ff.

[166] *Wiedemann*, Gesellschaftsrecht I, § 7 I 2a, S. 363.

[167] BGH, NJW 1995, 194, 195; *Schöne*, in: BeckOK-BGB, § 709 Rdnr. 35.

[168] *Altmeppen*, NJW 2015, 2065 spricht sogar von Rückschritt.

[169] BGHZ 203, 77 Rdnr. 19.

[170] BGHZ 203, 77 Rdnr. 19.

[171] BGHZ 203, 77 Rdnr. 19.

[172] Gegen eine vollständige Aufgabe des Rechtsinstituts des Kernbereichs: *Lieder*, in: Oetker-HGB, § 109 Rdnr. 36 f., der von „*terminologischer Neuausrichtung*" spricht; *Schäfer*, in: MüKo-BGB, § 709 Rdnr. 92a konstatiert: „*Dass der BGH den Schutz des Kernbereichs aufgegeben habe, ist indessen zu bezweifeln*". S. auch *Weber*, ZfPW 2015, 123, 126. Für eine Aufgabe des Rechtsinstituts des Kernbereichs: *Altmeppen*, NJW 2015, 2065, 2066; *Priester*, NZG 2015, 529, 530.

bb) Übertragung des Kernbereichs auf das Verhältnis von Testamentsvollstrecker und Gesellschafter-Erbe

Wenn man diese rechtlichen Unsicherheiten im Hinterkopf behält, scheint es bereits aus diesen Gesichtspunkten problematisch, mit einem Teil der Literatur[173] – der BGH hat diese Frage bisher ausdrücklich offengelassen[174] – den Kernbereich der Mitgliedschaft als Bollwerk gegen die eigentlich gem. § 2205 S. 1 BGB umfassend ausgestaltete Verwaltungsbefugnis des an Erbes statt agierenden Testamentsvollstreckers in Stellung zu bringen und damit das Wirken des Testamentsvollstreckers in diesem Bereich an eine Zustimmungspflicht des Gesellschafter-Erben zu koppeln[175] bzw. zu Gunsten eines echten Alleinentscheidungsrechts des Gesellschafter-Erben zu beschränken.[176] Es verwundert daher nicht, dass sich die für die Anerkennung der Kernbereichsgrenze plädierende Literatur zu der Praxisempfehlung hinreißen lässt, der Testamentsvollstrecker solle im Zweifel dem Gebot des sichersten Weges folgen und außerhalb der laufenden Verwaltung stets die Zustimmung des Gesellschafter-Erben einholen.[177] Dies schwächt das Rechtsinstitut der Testamentsvollstreckung im Bereich der Verwaltung von Personengesellschaftsanteilen weiter.[178]

cc) Argumente gegen die Übertragung des Kernbereichsgedankens

Selbst wenn man diese Bedenken beiseiteschiebt und die Rechtsfigur des Kernbereichs trotz der neueren Entwicklungen in der Rechtsprechung weiter anerkennen möchte, ist mit einem im Vordringen befindlichen Teil der Literatur[179] der Übertragung des Kernbereichsgedankens auf das Verhältnis zwischen Gesellschafter-Erbe und Testamentsvollstrecker aus rechtlichen Gründen entgegenzutreten. Es fehlt insofern an der vergleichbaren Interessenlage. So behielte der Kernbereich, verstanden als horizontaler Schutz des Gesellschafters vor der

---

173 Vgl. etwa: OLG Hamm, NJW-RR 2002, 729; *Weidlich*, S. 46 ff. und 69 f.; *Mayer*, ZIP 1990, 976, 978. Wohl auch *Pauli*, in: Bengel/Reimann-Testamentsvollstreckung, § 5 Rdnr. 176, 179 ff., obwohl dieser in Rdnr. 177 f. auch Sympathien für die Gegenauffassung zeigt.

174 BGHZ 108, 187, 198 f. (Kommanditanteil).

175 *Weidlich*, ZEV 1994, 205, 208; *Priester*, in: FS Stimpel, S. 463, 484 (Testamentsvollstreckung am GmbH-Anteil); *Raddatz*, S. 175.

176 *Quack*, BB 1989, 2271, 2273 (jedenfalls bzgl. der absolut unverzichtbaren Kernbereichsrechte).

177 So etwa *Pauli*, in: Bengel/Reimann-Testamentsvollstreckung, § 5 Rdnr. 182.

178 *Lorz*, S. 177.

179 LG Mannheim, NZG 1999, 824; LG Berlin, ZEV 2004, 29, 30; *Schmidt*, Gesellschaftsrecht, § 45 V 7c, S. 1353; *Lorz*, S. 178 ff.; *Damrau*, NJW 1984, 2785, 2789; *Dörrie*, ZEV 1996, 370, 374; *Everts*, MittBayNot 2003, 427, 429 f.; *Lange*, in: BeckOK-BGB, § 2205 Rdnr. 47; *Zimmermann*, in: MüKo-BGB, § 2205 Rdnr. 37; *Schäfer*, in: MüKo-BGB, § 705 Rdnr. 119.

(Mehrheits-)Herrschaft seiner Mitgesellschafter, während der Testamentsvollstreckung doch seine Gültigkeit. Denn die Mitgesellschafter dürften auch bei der unter Testamentsvollstreckung stehenden Gesellschafterposition den Kernbereich des Gesellschafter-Erben nicht aus eigener Machtvollkommenheit heraus antasten. Lediglich ausgeübt würde diese Schutzposition vom Testamentsvollstrecker.[180] Diejenigen, die den Kernbereich auch im Verhältnis des Gesellschafter-Erben zum Testamentsvollstrecker anwenden wollen, werten den Kernbereich letztlich über seinen personalistischen Charakter zu einem höchstpersönlichen Schutzinstrument des Gesellschafter-Erben auf. Damit wird jedoch letztlich kaum überzeugend die Schutzrichtung des Kernbereichs mit den versteinerten Erwägungen vermischt, die nach früher verbreiteter Ansicht dazu zwangen, die mitgliedschaftlichen Aspekte der oHG-Beteiligung als höchstpersönlich und damit unvererblich anzusehen,[181] bzw. den Nachlassbezug und damit die Verwaltungsunterworfenheit der aus dem singularsukzedierten oHG-Anteil fließenden Befugnisse zu verneinen.[182] Dass der Kernbereich kein Schutzinstrument des Gesellschafter-Erben gegenüber dem Testamentsvollstrecker sein kann, wird durch die §§ 2205 S. 2, 2211 Abs. 1 BGB belegt. Denn da der Testamentsvollstrecker hiernach über den oHG-Anteil verfügen und damit den Gesellschafter-Erben aus seiner gesamten Mitgliedschaftsposition (unter Einschluss des Kernbereichs) verdrängen kann, muss es auch der Testamentsvollstrecker sein, der während seines Mandats als Fremdverwalter grundsätzlich die gesamten Mitgliedschaftsbefugnisse unter Einschluss des Kernbereichs gegen die Herrschaft der Mitgesellschafter wahrnimmt.[183] Auch zur Herstellung eines angemessenen Ausgleichs im vertikalen Verhältnis zwischen Gesellschafter-Erbe und dem ihm vorstehenden Testamentsvollstrecker bedarf es keiner Übertragung des Kernbereichsgedankens. Das vertikale Testamentsvollstreckerverhältnis ist gerade davon geprägt, dass der Testamentsvollstrecker dem Erben möglichst umfassend vorstehen soll. Wenn sich der Gesellschafter-Erbe von dem Testamentsvollstrecker nicht ausreichend repräsentiert fühlt, stehen ihm besondere erbrechtliche Schutzinstrumente gegen den Testamentsvollstrecker zu; gemeint sind insbesondere die Schadensersatzpflicht bei ordnungswidriger Verwaltung gem. §§ 2216 Abs. 1, 2219 Abs. 1 BGB, der Auskunfts- und Rechenschaftsanspruch gem. §§ 2218 Abs. 1, 666 BGB sowie die bei dem Nachlassgericht anzuregende Entlassung des Testamentsvollstreckers aus wichtigem Grund, § 2227 BGB.[184]

[180] *Lorz*, S. 179.

[181] S. hierzu noch einmal *§ 2 I. 3.*

[182] So die Abspaltungslösung, s. noch einmal *§ 2 II. 1. a).*

[183] Vgl. hierzu *Schäfer*, in: Staub-HGB, § 139 Rdnr. 64.

[184] *Everts*, MittBayNot 2003, 427, 430 bezeichnet diese als *„Sicherungsrechte der Testamentsvollstreckung*".

Auch die auf den Nachlass beschränkte Verpflichtungsbefugnis gem. § 2206 Abs. 1 S. 1 BGB garantiert, dass die Folgen eines vom Testamentsvollstrecker gebilligten Eingriffs in den Kernbereich (etwa eine Nachschusspflicht i. S.d. § 105 Abs. 3 HGB, § 707 BGB) auf den Nachlass beschränkt werden können. Daneben verbleiben dem Gesellschafter-Erben genug Möglichkeiten, sich der Beeinflussung seiner persönlichen Vermögenssphäre durch die Testamentsvollstreckung schon präventiv zu entziehen; er hat auf der einen Seite die Möglichkeit, durch Ausübung der Rechte aus § 139 Abs. 1, Abs. 2 HGB von der Stellung eines persönlich haftenden Komplementärs zurückzutreten oder sein ordentliches Kündigungsrecht gem. § 132 HGB wahrzunehmen.[185] Auf der anderen Seite steht im auch das Recht zu, die Erbschaft komplett auszuschlagen, ohne dass er sich um seinen Pflichtteilsanspruch zu sorgen braucht, der ihm ggf. zusteht, § 2306 Abs. 1 BGB.[186] Nimmt er jedoch alle diese Rechte nicht wahr, muss es sich der Gesellschafter-Erbe gefallen lassen, dass der Testamentsvollstrecker die oHG-Beteiligung gänzlich unter Einschluss des Kernbereichs verwaltet. Daher ist es zumutbar, dass der Kernbereich, so man ihn denn noch als eigenständige Schutzkategorie anerkennen will, grundsätzlich zusammen mit allen anderen Mitgliedschaftsrechten vom Testamentsvollstrecker ausgeübt wird.

b) Beschränkungen aus §§ 2205 S. 3, 2206 Abs. 1 S. 2 BGB

Eine Beschränkung, die der Testamentsvollstrecker bei der Verwaltung des oHG-Anteils einhalten muss, bleibt jedoch augenscheinlich die Grenze des § 2205 S. 3 BGB. Hiernach ist es dem Testamentsvollstrecker versagt, unentgeltliche Verfügungen vorzunehmen, die nicht einer sittlichen Pflicht oder einer auf den Anstand zu nehmenden Rücksicht entsprechen. Über § 2206 Abs. 1 S. 2 BGB ist ihm auch jedes darauf gerichtete Verpflichtungsgeschäft versagt. Das Merkmal der Unentgeltlichkeit umfasst dabei auch einen bloß teilweisen Verzicht auf eine gleichwertige Gegenleistung.[187] Für das Merkmal der Gleichwertigkeit wird dabei ein objektiv-subjektiver Maßstab angelegt. Hiernach liegt eine Unentgeltlichkeit dann vor, wenn das vom Testamentsvollstrecker gewährte Opfer aus der Erbmasse objektiv betrachtet nicht kompensiert wird und der Testamentsvollstrecker dies entweder weiß oder bei ordnungsmäßiger Verwaltung hätte erkennen müssen.[188] Wird ein oHG-Anteil von einem Testaments-

185 Denn diese Rechte verbleiben dem Gesellschafter-Erben mit Blick auf die von ihm zu tragende persönliche Haftungslast ganz unabhängig des Kernbereichsgedankens, s. sogleich *§ 9 VI. 2. a)* und *b)*.

186 *Lange*, in: BeckOK-BGB, § 2205 Rdnr. 47.

187 *Zimmermann*, in: MüKo-BGB, § 2205 Rdnr. 77.

188 Auf eine Erkennbarkeit des übrigen Rechtsverkehrs kommt es nicht an. Kritisch hierzu

vollstrecker verwaltet, ist hinsichtlich des Kriteriums der unentgeltlichen Verfügung richtigerweise zu differenzieren.

aa) Gesellschaftsexterne Maßnahmen

Die Bestimmung der unentgeltlichen Verfügung ist unproblematisch, soweit es sich um gesellschaftsexterne Verwaltungsmaßnahmen des Testamentsvollstreckers handelt, d. h. Maßnahmen, die eine unentgeltliche Verfügung über den oHG-Anteil an sich zum Gegenstand haben. Neben der unentgeltlichen Anteilsabtretung gem. §§ 413, 398 BGB sind hiervon auch andere Verfügungsgeschäfte umfasst, wie etwa eine kompensationslose Nießbrauchsbestellung[189] und die Verpfändung[190] eines oHG-Anteils. Eine Beendigung der Mitgliedschaft gem. §§ 132 f. HGB[191] führt zwar letztlich zum Erlöschen der Beteiligung, jedoch ist sie richtigerweise kein unentgeltliches Rechtsgeschäft. Immerhin geht der oHG-Anteil nicht ersatzlos verloren, sondern setzt sich in einem Abfindungsanspruch fort. Selbst wenn dieser Abfindungsanspruch kraft einer wirksamen Abfindungsbeschränkung unter dem tatsächlichen Anteilswert liegt, kann in der Kündigung kein teilweise unentgeltliches Rechtsgeschäft gesehen werden.[192] Denn die Tatsache, dass der Kündigung der Gesellschafterposition ein nicht wertäquivalenter Abfindungsanspruch folgt, ist nicht Folge der Kündigung, sondern Konsequenz des Gesellschaftsvertrages bzw. eines diesen ändernden Gesellschafterbeschlusses, der erstmalig eine solche Abfindungsbeschränkung vorgesehen hat.[193]

bb) Gesellschaftsinterne Maßnahmen

Problematisch wird das Kriterium der unentgeltlichen Verfügung jedoch bei gesellschaftsinternen Verwaltungsmaßnahmen, also Verwaltungsmaßnahmen die unmittelbar auf eine Ausübung der aus dem oHG-Anteil fließenden Gesellschafterbefugnisse gerichtet sind, die jedoch gleichzeitig eine Verfügung über den oHG-Anteil darstellen. Gesichert dürfte sein, dass dem Testamentsvoll-

---

Lange, in: BeckOK-BGB, § 2205 Rdnr. 23. S. auch: RGZ 105, 246, 247; BGH, NJW 1963, 1613, 1614; *ders.*, NJW 1991, 842, 843.

[189] Zur Nießbrauchsbestellung am oHG-Anteil, vgl. bereits *§ 8 III.*

[190] Bei entsprechender Regelung im Gesellschaftsvertrag ist mittlerweile anerkannt, dass Personengesellschaftsanteile verpfändbar sind, s. BGH, NJW-RR 2010, 924 Rdnr. 10 f. und *Leinenweber*, in: BeckOGK-ZR, § 1274 Rdnr. 183 f.

[191] Zur konkurrierenden Möglichkeit des Testamentsvollstreckers, die Gesellschafterposition zu beenden, vgl. noch *§ 9 VI. 2. d).*

[192] So aber im Grundsatz *Lorz*, S. 202 ff., der jedoch i.E. offen für Korrekturen ist, wenn die Kündigung einer ordnungsmäßigen Nachlassverwaltung entspricht.

[193] Ähnlich *Reimann*, in: Staudinger, § 2205 Rdnr. 186.

strecker auf der Grundlagenebene die Zustimmung[194] zu einer Abänderung des Gesellschaftsvertrages untersagt sein kann, sofern hierdurch die Rechtsstellung des Gesellschafters ohne vollwertige Kompensation verschlechtert wird.[195] Hierbei muss weiter differenziert werden.

Hinsichtlich gesellschaftsinterner Maßnahmen unterhalb einer Änderung des Gesellschaftervertrages, z. B. Maßnahmen der Geschäftsführung und Stellvertretung, kann bereits kaum von einer Verfügung über den oHG-Anteil i. S.d. §§ 2205 S. 3, 2206 Abs. 1 S. 2 BGB gesprochen werden. Nur vertragsändernde Beschlüsse betreffen unmittelbar die Position des Gesellschafters und können damit eine Verfügung über den oHG-Anteil darstellen.

Vertragsändernde Beschlüsse ohne unmittelbaren Einfluss auf die Gewinn-, Abfindungs- und Auseinandersetzungsansprüche (Vermögensstammrechte) sind dabei einer Beurteilung der Unentgeltlichkeit im eigentlichen Sinne jedenfalls dann kaum zuführbar, wenn nur allgemeine Modalitäten der Organisationsverfassung der oHG geändert werden, ohne dass dies mit einer in Geld messbaren Mehrbelastung des Gesellschafter-Erben einhergeht.[196]

Scheinbar anders verhält es sich bei vertragsändernden Beschlüssen mit Bezug zu dem Vermögensstammrecht des Gesellschafter-Erben (Gewinn-, Abfindungs- oder Auseinandersetzungsguthaben) oder sonstigen vertragsändernden Beschlüssen, mit denen eine in Geld messbare Rechtsminderung bzw. Vermehrung der Pflichten für den Gesellschafter-Erben einhergeht. Zwar bleiben dort auf den ersten Blick die beschränkenden Vorschriften der §§ 2205 S. 3, 2206 Abs. 1 S. 2 BGB zu beachten. Doch ist hierbei zu berücksichtigen, dass das Merkmal der Unentgeltlichkeit wegen der kooperativen Rechtsnatur des Gesellschaftsvertrages nicht streng im buchstäblichen Sinne verstanden werden kann. Es muss vielmehr immer in Beziehung zu dem von den Gesellschaftern verfolgten gemeinsamen Zweck gesetzt werden.[197] Daher muss das Merkmal der Unentgeltlichkeit im gesellschaftsrechtlichen Kontext entsprechend rechtsfortbildend ausgelegt werden. Es wird daher gemeinhin mit dem Merkmal der nicht ordnungsmäßigen Verwaltung ausgefüllt.[198] Selbst wenn ein vertragsändernder Beschluss

---

[194] Kommt es auf seine Zustimmung nicht an oder ist seine Zustimmung irrelevant, etwa weil der Beschluss einer Mehrheitsklausel unterworfen ist, kann die Beschränkung der §§ 2205 S. 3, 2206 Abs. 1 S. 2 BGB schon gar nicht auf den Beschluss durchgreifen.

[195] *Schäfer*, in: Staub-HGB, § 139 Rdnr. 64.

[196] Ähnlich für eine Kommanditbeteiligung *Reimann*, in: Staudinger, § 2205 Rdnr. 187, der insbesondere klassische Umstrukturierungsmaßnahmen, wie die Änderung der Modalitäten zur Einberufung in die Gesellschaft und die Änderungen der Vertretungsregeln aufführt.

[197] Ähnlich BGH, NJW 1981, 115 (zu § 2113 Abs. 2 BGB).

[198] So für eine Kommanditbeteiligung *Reimann*, in: Staudinger, § 2205 Rdnr. 187 in Übertragung der zu § 2113 Abs. 2 BGB ergangenen Rechtsprechung, vgl. BGH, NJW 1981, 115, 116.

mit einer Minderung der Rechtsstellung des Gesellschafter-Erben oder einer Vermehrung der Pflichtenstellung für selbigen einhergeht, muss darin nicht zwingend eine dem Testamentsvollstrecker verbotene unentgeltliche Verwaltungsmaßnahme liegen. Dies gilt insbesondere dann, wenn damit das Gesellschaftsinteresse an einer Erhaltung und Stärkung des Unternehmens verfolgt wird, das – auch wenn nicht in Geldeswert messbar – doch dem Gesellschafter-Erben als entgeltähnlicher Vorteil zugutekommt.[199] Bei einer verwaltenden Testamentsvollstreckung ist es freilich problematisch, das Tatbestandsmerkmal der Unentgeltlichkeit mit den Wertungen auszufüllen, die zur Bestimmung einer ordnungsmäßigen bzw. nicht ordnungsmäßigen Verwaltung herangezogen werden. Denn im Regelfall ist ein solcher Testamentsvollstrecker im Außenverhältnis gem. §§ 2209 S. 2, 2207 S. 1 BGB von den Grenzen der Ordnungsmäßigkeit befreit. Dies muss daher konsequenterweise dazu führen, dass der Testamentsvollstrecker, trotz einer verweigerten Zustimmung zu einem vertragsändernden Beschluss, im Außenverhältnis seine Machtbefugnisse stets frei entfalten kann und sich allenfalls im Innenverhältnis gegenüber dem Gesellschafter-Erben gem. §§ 2219 Abs. 1 BGB zu verantworten hat. Wer diesen Rückschluss nicht mittragen will, muss zumindest beachten, dass im Lichte der korporationsrechtlich erstrebten Verwirklichung des Gesellschaftszwecks – jedenfalls bei einem vertragsändernden Beschluss, der allseitig belastend gefasst werden soll – kein Raum für das Merkmal der Unentgeltlichkeit i. S.d. § 2205 S. 3 BGB bleibt.[200] Allenfalls dort, wo der Gesellschafterbeschluss ohne triftigen Grund einseitig zu Lasten der Gesellschafterstellung des Gesellschafter-Erben wirkt, mag dies einmal anders sein.[201] Alles in allem passt das Merkmal der unentgeltlichen Verfügung i. S.d. § 2205 S. 3 BGB bei gesellschaftsinternen Maßnahmen nur sehr beschränkt. Die daher vertretenen rechtsfortbildenden Ansätze führen dazu, dass die gem. §§ 2209 S. 2, 2207 S. 1 BGB regelmäßig erweiterten Verwaltungsbefugnisse des Testamentsvollstreckers bei gesellschaftsinternen Maßnahmen wohl nur in den seltensten Fällen an ihre Grenzen gelangen werden.

---

[199] S. zum vergleichbaren Fall bei § 2113 Abs. 2 BGB, BGH, NJW 1981, 115, 116. *Schäfer*, in: Staub-HGB, § 139 Rdnr. 64 stellt hingegen auf eine vollwertige Kompensation ab, ohne zu spezifizieren, ob hierunter auch nicht unmittelbar in Geld ausdrückbare Vorteile, wie z. B. die Stärkung des Unternehmens fallen.

[200] BGH, NJW 1981, 115, 116.

[201] So für eine Kommanditbeteiligung *Reimann*, in: Staudinger, § 2205 Rdnr. 189 in Übertragung der zu § 2113 Abs. 2 BGB ergangenen Rechtsprechung, vgl. BGH, NJW 1981, 115, 116. Insofern, s. auch *Lutter*, ZGR 1982, 108, 115.

2. Verbleibende Befugnisse des Gesellschafter-Erben

Wenn man dem unter Testamentsvollstreckung stehenden Gesellschafter-Erben einzelne Rechtspositionen zur Ausübung belässt, die unmittelbar aus der Gesellschafterposition resultieren oder mit ihr zusammenhängen, kann sich dies nur aus den besonderen Eigenheiten rechtfertigen, welche die Testamentsvollstreckung dem Gesellschafter-Erben gerade hinsichtlich des oHG-Anteils aufbürdet. Dies ist nach der hier vertretenen Auffassung insbesondere die persönliche Haftung, die der Gesellschafter-Erbe hinsichtlich der Gesellschaftsaltverbindlichkeiten sowie derjenigen Gesellschaftsneuverbindlichkeiten übernimmt, die nicht vom Testamentsvollstrecker begründet sind.[202] Diese Tatsache rechtfertigt es, dem Gesellschafter-Erben spiegelbildlich auch entsprechende Gesellschafterbefugnisse zuzubilligen, mit denen er seine persönliche Vermögenssphäre zumutbar schützen kann.

a) § 139 HGB

Zur Vermeidung einer persönlichen Haftung für Gesellschaftsalt- und Zwischenneuverbindlichkeiten ist dem Gesellschafter-Erben daher in erster Linie das Recht zuzubilligen, die Befugnisse aus § 139 HGB geltend zu machen.[203] Er kann über § 139 HGB seine oHG-Beteiligung entweder in eine Kommanditbeteiligung umwandeln (Abs. 1) oder – sofern die Mitgesellschafter dieses Ansinnen ablehnen – aus der oHG austreten (Abs. 2). Dass diese Befugnisse dem Gesellschafter-Erben selbst dann zustehen, wenn eine Testamentsvollstreckung angeordnet ist, ergibt sich schon daraus, dass die Rechte aus § 139 HGB höchstpersönlich an die Person des Gesellschafter-Erben gekoppelt sind. Sie gehen auch nicht im Wege der Universalsukzession auf den Gesellschafter-Erben über, sondern entstehen erst mit dem Erbfall originär in der Hand des Gesellschafter-Erben.[204] Der Testamentsvollstrecker auf der anderen Seite muss die Entscheidung des Gesellschafter-Erben hinnehmen. Wandelt der Gesellschafter-Erbe mit Zustimmung der übrigen Gesellschafter seine ererbte Beteiligung in einen Kommanditanteil um, ist er fortan Testamentsvollstrecker an diesem Kommanditanteil. Scheidet der Gesellschafter-Erbe dagegen gänzlich aus der oHG aus, hat der Testamentsvollstrecker lediglich den Abfindungsanspruch gem. § 105 Abs. 3 HGB, § 738 Abs. 1 S. 2 BGB zu verwalten.

---

[202] S. noch einmal *§ 9 IV. 1.*

[203] So auch *Weidlich*, S. 47 f.

[204] *Schäfer*, in: Staub-HGB, § 139 Rdnr. 62; *Hehemann*, BB 1995, 1301, 1310.

b) Verhinderung einer weiteren persönlichen Haftung

Im Angesicht der Gefahr einer persönlichen Gesellschafterhaftung für Gesellschaftsneuverbindlichkeiten muss dem Gesellschafter-Erben die Möglichkeit verbleiben, sich auch jenseits der Karenzfrist des § 139 Abs. 3 HGB in zumutbarem Maße aus der Gesellschafterposition zurückzuziehen.[205] *Marotzke* schlägt zu diesem Zweck vor, dem Gesellschafter-Erben die Rechte aus § 139 HGB über den Karenzzeitraum des § 139 Abs. 3 HGB hinaus für den gesamten Zeitraum zu gewähren.[206] Doch ist diese Norm gerade mit Blick auf die persönliche Belastung des Gesellschafter-Erben hinsichtlich der Gesellschaftsaltverbindlichkeiten geschaffen worden und daher vom Normzweck her nicht darauf ausgelegt, eine jenseits der Karenzfrist des § 139 Abs. 3 HGB zu erwartende, persönliche Haftung zu verhindern.[207] Es handelt sich bei diesen Gefahren nicht um solche, die aus der Anordnung der Testamentsvollstreckung resultieren, sodass es regelmäßig keinen Grund gibt, den unter Testamentsvollstreckung stehenden Gesellschafter-Erben jenseits der Karenzfrist über eine perpetuierte Rückzugsmöglichkeit nach Maßgabe des § 139 HGB besser zu stellen als er ohne Anordnung der Testamentsvollstreckung stünde.[208] Wenn sich der unter Testamentsvollstreckung stehende Gesellschafter-Erbe jenseits der Karenzfrist aus der Gesellschaft zurückziehen will, ist es sachnäher, auf die allgemeinen gesellschaftsrechtlichen Lossagungsrechte zu rekurrieren. Ihm sollte daher – insofern in teleologischer Reduktion des § 2211 Abs. 1 BGB – das ordentliche Kündigungsrecht zum Schluss des Geschäftsjahres gem. § 132 HGB belassen werden.[209] Ist vorgesehen, dass das ordentliche Kündigungsrecht in der Hand des unter Testamentsvollstreckung stehenden Gesellschafter-Erben ausgeschlossen sein soll, ist besondere Vorsicht geboten. Denn richtigerweise darf dem Gesellschafter-Erben durch die Testamentsvollstreckung das ordentliche Kündigungsrecht aus § 132 HGB nicht für einen namhaften Zeitraum entzogen werden, wenn man nicht aus verfassungsrechtlichen Gründen über den Einwand der Sittenwidrigkeit gem.

---

[205] S. noch einmal *§ 9 V. 3.*

[206] *Marotzke*, JZ 1986, 457, 468.

[207] S. noch einmal *§ 3 X. 4. a) aa).*

[208] Anders ist dies lediglich hinsichtlich der spezifischen haftungsrechtlichen Folgen, in die der Gesellschafter-Erbe mit Beendigung der Testamentsvollstreckung eintritt, s. noch *§ 9 VIII.*

[209] Zumindest i.E. für ein eigenes Kündigungsrecht des Gesellschafter-Erben sind auch: *Kick*, S. 156; *Dörrie*, ZEV 1996, 370, 375. In diese Richtung auch *Schleitzer*, S. 43 ff. (vertraglich vereinbartes Austrittsrecht). A.A. *Weidlich*, S. 54 f. und *Schäfer*, in: Staub-HGB, § 139 Rdnr. 62 (alleiniges privilegiertes Kündigungsrecht des Testamentsvollstreckers aus § 135 HGB analog). Verwirrend *Reimann*, in: Staudinger, § 2205 Rdnr. 172, der dem Testamentsvollstrecker wohl exklusiv die Lossagungsrechte aus §§ 132 f. HGB zu gewähren scheint, jedoch in Rdnr. 169 davon spricht, dass dem Gesellschafter-Erben ein Kündigungsrecht zuzugestehen sei, welches von der Zustimmung des Testamentsvollstreckers unabhängig sei.

§ 138 Abs. 1 BGB die Unwirksamkeit der Anordnung der Testamentsvollstreckung wegen einer unzumutbaren Schuldnerknebelung riskieren will.[210] Zwar wird im Zusammenhang mit Gesellschaftsbeteiligungen gerne betont, dass der Ausschluss des ordentlichen Kündigungsrechts für einen Gesellschafter einer zeitlichen Obergrenze von 30 Jahren zugänglich sein kann.[211] Daher könnte man folgern, dass selbst bei einer Ausschöpfung der zeitigen Obergrenze einer Testamentsvollstreckung von 30 Jahren (§ 2210 S. 1 BGB) keine Schuldnerknebelung vorliegen kann, selbst wenn alleine dem Testamentsvollstrecker das Recht zur ordentlichen Kündigung zusteht. Doch neben der Tatsache, dass die Testamentsvollstreckung über § 2210 S. 2 BGB diese Grenze auch überschreiten kann,[212] ist zu bedenken, dass die höchstrichterliche Rechtsprechung den Entzug des ordentlichen Kündigungsrechts des Gesellschafters für einen so langen Zeitraum bisher nur für einen Gesellschaftsvertrag erwogen hat, der die Errichtung einer zu Versorgungszwecken dienenden stillen Gesellschaft zum Gegenstand hatte.[213] Sie hütet sich v. a. in jüngeren Publikationen vor der Nennung starrer Fristen, für die ein Ausschluss des Kündigungsrechts in der Hand des vollhaftenden Gesellschafters möglich ist, betont vielmehr die Abwägung im Einzelfall und tendierte bisher dazu, Fristen, die jedenfalls nur geringfügig über der 30-Jahresfrist lagen, grundsätzlich nicht hinzunehmen.[214] Als angemessener Interessenausgleich wurden v. a. solche Fristen herangezogen, die deutlich unter der 30-Jahresgrenze lagen.[215] Verschärfend kommt noch folgende Erwägung hinzu. Die Großzügigkeit, mit der man dem zeitlichen Ausschluss des Kündigungsrechts bei Gesellschafterbeteiligungen begegnet, bei denen der Gesellschafter seine vollumfänglichen Geschäftsführungs- und Vertretungsbefugnisse behält, muss abgelegt werden, wenn ihm diese nicht zustehen. So ist es etwa bei der angeordneten Testamentsvollstreckung, wo der Gesellschafter-Erbe in die Position

---

210 Zu diesem Einwand, s. bereits *§ 9 V*.

211 *Schmidt*, in: MüKo-HGB, § 132 Rdnr. 33; *Kamanabrou*, in: Oetker-HGB, § 132 Rdnr. 19; *Ulmer*, ZIP 2010, 805, 807 f. (nur bei nicht persönlich haftenden Gesellschafterpositionen oder Familiengesellschaften). Ein vollständiger Ausschluss des ordentlichen Kündigungsrechts ist gem. § 105 Abs. 3 HGB, § 723 Abs. 3 BGB unzulässig.

212 Über die Vorschrift des § 2210 S. 2 BGB kann im Einzelfall die 30-Jahres-Grenze sogar erheblich überschritten werden, insbesondere in Kombination mit einer Vor- und Nacherbschaft, vgl. hierzu *Edenfeld*, DNotZ 2003, 4, 10 f.

213 BGH, WM 1967, 315, 316; s. auch *ders.*, NJW 2005, 1784, 1786 (dort 12–14 Jahre).

214 BGH, NJW-RR 2012, 1242, 1244 Rdnr. 19 ff. (Sittenwidrigkeit einer Bindung von 30 Jahren wegen umfassender Abwägung mit der Tatsache einer bloß geringkapitalistischen Beteiligung an der Gesellschaft); *ders.*, NJW 2007, 295, 296 Rdnr. 12 (Sittenwidrigkeit einer Bindung von 31 Jahren wegen umfassender Abwägung mit Berufsfreiheit).

215 OLG Stuttgart, NZG 2007, 786, 787 (5 Jahre); OLG Düsseldorf, NJW-RR 2005, 288, 289 und 291 (4 Jahre, keinesfalls jedoch mehr als 14 Jahre).

eines auf die Innenrechte gegenüber dem Testamentsvollstrecker aus §§ 2218 Abs. 1, 2219, 2227 BGB beschränkten Zaungastes (aber dennoch vollhaftenden Subjekts) beschränkt ist. Mangels Einflussnahme auf die Geschäftsgeschicke kann sich die Testamentsvollstreckung für den Gesellschafter-Erben zu einer aus verfassungsrechtlichen Wertungen kaum hinnehmbaren Haftungsfalle entwickeln, die sich vielleicht erst Jahre später herauskristallisiert und aus der nach Ablauf der Karenzfrist des § 139 Abs. 3 HGB mit gesellschaftsrechtlichen Mitteln kein zumutbarer Fluchtweg mehr führt, weil für einen namhaften Zeitraum das ordentliche Kündigungsrecht ausgeschlossen ist. Wann von einem namhaften Zeitraum gesprochen werden kann, darf freilich nicht mit schematischen Grenzen bestimmt werden. Je haftungsträchtiger der Geschäftsbetrieb und je länger der anvisierte Zeitraum für den Kündigungsausschluss, desto eher ist der durch die Testamentsvollstreckung in die defensive Stellung eines Zaungastes hineingezwungene Gesellschafter-Erbe durch den von ihm zu tragenden Teil der persönlichen Gesellschafterhaftung unzumutbar geknebelt.[216] Auch außerordentliche Lossagungsrechte (das kraft Gesetzes bestehende Recht zur Auflösungsklage gem. § 133 HGB oder die kraft vertraglicher Vereinbarung bestehenden Rechte zur außerordentlichen Kündigung) müssen dem Gesellschafter-Erben vor diesem Hintergrund verbleiben, da auch diese – gerade mit Blick auf die dort eröffnete Möglichkeit eines sofortigen Austritts – dazu dienen können, die Gefahr der persönlichen Gesellschafterhaftung für die Zukunft zu verhindern.[217]

c) Kontroll- und Einsichtnahmerechte des Gesellschafter-Erben

Das kollektive Recht auf Auskunft (§ 105 Abs. 3 HGB, §§ 713, 666 BGB) und das individuelle Recht auf Einsichtnahme (§ 118 Abs. 1 HGB) werden vom Testamentsvollstrecker wahrgenommen.[218] Dies sollte im Ausgangspunkt auch für das unabdingbare, außerordentliche Einsichtnahmerecht gem. § 118 Abs. 2 HGB gelten.[219] Den Interessen des Gesellschafter-Erben kann oftmals über den gegen den Testamentsvollstrecker gerichteten Auskunfts- und Rechenschafts-

---

216 Hingegen will *Weidlich*, S. 54 f. für sein Modell der Testamentsvollstreckung schematisch die 30 Jahresfrist anwenden, die der BGH in WM 1967, 315, 316 für den Ausschluss des ordentlichen Kündigungsrechts in Konstellationen einer stillen Gesellschaft für noch zumutbar hält.

217 *Kick*, S. 156; *Dörrie*, ZEV 1996, 370, 375; *Schäfer*, in: Staub-HGB, § 139 Rdnr. 64; *Weidlich*, S. 56. So auch *Ulmer*, NJW 1990, 73, 79 (Kommanditanteil). A.A. *Lorz*, S. 182 (Kommanditanteil).

218 *Weidlich*, S. 50 f.; *Lorz*, S. 182 (Kommanditanteil); *Ulmer*, NJW 1990, 73, 78 (Kommanditanteil).

219 So auch *Lorz*, S. 182 zum anlassbezogenen Recht des Kommanditisten gem. § 166

anspruch gem. §§ 2218 Abs. 1, 666 BGB ausreichend Genüge getan werden.[220] Bei einem hinreichenden Anlassverdacht kann der Gesellschafter-Erbe über die in §§ 2218 Abs. 1, 666 BGB enthaltenen Befugnisse jederzeit vom Testamentsvollstrecker verlangen, dass sich dieser in Ausübung der außerordentlichen Einsichtnahmerechte gem. § 118 Abs. 2 HGB von den Angelegenheiten der Gesellschaft persönlich unterrichtet, die Handelsbücher und Papiere der Gesellschaft unter Anfertigung von Kopien und der Einforderung eines Jahresabschlusses einsieht und dem Gesellschafter-Erben über seine Beobachtungen Auskunft erteilt und die angefertigten Schriftstücke als Rechenschaft aushändigt. Dass über dieses nur mittelbare Einsichtnahme- und Auskunftsrecht ein Verlust an Kontrolldichte eintritt und daneben dieser Prozess in Fällen, in denen sich der Testamentsvollstrecker weigert, dem Begehren des Gesellschafter-Erben zügig nachzukommen, zu nicht hinnehmbaren Verzögerungen führt, kann verhindert werden. *Schleitzer* stellt Überlegungen an, wonach im Gesellschaftsvertrag flankierende Regeln aufzunehmen sind, die dem durch die Testamentsvollstreckung in die zweite Reihe verbannten Gesellschafter-Erben ein unmittelbar gegen die Gesellschaft gerichtetes Kontroll- und Einsichtnahmerecht verschaffen.[221] Sollten solche Vorkehrungen fehlen, scheint es nicht fernliegend, über eine ergänzende Vertragsauslegung ein entsprechendes, auf den Einzelfall beschränktes, außerordentliches Kontroll- und Einsichtnahmerecht des unter Testamentsvollstreckung stehenden Gesellschafter-Erben aus dem Gesellschaftsvertrag zu gewinnen.[222] Dieses Recht muss auf einen eilbedürftigen, dringenden Anlassverdacht beschränkt bleiben und darf nur dann eingreifen, wenn der Testamentsvollstrecker keine oder eine ungenügende Bereitschaft zeigt, dem Verdacht nachzugehen. Denn nur in einer solchen Sonderkonstellation entspricht ein Kontroll- und Einsichtnahmerecht des Gesellschafter-Erben einer interessengerechten Lösung, die angemessen berücksichtigt, dass der Gesellschafter-Erbe im Grundsatz für die Zeit der Testamentsvollstreckung aus den Geschäftsgeschicken herausgehalten werden soll. Über das Vehikel der einstweiligen Leistungsverfügung gem. § 940 ZPO analog[223] sind dem Gesellschafter-Erben daneben prozessuale Mittel an die Hand gegeben, damit dieser in eilbedürftigen Fällen und bei drohenden, wesentlichen Nachteilen zeitnah zu seinem Recht ge-

---

Abs. 3 HGB. A.A. *Weidlich*, S. 51 und *Marotzke*, JZ 1986, 457, 466 f., die von einer Doppelzuständigkeit von Gesellschafter-Erbe und Testamentsvollstrecker ausgehen.

[220] So auch *Lorz*, S. 182 für den unter Testamentsvollstreckung stehenden Kommanditisten.

[221] *Schleitzer*, S. 47 ff.

[222] Zur Anwendbarkeit und den Voraussetzungen der ergänzenden Vertragsauslegung bei oHG-Gesellschaftsverträgen, vgl. *Wertenbruch*, in: E/B/J/S-HGB, § 105 Rdnr. 96; *Lieder*, in: Oetker-HGB, § 105 Rdnr. 97; BGH, NJW 1979, 1705, 1706; BGHZ 123, 281, 285 f. (KG).

[223] Zur Leistungsverfügung, vgl. *Huber*, in: Musielak/Voit-ZPO, § 940 Rdnr. 1 und 12.

langt.[224] Der Gesellschafter-Erbe ist im Übrigen ausreichend geschützt. Weigert sich der Testamentsvollstrecker, dem Verdacht nachzugehen, macht er sich ggf. schadensersatzpflichtig gem. §§ 2219 Abs. 1 BGB. Denn er ist – auch unabhängig von seinen Auskunfts- und Rechenschaftspflichten – gegenüber dem Gesellschafter-Erben angehalten, die unmittelbaren Kontrollrechte aus § 118 HGB sorgfaltsgemäß wahrzunehmen.

d) Zustimmungsvorbehalt bei Änderung der Haftungslage

Auch dem Testamentsvollstrecker steht – neben der Möglichkeit das ihm zugedachte Amt durch Erklärung gegenüber dem Nachlassgericht gem. § 2202 Abs. 2 S. 1 BGB abzulehnen – die Möglichkeit zu, sich der eigenen persönlichen Handelndenhaftung zu entziehen. Wie bereits dargelegt, kommt dem verwaltenden Testamentsvollstrecker richtigerweise zwar nicht die Aufgabe zu, durch Kommerzialisierung der Nachlassgegenstände die Befriedigung der Nachlassgläubiger sicherzustellen oder die Realisierung des Anteilswerts zu Gunsten der Miterben zu gewährleisten. Er hat daher kein privilegiertes Kündigungsrecht gem. § 135 HGB analog.[225] Jedoch steht ihm, unabhängig vom Gesellschafter-Erben, das Recht zu, ebenfalls ordentlich gem. § 132 HGB zu kündigen bzw. gem. § 133 HGB die Auflösungsklage zu erheben.[226] Schließlich hat er im Ausgangspunkt auch die Möglichkeit, seine Rechtsstellung innerhalb der Gesellschaft zu verändern, um so dem Damoklesschwert einer eigenen persönlichen Handelndenhaftung zu entgehen. Hierzu muss er sich nur mit den Mitgesellschaftern auf eine flankierende Gestaltung verständigen, mit der er den

[224] Insofern sollte für das außerordentliche Kontroll- und Einsichtnahmerecht des unter Testamentsvollstreckung stehenden Gesellschafter-Erben nichts anderes gelten als für das gesetzliche Kontroll- und Einsichtnahmerecht gem. § 118 HGB; vgl. zur einstweiligen Verfügung bei letzterem *Schäfer*, in: Staub-HGB, § 118 Rdnr. 47.

[225] S. noch einmal *§ 2 III. 2.*

[226] Für die Auflösungsklage wird wohl überwiegend eine Doppelzuständigkeit von Gesellschafter-Erbe und Testamentsvollstrecker vertreten, vgl. *Schäfer*, in: Staub-HGB, § 139 Rdnr. 62 und 64; *Weidlich*, S. 56. Für das Kündigungsrecht ist eine einheitliche Linie nicht auszumachen. Wie hier für ein konkurrierendes ordentliches Kündigungsrecht gem. § 132 HGB ist wohl *Kick*, S. 156. Für ein konkurrierendes privilegiertes Kündigungsrecht aus § 135 HGB analog sind: *Lorz*, in: E/B/J/S-HGB, § 139 Rdnr. 73; *Dörrie*, ZEV 1996, 370, 375. Für ein alleiniges ordentliches Kündigungsrecht des Testamentsvollstreckers aus § 132 HGB ist *Weidlich*, S. 54 f. Für ein alleiniges privilegiertes Kündigungsrecht des Testamentsvollstreckers aus § 135 HGB analog ist *Schäfer*, in: Staub-HGB, § 139 Rdnr. 62. Unklar *Reimann*, in: Staudinger, § 2205 Rdnr. 172, der dem Testamentsvollstrecker wohl exklusiv die Lossagungsrechte aus §§ 132 f. HGB zu gewähren scheint, jedoch in Rdnr. 169 davon spricht, dass dem Gesellschafter-Erben ein Kündigungsrecht zuzugestehen sei, welches von der Zustimmung des Testamentsvollstreckers unabhängig sei.

Fesseln der gem. §§ 2205 f. BGB auf die Kräfte einer Nachlassverbindlichkeit beschränkten Haftungsgewalt gegenüber dem Gesellschafter-Erben entkommen kann. Denn haftet der Gesellschafter-Erbe auch für die von dem Testamentsvollstrecker begründeten Gesellschaftsverbindlichkeiten persönlich, erübrigt sich die Ausgleichsfunktion der Handelndenhaftung. Einer persönlichen Handelndenhaftung des Testamentsvollstreckers bedarf es nicht mehr. Um dies zu erreichen, kann der Testamentsvollstrecker etwa die zusätzliche Einräumung einer Stellung als Prokurist bzw. Generalbevollmächtigter anstreben.[227] Eine von der Stellung als Testamentsvollstrecker entkoppelte Zurechnung des nichtrechtsgeschäftlichen Verhaltens über § 31 BGB analog würde allerdings voraussetzen, dass mit der Übernahme der Stellung als Prokurist bzw. Generalbevollmächtigter zugleich leitende Aufgaben von wesentlicher Bedeutung übertragen werden.[228] Wie jedoch bereits festgestellt, läuft eine solche Gestaltung Gefahr, dass die dem Testamentsvollstrecker durch §§ 2205 f. BGB gezogenen Grenzen allzu leicht ausgehebelt werden.[229] Dies vermeidet man, wenn man dem Gesellschafter-Erben in Ansehung solcher Maßnahmen ein Mitspracherecht einräumt. Jedenfalls im gesetzlichen Organisationsgefüge der oHG ist ein solches Mitspracherecht auch naheliegend. Denn die Erteilung einer Prokura bedarf gem. § 116 Abs. 3 S. 1 HGB grundsätzlich der Zustimmung aller geschäftsführungsbefugten Gesellschafter. Die Erteilung einer Generalvollmacht bedarf gem. § 116 Abs. 2 HGB grundsätzlich sogar der Zustimmung aller Gesellschafter.[230] Freilich ist zu konstatieren, dass die Zustimmungsrechte des unter Testamentsvollstreckung stehenden Gesellschafter-Erben grundsätzlich suspendiert und gem. § 2205 S. 1 BGB dem Testamentsvollstrecker übertragen sind. Allerdings ist zu berücksichtigen, dass der Testamentsvollstrecker an der Ausübung des Stimmrechts gehindert ist, wenn er persönlich vom Beschlussgegenstand betroffen ist; denn niemand darf Richter in eigener Sache sein. § 47 Abs. 4 GmbHG kommt insofern ein Bedeutungsgehalt zu, der auch im Personengesellschaftsrecht Beachtung findet. Dies zeigen auch die §§ 712 Abs. 1, 715, 737 S. 2 BGB sowie die §§ 117,

---

[227] Daher schlägt auch die im Denkmuster der Haftungsinkompatibilität verhaftete etablierte Ansicht vor, durch die Einräumung einer Mitgesellschafterposition bzw. Generalvollmacht den Vorbehalt der Haftungsinkompatibilität auszumerzen, vgl. *Weidlich*, S. 70 f.; vorsichtiger *Lorz*, S. 152.

[228] S. zu den Voraussetzungen der Stellung eines „*verfassungsmäßig berufenen Vertreters*" i. S. d. § 31 BGB unterhalb der Organebene, *Offenloch*, in: BeckOGK-ZR, § 31 Rdnr. 43. S. auch BGHZ 49, 19, 21 hinsichtlich der analogen Anwendung des § 31 BGB auf Filialleiter; BGH, NJW 1972, 334 hinsichtlich der analogen Anwendung des § 31 BGB auf Chefärzte.

[229] *§ 2 III. 3. a) ff) (2).*

[230] Vgl. *Meyer*, in: BeckOK-HGB, § 48 Rdnr. 59; *Klimke*, in: BeckOK-HGB, § 116 Rdnr. 20.

127, 140 Abs. 1 S. 1 HGB.[231] Der Testamentsvollstrecker, der zum Prokuristen bzw. Generalbevollmächtigen bestellt werden soll, ist von diesem Beschluss persönlich betroffen und darf daher nicht mitstimmen. Dies hat jedoch nicht zur Folge, dass das aus der Mitgliedschaft fließende Stimmrecht untergeht, sondern es steht in diesem Fall – trotz der angeordneten Testamentsvollstreckung – dem Gesellschafter-Erben selbst zu.[232] Damit hat der Gesellschafter-Erbe ein Mittel, um sich gegen diese ergänzenden Maßnahmen zu stellen, die den Testamentsvollstrecker von der Gefahr einer persönlichen Haftung für die von ihm im Namen der oHG eingegangenen Verbindlichkeiten befreien und den Gesellschafter-Erben mit dieser Gefahr belasten würden.

Anders ist es freilich, wenn das von Gesetzes wegen geforderte einstimmige Beschlusserfordernis (§ 119 Abs. 1 HGB) im Gesellschaftsvertrag zu Gunsten eines Mehrheitsbeschlusses abbedungen ist (§ 119 Abs. 2 HGB). Die Zulässigkeit einer Mehrheitsklausel ist für die Erteilung einer Prokura bzw. Generalvollmacht anerkannt,[233] jedoch sollte dem Gesellschafter-Erben auch für diese Fälle ein Zustimmungsvorbehalt belassen werden. Denn letztlich kommt eine solche Verschlechterung der Haftungslage allein zu Lasten des Gesellschafter-Erben einer verdeckten Nachschusspflicht gleich, die gem. § 105 Abs. 3 HGB, § 707 BGB ohne gesonderte Zustimmung nicht hinzunehmen ist. Da der für kernbereichsrelevante Entscheidungen zuständige Testamentsvollstrecker wiederum als persönlich betroffen zu gelten hat, muss das Zustimmungsrecht nach den o.g. Grundsätzen dem Gesellschafter-Erben selbst zustehen. So ist gewährleistet, dass sich der haftungsaverse Testamentsvollstrecker nicht ohne Mithilfe des Gesellschafter-Erben zu dessen Lasten der Gefahr einer persönlichen Haftung entledigen kann.

3. Zwischenergebnis

Im Ausgangspunkt ist es somit der Testamentsvollstrecker, der die Gesellschafterbefugnisse (auch i.R.d. mittlerweile von Aberkennung bedrohten Kernbereichs) exklusiv wahrnimmt; der Gesellschafter-Erbe ist spiegelbildlich während der Dauer des Testamentsvollstreckermandats grundsätzlich von allen Gesellschafterbefugnissen ausgeschlossen. Jedoch stehen dem Gesellschafter-Erben jenseits der Grenzen der Testamentsvollstreckung originäre exklusive Befugnisse in Bezug auf die Gesellschafterposition zu. Zum einen hat er ein Zustimmungsrecht

---

231 Für eine Außen-GbR, s. BGH, NZG 2012, 625, 626 Rdnr. 16.

232 Für eine GmbH, s. BGHZ 108, 21, 28; für eine GmbH & Co. KG, s. BGHZ 201, 216, 226 Rdnr. 23. A.A. *Weidlich*, S. 73.

233 Für die Mehrheitsklausel bei Erteilung einer Prokura, vgl. etwa *Schäfer*, in: Staub-HGB, § 116 Rdnr. 40.

hinsichtlich unentgeltlicher Verfügungen und der darauf gerichteten Verpflichtungsgeschäfte i. S.d. §§ 2205 S. 3, 2206 Abs. 1 S. 2 BGB. Zum anderen stehen ihm die Rechte aus § 139 HGB exklusiv zu. Zu einer konkurrierenden Doppelzuständigkeit zwischen Gesellschafter-Erben und Testamentsvollstrecker kommt es nur hinsichtlich sonstiger Lossagungsrechte, insbesondere dem ordentlichen Kündigungsrecht gem. § 132 HGB sowie außerordentlichen Lossagungsrechten (Auflösungsklage gem. § 133 HGB oder ein an ihre Stelle tretendes, außerordentliches Kündigungsrecht). Will der Testamentsvollstrecker durch flankierende Gestaltungen die Haftungslage zu Lasten des Gesellschafter-Erben ändern, bedarf auch dies der Zustimmung des Gesellschafter-Erben.

VII. Testamentsvollstreckervermerk im Handelsregister

Anders als im Grundbuchrecht (§ 52 GBO) ist die Eintragung eines Testamentsvollstreckervermerks zwar nicht explizit von Gesetzes wegen als eintragungsfähige bzw. eintragungspflichtige Tatsache des Handelsregisters benannt. D.h. aber nicht, dass die Eintragung eines Testamentsvollstreckervermerks im Handelsregister unzulässig ist.[234] Immerhin wird die Summe der in das Handelsregister eintragungsfähigen Zusätze auch in anderen Fällen über das Gesetz hinaus erweitert, wenn dafür unter Berücksichtigung des Zwecks des Handelsregisters ein dringendes Bedürfnis besteht.[235] So hat die Rechtsprechung, jedenfalls bei der vollumfänglichen Testamentsvollstreckung an Kommanditanteilen, die Eintragung eines Testamentsvollstreckervermerks in das Handelsregister anerkannt.[236]

1. Eintragungsfähigkeit eines Testamentsvollstreckervermerks

Es kann daher auch bei einer vollumfänglichen Testamentsvollstreckung an einem oHG-Anteil nichts anders gelten.[237] Das Bedürfnis für die Eintragung eines Testamentsvollstreckervermerks stellt sich hier sogar mit noch größerem

---

[234] Anders noch das RG in RGZ 132, 138, 143, das die fehlende Normierung einer registerrechtlichen Publizität der Testamentsvollstreckung ins Feld führte, um gegen die Testamentsvollstreckung in Handelsgeschäfte (und wegen der Funktionsähnlichkeit damit auch gegen eine Testamentsvollstreckung an oHG-Anteilen) zu argumentieren.

[235] So etwa bei Unternehmensverträgen im GmbH-Recht (vgl. BGHZ 105, 324, 337 ff.) und der Befreiung vom Selbstkontrahierungsverbot des § 181 BGB (s. BayObLGZ 1999, 349, 350 f.).

[236] BGH, NJW-RR 2012, 730, 731 Rdnr. 15; anders noch RGZ 132, 138 (Handelsgeschäft) und KG, NJW-RR 1996, 227 f. (Kommanditanteil).

[237] *V. Proff*, DStR 2018, 415, 418; *Zimmermann*, ZEV 2012, 335, 338 (Handelsgeschäft).

Gewicht, wenn man der hier vertretenen Lösung folgt und der Testamentsvollstreckung einen Einfluss auf die dem vererbten oHG-Anteil zugewiesenen Haftungsverhältnisse zubilligt. Denn in diesem Fall hat die Testamentsvollstreckung nicht nur über die Vorschriften der §§ 2211, 2214 BGB,[238] sondern auch wegen der Adressierung der Handelndenhaftung eine unmittelbare und unabweisbare Bedeutung für den Rechtsverkehr.[239] Dem gegen einen Testamentsvollstreckervermerk vorgebrachten Argument, wonach das Handelsregister nur Verhältnisse der Gesellschaft und nicht der Gesellschafter auszuweisen habe, die Testamentsvollstreckung am Kommanditanteil jedoch mangels Änderung der Haftungsverhältnisse auf die Gesellschaftersphäre beschränkt bleibe,[240] ist so bereits augenfällig der Boden entzogen. Daneben war dieses Argument ohnehin noch nie besonders überzeugend, wie die Vorschriften der §§ 106 Abs. 2 Nr. 1, 107 Var. 4, 143 Abs. 2 HGB und § 24 Abs. 1 HRV zeigen, die allesamt gerade Umstände in der Person des Gesellschafters für eintragungspflichtig erklären.[241]

2. Testamentsvollstreckervermerk als verpflichtend einzutragende Tatsache

Obwohl sich die Haltung der Rechtsprechung in Bezug auf die Testamentsvollstreckung an Kommanditanteilen eher für eine bloße Eintragungsfähigkeit des Testamentsvollstreckervermerks auszusprechen scheint,[242] muss doch hinsichtlich der hier vertretenen vollumfänglichen Testamentsvollstreckung an oHG-Anteilen auf die Eintragungspflicht beharrt werden.[243] Es kann insofern nichts anders gelten als zur Eintragung des Erbengemeinschaftsvermerks.[244] Denn

---

238 So für die Testamentsvollstreckung an einem innenbereichsentkernten oHG-Anteil *Weidlich*, S. 90 f.

239 Mit dem Argument, dass die Testamentsvollstreckung Einfluss auf die Haftungsverhältnisse in der oHG hat, befürworten etwa auch die in *§ 8 II.* genannten Befürworter einer Testamentsvollstreckung zu Lasten der Gesellschaftsgläubiger einen Testamentsvollstreckervermerk, vgl. *Zimmermann*, in: MüKo-BGB, § 2205 Rdnr. 23 und 37; *Muscheler*, Haftungsordnung, S. 418 ff.

240 So KG, NJW-RR 1996, 227, 228, mit Blick auf die Testamentsvollstreckung am Kommanditanteil.

241 So BGH, NJW-RR 2012, 730, 732 Rdnr. 21.

242 So BGH, NJW-RR 2012, 730, 731 Rdnr. 15: „*(...) kann ein entsprechender Testamentsvollstreckervermerk im Handelsregister eingetragen werden*". Jedoch ist die Annahme, der BGH habe nur eine fakultative Eintragungsfähigkeit ausgesprochen, in Zweifel zu ziehen, wenn er a. a. O., Rdnr. 21 behauptet: „*Der Rechtsverkehr (hat) ein berechtigtes Interesse, nicht nur die Namen der Kommanditisten zu erfahren, sondern auch über die angeordnete Testamentsvollstreckung unterrichtet zu werden*".

243 Für eine Eintragungspflicht i.E. auch *Weidlich*, S. 90 f.

244 S. noch einmal *§ 6 IV. 1.*

wenn gem. §§ 107 Var. 5, 106 Abs. 2 Nr. 4 HGB jede Änderung der Vertretungsverhältnisse in der Hand des Gesellschafters i. S.d. § 125 HGB bzw. § 181 BGB[245] zum Handelsregister angemeldet und eingetragen werden muss, hat dies erst Recht zu gelten, wenn durch eine Testamentsvollstreckung am oHG-Anteil die daraus resultierenden organschaftlichen Vertretungsbefugnisse dem Testamentsvollstrecker überantwortet werden. Nur dies wird dem Zweck der Vorschriften der §§ 107 Var. 5, 106 Abs. 2 Nr. 4 HGB gerecht, welche die Übersichtlichkeit des Handelsregisters und dessen Verständlichkeit stärken, indem die Vertretungsmacht der organschaftlichen Vertreter unmittelbar und stets aus dem Handelsregister ersichtlich ist.[246]

3. Anwendung des § 15 HGB

Die Eintragungspflicht muss dabei nicht nur zur Anwendbarkeit der Sanktionsfolgen des § 14 HGB führen, sondern auch den Schutz der Handelsregisterpublizität gem. § 15 HGB auf den Testamentsvollstreckervermerk ausdehnen. Letzteres sieht *Muscheler* bei einer Testamentsvollstreckung an einem Handelsgeschäft für problematisch an, weil dadurch letztlich die bürgerlich-rechtlichen Wertungen der Testamentsvollstreckung, insbesondere die über und i.R.d. §§ 2211 Abs. 2, 2368 S. 2 BGB anwendbaren Gutglaubensvorschriften, mit den Mitteln des handelsregisterrechtlichen Publizitätsschutzes, v. a. aus zwei Gesichtspunkten heraus, umformt würden.

Auf die etwas andere Ausgangslage bei einer Testamentsvollstreckung in oHG-Anteile kann *Muschelers*[247] erster Vorbehalt im Ausgangspunkt folgendermaßen übertragen werden. Bei Anwendung des § 15 Abs. 1 HGB würde der Gesellschafter-Erbe vor der Eintragung des Testamentsvollstreckervermerks den Anschein eines nicht der Testamentsvollstreckung unterworfenen Nachfolgers erwecken, sodass insbesondere der gem. §§ 2211 Abs. 2, 404 BGB ausgeschlossene Gutglaubenserwerb bei einer Anteilsübertragung durch den Erben konterkariert werden würde. Dieser Ausführung kann jedoch jedenfalls im Umfeld des Personengesellschaftsrechts nicht beigepflichtet werden. Die Schutzvorschrift des § 2211 Abs. 2 BGB wird in Ansehung der Verfügung über den oHG-Anteil aus rechtlicher Sicht schon gar nicht durch § 15 HGB umformt. So ist § 15 Abs. 1 HGB aufgrund der bloß deklaratorischen Rechtsnatur der Eintragung der Gesellschafterstellung keine Legitimationsgrundlage für einen gut-

---

245 S. hierzu noch einmal BayObLGZ 1999, 349, 350 f. (zu einer GmbH & Co. KG) und OLG Frankfurt a. M., NZG 2006, 830, 831 (zu einer Limited & Co. KG), wobei in beiden Entscheidungen die Eintragungspflicht nicht thematisiert wird.

246 BT-Drs. 14, 6855, S. 19; OLG Frankfurt a. M., NZG 2006, 830, 831.

247 *Muscheler*, Haftungsordnung, S. 419.

gläubigen Erwerb eines oHG-Anteils von einem Scheingesellschafter.[248] Nichts anders kann daher bei der gleichfalls deklaratorischen Eintragung des Testamentsvollstreckervermerks gelten. Die Nichteintragung des Testamentsvollstreckervermerks schafft über § 15 Abs. 1 HGB keine Legitimationsgrundlage für den gutgläubigen Erwerb des oHG-Anteils von einem nur scheinbar in seiner Verfügungsmacht nicht beschränkten Gesellschafter-Erben. Die Vorschriften der §§ 2211 Abs. 2, 404 BGB können also nicht unterlaufen werden.

Der zweite Vorbehalt *Muschelers*[249] gegen die Eintragungspflichtigkeit des Testamentsvollstreckervermerks lässt sich übertragen auf eine Testamentsvollstreckung in oHG-Anteile folgendermaßen umschreiben: Der in das Handelsregister eingetragene Testamentsvollstrecker behielte, entgegen der Wertung, die etwa für das Testamentsvollstreckerzeugnis in § 2368 S. 2 Hs. 2 BGB aufgestellt ist, aus Rechtsscheingesichtspunkten gem. § 15 Abs. 1 HGB die Gesellschafterbefugnisse über die Beendigung seines Mandats hinaus und über § 15 Abs. 3 HGB sogar dann, wenn der Testamentsvollstrecker das Mandat nie wirksam angetreten hat, bis der Testamentsvollstreckervermerk aus dem Handelsregister entfernt würde. Dieser Befund ist zwar richtig, jedoch erklärt er sich eben aus der besonderen handelsrechtlichen Ausgangslage, in der sich der Testamentsvollstrecker wiederfindet. Diese Erkenntnis stützt sogar die Annahme, dass es sich bei einem Testamentsvollstreckervermerk um eine anmeldepflichtige Tatsache handeln muss. Denn es wird dafür gesorgt, dass der Gesellschafter-Erbe nach dem Ende des Testamentsvollstreckermandats bzw. der Entdeckung, dass dieses nie wirksam angetreten wurde, rasch eine Austragung des Testamentsvollstreckervermerks erwirkt. Hieran wird der Handelsverkehr großes Interesse haben, gerade wenn man die vorgenannten Argumente zusammennimmt, die darlegen, welch große Auswirkung die Testamentsvollstreckung auf die besonders außenrelevante Haftungs- und Vertretungsordnung in der Gesellschaft hat. Der Handelsverkehr hat im Angesicht dieser Tatsache ein schutzwürdiges Vertrauen in die vom Handelsregister ausgewiesene Lage. Es gibt gerade umgekehrt keinen Grund, dem Handelsverkehr den durch § 15 HGB vermittelten Schutz in Ansehung der durch die Testamentsvollstreckung in die Gesellschaft getragenen Rechtstatsachen vorzuenthalten. Die Richtigkeit dieses Ergebnisses wird mittelbar auch durch §§ 6 Abs. 1, 32 Abs. 2 S. 2 HGB bestätigt. Denn dort sieht das Gesetz nur i.R. eines über die Gesellschaft eröffneten Insolvenzverfahrens vor, dass die Publizitätswirkung des § 15 HGB zurücktreten muss.[250] Im Umkehrschluss muss sie also bei anderen Fremdverwaltern als einem Insolvenzverwalter Geltung beanspruchen.

---

248 *Lieder*, ZfPW 2016, 205, 229 f.

249 *Muscheler*, Haftungsordnung, S. 429 f.

250 Zum Zurücktreten des § 15 HGB hinter die insolvenzrechtlichen Regelungen, vgl. *Krafka*, in: MüKo-HGB, § 32 Rdnr. 13; *Schlingloff*, in: Oetker-HGB, § 32 Rdnr. 4.

VIII. Haftungsrechtliche Folgen der Beendigung des Testamentsvollstreckermandats

Im unmittelbaren Anwendungsbereich der Vorgesellschaft erlischt die Handelndenhaftung in ihrer Ausgleichsfunktion mit Eintragung der Kapitalgesellschaft in das Handelsregister. Denn in diesem Zeitpunkt ist die haftungsrechtliche Regellage hergestellt, sodass die Ausgleichsfunktion wegfällt.[251] Diesen Gedanken gilt es bei der hier vertretenen Übertragung der Handelndenhaftung auf das Personengesellschaftsrecht zu beachten. Denn die der Testamentsvollstreckung innewohnende Haftungsbeschränkung schließt die persönliche Haftung des Gesellschafter-Erben für die seitens des Testamentsvollstreckers begründeten Gesellschaftsverbindlichkeiten nicht zwingend endgültig aus. Der Gesellschafter-Erbe übernimmt mit Beendigung der Testamentsvollstreckung die Verwaltungsbefugnisse über den oHG-Anteil. Mit Beendigung der Testamentsvollstreckung kommt es somit zu einer Art Rechtsnachfolge in die Verwaltungsbefugnisse hinsichtlich des oHG-Anteils. Damit muss jedoch einhergehen, dass der Gesellschafter-Erbe über eine analoge Anwendung des § 130 Abs. 1 HGB haftungsrechtlich in diejenigen Aspekte der Gesellschafterposition eintritt, die Ausfluss eben dieser Verwaltungsbefugnisse des Testamentsvollstreckers sind. Der Gesellschafter-Erbe übernimmt m.a.W. die persönliche Verantwortung für die von dem Testamentsvollstrecker begründeten Gesellschaftsverbindlichkeiten. Richtigerweise komplettiert sich daher mit Beendigung der Testamentsvollstreckung schlussendlich die auf den oHG-Anteil entfallende persönliche Haftung wieder in der Hand des Gesellschafter-Erben. Ab diesem Zeitpunkt muss er, neben seiner bereits zu schulternden persönlichen Haftungslast für die von den Mitgesellschaftern begründeten Gesellschaftsverbindlichkeiten gem. §§ 130 Abs. 1, 128 S. 1 HGB analog, letztendlich auch für die seitens des Testamentsvollstreckers begründeten Gesellschaftsverbindlichkeiten persönlich einstehen. Alleine zur Begegnung dieser hinzutretenden Haftungsgefahr muss dem Gesellschafter-Erben nach Abschluss des Testamentsvollstreckermandats über eine analoge Anwendung des § 139 HGB die Möglichkeit eröffnet werden, seine persönliche Haftung zu beschränken.[252] Die Karenzfrist des § 139 Abs. 3 HGB beginnt folglich im Zeitpunkt der Kenntniserlangung von der Beendigung der Testamentsvollstreckung.[253]

---

[251] *Blath*, in: Michalski-GmbHG, § 11 Rdnr. 108.

[252] In Ansehung der Gesellschaftsaltverbindlichkeiten sowie der von den Mitgesellschaftern begründeten Zwischenneuschulden ist ein Abstreifen der persönlichen Haftung nur durch rechtzeitige Ausübung der Rechte aus § 139 HGB nach dem Erbfall möglich, vgl. *§ 9 VI. 2. a)*.

[253] So auch *Muscheler*, Haftungsordnung, S. 548 mit Blick auf die Anwendung des § 139 HGB in dem von ihm vertretenen Haftungsmodell.

Untermauert werden kann dieses Ergebnis durch einen Vergleich mit der haftungsrechtlichen Rechtslage bei einer angeordneten Vor- und Nacherbfolge. Hat der Vorerbe die Rechte aus § 139 HGB nicht geltend gemacht, tritt der Nacherbe mit dem Nacherbfall in die oHG ein und haftet gem. §§ 130 Abs. 1, 128 S. 1 HGB persönlich für alle bis zum Nacherbfall begründeten Gesellschaftsverbindlichkeiten, sodass ihm in diesem Fall die Rechte aus § 139 HGB zugebilligt werden.[254] Da die angeordnete Vor- und Nacherbschaft in ihren Wirkungen zumindest eine der angeordneten Testamentsvollstreckung nicht unähnlichen Bildung eines Sondervermögens zur Folge hat, vgl. §§ 2111 ff. BGB und §§ 2205 ff. BGB, rechtfertigt sich eine entsprechende Übertragung dieses Gedankens auf die Testamentsvollstreckung. Die Beendigung der Testamentsvollstreckung wirkt somit in Anbetracht der Gesellschafterhaftung ähnlich wie der Eintritt des Nacherbfalls. Freilich nur insoweit, als es gerade um die vom Testamentsvollstrecker begründeten Gesellschaftsverbindlichkeiten geht, da diese als Ausfluss der vom Testamentsvollstrecker ausgeübten Verwaltungsbefugnisse anzusehen sind, welche der Gesellschafter-Erbe mit Beendigung der Testamentsvollstreckung übernimmt. Mit Beendigung der Testamentsvollstreckung haftet er für diese Verbindlichkeiten gem. §§ 130 Abs. 1, 128 S. 1 HGB analog persönlich, wenn er seine Haftung nicht fristgerecht gem. § 139 HGB analog beschränkt. In diesem Fall wird daher die haftungsrechtliche Regellage in der oHG wiederhergestellt und die persönliche Handelndenhaftung, welcher der Testamentsvollstrecker nach dem hier vertretenen Lösungsansatz unterliegt, kann vor dem Hintergrund der Ausgleichsfunktion erlöschen. Eine Vertrauenserwartung der Gesellschaftsgläubiger wird hierdurch regelmäßig nicht erschüttert, sind diese doch wegen des Testamentsvollstreckervermerks über die Verhältnisse in der Gesellschaft informiert.

IX. Testamentsvollstreckung mit beaufsichtigender Funktion als Minusmaßnahme

Ist nach den vorangegangenen Ausführungen die vollständige Testamentsvollstreckung letztlich möglich, heißt das freilich nicht, dass die von der Rechtsprechung in BGHZ 98, 48 kreierte Testamentsvollstreckung mit beaufsichtigender Funktion gänzlich obsolet wäre. Eine auf die „*Außenseite*“ des oHG-Anteils beschränkte Verwaltungsbefugnis des Testamentsvollstreckers bleibt im Lichte des § 2208 Abs. 1 S. 1 BGB, der ausdrücklich die inhaltliche

[254] S. hierzu *Schäfer*, in: Staub-HGB, § 139 Rdnr. 86; *Schmidt*, in: MüKo-HGB, § 139 Rdnr. 62; *Lorz*, in: E/B/J/S-HGB, § 139 Rdnr. 105.

Beschränkung der Verwaltungsbefugnisse des Testamentsvollstreckers zulässt, als Minusmaßnahme möglich.[255] Der Erblasser wird insbesondere dann eine Testamentsvollstreckung mit beaufsichtigender Funktion erwägen, wenn die Mitgesellschafter ihre Zustimmung zu einer vollumfänglichen Testamentsvollstreckung verweigern.[256] Auch dort, wo der Testamentsvollstrecker erst gar nicht mit dem Damoklesschwert einer persönlichen Handelndenhaftung im vorbezeichneten Sinne von seiner Aufgabe abgeschreckt werden soll, kann sich die beschränkte Testamentsvollstreckung mit beaufsichtigender Funktion anbieten, um dem oHG-Anteil zumindest die dinglichen Wirkungen der Testamentsvollstreckung gem. §§ 2211, 2214 BGB zugutekommen zu lassen.

X. Zwischenergebnis und Zumutbarkeitserwägungen

Letztlich ist die unbeschränkte Testamentsvollstreckung nach dem hier vertretenen Modell insofern zulässig, als man dem Testamentsvollstrecker ein beschränktes persönliches Haftungsrisiko über die Grundsätze der Handelndenhaftung zuweist. Er haftet nur persönlich für die von ihm im Namen der Gesellschaft eingegangenen rechtsgeschäftlichen Verbindlichkeiten[257] und für nichtrechtsgeschäftliche Gesellschaftsverbindlichkeiten, die von ihm begründet sind, ihn aber nicht selbst treffen; zu letzteren zählen insbesondere Schadensersatzansprüche aus Sonderverbindungen[258] sowie die allein die Gesellschaft treffenden Ansprüche aus dem Sonderdeliktsrecht.[259] I.R.d. deliktischen Jedermannshaftung ergibt sich die persönliche Haftung des Testamentsvollstreckers ohnehin aus allgemeinen Erwägungen.[260] Für rechtsgeschäftliches oder nichtrechtsgeschäftliches Verhalten seitens der Mitgesellschafter haftet er jedoch nicht persönlich, selbst wenn er im Innenverhältnis an der Entscheidungsfindung beteiligt war. Kommt es in diesem Bereich zu Gesellschaftsverbindlichkeiten, bleibt es vielmehr bei einer persönlichen Haftung des Gesellschafter-Erben nach Maßgabe des § 128 S. 1 HGB. Denn da insofern die Begründung der Gesellschaftsverbindlichkeit im Außenverhältnis unmittelbar auf die Mitgesellschafter zurückzuführen ist,

---

[255] Auf § 2208 Abs. 1 BGB als dogmatischen Aufhänger der Testamentsvollstreckung mit beaufsichtigender Funktion bezieht sich wohl auch *Marotzke*, AcP 187, 223, 237 f. Zur inhaltlichen Beschränkung der Testamentsvollstreckung, s. weiterführend *Lange*, in: BeckOK-BGB, § 2208 Rdnr. 5 ff.

[256] Denn insofern kommt es auf eine Zustimmung der Mitgesellschafter nicht an, vgl. *§ 2 III. 3. a) dd)*.

[257] S. noch einmal *§ 9 II. 3. b)*.

[258] S. noch einmal *§ 9 III. 2. a) cc)*.

[259] S. noch einmal *§ 9 III. 2. b) cc)*.

[260] S. noch einmal *§ 9 III. 2. b) aa)*.

verwirklicht sich gerade nicht das testamentsvollstreckertypische Risiko.[261] Es besteht somit nur ein beschränkt-persönliches Haftungsrisiko für den Testamentsvollstrecker. Dies ist ihm schon deshalb zuzumuten, weil es nur diejenigen Gesellschaftsverbindlichkeiten betrifft, die letztlich durch sein Wirken im Außenverhältnis begründet werden. Daneben muss auch bedacht werden, dass der Testamentsvollstrecker nicht gezwungen ist, das Testamentsvollstreckermandat und damit die beschränkt-persönliche Haftung zu übernehmen, s. § 2202 BGB. Diese Tatsache muss der Erblasser in seiner Nachfolgeplanung beachten,[262] etwa indem er dem als haftungsavers bekannten Testamentsvollstrecker als Gegenleistung für das übernommene Haftungsrisiko eine besondere Risikovergütung gewährt oder sein Salär sogar zu einem gewissen Bruchteil an den Gewinn koppelt, der auf den Gesellschaftsanteil entfällt.[263] Als Herr über die Vergütungsregelung (vgl. § 2221 BGB)[264] ist dem Erblasser hier ein starker Ermessensspielraum eröffnet, um über die Vergütungsstruktur Anreize zur Teilübernahme der persönlichen Haftung zu schaffen. Hierbei wird nicht zuletzt zu berücksichtigen sein, dass die Vergütung dem Testamentsvollstrecker u. a. ermöglichen muss, die Prämien für eine das persönliche Haftungsrisiko abdeckende Haftpflichtversicherung zu begleichen.[265] Kann der Erblasser dem Testamentsvollstrecker sein Haftungsverschonungsinteresse[266] nicht abkaufen, ist es dem Erblasser immer noch möglich, dem Testamentsvollstrecker alternativ den Rückzug auf die von jeglicher persönlichen Haftungsgefahr entkleidete Testamentsvollstreckung mit beaufsichtigender Funktion zu eröffnen.[267] Auch für den Gesellschafter-Erben ist dieses Ergebnis zumutbar. Er ist, den Wertungen der §§ 2205 f. BGB entsprechend, vor einer persönlichen Haftung für die vom Testamentsvollstrecker herrührenden Verwaltungsmaßnahmen geschützt. Er hat ferner die auf dem oHG-Anteil ruhende Bürde der persönlichen Haftung nur insoweit zu schultern, als es um Gesellschaftsaltverbindlichkeiten oder um solche Gesellschaftsneuverbindlichkeiten geht, die von den Mitgesellschaftern herrühren. Damit steht er jedoch letztlich nicht wesent-

---

261 S. noch einmal *§ 9 IV. 1.*

262 Zu Altfällen, s. *§ 13 II. 2. a).*

263 Hierbei kann sich der Erblasser an Richtwerten orientieren, die allgemein diskutiert werden, wenn der Testamentsvollstrecker eine unternehmerische Tätigkeit auszuüben hat, vgl. etwa: *Lange*, in: BeckOK-BGB, § 2218 Rdnr. 16; *Zimmermann*, in: MüKo-BGB, § 2221 Rdnr. 14. Für eine Gewinnbeteiligung bei Mittragung des unternehmerischen Risikos, vgl.: BGH, DNotZ 1964, 168, 171; OLG Hamburg, MDR 1959, 761.

264 Für den Vergütungsanspruch des Testamentsvollstreckers sind in erster Linie die Anordnungen des Erblassers maßgebend, s. *Zimmermann*, in: MüKo-BGB, § 2221 Rdnr. 1 und 4.

265 *Muscheler*, Haftungsordnung, S. 203. Zum Ersatz der Versicherungskosten bei Fehlen einer entsprechenden Erblasseranordnung, s. noch *§ 13 II. 2. a).*

266 Zu diesem Begriff, *Muscheler*, Haftungsordnung, S. 7.

267 S. noch einmal *§ 9 IX.*

lich schlechter da, als wenn er einen oHG-Anteil geerbt hätte, der von sämtlichen Geschäftsführungs- und Vertretungsbefugnissen entkernt ist. Will der Gesellschafter-Erbe dieses Haftungsrisiko nicht übernehmen, kann er innerhalb der Karenzfrist des § 139 Abs. 3 HGB seine Rechte aus § 139 Abs. 1, Abs. 2 HGB geltend machen und jenseits hiervon die Lossagungsrechte der §§ 132 f. HGB ausüben.[268] Auch für die Mitgesellschafter ist die Zulassung der vollumfänglichen Testamentsvollstreckung zumutbar. Da die Testamentsvollstreckung von ihnen im Gesellschaftsvertrag zugelassen sein muss, ist sichergestellt, dass ihnen kein gesellschaftsfremder Dritter gegen ihren Willen aufgezwungen wird.[269] Mit dem Testamentsvollstrecker wird den Mitgesellschaftern ohnehin im Regelfall eine erfahrene Person an die Hand gegeben, da sich der Erblasser wohl für gewöhnlich gerade wegen der Unerfahrenheit des Gesellschafter-Erben für eine Testamentsvollstreckung entscheiden wird.[270] Soweit der Testamentsvollstrecker für die von ihm begründeten Gesellschaftsverbindlichkeiten im Wege der Handelndenhaftung persönlich haftet, können sich die Mitgesellschafter auch sicher sein, dass dieser bei der Ausübung der ihm anvertrauten Gesellschafterbefugnisse mit Bedacht vorgehen wird.

Schlussendlich ist das hier vertretene Modell auch für die Gesellschaftsgläubiger zumutbar. Zwar müssen diese letztlich eine gespaltene persönliche Haftung von Gesellschafter-Erbe und Testamentsvollstrecker hinnehmen. Durch den Testamentsvollstreckervermerk im Handelsregister ist der Geschäftskreis jedoch hierüber in Kenntnis gesetzt.[271] Nimmt man die persönliche Haftung von Gesellschafter-Erbe und Testamentsvollstrecker zusammen, ist daneben gewährleistet, dass mit der Gesellschafterposition auch nach dem Erbfall eine lückenlose persönliche Haftung für die begründeten Gesellschaftsverbindlichkeiten einhergeht. Daneben ist sowohl den Gesellschaftsalt- als auch den Gesellschaftsneugläubigern der Zugriff auf den Nachlass garantiert. Die gesellschaftsfernen Nachlassgläubiger werden hierdurch nicht übermäßig benachteiligt, wenn man bedenkt, dass der auf den Gesellschaftsanteil entfallende Gewinn gem. § 2041 S. 1 BGB analog der Nachlassmasse zugutekommt.[272] § 324 Abs. 1 Nr. 5 und Nr. 6 InsO führen nicht zu einer unzumutbaren Benachteiligung der Nachlassaltgläubiger. Die Vorrangwirkung des § 324 Abs. 1 Nr. 5 InsO für die vom Testamentsvollstrecker eingegangenen rechtsgeschäftlichen Verbindlichkeiten ist im

---

268 S. noch einmal *§ 9 VI. 2. a)* und *b)*.

269 S. hierzu bereits *§ 2 III. 3. a) bb)*.

270 *Bartsch*, S. 38.

271 S. hierzu im Einzelnen noch einmal *§ 9 VII*.

272 Zur analogen Anwendung des § 2041 S. 1 BGB bei einem unter Testamentsvollstreckung stehenden Nachlass, vgl. RGZ 138, 132, 133 f. und *Rißmann/Szalai*, in: BeckOGK-ZR, § 2041 Rdnr. 23.

hier vertretenen Modell schon gar nicht anwendbar. Denn der Nachlass haftet nach dem hier vertretenen Modell unentziehbar für alle während des Testamentsvollstreckermandats begründeten Gesellschaftsverbindlichkeiten aus dem Gedanken des Eintritts in eine vom Erblasser herrührende pflichtbelastete Rechtsposition und damit völlig unabhängig davon, ob die Gesellschaftsneuverbindlichkeit aus einem testamentsvollstreckerseitig vorgenommenen Rechtsgeschäft oder aus einem anderen Vorgang, etwa seitens der Mitgesellschafter resultiert.[273] Unter die Vorrangwirkung des § 324 Abs. 1 Nr. 6 InsO würden zwar eigentlich die Aufwendungsersatzansprüche des Testamentsvollstreckers gem. §§ 2218 Abs. 1, 670 BGB fallen.[274] Soweit diese jedoch vom Testamentsvollstrecker bemüht werden, um eine mit der Verwaltung des oHG-Anteils einhergehende Belastung der persönlichen Vermögenssphäre (etwa aus einer persönlichen Handelndenhaftung) auf den Nachlass abzuwälzen, ist die in § 324 Abs. 1 Nr. 6 InsO statuierte Vorrangwirkung aus den bereits zur Erbenmehrheit beleuchteten Gründen (Umformung des Merkmals der Erforderlichkeit der Aufwendungen durch das im unternehmerischen Bereich großzügig gewährte unternehmerische Ermessen[275]) teleologisch zu reduzieren.[276] Somit ist gewährleistet, dass der Nachlass im unternehmerischen Betätigungsfeld des Testamentsvollstreckers nicht zu Lasten der Nachlassaltgläubiger ungezügelt aufgezehrt wird, sondern alle Nachlassgläubiger gleiche Befriedigungsaussichten genießen.[277]

Alles in allem eröffnet das hier vorgeschlagene Lösungsmodell ein weites Feld von Gestaltungsmöglichkeiten, die eine im Einzelfall gebotene, gerechte Verteilung der Lasten und Risiken ermöglichen. Die hier vertretene unbeschränkte Testamentsvollstreckung zu teilweisen Lasten des Testamentsvollstreckers ist daher nicht nur zumutbar, sondern vermag bei einer vorausschauenden Planung sogar eine für den Einzelfall maßgeschneiderte Interessenabwägung herbeizuführen, die die Interessen aller am Nachlass beteiligten Personenkreise im Auge behält.

---

273 S. hierzu *§ 9 II. 2, III. 1* und *IV. 2.*

274 *Riering*, in: Nerlich/Römermann-InsO, § 324 Rdnr. 12; *Holzer*, in: K/P/B-InsO, § 324 Rdnr. 10.

275 Für die Übertragung der Grundsätze der business judgement rule auf einen unternehmerisch tätigen Testamentsvollstrecker, vgl. auch *Wicke*, ZGR 2015, 161, 174.

276 Insofern gilt nichts anderes als bei einem Aufwendungsersatzanspruch des Erben gem. §§ 1978 Abs. 3, 670 BGB, vgl. hierzu bereits *§ 3 IV. 1. b) cc)*.

277 Durch die teleologische Reduktion der Vorrangwirkung wird letztlich ein ähnliches Ergebnis wie bei den von der etablierten Ansicht vertretenen Ersatzlösungen erreicht. Vgl. insbesondere zu den nicht vorrangigen Regressansprüchen des Testamentsvollstreckers bei der Treuhandlösung, *Siegmann*, in: MüKo-InsO, § 324 Rdnr. 12.

§ 10 Andere Formen erbrechtlicher Fremdverwaltung im Überblick

Nach den vorangegangenen Ausführungen zur Testamentsvollstreckung am oHG-Anteil bleibt die Frage, ob und wie die gewonnenen Erkenntnisse auf andere Formen erbrechtlicher Fremdverwaltung zu übertragen sind. Die nachfolgende Darstellung beschränkt sich auf eine überblicksartige Erläuterung, bei der die Besonderheiten beleuchtet werden sollen, welche die jeweilige Form erbrechtlicher Fremdverwaltung gegenüber der Testamentsvollstreckung aufweist. Hierbei ist jeweils auf die Interessenlage der Nachlassbeteiligten, die Funktion der Fremdverwaltung und die Haftungslage einzugehen.

I. Nachlassverwaltung am oHG-Anteil

Wie bereits dargelegt, ist die in der zweiten Hälfte der 1980er Jahre angestoßene Entwicklung der höchstrichterlichen Rechtsprechung zur Testamentsvollstreckung auf die Nachlassverwaltung zu übertragen. Der oHG-Anteil unterliegt zumindest mit der „*Außenseite*" dem Zugriff des Nachlassverwalters.[1] Ob ausgehend von den vorliegend zur Testamentsvollstreckung gemachten Ausführungen auch die Mitgliedschaftsbefugnisse, also die „*Innenseite*" des oHG-Anteils, dem Nachlassverwalter überantwortet werden können, ist nachfolgend zu ermitteln.

1. Abweichende Ausgangslage bei der Nachlassverwaltung

Die Ausgangslage bei der Nachlassverwaltung unterscheidet sich regelmäßig von der Ausgangslage, die bei einer Testamentsvollstreckung vorherrscht. Denn da das Bedürfnis für eine Nachlassverwaltung regelmäßig erst nach dem Erbfall aufkommt, wird der Gesellschafter-Erbe, zusammen mit den übrigen Gesellschaftern, für gewöhnlich auch erst nach dem Erbfall über die Zulassung der Fremdverwaltung des oHG-Anteils durch einen Nachlassverwalter diskutieren.

---

[1] S. noch einmal *§ 2 III. 3. b) dd)*.

Falls einer Nachlassverwaltung aus aktuellem Anlass von allen Gesellschaftern zugestimmt wird, ist jedoch die personalistische Prägung kein relevanter Hemmschuh mehr für die Zulassung einer vollumfänglichen Nachlassverwaltung. Aus Sicht der Mitgesellschafter wird i.d.R. auch ein veritables Interesse hieran bestehen. Bei fehlender Möglichkeit zur Einflussnahme auf Ebene der Gesellschaft kann nämlich der Nachlassverwalter die Geschäftsgeschicke nicht steuern. Da dieser mit Blick auf die eigene persönliche Haftung für eine Nachlassschmälerung gem. § 1985 Abs. 2 S. 1 BGB kaum die Gefahr eingehen wird, dass der Anteilswert (und damit auch der Wert der Nachlassmasse) durch ungünstige Geschäftsentscheidungen der Mitgesellschafter gemindert wird, ist anzunehmen, dass ein auf die Verwaltung der Vermögensrechte beschränkter Nachlassverwalter regelmäßig im Dienste des Nachlasses für den aus seiner Sicht sichersten Weg optieren wird und daher die Gesellschafterposition gem. § 135 HGB analog kündigt. Die Folge wäre regelmäßig das Entstehen eines Abfindungsanspruchs, der aus dem Gesellschaftsvermögen u.U. nicht beglichen werden kann. Um dies zu verhindern, werden die Mitgesellschafter daher häufig bereit sein, einer vollumfänglichen Nachlassverwaltung zustimmen.[2] Mit demselben Ziel wird sich auch der Gesellschafter-Erbe regelmäßig für eine vollumfängliche Nachlassverwaltung aussprechen. Eine Kündigung der Gesellschaftsbeteiligung wird er regelmäßig verhindern wollen, da ihm andernfalls die Möglichkeit genommen wäre, nach Abschluss der Nachlassverwaltung die Beteiligung fortzuführen. Aus Sicht des Gesellschafter-Erben stellt sich die vollumfängliche Nachlassverwaltung daher, anders als die vollumfängliche Testamentsvollstreckung, nicht als eine aufgedrängte Zwangsverwaltung dar. Auch nimmt eine auf Befriedigung der Nachlassgläubiger zielende Nachlassverwaltung tendenziell weniger Zeit in Anspruch als eine in den weiten zeitlichen Grenzen des § 2210 BGB zulässige Testamentsvollstreckung.[3] Zusammengenommen ist die Nachlassverwaltung i.d.R. also erträglicher als eine Testamentsvollstreckung. Bereits nach der Interessenlage wird daher die Zulassung der vollumfänglichen Nachlassverwaltung kaum scheitern können, wenn man bereits die Hürden für eine vollumfängliche Testamentsvollstreckung genommen hat. Gleichwohl bleibt die Bewältigung der herausgearbeiteten Vorbehalte zu untersuchen.

---

[2] So richtig *Hillebrand*, S. 121 f., 127 f. Zu pauschal daher *Schäfer*, in: MüKo-BGB, § 705 Rdnr. 127, der davon ausgeht, dass es bei der Nachlassverwaltung „*insoweit in aller Regel an der Zustimmung der Mitgesellschafter fehlen wird*".

[3] *Pütter*, S. 93 und 114 f.

2. *Funktionsorientierter Vorbehalt*

Der von der Rechtsprechung aufgestellte funktionsorientierte Vorbehalt,[4] wonach sich die Verwaltungsbefugnis des Nachlassverwalters nur auf die vermögensrechtliche Seite des Anteils bezieht, ist in seiner Pauschalität bereits wenig überzeugend. Denn jedenfalls bei einzelkaufmännischen Handelsgeschäften und sonstigen einzelpersonalen Erwerbsgeschäften ist es anerkannt, dass diese vom Nachlassverwalter dem Grunde nach fortgeführt werden können.[5] Dann jedoch kann es auch nicht von vorneherein ausgeschlossen sein, dass sich der Nachlassverwalter i.R.d. Verwaltung des oHG-Anteils unternehmerisch betätigt und die mitgliedschaftlichen Befugnisse hieraus wahrnimmt. Es mag sich teilweise als ausreichend erweisen, dass der Nachlassverwalter nur die vermögensrelevanten Aspekte der Mitgliedschaft geltend macht, wenn von Anfang an beabsichtigt ist, den oHG-Anteil zur Befriedigung der Nachlassgläubiger zu verwerten. Da jedoch die Nachlassverwaltung – anders als die Nachlassinsolvenzverwaltung (§ 320 InsO) – keine Überschuldung des Nachlasses oder (drohende) Zahlungsunfähigkeit voraussetzt, wird es häufig so sein, dass der Nachlassverwalter auch mit den Vermögenswerten jenseits des oHG-Anteils die Nachlassgläubiger befriedigen kann und die Verwaltung des oHG-Anteils nur einstweilen bis zum Abschluss der Nachlassverwaltung fortführt. In diesen Fällen ist es sinnvoll, dem Nachlassverwalter auch die mitgliedschaftlichen Befugnisse aus der oHG-Beteiligung zuzubilligen, damit er der ihm zugewiesenen Verwaltung des Nachlasses am zweckdienlichsten nachkommen kann.[6] Denn nur wenn der Nachlassverwalter mit hinreichenden Stimm-, Geschäftsführungs-, Vertretungs- und Kontrollrechten ausgestattet ist, kann er Einfluss auf die Gesellschaft nehmen, was ihn in die Lage versetzt, die Unternehmensergebnisse mitzugestalten und damit die Nachlassmasse optimal im Dienste der Nachlassgläubiger zu verwalten.[7] Dieser Einfluss des Nachlassverwalters kann sich dabei einerseits positiv auf die dem Nachlassverwalter anvertraute Nachlassmasse auswirken. Denn die als Folge eines guten Geschäftsergebnisses ausgeschütteten Gewinne kommen dem Nachlass zugute.[8] Andererseits versetzt es den Nachlassverwalter in die Lage, den Einfluss des Gesellschafter-Erben auf die Gesellschaft während der Nachlassverwaltung gänzlich abzuwehren, was insbesondere dann von Vor-

---

[4] S. hierzu noch einmal *§ 2 III. 3. b) bb)*.

[5] OLG Colmar, OLGZE 12, 361, 362; *Küpper*, in: MüKo-BGB, § 1985 Rdnr. 5; *Muscheler*, Haftungsordnung, S. 399; *Hillebrand*, S. 104 ff.; *Pütter*, S. 8 ff.

[6] Anders *Siegmann,* S. 235, der davon ausgeht, dass sich die beschränkte Nachlassverwaltung als ausreichend erwiesen hat.

[7] In diese Richtung auch *Pütter*, S. 97 ff.

[8] *Pütter*, S. 97, 103 f.

teil ist, wenn von Seiten des Erben versucht wird, die Gewinnerträge zum Nachteil der Nachlassgläubiger aus dem Bereich der Nachlassmasse auszusondern.[9] Daneben ermöglicht eine vollumfängliche Nachlassverwaltung dem Nachlassverwalter als Interessenvertreter der Nachlassgläubiger risikoreichen Geschäften zu widersprechen, § 115 Abs. 1 Hs. 2 HGB, bzw. im Beschlussverfahren die Zustimmung zu verweigern, um so Schaden von der Gesellschaft abzuwenden, der auch negative Auswirkungen auf den Nachlasswert hätte. Zu einer Interessenkollision des Nachlassverwalters, der auf der einen Seite aus seiner amtsbezogenen Stellung die Interessen der Nachlassgläubiger zu wahren hat, auf der anderen Seite jedoch durch eine Einbindung in die Gesellschaft auch der Treuepflicht unterliegt, kommt es i.d.R. nicht.[10] Regelmäßig werden sich nämlich diese Interessen decken. Denn ein dem Interesse der Mitgesellschafter entsprechend prosperierendes Unternehmen sichert eine Werterhaltung oder -steigerung des oHG-Anteils, was auch dem Nachlass (und damit den Nachlassgläubigern) zugutekommt. Sollte sich der Nachlassverwalter, aufgrund einer besonderen Lage im Einzelfall, einmal in einer Interessenkollision befinden, kann dies nicht per se für einen generellen Ausschluss der unbeschränkten Verwaltung des oHG-Anteils durch einen Nachlassverwalter sprechen. (Treue-)pflichtkollisionen sind keinesfalls etwas Außergewöhnliches, sondern kommen überall dort vor, wo die in das Gesellschaftsgefüge eingebettete Person besonderen Bindungen gegenüber Dritten unterworfen ist. Es entscheidet letztlich eine Interessenabwägung im Einzelfall, wie die konfligierenden Positionen miteinander in Einklang zu bringen sind. Gerade bei der vollumfänglichen Nachlassverwaltung ist zu berücksichtigen, dass die Mitgesellschafter in deren Zulassung eingewilligt haben und insofern ein Stück weit gehalten sind, von einer unbedingten Gesellschaftstreue des Nachlassverwalters Abstand zu nehmen. Ist die Interessenkollision dennoch unauflösbar, hat der Nachlassverwalter als Ultima Ratio stets die Möglichkeit, den oHG-Anteil gem. § 135 HGB analog privilegiert zu kündigen.

3. *Haftungsorientierter Vorbehalt*

Damit bleibt letztlich auch in Ansehung der Nachlassverwaltung nur der Vorbehalt der Haftungsinkompatibilität als Hemmschuh übrig, da, wie bereits gesehen[11], die etablierte Ansicht davon ausgeht, dass auch die von einem Nachlassverwalter begründeten Verbindlichkeiten nur die Kraft einer Nachlassverbind-

---

[9] So berichtet es *Pütter*, S. 99.

[10] So jedoch *Hillebrand*, S. 128.

[11] Vgl. bereits *§ 2 III. 3. b) cc)*.

lichkeit besitzen.[12] Da im Recht der Nachlassverwaltung eine dem § 2206 Abs. 1 S. 1 BGB entsprechende Vorschrift fehlt, die das von der etablierten Ansicht postulierte Ergebnis einer auf den Nachlass beschränkten Verpflichtungsbefugnis des Nachlassverwalters bestätigen könnte, kann dies (ähnlich wie für die von einem Testamentsvollstrecker begründeten nichtrechtsgeschäftlichen Verbindlichkeiten) ausschließlich mit der auf den Nachlass beschränkten Verwaltungsbefugnis gem. § 1985 Abs. 1 BGB begründet werden.[13] *Pütter* reicht dem unterstützend nach, dass die Nachlassverwaltung gerade den Sinn habe, die persönliche Haftung des Erben für Nachlassverbindlichkeiten auszuschließen, sodass es nicht sein könne, dass die von einem Nachlassverwalter begründeten Verbindlichkeiten den Erben in seiner Eigenvermögenssphäre belasten.[14]

Der Vorbehalt der Haftungsinkompatibilität ist letztlich genauso wie i.R.d. Testamentsvollstreckung durch eine den Fremdverwalter treffende, persönliche Handelndenhaftung aufzulösen.[15] Anders als im Recht der Testamentsvollstreckung ist die Handelndenhaftung aber subsidiär und greift nur dort ein, wo keine persönliche Haftung des Nachlassverwalters aus § 1985 Abs. 2 S. 1 BGB besteht. Begründet der Nachlassverwalter etwa aufgrund eines gem. § 31 BGB analog bzw. § 278 S. 1 Var. 2 BGB der oHG zurechenbaren, pflichtwidrigen Verhaltens etwaige gegen die Gesellschaft gerichtete Schadensersatzansprüche, für die der Gesellschafter-Erbe zwar nicht gem. § 128 S. 1 HGB persönlich, aber mit den Kräften einer Nachlassverbindlichkeit haftet,[16] ist zu berücksichtigen, dass dieses Haftungsdefizit bereits dadurch ausgeglichen wird, dass der Nachlassverwalter – insofern über den Testamentsvollstrecker hinaus – für die damit einhergehende Verkürzung des Nachlasses ebenfalls nach außen persönlich einzustehen hat, § 1985 Abs. 2 S. 1 BGB. Der Rechtsfigur der Handelndenhaftung kommt daher i.R.d. nichtrechtsgeschäftlichen Bereichs bei der Nachlassverwaltung nur dort Bedeutung zu, wo eine persönliche Haftung jenseits dieser Tatbestände nicht gesichert ist.

---

12 S. hierzu noch einmal *Muscheler*, Haftungsordnung, S. 399.

13 S. hierzu noch einmal *§ 9 III. 1.* und BGH, NJW 1955, 339. Von der Befugnis zur Eingehung von Nachlassverbindlichkeiten spricht *Herzog*, in: BeckOGK-ZR, § 1985 Rdnr. 16.4. *Küpper*, in: MüKo-BGB, § 1985 Rdnr. 3 konstatiert, dass der Verwalter den Erben als Träger des Nachlasses verpflichtet, und meint damit wohl ebenfalls nichts anderes.

14 *Pütter*, S. 60.

15 S. noch einmal *§ 9 II. 3. b) bb)* sowie *III. 2. a) cc)* und *b) cc)*.

16 Hierfür ist wiederum der Gedanke des Eintritts in eine vom Erblasser herrührende pflichtbelastete Rechtsposition fruchtbar zu machen, vgl. *§ 9 II. 2.* und *III. 1.*

4. Zwischenergebnis

Der Nachlassverwalter kann daher i.E., sofern dies zur Erhaltung des Nachlasses erforderlich ist und eine Verwertung der oHG-Beteiligung nicht zweckdienlich ist, die Befugnisse aus dem oHG-Anteil nach den bei der Testamentsvollstreckung dargelegten Grundsätzen vollumfänglich wahrnehmen.[17] Der Vorbehalt der Haftungsinkompatibilität findet schon aus der gesetzgeberischen Entscheidung heraus eine gewisse Entlastung. Der Nachlassverwalter muss nämlich gem. § 1985 Abs. 2 S. 1 BGB für eine schuldhafte Nachlassschmälerung persönlich gegenüber den Nachlassgläubigern haften. Im Übrigen sorgen wiederum die Grundsätze der Handelndenhaftung für einen angemessenen Ausgleich. Ist die vollumfängliche Nachlassverwaltung am oHG-Anteil also zulässig, muss aus den i.R.d. Testamentsvollstreckung dargelegten Gründen auch ein Nachlassverwaltervermerk im Handelsregister eingetragen werden.[18]

II. Nachlasspflegschaft am oHG-Anteil

Obwohl von der Ausgestaltung im BGB die Nachlasspflegschaft und die Nachlassverwaltung einen gemeinsamen Ursprung haben,[19] ähnelt die Nachlasspflegschaft i.S.d. §§ 1960 Abs. 2 Var. 4, 1961 BGB von der Interessenlage her im Ausgangspunkt eher einer Testamentsvollstreckung. Denn – wie bei der Testamentsvollstreckung – wird der Erbe mit der Nachlasspflegschaft stets ohne seinen Willen belastet. Die Nachlasspflegschaft wird nämlich entweder vom Nachlassgericht von Amts wegen (§ 1960 Abs. 2 Var. 4 BGB) oder auf Antrag eines Nachlassgläubigers (§ 1961 BGB) angeordnet, wenn Unklarheit über den endgültigen Erben besteht, weil die Erben unbekannt sind oder wenn nicht oder nicht mit hinreichender Sicherheit feststeht, ob die Erbschaft von den Erben bereits angenommen wurde, § 1960 Abs. 1 S. 2 BGB. Daneben muss ein Fürsorgebedürfnis bestehen, was zum Ausdruck bringt, dass der Nachlasspfleger im Interesse des endgültigen Erben und nicht im Interesse der Nachlassgläubiger tätig wird.[20]

[17] I.E. ähnlich, teilweise jedoch mit Abweichungen *Pütter*, S. 120ff.

[18] So auch *Pütter*, S. 90.

[19] Das Gesetz bezeichnet die Nachlassverwaltung als Nachlasspflegschaft zum Zwecke der Befriedigung der Nachlassgläubiger, vgl. § 1975 BGB.

[20] Zum Fürsorgebedürfnis, vgl. auch *Leipold*, in: MüKo-BGB, § 1960 Rdnr. 25.

1. Abweichende Interessenlage bei der Nachlasspflegschaft

Trotz dieser Gemeinsamkeiten mit der Testamentsvollstreckung gibt es auch bedeutende Unterschiede: Der Nachlasspfleger ist nicht Inhaber eines privaten Amtes, sondern bloß gesetzlicher Vertreter, der den Erben nicht in seinen Befugnissen verdrängt.[21] Die Funktion des Nachlasspflegers ist nur eine sichernde, keine unbedingt verwaltende, sodass bisweilen auch angenommen wird, dass die Nachlasspflegschaft der personalistischen Prägung der oHG per se nicht im Weg steht, es sogar so ist, dass die Gesellschafter eine Nachlasspflegschaft nicht von vorneherein im Gesellschaftsvertrag ausschließen können.[22] Auch bei anderen Formen der Pflegschaft wurde bereits unter Hervorhebung des sozialen Schutzzwecks betont, dass ein Ausschluss im Gesellschaftsvertrag nicht vereinbart werden kann.[23]

2. Funktionsorientierter Vorbehalt

Ein weiterer, bedeutender Unterschied zur Testamentsvollstreckung zeigt sich hinsichtlich der Reichweite der Verwaltungsbefugnis. Anders als bei der Nachlassverwaltung muss bei der Nachlasspflegschaft dem funktionsorientierten Vorbehalt mehr Aufmerksamkeit geschenkt werden. Denn der Nachlasspfleger ist im Interesse des Erben nicht vollumfänglich zur Nachlassverwaltung befugt, sondern nur, soweit es die Erhaltung und Sicherung des Nachlasses (Sicherungsfunktion) gebietet.[24] Das Nachlassgericht kann daher dazu angehalten sein, die Befugnisse des Nachlasspflegers in Ansehung des oHG-Anteils, je nach Lage der Dinge im Einzelfall, auf die Ausübung einzelner Gesellschafterbefugnisse zu beschränken.[25] Unterlässt dies das Nachlassgericht jedoch, muss auch der Nachlasspfleger grundsätzlich zur vollumfänglichen Verwaltung des oHG-Anteils befugt sein, sofern dies zur Sicherung und Erhaltung des Nachlasses erforderlich ist. Denn ähnlich wie bereits bei der Nachlassverwaltung erörtert,[26] ist die Notwendigkeit der Fortführung der Beteiligung durch einen Nachlasspfleger dem Grunde nach zu bejahen, damit die Geschäftsgeschicke im Dienste des Erben bestmöglich überwacht werden können und bei Fehlentwicklungen effektiv eingegriffen werden kann. Diese Sichtweise wird von der bei Handelsgeschäften

---

[21] *Zimmermann*, Die Nachlasspflegschaft, Rdnr. 211 und 223; *Leipold*, in: MüKo-BGB, § 1960 Rdnr. 51.

[22] *Siegmann,* S. 233.

[23] S. BGHZ 44, 98 zur Gebrechlichkeitspflegschaft gem. *§ 1910 BGB a. F.*

[24] Zur Sicherungsfunktion, vgl. *Zimmermann*, Die Nachlasspflegschaft, Rdnr. 248.

[25] Zur Zulässigkeit einer solchen Beschränkung seitens des Nachlassgerichts, vgl. BayObLGZ 1960, 93, 96; *Leipold*, in: MüKo-BGB, § 1960 Rdnr. 47.

[26] S. hierzu *§ 10 I. 2.*

vertretenen, etablierten Ansicht bestätigt, die eine Unternehmensfortführung durch den Nachlasspfleger im Sicherungsinteresse zulässt.[27] Selbiges muss daher auch für die Verwaltung eines oHG-Anteils gelten. Der Nachlasspfleger handelt – anders als der Nachlassverwalter – ausschließlich im Interesse der Erben und nicht zugleich im Interesse der Nachlassgläubiger, sodass insofern auch keine Interessenskollision auftreten kann. Denn im Zweifel muss davon ausgegangen werden, dass sich das vom Nachlasspfleger in der Gesellschaft vorgefundene Interesse an der Verfolgung des gemeinsamen Gesellschaftszwecks mit dem Interesse des endgültigen Erben decken wird.

3. Haftungsorientierter Vorbehalt

Zur Auflösung des Vorbehalts der Haftungsinkompatibilität wiederum im Wesentlichen auf die Ausführungen zur Testamentsvollstreckung zu verweisen, scheint vor dem Hintergrund der ähnlichen Interessenlage bei Testamentsvollstreckung und Nachlasspflegschaft verführerisch. Doch bedarf es hierbei einer genaueren Betrachtung. Das dualistische Repräsentationsverständnis kann nur dem Grunde nach übernommen werden: Der in Gesellschaftsangelegenheiten tätige Nachlasspfleger handelt nicht kraft eines privaten Amtes, sondern ist gesetzlicher Vertreter des Erben in Ansehung des Nachlasses (und insoweit Nachlassrepräsentant) sowie zugleich – insofern hieraus erwachsend – organschaftlicher Vertreter der Gesellschaft. I.E. ergibt sich jedoch keine andere Betrachtungsweise im Vergleich zur Testamentsvollstreckung. Der Nachlasspfleger, der im Namen der oHG Gesellschaftsverbindlichkeiten begründet, verpflichtet letztlich die Gesellschaft und über § 128 S. 1 HGB die Mitgesellschafter persönlich. Zugleich verhaftet er den Gesellschafter-Erben mit den Kräften einer Nachlassverbindlichkeit.[28] Im nichtrechtsgeschäftlichen Bereich ergibt sich ebenfalls keine andere Bewertung.

Da der Nachlasspfleger – ähnlich wie der Testamentsvollstrecker und anders als der Nachlass(insolvenz)verwalter – grundsätzlich nicht gegenüber den Nachlassgläubigern haftet,[29] besteht außerhalb des deliktischen Bereichs ein pauschales Haftungsdefizit. Diesem ist – wiederum wie bei der Testamentsvoll-

---

[27] OLG Frankfurt a. M., JW 1931, 1380; *Muscheler*, Haftungsordnung, S. 399.

[28] In Ansehung der Haftung der Erben wahrt man somit auch hier die Grenzen, welche die etablierte Ansicht Nachlasspflegern mit der auf die Kräfte einer Nachlassverbindlichkeit beschränkten Vertretungsbefugnis auferlegt, vgl. etwa *Zimmermann*, Die Nachlasspflegschaft, S. 320; *Mešina*, in: Staudinger, § 1960 Rdnr. 41. A.A. *Siegmann*, S. 233 f.

[29] Es besteht nur eine punktuelle Haftung des Nachlasspflegers für die Verletzung der Auskunftspflicht gem. § 2012 Abs. 1 S. 2 BGB i. V. m. §§ 280 ff. BGB sowie für unerlaubte Handlungen des Jedermanndeliktsrechts, vgl. *Leipold*, in: MüKo-BGB, § 1960 Rdnr. 73.

streckung – durch eine persönliche Handelndenhaftung des Nachlasspflegers zu begegnen.[30] Diese persönliche Handelndenhaftung, der sich der Nachlasspfleger ausgesetzt sieht, weist aber eine besondere Schwierigkeit auf. Anders als der Testamentsvollstrecker und der Nachlassverwalter ist die vom Gericht zum Nachlasspfleger bestimmte Person zur Übernahme der Aufgaben verpflichtet, §§ 1915 Abs. 1 S. 1, 1785 BGB. Im Zusammenhang mit der Aufbürdung einer persönlichen Handelndenhaftung wirkt das Institut der Nachlasspflegschaft so kaum zumutbar. Daher muss derjenigen Person, die vom Gericht zur Übernahme der Nachlasspflegschaft auserkoren ist, ein Ablehnungsrecht zustehen. Dies ist dabei aus einer analogen Anwendung der §§ 1915 Abs. 1 S. 1, 1786 Abs. 1 Nr. 7 BGB zu gewinnen. Zwar wird der Katalog des § 1786 BGB gerne als abschließende Aufzählung verstanden,[31] jedoch bedeutet dies nicht, dass die Tatbestände dieser Vorschrift keiner Analogie zugänglich wären bzw. andere Gründe keine Beachtung finden müssten. Denn mit Blick auf das Risiko eines sofortigen Entlassungsgrunds i. S.d. § 1889 Abs. 1 BGB muss es als allgemeiner Grundsatz angesehen werden, dass das besondere Interesse des Auserkorenen auch jenseits der ausdrücklich normierten Tatbestände bereits im Vorfeld der Bestellung beachtet wird.[32] Auch die vergleichbare Interessenlage zu § 1786 Abs. 1 Nr. 7 BGB ist gegeben. Dem Mitvormund i. S.d. § 1797 Abs. 1 S. 1 BGB wird in direkter Anwendung des § 1786 Abs. 1 Nr. 7 BGB ein Ablehnungsrecht zugebilligt, weil er sich einer besonderen Haftungsgefahr ausgesetzt sieht, die über die Haftung für eigene Pflichtverletzungen aus dem Vormundschaftsverhältnis gem. § 1833 Abs. 1 BGB hinausgeht. Gem. § 1833 Abs. 2 S. 1 BGB haftet der Mitvormund nämlich als Gesamtschuldner auch für die Pflichtverletzungen des anderen Mitvormunds.[33] Zwar ist die Handelndenhaftung als persönliche Haftung des Nachlasspflegers für eigenes rechtsgeschäftliches oder nichtrechtsgeschäftliches Verhalten zu verstehen; jedoch handelt es sich auch dort um eine besondere persönliche Haftung, die der Nachlasspfleger eines Nachlasses ohne oHG-Beteiligung so nicht zu schultern hat. Ein Ähnlichkeitsvergleich zu der in § 1786 Abs. 1 Nr. 7 BGB beschriebenen Situation liegt daher besonders nahe. Dies rechtfertigt es, der auserkorenen Person in analoger Anwendung dieser Vorschrift grundsätzlich ein Ablehnungsrecht an die Hand zu geben. Die Funktionsfähigkeit der Nachlasspflege als besonderes Instrument der

---

[30] S. hierzu *§ 9 II. 3* und *III. 2.*

[31] *Spickhoff*, in: MüKo-BGB, § 1786 Rdnr. 1; *Veit*, in: Staudinger, § 1786 Rdnr. 5.

[32] Insoweit ähnlich auch LG Bielefeld, NJW-RR 1988, 713 f. zur Auswahl eines Vormunds, wenn es konstatiert: „*Auch das persönliche Interesse des Auszuwählenden ist mit zu berücksichtigen (...). Insoweit hat der Auszuwählende ein Recht auf fehlerfreie Ermessensausübung*". S. auch *Hoffmann*, in: BeckOGK-ZR, § 1786 Rdnr. 30.

[33] *Veit*, in: Staudinger, § 1786 Rdnr. 19; *Spickhoff*, in: MüKo-BGB, § 1786 Rdnr. 10.

öffentlichen Sozialfürsorge ist dadurch nicht beeinträchtigt. Denn will das Gericht verhindern, dass das Amt des Nachlasspflegers ausgeschlagen wird, muss es nur eine Person nominieren, für die die persönliche Handelndenhaftung keine zusätzliche Bürde ist. Dies wird dabei insbesondere bei Mitgesellschaftern anzunehmen sein, da diese über § 128 S. 1 HGB ohnehin einer persönlichen Gesellschafterhaftung unterliegen und sich noch dazu aufgrund ihrer bereits vorhandenen Einblicke in die Gesellschaft besonders für die einstweilige Verwaltung des oHG-Anteils eignen.

4. Zwischenergebnis

Auch die Nachlasspflegschaft i. S.d. §§ 1960 Abs. 2 Var. 4, 1961 BGB kann sich vollständig auf den oHG-Anteil erstrecken. Es gelten die bereits zur Testamentsvollstreckung herausgearbeiteten Grenzen; insbesondere sind dem Nachlasspfleger, ähnlich wie dem Testamentsvollstrecker, gem. §§ 1915 Abs. 1 S. 1, 1804 BGB Schenkungen, die keiner sittlichen Pflicht oder einer auf den Anstand zu nehmenden Rücksicht entsprechen, untersagt. Jedoch ist zu beachten, dass die Nachlasspflegschaft mit Blick auf die Sicherungsfunktion, die ihr innewohnt, seitens des Nachlassgerichts auf das erforderliche Maß beschränkt werden kann. Wegen der persönlichen Haftungsgefahr, welcher sich der unbeschränkt verwaltungsbefugte Nachlasspfleger aufgrund der zur Vermeidung einer Haftungsinkompatibilität gebotenen Übertragung der Grundsätze der Handelndenhaftung ausgesetzt sieht, muss die grundsätzliche Pflicht zur Übernahme der Nachlasspflegschaft in analoger Anwendung des § 1786 Abs. 1 Nr. 7 BGB suspendiert sein.

III. Nachlassinsolvenzverwaltung am oHG-Anteil

Aus den bereits beleuchteten Erwägungen heraus ist zu konstatieren, dass die Nachlassinsolvenzverwaltung am oHG-Anteil zwar möglich ist, da die Eröffnung des Nachlassinsolvenzverfahrens keinen Auflösungsgrund i. S.d. § 131 Abs. 3 S. 1 Nr. 2 HGB nach sich zieht.[34] Doch verschieben sich bei der Nachlassinsolvenzverwaltung derart die Interessen, dass selten davon auszugehen ist, dass ein Nachlassinsolvenzverwalter gem. § 80 Abs. 1 InsO die aus dem oHG-Anteil fließenden Gesellschafterbefugnisse wahrnehmen wird. Die Nachlassinsolvenzverwaltung ist damit am weitesten von den Wertungen der Testamentsvollstreckung entfernt.

---

[34] S. noch einmal *§ 2 III. 1.*

1. Vollständige Verwertung der Nachlassinsolvenzmasse als Regelfall des Nachlassinsolvenzverfahrens

Denn der Nachlassinsolvenzverwalter wird in aller Regel zur Kapitalisierung des oHG-Anteils angehalten sein. Im Falle einer Nachlassinsolvenz wird nämlich i.d.R. der gesamte Nachlass zur Befriedigung der Nachlassgläubiger verwertet werden müssen. Anders als bei der Nachlassverwaltung kommt die Eröffnung eines Nachlassinsolvenzverfahrens nur bei einer Zahlungsunfähigkeit, also einer auf einen Zeitraum von i.d.R. drei Wochen bezogenen Vermögensunterdeckung von mehr als 10%,[35] bei einer Überschuldung, d.h. einem Übersteigen der Passiva über die Aktiva, sowie bei einer drohenden Zahlungsunfähigkeit in Betracht, vgl. § 320 InsO. Aufgrund des mit diesen Tatbeständen verbundenen hohen Schuldendrucks wird daher i.d.R. eine Verwertung des oHG-Anteils einer Verwaltung desselben vorzuziehen sein. Dies bestätigt das Gesetz: Jedenfalls nach Abhaltung des Berichtstermins, der gem. § 29 Abs. 1 Nr. 1 Hs. 2 InsO nicht mehr als sechs Wochen nach der Eröffnung des Nachlassinsolvenzverfahrens erfolgen soll und nicht mehr als drei Monate danach erfolgen darf, besteht grundsätzlich eine Pflicht zur unverzüglichen Verwertung, § 159 InsO.[36] Die Verwertung des oHG-Anteils wird dabei in der Weise vorgenommen, dass entweder durch privilegierte Kündigung gem. § 135 HGB analog der im oHG-Anteil schlummernde Abfindungsanspruch zu Gunsten des Nachlasses ausgelöst wird[37] oder dem Gesellschafter-Erben der oHG-Anteil übertragen wird, weil dieser den oHG-Anteil durch eigenen Vermögenseinsatz aus dem Nachlass „*hinauskauft*", sog. übertragende Sanierung.[38] In jedem Fall verlässt der oHG-Anteil regelmäßig alsbald nach Eröffnung des Nachlassinsolvenzverfahrens die Einflusssphäre des Nachlassinsolvenzverwalters. Eine Fortführung der oHG-Beteiligung im Nachlassinsolvenzverfahren unter Beteiligung des Nachlassinsolvenzverwalters als Fremdverwalter der Gesellschafterstellung wird daher meistens ausscheiden. Insofern wird im Nachlassinsolvenzverfahren auch regelmäßig kein Bedürfnis nach einer vollumfänglichen Nachlassinsolvenzverwaltung des oHG-Anteils bestehen.

---

[35] So jedenfalls *Jünemann*, ZErb 2011, 59, 60, der auch eine Unterdeckung von weniger als 10% als Eröffnungsgrund diskutiert.

[36] *Jungmann*, in: Schmidt-InsO, § 159 Rdnr. 1.

[37] S. noch einmal *§ 2 III. 2.*

[38] Zu dem Begriff, vgl. *Zipperer*, in: Uhlenbruck-InsO, § 157 Rdnr. 7.

2. *Verwaltung des oHG-Anteils als Ausnahme des Nachlassinsolvenzverfahrens*

Etwas anders kann nur ausnahmsweise angezeigt sein, etwa wenn die vorläufige[39] Weiterverwaltung des oHG-Anteils durch die Gläubigerversammlung im Berichtstermin beschlossen wird (§ 157 S. 1 Var. 2 InsO), etwa weil die Weiterverwaltung ausnahmsweise für zweckdienlich erachtet wird, da trotz einer aktuellen Durststrecke in der Zukunft mit besonderen, die Nachlassmasse aufwertenden Gewinnansprüchen zu rechnen ist oder die Weiterverwaltung einen höheren Verwertungserlös zu einem späteren Zeitpunkt erwarten lässt.[40] Eine endgültige Weiterverwaltung durch den Nachlassinsolvenzverwalter kann nur dort in Betracht kommen, wo das Nachlassinsolvenzverfahren nicht einer Beendigung durch Schlussverteilung des Nachlasses (§§ 196 Abs. 1, 200 Abs. 1 InsO), sondern einer Beendigung durch einen rechtskräftigen Insolvenzplan (§ 258 Abs. 1 InsO) entgegensteuert.[41] Gläubigerseits kann dies dadurch initiiert werden, dass der Nachlassinsolvenzverwalter, zusammen mit dem Beschluss zur einstweiligen Weiterverwaltung, mit der Anfertigung eines Insolvenzplans betraut wird, §§ 157 Abs. 1 S. 2, 218 Abs. 2 InsO.[42] Doch auch der Erbe oder der Nachlassinsolvenzverwalter kann einen Insolvenzplan ausarbeiten und vorlegen, § 218 Abs. 1 InsO. Zur Sicherung des Insolvenzplanverfahrens kann flankierend eine vorläufige Aussetzung der Nachlassverwertung und -verteilung beantragt und durch das Insolvenzgericht ausgesprochen werden, § 233 S. 1 InsO. So kann das anvisierte Ziel eines späteren Insolvenzplans, einzelne Vermögenswerte, insbesondere ein Erblasserunternehmen, fortzuführen,[43] einstweilen gesichert werden, ohne dass sich der Nachlassinsolvenzverwalter dem Risiko einer persönlichen Verzögerungs- und Schadensersatzhaftung gem. §§ 169 S. 1, 60 Abs. 1 S. 1 InsO aussetzt.[44] Nichts anderes kann damit auch für Unternehmensbeteiligungen, wie einen oHG-Anteil, gelten.

---

[39] S. hierzu *Janssen*, in: MüKo-InsO, § 157 Rdnr. 11.

[40] So zur Regelinsolvenz an einem Unternehmen, s. *Theiselmann*, in: BeckOK-InsO, § 159 Rdnr. 4.

[41] Die Möglichkeit eines Insolvenzplans auch in Ansehung eines Nachlassinsolvenzverfahrens ist im Gesetz ausdrücklich anerkannt, vgl. § 1989 Var. 2 BGB. Vgl. auch *Eidenmüller*, in: MüKo-InsO, Vor. § 217 Rdnr. 34.

[42] Diesen legt der Nachlassinsolvenzverwalter dann auch vor, vgl. *Döbereiner*, in: Gottwald-InsR, § 116 Rdnr. 4.

[43] Die Fortführung eines Erblasserunternehmens als mögliches Ziel eins Insolvenzplans explizit betonend: *Siegmann*, in: MüKo-InsO, Vor. § 315 Rdnr. 10.

[44] *Spliedt*, in: Schmidt-InsO, § 233 Rdnr. 1.

3. Vorbehalte gegen die Nachlassinsolvenzverwaltung

Nur wenn der Nachlassinsolvenzverwalter nach den dargelegten Möglichkeiten ausnahmsweise von seiner grundsätzlichen Pflicht zur Verwertung des nachlasszugehörigen oHG-Anteils gem. § 159 InsO befreit ist, kommt daher eine Fortführung der Gesellschaftsbeteiligung in Betracht, sodass sich auch nur dann die Frage stellen kann, ob und inwieweit der Nachlassinsolvenzverwalter die aus dem oHG-Anteil entspringenden Gesellschafterbefugnisse wahrnehmen kann. Letztlich sind hierbei die zur Zulassung einer unbeschränkten Nachlassverwaltung und Testamentsvollstreckung am oHG-Anteil entwickelten Grundsätze entsprechend anzuwenden, sodass in diesem Anwendungsfeld auch eine uneingeschränkte Nachlassinsolvenzverwaltung möglich scheint. Der Vorbehalt der Haftungsinkompatibilität wird auch in diesem Fall vorrangig durch die persönliche Haftung des Nachlassinsolvenzverwalters für die aus seiner Stellung als Nachlassrepräsentant begründeten Nachlassverbindlichkeiten gem. § 61 S. 1 InsO entkräftet. Dort wo der Nachlassinsolvenzverwalter nach dieser Vorschrift nicht haftet, etwa weil er i.S.d. § 61 S. 2 InsO davon ausgehen konnte, dass die Masse voraussichtlich zur Erfüllung der begründeten Nachlassverbindlichkeit ausreichen werde, unterliegt er wiederum einer persönlichen Haftung für die von ihm begründeten Gesellschaftsverbindlichkeiten kraft der bereits dargelegten Grundsätze der Handelndenhaftung, wohingegen der Gesellschafter-Erbe die persönliche Haftung für die von den Mitgesellschaftern begründeten Gesellschaftsverbindlichkeiten zu tragen hat.[45]

4. Zwischenergebnis

In aller Regel wird sich bei einer Nachlassinsolvenzverwaltung die Frage der Fremdverwaltung eines oHG-Anteils nicht stellen. Aufgrund der meist hohen Schuldenlast, wird der oHG-Anteil regelmäßig durch Ausübung des privilegierten Kündigungsrechts gem. § 135 HGB analog einer Verwertung zugeführt oder dem nachfolgeberechtigten Erben im Wege der übertragenden Sanierung ausgeantwortet. Dort wo ausnahmsweise einmal eine Fortführung der Beteiligung mit den Interessen der Nachlassgläubiger vereinbar ist, kann der Nachlassinsolvenzverwalter die aus dem oHG-Anteil fließenden Befugnisse wie ein Nachlassverwalter oder Testamentsvollstrecker grundsätzlich vollumfänglich wahrnehmen.

---

[45] Insofern gilt nichts anderes als bei der Testamentsvollstreckung, vgl. *§ 9 II. 3., III. 2. a) cc)* und *b) cc)* sowie *IV. 1.*

4. Kapitel

Konzentration erbrechtlicher Mitverwaltung – Überblicksartige Darstellung am Beispiel der Testamentsvollstreckung und der gemeinschaftlichen Vertretung

§ 11 Unbeschränkte Testamentsvollstreckung an dem in Erbengemeinschaft gehaltenen oHG-Anteil

Kommt es dazu, dass mehrere Personen zu Erben berufen sind, wird der oHG-Anteil nach den in *§ 3* gewonnenen Erkenntnissen von den Miterben in gesamthänderischer Verbundenheit im Organisationsverband der Erbengemeinschaft gehalten, bis sich die Erben nach dem in *§ 5* beschriebenen Verfahren über den Anteil auseinandersetzen. Trotz der gewonnenen Einsicht, dass sich die Verwaltungsordnung der Erbengemeinschaft sehr stark an die gesellschaftlichen Bedürfnisse anpasst,[1] eröffnet die Rechtsordnung darüber hinaus Möglichkeiten zur Konzentration und ggf. Auslagerung des Verwaltungsgefüges der Erbengemeinschaft in Ansehung des vererbten oHG-Anteils. So kann der oHG-Anteil in diesem Zustand zugleich der Testamentsvollstreckung unterworfen werden. Je nachdem, ob der Testamentsvollstrecker einer der Miterben[2] (interne Testamentsvollstreckung) oder eine sonstige Person (externe Testamentsvollstreckung) ist, handelt es sich bei der Testamentsvollstreckung um ein Mittel zur Konzentration des Verwaltungsgefüges der Erbengemeinschaft bzw. – im Falle der externen Testamentsvollstreckung – zusätzlich um ein Vehikel, mit dem die Verwaltungsordnung insofern auf einen Fremdverwalter ausgelagert werden kann. In beiden Fällen treffen letztlich die in den Kapiteln 2 und 3 ausgemachten Problemfelder und die hierzu gewonnenen Erkenntnisse aufeinander.[3] Gleichwohl ergeben sich aus der spezifischen Gemengelage von Erbengemeinschaft und Testamentsvollstreckung einige besondere Komplikationen, die einer Erörterung bedürfen.

I. Verschärfung des Vorbehalts der Haftungsinkompatibilität

Durch das Zusammentreffen von Erbengemeinschaft und Testamentsvollstreckung am oHG-Anteil verschärft sich der Vorbehalt der Haftungsinkompatibilität.

---

[1] S. zum Koppelungsgedanken noch einmal *§ 6 II. 3. c)*.

[2] Zum Miterben als Testamentsvollstrecker, vgl. weiterführend *Grotheer*, in: BeckOGK-ZR, § 2197 Rdnr. 72; *Zimmermann*, in: MüKo-BGB, § 2197 Rdnr. 11.

[3] Also insbesondere die Erkenntnisse aus den *§§ 3–6* sowie aus *§ 9*.

Denn der oben herausgearbeitete Befund, wonach die vom Testamentsvollstrecker begründeten rechtsgeschäftlichen und nichtrechtsgeschäftlichen Gesellschaftsverbindlichkeiten in Ansehung des Erben nur eine Haftung mit der Kraft einer Nachlassverbindlichkeit nach sich ziehen, bedeutet wegen § 2059 Abs. 1 S. 1 BGB, dass die Erben, unabhängig von einer amtlichen Nachlassabsonderung, den Gesellschaftsneugläubigern den Zugriff auf das Privatvermögen, welches sie neben dem Anteil am Nachlass besitzen, verweigern können. Dies macht es daher umso dringlicher, dass der Vorbehalt der Haftungsinkompatibilität durch eine persönliche Haftung eingeebnet wird. Für die interne Testamentsvollstreckung sowie diejenige externe Testamentsvollstreckung, bei der ein Mitgesellschafter zum Testamentsvollstrecker ernannt ist, ergibt sich dieses Ergebnis aufgrund der gleichzeitigen (Miterben)Gesellschafterstellung des Testamentsvollstreckers von selbst.[4] Im Übrigen ist wiederum auf den hier favorisierten Weg einer persönlichen Handelndenhaftung des Testamentsvollstreckers zu verweisen.[5] In all diesen Fällen sieht man sich jedoch einem quantitativen Vorbehalt ausgesetzt. Man könnte konstatieren, dass die persönliche Haftung allein des Testamentsvollstreckers kein ausreichendes Substitut darstellt, um den wegen der Testamentsvollstreckung versperrten garantierten Zugriff auf die persönlichen Vermögenssphären der mehreren Miterben als Befriedigungsmasse zu kompensieren. Letztlich kann ein solcher numerischer Vergleich der Haftungstöpfe aber nicht überzeugen. Denn hierdurch würde man den Aussagegehalt und die Schutzrichtung überspannen, die das allgemeine Handelsrecht mit der Aversion gegen jedwede Form der Haftungsbeschränkung auf den Nachlass verfolgt. Die Normen der § 27 HGB bzw. §§ 130 Abs. 1, 139 Abs. 4 HGB e c. wollen nur verhindern, dass der vererbte oHG-Anteil in einen Zustand verfällt, in dem die auf ihn entfallende Gesellschafterhaftung gänzlich auf die Kräfte einer Nachlassverbindlichkeit degeneriert.[6] Durch die persönliche Handelndenhaftung, welcher der Testamentsvollstrecker nach dem eben Gesagten unterliegt, wird dies jedoch bereits verhindert. Mehr kann aus der Warte des allgemeinen Handelsrechts nicht verlangt werden. Immerhin haben die Gesellschaftsgläubiger auch sonst keinen Einfluss darauf, wie viele Nachfolger in die Gesellschaft einrücken und somit den Haftungszugriff der Gesellschaftsgläubiger erweitern. Der

---

[4] Zur vollumfänglichen Testamentsvollstreckung durch einen Mitgesellschafter, s. bereits *§ 2 III. 3. a) ff) (2)* sowie *Weidlich*, S. 70 f. und *Lorz*, S. 151 f. Der Miterbengesellschafter steht insofern einem Mitgesellschafter gleich, wenn man der hier vertretenen Auffassung folgt und den Miterbengesellschafter als Adressat der persönlichen Gesellschafterhaftung ansieht; s. hierzu *§ 3 II. 4. d)* und *III. 1.*

[5] S. hierzu *§ 9 II. 3. b) bb)* sowie *III. 2. a) cc)* und *b) cc)*.

[6] Zur Aversion des allgemeinen Handelsrechts vor Rechtssubjekten, die beschränkt auf die Kräfte einer Nachlassverbindlichkeit haften, vgl. noch einmal *§ 3 I. 2. c)*.

Erblasser kann (eine erbrechtliche Nachfolgeklausel im Gesellschaftsvertrag vorausgesetzt) einen oder mehrere Erben zu Nachfolgern küren; entsprechend erweitert sich der Haftungszugriff der Gesellschaftsgläubiger um eine oder mehrere persönliche Haftungsmassen. Wenn der Erblasser eine Person seines Vertrauens einstweilen mit der Testamentsvollstreckung betraut, stehen die Gesellschaftsneugläubiger nicht schlechter, als wenn nur eine Person zum Erben gekürt worden wäre. Da neben dem Erbengemeinschaftsvermerk[7] auch ein Testamentsvollstreckervermerk[8] im Handelsregister anzumelden und einzutragen ist, sind die Gesellschaftsneugläubiger regelmäßig auch über die Gesellschaftsverhältnisse unterrichtet.

II. Ausübung der Rechte aus § 139 HGB

Wie bereits beleuchtet, stehen auch dem unter Testamentsvollstreckung stehenden Erben die Rechte aus § 139 HGB persönlich zu.[9] Damit können auch mehrere Miterben – und zwar jeder einzeln – die Rechte aus § 139 Abs. 1, Abs. 2 HGB ausüben. Die Frage ist jedoch, ob die mit der Ausübung der Rechte aus § 139 HGB verbundenen, besonderen Rechtswirkungen im gesamthänderischen Gefüge mit der Tatsache zu vereinbaren sind, dass der oHG-Anteil alleine von dem Testamentsvollstrecker verwaltet wird.

1. Gesamthänderisch gebundener Kommanditanteil bzw. Abfindungsanspruch als Verwaltungsobjekt der Testamentsvollstreckung

Unproblematisch ist es, wenn alle Miterben die Rechte aus § 139 HGB in gleicher Weise wahrnehmen. Üben sämtliche Miterben das Recht aus § 139 Abs. 1 HGB aus, wandelt sich der vererbte oHG-Anteil – die Zustimmung der übrigen Mitgesellschafter vorausgesetzt – in einen Kommanditanteil.[10] Die Testamentsvollstreckung hieran ist selbst nach heute etablierter Ansicht vollumfänglich zulässig, da jedenfalls bei einem Kommanditanteil, bei dem die Haftsumme voll aufgebracht ist, keine persönliche Gesellschafterhaftung droht und überdies der Kommanditanteil von sämtlichen haftungsträchtigen Innenbefugnissen gem. §§ 164, 170 HGB entkernt ist, sodass sich der Vorbehalt der Haftungsinkompatibilität dort nicht entfalten kann.[11] Machen die Miterben einheitlich ihr

---

[7] S. hierzu noch einmal *§ 6 IV. 1.*

[8] S. hierzu noch einmal *§ 9 VII.*

[9] S. hierzu noch einmal *§ 9 VI. 2. a).*

[10] S. hierzu noch einmal *§ 4 I.*

[11] S. BGHZ 186, 187, 191 ff. Zur Historie, s. auch *Schmidt*, in: MüKo-HGB, § 177 Rdnr. 24.

Recht aus § 139 Abs. 2 HGB geltend, verbleibt im Nachlass nur der Abfindungsanspruch gem. § 105 Abs. 3 HGB, § 738 Abs. 1 S. 2 BGB, der vom Testamentsvollstrecker ebenfalls ohne weitere Schwierigkeiten verwaltet werden kann.[12]

2. Unterschiedliche Ausübung der Rechte aus § 139 HGB

Wenn die Miterben ihre Rechte aus § 139 Abs. 1, Abs. 2 HGB unterschiedlich ausüben, entsteht ein gesamthänderisch gehaltener hybrider Personengesellschaftsanteil, der sich relativ gegenüber jedem Miterbengesellschafter so verhält, wie dieser seine Rechte aus § 139 Abs. 1, Abs. 2 HGB jeweils ausgeübt bzw. nicht ausgeübt hat.[13] Diese relative Betrachtungsweise zwingt zu entsprechenden Schlussfolgerungen, wenn die aus dem hybriden Personengesellschaftsanteil erwachsenden Gesellschafterbefugnisse von einem Testamentsvollstrecker ausgeübt werden. Dieser übt nicht gleichzeitig die den einzelnen Miterben zukommenden Gesellschafterpositionen als Miterbenkomplementär, als Miterbenkommanditist bzw. als ruhender Miterbengesellschafter aus, sondern nimmt vielmehr nur über die relativ stärkste Form der Miterbengesellschaftsbeteiligung auf die Gesellschaft Einfluss. Geschäftsführungs- und organschaftliche Vertretungsbefugnisse kann er nur durch die Kanäle eines vollhaftenden Miterbenkomplementäranteils wahrnehmen. Die Geltendmachung von Einsichtnahmerechten zieht er aus der jeweils stärksten Miterbenbeteiligung; soweit vorhanden also aus der Miterbenkomplementärposition, da diese die im Vergleich zu § 166 HGB stärkeren Rechte aus § 118 HGB gewährt.[14] Haben alle Miterben ihre Rechte aus § 139 Abs. 1, Abs. 2 HGB positiv ausgeübt, besteht der hybride Personengesellschaftsanteil also nur noch aus Miterbenkommanditisten und Inhabern einer ruhenden Miterbengesellschafterposition, kann der Testamentsvollstrecker nur mehr in den Grenzen des § 164 S. 1 Hs. 2 HGB die Stimmrechte bei Gesellschafterbeschlüssen und über § 166 HGB die entsprechenden Einsichtnahmerechte eines Kommanditisten ausüben. Die aus dem hybriden Personengesellschaftsanteil erwachsenden Gesellschafterbefugnisse werden somit in der Hand des Testamentsvollstreckers gebündelt, ohne dass das relative Verhältnis, welches der hybride Personengesellschaftsanteil zu den einzelnen Miterbengesellschaftern einnimmt, während der Dauer einer Verwaltungstestamentsvollstreckung infrage zu stellen wäre.

---

[12] *Lorz*, in: E/B/J/S-HGB, § 139 Rdnr. 63.

[13] S. hierzu noch einmal *§ 4 II. 2.*

[14] Zu den Unterschieden zwischen den Informationsrechten der Komplementäre und den Informationsrechten der Kommanditisten, vgl. im Einzelnen *Häublein*, in: BeckOK-HGB, § 166 Rdnr. 1 f.

§ 12 Verwaltung des oHG-Anteils durch einen gemeinschaftlichen Vertreter

Neben der eben behandelten Bestellung eines Testamentsvollstreckers bietet sich auch das Rechtsinstitut der gemeinschaftlichen Vertretung an, um bei einer Erbenmehrheit die Verwaltungsbefugnisse in einer Hand zu konzentrieren. Die gemeinschaftliche Vertretung schöpft ihre Geltungsgrundlage häufig aus dem Gesellschaftsvertrag, in welchem die Ausübung der aus einem Gesellschaftsanteil fließenden Gesellschafterbefugnisse von der Bestellung eines gemeinschaftlichen Vertreters abhängig gemacht werden kann (Vertreterklausel[1]). In der Vertreterklausel kann bereits die Person des gemeinschaftlichen Vertreters bestimmt werden; es kann sich hierbei um einen Miterben bzw. einen Mitgesellschafter (gesellschaftsinterne gemeinschaftliche Vertretung) oder eine dritte Person (gesellschaftsexterne gemeinschaftliche Vertretung) handeln.[2] In der Vertreterklausel kann die Bestellung des Vertreters nicht zur Pflicht[3] erhoben, sondern allenfalls in eine Obliegenheit gekleidet werden, wenn festgelegt wird, dass die aus dem oHG-Anteil fließenden Gesellschafterbefugnisse bis zur Bestellung des gemeinschaftlichen Vertreters ruhen sollen.[4] § 109 bzw. § 125 Abs. 1 a. E. HGB, die recht weitläufig eine Entziehung von Geschäftsführungs- und Vertretungsbefugnissen zulassen, bilden hierfür die maßgebliche gesetzliche Grundlage. Teilweise wird anerkannt, dass über eine Auflage i. S.d. § 1940 BGB den Erben aufgegeben werden kann, eine bestimmte Person zum gemeinschaftlichen Vertreter zu bestellen. Jeder Miterbe kann dann die Bestellung des vor-

---

[1] Zum Begriff *Schmidt*, in: MüKo-HGB, § 177 Rdnr. 17.

[2] S. *Schörnig*, S. 137 f. S. zur Vertreterklausel im Modell der Sondererbfolge an einem Kommanditanteil auch BGH, NJW 1967, 826, 827.

[3] Die obligatorische Vertreterklausel beinhaltet keine Pflicht zur Vertreterbestellung, sondern ist nur unausweichliche Voraussetzung für die Ausübung der aus dem oHG-Anteil fließenden Gesellschafterrechte, vgl. *Schmidt*, ZHR 146, 525, 528.

[4] So zum Kommanditanteil *Oetker*, in: Oetker-HGB, § 164 Rdnr. 26. Bei einer Entziehung der Gesellschafterbefugnisse (ohne dass zumindest ein Dritter als gemeinschaftlicher Vertreter die Befugnisse für diesen Zeitraum wahrnehmen kann) ist freilich der Kernbereich als Grenze der Einschränkbarkeit zu wahren. Vgl. zum Kernbereichsschutz noch einmal *Enzinger*, in: MüKo-HGB, § 119 Rdnr. 64 ff.

gesehenen gemeinschaftlichen Vertreters verlangen, § 2194 S. 1 BGB.[5] Dies ist jedenfalls dann stringent, wenn man die Gedanken überträgt, die einen Teil der Stimmen in der Rechtswissenschaft zu der Zulassung einer durch Auflage erzwingbaren Bevollmächtigung i.R.d. Vollmachtslösung[6] veranlasst.[7]

Wenn den (übrigen) Miterben – wie regelmäßig – aufgegeben ist, während des Mandats des gemeinschaftlichen Vertreters die Gesellschafterbefugnisse nicht selbst wahrzunehmen, spricht man von einer obligatorischen Vertreterklausel.[8] Allein diese Art von Regelung soll Untersuchungsgegenstand der nachfolgenden Betrachtung sein, da sie sich für eine Konzentration des Verwaltungsgefüges der Erbengemeinschaft besonders eignet, weil mit einer solchen Klausel sichergestellt ist, dass das Organisationsgefüge der Erbengemeinschaft mit Blick auf den oHG-Anteil in weitem Umfang von Anfang an ausgeschaltet ist und dies auch so bleibt.

I. Obligatorische Vertreterklausel in der GmbH und in der KG

Eine solche Klausel ist mit Blick auf die gesetzliche Regelung in § 18 Abs. 3 S. 1 GmbHG für einen vererbten GmbH-Anteil allgemein anerkannt[9] und auch bei der Vererbung von Kommanditanteilen keine Unbekannte, insbesondere um die aus dem Denkmodell der von der etablierten Ansicht favorisierten (einfachen) Sondererbfolge resultierende Stimmrechtsvervielfältigung[10] zu verhindern.[11] Gegen eine obligatorische Vertreterklausel bei Kommanditanteilen sind freilich Bedenken allgemein personengesellschaftsrechtlicher Art erhoben worden. So soll das Abspaltungsverbot tangiert sein, weil dieses nicht nur vor einer Stimmrechtsabtretung, sondern auch vor ähnlichen Gestaltungen schütze.[12] Hiergegen ist einzuwenden, dass es nicht zu einer Abspaltung von Gesellschaftsbefugnissen

---

5 *Christ*, in: Ebeling/Geck-Erbengemeinschaft, Teil I Rdnr. 324 f.

6 Zu den sog. Ersatzlösungen, s. bereits *§ 2 III. 3. a) ee)*.

7 Vgl. hierzu: *Lange*, in: BeckOK-BGB, § 2205 Rdnr. 29 und 43; *Reimann*, in: Staudinger, § 2205 Rdnr. 153; *Lorz*, S. 56 ff., insbesondere 62 ff. (Handelsgeschäft). Bedenken gegen eine durch Auflage erzwingbare Vollmacht äußern: *Siebert*, in: FS Hueck, S. 321, 332 ff.; *Zimmermann*, in: MüKo-BGB, § 2205 Rdnr. 25; BGH, BB 1969, 773.

8 Zum Begriff: *Grunewald*, in: MüKo-HGB, § 161 Rdnr. 181; *Schmidt*, ZHR 146, 525, 528.

9 *Lange*, GmbHR 2013, 113, 117 f. Zum Streitstand hinsichtlich eines Teilnahmerechts der Mitberechtigten in diesem Fall, vgl. *Kaya*, ZEV 2013, 593, 597 m. w. N.

10 S. hierzu noch einmal *§ 7 II.*

11 BGH, NJW 1967, 826; *Schäfer*, in: Staub-HGB, § 139 Rdnr. 53; *Schmidt*, in: MüKo-HGB, § 177 Rdnr. 17; *Lorz*, in: E/B/J/S-HGB, § 139 Rdnr. 18.

12 Unter diesem Aspekt beleuchtet es mit Blick auf die Vertreterklausel im Modell der Sondererbfolge auch *Oetker*, in: Oetker-HGB, § 164 Rdnr. 27.

kommt, wenn ein Vertreter nur an Erbes statt zu deren Geltendmachung befugt ist. Ähnlich wie bereits zur Testamentsvollstreckung erörtert,[13] bleiben die Gesellschafterrechte durch eine Vertretung vielmehr der Substanz nach voll in der Hand der Erben erhalten.[14] Der Grundsatz der Selbstorganschaft ist sicher verletzt, wenn alle Gesellschafter von den organschaftlichen Gesellschafterbefugnissen ausgeschlossen sind und nur ein gesellschaftsfremder Dritter diese Kompetenzen ausüben darf.[15] Keinen Bedenken begegnet es jedoch, wenn zumindest einer der Mitgesellschafter noch über autarke Geschäftsführungs- und Vertretungsbefugnisse verfügt und nur die auf den Gesellschaftsanteil der Miterbengesellschafter entfallenden Gesellschafterbefugnisse für die Zeit des Mandats des gemeinschaftlichen Vertreters von den Miterbengesellschaftern nicht selbst ausgeübt werden.[16]

II. Zulässigkeit der obligatorischen Vertreterklausel in der oHG

Es darf freilich nicht verleugnet werden, dass die Übertragung der obligatorischen Vertreterklausel auf vollhaftende Personengesellschaftsanteile an einer werbenden Gesellschaft in der mangels höchstrichterlichen Rechtsprechung allein maßgeblichen Literatur zum Teil mit Zurückhaltung beäugt,[17] ja teilweise sogar abgelehnt wird.[18] Zwar sind obligatorische Vertreterklauseln bei vollhaftenden Personengesellschaftsanteilen daher in der Praxis kaum bekannt; dies dürfte jedoch wohl nur auf die mangelnde Experimentierfreudigkeit der Praxis zurück-

---

[13] S. hierzu noch einmal *§ 2 III. 3. a) bb)*.

[14] Mit Blick auf die Vertreterklausel im Modell der Sondererbfolge: BGH, NJW 1967, 826, 827; *Schmidt*, ZHR 146, 525, 531. Ähnlich auch bereits BGH, NJW 1962, 738 f.

[15] So allgemein bei der Bestellung eines Dritten als Fremdgeschäftsführer und Vertreter: BGH, NJW 1982, 877, 878; *ders.*, NJW 1982, 2495; *ders.*, NJW-RR 1994, 98 (jeweils zur GbR). S. auch *Rawert*, in: MüKo-HGB, § 114 Rdnr. 28, der den Ausschluss sämtlicher Gesellschafter von der Geschäftsführung als Fall der gemeinschaftlichen Geschäftsführungsbefugnis aller Gesellschafter begreift. *Schörnig*, S. 181 hält es demgegenüber für möglich, dass auch bei einem Ausschluss sämtlicher Gesellschafter von der Geschäftsführung der Grundsatz der Selbstorganschaft gewahrt sein kann.

[16] So auch *Schörnig*, S. 180. Insofern kann nichts anderes als bei der Testamentsvollstreckung in oHG-Anteile gelten, wo ebenfalls der Grundsatz der Selbstorganschaft nicht zwingend tangiert ist, s. noch einmal *§ 2 III. 3. a) bb)*.

[17] Vgl. etwa *Lorz*, in: E/B/J/S-HGB, § 139 Rdnr. 18, der – aus Sicht der Praxis bestimmt nachvollziehbar – betont, dass über deren Zulässigkeit bisher keine (höchstrichterliche) Klarheit herrscht.

[18] *Flume*, Allgemeiner Teil I-1, § 14 V, S. 222 (nur wenn die vollhaftende Beteiligung von Geschäftsführungs- und Vertretungsbefugnissen entkernt ist); *Gergen*, in: MüKo-BGB, § 2032 Rdnr. 59.

zuführen sein,[19] die (im Denkmodell der etablierten Ansicht) mit der qualifizierten Sondererbfolge ohnehin ein beispiellos mächtiges Instrument zur Kanalisierung der Herrschaftsgewalt an die Hand bekommen hat. Folgt man – wie hier – einer unmodifizierten Universalsukzession in den oHG-Anteil, ändert sich der Bedarf nach so einer Klausel jedoch schlagartig. Soweit man bisweilen eine solche Klausel für unzumutbar hält, weil den Gesellschaftern aufgegeben wird, sich im Angesicht der persönlichen Gesellschafterhaftung in der Gesellschaft vertreten zu lassen, ohne dass sie selbst die Gesellschafterbefugnisse wahrnehmen können,[20] ist dies nicht nachvollziehbar. Dieser Umstand mag vielleicht gegen eine Übertragung der in § 69 Abs. 1 AktG, § 77 Abs. 1 S. 3 GenG, § 146 Abs. 1 S. 2 HGB verankerten, gesetzlichen Obliegenheit zur Bestellung eines gemeinschaftlichen Vertreters sprechen[21] und auch dafür sorgen, dass die Ausgestaltung der Vertreterklausel gewisse Grenzen nicht überschreiten kann,[22] jedoch kann dies nicht kategorisch gegen die Aufnahme einer rechtsgeschäftlichen, obligatorischen Vertreterklausel bei vollhaftenden Personengesellschaftsanteilen sprechen, solange die übrigen Gesellschafter noch aus eigener Machtvollkommenheit agieren können und somit der Grundsatz der Selbstorganschaft nicht verletzt ist. Denn es wird zugelassen, dass ein von Geschäftsführungs- und Vertretungsbefugnissen entkernter oHG-Anteil vererbt wird, der den Erben also die Bürde der persönlichen Haftung ohne signifikante Mitwirkungsbefugnisse[23] überantwortet. Dann kann es folgerichtig kaum unzumutbar sein, wenn die aus dem oHG-Anteil erwachsenden Mitwirkungsbefugnisse lediglich kraft einer vom Erblasser mit den Mitgesellschaftern ausgehandelten obligatorischen Vertreterklausel unter den Vorbehalt gestellt werden, dass diese alleine von einem gemeinschaftlichen Vertreter an Erbes statt wahrgenommen werden können.[24] Die Erben sind vor den unzumutbaren Haftungsgefahren geschützt, wenn man ihnen trotz obligatorischer Gruppenvertretung die Rechte aus § 139 HGB sowie die Lossagungsrechte aus §§ 132 f. HGB zubilligt.[25] Gerade bei einer gemein-

---

[19] *Schmidt*, ZHR 146, 525, 527 konstatiert zwar, dass die Vertreterklausel i.R.d. oHG nur von wenigen anerkannt sei, unterstreicht aber letztlich auch, dass sie dort mangels Experimentierfreudigkeit der Praxis keine nennenswerte Rolle spiele.

[20] *Gergen*, in: MüKo-BGB, § 2032 Rdnr. 59; *Lieder*, in: Oetker-HGB, § 114 Rdnr. 18 f.

[21] S. hierzu noch einmal *§ 6 II. 1.*

[22] S. sogleich *§ 12 V.*

[23] Zur Dispositivität der Geschäftsführungsbefugnisse, vgl. §§ 109, 114 Abs. 2 HGB und *Schäfer*, in: Staub-HGB, § 116 Rdnr. 37. Zum Ausschluss der organschaftlichen Vertretungsbefugnisse einzelner Gesellschafter, vgl. § 125 Abs. 1 a. E. HGB und *Hillmann*, in: E/B/J/S-HGB, § 125 Rdnr. 43. Zum Ausschluss der Kontrollrechte aus § 118 Abs. 1 HGB, vgl. *Drescher*, in: E/B/J/S-HGB, § 118 Rdnr. 33.

[24] *Schörnig*, S. 175.

[25] So auch *Westermann*, S. 355 f., insbesondere mit Verweis auf § 139 HGB. Nur im Aus-

schaftlichen Vertretung durch eine gesellschaftsexterne Person muss freilich, in Weiterführung der Gedanken *Emmerichs*,[26] dem Vorwurf der Schuldnerknebelung besondere Beachtung geschenkt werden, da der gesellschaftsexterne gemeinschaftliche Vertreter für sein Handeln keiner eigenen persönlichen Gesellschafterhaftung oder einem haftungsgleichen Äquivalent unterliegt, mit der bzw. dem er zur sorgfältigen Ausübung der Gesellschafterrechte diszipliniert werden könnte.[27] Diesen Konflikt behält jedoch der im Auge, der den Erben bei der gemeinschaftlichen Vertretung zusätzlichen Schutz zuteilwerden lässt, indem er diesen einen unentziehbaren Bereich von Letztverantwortung zubilligt, der es verbietet, dass der gemeinschaftliche Vertreter unwiderruflich und weisungsfrei bestellt wird;[28] die Erben können somit den gemeinschaftlichen Vertreter insbesondere jederzeit abberufen. Wenn sie von ihrem Abberufungsrecht Gebrauch machen, stehen sie wegen der obligatorischen Vertreterklausel einer von sämtlichen dispositiven Geschäftsführungs- und Vertretungsbefugnissen entkernten Gesellschafterposition vor. Da dies jedoch keinen Bedenken begegnet,[29] ist die obligatorische Vertreterklausel jedenfalls in dieser Form dem Grunde nach auch bei vollhaftenden Beteiligungen uneingeschränkt zuzulassen.[30]

---

gangspunkt ähnlich *Schörnig*, S. 76 und 186. Dieser weist die Lossagungsrechte aus §§ 132 f. HGB zwar dem Gesellschafter zu, begründet dies jedoch mit dem Kernbereichsgedanken und befürwortet auch einen Ausschluss des ordentlichen Kündigungsrechts für die Dauer von 30 Jahren. Dass bei einer derart langen Ausschlussfrist Vorsicht geboten ist, s. bereits *§ 9 VI. 2. b)*.

[26] Zu den zur Testamentsvollstreckung geäußerten Gedanken, vgl. *Emmerich*, ZHR 132, 297, 323.

[27] Zur Unmaßgeblichkeit dieser Erwägungen i.R.d. Testamentsvollstreckung, s. noch einmal *§ 9 V. 2.*

[28] Für die bloß widerrufliche und/oder weisungsunterworfene Bestellung des gemeinschaftlichen Vertreters sind: *Rawert*, in: MüKo-HGB, § 114 Rdnr. 31, mit Verweis auf Rdnr. 26; *Klimke*, in: BeckOK-HGB, § 109 Rdnr. 18; *Schmidt*, ZHR 146, 525, 531 f.; *Flume*, Allgemeiner Teil I-1, § 14 V, S. 223 f. *Schörnig*, S. 156, 262 ff. will zwar grundsätzlich einen von den Miterben beschlossenen Ausschluss des Widerrufs- und Weisungsrechts billigen, sieht jedoch eine durch den Erblasser mit den Mitteln der Auflage i. S.d. §§ 1940, 2192 ff. BGB aufgezwungene Ausgestaltung „*nahe an der gesellschaftsrechtlichen Unzulässigkeit und damit der erbrechtlichen Sittenwidrigkeit*". Auch die Rechtsprechung betont teilweise die jederzeitige Widerruflichkeit bzw. Kündbarkeit und Weisungsunterworfenheit als entscheidende Punkte, um die Zulässigkeit einer Fremdverwaltung zu bestimmen, vgl.: BGH, NJW 1965, 2147; *ders.*, NJW 1982, 877, 878 (GbR) und auch *ders.*, NJW-RR 1994, 98 (GbR). Teilweise sieht sie diese jedoch auch als unmaßgeblich an, vgl. BGH, NJW 1982, 1817 f. (KG); *ders.*, NJW 1982, 2495 f. (GbR).

[29] Zum Ausschluss von Geschäftsführungs- und Vertretungsbefugnissen, vgl.: *Lieder*, in: Oetker-HGB, § 114 Rdnr. 64 und *Hillmann*, in: E/B/J/S-HGB, § 125 Rdnr. 43 f.

[30] So wohl auch für den Bereich der einfachen Sondererbfolge in oHG-Anteile: *Lieder*, in: Oetker-HGB, § 114 Rdnr. 17; *Schäfer*, in: Staub-HGB, § 114 Rdnr. 36; *Schörnig*, S. 184. Für

III. Bestellung und Anweisung des gemeinschaftlichen Vertreters

Wie dieser Gruppenvertreter letztlich von der Erbenmehrheit bestellt und kraft des zwischen ihnen bestehenden Innenverhältnisses[31] angewiesen werden muss, wird jedenfalls für die dem Gesetz fremde Sondererbfolge unterschiedlich bewertet; von Seiten des BGH[32] wird unter Verweis auf ein zwischen den einfachen Sondererben bestehendes gesellschaftliches bzw. zumindest gesellschaftsähnliches Verhältnis, im Lichte des § 709 Abs. 1 BGB, eine einstimmige Bestellung verlangt, was freilich wiederum dazu führt, dass das Gelingen der Bestellung eines gemeinschaftlichen Vertreters und damit womöglich die gesamte Nachfolge bereits von einem Miterben blockiert werden kann. Andere Stimmen[33] versuchen daher, unter Verweis auf ein zwischen den Sondererben bestehendes, der Bruchteilsgemeinschaft ähnliches Verhältnis, eine von der Mehrheit der Miterben getragene Bestellung gem. § 745 Abs. 1 BGB analog genügen zu lassen und nur bei ausreichenden Anhaltspunkten von einem rechtsgeschäftlich begründeten, gesellschaftsähnlichen Verhältnis unter den Erben auszugehen. Das hier vertretene Modell der unmodifizierten Universalsukzession kann diese im letztgenannten Sinne sicher praktikable Lösung jedenfalls für den Bereich der ordnungsmäßigen Verwaltung bereits aus dem Erbengemeinschaftsverhältnis herleiten, §§ 2038 Abs. 2 S. 1, 745 Abs. 1 BGB. Denn die dort eingeräumte Möglichkeit, die ordnungsmäßige Verwaltung zu regeln, schließt die Befugnis mit ein, die ordnungsmäßige Verwaltung in Angelegenheiten einzelner oder mehrerer Nachlassgegenstände (also auch hinsichtlich eines vererbten oHG-Anteils) einem gemeinschaftlichen Vertreter zu übertragen.[34]

---

eine eingeschränkte Zulässigkeit plädiert *Rawert*, in: MüKo-HGB, § 114 Rdnr. 31. Offenlassend *Kamanabrou*, in: Oetker-HGB, § 139 Rdnr. 14.

[31] Dieses Innenverhältnis wird überwiegend als unentgeltlicher Auftrag (§ 662 BGB) oder entgeltlicher Geschäftsbesorgungsvertrag (§ 675 BGB) konstituiert sein, vgl. *Schmidt*, ZHR 146, 525, 542, sodass sich der gemeinschaftliche Vertreter in den Grenzen des § 665 BGB an Weisungen zu halten hat.

[32] BGH, NJW 1967, 826, 827; *ders.*, NJW-RR 2005, 39, 40 (beide Kommanditanteil); *Flume*, Allgemeiner Teil I-1, § 14 V, S. 225.

[33] *Schmidt*, in: MüKo-HGB, § 177 Rdnr. 17.

[34] BGHZ 56, 47, 51 f. (Grundstück); OLG Nürnberg, ZEV 2014, 508 (GmbH-Anteil). In diese Richtung wohl auch *Rißmann/Szalai*, in: BeckOGK-ZR, § 2038 Rdnr. 87 und (zur Bruchteilsgemeinschaft) *Schmidt*, in: MüKo-BGB, § 745 Rdnr. 18, die über §§ 2038 Abs. 2 S. 1, 745 Abs. 1 BGB die Schaffung einer „*quasikorporativen Binnenorganisation*" für möglich erachten, in der etwa die Form der Beschlussfassung und Vertretungsregelungen verbindlich festgelegt werden können.

IV. Ausgestaltung der Befugnisse des gemeinschaftlichen Vertreters

Eine unter den Miterbengesellschaftern zum gesellschaftsinternen gemeinschaftlichen Vertreter berufene Person muss so bestellt werden, dass ihr nach der Verwaltungsordnung der Erbengemeinschaft die Ausübung der mit dem oHG-Anteil verbundenen Verwaltungsbefugnisse übertragen wird.[35] Soll ein Mitgesellschafter als gesellschaftsinterner oder sogar ein gesellschaftsexterner gemeinschaftlicher Vertreter bestellt werden, erlaubt dies zwar das Verwaltungsgefüge der Erbengemeinschaft; eine Übertragung der Verwaltungsbefugnisse auf eine dritte Person ist auf dieser Ebene möglich.[36] Für die Zulässigkeit aus personengesellschaftsrechtlicher Sicht muss jedoch differenziert werden. Im Angesicht einer obligatorischen Vertreterklausel im Gesellschaftsvertrag kann dem gemeinschaftlichen Vertreter die Ausübung der auf den oHG-Anteil entfallenden Geschäftsführungs- und Stimmrechte jedenfalls in der Funktion eines jederzeit abberufbaren und weisungsunterworfenen rechtsgeschäftlichen Vertreters zur Ausübung überlassen werden.[37] Die Geschäftsführungsrechte bleiben so – wie von der höchstrichterlichen Rechtsprechung gefordert – in der Hand der Gesellschafter und werden nicht übertragen.[38] Die obligatorische Vertreterklausel im Gesellschaftsvertrag bewirkt im Lichte der durch § 109 HGB eröffneten Dispositionsbefugnis, dass die Erben ihre aus dem oHG-Anteil fließenden organschaftlichen Geschäftsführungs- und Stimmrechte lediglich kanalisiert durch den gemeinschaftlichen Vertreter wahrnehmen dürfen.[39]

Anders ist bei den organschaftlichen Vertretungsbefugnissen zu verfahren. Eine Ausübung der organschaftlichen Vertretungsbefugnisse (etwa mittels Untervollmacht) durch eine andere Person ist nicht möglich.[40] Doch kann auch hier

---

[35] Lediglich in Angelegenheiten der Notgeschäftsführung kann den übrigen Miterben eine Verwaltungsbefugnis nicht entzogen werden, s. *Ruhwinkel*, Die Erbengemeinschaft, Rdnr. 109.

[36] *Rißmann*, in: Rißmann-Erbengemeinschaft, § 4 Rdnr. 98; *Ruhwinkel*, Die Erbengemeinschaft, Rdnr. 104.

[37] Zur Möglichkeit und konkreten Ausgestaltung der Überlassung der Geschäftsführungsbefugnisse, insb. bei gesellschaftsexternen Personen, vgl. *Schäfer*, in: Staub-HGB, § 114 Rdnr. 36; *Rawert*, in: MüKo-HGB, § 114 Rdnr. 26.

[38] Zur Rechtsprechung, s. etwa: BGH, NZG 2014, 302, 304 Rdnr. 21; *ders.*, NJW 2011, 2040, 2041 f. Rdnr. 21 und *ders.*, NJW 2006, 2980, 2981 Rdnr. 18 (jeweils GbR). Im Übrigen, s. auch *Schäfer*, in: Staub-HGB, § 114 Rdnr. 36.

[39] Insofern ist es verfehlt, von einer (unzulässigen) verdrängenden Vollmacht zu sprechen, weil nicht die Vollmacht die Miterben an der unmittelbaren Wahrnehmung ihrer Gesellschafterrechte hindert, sondern die obligatorische Vertreterklausel im Gesellschaftsvertrag, vgl. auch *Flume*, Allgemeiner Teil I-1, § 14 V, S. 227.

[40] *Hillmann*, in: E/B/J/S-HGB, § 125 Rdnr. 3.

Abhilfe geschaffen werden. Während der Mitgesellschafter als gesellschaftsinterner gemeinschaftlicher Vertreter seine eigenen organschaftlichen Vertretungsbefugnisse nutzen kann, ist dies dem gesellschaftsexternen Vertreter freilich nicht möglich. Er kann jedoch zu einem rechtsgeschäftlichen Vertreter der oHG, z.B. zu einem Prokuristen i.S.d. §§ 48 ff. HGB, berufen werden. Eine rechtsgeschäftliche Vertretungsmacht des gesellschaftsexternen gemeinschaftlichen Vertreters kann dabei nicht so ausgestaltet werden, dass sie die auf den vererbten oHG-Anteil entfallende, organschaftliche Vertretungsmacht verdrängt.[41] Es kann jedoch ein ähnlicher Effekt erreicht werden, wenn durch die obligatorische Vertreterklausel die aus dem vererbten oHG-Anteil fließenden organschaftlichen Vertretungsbefugnisse für die Zeit des Mandats des gemeinschaftlichen Vertreters ganz ausgeschlossen (§ 125 Abs. 1 a.E. HGB) oder gem. § 125 Abs. 3 S. 1 HGB an die Mitwirkung des zum Prokuristen bestellten gemeinschaftlichen Vertreters gebunden werden.

V. Umfang der Verwaltungsbefugnis des gemeinschaftlichen Vertreters

Freilich kann der von der Erbenmehrheit gem. §§ 2038 Abs. 2 S. 1, 745 Abs. 1 BGB berufene gemeinschaftliche Vertreter nicht die gesamten Gesellschafterbefugnisse an Erbes statt wahrnehmen, sondern nur die den Erben in Mehrheitsverwaltung bzw. Quasieinzelverwaltung zustehenden Maßnahmen der ordnungsmäßigen Verwaltung.[42] Das ist nach dem Koppelungsgedanken im gesetzlichen Organisationsgefüge der oHG der ordentliche Geschäftskreis i.S.d. § 116 Abs. 1 HGB.[43] Soll der gemeinschaftliche Vertreter auch die eigentlich gem. § 2038 Abs. 1 S. 1 BGB dem Erbenkollektiv zugewiesenen Maßnahmen des außerordentlichen Geschäftskreises gem. § 116 Abs. 2 HGB wahrnehmen, bedarf es letztlich im Lichte der Gesamtverwaltungsverantwortung aller Miterben einer einstimmigen Verwaltungsentscheidung des Erbenkollektivs. In diesem Fall ist der gemeinschaftliche Vertreter dann aber umfassend zur Ausübung der aus dem vererbten oHG-Anteil fließenden Gesellschafterrechte befugt.[44] Auch Grundlagengeschäfte können dann vom gemeinschaftlichen Vertreter vorgenommen werden.[45] Es gilt insofern nichts anderes als bei der Testamentsvollstreckung.

---

41 *Habersack*, in: Staub-HGB, § 125 Rdnr. 15.

42 *Ruhwinkel*, Erbengemeinschaft, Rdnr. 12 und 106 f.

43 S. noch einmal *§ 6 II. 3. c)*.

44 *Ruhwinkel*, Erbengemeinschaft, Rdnr. 12 und 106 f.

45 Für eine Erstreckung der gemeinschaftlichen Vertretung auf den Bereich der Grundlagengeschäfte ist auch *Grunewald*, in: MüKo-HGB, § 161 Rdnr. 185.

Insbesondere muss auch bei gemeinschaftlichen Vertretern der sog. Kernbereich der Mitgliedschaft nicht ausgenommen werden.[46] Denn bei einer von allen Miterben getragenen Übertragung aller Gesellschafterbefugnisse auf einen gemeinschaftlichen Vertreter ist die Schutzfunktion des Kernbereichs nicht auf den Plan gerufen. Der Kernbereich entstammt von seiner Schutzrichtung her dem Bedürfnis, der Mehrheitsmacht der Gesellschafter Grenzen zu setzen.[47] Er ist jedoch kein Ausdruck materieller Höchstpersönlichkeit des Gesellschafters: Werden die Gesellschafterrechte daher nicht gänzlich abbedungen, sondern nur kraft einer von allen Miterben getragenen Entscheidung durch Dritte an Erbes statt ausgeübt, besteht grundsätzlich kein Bedürfnis, den Kernbereich als einschränkendes Moment anzuerkennen.[48] Lediglich die Befugnis über den Verbleib in der Gesellschaft zu entscheiden sowie besondere höchstpersönliche Rechte[49] müssen dem Gesellschafter-Erben verbleiben. Deshalb können etwa die Rechte aus § 139 HGB sowie etwaige Kündigungsrechte (§ 132 HGB) bzw. das Recht auf Erhebung der Auflösungsklage (§ 133 HGB) vom gemeinschaftlichen Vertreter nicht geltend gemacht werden.[50]

VI. Gemeinschaftlicher Vertreter und das Handelsregister

Wie bereits gesehen, hat die höchstrichterliche Rechtsprechung die Eintragungsfähigkeit eines Testamentsvollstreckervermerks bestätigt.[51] Überträgt man diese

---

[46] So jedoch die überwiegende Ansicht: *Schmidt*, in: MüKo-HGB, § 177 Rdnr. 17; *Lorz*, in: E/B/J/S-HGB, § 139 Rdnr. 18. Differenzierend: *Grunewald*, in: MüKo-HGB, § 161 Rdnr. 184, die eine Einwirkung auf den Kernbereich zulässt, „*wenn die Vertreterklausel so ausgestaltet ist, dass eine Verfälschung des Gesellschafterwillens nicht zu befürchten ist*". Dies sei dann der Fall, „*wenn der Vertreter weisungsgebunden und nicht zu einer einheitlichen Stimmabgabe gezwungen ist*".

[47] S. bereits *§ 9 VI. 1. a)* und BGHZ 20, 363, 368 ff. (Kommanditanteil); *Born*, in: E/B/J/S-HGB, § 109 Rdnr. 17.

[48] Insofern ist die Interessenlage nicht anders als bei der Testamentsvollstreckung; s. hierfür *§ 9 VI. 1. a) cc)*.

[49] So etwa die Pflicht zur Zeichnung der Jahresbilanz, *§ 41 HGB a. F.* (jetzt § 245 HGB), vgl. BGH, NJW 1965, 2147.

[50] S. BGH, NJW 1973, 1602 mit Blick auf ein Kündigungsrecht hinsichtlich einer Kommanditbeteiligung. Anders als bei der Testamentsvollstreckung, s. *§ 9 II. 3. b) bb)* sowie *III. 2. a) cc)* und *b) cc)*, unterliegt der gemeinschaftliche Vertreter keiner eigenen persönlichen Handelndenhaftung, da mit dem Rechtsinstitut der gemeinschaftlichen Vertretung kein Abweichen von der haftungsrechtlichen Regellage verbunden ist, sodass es auch keinen Bedarf gibt, ihm daneben ein eigenes Kündigungsrecht zuzubilligen.

[51] BGH, NJW-RR 2012, 730, 731 Rdnr. 15. Anders noch RG in RGZ 132, 138.

zum Kommanditanteil ergangene Rechtsprechung auf einen oHG-Anteil[52] und erkennt man auch die grundsätzliche Funktionsähnlichkeit zwischen der Testamentsvollstreckung und der gemeinschaftlichen Vertretung an, kann es jedenfalls nicht von vorneherein ausgeschlossen sein, dass ein gemeinschaftlicher Vertreter in das Handelsregister einzutragen ist. Zwar kommt es dort – anders als bei der Testamentsvollstreckung – weder zu einer Veränderung der Gesellschafterhaftung noch (mangels einer dem § 2214 BGB vergleichbaren Vorschrift) zu einer Beschränkung des Haftungszugriffs,[53] doch kann es zu einer Änderung der Vertretungsstruktur auf Ebene der oHG kommen, die dann – dem Rechtsgedanken der §§ 107 Var. 5, 106 Abs. 2 Nr. 4 HGB folgend – zu einer Eintragung eines Vertretervermerks zwingen kann.[54] Jedenfalls der unter den Erben auserkorene gesellschaftsinterne gemeinschaftliche Vertreter muss hiernach eingetragen werden.[55] Denn er nimmt über ein entsprechend modifiziertes Verwaltungsgefüge der Erbengemeinschaft die Mitgliedschaftsrechte anstelle der übrigen Erben alleine wahr und damit u.a. auch die aus dem oHG-Anteil resultierende organschaftliche Vertretungsbefugnis gem. § 125 Abs. 1 HGB. Diese vom Normalzustand des Verwaltungsgefüges der Erbengemeinschaft abweichende Verwaltungsordnung hat damit Auswirkungen auf die Vertretungsordnung der oHG, sodass die §§ 107 Var. 5, 106 Abs. 2 Nr. 4 HGB insofern zu der Eintragung des internen gemeinschaftlichen Vertreters zwingen. Die Richtigkeit dieses Ergebnisses lässt sich auch durch einen Lagevergleich zur Außen-GbR als Gesellschafterin einer oHG bestätigen, wo ebenfalls überwiegend eine Offenlegung einer vom gesetzlichen Grundmodell der §§ 709 Abs. 1, 714 BGB abweichenden GbR-Vertretungsordnung im Handelsregister verlangt wird.[56]

Wenn ein Mitgesellschafter oder ein gesellschaftsfremder Dritter die Rolle des gemeinschaftlichen Vertreters einnimmt, zwingen die Vorschriften der §§ 107 Var. 5, 106 Abs. 2 Nr. 4 HGB nur insofern zu einem Vermerk im Handelsregister, als die auf den vererbten oHG-Anteil entfallende organschaftliche Vertretungsmacht der Miterben technisch durch Maßnahmen gem. § 125 Abs. 1 a.E., Abs. 3 HGB ausgeschlossen bzw. modifiziert wird.[57] Der Mitgesellschafter, der zum

---

[52] S. hierzu bereits *§ 9 VII.* S. auch: *v. Proff*, DStR 2018, 415, 418; *Zimmermann*, ZEV 2012, 335, 338 (Handelsgeschäft).

[53] Dies war für BGH, NJW-RR 2012, 730, 731 Rdnr. 19 ein entscheidender Grund für die Zulassung eines Testamentsvollstreckervermerks am Kommanditanteil.

[54] So auch für den Testamentsvollstreckervermerk, vgl. *§ 9 VII. 2.*

[55] *Börner*, AcP 166, 426, 441 verlangt dagegen per se die Eintragung eines gemeinschaftlichen Vertreters.

[56] So LG Berlin, NZG 2003, 580, 581 (Komplementäranteil); *Schmidt*, in: MüKo-HGB, § 105 Rdnr. 100 und 102.

[57] Insoweit gilt nichts anderes als bei dem von der etablierten Ansicht zur einfachen Sondererbfolge entwickelten Modell der gemeinschaftlichen Vertretung, vgl. *Schörnig*, S. 178.

gemeinschaftlichen Vertreter auserkoren ist, braucht jedoch – im Lichte der §§ 107 Var. 5, 106 Abs. 2 Nr. 4 HGB – über seine eigene Gesellschafterstellung hinaus nicht als gemeinschaftlicher Vertreter in das Handelsregister eingetragen zu werden, nimmt er doch seine eigenen organschaftlichen Vertretungsbefugnisse wahr. Auch der gesellschaftsexterne gemeinschaftliche Vertreter ist aus dem Blickwinkel der §§ 107 Var. 5, 106 Abs. 2 Nr. 4 HGB heraus als solcher nicht einzutragen, da er als gesellschaftsfremder Dritter keine eigene organschaftliche, sondern nur eine rechtsgeschäftliche Vertretungsbefugnis wahrnimmt.[58] Seine Eintragungsbedürftigkeit ergibt sich allenfalls unabhängig davon, wenn er die Stellung eines Prokuristen (§ 53 Abs. 1 HGB) oder eines Generalbevollmächtigten[59] einnimmt.

VII. Zwischenergebnis

Mit der obligatorischen Vertreterklausel ist den Mitgesellschaftern ein weiteres Vehikel an die Hand gegeben, um den Unwägbarkeiten einer Erbenmehrheit am oHG-Anteil zu begegnen. Einmal durch die Mehrheit der Miterben bestellt, ist dieser zur Geltendmachung der aus dem oHG-Anteil fließenden Gesellschafterbefugnisse insofern befugt, als diese zum Kreis der ordnungsmäßigen Verwaltung gehören. Eine darüberhinausgehende Befugnis kann dem gemeinschaftlichen Vertreter durch einstimmige Verwaltungsmaßnahme aller Miterben zugewiesen werden. Dann ist er zur vollumfänglichen Ausübung aller Gesellschafterbefugnisse ermächtigt, ohne an die Fesseln des Verwaltungsgefüges der Erbengemeinschaft gebunden zu sein.

[58] S. noch einmal *§ 12 IV*.

[59] *Weidlich*, S. 91.

5. Kapitel

Endergebnis und Ausblick

§ 13 Synoptischer Vergleich von modifiziertem und unmodifiziertem Erbrechtsgefüge sowie Handlungsempfehlungen für einen Systemwechsel

Abschließend soll das vorliegend vertretene Modell der erbrechtlichen Mit- und Fremdverwaltung eines oHG-Anteils mit den von der etablierten Ansicht vertretenen Lösungen verglichen und Handlungsempfehlungen für die Praxis herausgearbeitet werden, durch welche den Ansprüchen der Rechtspraxis nach einer möglichst reibungslosen Übernahme der hier vorgestellten Lösungswege genügt werden könnte.

I. Erbrechtliche Mitverwaltung eines vererbten oHG-Anteils im Vergleich zur Sondererbfolge

Die bei der oHG praktizierte und einseitig zu Gunsten der Sondererben wirkende Sondererbfolge ist überwindbar. Nach dem hier vertretenen alternativen Begründungsansatz rücken nicht etwa der oder die Sondererben beziehungslos nebeneinander in den oHG-Anteil ein, sondern vielmehr geht der oHG-Anteil kraft unmodifizierter Universalsukzession über. Mehrere Erben treten die Rechtsnachfolge also auch in Ansehung vererbter oHG-Anteile wieder so an, wie es das Gesetz in den §§ 1922 Abs. 1, 2032 Abs. 1 BGB vorschreibt, nämlich in gesamthänderischer Verbundenheit als Erbengemeinschaft.

1. Erbrechtliche Haftung

Erbrechtlich haften damit stets alle Miterben für die Gesellschaftsaltverbindlichkeiten als vom Erblasser herrührende Schulden i. S.d. § 1967 Abs. 2 Var. 1 BGB mit den Kräften einer Nachlassverbindlichkeit. Dasselbe gilt für Zwischenneuschulden. Anders als bei der Sondererbfolge[1] ziehen nach der unmodifizierten Universalsukzession in den oHG-Anteil auch die jenseits der Karenzfrist des

---

[1] S. noch einmal *§ 2 II. 2. b)*.

§ 139 Abs. 3 HGB entstehenden Gesellschaftsneuverbindlichkeiten Nachlassverbindlichkeiten nach sich. Dies gilt jedenfalls solange, wie sich die Erben noch nicht über den oHG-Anteil auseinandergesetzt haben.[2] Insofern ergibt sich im Vergleich zur Sondererbfolge ein entscheidender Haftungsvorteil für die Gesellschaftsneugläubiger. Diese werden den Altgläubigern und den Geschäftsgläubigern bei einem Handelsgeschäft gleichgestellt.[3] Dieser Haftungsvorteil ist im Verhältnis zu den übrigen Nachlassgläubigern nicht unbillig, da im hier vertretenen Begründungsmodell sämtliche auf den gesamthänderisch gebundenen oHG-Anteil entfallenden Gewinne gem. § 2041 S. 1 BGB dem Nachlass zugutekommen, sodass diesem spiegelbildlich auch die entsprechenden Lasten aufgebürdet werden können. Wenn die bevorrechtigte Stellung, die den Ausgleichsansprüchen des Erben gem. § 324 Abs. 1 Nr. 1 InsO zukommt, im unternehmerischen Bereich teleologisch reduziert wird, trägt der Nachlass somit nur mehr das Unternehmerrisiko. Gegenüber den gesellschaftsfernen Nachlassaltgläubigern ist dies nicht unbillig, da die Vermögensmasse des Erblassers auch zu dessen Lebzeiten schon dem Unternehmerrisiko ausgesetzt war.[4]

2. Persönliche Haftung

Daneben haftet im hier vertretenen Begründungsmodell jeder Miterbe solidarisch und persönlich für die Gesellschaftsaltverbindlichkeiten gem. §§ 128 S. 1, 130 Abs. 1 HGB und die Gesellschaftsneuverbindlichkeiten gem. § 128 S. 1 HGB.[5] Dies steht im Kontrast zur Sondererbfolge, in der von Anfang an nur die nachfolgeberechtigten Sondererben persönlich haften. Auch insofern ergibt sich für die Gesellschaftsgläubiger nach dem hier vertretenen alternativen Begründungsmodell ein Haftungsvorteil. Auf Seiten der Miterben kann eine gewisse Nachteilhaftigkeit dieser Lösung nicht verleugnet werden. Es gibt im Umfeld der unmodifizierten Universalsukzession in den oHG-Anteil schlicht keine Möglichkeit, die Last der persönlichen Haftung von Anfang an auf die nachfolgeberechtigten Erben zu kanalisieren. Dennoch ist den Miterben das Damoklesschwert der persönlichen Haftung zuzumuten, selbst wenn nicht alle von ihnen nachfolgeberechtigt sind. Immerhin kann jeder Miterbe eine persönliche Haftung durch rechtzeitige Ausübung der Rechte in § 139 Abs. 1, Abs. 2 HGB vermeiden, § 139 Abs. 4 HGB.[6]

---

[2] S. noch einmal *§ 3 III. 4.*

[3] S. noch einmal *§ 3 III. 5.*

[4] S. noch einmal *§ 3 IV.*

[5] S. noch einmal *§ 3 II.* und *III. 1.*

[6] Zu den Rechtsfolgen, s. noch einmal *§ 4.*

3. *Verwaltung des Gesellschaftsanteils unter Beachtung des Verwaltungsgefüges der Erbengemeinschaft*

Bis zur Auseinandersetzung der Erbengemeinschaft wird der Gesellschaftsanteil, nach dem hier vertretenen alternativen Begründungsmodell, unter Beachtung des Gefüges der Erbengemeinschaft verwaltet. Insofern unterscheidet sich die hier vorgestellte gesetzestreue Lösung fundamental von dem gesetzesfremden Modell der Sondererbfolge, in welchem von vorneherein alleine der oder die Sondererben unmittelbar in das Gesellschaftsgefüge eingebunden sind. Eine ungerechtfertigte Besserstellung, v.a. in qualifizierten Nachfolgelagen, wird so vermieden. Das Zusammentreffen von Erbengemeinschaftsgefüge und Gesellschaftsordnung stellt keinen unüberwindbaren Hemmschuh dar, der die Praxis vor der Zulassung der unmodifizierten Universalsukzession am Gesellschaftsanteil zurückschrecken lassen müsste. Nur im Grundsatz sind die Gesellschafterbefugnisse von allen Miterben gemeinschaftlich auszuüben, § 2038 Abs. 1 S. 1 BGB. Die ordnungsmäßige Verwaltung i.S.d. §§ 2038 Abs. 2 S. 1, 745 Abs. 1 BGB kann von der Mehrheit der Erben beschlossen werden. Ist die Maßnahme Ausfluss einer erforderlichen ordnungsmäßigen Verwaltung, führt die in § 2038 Abs. 1 S. 2 Hs. 1 BGB statuierte Mitwirkungspflicht sogar dazu, dass die entsprechende Maßnahme von der überstimmten Miterbenminderheit alleine vorgenommen werden kann.[7]

Hinsichtlich der Verwaltung des oHG-Anteils wird das Verwaltungsgefüge der Erbengemeinschaft unter Treuepflichtgesichtspunkten an das Organisationsgefüge der oHG gekoppelt; die Unterscheidung zwischen ordnungsmäßiger Mehrheits- bzw. Quasieinzelverwaltung und außerordentlicher gemeinschaftlicher Verwaltung auf Ebene der Erbengemeinschaft folgt der Grenzlinie in § 116 Abs. 1, Abs. 2 HGB, wenn die oHG im gesetzlichen Organisationsgefüge organisiert ist.[8]

Wurde der oHG-Anteil gem. § 139 HGB in einen hybriden Personengesellschaftsanteil umgewandelt, hat dies Auswirkungen auf die Verwaltungsstruktur des § 2038 BGB in Ansehung des Gesellschaftsanteils; nur die vollhaftenden Miterbenkomplementäre üben die vollumfängliche Verwaltungsbefugnis aus, während Miterbenkommanditisten allenfalls in den Grenzen der §§ 164, 170 HGB mitwirken und ruhende Miterbengesellschafter überhaupt keine Verwaltungsrechte wahrnehmen.[9] Da sich in qualifizierten Nachfolgekonstellationen die nicht nachfolgeberechtigten Miterben i.d.R. haftungsavers zeigen, wird sich im Regelfall das Ergebnis einstellen, dass nur die nachfolgeberechtigten Erben

---

[7] S. noch einmal *§ 6 II. 3. a)*.

[8] S. noch einmal *§ 6 II. 3. c)*.

[9] S. noch einmal *§ 6 II. 4.*

vollhaftende Miterbenkomplementäre bleiben, während es die Mitgesellschafter durch Verweigerung der Zustimmung in der Hand haben, die haftungsaversen, nicht nachfolgeberechtigten Miterben zur Inaktivierung ihrer Miterbengesellschafterposition gem. § 139 Abs. 2 HGB zu bringen. So wird i.d.R. systemimmanent sichergestellt, dass bereits vor der Auseinandersetzung nur die nachfolgeberechtigten Miterben die auf den vererbten Gesellschaftsanteil entfallenden Gesellschafterbefugnisse wahrnehmen.[10] Damit wird dasselbe Ziel wie mit der von der etablierten Ansicht verfolgten qualifizierten Sondererbfolge erreicht. Wo nicht nachfolgeberechtigte Miterben einmal dem Haftungsdruck widerstehen und ihre Rechte aus § 139 HGB nicht geltend machen, wird der persönliche Haftungsdruck zumindest für eine ausreichende Disziplinierung sorgen und verhindern, dass es auf Ebene der Erbengemeinschaft zu einer gesellschaftsschädlichen Blockade kommt.[11]

4. *Verfügung über die Miterbengesellschafterposition*

Im hier vertretenen alternativen Begründungsmodell kann jeder einzelne Miterbe seinen Erbteil grundsätzlich i. S.d. § 2033 Abs. 1 BGB frei an Dritte übertragen. Damit geht auch die darin enthaltene Miterbengesellschafterposition auf diesen über. Anders als im Modell der Sondererbfolge schlägt die Verfügungssperre der § 105 Abs. 3 HGB, § 719 Abs. 1 Hs. 1 Var. 1 BGB bis zur Auseinandersetzung nicht auf die Miterbengesellschafterposition durch. Dies ist keinesfalls unbillig, weil die Mitgesellschafter, die über eine Vererblichstellung eines oHG-Anteils befinden, nicht nur über die Abbedingung der Erbsperre des § 131 Abs. 3 S. 1 Nr. 1 HGB entscheiden, sondern damit zusammenhängend den oHG-Anteil für den Regelungsrahmen des gesamten Erbrechts – und damit auch für die Vorschrift des § 2033 Abs. 1 BGB – öffnen.[12] Ist dies nicht gewollt, muss eine Nachfolgegestaltung unter Lebenden gewählt werden. Da der Erbteilserwerber jedoch sowohl für die Gesellschaftsalt- als auch die Gesellschaftsneuverbindlichkeiten mit den Kräften einer Nachlassverbindlichkeit sowie persönlich haftet,[13] sind die Interessen der Mitgesellschafter auch innerhalb dieses erbrechtlichen Weges ausreichend gesichert.[14]

---

[10] S. noch einmal *§ 5 I. 1. a)*.
[11] S. noch einmal *§ 6 II. 5. b)*.
[12] S. noch einmal *§ 3 IX. 3. b)*.
[13] S. noch einmal *§ 3 V*.
[14] Zur Haftungsgefahr als Lenkungsinstrument, s. noch einmal *§ 3 IX. 3. e)*.

5. Auseinandersetzung über den Gesellschaftsanteil als zusätzlicher Schritt

Anders als im etablierten Modell der Sondererbfolge steht die persönliche Zuweisung des Gesellschaftsanteils im hier vertretenen System unter dem Vorbehalt einer dahingehenden Auseinandersetzung der Miterben. Der Personengesellschaftsanteil bleibt zunächst Teil des gesamthänderisch gebundenen Vermögens. Der Gesellschaftsanteil und der in ihm verkörperte Aktivwert sind daher zu Gunsten der Nachlassgläubiger geschützt. So sind diese nicht nur vor den Zugriffen der Privatgläubiger der Erben geschützt, § 747 ZPO, sondern auch vor Veräußerungsbestrebungen einzelner Miterben, § 2040 Abs. 1 BGB. Anders als die etablierte Ansicht, die den oHG-Anteil mit der Sondererbfolge von diesen Schutzmechanismen entkoppelt, bedarf es daher keiner komplizierten Folgekorrektur, mit der in Durchbrechung des Grundsatzes des Vorrangs der Stammrechtsverfügung der im Gesellschaftsanteil verkörperte Aktivwert auf dogmatisch kaum befriedigende Weise dem gesamthänderisch gebundenen Nachlassvermögen zugeordnet wird.[15] Auch zu dem von der Rechtsordnung eigentlich nicht vorgesehenen Ergebnis eines überquotal bedachten (qualifizierten) Sondererben kann es im hier vertretenen System nicht kommen.[16] Die nicht nachfolgeberechtigten Miterben sind geschützt, da sie bei einer überquotalen Bedenkung des nachfolgeberechtigten Miterben eine Auseinandersetzung über den Gesellschaftsanteil von einem angemessenen Wertausgleich abhängig machen können und nicht auf einen dem Gesetz eigentlich unbekannten Ausgleichsanspruch angewiesen sind. Die Auseinandersetzung stellt auch keine unzumutbare Benachteiligung der Mitgesellschafter dar. Kommt es auf der Ebene der Erbengemeinschaft zu Verzögerungen bei der Auseinandersetzung über den oHG-Anteil, stellt dies jedenfalls in qualifizierten Nachfolgekonstellationen einen Treuepflichtverstoß der Miterbengesellschafter gegenüber der Gesellschaft dar. In der Folge kann die vererbte Gesellschafterposition seitens der Mitgesellschafter durch Ausschließungsklage gem. §§ 140 Abs. 1, 133 HGB bzw. (soweit vereinbart) durch einen Ausschließungsbeschluss beendet werden.[17]

6. Handlungsempfehlungen für eine praxisgerechte Abkehr von der Sondererbfolge

Der Weg zurück in das gesetzliche System der unmodifizierten Universalsukzession wäre mit einem gewissen Einschnitt für die auf Rechtssicherheit an-

[15] Zum problematischen Rechtszustand bei der Sondererbfolge, s. noch einmal *§ 2 II. 2. a)*.

[16] Zum problematischen Rechtszustand bei der Sondererbfolge, s. noch einmal *§ 2 I. 5.*

[17] S. noch einmal *§ 5 I. 1. b)*.

gewiesene Praxis verbunden. Die Erbengemeinschaft müsste als Verwaltungsordnung im Personengesellschaftsrecht akzeptiert und angemessen integriert werden. Die Rechtspraxis stünde vor einer nicht unerheblichen Rechtsfortbildung, deren Gelingen v.a. in der Verantwortung der obergerichtlichen und höchstrichterlichen Rechtsprechung läge. Selbstverständlich will eine dahingehende Änderung der Rechtspraxis behutsam eingeleitet und vollzogen werden. Insbesondere eine großzügige Auslegung des Beginns der Karenzfrist i.S.d. § 139 Abs. 3 HGB kann in der Übergangszeit helfen, um die gesellschaftsfernen Miterben, die sich im Haftungsmodell der Sondererbfolge keiner persönlichen Haftung ausgesetzt sehen, vor der unerwarteten persönlichen Gesellschafterhaftung des hier vertretenen Modells angemessen zu schützen. Daneben vermag in einer Übergangsphase eine wohlwollende (ergänzende[18]) Auslegung der auf die Sondererbfolge zugeschnittenen Nachfolgeklauseln, ggf. auch deren Umdeutung gem. § 140 BGB, dafür sorgen, eine Abkehr von der Sondererbfolge in oHG-Anteile so schonend wie möglich in der Rechtspraxis zu verankern. Da auch bei der Auslegung von Personengesellschaftsverträgen im Ausgangspunkt der übereinstimmend subjektive Wille der Gesellschafter Beachtung findet,[19] bietet das Rechtsinstitut der (ergänzenden) Auslegung einen starken Hebel, um die noch im Modell der Sondererbfolge verhafteten Zielvorstellungen der Gesellschafter bestmöglich in das Modell der unmodifizierten Universalsukzession zu transportieren. Besonderes Augenmerk muss dabei auf qualifizierte Nachfolgeklauseln gelegt werden. Denn wie bereits gezeigt, führt eine Abkehr von dem Modell der Sondererbfolge zu einem großen Einschnitt, weil solche Klauseln dann bei dem Erbanfall keine Wirkung mehr entfalten können.[20] Die Vorstellungen des noch im Denkmodell der Sondererbfolge verhafteten Rechtskreises bestmöglich in das unmodifizierte Erbrecht zu transportieren, wäre Kernaufgabe der Rechtspraxis. Es wurde gezeigt, dass das unmodifizierte Erbrechtsgefüge hinreichend flexibel ist, sodass mit einer vorausschauenden Nachfolgeplanung die rechtspraktischen Vorzüge der von der Rechtsprechung bisher favorisierten qualifizierten Sondererbfolge angemessen adaptiert werden könnten.[21] Die in dieser Schrift gewonnenen Erkenntnisse und vorgestellten flan-

[18] Zur Zulässigkeit der ergänzenden Vertragsauslegung, vgl. *Schmid*, in: MüKo-HGB, § 105 Rdnr. 152.

[19] *Schäfer*, in: Staub-HGB, § 105 Rdnr. 192f.; *Lieder*, in: Oetker-HGB, § 105 Rdnr. 97; *Wertenbruch*, in: E/B/J/S-HGB, § 105 Rdnr. 92.

[20] S. noch einmal *§ 3 XIII.*

[21] Zu den bereits aus dem Kriterium des Haftungsdrucks ableitbaren systemimmanenten Qualifizierungsbestrebungen der Miterben, vgl. bereits *§ 5 I. 1. a).* Zu den weiteren flankierenden Möglichkeiten für die Nachlassbeteiligten, vgl. bereits *§ 5 I. 1. b) – d).* Zu den Möglichkeiten einer Konzentration der gemeinschaftlichen Mitverwaltung, s. *§§ 11* und *12.*

kierenden Regelungen verstehen sich insofern als Fundament, auf das die reformwillige Rechtspraxis bei der (ergänzenden) Auslegung von qualifizierten Nachfolgeklauseln zurückgreifen könnte. Durch eine großzügige (ergänzende) Auslegung oder Umdeutung der entsprechenden Nachfolgeklauseln könnte so in der Übergangsphase ein Nachfolgemechanismus etabliert werden, welcher das rechtspraktische Bedürfnis nach einer Steuerung der Nachfolgestellung mit dem von Gesetzes wegen gem. §§ 1922 Abs. 1, 2032 ff. BGB vorgegebenen Erbengemeinschaftsgefüge auch dort versöhnt, wo die entsprechenden Gesellschaftsverträge noch nicht auf die Abkehr vom Modell der Sondererbfolge angepasst sind. Wo das hier vertretene Modell nicht schon systemimmanent durch den damit verbundenen Haftungsdruck zu angemessenen Ergebnissen führt, könnte den heute gebräuchlichen qualifizierten Nachfolgeklauseln im hier vertretenen alternativen Begründungsmodell, je nach Lage des konkreten Einzelfalls, eine obligatorische Vertreterklausel zu Gunsten des entsprechenden Nachfolgers, eine auflösend bedingte Vererblichstellung oder zumindest ein erleichterter Ausschluss der zerstrittenen Miterben (etwa durch Abbedingung der Ausschließungsklage gem. § 140 HGB zu Gunsten eines Ausschließungsbeschlusses) entnommen werden. In den letzteren beiden Fällen wäre die Klausel freilich ggf. zusätzlich in eine Eintrittsklausel umzudeuten, um dem nachfolgeberechtigten Miterben bei Scheitern der erbrechtlichen Nachfolge zu ermöglichen, gegen Einbringung des ggf. beschränkten Abfindungsanspruchs in die Gesellschafterposition einzurücken.[22] Die hier dargelegten kautelarjuristischen Institute würden sich bei einer Abkehr vom Modell der Sondererbfolge wohl schnell etablieren und sich insoweit nach und nach auch in der Vertragsgestaltung zeigen, sodass die für die Übergangszeit gebotene großzügige Auslegung der Nachfolgeklauseln dann wieder maßvoll zurückgenommen werden könnte. Die einmal an die unmodifizierte Universalsukzession in oHG-Anteile gewöhnte Rechtspraxis könnte mit dieser Rechtsfigur praxisgerecht arbeiten. Der hierdurch gewonnene Vorteil einer am Gesetz ausgerichteten Nachfolge in oHG-Anteile und die damit verbundene Vermeidung der strukturellen Defizite, die die Sondererbfolge zwangsläufig mit sich bringt,[23] sollten – neben den sonstigen für die Rechtspraxis nicht uninteressanten Vorteilen[24] – als angemessener Lohn für den Verzicht auf die Figur der Sondererbfolge betrachtet werden.

---

[22] S. noch einmal *§ 5 I. 1. e)*.

[23] S. noch einmal *§ 2 I.* und *II.*

[24] S. noch einmal *§ 7*.

II. Vollumfängliche erbrechtliche Fremdverwaltung eines vererbten oHG-Anteils im Vergleich zur etablierten Ansicht

Nach dem Rechtsverständnis der etablierten Ansicht verhindern letztlich die Verwaltungsordnungen der einzelnen Formen erbrechtlicher Fremdverwaltung eine auf den vererbten oHG-Anteil entfallende persönliche Haftung. Nach dem hier vertretenen Lösungsansatz kann hingegen sichergestellt werden, dass auf den unter erbrechtlicher Fremdverwaltung stehenden oHG-Anteil stets auch eine persönliche Haftung entfällt. So kann der Vorbehalt der Haftungsinkompatibilität überwunden werden. Für die im Außenverhältnis alleine durch die Mitgesellschafter begründeten Gesellschaftsverbindlichkeiten haftet der Gesellschafter-Erbe persönlich aus § 128 S. 1 HGB, selbst wenn der Testamentsvollstrecker bei der internen Willensbildung beteiligt wurde. Denn hier realisiert sich nicht das spezifische Risiko der Fremdverwaltung, vor der die Beschränkung der Haftung schützen möchte.[25] Erst wenn der erbrechtliche Fremdverwalter als Gesellschaftsrepräsentant im Außenverhältnis auf rechtsgeschäftlichem oder nichtrechtsgeschäftlichem Wege Gesellschaftsverbindlichkeiten begründet, kommt es zu einer Haftungslücke.[26] Sie kann, in Ansehung der vom erbrechtlichen Fremdverwalter eingegangenen rechtsgeschäftlichen Gesellschaftsverbindlichkeiten, durch Übertragung der aus der Vorgesellschaft bekannten Handelndenhaftung, wie sie etwa in § 11 Abs. 2 GmbHG, § 41 Abs. 1 S. 2 AktG kodifiziert ist, ausgeglichen werden.[27] Hierdurch wird erreicht, dass der handelnde erbrechtliche Fremdverwalter anstelle des Gesellschafter-Erben für die von ihm begründete Gesellschaftsverbindlichkeit persönlich haftet.[28] Die Handelndenhaftung ist nach der überzeugenden Ansicht *Schwabs* nicht auf den rechtsgeschäftlichen Bereich beschränkt, da auch Gesellschaftsgläubiger einer nichtrechtsgeschäftlichen Gesellschaftsforderung vor den von der haftungsrechtlichen Regellage abweichenden Vorgesellschaften geschützt werden müssen.[29] Daher ermöglicht auch die auf das Haftungsgefüge der oHG übertragene Handelndenhaftung eine persönliche Haftung des jeweiligen erbrechtlichen Fremdverwalters für die von ihm begründeten nichtrechtsgeschäftlichen Gesellschaftsverbindlichkeiten.

---

[25] S. hierzu noch einmal *§ 9 IV*.

[26] S. hierzu noch einmal *§ 9 II. 1., III. 1.* und *§ 10 I. 3, II. 3, III. 3.*

[27] Zu den Gründen für eine Übertragung der Handelndenhaftung, s. noch einmal *§ 9 II. 3. b) bb)*.

[28] S. hierzu noch einmal *§ 9 II. 5*; *§ 10 I. 3., II. 3., III. 3.*

[29] S. hierzu noch einmal *§ 9 III. 2. a) bb)* und *b) cc)*.

1. Reichweite der erbrechtlichen Fremdverwaltung

Anders als die derzeitige etablierte Ansicht, die eine erbrechtliche Fremdverwaltung des oHG-Anteils nur beschränkt zulässt und insofern mit Rechtsunsicherheiten zu kämpfen hat, die die Rechtspraxis kaum jemals befriedigen wird,[30] kann das hier vertretene Modell einer Fremdverwaltung mit einer für die Rechtspraxis klaren Struktur punkten. Eine positive Entscheidung auf Ebene der Gesellschaft vorausgesetzt, ist eine unbeschränkte erbrechtliche Fremdverwaltung des oHG-Anteils zulässig, die dem Fremdverwalter letztlich bis in den mittlerweile von Aberkennung bedrohten Kernbereich hinein umfassende Kompetenzen zubilligt. Die diffuse Differenzierung zwischen der „*Innen-*" und der „*Außenseite*" der Beteiligung bzw. die kaum unterscheidbare Trennung von mitgliedschaftlichen und vermögensrechtlichen Gesellschafterbefugnissen kann unterbleiben.

Dies gilt nicht nur für die Testamentsvollstreckung, sondern i.d.R. auch für die Nachlassverwaltung und Nachlasspflegschaft. Auch i.R.d. Nachlassinsolvenzverwaltung ist eine vollumfängliche Verwaltungsbefugnis zumindest denkbar. Denn der von der Rechtsprechung zur Nachlass(insolvenz)verwaltung aufgestellte funktionsorientierte Vorbehalt, wonach es die Hauptaufgabe des Nachlass(insolvenz)verwalters sei, den Nachlass zur Befriedigung der Nachlassgläubiger zu verwenden,[31] ist in dieser Pauschalität nicht anzuerkennen. So wird insbesondere bei der Nachlassverwaltung regelmäßig kein Bedürfnis bestehen, die oHG-Beteiligung durch eine privilegierte Kündigung gem. § 135 HGB analog zu kommerzialisieren.[32] Im Falle einer Nachlassinsolvenzverwaltung ist dieses Regel-Ausnahme-Verhältnis zwar umzukehren, doch auch hier ist eine einstweilige Verwaltung des oHG-Anteils, etwa. i.R. eines Insolvenzplans, denkbar. In diesen Fällen kann sich auch i.R.d. Nachlassinsolvenzverwaltung ausnahmsweise das Interesse ergeben, die Gesellschafterbefugnisse einstweilen vom Nachlassinsolvenzverwalter ausüben zu lassen.[33] Der Nachlasspfleger hat ähnlich wie der Testamentsvollstrecker das Bedürfnis, im Interesse des Erben, die Gesellschafterbefugnisse möglichst vollumfänglich fortzuführen. Er ist lediglich zu größerer Vorsicht angehalten, da er sein Handeln am bloßen Sicherungszweck der Nachlasspflegschaft auszurichten hat.[34]

---

[30] S. hierzu noch einmal *§ 2 III 3. a) ee).*

[31] S. noch einmal *§ 2 III. 3. b) bb).*

[32] S. hierzu noch einmal *§ 10 I. 2.*

[33] S. hierzu noch einmal *§ 10 III. 2.*

[34] S. hierzu noch einmal *§ 10 II. 1.* und *2.*

2. *Handlungsempfehlungen für eine praxisgerechte Implementierung einer vollumfänglichen erbrechtlichen Fremdverwaltung des oHG-Anteils*

Anders als die hier ausgearbeitete erbrechtliche Mitverwaltung eines oHG-Anteils in Form der Erbengemeinschaft stellt das hier entwickelte Begründungsmodell einer unbeschränkten erbrechtlichen Fremdverwaltung des oHG-Anteils die Rechtspraxis bei Neufällen schon deshalb nicht vor allzu große Herausforderungen, weil dieses Modell nicht alternativ an die Stelle des Lösungswegs der etablierten Ansicht tritt, sondern kumulativ einen weiteren Weg für eine erbrechtliche Gestaltung ermöglicht. Dies erleichtert der Rechtspraxis eine Implementierung in das Rechtsgefüge.

a) Testamentsvollstreckung

Würde die Rechtspraxis etwa die hier erarbeitete vollumfängliche Testamentsvollstreckung anerkennen, hätte der Erblasser – eine entsprechende Gestattung im Gesellschaftsvertrag vorausgesetzt – fortan die Wahl, ob er sich mit der von der etablierten Ansicht bereits heute anerkannten Testamentsvollstreckung mit beaufsichtigender Funktion zufrieden gibt oder ob er eine vollumfängliche Testamentsvollstreckung angeordnet wissen will. In beiden Fällen trüge der Gesellschafter-Erbe die Last der persönlichen Haftung für die von den Mitgesellschaftern begründeten Gesellschaftsverbindlichkeiten. Entscheidet sich der Erblasser für eine vollumfängliche Testamentsvollstreckung, muss er freilich die persönliche Handelndenhaftung des Testamentsvollstreckers einkalkulieren, die den Testamentsvollstrecker zur Ablehnung des ihm zugedachten Amtes bewegen könnte. Wie bereits gesehen, lässt sich diese Gefahr jedoch durch eine vorausschauende Regelung der Vergütung und des Auslagenersatzes, insbesondere zum Zweck der Finanzierung einer entsprechenden Versicherung, minimieren.[35] Problematisch bleiben allenfalls die Altfälle, also diejenigen Verfügungen von Todes wegen, die noch im Lichte des bisher etablierten Rechtsstands aufgesetzt wurden, oder diejenigen Neufälle, die – aus Unkenntnis oder Mangel an Sorgfalt – nicht hinreichend spezifizieren, welche der beiden möglichen Formen von Testamentsvollstreckung gewollt ist, bzw. keine Bestimmungen zum Vergütungs- und Auslagenersatz enthalten. Doch auch hier hat die Rechtspraxis die Möglichkeit, in der Übergangszeit durch eine großzügige Auslegung der entsprechenden Verfügung von Todes wegen zu angemessenen Ergebnissen zu kommen. Eine Grenze der Auslegung bildet lediglich die Formbedürftigkeit der Verfügung von Todes wegen (§§ 2231, 2267, 2276 BGB), die

---

[35] S. noch einmal *§ 9 X.*

es erforderlich macht, dass sich das Auslegungsergebnis in der entsprechenden Verfügung von Todes wegen zumindest andeutet.[36] Es ist grundsätzlich anhand des wahren Erblasserwillens (§ 133 BGB),[37] bei vertragsmäßigen Verfügungen in Erbverträgen und wechselbezüglichen Verfügungen in gemeinschaftlichen Testamenten jedoch entsprechend objektiviert anhand des individuellen Empfängerhorizonts des Vertragspartners bzw. Ehegatten,[38] zu ermitteln, welche Form der Testamentsvollstreckung gewollt ist. Ein Indiz können etwa die persönlichen Eigenschaften des Nachfolgers, die besondere Struktur der Gesellschaft oder auch die Person des Testamentsvollstreckers sein. Ist dieser etwa bereits Gesellschafter, verfügt er über eine besondere geschäftliche Expertise, die ihn auch zur Wahrnehmung der Mitgliedschaftsbefugnisse qualifiziert. Daneben unterliegt er bereits kraft seiner Gesellschafterstellung einer persönlichen Haftung, sodass die mit einer vollumfänglichen Testamentsvollstreckung verbundene Handelndenhaftung keine weitere Bürde darstellt. In diesen Fällen dürfte daher i.d.R. eine vollumfängliche Testamentsvollstreckung gewollt sein.[39] Wird ein Nichtgesellschafter zum Testamentsvollstrecker gekürt und stellt die Übernahme der persönlichen Handelndenhaftung damit eine zusätzliche Bürde dar, besteht ebenfalls kein Grund, eine vollumfängliche Testamentsvollstreckung ohne flankierende Anordnungen mit Blick auf die persönliche Handelndenhaftung von vorneherein als praxisuntauglich abzulehnen. Die Bürde der persönlichen Haftung verringert sich bereits, wenn man berücksichtigt, dass der persönlich in Anspruch genommene Testamentsvollstrecker gegenüber den Mitgesellschaftern und dem Nachlass Regress nehmen kann.[40] Nur das Risiko eines Ausfalls dieser Regresswege ist letztlich die eigentliche Bürde, die der Testamentsvollstrecker nach dem hier vertretenen Modell zusätzlich zu tragen hat. Dieses Risiko kann der Testamentsvollstrecker jedoch versichern. Wenn die dem Testamentsvollstrecker zustehende Vergütung keine Haftungsprämie enthält, hat der Testamentsvollstrecker über §§ 2218 Abs. 1, 670 BGB die Möglichkeit, die verauslagten Kosten für eine Versicherung des persönlichen Haftungsrisikos aus dem Nachlass zu entnehmen.[41] Die für die Pflegschaft und die Nachlassinsolvenzverwaltung geltenden Vorschriften der § 1835 Abs. 2 S. 1 Hs. 1 Var. 2 BGB,

---

[36] Zur Andeutungstheorie und der bisweilen wenig sorgfältigen Beachtung in der Rechtsprechung, vgl. *Litzenburger*, in: BeckOK-BGB, § 2084 Rdnr. 20f.

[37] *Czubayko*, in: Burandt/Rojahn-ErbR, § 2084 Rdnr. 3.

[38] *Leipold*, in: MüKo-BGB, § 2084 Rdnr. 56ff.

[39] Zur Einsetzung eines Gesellschafters als Testamentsvollstrecker, s. bereits *§ 2 III. 3. a) ff) (2)*.

[40] S. hierzu noch einmal *§ 9 II. 4.*

[41] Zur Versicherungsprämie als erforderlicher Aufwendung, vgl. *Tolksdorf*, in: BeckOGK-ZR, § 2218 Rdnr. 93 und § 2221 Rdnr. 82. Zum Entnahmerecht des Testamentsvollstreckers, vgl. *Lange*, in: BeckOK-BGB, § 2218 Rdnr. 20.

§§ 63 Abs. 1 S. 1 Var. 2, 65 InsO, § 4 Abs. 3 S. 2 InsVV zeigen, dass ein angemessener Versicherungsschutz vor Haftungsgefahren, die mit der Führung der jeweiligen Fremdverwaltung verbunden sind, zu den umlagefähigen Auslagen gehört. Soweit der Erblasser keine Regelungen zur Vergütung getroffen hat, kann daneben gerichtlicherseits, auf entsprechenden Antrag des Testamentsvollstreckers hin, eine angemessene Vergütung festgesetzt werden, vgl. § 2221 BGB. Wenn die Rechtspraxis hierfür Kriterien herausarbeitet, um den Mehraufwand eines Testamentsvollstreckers, der dazu berufen ist, die oHG-Gesellschafterposition vollumfänglich zu verwalten, entsprechend zu vergüten, schafft dies zusätzliche Anreize für die Übernahme des Amtes.[42]

b) Andere Formen erbrechtlicher Fremdverwaltung

Die Gestaltung der Übergangsphase im Umfeld der Nachlass(insolvenz)verwaltung und der Nachlasspflegschaft gestaltet sich i.E. ähnlich. Anders als bei der Testamentsvollstreckung entfällt dort jedoch für gewöhnlich die Auslegung entsprechender Anordnungen in der Verfügung von Todes wegen oder dem Gesellschaftsvertrag. Sollte es zu einem Umschwenken in der Rechtspraxis kommen, würde im Falle der Nachlass(insolvenz)verwaltung über die Zulassung einer unbeschränkten Fremdverwaltung i.d.R. anlassbezogen auf Ebene der Gesellschaft entschieden werden.[43] Nur bei einer positiven Entscheidung hat das Nachlassgericht die Möglichkeit, eine vollumfängliche Nachlass(insolvenz)verwaltung anzuordnen. Da im Fall der Nachlasspflegschaft ein Ausschluss der Fremdverwaltung schon gar nicht möglich ist, hat das Nachlassgericht dort freie Hand.[44] Auch für diese Formen von erbrechtlicher Fremdverwaltung muss zwar die zusätzliche Bürde der persönlichen Handelndenhaftung – vor dem Hintergrund der Regressrisiken – für beachtlich erklärt werden, jedoch können die rechtspraktischen Bedenken genauso wie bei der Testamentsvollstreckung zerstreut werden. Der Ersatz der Kosten, die für eine dieses Risiko abdeckende Versicherung aufgewendet werden müssen, lässt sich auch für diese Formen der erbrechtlichen Fremdverwaltung aus dem geltenden Recht herleiten. Für den Nachlassinsolvenzverwalter kann hierbei auf §§ 63 Abs. 1 S. 1 Var. 2, 65 InsO, § 4 Abs. 3 S. 2 InsVV als gesetzliche Grundlage rekurriert werden, die eine den

[42] Zur Bemessung der Vergütung wird man sich dabei an den Richtwerten orientieren können, die allgemein diskutiert werden, wenn der Testamentsvollstrecker eine unternehmerische Tätigkeit auszuüben hat, vgl. etwa: *Lange*, in: BeckOK-BGB, § 2221 Rdnr. 16; *Zimmermann*, in: MüKo-BGB, § 2221 Rdnr. 14. Für eine Gewinnbeteiligung bei Mittragung des unternehmerischen Risikos, vgl.: BGH, DNotZ 1964, 168, 171; OLG Hamburg, MDR 1959, 761.

[43] S. hierzu noch einmal *§ 10 I. 1.*

[44] S. hierzu noch einmal *§ 10 II. 1.*

Umständen nach erforderliche zusätzliche Haftpflichtversicherung zu den ersatzfähigen und (die Zustimmung des Insolvenzgerichts vorausgesetzt) vorschusspflichtigen (§ 9 InsVV) Auslagen zählt. Für Nachlassverwalter und Nachlasspfleger kann auf §§ 1915 Abs. 1 S. 1, 1835 Abs. 1 S. 1, 670 BGB zurückgegriffen werden, wobei § 669 BGB auch hier die Einräumung eines Vorschusses ermöglicht. Die Vorschrift des § 1835 Abs. 2 S. 1 Hs. 1 Var. 2 BGB zeigt, dass auch die verauslagten Kosten für eine entsprechende Versicherung des persönlichen Haftungsrisikos des Nachlassverwalters bzw. Nachlasspflegers hierunter zu fassen sind.[45]

Zusätzliche Anreize zur Etablierung der vollumfänglichen Nachlass(insolvenz)verwaltung und Nachlasspflegschaft könnte gerichtlicherseits auf vergütungsrechtlicher Ebene geschaffen werden, wenn die zusätzlichen Aufgaben einer vollumfänglichen Fremdverwaltung eines oHG-Anteils angemessen entlohnt würden. Die gesetzlichen Grundlagen sind jedenfalls vorhanden. Für die Vergütung des Nachlassinsolvenzverwalters gelten die Maßstäbe der §§ 63 Abs. 1 S. 1 Var. 1, 65 InsO, § 1 ff. InsVV.[46] Eine gewinnträchtige Unternehmensfortführung wird meist über die damit verbundene Massevergrößerung gem. § 1 Abs. 2 Nr. 4 lit. b InsVV vergütet. I.Ü. kann ein Vergütungszuschlag über § 3 Abs. 1 lit. b InsVV gerechtfertigt sein. Für die Vergütung der Nachlassverwalter existiert die gesetzliche Grundlage in § 1987 BGB. Die in § 1915 Abs. 1 S. 2 BGB i. V. m. § 3 Abs. 1 VBVG für Pflegschaften niedergelegte Entscheidung für eine Vergütung in Form eines Stundenhonorars, welches nach Maßgabe der Fachkenntnisse des Pflegers sowie dem Umfang und der Schwierigkeit der Pflegschaftsgeschäfte zu ermitteln ist, kann zur Konkretisierung des Vergütungsanspruchs auf die Nachlassverwaltung übertragen werden.[47] Dies schafft Raum für die Gewährung eines Vergütungszuschlags zu Gunsten eines Nachlassverwalters, der einen oHG-Anteil vollumfänglich verwaltet. Auch Nachlasspfleger werden i.d.R. eine entsprechende Vergütung verlangen können. Zwar ist eine Vergütung der Nachlasspfleger grundsätzlich nicht vorgesehen, §§ 1915 Abs. 1 S. 1, 1836 Abs. 1 S. 1 BGB. Jedoch dürfte die Verwaltung eines Nachlasses, in dem sich ein oHG-Anteil befindet, i.d.R. mit einem überdurchschnittlichen Verwaltungsaufwand verbunden sein, der 20 Wochenstunden überschreitet. Damit

[45] Zur Anwendung des § 1835 Abs. 2 S. 1 BGB i.R.d. Nachlassverwaltung, vgl. *Herzog*, in: BeckOGK-ZR, § 1987 Rdnr. 32.3.

[46] Hinsichtlich der Vergütung der Nachlassinsolvenzverwalter bestehen grundsätzlich keine Besonderheiten, vgl. auch: *Stephan*, in: MüKo-InsO, § 63 Rdnr. 22; OLG Zweibrücken, NZI 2001, 209.

[47] Freilich ohne Bindung an die in § 3 Abs. 1 VBVG niedergelegten Zeitstundensätze und sonstige Vorschriften des VBVG, vgl.: BGH, NJW 2018, 2960, 2961 Rdnr. 12 f. und 23; *Küpper*, in: MüKo-BGB, § 1987 Rdnr. 2.

ist gem. §§ 1915 Abs. 1 S. 1, 1836 Abs. 1 S. 3 BGB i. V. m. § 1 Abs. 1 S. 2 Nr. 2 VBVG regelmäßig von einer berufsmäßigen Nachlasspflegschaft auszugehen, deren Vergütung sich nur bei einem mittellosen Nachlass i. S.d. § 1836d BGB über §§ 1915 Abs. 1 S. 1, 1836 Abs. 1 S. 3 BGB nach Maßgabe des VBVG richtet, im Übrigen jedoch gem. § 1915 Abs. 1 S. 2 BGB nach Umfang und Schwierigkeit der Pflegschaftsgeschäfte zu berechnen ist.[48] Damit ist auch bei der Nachlasspflegschaft ein Spielraum eröffnet, die Vergütung mit Blick auf die vollumfängliche Verwaltung des oHG-Anteils angemessen zu bestimmen.[49]

c) Zwischenergebnis

Die Zulassung einer vollumfänglichen Fremdverwaltung des oHG-Anteils stellt für die Rechtspraxis keine unüberwindbare Schwierigkeit dar. Über die Vergütungs- und Auslagenebene kann ein Anreiz zur Übernahme der vollumfänglichen Verwaltungsaufgaben geschaffen werden. Die Handelndenhaftung, der sich erbrechtliche Fremdverwalter des oHG-Anteils ausgesetzt sehen, ist keine Bürde, welche die hier vorgestellte Lösung in der Rechtspraxis zum Scheitern verurteilen würde. Es ist davon auszugehen, dass die Versicherungswirtschaft zur Absicherung des Risikos, welches jenseits der möglichen Regressansprüche für Fremdverwalter verbleibt, in absehbarer Zeit entsprechende Versicherungsprodukte bereitstellen würde.

---

48 *Heinemann*, in: BeckOGK-ZR, § 1960 Rdnr. 177.

49 Dabei wird zu berücksichtigen sein, dass dem entgeltlich tätigen Nachlasspfleger gem. §§ 1915 Abs. 1 S. 1, 1835 Abs. 2 S. 2 BGB kein Aufwendungsersatzanspruch zur Bestreitung der Versicherungskosten zusteht, *Heinemann*, in: BeckOGK-ZR, § 1960 Rdnr. 193, sodass diese Kosten in die Vergütung miteinzubeziehen sind.

§ 14 Ausblick

Was die Zulassung der erbrechtlichen Mitverwaltung in Form der Erbengemeinschaft am vererbten oHG-Anteil angeht, liegt die etablierte Ansicht in diesem Bereich leider in einem kaum veränderlichen Ruhefeld. Trotz der in *§ 2* ausgemachten Entwicklung zurück in das unmodifizierte Erbrechtsgefüge ist bisher nicht zu erwarten, dass die Rechtsfigur der Sondererbfolge in oHG-Anteile von Rechtsprechung und Lehre gänzlich aufgegeben wird. Die nötigen Vorarbeiten, die nach der vorgelegten Darstellung hierzu angestoßen werden müssten, sind bisher in der etablierten Ansicht nicht bewältigt. So bedarf es einer gänzlichen Neubewertung der Rechtsfigur der nichtrechtsfähigen Gesamthand – weg von der Vorstellung einer ungeteilten Gesamtberechtigung und hin zu der Erkenntnis, dass es sich hierbei nur um eine besondere Form idealgeteilter Mitberechtigung handelt. Ferner müsste man sich der Idee eines Normenverständnisses zu § 139 HGB öffnen, das nicht in einem völligen Widerspruch zur gesamthänderischen Struktur steht. Die Erkenntnis, dass ein oHG-Anteil nicht nur in gesamthänderischer Verbundenheit gehalten werden kann, sondern in diesem Zustand auch im Stande ist, relativ, d. h. im Verhältnis zu den einzelnen Gesamthändern, unterschiedliche Gestalten anzunehmen, ist hierfür unabdingbar. Schlussendlich bedarf es einer konsequenten Fortentwicklung des Verwaltungsgefüges der Erbengemeinschaft, sodass dieses im unternehmerischen Bereich brauchbare Ergebnisse liefert. Jedenfalls für letzteren Punkt kann auf umfassende Überlegungen aus dem Bereich des Kapitalgesellschaftsrechts und des einzelkaufmännischen Handelsgeschäfts zurückgegriffen werden. Auch die hier angestellten Überlegungen sollen ein zusätzlicher Beitrag sein. Es bleibt zu hoffen, dass in diesem Bereich der Diskussionsfaden wieder aufgenommen wird, um die tiefgreifend verwurzelten Vorbehalte abzubauen, welche die etablierte Ansicht gegen eine Mitverwaltung des oHG-Anteils durch einen Kreis zufällig und zwangsweise zusammenkommender Erben hegt.

Hinsichtlich der erbrechtlichen Fremdverwaltung eines oHG-Anteils bleibt zu hoffen, dass der unbefriedigende Zwischenzustand, in dem sich die Rechtsentwicklung derzeit befindet, baldmöglichst überwunden wird. Das Bedürfnis hiernach ist ungebrochen; allen voran zur Testamentsvollstreckung am oHG-Anteil sind auch in der Literatur der zweiten Hälfte der 1980er Jahre sowie der ersten

Hälfte der 1990er Jahre von namhaften Seiten immer wieder Vorschläge zur Einebnung des Haftungskonflikts gemacht worden, die auch in der aktuellen Kommentarliteratur bisweilen Eingang gefunden haben. Letztlich bleibt jedoch zu hoffen, dass die etablierte Ansicht hierbei nicht den Weg einer Testamentsvollstreckung am oHG-Anteil geht, bei der auf die vererbte Gesellschafterposition nur mehr eine auf die Kräfte einer Nachlassverbindlichkeit denaturierte Gesellschafterhaftung entfällt. Das hier vertretene Modell eines Testamentsvollstreckers, der für sein eigenes Wirken in der oHG der persönlichen Handelndenhaftung unterliegt, versteht sich als ein Gegenentwurf hierzu. Mit diesem soll der Weg zu einer vollumfänglichen Testamentsvollstreckung am oHG-Anteil geebnet werden, die nicht mit den immer noch aktuellen haftungsrechtlichen Wertungsprinzipien des allgemeinen Handelsrechts brechen muss. Eine Ausdehnung auf andere Formen erbrechtlicher Fremdverwaltung ist dann nur die logische Fortführung dieses Gedankens.

Literaturverzeichnis

Altmeppen, Holger, Der Rechtsschein bei Firmenfortführung, in: Festschrift für Klaus J. Hopt zum 70. Geburtstag am 24. August 2010, Band 1, herausgegeben von Grundmann, Stefan/Haar, Brigitte/Merkt, Hanno/Mülbert, Peter O./Wellenhofer, Marina/Baum, Harald/Hein v., Jan/Hippel v., Thomas/Pistor, Katharina/Roth, Markus/Schweitzer, Heike, Berlin/New York 2010, S. 305–320 (zitiert: FS Hopt I).

ders., Kernbereichslehre, Bestimmtheitsgrundsatz und Vertragsfreiheit in der Personengesellschaft, NJW 2015, S. 2065–2071.

ders./Roth, Günter H., Gesetz betreffend die Gesellschaften mit beschränkter Haftung – Kommentar, 9. Auflage, München 2019 (zitiert: *Bearbeiter*, in: Roth/Altmeppen-GmbHG).

Arnold, Anne Maria, Die erbrechtliche Nachfolge in der Partnerschaftsgesellschaft – unter besonderer Berücksichtigung berufsrechtlicher Implikationen, Frankfurt a. M./Berlin/Bern/Bruxelles/New York/Oxford/Wien 2006 (zitiert: *Arnold*).

Ascheid, Reiner/Preis, Ulrich/Schmidt, Ingrid (Hrsg.), Kündigungsrecht – Großkommentar zum gesamten Recht der Beendigung von Arbeitsverhältnissen, 5. Auflage, München 2017 (zitiert: *Bearbeiter*, in: A/P/S-KündigungsR).

Ascheuer, Annette, Der Anteil des Gesamthänders am Gesamthandsvermögen, Berlin 1992 (zitiert: *Ascheuer*).

Baur, Fritz, Der Testamentsvollstrecker als Unternehmer, in: Vom Deutschen zum Europäischen Recht, Festschrift für Hans Dölle, Band I, herausgegeben von Caemmerer v., Ernst/Nikisch, Arthur/Zweigert, Konrad, Tübingen 1963, S. 249–271 (zitiert: FS Dölle I).

Ballerstedt, Kurt, Zur Haftung für culpa in contrahendo bei Geschäftsabschluss durch Stellvertreter, AcP 151, S. 501–531.

Bartsch, Carolin, Der (unternehmens-)verwaltende Testamentsvollstrecker und seine Haftung, Baden-Baden 2010 (zitiert: *Bartsch*).

Baumbach, Adolf (Begr.)/*Hopt, Klaus* (Fortg.), Handelsgesetzbuch mit GmbH & Co., Handelsklauseln, Bank- und Kapitalmarktrecht, Transportrecht (ohne Seerecht), 38. Auflage, München 2018 (zitiert: *Bearbeiter*, in: Baumbach/Hopt-HGB).

Baumbach, Adolf (Begr.)/*Hueck, Alfred* (Fortg.), Gesetz betreffend die Gesellschaften mit beschränkter Haftung, 22. Auflage, München 2019 (zitiert: *Bearbeiter*, in: Baumbach/Hueck-GmbHG).

Bayer, Walter/Sarakinis, Niovy, Der gemeinschaftliche Vertreter der Erbengemeinschaft im Aktienrecht, NZG 2018, S. 561–571.

Beck'scher Online-Kommentar zum Bürgerlichen Gesetzbuch, 51. Edition 1.8.2019, herausgegeben von Bamberger, Heinz Georg/Roth, Herbert/Hau, Wolfgang/Poseck, Roman, München 2019 (zitiert: *Bearbeiter*, in: BeckOK-BGB).

Beck'scher Online-Kommentar zum GmbHG, 40. Edition 1.8.2019, herausgegeben von Jaeger Carsten/Ziemons, Hildegard/Pöschke, Moritz, München 2019 (zitiert: *Bearbeiter*, in: BeckOK-GmbHG).

Beck'scher Online-Kommentar zum Handelsgesetzbuch, 26. Edition 15.07.2019, herausgegeben von Häublein, Martin/Hoffmann-Theinert, Roland, München 2019 (zitiert: *Bearbeiter*, in: BeckOK-HGB).

Beck'scher Online-Kommentar zur Insolvenzordnung, 15. Edition 25.07.2019, herausgegeben von Fridgen, Alexander/Geiwitz, Arndt/Göpfert, Burkhard, München 2019 (zitiert: *Bearbeiter*, in: BeckOK-InsO).

beck-online.Großkommentar Zivilrecht, herausgegeben von Gsell, Beate/Krüger, Wolfgang/Lorenz, Stephan/Reymann, Christoph, München 2019 (zitiert: *Bearbeiter*, in: BeckOGK-ZR).

Bengel, Manfred/Reimann, Wolfgang (Hrsg.), Handbuch der Testamentsvollstreckung, 6. Auflage, München 2017 (zitiert: *Bearbeiter*, in: Bengel/Reimann-Testamentsvollstreckung).

Beuthien, Volker/Wolff, Reinmar/Schöpflin, Martin, Genossenschaftsgesetz, 16. Auflage, München 2018 (zitiert: *Bearbeiter*, in: Beuthien-GenG).

Binder, Julius, Die Rechtsstellung des Erben nach dem deutschen bürgerlichen Gesetzbuch, III. Teil, Leipzig 1905 (zitiert: *Binder*, Rechtsstellung III).

Bittner, Claudia, Die Einrede der beschränkten Haftung auf das Volljährigkeitsvermögen aus § 1629a BGB, FamRZ 2000, S. 325–334.

Bletz, Ralf Dieter, Die Mitgliedschaft der Erbengemeinschaft in der OHG, Marburg 1983 (zitiert: *Bletz*).

Blümich, Walter (Begr.), Einkommensteuergesetz – Körperschaftsteuergesetz – Gewerbesteuergesetz, herausgegeben von Heuermann, Bernd/Brandis, Peter, 148. Ergänzungslieferung, München 2019 (zitiert: *Bearbeiter*, in: Blümich).

BMF Schreiben betr. „Ertragsteuerliche Behandlung der Erbengemeinschaft und ihrer Auseinandersetzung" vom 14.3.2006 IV B 2 – S 2242–7/06, ZEV 2006, S. 154–166.

Boehmer, Gustav, Erbfolge und Erbenhaftung, Halle (Saale) 1927 (zitiert: *Boehmer*).

Bommert, Rainer, Neue Entwicklungen zur Frage der Testamentsvollstreckung in Personengesellschaften, BB 1984, S. 178–183.

Börner, Bodo, Die Erbengemeinschaft als Gesellschafterin einer offenen Handelsgesellschaft, AcP 166, S. 426–453.

Bredemeyer, Dierk/Tews, Markus, Erbteilung durch dingliche Abschichtung, ZEV 2012, S. 352–358.

ders., Das kaufmännische Einzelunternehmen im Nachlass, ZErb 2013, S. 294–300.

Breithaupt, Joachim/Ottersbach, Jörg H. (Hrsg.), Kompendium Gesellschaftsrecht, München 2010 (zitiert: *Bearbeiter*, in: Breithaupt/Ottersbach-Kompendium Gesellschaftsrecht).

Brox, Hans/Walker, Wolf-Dietrich, Erbrecht, 28. Auflage, München 2018.

Brügmann, Nils Peter, Der Ausgleichsanspruch in der Erbengemeinschaft – Eine Untersuchung zur Nachfolge einzelner Miterben in die Gesellschaft bürgerlichen Rechts, Baden-Baden 2013 (zitiert: *Brügmann*).

Buchda, Gerhard, Geschichte und Kritik der deutschen Gesamthandlehre, Marburg 1936 (zitiert: *Buchda*).

Burandt, Wolfgang/Rojahn, Dieter (Hrsg.), Erbrecht, 3. Auflage, München 2019 (zitiert: *Bearbeiter*, in: Burandt/Rojahn-ErbR).

Bydlinski, Franz, Juristische Methodenlehre und Rechtsbegriff, 2. Auflage, Wien/New York 1991 (zitiert: *Bydlinski*, Methodenlehre).

Canaris, Claus-Wilhelm, Handelsrecht, 24. Auflage, München 2006.

Damrau, Jürgen, Zur Testamentsvollstreckung am Kommanditanteil, NJW 1984, S. 2785–2790.

ders./Tanck, Manuel (Hrsg.), Praxiskommentar Erbrecht, 3. Auflage, Bonn 2014.

Dauner-Lieb, Barbara, Unternehmen in Sondervermögen, Tübingen 1998 (zitiert: *Dauner-Lieb*).

Donner, Günther, Mehrheit von Erben eines Kommanditisten im Falle des § 177 HGB, DR 1943, S. 1201–1209.

ders., Der Testamentsvollstrecker des eingetragenen Einzelkaufmanns, des offenen Handelsgesellschafters, des Komplementärs und des Kommanditisten, DNotZ 1944, S. 143–151.

Dölle, Hans, Neutrales Handeln im Privatrecht, in: Festschrift Fritz Schulz, Zweiter Band, herausgegeben von Niedermeyer, Hans, Weimar 1951, S. 268–288 (zitiert: FS Schulz II).

Dörrie, Robin, Die Testamentsvollstreckung im Recht der Personenhandelsgesellschaften und der GmbH, Berlin 1994 (zitiert: *Dörrie*, Testamentsvollstreckung).

ders., Die Reichweite der Kompetenzen des Testamentsvollstreckers an Gesellschaftsbeteiligungen, ZEV 1996, S. 370–376.

Düringer, Adelbert/Hachenburg, Max, Das Handelsgesetzbuch, II. Band – 2. Hälfte, 3. Auflage, Mannheim/Berlin/Leipzig 1932 (zitiert: *Bearbeiter, in:* Düringer/Hachenburg-HGB).

Düsing, Mechthild/Martinez, José (Hrsg.), Agrarrecht, München 2016 (zitiert: *Bearbeiter, in:* Düsing/Martinez-Agarrecht).

Ebel, Friedrich, Nachfolge von Todes wegen in die Personengesellschaft – ein „Jahrhundertproblem"?, Jura 1980, S. 367–370.

Ebeling, Jürgen/Geck, Reinhard, Handbuch der Erbengemeinschaft, 54. Ergänzungslieferung, München 2019 (zitiert: *Bearbeiter*, in: Ebeling/Geck-Erbengemeinschaft).

Ebenroth, Carsten Thomas/Boujong, Karlheinz/Joost, Detlev (Begr.), Handelsgesetzbuch, Band 1 §§ 1- 342e, 3. Auflage, herausgegeben von Joost, Detlev/Strohn, Lutz, München 2014 (zitiert: *Bearbeiter*, in: E/B/J/S-HGB).

Eberl-Borges, Christina, Die Tierhalterhaftung des Diebes, des Erben und des Minderjährigen – Zugleich eine Konkretisierung des Tierhalterbegriffs –, VersR 1996, S. 1070–1076.

dies., Die Rechtsnatur der Erbengemeinschaft nach dem Urteil des BGH vom 29.1.2001 zur Rechtsfähigkeit der (Außen-)GbR, ZEV 2002, S. 125–132.

Ebert, Kurt Hanns, Die rechtsfunktionelle Kompetenzabgrenzung von Gesellschaftsrecht und Erbrecht, Frankfurt a. M. 1972 (zitiert: *Ebert*).

Edenfeld, Stefan, Lebenslange Bindungen im Erbrecht?, DNotZ 2003, S. 4–20.

Ehlers, Ernst-August, Vermeidung der Realisierung stiller Reserven bei Betriebsbeendigung – zugleich ein Beitrag zur Problematik sog. Auffanggesellschaften, DStZ 1987, S. 557–564.

Einmahl, Jürgen, Die Ausübung der Verwaltungsrechte des Gesellschaftererben durch den Testamentsvollstrecker, AcP 160, S. 29–50.

Eiselt, Gerhard, Die Vererbung der Beteiligung an einer OHG, AcP 158, S. 319–336.

Emmerich, Volker, Die Testamentsvollstreckung an Gesellschaftsanteilen, ZHR 132, S. 297–326.

ders., Die Haftung des Gesellschaftererben nach § 139 HGB, ZHR 150, S. 193–221.

Endemann, Friedrich, Lehrbuch des Bürgerlichen Rechts – I. Band, 6. Auflage, Berlin 1899 (zitiert: *Endemann*, BGB I).

Engländer, Konrad, Die regelmäßige Rechtsgemeinschaft – Teil 1: Grundlegung, Berlin 1914 (zitiert: *Engländer*, Rechtsgemeinschaft I).

Entwurf eines bürgerlichen Gesetzbuches für das Deutsche Reich. Erste Lesung, Berlin/Leipzig 1888 (zitiert: I. Entwurf BGB).

Erman, Walter, BGB – Band II, 15. Auflage, herausgegeben von Westermann, Harm Peter/Grunewald, Barbara/Maier-Reimer, Georg, Köln 2017 (zitiert: *Bearbeiter*, in: Erman-BGB).

Ernst, Astrid, Haftung des Erben für neue Geschäftsverbindlichkeiten, Köln/Berlin/Bonn/München 1992 (zitiert: *Ernst*).

Esch, Günter, Die Nachlaßzugehörigkeit vererbter Personengesellschaftsbeteiligungen, NJW 1984, S. 339–343.

Everts, Arne, Die Testamentsvollstreckung an Personengesellschaftsbeteiligungen in der notariellen Praxis, MittBayNot 2003, S. 427–437.

Fikentscher, Wolfgang, Zu Begriff und Funktion des „Gemeinsamen Zwecks" im Gesellschafts- und Kartellrecht, in: Festschrift für Harry Westermann zum 65. Geburtstag, herausgegeben von Hefermehl, Wolfgang/Gmür, Rudolf/Brox, Hans, Karlsruhe 1974, S. 87–117 (zitiert: FS Westermann).

ders., Methoden des Rechts in vergleichender Darstellung – Band III, Tübingen 1976.

Fischinger, Philipp Sergius, Die Beschränkung der Erbenhaftung in der Insolvenz, Tübingen 2013.

ders., Haftungsbeschränkung im Bürgerlichen Recht, Tübingen 2015.

Flessner, Axel, Wegfall der Bereicherung: Rechtsvergleichung und Kritik, Berlin 1970 (zitiert: *Flessner*).

Flume, Werner, Gesellschaft und Gesamthand, ZHR 136, S. 177–207.

ders., Die Nachfolge in die Mitgliedschaft in einer Personengesellschaft beim Tode eines Gesellschafters in Gesellschaftsrecht und Unternehmensrecht, in: Festschrift für Wolfgang Schilling zum 65. Geburtstag, herausgegeben von Fischer, Robert/Hefermehl, Wolfgang, Berlin/New York 1973, S. 23–68 (zitiert: FS Schilling).

ders., Allgemeiner Teil des Bürgerlichen Rechts, Erster Band/Erster Teil – Die Personengesellschaft, Berlin/Heidelberg/New York 1977 (zitiert: *Flume*, Allgemeiner Teil I-1).

ders., Teilungsanordnung und Erbschaftsteuer, DB 1983, S. 2271–2273.

ders., Die Erben-Nachfolge in die Beteiligung an einer Personengesellschaft und die sonstige Erbfolge in Hinsicht auf Problematik von Nachlassverwaltung, Nachlasskonkurs und Testamentsvollstreckung, in: Festschrift für Wolfram Müller-Freienfels, herausgegeben von Dieckmann, Albrecht/Frank, Rainer/Hanisch, Hans/Slimitis, Spiros, Baden-Baden 1986, S. 113–130 (zitiert: FS Müller-Freienfels).

ders., Die Erbennachfolge in den Anteil an einer Personengesellschaft und die Zugehörigkeit des Anteils zum Nachlaß, NJW 1988, S. 161–164.

Foerster, Max, Die Zuordnung der Mitgliedschaft, Tübingen 2018 (zitiert: *Foerster*).

Fuhrmann, Stefan/Klein, Bodo/Fleischfresser, Andreas (Hrsg.), Arzneimittelrecht – Handbuch für die pharmazeutische Rechtspraxis, 2. Auflage, Baden-Baden 2014 (zitiert: *Bearbeiter*, in: F/K/F-ArzneimittelR).

Geck, Reinhard, Die Auswirkungen des Gesetzes zur Fortentwicklung des Unternehmenssteuerrechts auf die vorweggenommene Erbfolge und die Erbauseinandersetzung, ZEV 2002, S. 41–47.

Gierke v., Julius, Fortsetzung der offenen Handelsgesellschaft mit den Erben eines Gesellschafters, in: Beiträge zum Handelsrecht – Festgabe zum siebzigsten Geburtstage von Carl Wieland, herausgegeben von der Juristischen Fakultät der Universität Basel, Basel 1934, S. 94–120 (zitiert: FS Wieland).

Gierke v., Otto, Deutsches Privatrecht,
Band I – Allgemeiner Teil und Personenrecht, Leipzig 1895 (zitiert: Deutsches Privatrecht I);
Band III – Schuldrecht, Leipzig 1917 (zitiert: Deutsches Privatrecht III).

Goette, Wulf/Goette, Maximilian, Mehrheitsklauseln im Personengesellschaftsrecht, DStR 2016, S. 74–84.

Gottwald, Peter (Hrsg.), Insolvenzrechtshandbuch, 5. Auflage, München 2015 (zitiert: *Bearbeiter*, in: Gottwald-InsR).

Graf, Hans Lothar, Möglichkeiten der Haftungsbeschränkung für Nachlassverbindlichkeiten, ZEV 2000, S. 125–131.

Grigoleit, Hans Christoph (Hrsg.), Aktiengesetz, München 2013 (*Bearbeiter*, in: Grigoleit-AktG).

Grimm, Christian/Norer, Roland, Agrarrecht, 4. Auflage, München 2015 (zitiert: *Bearbeiter, in:* Grimm/Noerer-Agrarrecht).

Großkommentar – AktG Aktiengesetz, Band II-2 §§ 41–53, herausgegeben von Hirte, Heribert/Mülbert, Peter O./Roth, Markus, 5. Auflage, Berlin/Boston 2016 (zitiert: *Bearbeiter*, in: GK-AktG).

Großkommentar – Gesetz betreffend die Gesellschaften mit beschränkter Haftung (GmbHG), Band I §§ 1–28 GmbHG, herausgegeben von Ulmer, Peter/Habersack, Mathias/Löbbe, Marc, 2. Auflage, Tübingen 2013 (zitiert: *Bearbeiter*, in: GK-GmbHG).

Grunewald, Barbara, Die Rechtsfähigkeit der Erbengemeinschaft, AcP 197, S. 305–315.

dies., Haftungsbeschränkungs- und Kündigungsmöglichkeiten für volljährig gewordene Personengesellschafter, ZIP 1999, S. 597–600.

dies., Gesellschaftsrecht, 10. Auflage, Tübingen 2017.

Haas, Volker Alfons, Erbengemeinschaft (Gesamthand) und Mitgliedschaftsrecht in Personalgesellschaften, Riedlingen 1962 (zitiert: *Haas*).

Hahn, Carl (Hrsg.)/*Mugdan, Benno* (Fortg.), Die gesammten Materialien zu den Reichs-Justizgesetzen, VI. Band Materialien zum Handelsgesetzbuch, Berlin 1897 (zitiert: *Hahn/Mugdan*, Materialien VI).

Hartlich, Timo, Ausgewählte Probleme der Erbauseinandersetzung aus notarieller Sicht, RNotZ 2018, S. 285–306.

Hehemann, Heinrich, Testamentsvollstreckung bei Vererbung von Anteilen an Personengesellschaften, BB 1995, S. 1301–1312.

Heil, Hans-Jürgen, Ist die Erbengemeinschaft rechtsfähig? – Ein Zwischenruf aus der Praxis, ZEV 2002, S. 296–300.

Hellfeld, Christian, Treuepflichten unter Miterben, Tübingen 2010 (zitiert: *Hellfeld*).

Henssler, Martin/Strohn, Lutz (Hrsg.), Gesellschaftsrecht, 4. Auflage, München 2019 (zitiert: *Bearbeiter*, in: Henssler/Strohn-GesR).

Herzog, Stephanie, Haftung des Erben für Miet- und WEG-Schulden, NZM 2013, S. 175–184.

Heydn, Truiken, Die erbrechtliche Nachfolge in Anteile an Partnerschaftsgesellschaften, Köln 1999 (zitiert: *Heydn*).

Hillebrand, Stephan-Robert, Die Nachlassverwaltung – unter besonderer Berücksichtigung der Verwaltungs- und Verfügungsrechte des Nachlassverwalters –, Aachen 1998 (zitiert: *Hillebrand*).

Homann, Klaus, Die angemessene Berücksichtigung der weichenden Erben bei der Vererbung von Gesellschaftsanteilen einer Personengesellschaft, Bielefeld 1985 (zitiert: *Homann*).

Hoyenberg v., Philipp, Ausgewählte Fragen zum Unternehmertestament, RNotZ 2007, S. 377–395.

Hueck, Alfred, BGH Urteil v. 22.11.1956 – II. ZR 222/55 (Anm.), JZ 1957, S. 220–224.

ders., Das Recht der offenen Handelsgesellschaft – systematisch dargestellt, 4. Auflage, Berlin/New York 1971 (zitiert: *Hueck*, oHG).

Hüffer, Uwe (Begr.)/*Koch, Jens*, Aktiengesetz, 13. Auflage, München 2018 (zitiert: *Bearbeiter*, in: Hüffer/Koch-AktG).

Hüfner, Frank, Testamentsvollstreckung an Personengesellschaftsanteilen, Baden-Baden 1990 (zitiert: *Hüfner*).

Internetquelle 1: http://www.arm-und-reich.de/internationaler-vergleich/vermoegen.html, abgerufen am 1.1.2019.

Internetquelle 2: https://publications.credit-suisse.com/index.cfm/publikationen-shop/research-institute/global-wealth-report-2018-en, abgerufen am 1.1.2019.

Internetquelle 3: http://www.efta.int/About-EFTA/Frequently-asked-questions-EFTA-EEA-EFTA-membership-and-Brexit-328676, abgerufen am 1.1.2019

Ivo, Malte, Erbteilsverfügungen bei Sondererbfolge in Anteile von Personengesellschaften, ZEV 2004, S. 499–501.

Jakobs, Horst Heinrich/Schubert, Werner (Hrsg.), Die Beratung des Bürgerlichen Gesetzbuchs,
Einführung/Biographien/Materialien, Berlin/New York 1978 (zitiert: *Jakobs/Schubert*, Beratung-Einführung);
Erbrecht §§ 1922–2385 – 1. Teilband, Berlin/New York 2002 (zitiert: *Jakobs/Schubert*, Beratung-V-1).

Jochum, Günter/Pohl, Kay-Thomas, Nachlasspflegschaft, 5. Auflage, Köln 2014.

juris Praxiskommentar BGB, herausgegeben von Herberger, Maximilian/Martinek, Michael/Rüßmann, Helmut/Weth, Stephan/Würdinger, Markus,
Band 2 – Schuldrecht, herausgegeben von Junker, Markus/Beckmann, Michael/Rüßmann, Helmut, 8. Auflage, Saarbrücken 2017;
Band 6 – Internationales Privatrecht und UN-Kaufrecht, herausgegeben von Würdinger, Markus, 8. Auflage, Saarbrücken 2017;
(zitiert: *Bearbeiter*, in: jurisPK-BGB).

Jünemann, Matthias, Nachlassinsolvenz, ZErb 2011, S. 59–71.

Kaya, Zekiye, Erbengemeinschaft und Gesellschafterversammlung, ZEV 2013, S. 593–597.

Kämper, Irene, Testamentsvollstreckung an Personengesellschaftsanteilen, RNotZ 2016, S. 625–648.

Kespohl, Annette, Gestaltungsmöglichkeiten bei der Nachfolge in Familienunternehmen, GWR 2011, S. 130–133.

Kick, Sabine, Die Haftung des Erben eines Personenhandelsgesellschafters, Köln/Berlin/Bonn/München 1997 (zitiert: *Kick*).

Kieserling, Friedhelm, Die erbrechtliche Haftung des Miterben-Gesellschafters einer Personengesellschaft bis zur Nachlassteilung, 1972 (zitiert: *Kieserling*).

Kilian, Tobias, Die dingliche Surrogation von Personengesellschaftsanteilen im Erbrecht, München 2011 (zitiert: *Kilian*).

Kindler, Peter, Der Gesellschafter hinter dem Gesellschafter – Zur Treugeberhaftung in der Personengesellschaft, ZIP 2009, S. 1146–1149.

Kipp, Theodor/Coing, Helmut, Erbrecht, 14. Auflage, Tübingen 1990 (zitiert: *Kipp/Coing*).

Klook, Sven, Die überschuldete Erbschaft: Der Erbe als Berechtigter und als Treuhänder der Nachlassgläubiger, Berlin 1998 (zitiert: *Klook*).

Köbler, Gerhard, Erbrecht und Gesellschaft, Göttingen 1974.

ders., Deutsche Rechtsgeschichte – Ein systematischer Grundriss, 6. Auflage, München 2005 (zitiert: *Köbler*, Deutsche Rechtsgeschichte).

Kölner Handbuch zum Handels- und Gesellschaftsrecht, 4. Auflage, herausgegeben von Rechenberg v., Wolf-Georg/Ludwig, Rüdiger, Köln 2017 (zitiert: *Bearbeiter*, in: Kölner Handbuch).

Krenz, Uwe, Die Auseinandersetzung der Erbengemeinschaft – Dogmatische, rechtsvergleichende und rechtspolitische Aspekte –, AcP 195, S. 361–391.

Kruse, Heinrich Wilhelm, Die Vererbung des Mitgliedschaftsrechts an der offenen Handelsgesellschaft im Falle der Nachfolgeklausel, in: Ius et commercium – Studien zum Handels- und Wirtschaftsrecht – Festschrift für Franz Laufke zum 70. Geburtstag am 20.6.1971, herausgegeben von Neumayer, Karl, Würzburg 1971, S. 179–192 (zitiert: FS Laufke).

Kuttler, Christian, Vermögensrechtliche Auswirkungen nachfolgesteuernder Klauseln bei oHG und GmbH für die ausgeschlossenen Erben, Frankfurt a. M. 1996 (zitiert: *Kuttler*).

Kübler, Bruno M./Prütting, Hanns/Bork, Reinhard (alle Hrsg.), InsO – Kommentar zur Insolvenzordnung, 82. Ergänzungslieferung, Köln 2019 (zitiert: *Bearbeiter*, in: K/P/B-InsO).

Küster, Erwin, Gesellschafternachfolge und Erbengemeinschaft bei OHG und KG, Köln 1970 (zitiert: *Küster*).

Lang, Johann/Weidmüller, Ludwig (Begr.) Genossenschaftsgesetz, 39. Auflage, herausgegeben von Lehnhoff Dirk J./Holthaus, Jan, Berlin/Boston 2019 (zitiert: *Bearbeiter*, in: Lang/Weidmüller-GenG).

Lange, Heinrich (Begr.)/*Kuchinke, Kurt* (Fortg.), Erbrecht, 5. Auflage, München 2001.

Lange, Knut Werner, Erbengemeinschaft an einem GmbH-Geschäftsanteil, GmbHR 2013, S. 113–118.

ders., Pflichtteil als Gestaltungsgrenze bei der Nachfolge in Personengesellschaften (I), ZErb 2014, S. 97–101.

ders., Erbrecht, 2. Auflage, München 2017.

Langfeld, Adolf, Mein Leben, Schwerin 1930.

Larenz, Karl (Begr.) /*Canaris, Claus-Wilhelm* (Fortg.), Methodenlehre der Rechtswissenschaft, 3. Auflage, Berlin/Heidelberg 1995 (zitiert: *Larenz/Canaris*, Methodenlehre).

Leske, Franz, Vergleichende Darstellung des Bürgerlichen Gesetzbuches für das Deutsche Reich und des Preußischen Allgemeinen Landrechts, 3. Band – 1. Hälfte, 1. und 2. Auflage, Berlin 1900 (zitiert: *Leske*, Vergleichende Darstellung III-1).

Leßmann, Hendrik, Vinkulierungsklauseln bei der Vererbung von GmbH-Geschäftsanteilen, GmbHR 1986, S. 409–418.

Leuchten, Benjamin, Die Miterbenhaftung für Nachlassverbindlichkeiten, Bonn 2011 (zitiert: *Leuchten*).

Leuering, Dieter/Rubner, Daniel, Mehrheitsklauseln im Personengesellschaftsrecht, NJW-Spezial 2017, S. 655–656.

Lieb, Manfred, Zu den Grundgedanken der §§ 25 ff. HGB, in: Festschrift für Bodo Börner zum 70. Geburtstag, herausgegeben von Baur, Jürgen/Müller-Graff, Peter-Christian/Zuleeg, Manfred, Köln/Berlin/Bonn/München 1992, S. 747–762 (zitiert: FS Börner).

Liebisch, Arnold, Über die Rechtsstellung der Erben eines offenen Handelsgesellschafters, ZHR 116, S. 128–188.

Lieder, Jan, Die rechtsgeschäftliche Nachfolge in Gesellschaftsanteile – Grundsatzfragen und aktuelle Probleme der Verfügung über Anteile an Personengesellschaften, ZfPW 2016, S. 205–232.

Lorz, Rainer, Testamentsvollstreckung und Unternehmensrecht, München 1995 (zitiert: *Lorz*).

Lutter, Marcus, Zur Beschränkung des Vorerben im Gesellschaftsrecht – Besprechung der Entscheidung BGHZ 78, 177 –, ZGR 1982, S. 108–122.

Lübtow v., Ulrich, Erbrecht,
1. Halbband, Berlin 1971 (zitiert: *v. Lübtow*, Erbrecht I);
2. Halbband, Berlin 1971 (zitiert: *v. Lübtow*, Erbrecht II).

Mackeldey, Ferdinand, Lehrbuch des heutigen römischen Rechts – Band I, 10. Auflage, Gießen 1833 (zitiert: *Mackeldey*, Lehrbuch I)

Madaus, Stephan, Die Bruchteilsgemeinschaft als Gemeinschaft von Vollrechtsinhabern, AcP 212, S. 251–295.

*Mangoldt v., Hermann (*Begr.)/*Klein, Friedrich/Starck, Christian* (Fortg.)/*Huber, Peter Michael/Voßkuhle, Andreas* (Hrsg.), Grundgesetz, Band II Art. 20–82, 7. Auflage, München 2018 (zitiert: *Bearbeiter*, in: M/K/S-GG).

Marotzke, Wolfgang, Die Mitgliedschaft in einer offenen Handelsgesellschaft als Gegenstand der Testamentsvollstreckung, JZ 1986, S. 457–469.

ders., Die Nachlasszugehörigkeit ererbter Personengesellschaftsanteile und der Machtbereich des Testamentsvollstreckers nach dem Urteil des Bundesgerichtshofs vom 14. Mai 1986, AcP 187, 223–246.

ders., Haftungsverhältnisse und Probleme der Nachlaßverwaltung bei der Beerbung des einzigen Komplementärs durch den einzigen Kommanditisten, ZHR 156, S. 17–44.

Mayer, Dieter, Testamentsvollstreckung am Kommanditanteil, ZIP 1990, S. 976–979.

Maunz, Theodor/Dürig, Günter (Begr.)/*Herzog, Roman/Herdegen, Matthias/Scholz, Rupert/Klein, Hans* (Hrsg.), Grundgesetz-Kommentar, 88. Ergänzungslieferung, München 2019 (zitiert: *Bearbeiter*, in: Maunz/Dürig-GG).

Mayer, Jörg/Bonefeld, Michael (Hrsg.), Testamentsvollstreckung, 4. Auflage, Bonn 2015 (zitiert: *Bearbeiter*, in: Mayer/Bonefeld, Testamentsvollstreckung).

Menold, Felix, Die erbrechtlichen Schranken der Gestaltung der Vererbung von Anteilen an Gesamthandspersonengesellschaften, Frankfurt a. M. 2005 (zitiert: *Menold*).

Meyer, André, Die Abhängigkeit der Haftung des Handelnden von der Vertretungsmacht für die Vor-GmbH, GmbHR 2002, S. 1176–1186.

Michalski, Lutz, Gesellschaftsrechtliche Gestaltungsmöglichkeiten zur Perpetuierung von Unternehmen, Hamburg 1980 (zitiert: *Michalski*).

ders. (Begr.)/*Heidigner, Andreas/Leible, Stefan/Schmidt, Jessica* (Hrsg.), Kommentar zum Gesetz betreffend die Gesellschaften mit beschränkter Haftung (GmbH-Gesetz),
Band 1 §§ 1–34, 3. Auflage, München 2017;
Band 2 §§ 35–88 und EGGmbHG, 3. Auflage, München 2017;
(zitiert: *Bearbeiter*, in: Michalski-GmbHG).

Motive zu dem Entwurfe eines Bürgerlichen Gesetzbuches für das Deutsche Reich,
Band II Recht der Schuldverhältnisse, Berlin/Leipzig 1888 (zitiert: Motive II);
Band V Erbrecht, Berlin/Leipzig 1888 (zitiert: Motive V).

Mugdan, Benno (Hrsg.), Die gesammten Materialien zum Bürgerlichen Gesetzbuch für das Deutsche Reich, Band V Erbrecht, Berlin 1899 (zitiert: Mugdan V).

Muscheler, Karlheinz, Die Haftungsordnung der Testamentsvollstreckung, Tübingen 1994 (zitiert: *Muscheler*, Haftungsordnung).

ders., Universalsukzession und Vonselbsterwerb, Tübingen 2002 (zitiert: *Muscheler*, Universalsukzession).

ders., Erbrecht,
Band I, Tübingen 2010 (zitiert: *Muscheler*, Erbrecht I);
Band II, Tübingen 2010 (zitiert: *Muscheler*, Erbrecht II).

Musielak, Hans-Joachim/Voit, Wolfgang (Hrsg.), Zivilprozessordnung mit Gerichtsverfassungsgesetz – Kommentar, 16. Auflage, München 2019 (zitiert: *Bearbeiter*, in: Musielak/Voit-ZPO).

Müller, Gerd, Vorausverfügung über gesellschaftsrechtliche Einzelansprüche und Übertragung der Mitgliedschaft, ZIP 1994, S. 342–356.

Müller, Klaus, Die Vererbung eines OHG-Anteils, in: Festschrift für Eduard Wahl zum siebzigsten Geburtstag am 29. März 1973, herausgegeben von Müller, Klaus und Soell, Hermann, Heidelberg 1973, S. 369–407 (zitiert: FS Wahl).

Müller, Klaus, Kommentar zum Gesetz betreffend die Erwerbs- und Wirtschaftsgenossenschaften, Band I §§ 1–33, 2. Auflage, Bielefeld 1991 (zitiert: *Müller*, GenG).

Müller-Erzbach, Rudolf, Das Erfassen des Rechts aus den Elementen des Zusammenlebens, veranschaulicht am Gesellschaftsrecht, AcP 154, S. 299–343.

Müller-Feldhammer, Ralf, Mißbrauchsrisiken im Anwendungsbereich des § 1629a BGB, FamRZ 2002, S. 13–18.

Münchener Handbuch des Gesellschaftsrechts, Band I, herausgegeben von Gummert, Hans/Weipert, Lutz, 5. Auflage, München 2019 (zitiert: *Bearbeiter*, in: Münchener Handbuch des Gesellschaftsrechts I).

Münchener Kommentar zum Aktienrecht, herausgegeben von Goette, Wulf/Habersack, Mathias/ Kalss, Susanne,
Band 1 §§ 1–75, 5. Auflage, München 2019;
Band 4 §§ 179–277, 4. Auflage, München 2016;
Band 5 §§ 278–328, 4. Auflage, München 2015;
Band 7 Europäisches Aktienrecht, 4. Auflage, München 2017;
(zitiert: *Bearbeiter*, in: MüKo-AktG).

Münchener Kommentar zum Bürgerlichen Gesetzbuch, herausgegeben von Rebmann, Kurt/ Säcker, Franz Jürgen/Rixecker, Roland, Band 5 §§ 705–853, 3. Auflage, München 1997 (zitiert: *Bearbeiter*, in: MüKo-BGB, 3. Auflage).

Münchener Kommentar zum Bürgerlichen Gesetzbuch, herausgegeben von Säcker, Franz Jürgen/Rixecker, Roland/Oetker, Hartmut/Limperg, Bettina, Band 8 §§ 1297–1588, 7. Auflage, München 2017 (zitiert: *Bearbeiter*, in: MüKo-BGB, 7. Auflage).

Münchener Kommentar zum Bürgerlichen Gesetzbuch, herausgegeben von Säcker, Franz Jürgen/Rixecker, Roland/Oetker, Hartmut/Limperg, Bettina,
Band 1 §§ 1–240, 8. Auflage, München 2018;
Band 2 §§ 241–432, 8. Auflage, München 2019;
Band 4 §§ 535–630, 7. Auflage, München 2016;
Band 5/2 §§ 651a-704, 7. Auflage, München 2017;
Band 6 §§ 705–853, 7. Auflage, München 2017;
Band 7 §§ 854–1296, 7. Auflage, München 2017;
Band 9 §§ 1589–1921, 7. Auflage, München 2017;
Band 10 §§ 1922–2385, 7. Auflage, München 2017;
Band 11 Internationales Privatrecht I/Europäisches Kollisionsrecht/Einführungsgesetz zum Bürgerlichen Gesetzbuche (Art. 1–26), 7. Auflage, München 2018;
Band 12 Internationales Privatrecht II/Internationales Wirtschaftsrecht/Einführungsgesetz zum Bürgerlichen Gesetzbuche (Art. 50–253), 7. Auflage, München 2018;
(zitiert: *Bearbeiter*, in: MüKo-BGB).

Münchener Kommentar zum GmbHG, herausgegeben von Fleischer, Holger/Goette, Wulf,
Band 1 §§ 1–34, 3. Auflage, München 2018;
Band 2 §§ 35–52, 3. Auflage, München 2019;
Band 3 §§ 53–88, 3. Auflage, München 2018;
(zitiert: *Bearbeiter*, in: MüKo-GmbHG).

Münchener Kommentar zum Handelsgesetzbuch, herausgegeben von Schmidt, Karsten,
Band 1 §§ 1–104a, 4. Auflage, München 2016;

Band 2 §§ 105–160, 4. Auflage, München 2016;
Band 3 §§ 161–237, 4. Auflage, München 2019;
(zitiert: *Bearbeiter*, in: MüKo-HGB).

Münchener Kommentar zur Insolvenzordnung, herausgegeben von Stürner, Rolf/Eidenmüller, Horst/Schoppmeyer, Heinrich,
Band 1 §§ 1–79, 4. Auflage, München 2019;
Band 2 §§ 80–216, 4. Auflage, München 2019;
Band 3. §§ 217–359, 3. Auflage, München 2014;
(zitiert: *Bearbeiter*, in: MüKo-InsO).

Münchener Kommentar zur Zivilprozessordnung, Band 2 §§ 355–945b ZPO, herausgegeben von Rauscher, Thomas/Krüger, Wolfgang, 5. Auflage, München 2016 (zitiert: *Bearbeiter*, in: MüKo-ZPO).

Nerlich, Jörg/Römermann, Volker (Hrsg.), Insolvenzordnung (InsO), 38. Ergänzungslieferung, München 2019 (zitiert: *Bearbeiter*, in: Nerlich/Römermann-InsO).

Oetker, Hartmut (Hrsg.), Handelsgesetzbuch, 6. Auflage, München 2019 (zitiert: *Bearbeiter*, in: Oetker-HGB).

Parr, Klaus-Jürgen, Die Nachfolge der Erben in eine offene Handelsgesellschaft im Hinblick auf die Pflichtteilsberechtigten, Köln 1965 (zitiert: *Parr*).

Patzschke, Oswald, Probleme in Bezug auf das Weiterbestehen der offenen Handelsgesellschaft mit den Erben eines Gesellschafters, ZHR 113, S. 1–32.

Peschel-Gutzeit, Lore Maria, Elterliche Vertretung und Minderjährigenschutz, FamRZ 1993, S. 1009–1014.

Pohlmann, Jörg, Das Aktienrecht des 19. Jahrhunderts, Baden-Baden 2007 (zitiert: *Pohlmann*).

Pöhlmann, Peter (Begr.)/*Fandrich, Andreas/Bloehs, Joachim*, Genossenschaftsgesetz – Gesetz betreffend die Erwerbs- und Wirtschaftsgenossenschaften nebst umwandlungsrechtlichen Vorschriften für Genossenschaften, 4. Auflage, München 2012 (zitiert: *Bearbeiter*, in: P/F/B-GenG).

Priester, Hans-Joachim, Testamentsvollstreckung am GmbH-Anteil, in: Festschrift für Walter Stimpel zum 68. Geburtstag, herausgegeben von Lutter, Marcus/Mertens, Hans-Joachim/Ulmer, Peter, Berlin/New York 1985, S. 463–485 (zitiert: FS Stimpel).

ders., Eine Lanze für die Kernbereichslehre, NZG 2015, S. 529–531.

Protokolle der Kommission für die zweite Lesung des Entwurfs des Bürgerlichen Gesetzbuchs, bearbeitet von Achilles, Alexander/Spahn, Peter/Gebhard, Albert,
Band II Recht der Schuldverhältnisse, Berlin 1898 (zitiert: Protokolle II);
Band V Erbrecht, Berlin 1899 (zitiert: Protokolle V);
Band VI Anwendung ausländischer Gesetze, Entwurf II des Bürgerlichen Gesetzbuchs; Revision, Entwurf des Einführungsgesetzes, Entwurf des Gesetzes, betreffend Änderungen des Gerichtsverfassungsgesetzes, Berlin 1899 (zitiert: Protokolle VI).

Proff v., Maximilian, Die Testamentsvollstreckung an Beteiligungen an Personengesellschaften – Funktionsweise und Gestaltungsmöglichkeiten, DStR 2018, S. 415–421.

Pütter, Thomas, Der Nachlassverwalter als Unternehmer, 1999 (zitiert: *Pütter*).

Quack, Norbert, Die Testamentsvollstreckung an Kommanditanteilen, BB 1989, S. 2271–2274.

Raddatz, Anselm, Die Nachlaßzugehörigkeit vererbter Personengesellschaftsanteile – Folgerungen für die Rechte nachlaßbeteiligter Dritter, Berlin 1991 (zitiert: *Raddatz*).

Raue, Benjamin, Die ordnungsmäßige Verwaltung eines GmbH-Anteils durch eine Erbengemeinschaft, GmbHR 2015, S. 121–128.

Rebmann, Stefanie, Der Eintritt des Erben in pflichtbelastete Rechtspositionen, Tübingen 2004 (zitiert: *Rebmann*).

Reimann, Wolfgang, Die qualifizierte Nachfolgeklausel – Gestaltungsmittel und Störfaktor, ZEV 2002, S. 487–493.

Reichsgerichtsrätekommentar (Das Bürgerliche Gesetzbuch mit besonderer Berücksichtigung der Rechtsprechung des Reichsgerichts und des Bundesgerichtshofes), herausgegeben von Mitgliedern des Bundesgerichtshofes, 12. Auflage, Berlin/New York,
Band II-4 §§ 631–811 und dort §§ 701–779, 4. Lieferung 1974;
Band V-2 §§ 2147–2385 und dort §§ 2197–2273, 11. Lieferung 1975;
(zitiert: *Bearbeiter*, in: RGRK-BGB).

Reuter, Dieter, Die handelsrechtliche Erbenhaftung (§ 27 HGB), ZHR 135, S. 511–527.

Reichsjustizamt, Entwurf eines Handelsgesetzbuchs mit Ausschluss des Seehandelsrechts nebst Denkschrift, Berlin 1896 (zitiert: HGB-Denkschrift 1896).

Rißmann, Stephan (Hrsg.), Die Erbengemeinschaft, 3. Auflage, Bonn 2018 (zitiert: *Bearbeiter*, in: Rißmann-Erbengemeinschaft).

Rittner, Fritz, Die werdende juristische Person – Untersuchungen zum Gesellschafts- und Unternehmensrecht, Tübingen 1973 (zitiert: *Rittner*).

Ropeter, Gerhard, Die Beteiligung als Bruchteilsgemeinschaft, Göttingen 1980 (zitiert: *Ropeter*).

Rowedder, Heinz (Begr.)/*Schmidt-Leithoff, Christian* (Hrsg.), Gesetz betreffend die Gesellschaften mit beschränkter Haftung – Kommentar, 6. Auflage, München 2017 (zitiert: *Bearbeiter*, in: R/S-L-GmbHG).

Rönne v., Ludwig, Ergänzungen und Erläuterungen des Allgemeinen Landrechts für die Preußischen Staaten,
I. Band, 17. Ausgabe, Berlin 1885 (zitiert: *v. Rönne*, PreußALR I);
II. Band, 17. Ausgabe, Berlin 1886 (zitiert: *v. Rönne*, PreußALR II).

Ruhwinkel, Sebastian, Die Erbengemeinschaft, Berlin 2013.

Rüthers, Bernd, Die privatautonome Gestaltung der Vererbung des Anteils an einer Offenen Handelsgesellschaft durch eine beschränkte Nachfolgeklausel, AcP 168, S. 263–285.

Saum, Franz, „Antezipiert" statt „antizipiert" – Juristen auf falscher sprachlicher Fährte, MDR 1984, S. 372–373.

Säcker, Franz-Jürgen, Gesellschaftsvertragliche und erbrechtliche Nachfolge in Gesamthandsmitgliedschaften, Berlin/Zürich 1970 (zitiert: *Säcker*).

Schäfer, Carsten, Offene Fragen der Haftung des BGB-Gesellschafters, ZIP 2003, S. 1225–1234.

Schilling, Wolfgang, Zur Ausübung fremder Gesellschafterrechte im eigenen Namen, in: Aktuelle Probleme aus dem Gesellschaftsrecht und anderen Rechtsgebieten – Festschrift für Walter Schmidt zum 70. Geburtstag am 18. Dezember 1959, herausgegeben von Samson, Benvenuto, Berlin 1959, S. 208–221 (zitiert: FS Schmidt).

Schleitzer, Stephan, Testamentsvollstreckung am Gesellschaftsanteil eines persönlich haftenden Gesellschafters, Frankfurt a. M./Berlin/Bern/New York/Paris/Wien 1994 (zitiert: *Schleitzer*).

Schlicht, Zugehörigkeit des Gesellschaftsanteils zum Nachlass bei Fortsetzungsklausel (§ 139 HGB), NJW 1954, S. 984–986.

Schmellenkamp, Egon, Die Testamentsvollstreckung an Gesellschaftsanteilen, insbesondere Kommanditanteilen, und Ersatzlösungen, MittRhNotK 1986, S. 181–193.

Schmidt, Eike, Zur Dogmatik des § 278 BGB, AcP 170, S. 502–533.

Schmidt, Jessica, Die gemeinschaftliche Ausübung von Rechten aus einem GmbH-Anteil, NZG 2015, S. 1049–1055.

Schmidt, Karsten, Die obligatorische Gruppenvertretung im Recht der Personengesellschaften und der GmbH, ZHR 146, S. 525–554.

ders., Die Erbengemeinschaft nach einem Einzelkaufmann – Verfassung, Haftung, Umwandlung und Minderjährigenschutz, NJW 1985, S. 2785–2793.

ders., Die Freiberufliche Partnerschaft – Zum neuen Gesetz zur Schaffung von Partnerschaftsgesellschaften, NJW 1995, S. 1–7.

ders., Gesellschaftsrecht, 4. Auflage, Köln 2002.

ders., Handelsrecht, 6. Auflage, Köln 2014.

ders. (Hrsg.), Insolvenzordnung, 19. Auflage, München 2016 (zitiert: *Bearbeiter*, in: Schmidt-InsO).

Scholz, Franz, Kommentar zum GmbH-Gesetz,
Band I §§ 1–34, 12. Auflage, Köln 2018;
Band II §§ 35–52, 11. Auflage, Köln 2013;
(zitiert: *Bearbeiter*, in: Scholz-GmbHG).

Schön, Wolfgang, Der Nießbrauch am Gesellschaftsanteil, ZHR 158, S. 229–270.

Schörnig, Michael, Die obligatorische Gruppenvertretung – Ein gesellschaftsrechtliches und erbrechtliches Gestaltungsmittel, Köln 2001 (zitiert: *Schörnig*).

Schroeter, Ulrich/Nemeczek, Heinrich, „*Brexit*“, aber „*rEEAmain*“? Die Auswirkungen des EU-Austritts auf die EWR-Mitgliedschaft des Vereinigten Königreichs, JZ 2017, S. 713–718.

Schubert, Werner/Schmiedel, Burkhard/Krampe, Christoph (Hrsg.), Quellen zum Handelsgesetzbuch von 1897,
Band I, Frankfurt a. M. 1986 (zitiert: *S/S/K*, Quellen HGB I);
Band II-1, Frankfurt a. M. 1987 (zitiert: *S/S/K*, Quellen HGB II-1);
Band II-2, Frankfurt a. M. 1988 (zitiert: *S/S/K*, Quellen HGB II-2).

Schultze, Volker, Die Verwaltung der Mitgliedschaft eines oHG-Gesellschafters durch einen Testamentsvollstrecker, 1961 (zitiert: *Schultze*).

Schulz, Falk (Hrsg.), Handbuch Nachlasspflegschaft, 2. Auflage, Bonn 2017 (zitiert: *Bearbeiter*, in: Schulz-Nachlasspflegschaft).

Schulze, Reiner, Bürgerliches Gesetzbuch, 10. Auflage, Baden-Baden 2019 (zitiert: *Bearbeiter*, in: Schulze-BGB).

Schulze-Osterloh, Joachim, Das Prinzip der gesamthänderischen Bindung, München 1972 (zitiert: *Schulze-Osterloh*).

Schürnbrand, Jan, Die Ausübung von Gesellschafterrechten in der GmbH durch Erbengemeinschaften, NZG 2016, S. 241–247.

Schwab, Martin, Handelndenhaftung und gesetzliche Verbindlichkeiten, NZG 2012, S. 481–485.

ders., Architektenpläne als Gegenstand der Eingriffskondiktion, NJW 2013, S. 1135–1138.

Serick, Rolf, Eigentumsvorbehalt und Sicherungsübertragung, Band IV: Verlängerungs- und Erweiterungsformen der Eigentumsvorbehalte und der Sicherungsübertragung – erster Teil, Verlängerungsformen und Kollisionen, Heidelberg 1976 (zitiert: *Serick*, Eigentumsvorbehalt IV).

Siebert, Wolfgang, Die Nachfolge von Todes wegen in die Mitgliedschaft des Gesellschafters einer Offenen Handelsgesellschaft, NJW 1955, S. 809–813.

ders., Nachfolge eines Miterben in die Gesellschafterstellung bei der Offenen Handelsgesellschaft, BB 1957, S. 18–20.

ders., Gesellschaftsvertrag und Erbrecht bei der Offenen Handelsgesellschaft, 3. Auflage, Karlsruhe 1958 (zitiert: *Siebert*, Gesellschaftsvertrag).

ders., Zur Gestaltung der Testamentsvollstreckung bei der Vererbung der Stellung eines persönlich haftenden Gesellschafters, in: Beiträge zum Arbeits-, Handels-, und Wirtschaftsrecht – Festschrift für Alfred Hueck zum 70. Geburtstag, herausgegeben von Dietz, Rolf/Nipperdey, Hans Carl/Ulmer, Eugen, München 1959, S. 321–341 (zitiert: FS Hueck).

Siegmann, Matthias, Personengesellschaftsanteil und Erbrecht, Berlin 1992 (zitiert: *Siegmann*).

ders., Zur Fortbildung des Rechts der Anteilsvererbung, NJW 1995, S. 481–487.

Soergel, Hans Theodor, Bürgerliches Gesetzbuch mit Einführungsgesetz und Nebengesetzen, herausgegeben von Siebert, Wolfgang/Baur, Jürgen F.,
Band 11/1 §§ 705–758, 13. Auflage, Stuttgart 2011;
Band 21 §§ 1922–2063, 13. Auflage, Stuttgart 2002;
Band 22 §§ 2064–2273, 13. Auflage, Stuttgart 2003;
(zitiert: *Bearbeiter*, in: Soergel).

Spindler, Gerald/Stilz, Eberhard (Hrsg.), Kommentar zum Aktiengesetz, Band I, 4. Auflage, München 2019 (zitiert: *Bearbeiter*, in: Spindler/Stilz-AktG).

Spiritus, Thomas, Haftungsbeeinflussende Nachlaßteilung zugleich mit erbrechtlicher Nachfolge in eine Personenhandelsgesellschaft?, Bern/Frankfurt a. M. 1974 (zitiert: *Spiritus*).

Staub, Hermann, Handelsgesetzbuch Großkommentar, herausgegeben von Canaris, Claus-Wilhelm/Habersack, Mathias/Schäfer, Carsten,
Band I §§ 1–47b, 5. Auflage, Berlin 2009;
Band III §§ 105–160, 5. Auflage, Berlin 2009;
(zitiert: *Bearbeiter*, in: Staub-HGB).

Staudinger v., Julius, Kommentar zum Bürgerlichen Gesetzbuch mit Einführungsgesetz und Nebengesetzen,
Einleitung zum BGB, §§ 1–14; VerschG, Berlin Neubearbeitung 2018;
§§ 21–79, Berlin Neubearbeitung 2019;
§§ 255–304, Berlin Neubearbeitung 2014, Updatestand: 12.9.2017;
§§ 535–556g, Berlin Neubearbeitung 2018, Updatestand: 11.2.2019;
§§ 662–675b, Berlin Neubearbeitung 2017, Updatestand: 25.5.2017;
§§ 705–740, Berlin Neubearbeitung 2003;
§§ 741–764, Berlin Neubearbeitung 2015, Updatestand: 15.1.2019;
§§ 830–838, Berlin Neubearbeitung 2018, Updatestand: 2.9.2019;
§§ 985–1011, Berlin Neubearbeitung 2012;
§§ 1018–1112, Berlin Neubearbeitung 2017, Updatestand: 30.5.2019;
§§ 1408–1563, Berlin Neubearbeitung 2018;
§§ 1626–1633, Berlin Neubearbeitung 2015;
§§ 1773–1895, Berlin Neubearbeitung 2014, Updatestand: 21.1.2015;
Einleitung zum Erbrecht; §§ 1922–1966 BGB, Neubearbeitung 2017, Updatestand: 18.6.2019;
§§ 1967–2063, Berlin Neubearbeitung 2016, Updatestand 1.7.2017;
§§ 2197–2228, Berlin Neubearbeitung 2016;
§§ 2346–2385, Berlin Neubearbeitung 2016;
(zitiert: *Bearbeiter*, in: Staudinger).

Stimpel, Walter, Testamentsvollstreckung über den Anteil an einer Gesellschaft bürgerlichen Rechts, in: Festschrift für Hans Erich Brandner zum 70. Geburtstag, herausgegeben von Pfeiffer, Gerd/Kummer, Joachim/Scheuch, Silke, Köln 1996, S. 779–798 (zitiert: FS Brandner).

Stodolkowitz, Heinz Dieter, Nachlasszugehörigkeit von Personengesellschaftsanteilen, in: Festschrift für Alfred Kellermann zum 70. Geburtstag, herausgegeben von Goerdeler,

Reinhard/Hommelhoff, Peter/Lutter, Marcus/Odersky, Walter/Wiedemann, Herbert, Berlin/New York 1991, S. 439–459 (zitiert: FS Kellermann).

Stötter, Viktor, Die Nachfolge in Anteile an Personengesellschaften aufgrund Gesellschaftsvertrages oder Erbrechts (I), DB 1970, S. 525–530.

Sudhoff, Heinrich (Begr.)/*Sudhoff, Martin*, Der Gesellschaftsvertrag der Personengesellschaften, 5. Auflage, München 1985.

ders. (Begr.), Unternehmensnachfolge, München 2005 (zitiert: *Bearbeiter*, in: Sudhoff-Unternehmensnachfolge).

Teichmann, Arndt, Der Nießbrauch an Gesellschaftsanteilen – gesellschaftsrechtlicher Teil –, ZGR 1972, S. 1–23.

Uhlenbruck, Wilhelm, Insolvenzordnung – Kommentar, Band I, herausgegeben von Hirte, Heribert/Vallender, Heinz, 15. Auflage, München 2019 (zitiert: *Bearbeiter*, in: Uhlenbruck-InsO).

Ulmer, Peter, Gesellschafternachfolge und Erbrecht, ZGR 1972, S. 195–222.

ders., Die Sonderzuordnung des vererbten OHG-Anteils, in: Gesellschaftsrecht und Unternehmensrecht Festschrift für Wolfgang Schilling zum 65. Geburtstag, herausgegeben von Fischer, Robert/Hefermehl, Wolfgang, Berlin/New York 1973, S. 79–104 (zitiert: FS Schilling).

ders., Nachlaßzugehörigkeit vererbter Personengesellschaftsbeteiligungen?, NJW 1984, S. 1496–1502.

ders., Probleme der Vererbung von Personengesellschaftsanteilen – BGH, NJW 1986, 2431, JuS 1986, S. 856–862.

ders., Zur Bedeutung des gesellschaftsrechtlichen Abspaltungsverbots für den Nießbrauch am OHG (KG)-Anteil, in: Festschrift für Hans-Joachim Fleck zum 70. Geburtstag am 30. Januar 1988, herausgegeben von Goerdeler, Reinhard/Lutter, Marcus/Hommelhoff, Peter/Wiedemann, Herbert, Berlin/New York 1988, S. 383–400 (zitiert: FS Fleck).

ders., Gesellschafterhaftung gegenüber der GmbH bei Vorteilsgewährung unter Verstoß gegen § 30 Abs. 1 GmbHG, in: Festschrift 100 Jahre GmbH-Gesetz, herausgegeben von Lutter, Marcus/Ulmer, Peter/Zöllner, Wolfgang, Köln 1992, S. 363–389 (zitiert: FS 100 Jahre GmbHG).

ders., Die vertragliche Beschränkung des Austrittsrechts und der Abfindungsansprüche ausscheidenswilliger Gesellschafter in der großen, generationsübergreifenden Familien-KG, ZIP 2010, S. 805–816.

ders./Schäfer, Carsten, Die Zugriffsmöglichkeiten der Nachlaß- und Privatgläubiger auf den durch Sondervererbung übergegangenen Anteil an einer Personengesellschaft, ZHR 160, S. 413–442.

Wachter, Thomas, Testamentsvollstreckung an GmbH-Geschäftsanteilen, ZNotP 1999, S. 226–233.

Waldherr, Klaus, Der Begriff der ordnungsmäßigen Verwaltung im BGB, Berlin 1998 (zitiert: *Waldherr*).

Wälzholz, Eckhard, Aktuelle Gestaltungsprobleme des Nießbrauchs am Anteil an einer Personengesellschaft, DStR 2010, S. 1786–1790.

Weber, Johannes, Miniatur: Mehrheitsklauseln in Gesellschaftsverträgen – BGH Urteil v. 21.10.2014 – II ZR 84/13 (Anm.), ZfPW 2015, S. 123–128.

Weber-Grellet, Heinrich, Die Gesamthand – ein Mysterienbeispiel, AcP 182, S. 316–334.

Wegen, Gerhard/Spahlinger, Andreas/Barth, Marcel, Gesellschaftsrecht des Auslands, 2. Ergänzungslieferung, München 2018 (zitiert: *Bearbeiter*, in: W/S/B-GesR des Auslands).

Weidlich, Dietmar, Die Testamentsvollstreckung im Recht der Personengesellschaften, Köln/Berlin/Bonn/München 1993 (zitiert: *Weidlich*).

ders., Die Testamentsvollstreckung an Beteiligungen einer werbenden OHG bzw. Kommanditgesellschaft, ZEV 1994, S. 205–214.

ders., Testamentsvollstreckung an einem einzelkaufmännischen Unternehmen – Zulässigkeit auf Grund geänderter Gesetzeslage?, NJW 2011, S. 641–646.

Weiler, Ferdinand, Die Rechtsstellung des Testamentsvollstreckers gegenüber den Erben hinsichtlich einer personengesellschaftlichen Beteiligung des Erblassers, DNotZ 1952, S. 283–303.

Weipert, Lutz, Die Erbengemeinschaft als Mitglied einer Personengesellschaft, ZEV 2002, S. 300–304.

Weise, Stefan/Krauß, Hans-Frieder, Beck'sche Online Formulare Vertrag, 50. Edition, München 2018 (zitiert: *Bearbeiter*, in: Weise/Kraus, BeckOF-Vertrag).

Wernecke, Frauke, Die Aufwendungs- und Schadensersatzansprüche bei der Notgeschäftsführung des Miterben – eine Zusammenschau, AcP 193, S. 240–263.

Wertenbruch, Johannes, Beschlussfassung und Pflichtverletzungen im Stimmrechtskonsortium, NZG 2009, S. 645–649.

Westermann, Harm Peter, Vertragsfreiheit und Typengesetzlichkeit im Recht der Personengesellschaften, Heidelberg/New York 1970 (zitiert: *Westermann*).

ders., Haftung für Nachlassschulden bei Beerbung eines Personengesellschafters durch eine Erbengemeinschaft, AcP 173, S. 24–45.

ders., Die höchstrichterliche Regelung der Erbfolge in Beteiligungen an Personengesellschaften, JuS 1979, S. 761–770.

Wicke, Hartmut, Testamentsvollstreckung an Gesellschaftsbeteiligungen – Zugleich Besprechung von BGH, Urt. 13. Mai 2014 – II ZR 250/12, BGH, NZG 2014, 945, ZGR 2015, S. 161–184.

ders., Gesetz betreffend die Gesellschaften mit beschränkter Haftung (GmbHG) – Kommentar, 3. Auflage, München 2016 (zitiert: *Wicke*, GmbHG).

ders., Reform des Personengesellschaftsrechts aus Sicht der Gestaltungspraxis, DNotZ 2017, S. 261–276.

Wiedemann, Herbert, Die Übertragung und Vererbung von Mitgliedschaftsrechten bei Handelsgesellschaften, München 1965 (zitiert: *Wiedemann*, Übertragung).

ders., BGH Urteil v. 25.10.1965 – III. ZR 47/64 (Anm.), JZ 1966, S. 101–104.

ders., BGH Urteil v. 9.12.1968 – II. ZR 33/67 (Anm.), JZ 1969, S. 469–472.

ders., BGH Urteil v. 10.2.1977 – II. ZR 120/75 (Anm.), JZ 1977, S. 685–692.

ders., Gesellschaftsrecht Band I – Grundlagen, München 1980 (zitiert: *Wiedemann*, Gesellschaftsrecht I).

ders., Zum Stand der Vererbungslehre in der Personengesellschaft, in: Festschrift für Bernhard Großfeld zum 65. Geburtstag, herausgegeben von Hübner, Ulrich/Ebke, Werner, Heidelberg 1999, S. 1309–1327 (zitiert: FS Großfeld).

ders., Richterliche Rechtsfortbildung, NJW 2014, S. 2407–2412.

Wilhelm, Jan, Kapitalgesellschaftsrecht, 4. Auflage, Berlin 2018.

Windel, Peter Axel, Über die Modi der Nachfolge in das Vermögen einer natürlichen Person beim Todesfall, Heidelberg 1998 (zitiert: *Windel*).

Wolf, Heinz, Fragen um die Rechtsnachfolge des verstorbenen „offenen" Gesellschafters, NJW 1954, S. 1549–1551.

Wolf, Manfred, Die Fortführung eines Handelsgeschäfts durch die Erbengemeinschaft, AcP 181, S. 480–514.

Wöhrmann, Heinz/Graß, Christiane, Landwirtschaftserbrecht, 11. Auflage, Köln 2019.
Zimmermann, Walter, Die Testamentsvollstreckung, 5. Auflage, Berlin 2019.
ders., BGH Beschluss v. 14.2.2012 – II ZB 15/11 (Anm.), ZEV 2012, S. 335–338.
ders., Die Nachlasspflegschaft, 4. Auflage, Bielefeld 2017.
Zippelius, Reinhold, Juristische Methodenlehre, 11. Auflage, München 2012.
Zöllner, Wolfgang, Rechtssubjektivität von Personengesellschaften?, in: Festschrift für Joachim Gernhuber zum 70. Geburtstag, herausgegeben von Lange, Hermann/Nörr, Knut Wolfgang/Westermann, Harm Peter, Tübingen 1993, S. 563–578 (zitiert: FS Gernhuber).
ders., Rechtsfähigkeit der BGB-Gesellschaft – ein Sachverstands- oder Kommunikationsproblem?, in: Festschrift für Alfons Kraft zum 70. Geburtstag, herausgegeben von Hönn, Günter/Konzen, Horst/Kreutz, Peter, Neuwied 1998, S. 701–718 (zitiert: FS Kraft).
Zunft, Fritz, Unklarheiten zu § 139 HGB, NJW 1957, S. 1129–1133.

Sachregister

Studien zum Privatrecht

Die Schriftenreihe *Studien zum Privatrecht* (StudPriv) als Äquivalent zur renommierten Reihe *Jus Privatum* bietet herausragenden Dissertationen aus dem Bereich des Privatrechts eine ansprechende Plattform und deckt sämtliche Fächer des Privatrechts ab: das Bürgerliche Recht, das Handels- und Gesellschaftsrecht, das Wirtschaftsrecht, das Arbeitsrecht und das Verfahrensrecht. Fächerübergreifende und fachgebietsübergreifende Themenstellungen sind dabei nicht ausgeschlossen, solange der Schwerpunkt der Arbeit im Privatrecht einschließlich seiner europarechtlichen beziehungsweise internationalrechtlichen Bezüge zu finden ist. Um die hohe Qualität der in dieser Reihe veröffentlichten Dissertationen zu gewährleisten, werden nur Arbeiten zur Veröffentlichung in Betracht gezogen, die in beiden Gutachten uneingeschränkt mit summa cum laude bewertet wurden.

ISSN: 1867-4275
Zitiervorschlag: StudPriv

Alle lieferbaren Bände finden Sie unter *www.mohrsiebeck.com/studpriv*

Mohr Siebeck
www.mohrsiebeck.com